博学而笃志,切问而近思。
（《论语·子张》）

博晓古今,可立一家之说;
学贯中西,或成经国之才。

复旦博学·复旦博学·复旦博学·复旦博学·复旦博学·复旦博学

普通高等教育"十一五"国家级规划教材

复旦博学·大学管理类教材丛书

COLLEGE MANAGEMENT SERIES

管理学
——原理与方法（第八版）

周三多　陈传明
刘子馨　贾良定　编著

复旦大学出版社

内容提要

管理学是人类近代史上发展最为迅速、百余年来对社会经济发展影响最为深远的一门学科，同时它也是与人类社会活动紧密相联的显学。

本书第八版总结了前七版发行以来各首选院校在教学实践中的经验以及读者的反馈，更注意到了管理学理论的最新发展以及企业（尤其是中国企业）管理实践的日新月异。此次修订，着重阐述了党的二十大提出的一系列治国理政的新理念、新思想和新战略对中国现代管理思想发展的意义，更新了书中的绝大部分案例，并对各章的读书提示和复习思考题做了补充和修订，同时对本书的教学内容和资料内容库进行了更新、充实和完善。在此基础之上，对智能化时代的管理进行了展望。

本书是管理学教材中的一棵常青树，被厉以宁教授誉为重新构建了中国管理学的教学体系。多年来，本书稳居我国管理类长版畅销教材第一名。自1993年第一版面世以来，本书总发行量超过550万册，成为我国高达500所大专院校管理类专业的首选教材，同时也是广大政府公务员及企业管理人员培训所用的首选。

序

本书自2019年第七版面世以来,至今已经四年多了。在这四年中,世界发生了诸多影响深远的重大事件,对全球的格局产生了重大影响,使世界处于百年未有之大变局。然而,在中国共产党的领导下,中国政府和人民处变不惊,以人类命运共同体为底层逻辑,高举习近平新时代中国特色社会主义思想伟大旗帜,继续深化改革开放,抓住机遇,勇往直前,在经济、科技、国防、政治、外交、文化、教育等各领域,都取得了令人瞩目的成就。2022年10月,中共二十大发出了全面建成社会主义现代化强国,以中国式现代化全面推进中华民族伟大复兴的号召。

我们正是在这伟大号召的鼓舞下,开展了本书的此次修订工作。新时代的伟大事业和美好前景,需要全国人民团结一心,共同拼搏奋斗,方能实干兴邦。我们当前的实际行动,就是尽心尽力把这本管理学教科书修改得更好,使其为培养社会主义现代化管理人才贡献绵薄之力。

现在呈现在广大读者面前的已是本书第八版。它究竟是一部怎样的书,敬请评述。在我们心中,从1987年那个暑假形成编写这本书的想法开始,就把实现下列目标作为鼓舞我们前进的动力。

我们要写一本具有中国特色的管理学教科书。这得从源头讲起,1987年7月,中国管理学界在东北的长白山山脚下,召开了一次对中国管理学教学有重要影响的研讨会。在那次会上,大家一致认为,加强管理学教育对社会主义经济建设十分重要,在讨论到教材建设时,主流意见认为,中国现在尚未具备编写教材的条件,比较可行的方法是选译西方先进的管理学教材为我所用。我在会上发表了不同意见,认为管理学与其他学科不同,管理活动与人类行为密切相关,根植于本国本民族的历史文化沃土之中,管理学必须与特定的国情相联系。直接把国外教材引进使用,可能会水土不服,因此,必须由我们中国人自己编写既反映发达国家的先进管理学理论与方法,同时又结合中国国情、具有中国特色的管理学教科书。这一建议在正式会议上并未引起足够重视,但在会下的交流中,南开大学陈炳富教授鼓励我大胆尝试,复旦大学出版社年轻的刘子馨编辑,慧眼独具,主动向我约稿。就这样播下了本书的种子。我和我团队的朋友们,立志要写一本"适合中国国情,具有中国特色的、实用的管理学"(见本书第一版序)。这就是我们的初心。随着中国经济和中国企业由弱变强,我们一版一版地修订。经过长期不懈的努力,我们正在写出符合我们初心的管理学教科书。但科学技术以空前迅猛的速度向前发展,国内外管理实践的面貌日新月异。因此编写具有中国特色管理学教科书的重任,将不会有完成时,只有正在进行时。

我们要写一本能经得起全国广大师生长期教学实践检验的管理学教科书。本书自1993年第一版出版至今,整整三十年了。本书已被全国500余所高校、企事业单位、培训机构和国家管理部门等采用,同时成为许多高校硕士生、博士生入学考试和公务员考试的指定教材。众所周知,自中华人民共和国成立以来,我们教材的编写之路,是从苏式计划经济时代全国统编教材逐渐走向百花齐放、百家争鸣、自由编写、自由选择的市场化道路。在没有行政力量的加持下,广大师生的选择总体上体现了市场在资源配置上的决定性作用。据复旦大学出版社初步统计,过去10年,全国每年出版的优秀管理学教材在20种以上,但其生命周期能超过5年、年发行量超过5万者,仅有5种左右,而达到累计发行总量550万册以上,历经三十年"长版畅销"的管理学教材,仅此一本。应当相信,全国广大师生的评价是公允的。实事求是地说,本书经过长期教学实践检验,确实是一本值得阅读的管理学教科书。

我们要写一本能反映科学技术发展新时代特征的管理学教科书。科学技术是第一生产力,也是管理学发展的内生动力。纵观现代管理思想发展史,所有管理学理论与方法的历史演进,都准确反映了科学技术发展的时代特征。泰罗的科学管理理论与机械化相关联,福特的流水生产方式与电气化相关联,丰田的精益生产方式与信息化相关联,目前正在发生的数字化转型和自适应生产流程,则是由新一代信息技术为基础的智能化所推动。我们正是以马克思主义的唯物论和辩证法,来观察管理发展的守正创新。坚持正确观念又不断吸收新思想、新理念,使管理学理论与方法紧紧跟上科学技术的发展步伐。本书第七版曾在结束语中展望了互联网时代的管理,这次在第八版的结尾处我又专门撰写了对智能化时代管理的展望。这部分的写作初衷是希望引起今天的管理专业同学、管理的理论研究者以及管理的实践者加强对智能化时代管理的关注与思考,以促进对这一领域的深入研究和讨论。因此,我们建议管理学的授课老师可在学期开始时,将这部分内容作为课程的开场白,结合人工智能的最新发展,使学生们带着兴趣和思考开始这门课的学习。同时,我们也建议管理学相关的研究者们,要持续关注人工智能这一革命性技术的发展和应用,深入研究智能化时代的管理问题,探索管理学理论和实践的创新与升级。

  我们要写一本教学资料配套齐全、便于教与学的管理学教科书。教科书与其他书籍不同,它是通过老师教导向学生传授知识的载体。因此,既要便于教,也要便于学。实际上,它不是孤零零的一本书,而是一个包含着许多丰富内容的动态教学系统。为此,复旦大学出版社的年轻编辑们在刘子馨教授的带领和指导下,用新一代信息技术建立了庞大的管理学教学资料内容库,积累和搜集了不同院校、不同类型要求的教学大纲、教学案例、相应的PPT、图表、生动的视频与音频资料,以及练习与思考题。在内容库中还可随时找到与管理学有关的基本概念、要点、定理、重要人物和各种小知识,形成了较为完善的助教助学的学习资源系统,助力广大师生最有效地进行教与学。

  本书第八版由南京大学荣誉资深教授周三多主编,并修订了第一篇,增加了中共二十大提出的一系列治国理政的新理念、新思想和新战略对中国现代管理思想发展意义的阐述。周三多教授还修订了第四篇、第五篇,撰写了"序"和"结束语"。陈传明教授负责修订了第三篇、第六篇,并协助周三多教授通览全书,进行了部分文字的修改和完善工作。贾良定教授负责修订第二篇,他及其团队更新了书中的绝大部分案例,并对各章的读书提示和学习思考题做了补充和修订。刘子馨教授对本书的教学内容和资料内容库进行了更新、充实和完善。

三十年，我们初心不忘，正在向目标逐步逼近。世界在不断发展，我们的努力也会一直持续，我们将永远行走在管理学理论建设的宽阔大道上。

本书的发展过程是一段持久的友谊之旅。我要对在这个旅程中所有帮助过我的朋友们致谢。首先，我要感谢广大读者，特别是教授管理学课程的老师——我们的同行们对本书的关爱。我们深知，本书并非不可替代，你们有多种选择，但你们选择了这本书；本书并非没有缺点，我要衷心感谢你们坦诚的批评、建议和鼓励。你们几十年如一日，始终对本书充满信心，和我们一起经历了这本中国本土的管理学教科书的成长过程。我非常幸运，南京大学商学院有一个团结、得力又适时更新的老中青结合的管理学写作团队。我是"老"的代表，本书第一版面世时，我已60岁了，当时陈传明教授刚步入中年，年富力强、精力充沛、思维敏捷、学术底蕴深厚、逻辑思维缜密，为提高本书的质量做出了重大贡献。我的一些博士生，著名青年学者樊和平、鲁明泓、赵长林、贾良定，博士后谭儒勇等，都先后参与过本书部分章节内容的编写和修订工作。由于他们的学术背景和研究方向不同，因而对丰富本书的内容，尤其是跨学科的部分，如管理道德与社会责任、企业文化等作出了不可取代的贡献。本书是我们团队长期共同劳动的成果。我要感谢团队成员对我一贯的真诚支持和帮助。一本书是否成功，出版社和责任编辑起着关键性的作用。刘子馨教授以其特别敏锐的专业眼光，为本书面世起着一锤定音的作用；青年编辑宋朝阳、岑品杰以其生机蓬勃的创作精神，继承刘子馨担任本书的责任编辑，他们深入地钻研本书，并绘制了许多图表，形象地概括了学习要点，创新的编辑手法使本书面貌一新，使本来比较刻板的教科书变得生动活泼起来，大大改善了读者的阅读体验。最后，还要感谢复旦大学出版社各届领导对本书的重视，感谢出版社其他工作人员为本书付出的辛勤劳动，让我们为使读者对本书更满意而继续努力！

周三多

2023年10月

第七版序

管理是在特定情境下协调资源以有效实现组织目标的活动。管理者需要理解所处情境的特征，根据情境采取恰当的协调活动。正如亨利·法约尔（Henri Fayol，1841—1925）所说："在管理方面，没有什么死板和绝对的东西，这里全部是尺度问题。我们在同样的条件下，几乎从不两次使用同一原则，因为应当注意到各种可变的条件，同样也应注意到人的不同和许多其他可变的因素。"[1]同时，协调活动需要清楚认识各种互补和矛盾，比如探索性活动注重未来，强调突破性创新；而利用性活动注重当下，强调渐进式创新，这两种活动既互补又相互矛盾。在资源有限的情况下，管理者必须作出选择与平衡。而这样做就必须清楚了解互补或矛盾双方的各自特点、优势与不足，这样才可能做到"执两用中"。孔子说，"过犹不及"[2]，过度与不足同样不好。老子说，"反者，道之动"[3]，道的运动是循环往复的，超过一定范围，事物有其内在力量使其回返。亚里士多德（Aristotle）认为，现实中存在"过度、不及与适度"，过度和不及"都可能太多或太少，这两种情形都不好"，"适度"是最好的，并把它定义为"德性"，即"德性是一种适度"[4]。从20世纪70年代开始，管理学研究重视情境理论；最近二三十年，悖论管理（paradox management）和组织二元性（organizational ambidexterity）

---

[1]［法］H. 法约尔，《工业管理与一般管理》，周安华、林宗锦、展学仲、张玉琪译，中国社会科学出版社，1982年，第22页。
[2]《论语·先进》。
[3]《道德经·第四十章》。
[4]［古希腊］亚里士多德，《尼各马可伦理学》，廖申白译注，商务印书馆，2003年，第47页。

日益发展，这都反映了管理的适度原理。因此，在本版修订中，我们特别增加了"适度原理"作为管理的基本原理之一。

在本版修订中，我们还更新了每篇的案例，以反映最近几年我国企业发展的现实。中国企业发展迅速，中国社会日新月异。中国企业在经营过程中，为解决中国社会的现实问题不断创新。有些问题是西方企业从未遇到过的，西方社会现实从未发生过的。面对这些问题，需要中国企业和企业家的大胆探索。这些探索诞生了新技术、新产品。比如，南京康尼公司生产地铁门，由于我国城市拥挤，门在客流量大的时候会出现打不开的问题，而这一问题在欧美很少出现。面对这一难题，公司另辟蹊径，超越西方传统的门开启锁闭基本原理，解决了这一难题。又如，2017年"双十一"阿里巴巴一天的交易额达1 682亿元，交易峰值每秒成交25.6万笔。2009年第一次"双十一"交易峰值每秒400笔，2015年就达到8.59万笔，2016年更是高达17.5万笔。峰值指数增长，这是国外公司从未碰到过的现象，国外的支付工具（如eBay和PayPal）一般设定的是每秒600—1 000笔。解决这一问题，需要企业巨大的研发投入和管理创新。再如，在最近公布的研发投入世界百强企业中，华为位列第6，2017年净销售额已达6 000亿元，研发投入897亿元占销售额的比重为14.9%，而2018年华为更把年销售总额目标定为1 022亿美元。这些探索还可能诞生新的管理理论，如华为的以奋斗者为本模式、腾讯的人力资源管理三支柱模型、海尔的人单合一双赢模式等。

在当今中国，高铁、互联网、云服务等已经成为我们日常生活不可缺少的一部分。宽敞、明亮、干净、便捷的高铁，极大地提升了全国人民的出行质量；出门不用带钱包，一个手机就可以完成几乎所有的支付；网上预约出租车、专车，网上购票，网上购物，送货上门，等等，这一切给现代人的日常生活带来了重大变化。可以预见，人工智能、机器人等也将很快走进我们的日常生活。当我们使用的产品都智能化了，生产、销售、购买、使用过程中所产生的数据都被采集，并与使用者相互关联、与其他所有产品的信息联系起来，这将是一个什么样的世界？顾客和企业在这样的世界中的角色是什么？企业如何在这样的世界中制定战略和竞争？管理将发生什么变革？这些已经、正在和即将发生的事实，需要我们认真研究，在管理学上给予一定的解答。因此，在本版修订中，我们描述了互联网的特征，分析了互联网对企业活动及其组织可能产生的影响，并在此基础上对伴随互联网的发展而兴起的智能制造时代的管理进行了展望。希望这个展望能对读者思考未来的管理有所帮助。

在本版修订中，我们将原与本书配套使用的助教和助学课件等统一纳入学习系统，以期为我国的管理学教学和企业的管理培训提供一个新的平台。

周三多
2018 年 4 月于南京

第六版序

2014年,是中国深化改革的元年。2014年,距《管理学——原理与方法》第一版与读者见面已逾二十年。

最近的这二十年是中国经济体制不断深化改革、中国经济迅速发展的二十年,中国企业的经营环境也因此而迅速变化。中国共产党第十四次全国代表大会第一次明确提出了建立社会主义市场经济体制的目标模式,十五大提出了"使市场在国家宏观调控下对资源配置起基础性作用",十六大提出了"在更大程度上发挥市场在资源配置中的基础性作用",十七大提出了"从制度上更好发挥市场在资源配置中的基础性作用"。但在实践中政府对资源配置的干预却未曾减少,甚至有愈来愈多的趋势,不少政府管理部门的干部甚至利用手中资源配置的决定性权力进行"设租""寻租"以谋取私利。有鉴于此,中共十八届三中全会明确提出,应该把市场在资源配置中的"基础性作用"修改为"决定性作用"。

最近二十年也是信息技术、信息网络迅速发展的二十年。如同农业社会的主要资源是土地、工业社会的主要资源是资本,数据、信息和知识就是信息社会的主要资源。随着大数据观念的日愈深入和计算机、互联网、无线通信及云计算技术的飞速发展,数据、信息和知识资源对个人的生活和工作、政府的管理和运行,特别是企业经营活动的选择与组织产生着越来越重要的影响。

企业与市场关系的越来越密切,技术,尤其是信息技术的变化越来越快,使得企业经营的影响因素越来越复杂多变,企业经营结果受外部不可控、甚至不可预测的因素的影响越来越大。企业经营方向、方式以及内容的调整也因此而必须更加及时。

鉴于上述原因,我们在本版修订时重点分析了中共十八大关于"市场在资源配置中起决定性作用"的决定对企业资源配置方向与方式的选择可能产生的影响,探讨了大数据时代的特点及其对企业管理的挑战,同时也讨论了在危机频现的市场环境中企业管理控制必须关注的一些问题。此外，我们仔细斟酌并完善了书中的一些文字表述，根据一些读者的建议以及形势的变化调整了书中的个别案例。

本版修订由周三多整体筹划，陈传明和贾良定协助进行了文字修订方面的具体工作。周三多分析了中共十八大关于"市场在资源配置中起决定性作用"的决定的理论与现实意义（第一章），讨论了大数据时代及云计算的特点及其对企业经营组织的影响（第四章第三节）；陈传明分析了复杂多变背景下企业应对危机的管理控制工作应该关注的问题（第十七章第四节）；贾良定分析了信息及信息化的发展可能给企业经营与管理工作带来的变化（第四章第一、二节），并重新编写了第二篇的案例。

我们希望本版的修订工作能够反映时代背景对管理实践提出的新的要求。当然，管理实践的发展会进一步促进管理理论的创新。我们会在今后的教学与研究工作中更加努力。有句俗话说得好，"蘑菇只能关注眼前，飞鸟才能志在蓝天"，我们热切期盼广大读者——未来的管理者和现任的管理者，能和我们一起飞到蓝天的云端，更多地注视日新月异的技术进步可能给管理带来的变化，争做新时代的先锋。

周三多

2014 年 10 月 18 日

第五版序

从某种意义上说,企业管理者是社会责任的受托者:负责任的企业经营者不仅要为企业内部的股东与员工利益服务,而且要为外部的相关利益群体,诸如供应商、客户、债权人、所在社区乃至全社会的其他成员谋求福利。实际上,从长期来看,企业内部与外部所有相关者的利益非但不矛盾,反而是高度一致并相互促进的,因为只有内部的股东有了足够的回报、员工在企业成长中获得了经济收入增长与职业生涯发展的机会,他们才可能愿意提供并继续提供企业经营所需的资金与劳动支持;同时,也只有让外部利益相关者的利益得到充分保证,他们才可能愿意提供并继续提供支持内部利益满足所需的环境和资源。

然而非常遗憾的是,本书第五版修订之际,正遇上在国内外市场上闹得沸沸扬扬并由此引发甚至是对整个中国食品工业信任危机的"三鹿毒奶粉"事件,中国企业家的社会公德、责任心甚至良心也因此受到公众和媒体的拷问。有感于此,我们对企业伦理与社会责任进行了许多思考,对第五章的相关内容做了大量改写和补充。本版修改变动较大的还包括"企业文化""管理信息"等章节。

除上述章节的内容做了较多的补充和修正外,我们还对本书的结构进行了重要调整。细心的读者可能会发现,第五版的结构与第三版颇多相似,这是因为在2000年以后的教材使用中不断有读者来信讨论决策与计划以及其他管理职能的关系。我们在教学实践中也对这个问题反复进行了思考。经与业内一些专家充分讨论和论证后,我们取得了共识:决策不仅是管理的前提,而且是管理过程中重要甚至是主要工作。整个管理过程从某种意义上说就是围绕着决策的制定和组织实施来进行的,把决策理解为管理过程中一个环节(虽然是重要甚至是最为重要的一个环节)的工作不仅与管理实践的特点更为契合,而且使得本书原已接受的从过程和职能角度展开管理原理的介绍更具逻辑性。鉴于上述认识,我们重新将教材结构调整为总论、决策、组织、领导、控制以及创新等六篇。

第五版由周三多教授设计了整体修订思路，直接修订了"总论""领导"等相关篇章，重写了"管理道德与社会责任"等章节的内容；陈传明教授协助周三多教授组织实施了本版结构的调整和内容修订；贾良定教授参与了第二篇第 7 章"计划与计划工作"和第 8 章"计划的实施"的修订；鲁明泓教授参与了第五篇第 18 章"控制方法"的修订。各章节具体分工如下：

周三多：第一篇"总论"和第四篇"领导"；

周三多、陈传明、鲁明泓：第五篇"控制"；

陈传明：第三篇"组织"与第六篇"创新"；

陈传明、贾良定：第二篇"决策"。

我们深知，虽然我们也一直在努力，但教材的内容和编写方法依然存在这样或那样的问题。我们相信，在和读者共同的努力下我们会逐渐解决这些问题。

有一个重要而迫切的问题，暂时在理论上可能还没有已知的答案，那就是在全球性金融危机袭来时，各级政府和企业管理者应该怎么做？中国在经济全球化过程中获得了举世瞩目的巨大发展，在这次百年罕见的全球危机中也可能付出沉重的代价。中国的管理者又一次面临着必须摸着石头过河的处境。

数以万计的企业已经停工或破产，数以百万计的工人失去就业机会，GDP、PPI、CPI 逐季逐月大幅下滑……衰退已经开始，危机已经迫近，严冬突然来了！怎样度过这个灰暗阴冷的冬天，这是所有管理者面临的挑战。衰退不同情弱者，危机呼唤英雄。越是在危难时刻，越需要管理者具有处变不惊、坚韧不拔、开拓创新、奋勇向前的企业家精神，需要他们坚持自己的梦想和价值观，化危险为机会。我们坚信，这场危机过后，中国的绝大部分优秀企业不仅能继续存活下来，并将不断发展壮大，更加成熟。我们期待着在本书下一版修订时，能充分反映他们对于危机管理的经验与教训、改革与创新。

周三多

2008 年 11 月 7 日于南京

第四版序

正当具有伟大历史意义的中国共产党第十六次全国代表大会闭幕和新的一届政府成立之际，我们也完成了《管理学——原理与方法》第四版的修改工作。从第一版到第四版经历了整整十个年头，跨越了两个世纪。站在世纪之交的峰巅，回顾过去十几年来中国经济发展的辉煌成就，俯视近十年来世界和中国管理实践与管理理论的巨大变化，人人都会为之感到无比惊喜与振奋。解决了温饱的中国人正满怀信心地奔向小康。但细察中国企业、政府、社会和各项事业的管理现状，在经济全球化背景下，面对各国竞争对手个个摩拳擦掌，如潮水般地涌入中国国门的情景，又会感到焦急如焚。最近十年，我国管理实践确实已取得许多进步和辉煌，涌现出了一批非常成功的企业，它们正在走向世界。但就总体而论，我国的管理水平与世界发达国家相比，无论是管理理论和管理实践，都还存在着极大的差距，甚至愈行愈远。如不继续努力、奋起直追，我们将在未来激烈的竞争中付出巨大代价。这就是催促我们加速修改这本书的动力。每当我们想起每年有十万多名读者阅读这本书时，我们深感责任之重大。我们有责无旁贷的义务，必须把世界上最新、最好的优秀管理成果写入这本书中，奉献给读者。

我在这次修改时，提出了四条要求：

第一，必须全面反映20世纪90年代以来世界管理学的新进展；

第二，必须充分反映近十年来中国企业管理的实践和成就；

第三，要提高对中国管理实践的指导性，加强方向性和方法性的内容；

第四，书中所引用的数据、资料、案例要尽可能新。

在上述思想指导下，第四版作了如下一些较大的修改：

1. 在第二章管理思想的发展中，增加了管理思想演变的根源。我们认为管理活动是一种历史范畴，一定的管理是与一定的历史条件下一定的生产实践相联系的。因此，管理思想与管理理论的形成有很强的时代性。我们列出了工业化初期、工业化中期、工业化后期和后工业化时期等各时期的时代特征、主要管理理论、代表人物和著作，作为研究管理学发展的一条脉络供读者参考。

2. 在第三章管理的基本原理中增加了伦理原理。伦理是指人与人相处的各种道德准则。伦理原理是人本原理的必然补充。在文明社会中，凡是有人群的地方，就必然有伦理。管理都是在一定时代和一定地域的伦理环境中进行的，并且也只有依靠伦理、道德的力量才能进行更自觉、更有效的管理。

3. 在第四章管理的基本方法中增加了管理的技术方法。从科学管理诞生时起就在管理中应用了科学技术方法。近十年来，随着信息技术的发展和在管理中的广泛应用，管理的技术方法日趋成熟，愈显重要。现代管理离开了管理的技术方法，不仅管理效率迅速下降，甚至组织的正常运行都可能瘫痪。

4. 增加了第二篇管理的前提与本质。根据近十年来世界管理界对管理伦理、组织文化、管理信息和管理决策的深入研究和实践，逐步认识到这些要素才是一个组织建立某种管理模式的前提，它们也是管理的内核、管理的本质。其他各项管理职能都只是由管理的本质所派生的表体。这一修改为本书又增加了一点理论体系的特色。

5. 大大扩展了第三篇计划的内容。人们常常有一种认识误区，以为"计划经济最讲计划，市场经济最讲自由"。其实，市场经济宏观上讲自由，但微观上最讲计划。随着科学技术和管理信息化的发展，管理的计划性越来越严密。无论是战略计划、资源计划、作业计划，都要求越来越精细。所以，本书特增加了许多这方面的内容。

6. 第四篇组织。根据新时代的特点，增强了一些应用性和务实性的内容。

7. 第五篇领导。针对中国加入世界贸易组织、逐步融入全球经济体系的外部环境，对领导者的素质要求更高了。因而增加了企业领导人应对新时期不确定性必须具备的特质，使新时期领导人的素质要求更加具体、明确。

8. 第六篇控制。增加了成本控制和非预算控制的内容，从而使管理的控制职能进一步得到丰富。

9. 第七篇创新。本书仍然十分强调创新在管理中的重要作用，坚持应当把创新作为管理的核心职能，甚至把创新视作管理的灵魂。由于知识经济的发展，信息技术的广泛运用，极大地加速了知识的生成与发展过程，从而引导着企业组织的创新，影响着企业组织的变革。因而本书第四版把组织创新独立成章,加以较详细的阐述。

尽管本书作者尽了很大努力,力求增加新的内容,使其更加完美,但并未做到也不可能做到尽善尽美。还有许多中国现实经济生活中亟待解决的问题,如企业制度、治理结构、经理市场、职工持股、期权制、年薪制、股权控制、组织控制、技术控制(知识控制)、文化控制、跨国公司对子公司的控制等,由于理论界和企业界尚存在许多争议,写入教科书的条件尚未成熟,这可能会令部分读者感到遗憾。

另外,本书第四版配套出版一本《管理学教与学导引》。其内容包括管理学学习方法、管理学教学大纲与教学计划、管理学综合案例、管理学习题集(附参考答案)、管理学名著提要、管理学国内外主要期刊简介及网址等。这对广大教师、学生特别是在职学习和准备考研、考公务员的读者,可能是大有裨益的。

需要重申的是,本书的读者对象定位在大专院校管理类、经济类本科学生、硕士研究生(含MBA、MPA),也适用于广大企事业单位的中层以上管理人员及政府公务员报考准备和培训的需要。当我们分析本书的读者群时,得知本书不仅被许多大专院校管理类专业所采用,并被全国许多著名重点大学管理类本科专业和MBA班用作教材,许多省市报考公务员、许多高校报考研究生时都指定本书为主要参考书。尤其是当我获悉中央党校多年来一直采用本书作为干部培训教材时,真使我们感到惶恐不安。我们冥思苦想怎样才能使一本书满足如此广泛的读者群呢?众口难调啊!现在的办法是,在《管理学教与学导引》一书中,给各类读者推荐一个标准教学内容表,作为各类读者教与学的参考。实际上,每类人员中的个体都是千差万别的,有些人学到推荐的标准内容就"饱"了,有些人可能还"吃不饱",还想多学一些。因此,本书将给读者留有较大的发展空间和弹性。也便于老师因材施教,实现从标准化到定制化教学的转变。

学海无涯。"管理学"貌似简单,似乎人人能教、人人能学、人人能做。但要真正教好、学好、做好,可能要付出毕生的不懈努力,仍不能说已经攀登到管理科学的顶峰,我们还有许多事情要做。

本书第四版由南京大学商学院周三多教授和陈传明教授负责修订。周三多教授编写了第一篇、第五篇;陈传明教授编写了第四篇、第七篇;南京大学商学院鲁明泓教授编写了第六篇;南京大学商学院贾良定博士编写了第三篇;上海财经大学副教授谈儒勇编写了第二篇中的第五、七、八章,江苏省委党校赵常林副教授编写了第六章。全书的修改工作由周三多教授主持,陈传明教授、谈儒勇博士、贾良定博士协助周三多教授做了大量编纂和修订工作。

在第三版出版以来的三年中,我经常收到全国各地许多学校教"管理学"课程的老师和广大读者的来信,对本书进行评点和提出这样那样的修改意见。每当我认真地阅读这些信件时,信中的真知灼见和深情厚谊都使我受益匪浅,感动万分。虽然未能一一答复,但总把读者的意见和期望牢记在心,并在这次修改中尽量作了考虑和吸纳。所以,第四版的修改成果也包含着这些来信的同行和读者们的辛劳。在此,我衷心地向所有曾帮助过我们的朋友一并表示诚挚的感谢。今后,还要请亲爱的同行和读者继续对本书的不足之处多提宝贵意见。让我们共同努力,争取把这本书写得一次比一次更精彩,一次比一次更适合您的需要!

周三多

2003 年 8 月 2 日于南京大学商学院

第三版序

　　本书第三版终于与读者见面了。第三版与第一版正好相距五年，正是这五年中国和世界都发生了翻天覆地的变化。建立市场经济体制已作为中国共产党的目标正式载入第十五次全国代表大会的文件，几十万家国有企业正在进行艰难的改制、改组和改造。有不少原来不知名的国有企业、集体企业、民营企业、中外合资企业迅速崛起，发展成为庞大的企业集团，它们不仅占有了国内市场的较大份额，并且正在雄心勃勃地走向世界。

　　这五年世界经济正向全球经济一体化迈进，每个中国人都已经清楚地感受到大举"入侵"的外国跨国公司的魄力和压力，从飞机到汽车、从电脑到手机、从五金到建材、从化工到橡胶，以至于到每个人的衣、食、住、行，几乎没有一个行业，没有一种产品，没有受到跨国公司及其世界名牌产品的巨大影响。现在已没有人会为在中国最穷乡僻壤的地方能喝到可口可乐而感到惊奇。平心而论，导致这些现象的根本原因，绝大多数情况下并不是因为中国的技术落后，做不出这些产品，而主要是由于中国的管理无法实现这些产品低成本、高质量的大量生产和销售。落后的管理体制、管理理念、管理方法不能使现有的经济资源和生产要素（尤其是技术和知识）得到最有效地配置和利用。大量的财富被浪费了，大量的技术、知识和人才被埋没了。正因如此，许多有识之士慷慨陈词，高呼："管理科学乃兴国之道。"

　　对管理的空前重视，已成为中国社会变革中最为持久的热点。对管理的重视刺激了对高质量管理人才的需求，对管理人才的需求又推动了管理教育的蓬勃发展。以工商管理硕士（MBA）为例，1994年全国招生81人，1999年全国招生人数（包括在职攻读MBA）可能超过8 000人。如此巨大的发展使人喜忧参半。喜的是管理教育形势大好，兴国有期。忧的是师资和教材的建设跟得上吗？作者正是怀着这种不安的心情，才下决心修改这本书，试图尽我们绵薄的力量为渴望学习管理的人们提供一本好的教科书。

一本好的管理学教科书不应当只是空泛的理论阐述，而应密切联系中国和世界管理的实际，分析管理领域中那些震撼人心的事件，传递管理实践中那些取得巨大成功的经验和信息。

一本好的管理学教科书不应当只是针对国有企业或者大型企业，而是针对所有企业的。因为管理是无所不在的，我们把管理作为人类社会活动的一种行为来研究。我们希望所有的管理者，无论是大企业、小企业、国有企业、民营企业，也无论是政府公务员，军队、警察的指挥员，社会活动组织者，学校、医院的领导者，以至于自由职业者和个人创业者，都能从本书中找到适合他们需要的有关管理学的基本知识。

一本好的管理学教科书不应当是陈旧概念的堆砌和陈词滥调的组合，而应当动态地、及时地反映科学技术和经济社会迅速变化对管理带来的影响，以及预测管理未来的发展。

我们就是以此为目标来编写这本书的，并且努力形成了本书的一些特色。

1. 本书按决策、组织、领导、控制、创新的体系编写。我们十分强调决策和创新在管理中的作用，我们坚持计划只是决策的一种体现形式，创新应当是管理的一种重要职能。实践已经证明并将继续证明这种观点的正确性。

2. 本书在汲取、传播国外先进的管理理论、管理方法的同时，注意发掘中国古代的管理思想，认真研究当代中国管理的新进展、新经验。尽力做到将古今中外的管理思想融为一体。

3. 本书十分重视实践和案例教学。第三版不仅在每一章增加一个与本章内容相关的案例，并且在全书最后增加一篇综合案例分析。列举了三个大型案例，有成功的，有失败的；有中国的、有外国的，供读者综合运用管理学知识进行分析和讨论。

4. 本书第三版高度重视道德和文化在管理中的作用，因而增加了"管理道德和社会责任"及"组织文化"两章。以期引起现在和未来管理者的兴趣、思索和更深入的研究。

5. 本书在每一章增加了读书提示和思考题。读书提示中列出了有关该章内容的最重要的参考书，并限于容易找到的中文版，实事求是地讲，原版书对大多数读者而言是很难得到的。思考题只是对本章重要内容的一种提示，希望引起读者的注意，我们的这种努力，也许能帮助读者更容易地掌握管理学的基本内容。

本书第三版由南京大学周三多教授主编，并编写了第一篇、第四篇；南京大学陈传明教授编写了第二篇、第三篇、第六篇；鲁明泓副教授编写了第五篇；东南大学樊和平教授编写了第五章；江苏省委党校赵长林副教授编写了第十二章。周健副教授和陈蔓生博士、贾良定博士为本书案例及思考题的编写做了大量工作，我的许多博士生为编写本书的案例出了力。南京大学国际商学院蔡一教授在中国传统管理思想研究方面曾给作者许多竭诚的指教与帮助。复旦大学管理学院院长郑绍廉教授及许多同行都曾对本书的修改提出过十分宝贵的意见。全国各地（包括台湾、香港）的许多读者曾给作者来信谈他们的读后感，有诚挚的鼓励，也有中肯的建议。在此一并向所有帮助过我们的朋友表示由衷的感谢！特别应当感谢复旦大学出版社总编高若海同志和责任编辑刘子馨同志为本书的出版发行和再版所做的大量工作。正是他们一而再、再而三地要求，催促作者修订再版，没有他们的努力，本书第三版至少不可能在今天和大家见面。

最后还要谢谢我的夫人王楚仙，她作为一个外国人，放弃了新加坡优裕舒适的生活，不远万里来到暂时还有种种不尽如人意之处的南京安家。她不仅以豁达、睿宏的智慧，使自己的事业得到了蓬勃发展，又以善良纯净的心德，树立了新时代贤妻良母的典范，并对我的各项工作给予了无条件的支持。所以，我今天工作上的任何成就和每一点闪光，都实实在在地包含着她的无私奉献。

周三多
1999 年 5 月 1 日于南京大学

第二版序

本书自 1993 年 9 月第一版问世后,承蒙各兄弟院校同行与广大读者的厚爱,纷纷采用本书作为管理类专业本科生、硕士生、MBA 及各类在职干部进修班的教材,使本书连续印刷七次,平均年发行量达三万册以上,并于 1995 年荣获国家教委第三届优秀教材一等奖,1996 年又获江苏省优秀教学成果一等奖。

面对如此殊荣和如此众多的读者,我深感自己社会责任之重大。因为本书并不是十全十美的,也不可能是永恒的,随着科学技术日新月异的进步,随着我国企业改革实践的深入发展,管理学也必须不断完善,有许多观点需要更新,有许多理论需要修正,有许多案例需要充实,有许多方法需要补充和改进。这是再版时应达到的目标,但由于时间和精力的限制,第二版来不及进行系统的重大修改,只是作了局部的文字性修改,以便及时满足教学之急需,敬请读者见谅。

我们正在进行积极的工作,也希望同行专家及广大读者指教和帮助,以便在下次再版时使本书更加接近理想目标,逐渐趋于完美。

周三多
1997 年 2 月 1 日于南京大学

第一版序

在人类漫长的历史长河中，曾有过多少惊心动魄的重大事件，曾有过多少不可思议的卓越发明，也曾有过多少令人惊叹的宏伟工程，它们都曾在一定的时空中改变了人类的命运和历史的轨迹。如果我们进一步去探究，某些事件为什么一定会发生？某种发明为什么一定能出现？某项工程为什么又一定能成功？也许对每一件事都可列出无穷多的外因和内因。但是，有一个共同的最基本的因素，就是所有的重大事件、所有的卓越发明、所有的宏伟工程，都必须有精心的策划和有效的管理。

在人生悠悠的岁月里，我们曾亲眼目睹过许多国家的兴衰，许多企业的成败，许多组织的涨落，也曾见到许多个人的贫困或富裕，究其原因当然是多种多样的。但是，管理是否得当总是不可回避的最重要的原因之一。如何管理国家？如何管理企业、管理学校、管理医院？如何管理自己，包括事业、行为、时间、精力、财富？总而言之，管理无时不在，无处不在。管理既是成功的要素，也是失败的根源。

在现代社会中，不管人们从事何种职业，事实上人人都在参与管理，管理国家、管理政府、管理某种组织、管理某个部门、管理某项业务、管理家庭、管理子女。但是，绝大多数人都是从实践中去学会管理的，当然，在学习过程中免不了要付出代价，要走一些弯路。人们往往很容易举出许多卓越的领导人、优秀的管理者、成功的企业家，他们并没有经过某种管理科班的培养。但是，人们恰恰没有看到他们在管理实践的茫茫黑夜中，经历了多少不眠之夜，迷惘、摸索，苦思冥想，绞尽脑汁，甚至殊死拼搏，才一点一滴地领悟了管理的真谛。他们从客观规律一次又一次严酷的惩罚和奖励中，才慢慢地接近或掌握了管理的艺术和真理。

正因为有了无数前人实践经验的积累和研究，才产生了管理这门学问。管理学是人类智慧的结晶。正如美国著名管理学家彼得·德鲁克所说："在人类历史上，还很少有什么事比管理学的出现和发展更为迅猛，对人类具有更为重大和更为激烈的影响。"

事实上，要掌握管理学并不容易。因为管理工作千差万别，要从各种特殊的管理工作中寻找出共同的普遍适用的规律、理论和方法,具有很大的难度。同时,管理又是一个十分复杂的过程,往往涉及经济学、哲学、社会学、历史学、心理学、人类学、数学及各种工程技术科学,这又大大增加了管理学研究的难度。系统地进行管理学的研究,发达国家已有近百年历史,至今已形成一套比较完整的体系、内容和方法,确有许多值得我们学习借鉴的地方。但是一切管理的核心都是"管"人,人的基本特征是有思想、有感情、有价值观等意识活动。而人的一切意识活动又都与所在国的历史、文化、政治、经济、传统等特定的国情相联系。所以,管理学与其他自然科学和工程技术科学不同,不能搞简单的"拿来主义",必须博采众长,融会贯通,取其精华,为我所用。也许正是由于以上种种原因,至今还没有很多适合中国国情、真正具有中国特色的实用的管理学。

我们编写本书的动因就是试图在作者多年从事管理教学和研究的基础上,从浩如瀚海的古今中外的管理实践和思想宝库中汲取营养,结合当前中国改革开放的大潮,为经济管理类专业的大学生、研究生和其他一切有志于学习经济管理的人们提供一本系统、全面、内容丰富的教材。同时也为各行各业、各种不同层次的管理者,提供一本自学和研究管理学的实用参考书。刚刚上任或准备上任的管理者可能会从中得到启迪、拓宽思路;富有经验的管理者,可以把自己的经验与作者的论述进行比较分析,也许会得到有趣的结论,可能会发现某些方面自己已经比前人更高明,或者会发现自己还有某些不足之处,从而使自己的经验更加完善和丰富,事业更加兴旺和发达。当然,本书不可能也绝不奢望开出包治管理百病的药方,仅仅想给勤奋的读者提供一把打开管理学宝库的钥匙。

这本书由南京大学国际商学院周三多教授主编,其中,周三多撰写了第一篇、第四篇;陈时中撰写了第二篇、第五篇;陈传明撰写了第三篇、第六篇。另外,南京大学国际商学院鲁明泓讲师为本书的结束语提供了素材,并为本书的编辑、总纂、搜集案例等做了大量工作,我的许多研究生为本书书稿的抄写、修改也不辞辛劳地做了不少工作。本书在编写过程中,参考和引用了部分国内外有关的研究成果和文献,在此一并向所有曾经帮助过本书编写和出版的朋友表示诚挚的感谢!特别应当提出的是,经过复旦大学出版社徐余麟、刘子馨等同志的辛勤努力,使本书将在1993年11月7日左右与读者见面,从而作为我60岁生日的纪念,这是值得十分感谢和永远怀念的。60岁对一些人来说也许是个人事业的句号,但我只把它看作一个逗号。学海无涯,路漫漫其修远兮。三多仍当奋力前进,以无愧于自己崇高的职业,无愧于亲友殷切的厚望和关怀。

周三多
1993 年 9 月 18 日

目 录

第一篇 总论 | 1

第一章 管理与管理学 | 3
第一节 人类的管理活动 | 3
第二节 管理的职能与性质 | 9
第三节 管理者的角色与技能 | 16
第四节 管理学的对象与方法 | 22
读书提示 | 26
复习思考题 | 26

第二章 管理思想的发展 | 27
第一节 中国传统管理思想 | 27
第二节 西方传统管理思想 | 36
第三节 西方现代管理思想的发展 | 49
第四节 中国现代管理思想的发展 | 65
读书提示 | 79
复习思考题 | 80

第三章 管理的基本原理 | 81
第一节 管理原理的特征 | 81
第二节 系统原理 | 84
第三节 人本原理 | 87
第四节 责任原理 | 92
第五节 效益原理 | 94
第六节 适度原理 | 96
读书提示 | 98
复习思考题 | 99

第四章 管理道德与社会责任 | 100
第一节 企业管理为什么需要伦理道德 | 100

第二节　几种相关的道德观　107
第三节　道德管理的特征和影响管理道德的因素　110
第四节　改善企业道德行为的途径　114
第五节　企业的社会责任　118
读书提示　121
复习思考题　121

第五章　管理的基本方法　122

第一节　管理的方法论　122
第二节　管理的法律方法　125
第三节　管理的行政方法　128
第四节　管理的经济方法　131
第五节　管理的教育方法　134
第六节　管理的技术方法　136
读书提示　139
复习思考题　139
综合案例：华为管理的灰度　140

第二篇　决策　143

第六章　决策　145

第一节　决策的定义、原则与依据　145
第二节　决策的类型与特点　146
第三节　决策的理论　149
第四节　决策的过程与影响因素　152
第五节　决策的方法　157
读书提示　167
复习思考题　167

第七章　计划与计划工作　168

第一节　计划的概念及其性质　168
第二节　计划的类型　172
第三节　计划编制过程　177
读书提示　180
复习思考题　180

第八章　计划的实施 | 181

第一节　目标管理　182
第二节　滚动计划法　186
第三节　网络计划技术　188
第四节　业务流程再造　190
读书提示　194
复习思考题　194
综合案例：南京钢铁的数字化转型　194

第三篇　组织 | 197

第九章　组织设计 | 199

第一节　组织设计概述　199
第二节　组织设计的影响因素分析　206
第三节　部门化　215
第四节　集权与分权　220
读书提示　225
复习思考题　225

第十章　人员配备 | 226

第一节　人员配备的任务、程序和原则　226
第二节　管理人员的选聘　229
第三节　管理人员的考评　237
第四节　管理人员的培训　242
读书提示　246
复习思考题　246

第十一章　组织力量的整合 | 247

第一节　正式组织与非正式组织　247
第二节　直线与参谋　250
第三节　委员会　256
读书提示　261
复习思考题　261

第十二章　组织变革与组织文化　262

第一节　组织变革的一般规律　262

第二节　管理组织变革　266

第三节　组织文化及其发展　275

读书提示　281

复习思考题　281

综合案例：吉利并购沃尔沃后的文化整合　281

第四篇　领导　285

第十三章　领导与领导者　287

第一节　领导的性质和作用　287

第二节　理想的领导者与领导集体　289

第三节　领导方式及其理论　296

第四节　领导艺术　300

读书提示　305

复习思考题　305

第十四章　激励　306

第一节　激励的性质　306

第二节　激励理论　309

第三节　激励实务　315

读书提示　320

复习思考题　320

第十五章　沟通　321

第一节　组织中的沟通　321

第二节　沟通的障碍及其克服　326

第三节　冲突与谈判　331

读书提示　334

复习思考题　334

综合案例：福耀和格力的专业化管理　335

第五篇 控制 | 337

第十六章 控制与控制过程 | 339
第一节 控制及其分类 | 339
第二节 控制的要求 | 344
第三节 控制过程 | 348
第四节 危机与管理控制 | 356
读书提示 | 361
复习思考题 | 361

第十七章 控制方法 | 362
第一节 预算控制 | 362
第二节 非预算控制 | 367
第三节 成本控制 | 373
第四节 其他控制方法 | 378
读书提示 | 381
复习思考题 | 381

综合案例：美的集团的全面预算管理实践 | 381

第六篇 创新 | 387

第十八章 管理的创新职能 | 389
第一节 创新及其作用 | 389
第二节 创新职能的基本内容 | 393
第三节 创新的过程和组织 | 396
读书提示 | 401
复习思考题 | 401

第十九章 企业技术创新 | 402
第一节 技术创新的内涵和贡献 | 402
第二节 技术创新的源泉 | 406
第三节 技术创新的战略及其选择 | 412
读书提示 | 418
复习思考题 | 418

第二十章　企业组织创新 | 419
第一节　企业制度创新 | 421
第二节　企业层级结构创新 | 423
第三节　企业文化创新 | 427
读书提示 | 430
复习思考题 | 431
综合案例一：从"小创新大节能"走出来的中圣集团 | 431
综合案例二："无锁而闭，无钥匙而开"——做中国人自己的门的康尼公司 | 432

结束语　展望智能时代的管理 | 435
第一节　智能化时代已经来了 | 435
第二节　智能制造系统分析 | 443
第三节　智能化时代管理的关键措施 | 447

参考文献 | 453

第一篇 总　论

DIYIPIAN ZONGLUN

> 管理是由心智所驱使的唯一无处不在的人类活动。
>
> ——戴维·B.赫尔茨
> David B. Hertz

> 在人类历史上，还很少有什么事比管理的出现和发展更为迅猛，对人类具有更为重大和更为激烈的影响。
>
> ——彼得·德鲁克
> Peter Drucker

第一章 管理与管理学

在人类社会中，管理无处不在，无时不在。任何事情成也管理，败也管理。但管理学作为一门独立的学科却很年轻，当人类社会开始工业化时，管理学才应运而生。与数学、天文学、物理学、化学、哲学、文学、史学等学科相比，管理学确实是一门年轻的学科，但其发展特别迅速、对人类社会的影响空前巨大。可以毫不夸张地说，人类社会的任何伟大进步都包含着管理学所作出的重要贡献。我们有机会学习和研究管理学将是人生的幸运，因为她将伴随我们一生。

第一节 人类的管理活动

把管理作为一门学科进行系统的研究，只是最近一二百年的事。但是，管理实践却和人类的历史一样悠久，至少可以追溯到几千年以前。生活在幼发拉底河流域的古闪米特人，早在公元前5000年就开始了最原始的记录活动。这也是有据可考的人类历史上最早的管理活动。

> 古闪米特人：相传诺亚(Noah)之子闪(Shem)为其祖先，其概念来自古希伯来人在《圣经》中对各种族来由的记载。一般认为古闪米特人以畜牧为生，原来生活在撒哈拉北部地区，最早来源于阿拉伯半岛。约在公元前5000年，因气候剧变，他们开始东迁，陆续来到西亚两河流域和叙利亚。

在 3 000 多年前（公元前 17 世纪）的中国商朝，国王已经统辖、指挥几十万军队作战，管理上百万分工不同的奴隶进行生产劳动。国家管理机构已相当复杂，设有百官辅佐国王进行统治，百官大体分为政务官、宗教官、事务官三类。到了公元前 11 世纪的周朝，中央设有"三公""六卿""五官"。"三公"即太师、太傅、太保，是国家的总管。"六卿"即太宰、太宗、太史、太祝、太士、太卜，分管朝廷中的政务、宗族谱系、起草文书、编写史书、策命大夫、祭祀、卜筮等。"五官"即司徒（司土）、司马、司空（司工）、司士、司寇，分别掌管土地、军赋、工程、群臣爵禄、刑罚等。周朝还制定了许多管理国家的典章制度，提出"明德慎罚"的管理思想。为了适应诸侯王国之间政治、军事活动的需要，设立了驿传制度，在中央到全国主要都城的大道上每隔 30 里设一驿站，备良马固车，专门负责传递官府文书、接待往来官吏和运送货物等，形成全国性的信息网络和运输系统。信息传递的速度可以达到平均每天 500 里，这可称为世界上最早的管理信息系统。在土地资源的管理方面实行了著名的"井田制"，据《孟子·滕文公上》记载："方里而井，井九百亩，其中为公田。八家皆私百亩，同养公田。公事毕，然后敢治私事。"

> 现存的世界十大奇迹建筑：1. 中国万里长城；2. 中国秦始皇陵兵马俑；3. 埃及吉萨金字塔群；4. 巴西里约热内卢基督雕像；5. 印度泰姬陵；6. 土耳其圣索非亚大教堂；7. 意大利罗马斗兽场；8. 意大利比萨斜塔；9. 秘鲁印加遗址马丘比丘；10. 英国巴斯城罗马古浴场。

世界上所有的文明古国（如古巴比伦、古罗马等）都早在几千年前就对自己的国家进行了有效的管理，并且建立了庞大严密的组织，完成了许多今天看来仍是十分巨大的建筑工程。中国的万里长城、秦始皇陵兵马俑，埃及的金字塔都可证明：在 2 000 年前人类已能组织、指挥、协调数万乃至数十万人的劳动，历时许多年去完成经过周密计划的宏大工程，所体现的管理才能不能不令人折服。

为什么管理实践会有如此悠久的历史？这是由人类活动的特点决定的。

一、人类活动的特点

自古至今，人类的经济、政治、军事、宗教及其他一切社会活动，都具有三个最基本的特点。

1. 目的性。人类是地球上唯一有智慧能思维的动物，他们的一切活动都是经过大脑思考，为了达到预期的目的而进行的。在自然界，蜜蜂和白蚁虽然也能建造非常精巧复杂的巢穴，但都只是一种自发的、本能的活动，绝不会有意识地进行规划、设计和组织施工。人类却不同，每个人都有自己的需求和理想，他们不仅为自己的预期目的和理想去奋斗，并且往往还需要与其他人进行共同的努力。甚至可以说，人类正是在为实现预期目的的活动中，在不断地劳动、思考、谋划、设计和组织管理的过程中，逐渐进步的。

2. 依存性。人类的目的性来源于人对外部环境和人类自身的相互依存关系。人类为了生存和发展，必须通过适应和改造外部环境去取得必需的资源，必须通过个人或集体的劳动为自己或他人提供需要的产品和劳务。人从来就不是孤立的个体，从远古开始，人类在与自然的斗争中形成了部落。后来在漫长的岁月中逐渐发展为许多集团、民族和国家，以及各种各样的社会经济组织。随着社会生产力的发展，人们之间进行着越来越细的社会分工。同时，人们之间的相互依存关系也越来越紧密。尽管在人类发展的历史中，各个集团、阶级、民族、国家之间经常充满着矛盾、冲突和斗争，但始终没有改变人类必须相互依存的特点，并且使经济、政治、军事、宗教等各种社会组织日益严密和完善。

3. 知识性。人类活动的另一个基本特点是能从自己过去的实践中学习，从前人的经验中学习，并能把学到的知识加以记忆、积累、分析和推理，从而形成人类独有的知识体系，包括各种科学理论、原理、方法和技艺。科学技术越发达，个人所掌握的知识越专门化，这就进一步强化了人们之间相互依存的必要性。从另一方面看，尽管每个人掌握的知识千差万别，但每个人都根据自己的专门知识来认识世界，就有可能使人们逐步完整地认识自然和社会的各种客观规律，包括处理人和自然及人和人之间各种关系的规律。随着人类知识的逐步积累，对客观规律的认识逐步深化，人类社会的各种管理组织、制度和方法也日趋完善，人们终于有能力为达到各种目的而发展、建立起各种强大的社会组织。

人类活动为人类的管理实践提供了客观条件，回答了管理实践与人类历史同样悠久的原因（见图1.1）。

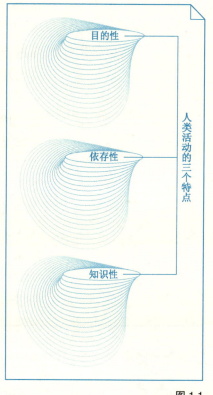

图 1.1
人类活动的三个特点

二、管理的必要性

管理实践的历史虽然悠久，但在过去几千年中管理始终只是一些零散的经验和思想。直到工业革命以后，随着现代工业技术的广泛应用和工商企业的大量发展，管理才得到了系统的研究和普遍的重视。全球性的管理发展热潮是在第二次世界大战后形成的。战争中受到严重破坏的各国在寻找恢复本国经济途径的过程中，发现了美国制造业在战争期间的惊人绩效，认为学习美国企业的管理方法可能成为复苏本国经济的良方，所以纷纷开始向美国企业学习。在十多年时间内这股管理热潮席卷了整个欧洲和日本，并取得了举世瞩目的成效。20世纪60年代，许多发展中国家和地区，如巴西、墨西哥、土耳其、伊朗、新加坡、韩国、泰国等国和中国的香港、台湾等地区，都先后引进了先进的管理理论和方法，大力培养本国、本地区的管理人才，加强企业的管理工作，并在不同程度上取得了成效。20世纪70

年代初,世界性的管理热潮因石油危机而冷却了。

20世纪70年代末,中国改革开放政策的实施,在全国掀起了加强管理的热潮。1979年,中国企业管理协会成立。随后,各地区、各行业纷纷成立了企业管理协会,全国有120多所正规大学先后设置了管理专业,许多省级、市级政府部门都组建了专门培训经济管理干部的经济管理干部学院或培训中心。1987年9月,南京大学与美国密苏里大学哥伦比亚分校合作创办了中国第一个正规的工商管理硕士(MBA)班。1990年10月,全国9所院校开始试点培养MBA。

1994年,清华大学经济管理学院院长朱镕基在给清华大学经济与管理学院成立十周年的贺信中说:"建设有中国特色的社会主义,需要一大批掌握市场经济的一般规律、熟悉其运行规则,而又了解中国企业实情的经济管理人才。"1996年,朱镕基又在自然科学基金管理学部成立大会上呼吁"管理教育乃兴国之道"。在全国迫切需要管理人才的背景下,1997年实行了MBA入学考试制度改革,促进了全国MBA教育的迅猛发展。1998年,国家经贸委又制定了对全国国有企业管理干部开展大规模工商管理课程培训的计划,并把系统培训企业管理素质作为加速国有企业改革、提高企业管理水平、增强企业活力的重要措施。

在中国,尽管企业管理热潮的到来比发达国家迟了25—30年,但毕竟来了。中国管理热潮的到来,不只是由于政府和国家领导人的大力推动,更重要的是由于企业改革和经济发展实践的需要。随着企业改革的深化,人们越来越认识到加强管理的必要性和迫切性。下列关于管理必要性的观点,已经成为全国上下的共识(见图1.2)。

图1.2
管理的必要性

1. 作为发展中国家,资源短缺将是一种长期的经济现象,特别是资金、能源、原材料往往成为企业和社会经济发展的桎梏。如何将有限的资源进行合理的配置和利用,使其最大可能地形成有效的社会生产力,则是管理和技术不断创新应当解决的问题。如果管理不善,不仅资源得不到合理使用,社会经济不能迅速发展,甚至可能导致行贿受贿、贪污腐败等一系列社会经济弊端的产生。

2. 作为发展中国家,科学技术落后是阻碍生产发展的重要因素之一。但是,无论是本国发明的科学技术还是引进的科学技术,并不一定都能自动地形成很高的生产力。许多科技发明被闲置,不少引进的项目技术水平一般,许多引进的先进设备得不到充分利用,重复引进、重复布点的项目屡禁不止,伪劣产品充斥市场……各种各样不成功的事例随处可见。关键在哪里?关键仍在管理。宏观管理失控、微观管理又缺乏约束机制。实践一再证明，只有通过有效的管理，才能使科学技术真正转化为生产力。

3. 高度专业化的社会分工是现代国家和现代企业建立的基础。如何把不同行业、不同专业、不同分工的各种人员合理地组织起来，协调他们相互间的关系，协调他们与政府的关系，协调他们与各种资源的关系，从而调动各种积极因素，都要靠有效的管理。如果管理不善，就不仅不能调动积极性或者只调动了一部分人的积极性，而且很可能引起社会或企业内部的矛盾和冲突，导致效率低下，从而阻碍社会或企业的发展。

4. 实现社会发展和企业或任何社会组织发展的预期目标，都需要靠全体成员长期的共同努力。如何把每个成员千差万别的局部目标引向组织的目标，把无数分力组成一个方向一致的合力，也要靠管理。如果管理不善，组织就会如一盘散沙，内耗不止，毫无活力，不仅预期目标不可能实现，而且与强手相比距离愈拉愈远，最后可能因找不到立足之地而被淘汰。

5. 近几年来，以数字技术为基础，信息技术、互联网等在中国各行各业中得到了空前迅速的应用和普及，既极大地推进了中国管理现代化的进程，也使人们亲身感受到现代管理的巨大能量。管理通过迅猛发展的互联网、数字技术和人工智能，正在改变着人类经济活动、社会活动及日常生活的方式、方法和内涵。工作质量、服务质量和生活质量的提高，都依赖于管理水平的提高。没有管理工作质的飞跃，我们就不可能得到现代科技和物质文明所给予的一切，就可能成为 21 世纪的野蛮人，贫穷、落后将成为不可避免的事实。

三、管理的定义

承认管理的重要性和必要性，并不等于真正理解管理的含义。什么是管理？近百年来许多学者试图对管理进行定义。

美国管理学家斯蒂芬·P. 罗宾斯（Stephen P. Robbins）等所著的《管理学》已发行了 15 版（2022 年），但迄今为止并没有定义管理。不过他们对管理者（manager）作了如下定义：

管理者是这样的人，他们通过协调和监管他人的活动以达到组织目标。

综合前人的研究，并吸取管理学理论和实践发展的最新成果，我们对管理的定义作如下表述：

管理是为了实现组织的共同目标，在特定的时空中，对组织成员在目标活动中的行为进行协调的过程。

> 斯蒂芬·P.罗宾斯：美国著名的管理学教授、组织行为学的权威，是世界上最畅销的管理学和组织行为学教材的作者[1]。

> 管理者是这样的人，他们通过协调和监管他人的活动以达到组织目标。

> 管理：为了实现组织的共同目标，在特定的时空中，对组织成员在目标活动中的行为进行协调的过程。

---

[1] 本书中页边栏"重点人物介绍"部分的内容参考了"MBA 智库"网站及维基百科——编者注。

图 1.3
管理定义的内涵

这一简短的定义包含丰富的内涵(见图 1.3)。

(一)实现组织目标是评价管理成败的唯一标准

任何组织的目标,都包含两方面的要求:一是"效率",就是要"用正确的方法做事",用最少的投入获得最大的产出;二是"效果",就是要"做正确的事",在确保安全、环保的前提下,最大限度地满足用户的需求。在实践中,效率和效果有时可能是矛盾的,管理的任务就是要通过协调使两者统一起来,在统一过程中绝不应使客户的需求受到抑制。

(二)特定的时空是管理的必要条件

任何管理都是在特定的时空条件中进行的,并且对任何管理行为都必须有特定的时空要求。做什么事?在什么地方做?什么时间开始?什么时间完成?管理如果没有时空要求,就没有任何意义。

(三)管理的核心是人的行为

组织目标必须分解为许多具体工作,通过相关人员的实际行为去实现,所以,管理的核心是协调人的行为。要协调好人的行为,首先,管理者必须加强自我管理,约束自己的行为,"打铁必须自身硬",管理者务必使自己的管理行为做到公平、正义、专业,才能有效地协调他人的行为。其次,管理者要用一系列科学的理念和方法,使他人的行为充分发挥积极性和创新精神,为实现组织的目标协调一致、共同奋斗。

(四)管理的本质是协调

建设一项巨大工程或制造一件高科技产品,都要经历十分复杂的过程。例如,红旗轿车、复兴号高铁、C919 飞机……每种产品都有上万个零部件,每个零部件还要经过几十道工序才能制成,而且还必须经过研发、试制、试运行、小批量试生产,最后才能量产。在研制、生产的全过程中,不仅本企业内部各有关人员的行为在时空上要互相配合衔接、环环相扣,而且还要与国内外几百个协作单位衔接配合。此外,还必须取得用户、社区、政府有关部门的支持。所有这些工作都是通过不同个体的个人行为来进行的。由此可见,有关的协调工作是多么艰巨和繁重。通常,这些协调工作就被称为管理。在互联网时代,由于大数据、云计算、智能机器人、物联网和各种传感器的应用,甚至在人工智能化的工厂中,协调仍是不可或缺的,只是协调工作可能比原来更方便、快捷,但也更复杂。管理者必须掌握更高的专业技能,才能胜任协调的任务。可见,协调将永远是管理的本质。

协调是通过管理的各项职能来实现的,决策是协调的前提,组织是协调的手段，领导是协调的责任人，控制是协调的保证，创新是协调解决问题的途径。

第二节 | 管理的职能与性质

一、管理的职能

管理活动具有哪些最基本的职能？这一问题经过了许多人近一百年的研究，至今还是众说纷纭。自法约尔提出五种管理职能以来，有提出六种、七种的，也有提出四种、三种，甚至两种、一种的。各种提法都是表 1.1 所列 14 种职能中不同数量的不同组合而已。最常见的提法是计划、组织、领导、控制。我们认为，根据管理理论的最新发展，对管理职能的认识也应有所发展。许多新的管理理论和管理实践已一再证明：决策、组织、领导、控制、创新这五种职能是一切管理活动最基本的职能。

> 一切管理活动最基本的职能有哪五种？

表 1.1 管理职能表

管理职能	古典的提法	常见的提法	本书的提法
计划（planning）	○	○	决策
组织（organizing）	○	○	组织
用人（staffing）			
指导（directing）			
指挥（commanding）	○		
领导（leading）		○	
协调（coordinating）	○		领导
沟通（communicating）			
激励（motivating）			
代表（representing）			
监督（supervising）			
检查（checking）			控制
控制（controlling）	○	○	
创新（innovating）			创新

（一）决策

任何组织要能实现社会生存，首先必须提供社会所需要的产品或服务。为此，管理者协调组织成员的活动之前，首先要选择组织活动方向、目标、路径以及重点。这是管理的决策工作所要完成的任务。决策是管理的首要职能。关于行动方向的决策制定后，就要设计具体的行动计划。所谓计划，就是"根据决策所设定的目标要求并确定为达成这些目标所必需的行动"[1]。虽然组织中的高层管理者负责制定总体目标和战略，但所有层次的管理者都必须为其工作小组制定经营计划，以便为组织作贡献。所有管理者必须制定符合并支持组织的总体战略目标的经营计划。另外，他们必须制定支配和协调他们所负责的资源的计划，且在计划过程中必须进行决策。决策是计划的制定和修正的前提，而计划又是实施决策的保证，计划与决策密不可分（见图1.4）。说到底，计划是为决策服务的，是实施决策的工具和保证。

> 计划：根据决策所设定的目标要求并确定为达成这些目标所必需的行动。

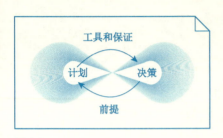

图 1.4 计划与决策

（二）组织

计划的执行要靠组织中不同成员的合作。组织工作源自人类对合作的需要。在执行计划的过程中，如果合作能有比各合作个体总和更大的力量、更高的效率，就应根据工作的要求与人员的特点设计岗位，通过授权和分工，将合适的人员安排在适当的岗位上，用制度规定各个成员的职责和上下左右的相互关系，形成一个有机的组织结构，使整个组织协调地运转。这就是管理的组织职能。

> 管理的组织职能：根据工作的要求与人员的特点设计岗位，通过授权和分工，将合适的人员安排在适当的岗位上，用制度规定各个成员的职责和上下左右的相互关系，形成一个有机的组织结构使整个组织协调地运转。

组织目标决定着组织结构的具体形式和特点。例如，政府、企业、学校、医院、军队、教会、政党等社会组织由于各自的目标不同，其组织结构形式也各不相同，并显示出各自的特点。反过来，组织工作的状况又在很大程度上决定着这些组织各自的工作效率和活力。在每一项计划的执行和每一项管理业务中，都要做大量的组织工作，组织工作的优劣同样在很大程度上决定着这些计划和管理活动的成败。任何社会组织是否具有自适应机制、自组织机制、自激励机制和自约束机制，在很大程度上也取决于该组织结构的状态。因此，组织职能是管理活动的根本职能，是其他一切管理活动的保证和依托。

（三）领导

计划与组织工作做好了，也不一定能保证组织目标的实现，因为组织目标的实现要依靠组织全体成员的努力。配备在组织机构各个岗位上的人

---

[1] Pamela S. Lewis, Stephen H. Goodman and Patricia M. Fandt. *Management: Challenges in the 21st Century* (*Second Edition*). Illinois: South-Western College Publishing, 1998（东北财经大学出版社影印本），p.6.

员，由于在个人目标、需求、偏好、性格、素质、价值观、工作职责和掌握信息量等方面存在很大差异，在相互合作中必然会产生各种矛盾和冲突。因此就需要有权威的领导者进行领导，指导人们的行为，通过沟通增强人们的相互理解，统一人们的认识和行动，激励每个成员自觉地为实现组织目标共同努力。管理的领导职能是一门非常奥妙的艺术，它贯穿在整个管理活动中。在中国，领导者的概念十分广泛，不仅组织的高层领导、中层领导要实施领导职能，基层领导也要实施领导职能，而担负领导职能的人都要做人的工作、重视工作中人的因素的作用。

> 管理的领导职能：指导人们的行为，通过沟通增强人们的相互理解，统一人们的认识和行动，激励每个成员自觉地为实现组织目标而共同努力。

（四）控制

人们在执行计划的过程中，由于受到各种因素的干扰，常常使实践活动偏离原来的计划。为了保证目标及为此而制定的计划得以实现，就需要有控制职能。控制的实质就是使实践活动符合计划，计划就是控制的标准。管理者既要有预防下属和事态失控的充分措施，防患于未然，又必须及时取得计划执行情况的信息，并将有关信息与计划进行比较，发现实践活动中存在的问题，分析原因，及时采取有效的纠正措施。纵向看，各个管理层次都要充分重视控制职能，越是基层的管理者，控制的时效性越强，控制的定量化程度也越高；越是高层的管理者，控制的时效性越弱，控制的综合性越强。横向看，对于各项管理活动、各个管理对象都要进行控制。没有控制就没有管理。有的管理者以为有了良好的组织和领导，目标和计划自然就会实现。实际上，如果管理者只是下达计划、布置任务、授予职权、给予奖励，而不对下属的工作实绩进行严格的检查、监督，发现问题不采取有效的纠正措施，那么不仅组织活动的目标最终难以达成，而且可能让下属成为最终被组织和社会淘汰的失败者。所以，控制与信任并不对立。管理中可能有不信任的控制，但绝不存在没有控制的信任。

> 管理的控制职能：使实践活动符合计划。

（五）创新

迄今为止，很多研究者没有把创新列为一种管理职能。但是，最近几十年来，由于科学技术的迅猛发展，社会经济活动空前活跃，市场需求瞬息万变，社会关系也日益复杂，每位管理者每天都会遇到新情况、新问题。如果因循守旧、墨守成规，就无法应对新形势的挑战，也就无法完成肩负的重任。现在的市场竞争局面已经到了不创新就无法维持的地步。管理者成功的关键就在于创新。要办好任何一项事业，大到国家的改革，小到办实业、办学校、办医院，或者办一张报纸、推销一种产品，都要敢于走新的路，开辟新的天地。所以，创新自然地成为管理过程不可或缺的重要职能。

> 管理的创新职能：管理者成功的关键就在于创新，它包括目标创新、技术创新、制度创新、组织机构和结构创新以及环境创新。

各项管理职能都有自己独有的表现形式。例如，决策职能通过目标和计划的制定及行动的实施表现出来，组织职能通过组织结构的设计和人员的配备表现出来，领导职能通过领导者和被领导者的关系表现出来，控制职能通过偏差的识别和纠正表现出来。创新职能与上述各种管理职能不同，它在其他管理职能创新所取得的效果中表现自身的存在与价值。

各项管理职能的相互关系如图 1.5 所示。每一项管理工作一般都是从决策开始，经过组织、领导到控制结束。各项职能之间相互交叉渗透，控制的结果可能导致新的决策，开始又一轮新的管理循环。如此循环不息，把工作不断地推向前进。创新在管理循环中处于轴心的地位，成为推动管理循环的原动力。

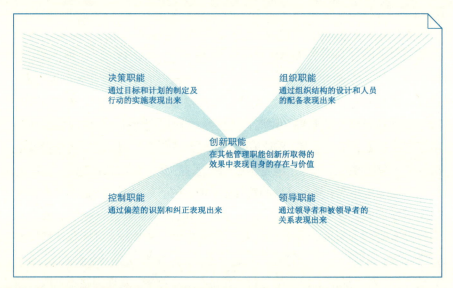

图 1.5　管理职能循环图

二、管理的自然属性

管理的出现是由人类活动的特点决定的，人类的任何社会活动都必定具有各种管理职能。如果没有管理，一切生产、交换、分配活动都不可能正常进行，社会劳动过程就会发生混乱和中断，社会文明就不能继续。这一点马克思在一百多年前就作了有力的论证："一切规模较大的直接社会劳动或共同劳动，都或多或少地需要指挥，以协调个人的活动，并执行生产总体的运动——不同于这一总体的独立器官的运动——所产生的各种一般职能。一个单独的提琴手是自己指挥自己，一个乐队就需要一个乐队指挥。"[1] 可见，管理是人类社会活动的客观需要（见图 1.6）。

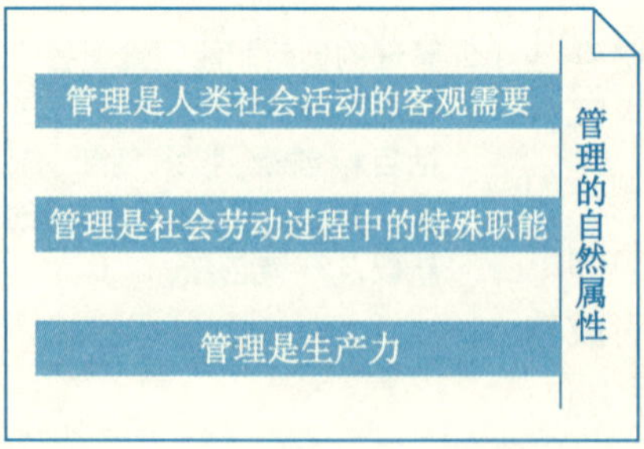

图 1.6
管理的自然属性

---

[1]《资本论》第 1 卷，人民出版社，2004 年，第 384 页。

管理也是社会劳动过程中的一种特殊职能。管理寓于各种社会活动之中，所以说它是一般职能，但就管理职能本身而言，由于社会的进化，人类分工的发展，早在原始社会，就已经有专门从事管理职能的人从一般社会劳动过程中分离出来，就如同有人专门从事围猎，有人专门从事捕鱼，有人专门从事耕种一样。人类社会经过几千年的演变发展，出现了许多政治家和行政官员，专门从事国家的管理；出现了许多军事家和军官，专门从事军队的管理；出现了许多社会活动家，专门从事各种社会团体的管理；出现了许多店主、厂长、企业家、银行家，专门从事商店、工厂、企业、银行的管理。还有许多人专门从事学校、医院、交通运输和人事的管理等。据保守的估计，在全体就业人员中，至少有30%—40%的人专门从事各类管理工作，他们的职能就是协调人们的活动，而不是直接从事物质、服务产品或精神产品的生产。因此，管理职能早已成为社会劳动过程中不可缺少的一种职能。随着互联网与人工智能的发展和普及，管理人员尤其是中层管理人员必将大量减少，但管理工作反而更为重要，对管理者素质和能力的要求更高。互联网和人工智能永远不可能完全代替管理者，相反，管理者应把互联网和人工智能作为改善管理工作、造福人类的工具。

管理也是生产力。任何社会、任何企业，其生产力是否发达，都取决于它所拥有的各种经济资源、生产要素是否得到有效的利用，取决于从事社会劳动的人的积极性是否得到充分的发挥，而这两者都有赖于管理。在同样的社会制度下，企业外部环境基本相同，有不少企业的内部条件（如资金、设备、能源、原材料、产品及人员素质和技术水平）基本相同，但经营结果、所达到的生产力水平却相差悬殊。同一个企业有时只是更换了主要领导，企业就可能出现新的面貌。其他社会组织也有类似情况，其原因也在管理，由于不同的领导人采用了不同的管理理念、管理制度和管理方法，就会产生完全不同的效果。这样的事例不胜枚举，事实证明管理也是生产力。科学技术是生产力，但科学技术的发展本身需要有效的管理，并且也只有通过管理，科学技术才能转化为生产力。

管理的上述性质并不以人的意志而转移，也不因社会制度和意识形态的不同而有所改变，这完全是一种客观存在，所以，我们称之为管理的自然属性。

三、管理的社会属性

管理是为了达到预期目的而进行的具有特殊职能的活动。谁的预期目的？什么样的预期目的？实质上就是"为谁管理"的问题。在人类漫长的历史中，管理从来就是为国家当局、为生产资料的所有者服务的。管理是一定社会生产关系的反映，国家的管理、企业的管理以至于各种社会组织

> 管理的社会属性：管理是一定社会生产关系的反映，国家的管理、企业的管理以至于各种社会组织的管理，概莫能外。

的管理，概莫能外。以资本主义企业管理为例，马克思有过十分深刻的分析："资本家的管理不仅是一种由社会劳动过程的性质产生并属于社会劳动过程的特殊职能，它同时也是剥削社会劳动过程的职能，因而也是由剥削者和他所剥削的原料之间不可避免的对抗决定的。"[1] 列宁也曾指出："资本家所关心的是怎样为掠夺而管理，怎样借管理来掠夺。"[2] 因此，资本主义企业管理的社会属性具有剥削性和资本的独裁性。

在过去一个世纪中，资本主义和社会主义都发生了急剧的变化。以美国为代表的自由资本主义国家不仅培育出一批亿万富翁，同时也形成了规模庞大的中产阶级，尽管贫富差距、两极分化现象十分严重，并且随着全球化的发展会变得更加严重，但《共产党宣言》中所指的无产阶级已不复存在，人民的生活福利、医疗、教育、失业、养老等社会保障制度和民主制度都日趋完善。无论是宏观还是微观的管理，由于引入最先进的科学技术而得到了突飞猛进的发展。西欧资本主义已逐渐走向民主社会主义，社会福利和民主制度都有很大进步，虽然社会贫富差距依然存在，但马克思在《英国工人的贫困》中所描述的资本家残酷剥削工人的状况在发达国家已成为历史。中国经过四十多年的改革开放，坚持中国特色社会主义道路取得了举世公认的经济发展奇迹。世界的面貌已经发生根本变化，并将继续发生更大的变化。

世界在变化，企业也在变化。昔日马克思、恩格斯曾经剖析过的企业，今天已经面目皆非。从笔者的观点来看，与管理的社会属性有关的基本变化至少有四点（见图 1.7）。

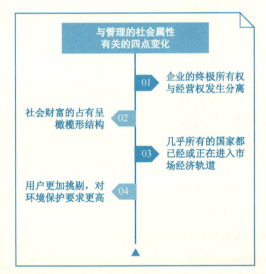

图 1.7
与管理的社会属性有关的四点变化

1. 随着科学技术的飞速进步和经济全球化的发展，经济组织规模不断扩大，要在全球配置资源和进行社会分工，信息传播速度和信息传播数量都空前增加，人们之间的相互交往更频繁，各国经济的相互依存性更大，使管理的复杂性大大提高了。于是，一批受过良好职业训练的经理阶层应运而生，使企业的终极所有权与经营权发生分离。通过股份制的组织形式，企业资本的所有者——股东不再直接管理企业。由于股东可以随时转让自己的所有权——股权，因而可以不怎么关心企业的管理。他所关心的可能仅仅是股票价格的涨落和红利的多少。

2. 许多西方发达国家经过最近几十年和平的经济发展，人民的生活水平提高了，尽管贫富差距仍然悬殊，失业率时高时低，但整个社会普遍出现

---

[1]《资本论》第 1 卷，人民出版社，2004 年，第 384 页。
[2]《列宁选集》第 3 卷，人民出版社，2012 年，第 378 页。

了中产阶级，有相当一部分职工持有企业的股票，使拥有企业所有权的人数大大增加了。从社会财富的占有来看，两头小中间大的橄榄形结构正在取代工业化初期的金字塔形结构——金字塔顶端的极少部分人占有社会绝大部分的财富，但遗憾的是，许多发展中国家仍不可避免地处在这个发展变化过程中。

3. 绝大多数国家都已进入或正在进入市场经济的轨道。并且所有国家不论社会制度如何，都在使用市场、计划、行政、法律的手段以及大数据技术进行宏观经济调控。

4. 社会公众和广大消费者（用户）对各种社会组织所提供的商品和服务及其对环境造成的损害，抱着更加挑剔的态度，并且形成各种消费者协会和形形色色的环境保护组织，迫使管理者不得不认真考虑消费者利益和社会生态环境的保护。

现实世界所发生的新变化，深刻地影响着管理的社会属性。在现代企业中，企业的职业管理者在行使管理职能时，既要满足资本家及所有股东对股息和红利的要求，又要保证扩展企业实力的需要；既要尽可能地满足本企业职工物质和精神方面的需要，又要考虑到社会公众、广大消费者和用户的利益；既要千方百计地追求企业的最大利润，又要处理好企业同政府的关系，遵从政府的种种法规和限制。尽管企业管理的社会属性已经多元化了，但从本质上讲，并没有改变资本的剥削性和独裁性。

由于历史的原因和具体的国情，我国仍然处在社会主义初级阶段，需要在以公有制为主体的条件下发展多种所有制经济。并且，公有制实现形式也正在向混合经济的方向发展，股份制、股份合作制及其他有效的资本组织形式，正在被越来越多的企业所采用。民营经济及证券股票市场得到了迅猛发展，现代企业制度已基本建立，所有权和经营权分离已成为国有企业及所有股份制企业尤其是上市公司的实际状况。在我国，企业管理的形式正在发生急剧的变化，但管理的社会属性并未发生根本性的改变。

从总体上看，我国的企业及其他社会组织的管理都是为建设中国特色社会主义服务的，管理的预期目的都是为了使人与人之间的关系以及国家、集体和个人的关系更加和谐。应当把社会主义理解为一种发展过程，当她尚处在初级阶段时，很有可能出现其他国家在工业化初期资本原始积累中常见的问题。此外，我国几千年封建专制制度遗留下来的意识形态残余也会在不同阶段的管理实践中产生不同程度的影响。这与中国特色社会主义是极不和谐的，但是管理和整个社会一样，要经过一定的历史发展阶段，才能摆脱不发达的落后状态，逐步走向和谐。

第三节 管理者的角色与技能

管理者合格与否在很大程度上取决于前一节所述的五种管理职能的履行情况。为了有效履行各种职能，管理者必须明确以下两点：自己要扮演哪些角色？在扮演这些角色的过程中自己需要具备哪些技能？

一、管理者的角色

> 亨利·明茨伯格：加拿大管理学家，是在全球管理界享有盛誉的管理学大师，经理角色学派的主要代表人物。他的身上充满了悖论，并因此获得了"管理领域伟大的离经叛道者"的头衔。

根据亨利·明茨伯格（Henry Mintzberg）的一项被广为引用的研究，管理者扮演着十种角色，这十种角色可被归入三大类：人际关系角色、信息传递角色和决策制定角色。明茨伯格的管理者角色理论可用图1.8来表示。

（一）人际关系角色

明茨伯格所确定的第一类角色是人际关系角色。人际关系角色直接源自管理者的正式权力。管理者代表组织在处理与组织成员和其他利益相关者的关系时，扮演着代表人角色、领导者角色和联络者角色等三种人际关系角色。

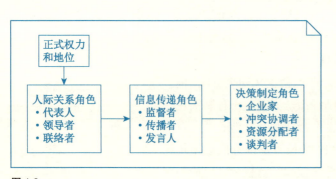

图 1.8
管理者的角色
资料来源：Henry Mintzberg. The Manager's Job: Folklore and Fact. *Harvard Business Review*. March–April 1990.

作为管理者须行使一些具有礼仪性质的职责。例如，管理者有时必须出现在社区的集会上、参加社会活动或宴请重要客户等。在这样做的时候，管理者行使着代表人的角色。

由于管理者对所在单位的成败负重要责任，他们必须在工作小组内扮演领导者角色。对这种角色而言，管理者和员工一起工作并通过员工的努力来确保组织目标的实现。

管理者须扮演联络者的角色。无论是在和组织内的个人或工作小组一起工作时，还是在建立和外部利益相关者的良好关系时，管理者都起着联络者的作用。管理者必须对重要的组织问题有敏锐的洞察力，从而能够在组织内外建立关系和网络。

（二）信息传递角色

明茨伯格所确定的第二类管理者角色是信息传递角色。在信息传递角色中，管理者负责确保和其一起工作的人具有足够的信息，从而能够顺利完成工作。由管理责任的性质决定，管理者既是所在单位的信息传递中心，也是组织内其他工作小组的信息传递渠道。整个组织的成员依赖于管理结构和管理者以获取或传递必要的信息，以便完成工作。

管理者须扮演的一种信息传递角色是监督者角色。作为监督者，管理者须持续关注组织内外环境的变化以获取对组织有用的信息。管理者通过接触下属来搜集信息，并且从个人关系网中获取对方主动提供的信息。根据这种信息，管理者可以识别工作小组和组织的潜在机会和威胁。

在作为传播者的角色中，管理者把他们作为信息监督者所获取的大量信息分配出去。作为传播者，管理者把重要信息传递给工作小组成员。管理者有时也向工作小组隐藏特定的信息。更重要的是，管理者必须保证员工具有必要的信息，以便切实有效地完成工作。

管理者所扮演的最后一种信息传递角色是发言人角色。管理者须把信息传递给单位或组织以外的个人，例如，必须向董事和股东说明组织的财务状况和战略方向，必须向消费者保证组织在切实履行社会义务，以及必须让政府官员对组织的遵守法律情况感到满意。

（三）决策制定角色

管理者也起着决策者的作用。在决策制定角色中，管理者处理信息并得出结论。如果信息不用于组织的决策，这种信息就丧失其应有价值。管理者负责作出组织的决策，他们让工作小组按照既定的路线行事，并分配资源以保证小组计划的实施。

管理者所扮演的一种决策制定角色是企业家角色。在前述的监督者角色中，管理者密切关注组织内外环境的变化和事态的发展，以便发现机会。作为企业家，管理者对所发现的机会进行投资以利用这种机会，如开发新产品、提供新服务或发明新工艺等。

管理者所扮演的第二种决策制定角色是冲突协调者角色。一个组织不管被管理得多好，它在运行的过程中，总会遇到或多或少的冲突或问题。管理者必须善于处理冲突或解决问题，如平息客户的怒气，同不合作的供应商进行谈判，或者对员工之间的争端进行调解等。

作为资源分配者，管理者决定组织的资源用于哪些项目。尽管我们一提到资源，就会想起财力资源或设备，但其他类型的重要资源也会被分配给项目。例如，当管理者选择把时间花在这个项目而不是那个项目上时，实际上是将管理者的时间作为一种资源在进行分配。除时间以外，信息也是一种重要资源，管理者是否在信息获取上为他人提供便利，通常决定着项目的成败。

管理者所扮演的最后一种决策制定角色是谈判者角色。对所有层次管理工作的研究表明，管理者把大量的时间花费在谈判上。管理者的谈判对象包括员工、供应商、客户和其他工作小组。无论是何种工作小组，其管理者都会进行必要的谈判工作，以确保小组朝着组织目标迈进。

要扮演好这些角色，需要管理者与同事建立伙伴关系，开展谈判，激励下属，解决冲突，建立信息网络，在拥有很少或很模糊的信息的情况下果断作出决策，以及合理分配资源。

原文：

These roles require developing peer relationships, carrying out negotiations, motivating subordinates, resolving conflicts, establishing information networks, making decisions with little or ambiguous information, and allocating resources.

资料来源：

Henry Mintzberg. The Manager's Job: Folklore and Fact. *Harvard Business Review*. March–April 1990.

二、管理者的技能

根据罗伯特·卡茨（Robert Katz）的研究[1]，管理者要具备三类技能。管理者在行使五种管理职能和扮演三类角色时，必须具备这三类技能。各层次管理者对三类技能的需求强度如图1.9所示。

> 罗伯特·卡茨：美国著名的管理学家。1955年，他在《哈佛商业评论》上发表了《高效管理者的三大技能》(Skills of an Effective Administrator)一文，提出了管理的"技能"说。这是作者针对当时美国企业界涌起的一股寻找"理想经理人"的狂热而撰写的个人研究成果。

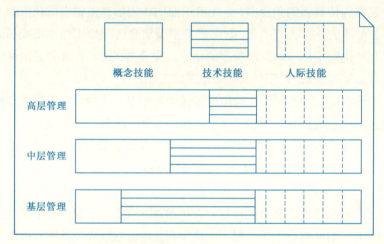

图1.9　各种层次管理所需要的管理技能比例

（一）技术技能

技术技能是指"运用所监督的专业领域中的过程、惯例、技术和工具的能力"[2]。例如，监督会计人员的管理者必须懂会计。尽管管理者未必是技术专家，但他（或她）必须具备足够的技术知识和技能以便卓有成效地指导员工、组织任务、把工作小组的需要传达给其他小组以及解决问题。

> 技术技能：运用管理者所监督的专业领域中的过程、惯例、技术和工具的能力。

技术技能对于各种层次管理的重要性可以用图1.9来表示。由图可看出，技术技能对于基层管理最重要，对于中层管理较重要，对于高层管理较不重要。

（二）人际技能

人际技能（有时称为人际关系技能）是指"成功地与别人打交道并与别人沟通的能力"[3]。人际技能包括对下属的领导能力和处理组织内外部各有关部门、有关人员之间关系的能力。管理者特别要注意提高自己与他人共

> 人际技能：成功地与别人打交道并与别人沟通的能力。

---

[1] Robert L. Katz. Skills of an Effective Administrator. *Harvard Business Review.* September–October 1974, pp.90–102.

[2] Warren R. Plunkett and Raymond F. Attner. *Management: Meeting and Exceeding Customer Expections*(*Sixth Edition*). Illinois: South-Western College Publishing, 1997（东北财经大学出版社影印本），p.24.

[3] Warren R. Plunkett and Raymond F. Attner. *Management: Meeting and Exceeding Customer Expections*(*Sixth Edition*). Illinois: South-Western College Publishing, 1997（东北财经大学出版社影印本），p.26.

同合作的能力，处理好与同事的关系，以便树立团队精神。管理者作为组织中的一员，其工作能力首先表现在处理人际关系的能力上。从图 1.9 可以看出，人际技能对于所有层次管理都十分重要。

（三）概念技能

概念技能是指"把观点设想出来并加以处理以及将关系抽象化的精神能力"[1]。具有概念技能的管理者往往把组织视作一个整体，并且了解组织各个部分的相互关系。具有概念技能的管理者能够准确把握工作单位之间、个人之间以及工作单位和个人之间的相互关系，深刻了解组织中任何行动的后果，以及正确行使五种管理职能。很强的概念技能为管理者识别问题的存在、拟订可供选择的解决方案、挑选最好的方案并付诸实施提供了便利。

> 概念技能：把观点设想出来并加以处理以及将关系抽象化的精神能力。

从图 1.9 可以看出，概念技能对于高层管理最重要，对于中层管理较重要，对于基层管理较不重要。

三、管理者面临的新时代

21 世纪的管理者面临着一个急剧变化的新时代。我们认为这个时代的潮流集中表现为四大发展趋势，即信息网络化、经济全球化、知识资源化、管理人本化（见图 1.10）。这四大发展趋势给当今的管理者提出一系列新的挑战。

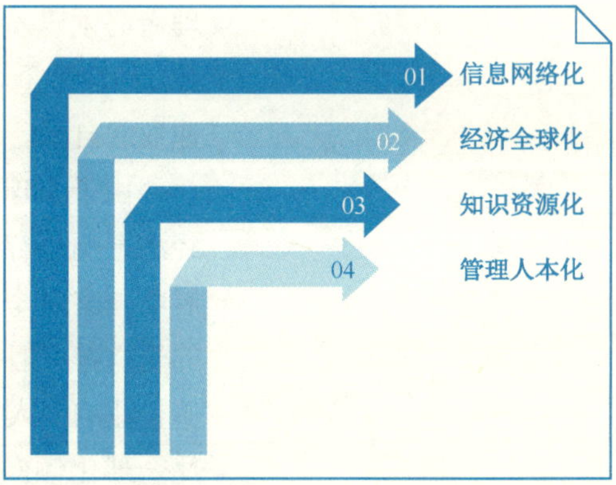

（一）信息网络化

信息网络化的标志是人们通过互联网可以在全球范围内与对方进行实时的信息交流。不管人在何方，不管信息内容如何庞杂，只要通过网络，一切信息的搜索、采集、分类、传递都可以在几秒钟内搞定。不仅可以随便下载，还可以自由上传，并且处理速度越来越快。因此，网络在军事、政务、商务、医务、教育、文化、娱乐、购物和日常生活中得到越来越广泛的应用。信息网络化正在改变着人们的生活方式和工作方式，改变着企业的经营方式和组织形式。信息网络化正在改变着世界的面貌，正在引发一场管理革命。

网络对管理者的挑战不仅仅是如何提高在管理中应用网络进行电子商务的能力，更重要的是在新的时空条件和信息高度透明的情境下，如何确立新的管理理念。例如，是否要开设网络博客与下属及消费者沟通？如何

图 1.10
新时代的四大发展趋势

01 信息网络化
02 经济全球化
03 知识资源化
04 管理人本化

---

[1] Warren R. Plunkett and Raymond F. Attner. *Management: Meeting and Exceeding Customer Expections*（*Sixth Edition*）. Illinois: South-Western College Publishing, 1997（东北财经大学出版社影印本），p.26.

利用网络对下属机构的活动进行实时监控和互动？如何更好地利用网络去搜索信息、发现和捕捉商机？在信息网络化条件下，突发事件发生的频率大大增加，未来的不确定性更加突出，组织或管理者如何增强处理突发事件的能力？这都是管理者面临的新挑战。

（二）经济全球化

经济全球化是信息网络化的必然结果。在网络化条件下，不可能像过去那样封锁信息、闭关锁国。改革开放是时代的要求，经济全球化在最近几十年中得到了迅猛发展，特别是中国加入 WTO 以后，经济蓬勃发展、突飞猛进，经济全球化的发展更加势不可挡。现在世界各国经济上互相依存、互为补充、争取共赢的局面已经形成。企业可在全球范围内优化配置资源，组织全球供应链。中国制造的商品已遍布全球，跨国企业的分支机构也已深入全球许多国家，在中国的边远乡村也能看到跨国公司的身影。经济全球化正在使世界变平[1][2]，但由于各国发展程度、历史传统、宗教信仰、社会制度、民族文化、资源禀赋、地缘政治等存在巨大的客观差异，必然形成多元文化、多元宗教、多元种族、多元价值观并存的现实世界，这就要求管理者必须以宽大、包容、博爱的胸怀来进行相互交流和管理。只有相互理解、相互尊重，才能在这多样化的世界中抓住经济全球化所带来的机遇，迅速发展自己。

由于全球各个经济体的发展程度不同，全球化对各国及其不同阶层的经济影响也存在很大差别。从总体上讲，中国及其他已进行改革开放的发展中国家是全球化的受益者，美国及其他发达国家特别是跨国企业是最大的受益者。但由于全球生产链的发展，美国大量制造业外流，使内原来制造企业的工人及整个中产阶级的经济收入有所下降。因而在 2017 年，具有反全球化倾向的美国总统特朗普提倡"美国第一"；2018 年 3 月 23 日，特朗普又签署备忘录，依据"301 调查"结果，将对从中国进口的价值大约 600 亿美元的商品大规模征收关税。美国的一些贸易保护主义政策在全球各地也掀起了贸易保护主义浪潮。中美或中欧之间，国际贸易将发生更多摩擦，但经济全球化的趋势仍将奔腾向前，不可阻挡。

经济全球化发展到今天确实已经使各个经济体之间、各企业之间的关系变得十分错综复杂，风险的积累和扩大往往变得难以控制，这就要求管理者必须研究如何为自己构建更加可靠的防火墙，规避经济全球化可能带来的风险，尽量使自己不受或少受损害。管理者也必须重新审视组织的发

---

[1]　[美]托马斯·弗里德曼，《世界是平的》，何帆等译，湖南科学技术出版社，2006 年。
[2]　[美]安德鲁·罗斯，《世界不平坦》，张萍、王福兴译，九州出版社，2008 年。

展战略、组织机构、管理理念、经营方式、规章制度、人力资源是否适应经济全球化的时代以及应当怎样才能与时俱进。

（三）知识资源化

知识资源化与信息网络化和经济全球化密切相关：一方面，信息网络化和经济全球化必须建立在以信息技术为代表的现代科学技术高度发展的基础之上；另一方面，现代科学技术知识又借信息网络化和经济全球化在全球范围内迅速便捷地流动和传播，从而使知识成为现代社会经济发展中最重要的资源。随着社会经济技术的发展进步，消费者对商品和服务的要求越来越高，对商品的卫生标准和生态环境的要求也更加苛刻。因此，企业及其他社会组织必须不断地创新，才能满足消费者的需要，从而使市场竞争空前激烈，而构成组织核心竞争力的最重要的要素就是创新知识。知识资源化给管理者提出了全新的挑战。过去管理者主要是管人、财、物和相关信息的配置和流动，如今却要把重点放到对知识的管理上来。特别是要管好技术创新、制度创新，维护品牌、声誉、知识产权，培养、招聘人才，建立学习型组织等问题，因为这些知识的管理问题都是任何组织基业长青的关键所在。

（四）管理人本化

管理人本化是几千年来社会进步的结果，也是现代社会文明的标志。人是知识特别是未编码的创新知识的载体，在知识资源化的今天，处理好人与人的关系当然就成为管理者的头等大事。管理者既要追求实现组织目标，又必须真心实意地树立"人人生来平等"的观念，尊重每一个人，维护每一个人的合法权益，在自由平等的条件下，为每一个人创造全面发展的机会。实际上，不能靠空喊"一切从人出发"的口号来解决问题，而是要在管理中努力实现公平正义、自由民主，这是管理者面临的最艰巨的任务。

由于历史和文化的原因，我国各类组织中的"官本位"管理制度尚未得到彻底改革，有些管理者潜意识中"官贵民贱"的观念并未清除，"唯上""媚上""一言堂"作风盛行，"主人"与"仆人"的位置经常颠倒。更有些领导总以"救世主"自居，似乎是他恩赐给人民以尊重和利益，而根本没有想到自己的权力是人民给的，人民才是自己的衣食父母。这样的管理者讲再多的"以人为本"也毫无意义。管理人本化要求在管理者的灵魂深处爆发革命，才有可能在管理中公平公正地维护相关利益者的正当权益，才会去考虑为每一个有关的人创造全面发展的平等机会。应当看到管理人本化是一个理想目标，从重视人到尊重人到全面地发展人，可能要经过一个漫长的渐进过程才能逐步实现。互联网的发展和普遍应用，将大大加速"以人为本"的进化过程。

> 🎧 **腾讯刘胜义：互联网的本质是连接，需要以人为本**
> 法国当地时间2015年6月21日，第62届戛纳国际创意节盛大开幕。作为本届创意节"年度媒体人物"的获得者，也是全球首位获此殊荣的华人，腾讯集团高级执行副总裁刘胜义在主会场发表了"移动终端背后的人类面孔"的主题演讲。

快速变化的新时代给管理提出了许多严峻的挑战，为了应对新时代的挑战，管理者必须培育以下五种能力。

1. 获取和吸收新知识的能力，因为互联网时代是知识爆炸的时代，每天都有许多新技术、新发明、新知识涌现出来。没有获取和吸收新知识的能力，就会变得无知，就会被时代淘汰。

2. 集成多种知识流派的能力，因为许多创新都是集成多种知识流派的成果。

3. 跨越文化和地域局限的能力，因为这是经济全球化和国际自由贸易所必需的。

4. 遗忘的能力，因为经验和成就只代表过去，我们需要的是面对未来。

5. 跨越业务边界进行竞争的能力，因为互联网已打破原有的企业边界，跨越业务边界进行竞争将成为新时代竞争的常态。

第四节 | 管理学的对象与方法

一、管理学的研究对象

> 管理学是以什么作为研究对象的？

无论是在公司（大到一家跨国公司，小到一家网店）、各类工厂、商店、银行等企业单位，或是在学校、研究所、医院、报社、电视台等事业单位，还是在政府、军队、公安等国家机关，尽管各单位的工作性质千差万别，尽管各人担任的职务迥然不同，但都有人担任管理工作。当然，一位省长所作的决策与一位大学校长所作的决策完全不同，公司里一位经理所管辖的人员和资源比一位班组长所管辖的人员和资源不知要多多少。但透过这些差别，我们仍然可以看到他们所从事的管理工作的共同基础。他们都是为了实现本单位的既定目标，通过决策、组织、领导、控制、创新等职能进行着任务、资源、职责、权力和利益的分配，协调着人们之间的相互关系。这就是各行各业各种管理工作的共同点。

管理工作的共性是建立在各种不同的管理工作的特殊性之上的。就管理的特殊性而言，工厂不同于商店，银行不同于学校，学校也不同于医院，政府不同于军队，军队更不同于学术团体……有多少种不同的社会组织，就会有多少种特殊的问题，也就会有多少种解决这些特殊问题的管理原理和管理方法，由此也就形成各种不同门类的管理学，如企业管理学、行政管理学、学校管理学、军队管理学等。这些专门管理学根据具体的研究对象还可进一步细分。例如，企业管理学进一步分为工业企业管理学、商业企业管理学、银行管理学、旅游酒店管理学等。但是，这些专门管理学中又都包含着共同的、普遍的管理原理和管理方法。这就形成了本课程——管理学的研究对象。所以，管理学以各种管理工作中普遍适用的原理和方法作为研究对象。各种管理学的关系如图 1.11 所示。

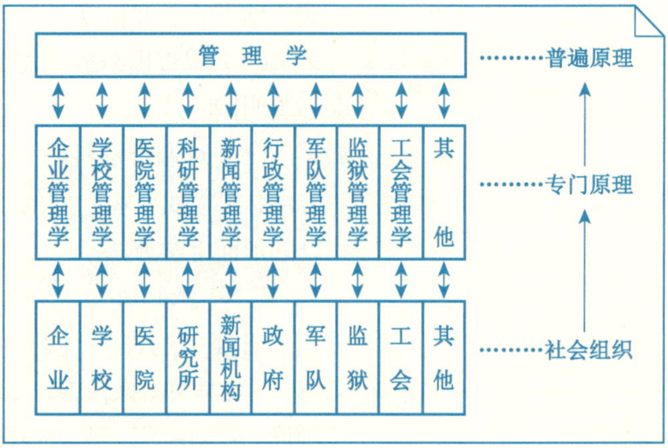

二、管理学的研究方法

管理学和其他许多社会科学一样，其研究方法基本上有三种：第一种是归纳法，第二种是试验法，第三种是演绎法（见图 1.12）。

（一）归纳法

归纳法就是通过对客观存在的一系列典型事物（或经验）进行观察，从掌握典型事物的典型特点、典型关系、典型规律入手，进而分析研究事物之间的因果关系，从中找出事物变化发展的一般规律，这种从典型到一般的研究方法也被称为实证研究。由于管理过程十分复杂，影响管理活动的相关因素极多，并且相互交叉，人们所能观察到的往往只是综合结果，很难把各个因素的影响程度分解出来，所以，大量的管理问题都只能用归纳法进行实证研究。

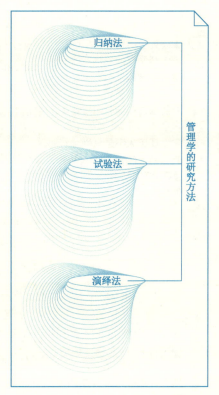

图 1.11 管理学关系图

图 1.12 管理学的研究方法

1. 在管理学研究中，归纳法应用最广，但其局限性也十分明显。

（1）一次典型调查（或经验）只是近似于无穷大的总体中的一个样本。所以，实证研究必须对足够多的对象进行研究才有价值。如果选择的研究对象没有代表性，归纳出的结论也就难以反映出事物的本质。

（2）研究事物的状态不能人为地重复，管理状态也不可能完全一样，所以，研究得出的结论只是近似的。

（3）研究的结论不能通过实验加以证明，只能用过去发生的事实来证明，但将来未必就是过去的再现。

2. 在运用归纳法进行管理问题的实证研究时，应当注意以下几点。

（1）要弄清与研究事物相关的因素，包括各种外部环境和内部条件，以及系统的或偶然的干扰因素，并尽可能剔除各种不相关的因素。

（2）选择好典型，并分成若干类，分类标准应能反映事物的本质特征。

（3）调查对象应有足够数量，即按抽样调查原理，使样本容量能保证

🎤 在管理学研究中，应用得最广的方法是什么？

🎤 归纳法的局限性表现在哪几个方面？

调查结果的必要精度。

（4）调查提纲或问卷的设计要力求包括较多的信息数量，并便于得出简单明确的结论。

（5）对调查资料的分析整理，应采取历史唯物主义和辩证唯物主义的方法，去寻找事物之间的因果关系，切忌采取先有观点再搜集材料加以论证的形而上学方法。

（二）试验法

管理中的许多问题，特别在微观组织内部，关于生产管理、设备布置、工作程序、操作方法、现场管理、质量管理、营销方法，以及工资奖励制度、劳动组织、劳动心理、组织行为、商务谈判等许多问题都可以采用试验法进行研究。即人为地为某一试验创造一定条件，观察其实际试验结果，再与未给予这些条件的对比试验的实际结果进行比较分析，寻找外加条件与试验结果之间的因果关系。如果做过多次试验，而且总是得到相同结果，那就可以得出结论，存在某种普遍适用的规律性。著名的霍桑实验（Hawthorne Experiment）就是采用试验法研究管理中人际关系的成功例子。

> 霍桑实验：1924—1932年，美国科学院的一批专家和哈佛大学教授梅奥(George E. Mayo)在美国芝加哥郊外的西方电器公司霍桑工厂主持进行了一系列实验。它发现工人不是只受金钱刺激的"经济人"，个人的态度在决定其行为方面起重要作用。

试验法可以得到接近真理的结论。但是，管理中也有许多问题，特别是高层的、宏观的管理问题，由于问题的性质特别复杂，影响因素很多，不少因素又是协同作用的，很难逐个因素孤立地进行试验。并且此类管理问题的外部环境和内部条件特别复杂，要想进行人为的重复也是不可能的。例如，投资决策、生产计划、财务计划、人事管理、资源分配等许多问题几乎是不可能进行重复试验的。

（三）演绎法

对于复杂的管理问题，管理学家可以从某种概念出发，或从某种统计规律出发，也可以在实证研究的基础上，用归纳法找到一般的规律性，并加以简化，形成某种出发点，建立起能反映某种逻辑关系的经济模型（或模式），这种模型与被观察的事物并不完全一致，它反映的是简化了的事实，它完全合乎逻辑的推理。它是从简化了的事实前提推理得来的，所以，这种方法被称为演绎法。从理论概念出发建立的模型被称为解释性模型，例如，投入产出模型、企业系统动力学模型等都是建立在一定理论概念基础之上的。从统计规律出发建立的模型被称为经济计量模型，如柯布-道格拉斯生产函数模型（Cobb-Douglas Production Function）以及建立在回归分析和时间序列分析基础上的各种预测模型和决策模型。建立在经济归纳法基础上的模型被称为描述性模型，如现金流量模型、库存储备量模型、生产过程中在制品变动量模型等。

> 从理论概念出发建立的模型被称为_____模型。

> 从统计规律出发建立的模型被称为_____模型。

> 建立在经济归纳法基础上的模型被称为_____模型。

现代科学技术的发展迅速地推动着管理学研究方法的现代化。特别是由于计算机技术的迅速发展,管理中的各种模型,甚至具有几百个变量的线性规划模型都可以在计算机上进行迅速的运算,或者进行动态模拟,如投资决策模拟等。数字科学和人工智能的发展都将大大促进管理学向更加精密的方向发展。

三、本书的特点和结构

基于以上对管理学的认识,我们在编写本书时,努力遵循以下三条宗旨,使其成为本书的特点。

1. 人类社会的一切管理活动,尽管看上去千姿百态、各不相同,但其管理的对象、内容、性质、职能和方法有许多共同的规律性。这些规律性是所有管理者都应掌握的基础知识。因此,本书在写作过程中,时时都在努力从管理科学的知识海洋中提炼出这些共同的规律性,把它奉献给所有的管理工作者。

2. 管理学是一门综合性的应用科学。由于人类从事的管理活动越来越复杂,要求也越来越精确和迅速,因此,管理学的研究必然会涉及经济学、哲学、社会学、历史学、心理学、人类学、数学以及各种专门的工程技术学和计算机科学。管理者应当是文理兼备、文武双全的人才。我们在写作过程中,尽可能地从各个学科中汲取有用的养分,既不回避理论上深奥的逻辑推理,也很重视数学上严密的定义与论证,并力图把定性研究与定量分析的理论和方法结合起来。

3. 管理具有自然和社会的双重属性,因此,管理并不是没有国界的。在美国行之有效的管理理论和方法,不可能都适用于中国,即使具有同样东方文化背景的日本的管理理论和方法也不可能都适用于中国。我们在写作过程中本着洋为中用的精神,学习、借鉴、汲取外国先进的管理理论和方法,尽可能地同中国的实际结合起来,同时也十分重视我国传统的和现代的管理理论和方法,特别是对在经济建设实践中涌现出的新经验和新观点给予了充分的关注。

本书的结构是根据我们对管理职能的观点而设计的。全书分为总论、决策、组织、领导、控制及创新六篇二十章。每篇之间有着严格的逻辑关系(见图1.13)。

管理总论篇是全书的总纲和基础,它统领着其他各篇。其他各篇按管理过程的各项职能展开。管理过程由决策→组织→领导→控制→新的决策这一循环构成。管理的理论、原理、方法及各项职能都需要创新,

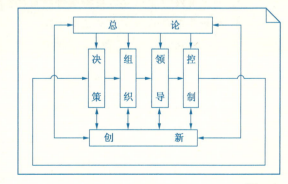

图 1.13
本书各篇的逻辑关系

而创新也深刻改变着它们；创新需要以它们为基础，离不开它们的支持。所以，创新篇与其他各篇之间呈现出相互依存的关系。正是在这个意义上说，创新在管理中处于轴心的地位。

读 书 提 示

1. 朱镕基，《管理科学，兴国之道》，《人民日报》，1996 年 10 月 4 日。
2. ［美］哈罗德·孔茨、［美］海因茨·韦里克，《管理学——国际化与领导力的视角》(精要版第 9 版) 第 1 章，马春光译，中国人民大学出版社，2014 年。
3. ［美］斯蒂芬·罗宾斯、［美］玛丽·库尔特，《管理学》(第 15 版) 第 1 章，刘刚等译，中国人民大学出版社，2022 年。
4. ［美］W. H. 纽曼、［美］小 C. E. 萨默，《管理过程——概念、行为和实践》第 1 章，李柱流译，中国社会科学出版社，1995 年。
5. ［德］F. X. 贝阿、［德］E. 迪维特里、［德］施维策尔，《企业管理学》(第一卷) 第 1 章，王演红等译，复旦大学出版社，1996 年。
6. ［德］F. X. 贝阿、［德］E. 迪维特里、［德］施维策尔，《企业管理学》(第二卷) 引言，王演红、陆新等译，复旦大学出版社，1998 年。

复习思考题

1. 人类活动的特点是什么？为什么管理实践与人类历史同样悠久？
2. 何谓管理？管理的基本特征是什么？
3. 管理活动具有哪些基本职能？它们之间的关系是什么？
4. 分析管理二重性的基本内容。
5. 一个有效的管理者需要扮演哪些角色？需要具备哪些技能？
6. 分析管理学的研究对象及其方法。

第二章 管理思想的发展*

历史是最富哲理的教科书。学习管理就必须从学习管理思想发展的历史开始。历史中既包含着无数成功的经验,也包含着许多失败的教训。历史是前人深邃智慧的结晶和反复实践的沉积。以史为鉴,我们才能站在巨人的肩上,超越前人,看清管理学发展的方向,才能把管理学向前推进。

第一节 中国传统管理思想

一、中国传统管理思想形成的社会文化背景

一提起管理理论的历史,人们自然地会想到亚当·斯密(Adam Smith,

---

* 历史很重要。回顾历史,我们可以了解管理学各领域的管理思想是如何演变的,同时会发现以往的管理方法中有许多要素仍然可在今天的管理中应用,前人的许多想法对我们今天改进管理工作仍然会有启发。由于学时限制,在本科和研究生教学中,这部分内容不可能在课堂上详细讲授。但是,我们仍然强烈推荐今天和未来的管理者们认真阅读本章内容。温故知新,您花费在学习上的时间将不会白费。

1723—1790）、罗伯特·欧文（Robert Owen，1771—1858）、弗雷德里克·泰罗（Frederick Winslow Taylor，1856—1915，又译"泰勒"）、亨利·法约尔（Henri Fayol，1884—1925）等先驱者的名字，而对中国的传统管理思想却知之甚少。似乎人类的管理实践和管理理论是从18世纪才开始的，并且只有西方才是管理思想的发源地。其实，管理的实践和理论是与各个民族的文明史和各个国家的社会文化背景相联系的。各个国家和民族对管理学的发展都具有各自的贡献和价值，西方中心论完全不符合人类历史发展的事实。

中国是世界上历史最悠久的文明古国之一。早在五千年前，中国就有了人类社会最古老的组织——部落和王国，有了部落的领袖和帝王，因而也就有了管理。到了商周时期，中国已形成组织严密的奴隶制和封建制的国家组织，出现了从中央到地方高度集权、等级森严的金字塔形的权力结构。

中国自古就是世界上人口最多、幅员最大的国家之一。早在公元前二百多年，秦朝就形成了与现代中国国土相近的统一国家。在以后两千多年漫长的历史中，中国发生过无数次战争，遭受过多次外国入侵，经历了数百次改朝换代，虽然也曾有过短暂的分裂，但历代统治者都能对如此辽阔的疆土和众多的人口进行有效的控制和管理。人类历史上出现过的古希腊、古罗马帝国都曾创造过辉煌业绩，推动了社会文明的进步，但随着时间的推移，这些横跨欧亚的大国都分崩离析、烟消云散了。唯有中国自古至今基本上保持着完整的国家领土和主权，成为世界上人口最多的大国，并且正在迅速崛起。历代统治者的功过是非应当由历史学家去研究和评述，但从管理学的角度来看，历史也给我们留下了有关管理国家、巩固政权、统帅军队、组织战争、治理经济、发展生产、安定社会等方面极为丰富的经验和理论，其中也包含着许多至今仍闪耀着光辉的管理思想。

中国有许多世界历史上的伟大工程。长城就是其中最令人赞叹不已的例子。早在春秋战国时（公元前7世纪），为了防御战争，在形势险要的地方开始修筑长城，后来经过秦朝到明朝历代修缮，于明朝万历年间（1573年）终于形成了西起嘉峪关，东至山海关，总长6 700多千米，连为一体的万里长城。

中国在其漫长历史中，所经历战争之多、规模之大，也是世界各国少有的。早在春秋战国时，就经常发生规模达几十万军队的大战役。战争给人类带来了死亡和灾难，摧毁了人类的文明和良知。但战争也推动了如何治理军队、带兵作战的军事思想的发展，产生了许多不朽的军事著作。《孙子兵法》就是其中最著名的代表作，著作中所阐述的"为将之道""用人之道""用兵之道"，以及在各种极其错综复杂的环境中为了取胜所采用的各

> 长城的修建历时两千多年，投入的劳动力达数百万人，如果将动用的土石方筑成一条一米高、一米宽的墙，可以绕地球13.5圈。筑城所用的砖都按统一规格由全国各地烧制后运送到工地。为了监督检查制砖的责任和质量，每块砖上都刻有制造州府县及制造者的名字。要完成如此浩大的工程，在科学技术尚不发达的当时，其计划、组织、领导、控制等管理活动的复杂程度是现代人难以想象的。

- 为将之道："进不求名，退不避罪，唯人是保，而利合于主，国之宝也。"
- 用人之道："求之于势,不责于人，故能择人而任势。""令之以文，齐之以武。"
- 用兵之道："凡战者，以正合，以奇胜。"

种战略、策略，堪称人类智慧的结晶，对我们今天的各项管理工作，特别是对处于激烈竞争中的企业，都有着极其现实的参考价值。在竞争的时代，企业如何运用自己有限的资源，由小变大，由弱变强？现代企业的竞争归根到底是人才的竞争，企业怎样才能积聚人才、团结人才，充分发挥人才的长处？企业在不同的情况下应当怎样去对付众多的竞争者？怎样才能不断扩大自己的市场？顺利时可能潜伏着何种危机？挫折时可能孕育着何种希望？这部不朽的名著将会告诉我们一个组织怎样才能从失败走向成功，从胜利走向更大的胜利。

中国的儒家思想是中国传统文化的主流。儒家思想的特点是着重于对人类精神文明的研究。中国历代的思想家，从孔子、孟子和庄子、墨子、管子等诸子百家起，他们在浩如烟海的著作中，反复论述的基本主题就是人的本性以及人们之间的社会关系。他们提出"三纲"，即"君为臣纲，父为子纲，夫为妻纲"作为处理君臣、父子、夫妻之间相互关系的道德规范；提出"五常"，即"仁、义、礼、智、信"，作为处理个人和国家、社会、家庭及其他人之间相互关系的行为准则。儒家思想在中国封建社会形成长达数千年的超稳定组织的过程中起了极其重要的作用。对于中国的传统文化，既不应全盘否定，陷入虚无主义的泥潭，也不能全部继承，走上国粹主义的道路；而应批判地继承，去其糟粕，取其精华，结合时代的发展，古为今用，使中华文化永葆美妙的青春。

中国的儒家思想实际上不仅在中国有着深远的影响，并且至少早在一千多年前的唐朝就已越出国界，传播到日本、朝鲜和东南亚各国，成为世界东方文化的渊源之一。在近一百年来，许多亚洲国家和地区如日本、韩国、泰国、新加坡、中国香港和中国台湾等都相继走上了现代化的道路，社会经济得到高度发展，企业管理也达到世界先进水平。它们都没有走否定儒家思想为核心的东方文化、实行全盘西化的道路，而恰恰是在吸收东西方文化中有益的部分与本国或本地区实际和传统文化相结合的方面取得了成功。它们成功地把儒家思想中最核心的家庭观引入企业，把"企业大家庭"作为企业组织的理想目标，把对君和父的忠诚心用于建立企业中上下级关系的楷模，把"仁、义、礼、智、信"作为塑造企业文化的精髓，形成了与西方企业文化截然不同的特色。

任何管理思想都根植于一定的社会文化土壤之中。而一定的社会文化又都割不断与历史传统的联系，并且总是在继承中发展，在发展中继承。只有这样，才能形成适合本国国情特色、具有强大的生命力的管理体系。所以，我们在研究现代管理思想的时候，不能不首先研究中国传统的管理思想。

二、中国传统管理思想要点

中国传统的管理思想，分为宏观管理的治国学和微观管理的治生学。治国学是为了适应中央集权的封建国家的需要而产生的，包括财政赋税管理、人口田制管理、市场管理、货币管理、漕运驿递管理、国家行政管理等方面的学问。治生学则是在生产发展和经济运行的基础上通过官、民的实践逐步积累起来，包括农副业、手工业、运输、建筑工程、市场经营等方面的学问。这两方面的学问博大精深，作为中国传统管理的指导思想和主要原则，参考南京大学蔡一教授多年研究的成果[1]，可以概括为如下一些要点（见图2.1）。

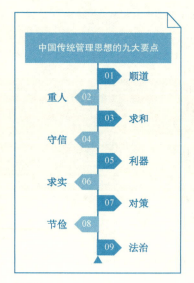

图 2.1
中国传统管理思想的九大要点

（一）顺道

中国历史上的"道"有多种含义，属于主观范畴的"道"，是指治国的理论；属于客观范畴的"道"，是指客观经济规律，又称为"则""常"。这里用的是后一含义，指管理要顺应客观规律。

《管子》认为自然界和社会都有自身的运动规律，"天不变其常，地不易其则，春秋冬夏，不更其节"（《管子·形势》）。社会活动，如从事农业生产，人事、财用、货币，治理农村和城市，都有"轨"可循，"不通于轨数而欲为国，不可"（《管子·山国轨》）。人们要取得自己行为的成功，必须顺乎万物之"轨"，万物按自身之"轨"运行，对于人毫不讲情面，"万物之于人也，无私近也，无私远也"，你的行为顺乎它，它必"助之"，你的事业就会"有其功""虽小必大"；反之，你如逆它，它对你也必"违之"，你必"怀其凶""虽成必败""不可复振也"（《管子·形势》）。

老子在《道德经》中说："人法地，地法天，天法道，道法自然。""道"就是自然而然的客观规律。"顺道"就是说管理必须顺从自然的客观规律，一切违反客观规律的行为必将受到自然的惩罚。"大跃进"就是不"顺道"的典型，其教训值得管理者深刻铭记。

司马迁把社会经济活动视为个人为了满足自身的欲望而进行的自然过程，在社会商品交换中，价格贵贱的变化，也是受客观规律自然检验的。他写道："贱之征贵，贵之征贱"，人们为求自身利益，"以得所欲""各任其能，竭其力""各劝其业，乐其事，若水之趋下，日夜无休时，不召而自来，不求而民出之，岂非道之所符，而自然之验邪？"对于社会自发的经济活动，他认为国家应顺其自然，少加干预，"故善者因之"，顺应客观规律，符合其"道"，乃治国之善政（《史记·货殖列传》）。

"顺道"或者"守常""守则""循轨"，是中国传统管理活动的重要指导

---

[1] 蔡一，《华夏管理文化精粹》，高等教育出版社，1996年。

思想。

(二) 重人

"重人"是中国传统管理的一大要素,包括两个方面(见图2.2):一是重人心向背,二是重人才归离。要夺取天下、治好国家、办成事业,人是第一位的,故我国历来讲究得人之道、用人之道。

图 2.2　重人

得民是治国之本,欲得民必先为民谋利。先秦儒家提倡"行仁德之政","因民之所利而利之"(《论语·尧曰》),"修文德以来之"(《论语·季氏》),使"天下之民归心","近者悦,远者来"(《论语·子路》),"天下大悦而将归己"(《孟子·离娄上》)。《管子》说:"政之所兴,在顺民心;政之所废,在逆民心",国家必须"令顺民心",从民所欲,去民所恶,乃为"政之宝"(《管子·牧民》)。西汉贾谊说:"闻之于政也,民无不为本也。国以为本,君以为本,吏以为本。"(《新书·大政上》)他指出:国家的安危存亡兴衰,定之于民;君之威侮、昏明、强弱,系之于民;吏之贵贱,贤不肖,能不能,辨之于民;战争的胜败,亦以能否得民之力以为准。这些思想历代都有,逐步成为管理国家的准则。

得人才是得人的核心。要得人才,先得民心,众心所归,方能群才荟萃,故《管子》把从事变革事业、注重经济建设和为人民办实事视为聚拢优秀人才的先决条件,叫作"德以合人""人以德使"(《管子·枢言》)。

我国素有"求贤若渴"一说,表示对人才的重视。能否得贤能之助,关系到国家的兴衰和事业的成败。"得贤人,国无不安;……失贤人,国无不危。"(《吕氏春秋·求人》)诸葛亮总结汉朝的历史经验说:"亲贤臣,远小人,此先汉所以兴隆也;亲小人,远贤臣,此后汉所以倾颓也。"(《前出师表》)《晏子春秋》则把对人才"有贤而不知""知而不用""用而不任"视为国家的"三不祥",其害无穷。

在治生学方面,我国也有重视人才的传统。司马迁提倡能巧致富,他说:"巧者有余,拙者不足""能者辐辏,不肖者瓦解"(《史记·货殖列传》)。唐代陆贽(zhì)说:"夫财之所生必因人力,工而能勤则丰富,拙而兼惰则窭(jù)空。"(《陆宣公集·均节赋税恤百姓》第一条)西晋的傅玄说:"夫裁径尺之帛,形方寸之木,不任左右,必求良工。"(《傅子·授职篇》)凡能工巧匠,或对生产建设有重大贡献者,如春秋时期发明木作工具的鲁班,战国时期修建都江堰的李冰父子、修建郑国渠的郑国,西汉发明二牛耦耕法和三脚条播器(三脚耧)的赵过,东汉发明和改进炼铁鼓风器(水排)的杜诗和韩暨,元代对发展纺织技术有重大贡献的黄道婆等人,都传颂千古,流芳百世。《管子》中有一篇《问》列专项调查国内的生产能手,树立"人率",进行表彰。司马迁在《货殖列传》中记载,西汉时齐国的"奴虏"(即下等人),人皆贱之,唯刀间独具慧眼,赏识这些人的才能,收取重用,"尽其力","使之逐渔盐商贾之利","终得其力,起富数千万",发了大财。

(三)求和

求和中的"和"就是调整人际关系,讲团结,上下和,左右和。对治国来说,和能兴邦;对治生来说,和气生财。故我国历来把天时、地利、人和当作事业成功的三要素。孔子说:"礼之用,和为贵。"(《论语·学而》)《管子》说:"上下不和,虽安必危。"(《管子·形势》)"上下和同""和协辑睦"(《管子·五辅》),是事业成功的关键。战国时赵国的将相和故事妇孺皆知,被传颂为从大局出发讲团结的典范。

> 求和:上下、左右团结一致。求和的关键在于当权者,只有当权者严于律己、公正无私,才能团结大多数。

求和的关键在于当权者,只有当权者严于律己、严禁宗派、不任私人、公正无私,才能团结大多数。《管子》提出"无私者容众",要求君主切不可有"独举""约束""结纽"这些宗派行为,不可"以禄爵私所爱",要严禁"党而成群者"。李觏(gòu)说国家的统治者必须"无偏无党""徇公而灭私""天子无私人",从国家机构中清除那些嫉贤妒能、钻营利禄、大搞宗派、戕害民生的"恶吏",以改善官民关系。唐太宗李世民是个讲团结的君主,他不仅重用拥护自己的人,而且重用反对过自己的人,他救下了曾反对其父李渊的李靖,并委以重任。魏徵曾力劝李建成除掉李世民,李世民即位后不计前嫌,照样重用,且平时能"从谏如流""受谏诤",思己短,知己过,使群臣乐于献策,齐心治国。正因为唐太宗广泛团结人才,形成一个效能很高的人才群体结构,贞观之治才有了组织上的保证。

> 荣德生:江苏无锡人,原中国国家副主席荣毅仁之父,民族工业巨擘荣宗敬之胞弟,是中国著名的民族资本家、慈善家、民族实业家。

近代成功的企业家也都注重人和。创办申新纱厂的大企业家荣德生(1875—1952)治厂以"《大学》之'明德',《中庸》之'明诚'"对待属下,"管人不严,以德服人""使其对工作不心存意外""自治有效"。他说用人"必先正心诚意,实事求是,庶几有成。若一味唯利是图,小人在位,……不自勤俭,奢侈无度,用人不当,则有业等于无业也"(荣德生,《乐农自订行年纪事续编》)。刘国钧办大成纺织印染公司,以"忠信笃敬"为厂训。宋棐(fěi)卿在公司悬挂孔子名言"己所不欲,勿施于人"作为厂训,他说:"你愿人怎样待你,你就先怎样待人。"这些皆反映从自我管理入手实现人和,从而达到系统管理以协力推进事业的管理思想。

(四)守信

> 信誉是人们之间建立稳定关系的基础,是国家兴旺和事业成功的保证。

治国要守信,办企业要把诚信放在第一位。办一切事业都要守信。信誉是人们之间建立稳定关系的基础,是国家兴旺和事业成功的保证。

孔子的学生子夏说:"君子信而后劳其民。"(《论语·子张》)孔子对弟子注重"四教:文、行、忠、信"(《论语·述而》)。言而无信,政策多变,出尔反尔,从来都是治理国家的大忌。故《管子》十分强调取信于民,提出国家行政应遵循一条重要原则——"不行不可复"。人们只能被欺骗一次,第二次就不信你了,"不行不可复者,不欺其民也"(《管子·牧民》)。"言而不可复者,君不言也;行而不可再者,君不行也。凡言而不可复,行而不可再者,有国者之大禁也。"(《管子·形势》)

治生亦然。商品质量、价格、交货期,以至借贷往来,都要讲究一个"信"字。我国从来有提倡"诚工""诚贾"的传统,商而不诚,苟取一时,终致瓦解,成功的商人多是商业信誉度高的人。清代徽商唐祁,其父曾借某人钱,对方借据丢失,唐祁照付父债。后来有人捡得借据,向唐祁讨债,他又照付。别人嘲笑他傻,他说:"前者实有是事,而后券则真也。"(道光《安徽通志》卷196)徽州另有一商人黄以盛(人称"梅源翁"),经商"巧而不贼",取得社会的信任,"人莫不以为诚而任之",他"虽不矜于利,而贾大进,家用益富"(《遵岩先生文集·黄梅源翁传》),可见守信是进财之道。

(五)利器

生产要有工具,打仗要有兵器,中国历来有利器的传统。孔子说:"工欲善其事,必先利其器。"(《论语·卫灵公》)《吕氏春秋·任地》篇说,使用利器可达到"其用日半,其功可使倍"的效果。中国古代的四大发明(造纸术、印刷术、指南针、火药)及其推广,极大地推动了社会经济、文化和世界文明的发展,并使"利器说"成为中国管理思想的重要内容。历史上许多重大发明,如西汉出现的新式粮食加工机械——水碓(duì),"役水而舂,其利百倍"。东汉和三国时出现的新式炼铁鼓风器——水排,大大提高了铁的质量,从而提高工具和兵器的质量,这些都是在当时政府官员的主持下发明和推广的。明清时期在长江下游乃至全国先后推广松江地区先进纺车和纺技,也多是由地方官员出面相邀和主持,说明利器思想已引起当时国家管理机构的重视。

及至近代,一再出现机器兴邦说。郑观应主张维护民族独立要靠"商战",商战必赖机器,机器生产,"既事半而功倍,亦工省而价廉,一切所制又复精巧绝伦",可与外货竞争,因此必须自制各种机器。魏源提出"师夷长技以制夷"的口号。孙中山实业救国的核心是技术革命,实现现代化,"用机器去制造货物,……把国家变成富庶",争取驾乎英美日之上。

可见,"利器说"贯乎古今,成为兴邦立业的重要思想。

(六)求实

实事求是,办事从实际出发,是思想方法和行为准则。儒家提出"守正"原则,看问题不要偏激,办事不要过头,也不要不及,"过犹不及",过

> 郑观应(1842—1922):祖籍广东香山县(今中山市)。他是中国近代最早具有完整维新思想体系的理论家、启蒙思想家,也是实业家、教育家、文学家、慈善家和热忱的爱国者。

> 求实:实事求是,办事从实际出发。

了头超越客观形势，犯冒进错误；不及于形势又错过时机，流于保守。两种偏向都会坏事，应该防止。

《管子》提出"量力"原则和"时空"原则。凡事量力而行，"动必量力，举必量技""不为不可成，不求不可得"。指挥作战，要知道自己兵力、装备的承受能力，"量力而知攻""不知任，不知器，不可谓之有道"。切不可不顾主观条件地"妄行""强进"，"妄行则群卒困，强进则锐士挫"。用人也应注意因材施用，扬其所长，避其所短。不可求全责备，"毋与不可，毋强不能"。

"时空"原则就是办事要注意时间（时机）和地点等客观条件。"事以时举"，"动静""开阖""取与""必因于时也，时而动，不时而静"（《管子·宙合》）。治国和治生，不顾时间的变化，用老一套的办法，不注意"视时而立仪"（《管子·国准》），"审时以举事"（《管子·五辅》），必然招致失败。空间不同，政策措施也应有异，不可将一套办法到处运用，治家、治乡（农村）、治国（城市）各有特殊性，"以家为乡，乡不可为也；以乡为国，国不可为也；以国为天下，天下不可为也"（《管子·牧民》）。韩非说："圣人不期修古，不法常可，论世之事，因为之备。……事异则备变。"（《韩非子·五蠹》）他以守株待兔的故事，告诫治理国家者不可是"守株之类也"。这是一切管理者都应引以为戒的。

（七）对策

我国有一句名言："夫运筹策帷幄之中，决胜于千里之外。"（《史记·高祖本纪》）这说明在治军、治国、治生等一切竞争和对抗的活动中，都必须统筹谋划，正确研究对策，以智取胜。研究对策有两个要点：一是预测，二是运筹。

> 研究对策有两个要点：一是预测，二是运筹。

有备无患，预则立，不预则废。《孙子兵法》认为："知彼知己，百战不殆；不知彼而知己，一胜一负；不知彼，不知己，每战必殆。"《管子》主张"以备待时""事无备则废"（《管子·霸言》）。治国必须有预见性，备患于无形，"唯有道者能备患于未形也"（《管子·牧民》）。范蠡（lí）认为经商要有预见性，经商和打仗一样，"知斗则修备"，要善于"时断"和"智断"，要预测年景变化的规律，推知粮食供求变化趋势，及时决断收购和发售。他提出"旱则资舟，水则资车"的"待乏"原则。要观察市场物价变动，按"贵上极则反贱，贱下极则反贵"的规律，采取"贵出如粪土""贱取如珠玉"的购销决策（《史记·货殖列传》）。

中国古代有许多系统运筹成功的实例。战国时期，田忌和齐王赛马屡败，后来他按照谋士的筹划，按马力的强弱，以己之下马对彼之上马，己之上马对彼之中马，己之中马对彼之下马，结果二胜一负，转败为胜。宋朝丁谓奉命修复焚毁的皇宫，需从远处运土和建材，他挖开大路取土，引水成河，船运各种建材，宫室修好后又以建筑垃圾填河恢复道路。一项正确的决策使取土、运料、处理垃圾结合起来，"一举而三役济，计省费以亿万计"（《梦溪笔谈·补笔谈》卷二）。在军事上通过运筹对策，以计谋取胜者更是不胜枚举。历史上的著名战役，如三国时代孙权、刘备对曹操的赤壁之战，诸葛亮的空城计，孙膑的"减灶骄敌"，都是运用战略策略以弱胜强的典范。

（八）节俭

我国古代理财和治生，历来提倡开源节流、崇俭黜奢、勤俭建国、勤俭持家。节用思想源于孔子和墨子，孔子主张"节用而爱人，使民以时"（《论语·学而》）。墨子说："其用财节，其自养俭，民富国治。"（《墨子·辞过》）荀子说："臣下职，莫游食，务本节用财无极"（《荀子·成相》），"强本（生产）而节用，则天不能贫，……本荒而用侈，则天不能使之富"（《荀子·天论》）。唐代陆贽说："桀用天下而不足，汤用七十里而有余，是乃用之盈虚，在节与不节耳。不节则虽盈乃竭，能节则虽虚必盈。"（《陆宣公集·均节赋税恤百姓》第二条）纵观历史，凡国用有度，为政清廉，不伤财害民，则会国泰民安。反之，凡国用无度，荒淫奢费，横征暴敛，必滋生贪官污吏，戕害民生，招致天下大乱。这是中国国家管理历史提供的一条真理。

> 治国无节俭，则必滋生贪官污吏，戕害苍生；治生无节俭，则人人争奢侈，虽盈乃竭。

在治生方面，节俭则是企业家致富的要素。司马迁说，"薄饮食，忍嗜欲，节衣服""纤啬筋力，治生之正道也"（《史记·货殖列传》）。汉初有个经营农业的任氏，一反当时"富人争奢侈"之风气，力行"家约""折节为俭"，以致"富者数世"，成为闾里的表率，受人赞颂（《史记·货殖列传》）。近代中国的企业家也多有勤俭治厂的经验，创办南通大生纱厂的张謇在办厂时去上海联系业务，曾在街头卖字以解决盘缠所需，节约经费。在他的带动下，全厂上下力求节俭。张謇说："通厂之利，人皆知为地势使然，然开办之始竭蹶艰难，而上下同心力求撙节，其开办之省亦中外各厂所无。"（《实业文钞》卷一《大生纱厂第四届说略》）

> 张謇（1853—1926）：祖籍江苏常熟，清末状元，中国近代实业家、政治家、教育家，主张"实业救国"。他是中国棉纺织领域早期的开拓者，上海海洋大学创始人。

（九）法治

我国的法治思想起源于先秦法家和《管子》，后来逐渐演变成一整套法制体系，包括田土法制、财税法制、军事法制、人才法制、行政管理法制、市场法制等。韩非在论证法治优于人治时，举传说中舜的例子，舜事必躬亲，亲自解决民间的田界纠纷和捕鱼纠纷，花了三年时间纠正三个错误。韩非说这个办法不可取，"舜有尽，寿有尽，天下过无已者。以有尽逐无已，所止者寡矣"（《韩非子·难一》）。如果制定法规公之于众，违者以法纠正，治理国家就方便了。他还主张法应有公开性和平等性，即实行"明法""一法"原则。"明法"就是"编著之图籍，设之于官府，而布之于百姓"（《韩非子·难三》），使全国皆知。"一法"就是人人都得守法，在法律面前人人平等，"刑过不避大臣，赏善不遗匹夫"，各级政府官员不能游离法外，"能去私曲就公法者，民安而国治"（《韩非子·有度》）。

第二节 | 西方传统管理思想

在人类历史上，自从有了有组织的活动，就有了管理活动。管理活动的出现促使一些人对这种活动加以研究和探索。经过长期的积累和总结，对管理活动有了初步的认识和见解，从而开始形成一些朴素、零散的管理思想。随着社会的发展、科学技术的进步，一些人又对管理思想加以提炼和概括，找出管理中带有规律性的东西，并将其作为一种假设，结合科学技术的发展，在管理活动中进行检验，继而对检验结果加以分析研究，从中找出属于管理活动普遍原理的东西。这些原理经过抽象和综合就形成了管理理论。这些理论又被应用于管理活动，指导管理活动的进行，同时对这些理论进行实践检验。这就是管理理论的形成过程，从中我们可以看出管理活动（或管理实践）、管理思想和管理理论三者之间的关系（见图2.3）：管理活动是管理思想的根基，管理思想来自管理活动中的经验；管理思想是管理理论的源泉，管理理论是管理思想的提炼、概括和升华，管理理论本身是管理思想，只不过是较成熟、系统化程度较高的管理思想，但并非所有管理思想都是管理理论；管理理论对管理活动有指导意义，又要经受得住管理活动的检验。

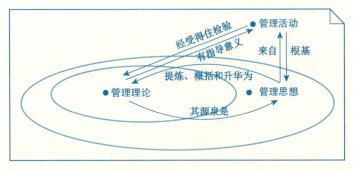

图 2.3
管理活动、管理思想、管理理论的关系

管理活动是为一定历史条件下的经济基础服务的，用马克思主义历史唯物论的观点来考察，管理实践与管理思想都属于社会上层建筑范畴。因此，必须联系各个历史时代的技术经济特征来研究管理思想的发展，才能真正理解各种管理思想产生的历史背景及其历史意义。区分不同历史时代的主要标志是所用能源类型、生产工具、运输工具、通信工具，正是这些构成了一定时代的社会经济基础，决定了社会的生产方式和生产力发展水平。也形成了与此相适应的上层建筑，各种管理思想和理论都是为了解决当时社会生产实践中产生的矛盾和问题而产生的，绝不是个别管理学家在书斋中空想或推导某种方程得出来的。我们一贯认为管理思想和理论都是从实践中来又为实践服务的。基于以上认识，我们研究了现代管理思想发展与历史背景的关系，列于表2.1。该表可能还不够精确和完善，但是从中可以清楚地看到现代管理思想发展与时代技术经济特征的关系，现代管理思想发展的脉络一目了然。

表 2.1　现代管理思想发展与时代背景

时代		时间	时代特征	主要管理思想	代表人物和著作
第一次工业革命	蒸汽机时代	18世纪60年代至20世纪初期	使用能源：木质燃料向煤炭转化 动力系统：蒸汽机 生产工具：无轴传动的机器 运输工具：蒸汽机车、船 通信技术：有线电话、邮局、新闻媒体 军用武器：步枪、大炮、军舰 社会经济状态：工业化初期，经济蓬勃发展，残酷的资本原始积累使劳资矛盾激化	·工厂制代替手工作坊 ·劳动分工能提高生产率 ·科学管理 ·一般行政管理	亚当·斯密《国富论》1776年 查尔斯·巴贝奇《论机器和制造业的经济》1832年 泰罗《科学管理原理》1911年 法约尔《一般管理与工业管理》1916年
第二次工业革命	电气化时代	20世纪初期至20世纪中期	使用能源：化石能源、电力 动力系统：内燃机、发电机、电动机 生产工具：电动机传动的机器 运输工具：电气火车、内燃机火车、汽车、螺旋桨飞机 通信技术：无线电报、有线电话、新闻媒体 军用武器：冲锋枪、机关枪、榴弹枪、螺旋桨飞机、航空母舰、潜艇、火箭 社会经济状态：工业化中期，资本大量集中，形成垄断经济	·流水化生产 ·电气化生产 ·标准化生产 ·系统管理 ·权变管理 ·行为管理	梅奥《工业文明中人的问题》1933年 麦格雷戈《企业的人性面》1960年
第三次工业革命	信息化时代	20世纪中期至21世纪初期	使用能源：化石能源、核能、水电、风能 动力系统：高压输电网、油气输送管道 生产工具：电子计算机、数控机床 运输工具：高速公路、高速铁路、喷气飞机、集装箱大型货轮、汽车 通信技术：电话、互联网、人造卫星、新闻媒体 军用武器：弹道导弹、核弹、核潜艇、核航母，各式军舰、战机和轰炸机 社会经济状态：全球化、市场化、电子商务	·自动化流程 ·全面质量管理 ·精益制造 ·ERP ·CRM ·全球供应链 ·学习型组织 ·虚拟组织	哈罗德·孔茨《管理的丛林》1965年 弗雷德·菲德勒《权变管理》1974年 系统管理学会《经营管理》1975年 大野耐一《丰田的生产系统》1978年 威廉·大内《Z理论》1980年 迈克尔·波特《竞争战略》1980年 迈克尔·波特《竞争优势》1985年 威廉·戴维陶、麦克·马隆《虚拟企业》1992年 迈克尔·哈默《公司再造》1994年 彼得·圣吉《第五项修炼》1994年 普瑞斯、戈德曼、内格尔《敏捷竞争者与虚拟组织》1995年 托马斯·弗里德曼《世界是平的》2005年

续表

时代	时间	时代特征	主要管理思想	代表人物和著作
第四次工业革命	智能化时代	21世纪初期至今	**使用能源**：化石能源向清洁能源转化 **动力系统**：高压输电网、油气输送管道 **生产工具**：大数据、云计算、智能机器 **运输工具**：高速公路网、高速铁路网、超音速飞机、电动车、无人机、无人驾驶汽车、航天技术 **通信技术**：移动互联网、物联网、智能手机、卫星导航定位系统、卫星电话、大数据、云计算、人工智能技术、量子技术 **军用武器**：精确制导导弹和炸弹、超高音速导弹、无人驾驶战车和舰艇、各种智能武器、隐身飞机和舰艇、电磁武器、激光武器等 **社会经济状态**：全球化、市场化、电子商务更普及，经济发展迅速，中国及许多发展中国家崛起，大国间竞争激烈，各国贫富更加悬殊，社会矛盾激化	·自适应流程（即柔性生产） ·人工智能技术在各行业应用，如智能制造、智能商业、智能金融、智能码头、智能物流、智能服务等 ·管理向数据化、智能化转型 ·企业业务模式向生态系统发展	维克托·迈尔–舍恩伯格、肯尼思·库克耶《大数据时代》2012年 李彦宏《智能革命：迎接人工智能时代的社会、经济与文化变革》2017年 保罗·多尔蒂、詹姆斯·威尔逊《机器与人：埃森哲论新人工智能》2018年 徐子沛《数文明》2018年 曾鸣《智能战略》2019年 王晓云等《算力时代：一场新的产业革命》2022年

一、西方早期管理思想的产生

西方文化起源于古埃及、古巴比伦、古希腊、古罗马等文明古国，它们在文化、艺术、哲学、数学、物理学、天文学、建筑等方面都对人类作出了辉煌的贡献。古埃及金字塔、古巴比伦"空中花园"、古罗马水道等伟大的古代建筑工程堪与中国的万里长城并列为世界奇观。这些古国在国家管理、生产管理、军事、法律等方面也都曾有过许多光辉的实践。公元3世纪后，随着奴隶制的衰落和基督教的兴起，这些古文化逐渐被基督教文化所取代。基督教《圣经》中所包含的伦理观念和管理思想，对以后西方封建社会的管理实践起着指导性的作用。

随着资本主义的发展和工厂制度的形成，旧的基督教教义与资本主义精神发生了冲突，于是基督教新教兴起了。在基督教新教教义的鼓励下，经商和管理日益得到社会的重视，有越来越多的人研究社会实践中的经济与管理问题。其中，最早对经济管理思想进行系统论述的学者，首推英国经济学家亚当·斯密（Adam Smith，1723—1790）。他在1776年（当时正值英国的工场手工业开始向机器工业过渡时期）出版了《国民财富的性质和原因的研究》（简称《国富论》）一书，系统地阐述了劳动价值论及劳动分工理论。

斯密认为，劳动是国民财富的源泉，各国人民每年消费的一切生活日用必需品的源泉是本国人民每年的劳动。这些日用必需品供应情况的好坏

> 亚当·斯密：经济学的主要创立者，出生在苏格兰法夫郡（County Fife）。其主要代表作是《国富论》。1776年3月此书出版后引起大众广泛的讨论，影响所及除了英国，连欧洲大陆和美洲也为之疯狂，因此，世人尊称他为"现代经济学之父"和"自由企业的守护神"。

决定于两个因素：一是这个国家的人民的劳动熟练程度、劳动技巧和判断力的高低；二是从事有用劳动的人数和从事无用劳动人数的比例。他还提出，劳动创造的价值是工资和利润的源泉，并经过分析得出工资越低利润就越高、工资越高利润就越低的结论。这就揭示出了资本主义经营管理的本质。

斯密在分析增进"劳动生产力"的因素时，特别强调了分工的作用。他对比了一些工艺和手工制造业实行分工前后的变化，对比了易于分工的制造业和当时不易分工的农业的情况，说明分工可以提高劳动生产率。他认为，分工的益处主要有以下三点：

1. 劳动分工可以使工人重复完成单项操作，从而提高劳动熟练程度，提高劳动效率。

2. 劳动分工可以减少由于变换工作而损失的时间。

3. 劳动分工可以使劳动简化，使劳动者的注意力集中在一种特定的对象上，有利于创造新工具和改进设备。

他的上述分析和主张不仅符合当时生产发展的需要，而且也成了以后企业管理理论中的一条重要原理。

斯密在研究经济现象时，提出一个重要的论点：经济现象是基于具有利己主义目的的人们的活动而产生的。他认为，人们在经济行为中，追求的完全是私人的利益。但是，每个人的利益又为其他人的利益所限制。这就迫使每个人必须顾及其他人的利益。由此，就产生了相互的共同利益，进而产生和发展了社会利益。社会利益正是以个人利益为基础的。斯密曾经这样描述人们之间的相互关系："人类几乎随时随地都需要同胞的协助，但只想依赖他人的恩惠，那是肯定不行的"，"他如果能够刺激他们的利己心，使他们有利于他，并告诉他们，为他做事对他们自己也有利，他要达到目的就容易多了"。这种认为人都要追求自己的经济利益的"经济人"观点，正是以"看不见的手"为标志的资本主义生产关系的反映。

在斯密之后，另一位英国人查尔斯·巴贝奇（Charles Babbage, 1792—1871）发展了斯密的论点，提出许多关于生产组织机构和经济学方面的带有启发性的问题。巴贝奇原来是一名数学家，后来对制造业产生了兴趣。1832年，他在《论机器和制造业的经济》一书中概述了他的思想。巴贝奇赞同斯密的劳动分工能提高劳动效率的论点，但认为斯密忽略了分工可以减少支付工资这一好处。巴贝奇对制针（普通直针）业作了典型调查。工厂主把制针业的生产过程划分为七个基本操作工序，并按工序的复杂程度和劳动强度雇佣不同的工人，支付不同的工资。如果不实行分工，整个制造过程由一个人完成，那就要求每个工人都有全面的技艺，都能完成制造

> 查尔斯·巴贝奇：英国数学家、发明家、科学管理的先驱者、第一台可编程的机械计算机的设计者。

过程中技巧性强的工序，同时又有足够的体力来完成繁重的操作。工厂主必须按照全部工序中技术要求最高、体力要求最强的标准来支付工资。由此，巴贝奇提出了"边际熟练"原则，即对技艺水平、劳动强度定出界限，作为报酬的依据。

在斯密和巴贝奇之后，在生产过程中进行劳动分工的做法有了迅速的发展。到了20世纪，大量流水生产线的应用，使劳动分工的主张得到充分的体现。

巴贝奇注重人的主观能动作用。他认为工人同工厂主之间存在利益共同点，并竭力提倡所谓的利润分配制度，即工人可以按照其在生产中所作的贡献，分到工厂利润的一部分。巴贝奇也很重视对生产的研究和改进，主张实行有益的建议制度，鼓励工人提出改进生产的建议。他认为工人的收入应该由三部分组成：①按照工作性质所确定的固定工资；②按照生产效率及所作贡献分得的利润；③为提高劳动效率而提出建议所应给予的奖励。提出按照生产效率不同来确定报酬的具有刺激作用的制度，是巴贝奇作出的重要贡献。

这一时期的著名管理学者除了斯密和巴贝奇之外，还有英国的空想社会主义者罗伯特·欧文（Roobert Ower, 1771—1858）。他经过一系列试验，首先提出在工厂生产中要重视人的因素，要缩短工人的工作时间，提高工资，改善工人居住环境。他的改革试验证实，重视人的作用和尊重人的地位，也可以使工厂获得更多的利润。所以，也有人认为欧文是人事管理的创始人。

上述各种管理思想是随着生产力的发展，适应当时工厂制度发展的需要而产生的。这些管理思想虽然不系统、不全面，没有形成专门的管理理论和学派，但对于促进生产及以后科学管理理论的产生和发展，都有积极的影响。

二、科学管理理论的产生与发展

早期管理思想实际上是管理理论的萌芽。管理理论比较系统地建立是在19世纪末20世纪初。这个阶段所形成的管理理论被称为古典管理理论或科学管理理论。

随着生产的发展、科学技术的进步，自由竞争的资本主义也逐步走向垄断的资本主义。企业规模不断扩大，市场也在迅速扩展，从一个地区扩展到整个国家，从国内扩展到国外。如当时的英国就自称是"日不落"的国家，因为几乎在世界各大洲都有它的殖民地，这些殖民地就成了英国企业攫取原料、倾销商品的市场。随着竞争范围的扩大和竞争对手的增多，单凭经验进行生产和管理已经不能适应这种激烈争夺的局面了。这就迫切需

罗伯特·欧文：现代人事管理之父、人本管理的先驱。他出生于北威尔士蒙哥马利郡的牛顿城，18岁那年拿着借来的100英镑，在曼彻斯特创办了自己的工厂。之后，他逐渐成长为19世纪初最有成就的实业家之一。

要改进企业管理，以增强企业的竞争能力。

在早期管理阶段，资本的所有者也就是管理者。到了 19 世纪末期，由于生产技术日益复杂，生产规模发展，资本日益扩大，企业的管理职能便逐渐与资本所有权相分离，管理职能则由资本家委托给以经理为首的由各方面管理人员所组成的专门管理机构承担。从此，出现了专门的管理阶层。同时，管理工作也成了有人专门研究的一门学问，并产生了被称为科学管理的理论。

（一）泰罗的科学管理理论

科学管理理论的创始人是美国的弗雷德里克·泰罗（Frederick Taylor, 1856—1915）。泰罗 22 岁到米德维尔钢铁公司当学徒，在技术水平、管理能力上得到过锻炼，后来被资本家提拔为工头、中层管理人员和总工程师。泰罗的经历使他对生产现场很熟悉，对生产基层很了解。他认为单凭经验进行管理的方法是不科学的，必须加以改变。但是，当时守旧的势力很大，工人自己决定制造方法，工厂主自己决定管理方法，各人所掌握的技艺和积累的经验对别人都严守秘密。虽然处在这样僵化和守旧的环境中，泰罗还是利用自己取得的地位，开始了管理方面的革新活动。

泰罗所创立的管理理论有以下几个主要观点。

1. 科学管理的根本目的是谋求最高工作效率。泰罗认为，最高的工作效率是工厂主和工人共同达到富裕的基础。它能使较高的工资与较低的劳动成本统一起来，从而使工厂主得到较多的利润，使工人得到较高的工资，从而可以提高他们扩大再生产的兴趣，促进生产的发展。所以，提高劳动生产率是泰罗创立科学管理理论的基本出发点，是泰罗确定科学管理原理的基础。

2. 达到最高工作效率的重要手段，是用科学的管理方法代替旧的经验管理。泰罗认为管理是一门科学。在管理实践中，建立各种明确的规定、条例、标准，使一切科学化、制度化，是提高管理效能的关键。

3. 实施科学管理的核心问题，是要求管理人员和工人双方在精神上和思想上来一个彻底变革。1912 年，他在美国众议院特别委员会所作的证词中强调，科学管理是一场重大的精神变革。他要求工厂的工人树立对工作、对同事、对雇主负责任的观念；同时，也要求管理人员——领工、监工、企业主、董事会改变对同事、对工人以及对一切日常问题的态度，增强责任观念。通过这种重大的精神变革，可使管理人员和工人双方都把注意力从盈利的分配转到增加盈利数量上来。当他们用友好合作和互相帮助代替对抗和斗争时，他们就能够生产出比过去更加多的盈利，从而使工人的工资大大增加，使企业主的利润也大大增加。这样，双方之间便没有必要再为盈利的分配而争吵了。

> 弗雷德里克·泰罗：亦译泰勒，一个在死后被尊称为"科学管理之父"的人；一个影响了流水线生产方式产生的人；一个被列宁推崇备至的人；一个影响了人类工业化进程的人；一个由于视力被迫辍学的人；一个被工人称为野兽般残忍的人；一个与工会水火不容、被迫在国会上作证的人；一个被现代管理学者不断批判的人。

根据以上观点，泰罗提出以下的管理制度。

1. 为每项工作都开发出科学的操作方法，以便合理利用工时，提高工效。具体做法是：从执行同一种工作的工人中，挑选出身体最强壮、技术最熟练的人，把他的工作过程分解为许多个动作，在其劳动最紧张时，用秒表测量并记录完成每一个动作所消耗的时间，然后按照经济合理的原则加以分析研究，对其中合理的部分加以肯定，对不合理的部分进行改进或省去，制定出标准的操作方法。制定科学的工艺规程，并用文件形式固定下来以利推广。泰罗用了十年以上时间进行金属切削试验，制定出切削用量规范，使工人选用机床转数和走刀量都有了科学标准，并规定出完成每一个标准动作的标准时间，制定出劳动时间定额。

2. 在工资制度上实行差别计件制。按照作业标准和时间定额，规定不同的工资率。对完成和超额完成工作定额的工人，以较高的工资率计件支付工资；对完不成定额的工人，则按较低的工资率支付工资。

3. 对工人进行科学的选择、培训和提高。泰罗曾经对经过科学选择的工人用上述的科学作业方法进行训练，使他们按照作业标准工作，以改变过去凭个人经验选择作业方法及靠师傅带徒弟的办法培养工人的落后做法。这样改进后，生产效率大为提高。例如，在搬运生铁的劳动试验中，经过选择和训练的工人，每人每天的搬运量从 12.5 吨提高到 47.5 吨；在铲铁的试验中，每人每天的平均搬运量从 16 吨提高到 50 吨。

4. 使管理和生产劳动分离，把管理工作称为计划职能，把工人的劳动称为执行职能。

泰罗指出，在旧的管理中，所有的计划都是由工人凭个人经验制定的，实行新的管理制度后，就必须由管理部门按照科学规律来制定计划。他认为，即使有的工人很熟悉生产情况，也能掌握科学的计划方法，但要他在同一时间既在现场做工又在办公桌上工作是不可能的。在绝大多数情况下，需要一部分人先作出计划，由另一部分人去执行。因此，他主张把计划职能从工人的工作内容中分离出来，由专业的计划部门去做。计划部门的任务是：规定标准的操作方法和操作规程，制定定额，下达书面计划，监督控制计划的执行。从事计划职能的人员被称为管理者，负责执行计划职能的人被称为劳动者。

管理者和劳动者在工作中必须互相呼应、密切合作，以保证工作按照科学的设计程序进行。

以上这些改革，形成了科学管理理论的基本组成部分。这些现在看来似乎非常平常的早已为人们所熟悉的常识，在当时却是重大的变革。实践证明，这种改革取得了积极的成效，生产效率得到普遍提高，出现了高效率、低成本、高工资、高利润的新局面。

1903年,泰罗决定把自己的实践经验和研究成果提升到理论高度,开始著书立说。他的代表作是1911年出版的《科学管理原理》。

与泰罗同时代的对管理改革作出过贡献的还有亨利·甘特、吉尔布雷斯夫妇、亨利·福特、亨利·法约尔等。

甘特(Henry L. Gantt, 1861—1919)曾是泰罗的同事,后来独立开业,从事企业管理技术咨询工作。他的重要贡献之一是设计了一种用线条表示的计划图表,被称为甘特图。这种图现在常用于编制进度计划。甘特还提出计件奖励工资制,即除了支付日工资外,超额完成定额部分,再计件给以奖金;完不成定额的,只能拿到日工资。这种制度相较于泰罗的差别计件制的优点在于,可使工人感到收入有保证,从而激发劳动积极性。这个事实第一次说明,工资收入有保证也是一种工作动力。甘特的代表作是1916年出版的《工业的领导》和1919年出版的《工作组织》。

机械师弗兰克·吉尔布雷斯(Frank Gilbreth, 1868—1924)和他的妻子、心理学者莉莲·吉尔布雷斯(Lillian Gilbreth, 1878—1972)两人以进行动作研究而著称。他们开始是在建筑行业分析研究用哪种姿势砌砖省力、舒适、效率高。经过试验,制定出了一套砌砖的标准作业方法,可使每人每日砌砖量增加两倍。他们还在其他行业进行过动作研究,并把工人劳动时手和臂的活动分解成17项基本动作。他们的研究方法是:在工人的手臂上绑上小灯泡,将工人劳动时的动作拍摄成带有时间指针的图组,然后对照相片与其他人一起分析哪些动作是合理的、应该保留的,哪些动作是多余的、可以省掉的,哪些动作需要加快速度,哪些动作应该改变次序,然后定出标准的操作程序。他们的动作研究比泰罗的研究更为细致和广泛。他们的研究成果反映在1911年出版的《动作研究》一书中。

为了提高企业的竞争能力,美国的福特(Henry Ford, 1863—1947)在泰罗的单工序动作研究的基础上,对如何提高整个生产过程的生产效率进行了研究。他充分考虑了大量生产的优点,规定了各个工序的标准时间,使整个生产过程在时间上协调起来,创造了第一条流水生产线——汽车流水生产线,从而提高了整个企业的生产效率,并使成本明显降低。福特为了利于企业向大量生产发展,进行了多方面的标准化工作,包括:

- 产品系列化——减少产品类型,以便实行大量生产;
- 零件规格化——以利提高零件的互换性;
- 工厂专业化——不同的零件分别由专门的工厂或车间制造;
- 机器及工具专用化——以提高工作效率,并为自动化打下基础;
- 作业专门化——使各工种的工人反复地进行同一种简单的作业。

泰罗及其他同期先行者的理论和实践构成了泰罗制。可以看出，泰罗制着重解决的是用科学的方法提高生产现场的生产效率问题。所以，人们称以泰罗为代表的这些学者所形成的学派为科学管理学派。

（二）对泰罗制的评价

泰罗制应用在生产现场管理中虽然效果显著，但其推广却并不顺利。当时，资本家是反对的。他们认为这套办法给了工人更多的好处，提高了工资；管理人员分离出来，增加了非生产人员的开支；用科学化、标准化的管理方法取代资本家按个人旨意、经验进行管理的传统方法后，会影响资本家的权威。工人同样也是反对的。当时的工会领袖们把科学管理视为对劳工的一种威胁，认为泰罗把工作执行与工作计划分开的做法损害了劳动者的权利；劳动分工越来越细，一个工人的工作很容易被其他人代替；实行差别计件工资制，工人的工资完全由管理人员根据产量确定，就会失去工人"集体同资本家谈判决定工资"的权利。工会组织同泰罗主义者之间的冲突在1909年达到最激烈的程度。当时，美国联邦政府在沃特顿兵工厂推行一项经济刺激的制度，工会就发动工人罢工，并得到美国劳工联合会的支持。由于各方面的反对，政府也怕事态扩大，美国国会就通过一项法律，禁止在军工企业和政府企业采用泰罗的管理方法，并且不准用钟表测定工人的劳动操作。这项法律直到1949年才被撤销。

泰罗制在当时之所以遭到反对，一方面是因为社会上传统意识的影响，另一方面是由于它本身也存在着弱点。我们应当用历史的观点客观地加以评价。

1. 它冲破了一百多年沿袭下来的传统的、落后的经验管理办法，将科学引进管理领域，并且创立了一套具体的科学管理方法来代替单凭个人经验进行作业和管理的旧方法。这是管理理论上的创新，也为管理实践开辟了新局面。

2. 由于采用了科学的管理方法和科学的操作程序，使生产效率提高了两三倍，推动了生产的发展，适应了资本主义经济在这个时期发展的需要。

3. 由于管理职能与执行职能的分离，企业中开始有一些人专门从事管理工作。这就使管理理论的创立和发展有了实践基础。

4. 泰罗把工人看成会说话的机器，只能按照管理人员的决定、指示、命令进行劳动，在体力和技能上受最大限度的压榨。泰罗的"标准作业方法""标准作业时间""标准工作量"，都是以身体最强壮、技术最熟练的工人进行最紧张的劳动时所测定的时间定额为基础的，是大多数工人无法忍受和坚持的。因此，泰罗制是资本家最大限度压榨工人血汗的手段。他把人看作纯粹的"经济人",认为人的活动仅仅出于个人的经济动机,忽视企业成员之间的交往及工人的感情、态度等社会因素对生产效率的影响。泰罗认为,工人的集体行为会降低工作效率,只有使"每个工人个别化"才能达到最高效率。

泰罗制是适应历史发展的需要而产生的,也受到历史条件和倡导者个人经历的限制。当时,要增加企业的利润,关键是提高工人的劳动效率。泰罗本人长时间从事现场的生产和管理工作,其一系列主张主要是为了解决工人的操作问题、生产现场的监督和控制问题,管理的范围比较小,管理的内容也比较窄。企业的供应、财务、销售、人事等方面的活动基本没有涉及。

(三)法约尔的组织管理理论

法国的亨利·法约尔(Henri Fayol,1841—1925)和德国的马克斯·韦伯的工作奠定了古典组织理论的基础。

继泰罗制之后所形成的组织理论,研究的中心问题是组织结构和管理原则的合理化,管理人员职责分工的合理化。

法约尔和泰罗虽处同一时代,但个人经历不同。法约尔曾在较长时间内担任法国一个大煤矿公司的领导工作和总经理职务,积累了管理大企业的经验。与此同时,他还在法国军事大学任过管理学教授,对社会上其他行业的管理进行过广泛的调查。在他退休后,还创办了管理研究所。法约尔的经历决定了他的管理思想要比泰罗开阔。他的管理理论发表在1916年法国工业协会的刊物上。1925年出版的《工业管理与一般管理》一书是他的代表作。

法约尔认为,要经营好一个企业,不仅要关注生产现场的管理,而且应当注意改善有关企业经营的六个方面的职能:

- 技术职能:设计制造。
- 经营职能:采购、销售和交换。
- 财务职能:确定资金来源及使用计划。
- 安全职能:保证员工劳动安全及设备使用安全。
- 会计职能:编制财产目录,进行成本统计。
- 管理职能:包括计划、组织、指挥、协调、控制五项。

1. 计划:管理人员要尽可能准确地预测企业未来的各种事态,确定企业的目标和完成目标的步骤,既要有长远的指导计划,也要有短期的行动计划。

2. 组织:确定执行工作任务和管理职能的机构,由管理机构进一步确定完成任务所必需的机器、物资和人员。

> 亨利·法约尔:法国古典管理理论学家,与马克斯·韦伯、弗雷德里克·泰罗并称为西方古典管理理论的三位先驱,并被尊称为管理过程学派的开山鼻祖。

> 法约尔认为,要经营好一个企业,应当注意改善有关企业经营的哪六个方面的职能?

3. 指挥：对下属的活动给予指导，使企业的各项活动互相协调配合。管理人员要树立良好的榜样，全面了解企业职工的情况及职工与企业签订合同的情况。管理人员应经常与下属人员交流并进行考核，对不称职者予以辞退。对组织结构也应经常加以审议，依据管理的需要随时进行调整和改组。

4. 协调：协调企业各部门及各个员工的活动，指导他们走向一个共同的目标。

5. 控制：确保实际工作与规定的计划、标准相符合。

法约尔还提出了管理人员解决问题时应遵循的 14 条原则（见表 2.2）。

🎤 法约尔的14条管理原则是否在今天也有其应用价值？

表 2.2　法约尔的 14 条管理原则

1. 劳动分工。通过专业化提高效率、降低成本。
2. 权力与责任。管理者必须有职有权，职权相当。
3. 纪律。员工必须遵守组织纪律和规章制度。
4. 统一命令。每位员工应该只接受一位上级的命令，不能多头领导。
5. 统一方向。组织应该只有一个行动计划，作为统一全体管理者和员工的行动方向。
6. 个人服从整体。任何员工的利益都不能凌驾于组织整体利益之上。
7. 报酬。必须公平合理，及时支付。
8. 集权。集权程度应视下级的具体情况而定。
9. 等级链。从最高层至最底层要形成有序的权力线。
10. 秩序。人与物都应在正确的时间处于正确的位置。
11. 公平。管理者必须公平、友善地对待下属。
12. 稳定性。人员任期和替补应有清晰的规则。
13. 主动性。鼓励员工执行计划时充分发挥主动性和创新精神。
14. 团队精神。促进团队精神，创造组织内部的和谐与团结氛围。

劳动与分工专业化是组织前进和发展的必要手段。由于减少了每个工人所需掌握的工作项目，故可以提高生产效率。劳动的专业化使实行大规模生产和降低成本有了可能。同时，每个工人工作范围的缩小，也可使工人的培训费用大为减少。

法约尔认为，权力即"下达命令的权利和强迫别人服从的力量"。权力可区分为管理人员的职务权力和个人权力。职务权力是由职位产生的；个人权力是指由担任职务者的个性、经验、道德品质以及能使下属努力工作的其他个人特性而产生的权力。个人权力是职务权力不可缺少的条件。他特别强调权力与责任的统一。有责任必须有权力，有权力就必然产生责任。

法约尔认为，纪律的实质是遵守公司各方达成的协议。要维护纪律就应做到：①对协议进行详细说明，使协议明确而公正；②各级领导要称职；③在纪律遭到破坏时，要采取惩罚措施，但制裁要公正。

统一命令在组织中常常被忽视，越级指挥、多头领导的现象时有发生。一个员工在任何活动中只应接受一位上级的命令。违背这个原则，就会使权力和纪律遭到严重的破坏，造成组织内部的混乱。

组织必须有统一的方向。组织的全体员工应为达到同一目标而进行各种活动。应由一位首脑根据预定的计划开展，这是统一行动、协调配合、集中力量的重要条件。

法约尔认为，整体利益大于个人利益的总和。一个组织谋求实现总目标比实现个人目标更为重要。协调这两方面利益的关键是领导层要有坚定性和做出良好的榜样。协调要尽可能公正，并经常进行监督。

报酬必须公平合理，尽可能使职工和公司双方满意。对贡献大、活动方向正确的职工要给予奖赏。

集权就是降低下级的作用。集权的程度应视管理人员的个性、道德品质、下级人员的可靠性以及企业的规模、条件等情况而定。

等级链即从最上级到最下级各层权力连成的等级结构。它是一条权力线，用以贯彻执行统一的命令和保证信息传递的秩序。

秩序即人和物必须各尽其能。管理人员首先要了解每个工作岗位的性质和内容，使每个工作岗位都有称职的职工，每个职工都有适合的岗位。还要有条不紊地精心安排物资、设备的合适位置。

没有绝对的公平。所谓公平，就是管理者应以亲切、友好、公正的态度严格执行规章制度。雇员们受到公平的对待后，会以忠诚和献身的精神去完成他们的任务。

生意兴隆的企业通常都有一批稳定的管理人员。因此，最高层管理人员应采取措施，鼓励职工尤其是管理人员长期为企业服务。

管理者给人以发挥主动性的机会是一种强大的推动力量。必须大力提倡、鼓励雇员们认真思考问题和创新的精神，也应使员工的主动性受到等级链和纪律的限制。

团队精神在任何时候都很重要，职工的融洽、团结可以使企业产生巨大的力量。实现集体精神最有效的手段是统一命令。在安排工作、实行奖励时不要引起嫉妒，以避免破坏融洽的关系。此外，还应尽可能直接地交流意见等。

法约尔的贡献是在管理的范畴、管理的组织理论、管理的原则方面提出了比较系统的观点，为以后管理理论的发展奠定了基础。

在这同时和以后，德国的社会学家马克斯·韦伯、美国的企业家詹姆

> **林德尔·厄威克**：英国著名的管理学家、教育学家，在英国牛津大学受过教育。由于他在第一次世界大战和第二次世界大战期间曾出色地在英国皇家军队中服役，并得到中校军衔，所以素有"厄威克中校"的美称。

斯·穆尼（James D. Mooney）以及英国的林德尔·厄威克（Lyndall Urwick，1891—1983）在组织体系及组织原则方面又提出了若干新的理论。其中特别值得注目的是林德尔·厄威克，他曾从事过管理方面的多种领导工作和咨询工作。起初，他曾任朗特里公司的组织秘书，1928—1933年曾在日内瓦任国际管理协会的首任会长，并在伦敦从事管理咨询和管理研究工作。他的著作甚多，有《管理的要素》《组织的科学原则》《组织中的委员》《行政管理原理》等，在管理学界是位颇有影响的人物。

厄威克的贡献是把法约尔、穆尼和泰罗的思想加以归纳并使之有机地结合起来，形成了比较完整、系统的管理理论。厄威克所综合的管理理论的概念结构如图2.4所示。

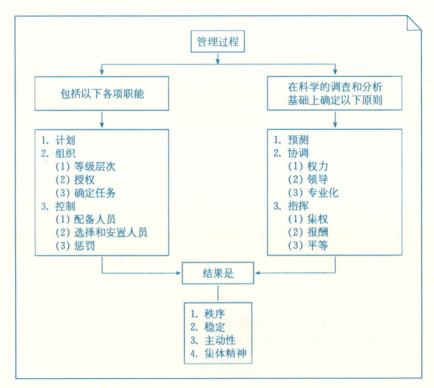

图2.4 管理理论综合概念结构

从图2.4中可以看出，厄威克认为管理过程是由计划、组织和控制三个主要职能构成的。

厄威克强调，科学调查和分析是指导一切管理职能的基本原则，并在此基础上确定了与主要职能相适应的三项指导原则——预测、协调和指挥。

厄威克还归纳出管理的间接目标：秩序、稳定、主动性和集体精神。他认为，只要管理人员履行职责时注意贯彻相应的原则，这四项目标就能够达到。

第三节 | 西方现代管理思想的发展

第二次世界大战前后，特别是 20 世纪 50—70 年代，世界的经济、政治情况发生了极大的变化。

1. 第二次世界大战结束后，要求和平、民主和独立的浪潮席卷全球，昔日的殖民地、半殖民地国家纷纷独立，不少国家走上了社会主义道路，工业发达国家的劳工运动也有了蓬勃发展，在 20 世纪 50 年代前后，声势浩大的罢工斗争此起彼伏，劳资矛盾尖锐。

2. 企业的规模在激烈竞争中迅速扩大。一家工厂、一家公司的活动范围不只局限于一个地区，而是扩大到全国甚至世界，成为跨国公司。不但市场国际化，企业的生产经营也进而国际化。这就进一步加剧了企业之间的竞争。

3. 科学技术急速发展，新兴工业不断出现，技术更新速度空前加快。与第二次世界大战前的 20 世纪 30 年代相比，技术更新速度快了三倍。

4. 职工队伍的结构、文化程度都有了变化。科学技术的发展，生产过程机械化、自动化程度的提高，管理工作的细化，使技术人员、管理人员在职工中的比重增加，而操作工人的比重则相对下降。另外一个明显的变化是职工队伍的文化水平普遍提高。

上述社会经济和政治形势的变化，对企业管理提出了新的要求。

1. 突出了企业的经营决策问题。由于竞争的日益加剧和经营范围的扩大，市场需求变化很快。企业要在这种环境中站住脚，首先要做到经营方向正确、经营目标明确。为此，必须加强企业的经营决策，仅仅着眼于提高企业生产效率的科学管理理论显然已不能满足客观经济发展的要求。

2. 要求运用更先进的管理手段。经营规模的扩大，生产技术的迅速发展，生产过程的高度复杂化以及需要迅速、及时地进行战略决策，要求管理工具也要现代化，以便迅速、准确地提供管理信息，及时、正确地进行决策。

3. 要求管理理论和经营方法能充分调动人的积极性。由于生产过程专

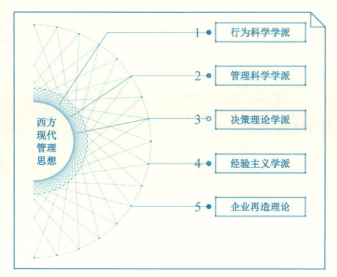

图 2.5
西方现代管理思想的主要学派

业化、自动化程度的提高，工人对单调、简易的操作容易产生厌烦情绪，所以，单靠古典组织理论的等级原则、命令统一原则、奖罚原则等已难以保持工人的生产积极性，必须研究如何激发人的积极性的新理论和新方法。不少企业实行所谓的"管理民主化"，采用高工资、高福利、高奖励、职工入股、"终身雇佣"等办法，就是企业用新手段来提高工人、职员的积极性，缓和劳资矛盾的尝试。这是管理理论发展中一个值得注意的新动向。

在这一阶段中，有不少管理学家和企业家从事现代管理理论的研究。他们的思想非常活跃，研究的侧重点也互不相同，呈现出管理学派林立的局面（见图 2.5）。

一、行为科学学派

（一）行为科学的由来

行为科学是一门研究_____的科学。

科学发展到 20 世纪，学科越分越细，学科之间的联系也越加广泛，因而相继出现了不少边缘学科，在此基础上，科学家们开始考虑如何利用有关的各种科学知识来研究人的行为。1949 年，在美国芝加哥大学召开了一次有哲学家、精神病学家、心理学家、生物学家和社会学家等参加的跨学科的科学会议，讨论了应用现代科学知识来研究人类行为的一般理论。会议给这门综合性的学科定名为行为科学。1953 年，芝加哥大学成立了行为科学研究所。

泰罗的科学管理理论把人看作"活的机器""机器的附件""经济人"等，而行为科学认为"人"不单是"经济人"，还是"社会人"，即影响工人生产效率的因素除了物质条件外，还有人的工作情绪。人的工作情绪又受人所在的社会及本人心理因素的影响。

行为科学是一门研究人类行为规律的科学。资本主义管理学家试图通过行为科学的研究，掌握人们行为的规律，找出对待工人、职员的新方法和提高工效的新途径。

（二）行为科学的早期理论——人际关系理论

行为科学的发展是从人际关系理论开始的。人际关系理论的代表人物是埃尔顿·梅奥（Elton Mayo，1880—1949）。梅奥曾参加 1927—1932 年在芝加哥西方电器公司霍桑工厂进行的实验工作，即引起管理学界重视的霍桑实验。

霍桑实验的目的是要找出工作条件对生产效率的影响,以寻求提高劳动生产率的途径。实验首先从变换工作现场的照明强度着手。研究人员将参加实验的工人分成两组:一组为实验组,另一组为控制组。控制组一直在平常的照明强度下工作,对实验组则给予不同的照明强度。当实验组的照明强度逐渐增大时,实验组的生产增长比例与控制组大致相同;当实验组的照明强度逐渐降低时,实验组的产量才明显下降。实验表明,照明度的一般改变,不是影响生产率的决定因素。

后来,又继续进行改变其他条件的实验。这次实验是在电话继电器装配实验室分别按不同工作条件进行实验的。实验开始后,先逐步增加休息次数,延长休息时间,缩短每日工作时间,供应茶点,实行五日工作制等;接着,又逐步取消这些待遇,恢复原来的工作条件。结果发现,不论工作条件如何变化,生产量都是增加的,而且工人的劳动热情还有所提高,缺勤率降低了80%。后来又选择工资支付方式作为实验内容,即将集体奖励制度改为个人奖励制度。实验结果又发现工资支付办法的改变也不能明显影响工人的生产效率。那么,为什么实验过程中工人的产量会有上升呢?研究小组认为,可能出于工人对实验的关心和兴趣。工人们则认为,生产上升的原因是没有工头的监督,工人可以自由地工作。实验中比较尊重工人,实验计划的制定、工作条件的变化事先都倾听过工人的意见,因而工人与研究小组的人员建立了良好的感情。工人之间由于增加了接触,也滋生了一种团结互助的感情。

在实验过程中,研究小组的人员感到企业中似乎存在一种"非正式组织"。为此,又对有14名男工的生产小组进行了观察实验。这个小组根据集体产量计算工资,根据组内人员的情况,完全有可能超过他们原来的实际产量。可是,经过五个月的统计发现,小组产量总是维持在一定的水平上。经过观察,发现组内存在着一种默契:往往不到下班,大家便已经歇手;当有人超过日产量时,别人就会暗示他停止工作或放慢工作速度。大家都按这个集体的平均标准进行工作,谁也不做超额生产的拔尖人物,谁也不偷懒。他们当中还存在着自然领袖人物。这就证实"非正式组织"是存在的,而这个组织对工人的行为有着较强的约束力,这种约束力甚至超过经济上的刺激。在进行实验的同时,研究小组还广泛地同工人进行交谈,以了解工人对工作和工作环境、监工和公司当局的看法及持有这种看法对生产有什么影响。他们前后共与两万多名职工进行交谈,取得了大量材料。

梅奥等人就实验及访问交谈结果进行总结,得出的主要结论是:生产效率不仅受物理的、生理的因素影响,而且受社会环境、社会心理的影

> 人际关系理论的主要观点有：
> 1. ＿＿＿＿＿＿＿＿＿；
> 2. ＿＿＿＿＿＿＿＿＿；
> 3. ＿＿＿＿＿＿＿＿＿；
> 4. ＿＿＿＿＿＿＿＿＿。

响。这一点与科学管理的观点截然不同。他们的观点主要表现在以下几方面。

1. 企业的职工是"社会人"。从亚当·斯密到科学管理学派都把人看作仅仅为了追求经济利益而进行活动的"经济人"，或者是对于工作条件的变化能够作出直接反应的"机器的模型"。但是，霍桑实验表明，物质条件的改变，不是劳动生产率提高或降低的决定性原因，甚至计件制的刺激工资制对产量的影响也不及生产集体所形成的一种自然力量大。因此，梅奥等人创立"社会人"的假说，即认为人不是孤立存在的，而是属于某一工作集体并受这一集体影响的。他们不是单纯地追求金钱收入，还要追求人与人之间的友情、安全感、归属感等社会和心理欲望的满足。梅奥等人曾经这样描绘人："人是独特的社会动物，只有把自己完全投入集体之中，才能实现彻底的'自由'。"

2. 满足工人的社会欲望，提高工人的士气（所谓士气，也就是工作积极性、主动性、协作精神等结合成一体的精神状态），是提高生产效率的关键。科学管理理论认为，生产效率与作业方法、工作条件之间存在着单纯的因果关系，只要正确地确定工作内容，采取恰当的刺激制度，并改善工作条件，就可以提高生产效率。可是，霍桑实验表明，这两者之间并没有必然的、直接的联系；生产效率的提高，关键在于工作态度的改变，即工作士气的提高。梅奥等人从人是"社会人"的观点出发，认为"士气"高低取决于安全感、归属感等社会、心理方面的欲望的满足程度。满足程度越高，"士气"就越高，生产效率也越高。"士气"又取决于家庭、社会生活的影响以及企业中人与人之间的关系。

3. 企业中实际存在着一种"非正式组织"。"人的组织"可分为"正式组织"和"非正式组织"两种。所谓"正式组织"，是企业组织体系中的环节，是指为了实现企业总目标而担当着明确职能的机构。这种组织对个人有强制性。这是古典组织论者所强调和研究的。人际关系理论认为，企业职工在共同工作、共同生产中，必然产生共同的感情，自然形成一种行为准则或惯例，要求个人服从，这就构成了"非正式组织"。这种"非正式组织"对于工人的行为影响很大，是影响生产效率的重要因素。

正式组织与非正式组织在本质上是不同的。正式组织以效率和成本为主要标准，要求企业成员为了提高效率、降低成本而确保形式上的协作。非正式组织则以感情为主要标准，要求其成员遵守人群关系中形成的非正式的、不成文的行为准则。

人际关系理论认为，非正式组织不仅存在于工人之中，而且存在于管理人员、技术人员之中，只不过效率与成本对于管理人员、技术人员比之对于工人更为重要,一般说来,感情在工人中比在管理人员、技术人员中占有更为重要的地位。如果管理人员、技术人员仅仅依据效率与成本的要求来进行管理而忽略工人的感情,两者之间必将发生矛盾冲突,妨碍企业目标的实现。

4. 企业应采用新型的领导方法。新型的领导方法主要是要组织好集体工作,采取措施提高士气,促进协作,使企业的每个成员能与领导真诚持久地合作。例如,建立邀请职工参加企业各种决策的制度,借以改善人与人的关系,提高职工士气;实行上下意见交流,上级交代任务必须详加说明,并允许下级向上级提意见,尊重下级的意见和建议;建立面谈制度,给职工以表达感情、不满和争论的机会,以消除不良的人际关系;美化工作环境,建设宿舍等福利设施,组织娱乐、体育活动等。

人际关系理论是行为科学管理学派的早期思想,它只强调要重视人的行为;而行为科学还要求进一步研究人的行为规律,找出产生不同行为的影响因素,探讨如何控制人的行为以达到预定目标。

(三) 行为科学学派的主要理论

行为科学学派的主要理论如图 2.6 所示。

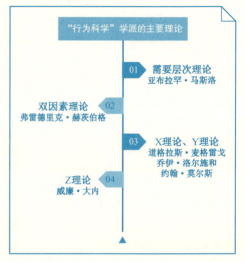

图 2.6
行为科学学派的主要理论

1. 需要层次理论。行为科学认为人的各种行为都是由一定的动机引起的,而动机又产生于人们本身存在的各种需要。人们为了满足自己的需要,就要确定自己行为的目标。人都是为了达到一定的目标而行动的。这种从一定的需要出发,为达到某一目标而采取行动,进而实现需要的满足,而后又为满足新的需要产生新的行为的过程,是一个不断的激励过程。只有尚未得到满足的需要,才能对行为起激励作用。图 2.7 表示了这种激励过程。

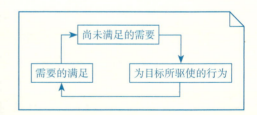

图 2.7
激励过程示意

尚未得到满足的需要包括哪些内容呢?许多早期的管理学者强调,金钱是激励个人的主要手段,因为人们追求的就是合理的经济目标。当代许多心理学家则认为,金钱显然是重要的激励因素,但人们希望满足的不仅仅是经济需要。至于应该是哪些需要以及需要之间的关系如何,至今众说纷纭。现仅介绍美国人亚布拉罕·马斯洛(Abraham Maslow, 1908—1970)的需要层次理论。

马斯洛的需要层次理论有两个基本论点。一是人的需要取决于他已经得到了什么,尚缺少什么,只有尚未满足的需要能够影响行为。换言之,已得到满足的需要不能起激励作用。二是人的需要都有轻重层次,某一层需

> 亚布拉罕·马斯洛:美国社会心理学家、比较心理学家、人本主义心理学(Humanistic Psychology)的主要创建者之一、心理学第三势力的领导人。马斯洛的人本主义心理学思想主要载于他1954年出版的《动机与人格》(*Motivation and Personality*)一书。

要得到满足后，另一个需要才出现。

马斯洛将需要分为五级：生理的需要、安全的需要、感情和归属的需要、尊重的需要、自我实现的需要。这几种需要的重要程度的层次结构如图2.8所示。

图 2.8　需要层次图

（1）生理的需要：包括人体生理上的主要需要，即衣、食、住、行、医疗等生存的基本条件。

（2）安全的需要：随着生理需要得到满足，继而就会产生高一层的需要——安全的需要，包括工作、财产、安全等。

（3）感情和归属的需要：包括友谊、爱情、归属感等各方面的需要。

（4）尊重的需要：这类需要包括自尊和受别人尊敬。

（5）自我实现的需要：这是最高一级的需要。马斯洛认为这种需要就是"人希望越变越完美的欲望，人要实现他所能实现的一切欲望"。

虽然马斯洛的需要层次理论在发表后为不少人所接受，并在实际工作中得到应用，但对它的层次排列是否符合客观实际还有许多争议，有人认为这一理论对人的动机没有完整的看法，没有提出激励的方法。它只说明需要与激励之间的一般关系，没有考虑到不同的人对相同的需要的反应方式往往是不相同的。此外，这一理论也没注意到工作和工作环境的关系。

> 弗雷德里克·赫茨伯格：美国心理学家、管理理论家、行为科学家、双因素理论的创始人。他于1968年在《哈佛商业评论》上发表过一篇题为"One More Time, How Do You Motivate Employees"的文章，共售出120万份，是该刊有史以来最受欢迎的文章。

2. 双因素理论。这也是一种激励模式理论，是由美国心理学家弗雷德里克·赫茨伯格（Frederick Herzberg, 1923—2000）于1959年提出的。

20世纪50年代后期，赫茨伯格为了研究人的工作动机，对匹兹堡地区的200名工程师、会计师进行深入的访问调查，提出了许多问题，如在什么情况下对工作特别满意，在什么情况下对工作特别厌恶，原因是什么等。调查结果发现，使他们感到满意的因素都是工作性质和内容方面的，使他们感到不满意的因素都是工作环境或者工作关系方面的。赫茨伯格把前者称作激励因素，后者称作保健因素。

1959年，赫茨伯格在广泛调查的基础上出版了《工作与激励》一书，正式提出了激励的双因素理论。

（1）保健因素。这类因素对职工行为的影响类似卫生保健对人们身体的影响。当卫生保健工作达到一定的水平时，可以预防疾病，但不能治病。同理，当保健因素低于一定水平时，会引起职工的不满；当这类因素得到改善时，职工的不满就会消除。但是，保健因素对职工起不到激励的积极作用。保健因素可以归纳为十项：企业的政策与行政管理、监督、与上级的关系、与同事的关系、与下级的关系、工资、工作安全、个人生活、工作条件、地位。

（2）激励因素。这类因素具备时，可以起到明显的激励作用；当这类因素不具备时，也不会造成职工的极大不满。这类因素归纳起来有六种：工作上的成就感、受到重视、提升、工作本身的性质、个人发展的可能性、责任。

分析一下上述两类因素可以看出，激励因素是以工作为中心的，即以对工作本身是否满意、工作中个人是否有成就、是否得到重用和提升为中心的；保健因素则与工作的外部环境有关，属于保证工作完成的基本条件。研究中还发现，当职工受到很大激励时，他对外部环境的不利能产生很大的耐性；反之，就不可能有这种耐性。

赫茨伯格的双因素理论与马斯洛的需要层次理论有很大的相似性。马斯洛的高层需要即赫茨伯格的主要激励因素，为了维持生活所必须满足的低层需要则相当于保健因素。可以说，赫茨伯格对需要层次理论作了补充。他划分了激励因素和保健因素的界限，分析出各种激励因素主要来自工作本身，这就为激励工作指出了方向。图 2.9 是马斯洛模式与赫茨伯格模式的比较。

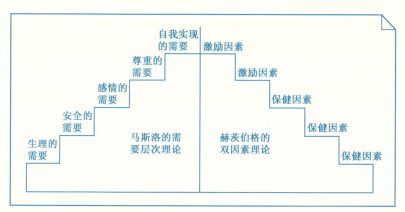

图 2.9　马斯洛模式与赫茨伯格模式比较

X理论：
- 人性本恶；
- 必须对员工进行强制、监督、指挥以及惩罚进行威胁；
- 一般人都胸无大志，不喜欢具有创造性的困难工作。

VS

Y理论：
- 人性本善；
- 在正常情况下，人们愿意承担责任；
- 人们都热衷于发挥自己的才能和创造性。

3. X理论、Y理论。在行为学派管理理论中，还有根据对人的行为看法不同划分的三种理论。

（1）X理论和Y理论。美国麻省理工学院教授道格拉斯·麦格雷戈（Douglas Mcgregor，1906—1964）于1957年首次提出X理论和Y理论。在1960年发表的《企业的人性面》一文中，他又对两种理论进行了比较。

麦格雷戈所指的X理论主要有以下观点：

人的本性是坏的，一般人都有好逸恶劳、尽可能逃避工作的特性。因此，对大多数人来说，仅用奖赏的办法不足以战胜其厌恶工作的倾向，必须进行强制、监督、指挥以及惩罚进行威胁，才能使他们付出足够的努力去完成给定的工作目标；一般人大多胸无大志，通常满足于平平稳稳地完成工作，而不喜欢具有"压迫感"的创造性的困难工作。

与X理论相反的是Y理论。麦格雷戈认为，Y理论是较为传统的X理论的合理替换物。Y理论的主要观点是：人并不懒惰，他们对工作的喜欢和憎恶取决于这工作对他而言是一种满足还是一种惩罚；在正常情况下，人们愿意承担责任；人们都热衷于发挥自己的才能和创造性。

对比X理论及Y理论可以发现，它们的差别在于对工人的需要看法不同，因此，采用的管理方法也不相同。按X理论来看待工人的需要，进行管理就要采取严格的控制、强制方式；按Y理论看待工人的需要，管理者就要创造一个能多方面满足工人需要的环境，使人们的智慧、能力得以充分地发挥，以更好地实现组织和个人的目标。

（2）超Y理论。在麦格雷戈提出X理论和Y理论之后，美国的乔伊·洛尔施（Joy Lorsch）和约翰·莫尔斯（John Morse）对此进行了试验。他们选了两个工厂和两个研究所作为试验对象：一个工厂和一个研究所按照X理论实施严密的组织和督促管理；另一个工厂和另一个研究所则按照Y理论实施松弛的组织和参与管理，并以诱导和鼓励为主。实验结果如表2.3所示。

表2.3　X理论和Y理论试验结果

管理思想	试验对象的性质	
	任务易测定的工厂	任务不易测定的研究所
X理论	效率高（亚克龙工厂）	效率低（卡美研究所）
Y理论	效率低（哈特福工厂）	效率高（史托克顿研究所）

从表 2.3 中可以看出，采用 X 理论的单位和 Y 理论的单位都有效率高和效率低的。可见，Y 理论不一定都比 X 理论好。那么，到底应在什么情况下选用哪种理论呢？洛尔施等人认为，管理方式要由工作性质、成员素质等来决定，并据此提出超 Y 理论。其主要观点是，不同的人对管理方式的要求不同。有的人希望有正规化的组织与规章条例来要求自己的工作，而不愿参与问题的决策去承担责任。这种人欢迎以 X 理论指导管理工作。有的人却需要更多的自治责任和发挥个人创造性的机会。这种人则欢迎以 Y 理论为指导的管理方式。此外，工作的性质、员工的素质也影响到管理理论的选择。不同的情况应采取不同的管理方式。

4. Z 理论。美国加州大学管理学院美籍日裔教授威廉·大内（William Ouchi）在研究分析日本的企业管理经验之后，提出他所设想的 Z 理论。Z 理论认为企业管理当局与职工的利益是一致的，两者的积极性可融为一体。

> 威廉·大内：美籍日裔管理学家、Z 理论创始人、最早提出企业文化概念的人。

按照 Z 理论，管理的主要内容是：

（1）企业对职工的雇佣应是长期的而不是短期的。企业在经济恐慌及经营不佳的状况下，一般也不会辞退职工，而是动员大家"节衣缩食"共渡难关。这样，就可使职工感到职业有保障而积极地关心企业的利益和前途。

（2）上下结合制定决策，鼓励职工参与企业的管理工作。从调查研究、反映情况到参与企业重大问题的决策，都启发、支持职工积极参与。

（3）实行个人负责制。要求基层管理人员不机械地执行上级命令，而要敏感地体会上级命令的实质，创造性地去执行。强调中层管理人员对各方面的建议要进行协调统一，统一的过程就是反复协商的过程。这样做虽然费些时间，但便于贯彻执行。

（4）上下级之间关系要融洽。企业管理当局要处处显示对职工的全面关心，使职工心情舒畅、愉快。

（5）对职工要进行知识全面的培训，使职工有多方面工作的经验。如果要提拔一位计划科长担任经营副经理，就要使他在具有担任财务科长、生产科长的能力之后，再选拔到经营副经理的位置上。

（6）相对缓慢的评价与稳步提拔。强调对职工进行长期而全面的考察，不以"一时一事"为根据对职工表现下结论。

（7）控制机制要较为含蓄而不那么正规，但检测手段要正规。

以上几种理论，有些我们可以借鉴，有些则是我们不能赞同的，因为这些观点的前提和我们的社会制度是不相适应的。

二、管理科学学派

（一）管理科学学派的特点

现代化管理理论的另一重要学派是管理科学学派。这一学派的理论与泰罗的科学管理理论实际上属于同一思想体系，但它又不是泰罗理论的简单延续，而是在它的基础上有新的发展。管理科学学派将近年来的最新科学技术成果应用到管理工作的各个方面，形成了许多新的管理思想和管理技术，使管理工作的科学性达到新的高度。为了区别于泰罗的科学管理理论，管理学界将新出现的一系列的管理思想与管理技术称为管理科学。

管理科学理论有如下主要特点（见图 2.10）。

1. 生产和经营管理各个领域的各项活动都以经济效果的好坏作为评价标准，即要求行动方案能以总体的最少消耗获得总体的最大经济效益。

2. 使衡量各项活动效果的标准定量化，并借助于数学模型找出最优的实施方案和描述事物的现状及发展规律，摒弃单凭经验和直觉确定经营目标与方针的做法。

3. 依靠计算机进行各项管理。企业经营范围的扩大，决策问题的复杂化，方案选择的定量化，都要求及时处理大量数据和提供准确信息，而这些只有借助电子计算机才能做得到。

4. 强调使用先进的科学理论和管理方法，如系统论、信息论、控制论、运筹学、概率论等数学方法及数学模型。

管理科学学派的主导思想是使用先进的数理方法及管理手段，使生产力得到最为合理的组织，以获得最佳的经济效益，而较少考虑人的行为因素。

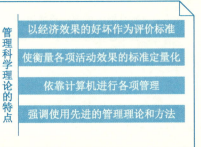

图 2.10
管理科学理论的主要特点

（二）数学模型与管理科学

管理科学的重要特点是将数学模型广泛应用于经营管理。在很多科学领域，实验是科学研究的重要方法，可是对管理科学来说，实验往往是不适用的。例如，库存量应为多少，才能既保证满足生产需要，又使库存费用、订货费用最低？一个企业应该生产哪几种产品，利润才能最高？对于这类管理问题，是无法采用实验方法找出答案的，但一个构思精确的数学模型却能使决策者在不影响正常生产经营秩序的情况下，找到可行的方案。只要这个模型能精确地表现运行中的系统，它就能为决策者提供所假定的各种解决方案的结果。数学模型的另一个重要特点，是能使分析的问题及供决策者选择的方案数字化，便于管理者对问题进行定量分析。

模型是对客观现实的一种描述，因此必须反映实际；同时，模型又是对现实世界的一种抽象，所以它还必须反映与所描述的实际问题有关的各种因素的构成和它们相互之间的关系。对于任何一个模型而言，它的价值取决于它能否很好地表现所描述的系统或程序。一个能准确地描述一个系统或程序的高度简化的模型，可以促使管理人员去系统地考虑与问题有关的各个方面的因素以及它们之间的关系，避免忽视某些重要因素或过多地考虑次要因素。

管理人员在了解、评价并利用数学模型之前，必须知道这些模型的类型。数学模型既可按它的作用分类，也可按它所含的变量的种类分类（见图 2.11）。

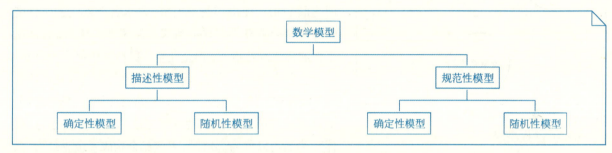

图 2.11　数学模型分类

模型按作用可分为描述性模型和规范性模型。

1. 描述性模型是说明一个系统怎样进行工作的模型，用它可清楚表明问题的现状，并可指明应怎样改变这种现状。描述性模型可以指出可供选择的方案，有时还可帮助管理者确定方案将会产生的结果或效果，但并不能选出最优方案。

2. 规范性（或指示性）模型中包含早已确定的某些准则及事物的变化规律。它能指出要完成一个特定目标，这个系统应该是什么样的。这类模型也被称为最优化模型，因为它能从可以采用的所有解决方法中找出最优解决办法。

模型按变量种类可分为确定性模型和随机性模型。确定性模型中的所有因素都有准确的或确定的数量，而对问题的解答是由一套准确的关系来确定的。也就是说，在一个确定性模型中，所有的假定条件都是肯定的。

随机性模型中采用了随机变量，即存在着不确定因素。这些随机变量是以统计规律为基础确定的。也就是说，模型中的不确定条件大都是以客观实践中的各种观察、统计数据为基础来确定的。

（三）系统管理理论的应用

传统的分析问题的方法，往往是把一个事物分解成许多独立的部分，分别进行深入研究。这样做容易把事物看成孤立的、静止的，所得出的结论也只适合于一定的局部条件，如果放到更大的范围来考察，那个结论就可能是片面的，甚至是错误的。

系统管理理论则把管理对象看作一个整体，是一个有机联系的系统。研究企业管理的任何个别事物，都要从系统的整体出发，既要研究此事物与系统内各组成部分之间的关系，又要研究此事物同系统外部环境的相互联系。

一个企业，在研究计划、生产、质量、人事、销售、财务等各个部门的工作时，应该依据系统管理思想把内部因素和外部环境结合起来进行全面分析，研究各个部门之间的相互促进和制约关系，以求各个部门的工作能保证整个企业获得最佳的效果。系统理论认为，各部门工作的优化固然重要，但企业整体目标的优化更为重要。

企业作为一个系统，既包括物的生产和为了进行物的生产所需要的技术手段，又包括经营管理部门、服务部门、情报部门等所采用的各种管理方法。前者可以称为"硬件"，后者可以称为"软件"，两者结合构成了企业系统，具体来说，它可以分为以下六个要素（见图2.12）。

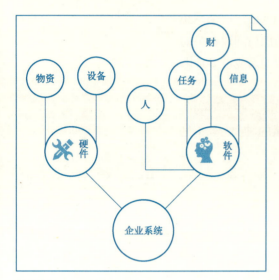

图 2.12
企业系统的六个构成要素

1. 人。人是企业系统的第一要素。企业的主体是人，企业的一切活动要靠人来进行。只有充分调动人的积极性，才能提高经营管理和生产的效率。人的要素可以通过人的数量、素质、专长等来表现。

2. 物资。包括原材料、半成品、成品、能源等。

3. 设备。包括机电设备、工具、仪表仪器、运输工具等，也包括厂房、仓库及同生产经营有关的其他设施。这是企业进行生产经营的物质技术基础。

4. 财。包括固定资金、流动资金、各项专用基金等。在企业系统中，财是进行生产经营的重要条件。

5. 任务。包括政府有关部门下达的建设项目、生产指标及与国内外市场客户签订的供货合同。此外，还包括为满足市场需要由企业自定的任务。

6. 信息。信息包括产供销的原始数据、统计报表、情报、技术标准、规章制度等。信息在企业系统中也是一个很重要的因素，是进行管理、制定决策的重要依据。对于信息的要求是及时、准确、全面、畅通。

企业的具体组织是各式各样的，但可按系统理论将上述六个要素分为许多子系统，如技术子系统、财务子系统、情报子系统、生产子系统等。由于企业系统总是处于不断变化当中，所以，在研究系统管理时，不仅要考虑系统的静态结构，更要研究系统的动态变化。系统管理离不开数学方法、模型理论和计算机手段以及行为科学，所以，也可以说系统管理理论是对现代管理科学的综合。

三、决策理论学派

决策理论学派是以统计学和行为科学作为基础的。自第二次世界大战以后,许多运筹学家、统计学家、计算机专家和行为科学家都力图在管理领域寻找一套科学的决策方法,以便对复杂的多方案问题进行明确的、合理的、迅速的选择。随着这方面研究工作的进展,决策理论得到迅速的发展。

在这个学派中,作出突出贡献的是美国卡内基梅隆大学教授赫伯特·西蒙(Herbert Simon,1916—2001)。他长期讲授计算机和心理学等课程,还从事过计量经济学的研究。由于在决策理论研究中作出了重要贡献,他于 1978 年获得诺贝尔经济学奖。他的主要著作有《管理行为》《组织》《经济学和行为科学中的决策理论》《管理决策的新科学》等。

> 赫伯特·西蒙(中文名"司马贺"):美国心理学家、经济学家、决策管理大师,研究领域涉及认知心理学、计算机科学、公共行政、经济学、管理学和科学哲学等多个方向。西蒙学识广博,拥有九个博士学位,是现今很多重要学术领域的创始人之一,如人工智能、信息处理、决策制定、问题解决、注意力经济、组织行为学、复杂系统等。

决策理论学派的主要观点如下(见图 2.13)。

1. 管理就是决策。传统观点认为,决策是高层管理人员的事,是用来解决经济管理中的发展目标和经营方针等重大问题的。西蒙等人认为,管理活动的全部过程都是决策的过程。确定目标、制订计划、选择方案是经营目标及其计划决策;机构设计、生产单位组织、权限分配是组织决策;计划执行情况检查、在制品控制及控制手段的选择是控制决策。决策贯穿于整个管理过程,所以,管理就是决策。

2. 决策分为程序性决策和非程序性决策。程序性决策即按既定的程序所进行的决策。对于经常发生的需要决策的问题,往往可制定一个例行程序,凡遇到这一类问题,就按照既定程序进行决策,例如,存储问题的决策就属于程序性决策。当问题的涉及面广,又是新发生的、非结构性的,或者问题极为重要而复杂,

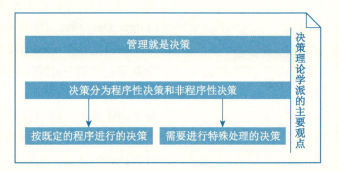

图 2.13
决策理论学派的主要观点

没有例行程序可以遵循,就要进行特殊处理。对这类问题的决策就被称为非程序性决策。例如,开辟新市场、增加新产品的决策就属于非程序性决策。

企业里大多数管理部门在其日常业务中所处理的问题一般是结构性、重复性问题,因此,可以利用常规的、标准的工作程序或事先编制的专门的程序进行决策。近年来,数学模型的发展更为进行这类决策提供了方便。但是非程序决策方法的研究进展却比较缓慢,而这类决策方法是处于关键岗位的高层管理人员所极为关注的。图 2.14 表示了上层、中层、基层管理所要处理的决策问题的类型及其比例关系。

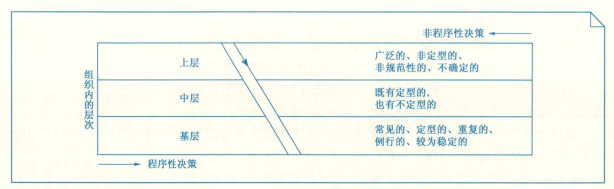

图 2.14 决策问题的类型与组织层次的关系

四、经验主义学派

经验主义学派以向西方大企业的经理提供管理企业的成功经验和科学方法为目标。他们认为，管理科学应该从企业管理的实际出发，以大企业的管理经验为主要研究对象，将其概括和理论化，以便向企业管理的实际工作者和研究人员传授。这个学派包括许多管理学家、企业高级管理人员和咨询人员，其主要代表有彼得·德鲁克（P. E. Drucker）、爱德加·戴尔（Edgar Dale）等。其中，以德鲁克最为著名。

德鲁克生于 1909 年。他早年接受的是法律教育，1929 年在英国伦敦任新闻记者和一家国际性银行的经济学家。为了躲避德国纳粹的迫害，他从 1937 年起移居美国，开始在一家由若干银行和保险公司组成的集团工作，后来担任通用汽车、克莱斯勒等大企业的顾问。从 1942 年开始，德鲁克先后在本宁顿学院、纽约大学工商学院任教授。20 世纪 60 年代，德鲁克曾受日本政府的邀请，为政府和企业的许多高级管理人员进行过管理培训。德鲁克的主要著作有：《管理的实践》(1954)、《卓有成效的管理者》(1966)、《管理：任务、责任、实践》(1973) 以及《动荡时代的管理》(1980) 等。

德鲁克认为，管理只同生产商品和提供各种经济服务的企业有关，管理学由管理工商企业的理论和实践的各种原则组成。管理的能力、技巧、经验不能移植到其他机构中去。但另一些人则认为，虽然不同组织的管理在外部表现上有许多不同之处，但其基本原理是共通的。

德鲁克指出，作为企业主要管理者的经理，有以下两项别人无法替代的任务。

第一项任务是，经理必须创造一个"生产的统一体"。这个统一体的生产力要大于其组成部分的生产力之和。为此，经理要注意克服企业中所有的弱点，并使各种资源特别是人力资源得到充分的发挥。为了使企业的各项活动能够协调进行，他必须考虑到作为整体的企业，又照顾到各个方面的特殊问题,因为这些特殊问题有时可能是决定性的。

第二项任务是,经理在制定每项决策或采取每个行动时,都必须统筹考虑企业的长期利益和目前利益。

根据德鲁克的分析,每个经理,不论他是否意识到,都在执行一些基本的、共同的职能。这些职能包括以下五个方面(见图 2.15)。

1. 树立目标并决定为了达到这些目标需要做些什么,然后把它传达给与目标实现有关的人员。

2. 进行组织工作。将组织活动划分成较小的项目,以便进行管理;据此建立组织机构,选拔人员等。

3. 进行鼓励和沟通工作。经理要利用表扬、奖金、报酬、提拔等手段来鼓励人们做好工作,并通过沟通信息来协调整个企业的活动。

4. 确定标准,对企业成果进行分析,对所有人员的工作情况进行评价。

5. 使职工得到成长和发展。经理的工作将影响到职工的才能能否得到发展。

此外,为了组织职工参与企业管理,充分调动职工的积极性,德鲁克还提出了目标管理的观点和方法。我们将在决策与计划的有关章节中予以介绍。

图 2.15
经理的基本职能

五、企业再造理论

20 世纪 80 年代,信息技术不断发展,并被广泛应用到企业管理,20 世纪三四十年代形成的企业组织已不能适应日益激烈的竞争环境的要求。一些管理学者提出了要在企业管理的制度、流程、组织、文化等方面进行创新,美国企业从 20 世纪 80 年代率先开始了大规模的"企业重组革命",企业管理经历了前所未有的脱胎换骨的变革。业务流程再造便是在这样的背景下产生的。

业务流程再造(business process reengineering,BPR)也被称为业务流程重组和企业经营过程再造,是针对企业业务流程的基本问题进行反思,并对它进行彻底的重新设计,以及在成本、质量、服务和速度等当前衡量企业业绩的这些重要方面取得显著的进展。该理论是由美国麻省理工学院教授迈克尔·哈默(Michael Hammer)和詹姆斯·钱皮(James Champy)提出的,他们于 1993 年出版了《企业再造:企业革命的宣言书》(*Reengineering the Corporation: A Manifesto for Business Revolution*)[1]一书。

---

[1] [美]迈克尔·哈默、[美]詹姆斯·钱皮,《企业再造:企业革命的宣言书》,王珊珊等译,上海译文出版社,2007 年。

作者在书中指出："20 年来，没有一个管理思潮能将美国的竞争力倒转过来，如目标管理、多样化、Z 理论、零基础预算、价值分析、分权、质量圈、追求卓越、结构重整、文件管理、走动管理、矩阵管理、内部创新及一分钟决策等"，为了能够适应新的世界竞争环境，企业必须摒弃已成惯例的运营模式和工作方法，以工作流程为中心，重新设计企业的经营、管理及运营方式。1995 年，钱皮又出版了《再造管理》(Reengineering Management)。这两本书出版后不仅在美国迅速畅销，而且很快被译成多种文字在全球范围内迅速畅销。一时间"企业再造""流程再造"成为世界范围内企业管理理论和实际工作者谈论的热门话题。

根据哈默和钱皮的观点，企业再造就是"为了飞跃性地改善成本、质量、服务、速度等重大的现代企业的运营基准，对工作流程（business process）进行根本性重新思考并彻底改革"。其具体实施过程包括以下主要工作（见图 2.16）。

图 2.16
业务流程改造的实施过程

（1）对原有流程进行全面的功能和效率分析，以发现目前流程中各活动单元及其组合方式上存在的问题。

（2）改进相关单元的活动方式或单元间关系组合方式，设计流程改进的方案。

（3）制定与流程改进方案相配套的组织结构、人力资源配置和业务规范等改进计划，形成系统的企业再造方案。

（4）实施组织流程改进方案，并在实施过程中根据经营背景的变化组织企业流程的持续改善。企业活动及其环境是动态变化的，因此，企业再造与流程重组将是一个持续不断的过程。

"企业再造"与"流程重组"等概念的提出不仅使管理的实践者们兴奋不已，而且为管理的理论研究注入了"活力"。一时间，"重组"或"再造"的方案在一个个企业的董事会上被不断提起，不同客户的再造咨询让管理顾问公司的"大师们"应接不暇；在管理研究界，一篇篇精美的论文或者在理论上论证了价值创造与流程再造的逻辑关系，或者更多地实证分析了流程再造对企业经营绩效改进的促进。然而，透过这种热闹非凡的现象，我们看到的可能是管理实践与管理理论研究对基础管理的回归。

就管理实践而言，正如哈默和钱皮所指出的，20 世纪 70 年代以后，"目标管理""多样化""零基预算""价值分析"等概念层出不穷，但在许多企业的实践中却收效甚微，这不能不引起管理实践者的反思。在反思中，人们认识到，目标的达成不仅在于构建，更取决于组织成员的日常执行；绩效的提高不仅要求规划框架的合理或产品设计的结构合理，更要求组织成员在规划执行或产品生产过程中细节的完美。是"执行力"或"细节"决定着成败。因此，管理必须回归基础，从具体活动、从活动单元及其组合的合理性分析开始。

就管理研究而言，"流程分析""流程及其相应的组织与人事改进方案设计""改进方案的组织实施与持续改进"，流程再造理论提出的这些再造程序，熟悉管理思想发展与演进的读者可能多少有一点似曾相识的感觉。实际上，从泰罗1911年出版的《科学管理原理》中即可找到相似甚至相同的词语。我们知道，泰罗科学管理原理的主要内容便是对生产过程组织的合理化和生产作业方法标准化的研究。泰罗制的推广使得企业在作业研究的基础上确定标准的作业方法，然后设计合理的生产过程去组合这些以标准方法完成的作业。流程再造的基本逻辑早已隐含于泰罗的科学管理原理之中。

第四节 | 中国现代管理思想的发展

一、中国现代管理思想形成的历史背景

中国现代管理思想既不是在一张白纸上设计出来的，也不是在中国传统管理思想基础上自然生长出来的，更不是单纯地从西方引进得来的，而是在极其复杂的历史背景下形成的。

（一）中国官僚资本企业和民族资本企业的管理

中国近代企业管理，主要包括官僚资本企业管理和民族资本企业管理。官僚资本企业有官办、官督商办和官商合办三种形式。中国真正意义上的企业是从官办企业开始的。所谓官办企业，是指晚清政府时期，由洋务派官僚集团在军事、经济等主要方面与外国政府和企业合作开办的采用机器生产的新式军事、民用企业。其中比较有规模的企业有江南制造总局、天津机器制造局、金陵制造局、福州船政局等。这些工厂的产品大部分拨归军用，经营管理是封建衙门式的，工厂的生产技术管理大权绝大部分掌握在外国人手中。

从19世纪70年代起，晚清政府在"洋务运动"中又采取官督商办和官商合办等方式，兴办了一大批工矿企业。官督商办是利用私人资本举办工矿企业所采取的主要形式，它由洋务派官僚发起，商人出资，政府官僚管理，盛行于19世纪70—80年代，这些企业得到李鸿章的庇护，享有减税、免税、贷款、缓息和专利的特权。这些企业名义上商人可以参与管理，但企业实权却掌握在由官方委派的承办人手中；名义上企业的盈亏全归商人，

与官无涉，但实际上官方只享有企业盈利而不负亏损责任，这类企业多在1895年甲午战争后破产。官商合办是官方与私人资本联合举办的工矿企业，盛行于19世纪80年代后期至20世纪初期，清政府对合办企业派官员督办掌权或委派与官方有密切关系的企业商董为督办、总办，结果，有的企业因商股中途退出而成为官方独办，有的企业因管理不善发生亏损而出租、出卖或停止。官督商办或官商合办企业，实际上都是由官僚掌管，企业内部采用雇佣劳动，其收益相当大的部分落到企业当权官僚和他们的僚属亲朋手中。

> 商股：旧时官商共营的股份公司中商人投资的股份。

洋务派兴办的近代企业，在中国近代早期工业发展中占有重要地位。官办企业是国家资本主义的基本形式，官商合办、官督商办是国家资本与私人资本相结合，由国家资本控制私人资本的企业形式，它们本身是一种资本主义性质的企业。投资于洋务企业的官僚、地主、买办和商人成为中国早期资本家的重要组成部分，洋务派官僚在兴办近代企业的过程中，也积累了一些经营管理经验和教训，对民族资本企业有借鉴作用。

为外商直接雇佣的买办在19世纪末逐渐形成一个新的阶层。1911年辛亥革命后，一些由官僚军阀控制的"国营"企业接受帝国主义者的监督，企业的经营权实际上被帝国主义者所控制。这些企业多数推行了欧美资本主义的一套比较规范化的企业管理方式。官僚资本与买办资本相互勾结，外国列强的在华投资推动了中国封建官僚的买办化。

抗日战争胜利后，官僚资本的发展达到最高峰，形成了以蒋介石、宋子文、孔祥熙、陈立夫四大家族为核心的官僚资本集团，在他们当权的20多年里，积累和集中了约200亿美元的巨额财产，垄断了全国经济命脉。到1947年，四大家族控制的工矿业资本额占全国工矿业资本总额的70%—80%，这一时期的企业管理方式，有了较大的进步，主要表现在以下几个方面。

> 托拉斯直译为商业信托（business trust，原意为托管财产所有权），是垄断组织的高级形式之一，是指在同一商品领域中，通过生产企业间的收购、合并以及托管等形式，由控股公司在此基础上设立一个巨大企业来包容所有相关企业，从而达到企业一体化目的的垄断形式。

1. 更多地采取了资本主义色彩的雇佣劳动管理方式。包工头制度大都被改为直接考工制，并直接按工人的职责、工资级差、工作定额等发放工资。制定了较为严格的选用人才的标准和实施办法，吸收和培养了比较熟悉近代企业管理方法的知识分子参加企业工作。

2. 成立企管协会，经常商讨改进管理办法，建立集中统一的生产指挥系统，订有财务管理与仓储保管制度。

3. 出现了向托拉斯（Trust）和康采恩（Konzern）方向发展的趋势。四大家族官僚资本垄断经营规模越来越大，经营方式也发展到跨行业的程度。

> 康采恩原意为多种企业集团，是一种通过由母公司对独立企业进行持股而达到实际支配作用的垄断企业形态。在资本集中方面，康采恩比托拉斯更加进步。

4. 组织工会和在较大的官僚资本企业中派出稽查组，并秘密收买工头和工贼当特务，使企业的人事管理、劳动管理带有思想统制和行动统制的色彩。

中国民族资本主义是指在近代形成的民间投资的私人资本主义经济成分，出现于19世纪70年代。随着外国资本主义的刺激和中国资本主义的萌芽，一部分商人、地主和官僚开始投资于新式工业，逐渐形成了中国的民族资本。中国早期民族资本主义来源于封建地租和买办收入的转化，资本带有原始积累的性质。中国民族资本主义工业是曲折发展的，其经营管理也显现出不同时期的不同特点。

甲午战争以后，在抵制洋货、收回利权运动、戊戌变法及辛亥革命的推动下，民族资本主义获得初步发展，出现了1895—1898年和1905—1908年的两次投资高潮。民族资本的投资，主要以纺织、面粉、卷烟等轻工业为主，采矿、水电等部门有所发展，航运、铁路、银行也有不少投资。当时的民族资本企业资金少、规模小，除少数企业从国外购进一些设备进行机器生产外，大多数企业承袭了手工作坊的办法，生产效率低下。从方便购销出发，多把厂址设在通商口岸或交通便利的地方。企业一般由官僚、富绅、商人股东来管理。他们缺乏技术和经营知识，经营管理水平低，产品生产批量小、质量低，往往不能和外资竞争，有些企业常因亏本而停产。

第一次世界大战期间，西方列强忙于战争，同时由于工业品价格的上涨和爱国反帝运动的推动，中国民族工业发展进入了"黄金时代"。这一时期，清政府和北洋军阀政府先后公布了《振兴工艺给奖章程》《公司条例》等法规，对促进民族资本企业的发展及其经营管理的改善起了一定作用。民族资本的投资开始涉足重工业，如采煤、钢铁、锑钨、水泥等行业。这一时期的经营管理有了以下改善：由手工生产逐渐过渡到机器生产，并采取了招股、添股、借贷等集资方式，原材料供应对生产的重要性得到充分认识，并设立了较稳定的来源，重视产品配套、产品质量。同时，也加强了工人的劳动强度，提高了生产效率。

第一次世界大战结束后，列强卷土重来，到20世纪20年代，中国民族工业陷入萧条阶段。虽然在个别部门和一些企业中有所发展，但由于帝国主义垄断资本采用借款、合办、收买等方式，大力兼并，加上连年内战和"蒋宋孔陈"四大家族官僚资本对国民经济的全面控制，民族资本企业遭到沉重打击，传统工业走向衰落。资本主义生产方式由通商口岸向内地中小城市推广。政府公布了公司法、商标法、商品检验法等法律，但民族资本企业仍然得不到法律的真正保障，企业倒闭不断增加。

抗日战争期间，沿海民族工业因迁移、战争破坏和日本侵略者的掠夺，损失极其严重。后方民族工业也因官僚资本的压制和通货膨胀的影响而陷于停滞。民族资本企业的处境十分悲惨，濒临破产，它们为了在帝国主义和官僚资本主义双重压迫下生存和发展，在经营管理上开始采用科学管理方式。

1. 加强了供销管理。一方面，为摆脱外国资本的控制，自建了原材料工厂和种植园，并广设原材料采购站，大量购储廉价原料；另一方面，在销售方面，努力扩大销售渠道，通过设立批发部和分销店，工商联营，并加强了广告和宣传活动。

2. 推行机械化和半机械化生产。通过引进国外先进技术设备，安排合理的生产工艺，不断改善生产组织，努力降低消耗，建立质量检验制度。

3. 投资联号企业或创办附属企业，在资金上相互支持、调剂；开办存款业务，充实企业经营资金；与金融资本结合，便于动用银行资本，并开展各种形式的企业联营，同时加强了人才培养。

中国的民族资本企业大都集中于大城市，集中于轻工业，不可能形成独立的工业体系，又由于在技术、设备、原料及资金等方面依赖帝国主义，造成了它的先天不足。民族资本企业采用了大机器生产和较科学的管理方式，尽力摆脱封建主义与帝国主义的束缚，建立了许多有中国特色的企业管理制度和方法，形成了中国企业科学管理思想的萌芽。这时期涌现出许多中国民族企业家，如张謇、荣德生、荣宗敬（1873—1938）、胡厥文（1895—1989）、刘国钧（1887—1978）、刘鸿生（1888—1956）等。

（二）我国革命根据地公营企业的管理

中国大规模的现代工业是在中华人民共和国成立后发展起来的，在1949年之后相当长的时期内，政府管理部门、银行、工厂、商店、学校等几乎一切企事业单位的主要领导和从事管理工作的干部绝大多数都是从军队和革命根据地来的。因此，中国的现代管理思想不能不受到军队管理和革命根据地公营企业管理的重要影响。革命根据地公营企业的管理又基本上是根据军队管理的模式，结合地方的特点逐步发展的。

在20世纪30年代的土地革命战争时期，中国共产党领导的苏区开始创办小型修械所，并相继建立了被服、印刷、兵工、织布、造纸等工厂，生产革命战争和人民生活迫切需要的物资。这些工厂在经营管理上重视行政管理，建立了企业的行政机构以及中国共产党的支部和职工会，贯彻了革命军队中的官兵一致、民主管理原则，吸收职工参加管理，教育职工自力更生、艰苦创业。由于客观条件的限制，当时工厂中还没有严格的生产计划和验收、保管制度。

为了加强公营工厂的管理，1934年，中华苏维埃共和国人民委员会颁布了《苏维埃国有工厂管理条例》，中国共产党中央组织局发布了《苏维埃国家工厂支部工作条例》。以上两个条例的施行进一步加强了苏区工厂的经营管理工作。

1. 建立了由厂长、共产党支部书记和工会委员长组成的"三人团"，作为企业的领导机构，统一处理工厂的生产、生活问题。

2. 建立了规章制度。普遍订立了集体合同和劳动合同，严格了劳动纪

荣宗敬：江苏省无锡人，荣德生之兄，中国近代著名的民族资本家。早年经营过钱庄业，从1901年起，与荣德生等人先后在无锡、上海、汉口、济南等地创办保兴面粉厂、福兴面粉公司、申新纺织厂，被誉为中国的"面粉大王""棉纱大王"。

胡厥文：上海嘉定人，著名的爱国民主人士、政治活动家，杰出的实业家。1918年大学毕业后，胡厥文经人介绍进了当时国内最大的工厂——汉阳铁工厂，从学徒工做起，开始了"实业救国"道路的摸索。1921年创办了自己的第一家工厂——新民机器厂。他先后建起四家工厂，摸索出了一条机器工业与日用品相结合的发展道路。

刘鸿生：浙江定海（今舟山）人，中国近代著名爱国实业家，以经营开滦煤炭起家，后将资本投资于火柴、水泥、毛织等业，被誉为中国的"火柴大王"和"毛纺业大王"。

律，规定了生产定额和工资制度，有条件的工厂实行了计件工资制，制定了产品检验制度。

3. 开展了劳动竞赛。在竞赛中注意推广先进生产经验，发扬职工忘我劳动的革命精神，促进了生产任务的完成。

4. 加强了思想政治工作。共产党支部和工厂委员会围绕企业的中心任务，采用多种形式教育工人以新的态度对待新的劳动，努力生产，为争取苏维埃的胜利而斗争。要求共产党员、共青团员在生产劳动中起先锋模范作用。要求管理干部深入工人群众听取意见，帮助他们解决工作、学习和生活中的困难。

全面抗日战争时期，抗日根据地的军民在"自己动手，丰衣足食"的方针指导下，开展了大规模的生产运动，公营工厂在大生产运动中进一步发展起来。

全面抗日战争初期，抗日根据地的工厂大多数实行全部费用向上级主管部门报销，全部产品上交主管部门统一分配的制度。这种制度造成了工厂只重生产、不重经济、不讲成本的状况。

1942年，毛泽东在陕甘宁高级干部会议上作了《经济问题与财政问题》的重要报告，提出了"发展经济，保障供给"的经济工作和财政工作总方针，并提出了改善工厂经营管理的方向。各厂矿根据报告的精神，在以下几个方面改进了工矿企业的管理工作。

（1）实行了工厂管理一元化。在厂外，工厂只受政府的一个管理部门的领导。在厂内，厂长集中管理行政和生产，对生产上的问题有最后决定权。共产党支部和工会以保证完成生产任务为中心工作。"三人团"改为厂长领导下的厂务会议。

（2）实行经济核算制。制定了会计制度、保管制度、产品检验制度。

（3）精简机构，减少非生产人员。

（4）改革工资制度。自1942年开始，各工厂逐步改供给制为工资制。

（5）进一步开展劳动竞赛。

（6）发挥技术人员的作用，奖励创造发明。

解放战争时期，解放区的公营工业在这个时期有了迅速发展，工厂管理工作也有了新的进展。1946年5月，颁布了《中共中央关于工矿业政策的指示（草案）》。1948年1月，中共中央进一步指示："在公营企业中，必须由行政方面和工会方面组织联合的管理委员会，以加强管理工作，达到降低成本、增加生产、公私两利的目的。"[1] 根据中共中央的指示精神，工厂在以下几方面进一步改善了管理。

（1）加强了民主管理。各工厂普遍建立了工厂管理委员会。500人以

---

[1]《毛泽东选集》第4卷，人民出版社，1991年，第1269页。

上的工厂建立了职工代表会议制度。

（2）普遍进行了工厂企业化。在工厂中实行严格的经济核算。建立了成本会计制度、各种责任制度以及产品检验制度、奖罚制度。

（3）贯彻按劳分配的原则，改革工资制度。计件奖励工资制度被各工厂普遍采用。

（4）加强对职工的思想教育，开展了立功运动。

在中华人民共和国成立初期，基本上沿用了革命根据地对公营企业的政策和管理思想，对被没收的官僚资本企业和公私合营企业进行改造和管理。

（三）全面学习苏联的管理模式

1953年起，我国进入了大规模的、有计划的社会主义经济建设时期，开始了发展国民经济的第一个五年计划。这个时期的企业管理主要是全面学习苏联的经验，引进苏联的整套企业管理制度和方法。在国营企业中，普遍建立了生产技术财务计划、生产技术准备计划和生产作业计划，实行了计划管理，组织了有节奏的均衡生产，建立了生产责任制度，进行原始记录和统计工作，确立了正常的生产秩序；制定了技术标准、工艺规程、劳动定额，建立了设备计划预修制度和技术检查制度，建立了技术工作的秩序；建立了经济核算制度和"各尽所能、按劳分配"的等级工资制度，建立与健全了企业的管理机构，普遍推行"一长制"。

由于推行了这套管理制度，我国国营工业企业的管理工作基本走上了科学管理的轨道，并培养了一批管理干部。

第一个五年计划期间，我国在百废待举、多种经济成分并存的条件下，在全国范围内实行了财政经济工作的统一领导和计划管理，实现了财政收支平衡和物价稳定，并集中了大量人力、资金和物资进行了大规模的工业基本建设。这个时期，国民经济高速发展，人民生活不断改善，社会安定团结，人民奋发向上。这是中国共产党在管理上获得的杰出成就。但是，在学习苏联管理经验的过程中，也出现了一些缺点，如不加分析地照抄照搬，没有充分考虑我国的实际情况，单纯依靠行政命令，忽视民主管理等。

（四）探索中国现代管理模式

为了克服学习苏联过程中照抄照搬的缺点，1956年9月，中共八大决定在企业中实行党委领导下的厂长负责制，以加强党的集体领导。1957年3月，党中央又决定在工业企业中实行党委领导下的职工代表大会制，以调动广大职员、工人的积极性，行使主人翁的权利。在从1958年开始的第二个五年计划期间，鞍钢、庆华工具厂等企业又创造、总结出了"两参、一改、三结合"的经验，并在全国得到了推广。这一系列的改革，对于纠正过去企业管理中出现的一些偏向，对于继承和发扬党的优良传统，调动和发挥广大职工的革

○ "两参、一改、三结合"：工人参加管理，干部参加劳动，改革不合理的规章制度，领导干部、工程技术人员、工人三结合。

○ 1962—1963年，大庆石油工人在会战实践中形成了"三老四严"的作风：对待革命事业，要当老实人、说老实话、办老实事；对待工作，要有严格的要求、严密的组织、严肃的态度和严明的纪律。

○ "两参、一改、三结合"和"三老四严"即使在今天也值得各位管理者认真借鉴。

命精神和生产积极性，促进企业生产的发展，探索中国现代管理模式，起了重要的作用。但是，在1958—1960年的"大跃进"运动过程中，由于片面夸大精神的作用，背离了"实事求是"的原则，在企业管理的指导思想上又犯了不尊重客观规律的"左"的错误，否定了在第一个五年计划期间建立起来的适合现代化大生产要求的科学管理制度和办法，造成了国民经济的比例失调和企业管理上的极大混乱，给国家在经济上造成了巨大的浪费和损失。

党中央及时采取了一系列措施来纠正这些错误。在从1961年开始的对国民经济进行的三年"调整、巩固、充实、提高"过程中，于1961年9月颁布了《国营工业企业工作条例》（草案）。这个条例总结了我国企业管理正反两方面的经验，体现了党的优良传统和现代化大生产的客观要求相结合的精神。通过这个条例的贯彻实施，明显提高了企业的管理水平，促进了生产的迅速发展。到1965年，许多工业部门和企业的技术经济指标都达到我国历史上的最高水平。这一阶段是我国进行企业管理改革的初步尝试过程，虽然经历了一段曲折的道路，但开始找到了适合我国国情的改革方向。

（五）"十年动乱"造成了管理的大倒退

从1966年开始的十年"文化大革命"，是我国政治大动乱、经济大倒退的十年，也是企业管理大混乱的十年。在这期间，全盘否定了新中国成立十几年来在实践中总结出的一套行之有效的企业管理制度和方法，以"阶级斗争"代替了企业管理，否定了企业管理的"两重性"，企业管理的规章制度被废弃。管理机构被撤销合并，绝大多数管理人员都被下放到车间劳动。而一些"政治"挂帅、不懂生产、不懂管理的人被派到各级管理岗位，完全无视客观规律瞎指挥。这使我国的企业管理工作遭到严重的破坏，整个国民经济逼近崩溃的边缘。

二、社会主义经济管理体制改革

1976年10月，"十年动乱"结束，我国进入一个新的历史发展时期，工农业生产得到较快的恢复。特别是1978年后，开始全面、认真地纠正过去的"左"倾错误，决定把党和国家的工作重点转移到社会主义经济建设上来。为了恢复和发展国民经济，提出了"调整、改革、整顿、提高"的新八字方针，调整了农、轻、重各部门之间以及积累和消费之间的比例关系，在经济体制上进行重大的改革，实行对外开放、对内搞活经济的政策。在工业企业管理方面，颁布和实施了一系列新的法律和条例，如《国营工业企业暂行条例》《国营工业企业职工代表大会暂行条例》《国营工厂厂长工作暂行条例》《中华人民共和国中外合资经营企业法》《专利法》《商标法》《会计法》《合同管理法》等，并在肯定企业管理具有"两重性"的基础上，有分析、有选择地学习外国先进的科学管理理论、方法和手段。

在完成指导思想的拨乱反正，实现国民经济初步调整的基础上，中国共产党第十二次全国代表大会明确提出了有系统地进行经济体制改革的任务，并且指出这是坚持社会主义道路、实现社会主义现代化的重要保证。1984年10月，中国共产党十二届三中全会又通过了《中共中央关于经济体制改革的决定》，进一步肯定了我国进行经济体制改革的必要性和迫切性，并指出改革是为了建设充满生机的社会主义经济体制，而增强企业活力是经济体制改革的中心环节。中国共产党第十三次全国代表大会提出了社会主义初级阶段理论、所有权和经营权分离的理论，为深化企业改革奠定了理论基础。

具体说来，我国企业改革可以划分为下列三个阶段（见图2.17）。

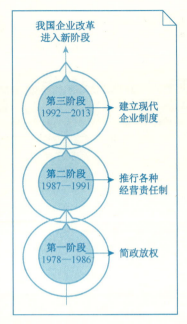

图 2.17
我国企业改革的三个阶段

（一）第一阶段（1978—1986年）

以扩大企业自主权、推行经济责任制和利改税为主要内容。

1. 扩大企业自主权，简政放权。从1978年下半年起，部分省市在一些国有企业进行试点，其主要内容是扩大企业经营管理权。

扩权的主要内容有：国有工业企业由按工资总额提取企业基金的办法改为实行利润留成办法；企业拥有制定补充生产计划的权力；企业有权销售超产产品；企业有权使用留成资金等。1984年5月，国务院颁布了《关于进一步扩大国营工业企业自主权的暂行规定》，明确规定了企业10个方面的自主权，即生产经营计划权、产品销售权、产品定价权、物资选购权、资金使用权、资产处置权、机构设置权、人事劳动权、工资奖金使用权和联合经营权。

2. 推行经济责任制。工业经济责任制的基本目的是处理好国家与企业的关系、企业与职工的关系，解决好企业吃国家大锅饭、职工吃企业大锅饭的问题。解决前一个问题的方法是利润留成、盈亏包干、以税代利、自负盈亏等；解决后一个问题的方法有计件工资、超产奖、浮动工资等。

3. 实行利改税。其主要内容有：把工商企业上缴国家财政的利润分别改为按11个税种缴税；国有大中型企业基期利润扣除按55%计算的所得税和1983年合理留利后的部分占基期利润的比例，为调节税税率。国有企业实行利润分别征收所得税和调节税；国有小型盈利企业按新的八级超额累进税率缴纳所得税后，企业自负盈亏。

（二）第二阶段（1987—1991年）

以推行各种经营责任制，实行所有权和经营权分离为主要内容（见图2.18）。

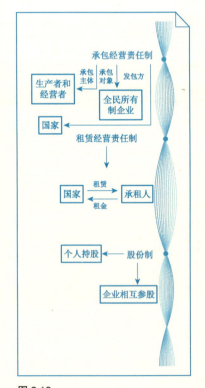

图 2.18
各种经营责任制

1. 承包经营责任制。所谓承包经营责任制，是在坚持企业的社会主义全民所有制的基础上，按照所有权与经营权分离的原则，以承包经营合同形式，确定国家与企业的责权利关系，使企业做到自主经营、自负盈亏的经济管理制度。承包的主体是创造物质财富的商品生产者和经营者。承包的对象是全民所有制企业。发包方是国家，承包方是从事物质生产的全民所有制企业。基本原则是包死基数，确保上缴，超收多留，欠收自补。

自1987年4月，国务院作出在全国范围内推广经营承包责任制决定后，全国28个省（区、市）80%以上的独立核算工业企业和90%以上预算内国有工业企业于1987年开始了第一轮承包，1990年有90%左右的企业第一轮承包到期，它们中的绝大多数又转入第二轮承包。实践证明，承包制有许多优点。

（1）它是具有中国特色的在全民所有制基础上产生的经营管理制度，在某种程度上使企业成为相对独立的经济实体。

（2）这是将国家、企业、个人三者利益结合起来的一种新的尝试。

（3）它能在很大程度上挖掘蕴藏在企业中的潜力。

但是，承包制的缺点也很明显：一是企业行为短期化；二是包盈不包亏；三是受外部环境的影响，不利于确定承包基数等。

为了避免上述问题，承包经营责任制有了许多新的发展和变型，如风险抵押承包、比例承包、滚动式承包、分段连续推进承包等。

2. 租赁经营责任制。所谓租赁经营责任制，是指以国家为资产所有者的代表，按出租企业资产价值收取一定租金，将企业出租给承租人，使其在一定时期内获得资产经营权与使用权的一种经营让渡行为的经济管理制度。其实质是出租人用企业经营权换取承租人租金的一种交换活动。

租赁制与承包制有许多重要区别。

（1）承包制是承包企业及其经营成果，租赁制是租赁资产及其租赁权利。

（2）承包制不需押金，租赁制要财产抵押。

（3）承包制适用于大中型企业，租赁制适用于小企业、微利或亏损企业。

1984年，沈阳首先在商业、饮食业中推行租赁经营责任制，取得了明显的效果，到1985年，32户租赁企业利润增长3.3倍，职工收入增长16%。1988年，国务院颁布了《全民所有制小型工业企业租赁经营暂行条例》，开始全面推行该种经营责任制。

3. 股份制。股份制是指将企业的资本划分为一定数量的股份，继而发行认购，吸收投资者入股的一种资本组织形式。我国的股份制试点工作的主要目的是通过个人持股和企业相互参股，改变长期以来的全民企业所有制单一国家所有的格局，促进两权分离、政企分开，使企业真正成为自主经

> 上海飞乐音响股份有限公司(SH: 600651)：创立于1984年11月18日，是新中国第一家股份制上市公司。1986年11月14日，中国改革开放的总设计师邓小平将飞乐音响股票赠送给来访的时任美国纽约证券交易所主席约翰·范尔霖先生，"飞乐音响"由此载入了中国股份制改革的史册。

营、自负盈亏的独立法人实体。

1984年7月，北京天桥百货商场率先进行股份制试点工作，同年11月，上海电声总厂发起组建上海飞乐音响股份有限公司，公开发行股票。1986年，重庆市已有17 000家乡镇企业实行股份制。从1991年开始，特别是邓小平南方谈话后，股份制试点工作进入一个全新的发展阶段，与股份制配套的政策法规不断完善，试点规模大大扩大，证券市场初步建立且进一步发展。

（三）第三阶段（1992—2013年）

以理顺产权关系、转换企业经营机制和建立现代企业制度为主要内容。

1. 转换企业经营机制，搞活国有大中型企业。1991年9月，中央召开工作会议研究和讨论如何搞活国有大中型企业。随后，中央和地方政府出台了一系列的措施，主要内容有：进一步扩大企业自主权、增加企业技术改造投入、降低税率、保护国有大中型骨干企业、健全企业内部领导体制、加强企业内部管理等。

1992年7月，国务院又颁布了《全民所有制工业企业转换经营机制条例》，该条例将1988年4月通过的《企业法》进一步明确化和具体化，并且又有所创新和发展。该条例的主要内容有：企业对国家赋予其经营管理的财产享有占有、使用和依法处置的权力，这些权力包括企业生产经营决策权，产品和劳务定价权，产品销售权，物资采购权，进出口权，投资决策权，留用资金支配权，资产处置权，劳动用工权，联营、兼并权，人事管理权，工资、奖金分配权，内部机构设置权和拒绝摊派权等；企业是法人实体，它以国家授予其经营管理的财产承担民事责任。

2. 建立现代企业制度。1993年11月14日，中国共产党十四届三中全会通过了《中共中央关于建立社会主义市场经济体制若干问题的决定》。该决定指出，"以公有制为主体的现代企业制度是社会主义市场经济体制的基础"，"继续深化企业改革，必须解决深层次的矛盾，着力进行企业制度的创新"。该决定明确提出了"建立现代企业制度，是发展社会化大生产和市场经济的必然要求，是我国国有企业改革的方向"。

现代企业制度的定义很多，但比较权威的说法则来自上述文献。具体说来，现代企业制度有五个基本特征。

（1）产权关系明晰。企业的所有权属于出资者，企业拥有出资者投资形成的全部法人财产权，企业是享有民事权利、承担民事责任的法人实体。

（2）企业以其全部法人财产，依法自主经营、自负盈亏。

（3）出资者按其投入企业的资本额享有所有者的权益，包括资产收益权、重大决策权等；同时以投入企业的资本额为限对企业的债务承担责任。

（4）企业在国家宏观调控下，按照市场需求自主组织生产经营，以提高经济效益、劳动生产率和实现资产保值增值为目的。

（5）企业实行权责分明、管理科学、激励和约束相结合的内部管理体制。

1993年12月29日，全国人大常委会第五次会议通过了《中华人民共和国公司法》，该法用法律语言详尽地描述了现代企业制度，为今后的企业改革指明了方向。

1997年9月，中国共产党第十五次全国代表大会进一步系统地阐述了社会主义初级阶段理论，明确提出，建设有中国特色社会主义的经济，就是在社会主义条件下发展市场经济，不断解放和发展生产力。就是要坚持和完善社会主义公有制为主体、多种所有制经济共同发展的基本经济制度，坚持和完善社会主义市场经济体制，使市场在国家宏观调控下对资源配置起基础性作用，并且提出了全面认识公有制经济的含义和公有制实现形式多样化的论点。

中共十五大要求加快推进国有企业改革，并再次肯定建立现代企业制度是国有企业改革的方向。国有大中型企业必须按照"产权清晰、权责明确、政企分开、管理科学"的要求实行规范的公司制改革，使企业成为适应市场的法人实体和竞争主体。在此之后，在全国范围内对国有大中型企业进行了大规模的战略性改组。同时，采取改组、联合、兼并、租赁、承包经营和股份合作制、出售等形式，加快了搞活国有和集体所有小企业的步伐。

最近十多年，我国经济实现了较快发展，经济总量跃居世界第二，综合国力大幅提升，基础设施全面加强，在航天、高速铁路、高速公路、计算机、机电制造、互联网、国防和城市建设等许多方面都实现了重大突破。同时必须清醒看到，在经济持续高速发展过程中，由于对GDP增长的盲目追求，一部分企业单纯地追求利润极大化，导致普遍放松了生态环境保护和产品质量监督，漠视企业的社会责任和管理道德，置最基本的管理原理于不顾。甚至有些管理者为了追求本地区、本部门、本企业和个人的私利，不惜牺牲国家利益、违法乱纪、权钱交易、贪污受贿，造成企业结构扭曲、产能产量过剩、社会财富分配不公的后果。

三、中国现代管理思想发展的新阶段

2013年11月15日召开了中共十八届三中全会，针对国内外的经济政治形势，作出了《中共中央关于全面深化改革若干重大问题的决定》。全会指出，全面深化改革的总目标是完善和发展中国特色社会主义制度，推进国家治理体系和治理能力现代化。必须更加注重改革的系统性、整体性、协同性，加快发展社会主义市场经济、民主政治、先进文化、和谐社会、生

态文明,让一切劳动、知识、技术、管理、资本的活力竞相迸发,让一切制造社会财富的源泉充分涌流,让发展成果更多、更公平地惠及全体人民。全会要求,坚决破除一切妨碍科学发展的思想观念和体制机制弊端。到2020年在重要领域和关键环节改革上取得决定性成果,形成系统完备、科学规范、运行有效的制度体系,使各方面制度更加成熟、更加定型。

经济体制改革是全面深化改革的重点,核心是处理好政府和市场的关系。中共十四大第一次明确提出了建立社会主义市场经济体制的目标模式。中共十五大提出"使市场在国家宏观调控下对资源配置起基础性作用",中共十六大提出"在更大程度上发挥市场在资源配置中的基础性作用",中共十七大提出"从制度上更好发挥市场在资源配置中的基础性作用"。但实践中政府对资源配置的干预却仍较为严重,少数政府管理部门的干部甚至利用手中资源配置的决定性权力进行"设租""寻租"牟取私利。有鉴于此,中共十八届三中全会明确提出,将市场在资源配置中的"基础性作用"修改为"决定性作用"。

进一步处理好政府和市场关系,实际上就是要处理好在资源配置中市场起决定性作用还是政府起决定性作用这个问题。经济发展就是要提高资源尤其是稀缺资源的配置效率,以尽可能少的资源投入,生产尽可能多的产品、获得尽可能高的效益。理论和实践都证明,市场配置资源是最有效率的形式。市场决定资源配置是市场经济的一般规律,市场经济本质上就是市场决定资源配置的经济。健全社会主义市场经济体制必须遵循这条规律,着力解决市场体系不完善、政府干预过多和监管不到位问题。作出"使市场在资源配置中起决定性作用"的定位,有利于在全党全社会树立关于政府和市场关系的正确观念,有利于转变经济发展方式,有利于转变政府职能,有利于抑制和消灭腐败现象。

在强调市场在资源配置中起决定性作用的同时,也要更好地发挥政府的职责和作用,主要是保持宏观经济稳定,加强和优化公共服务,保障公平竞争,加强市场监管,维护市场秩序,推动可持续发展,促进共同富裕,弥补市场失灵。

中共十八届三中全会重申十五大以来有关坚持和完善公有制为主体,多种所有制经济共同发展的基本经济制度的论述,并明确提出,完善国有资产管理体制,以管理资本为主加强国有资产监管,改革国有资本授权经营体制;国有资本投资运营要服务于国家战略目标,更多投向关系国家安全、国民经济命脉的重要行业和关键领域,重点提供公共服务、发展重要前瞻性战略性产业、保护生态环境、科技进步、保障国家安全;划转部分国有资本充实社会保障基金;提高国有资本收益上缴公共财政比例,更多用于保障和改善民生。

　　国有企业是推进国家现代化、保障人民共同利益的重要力量。经过多年改革，国有企业总体上已经同市场经济相融合。但国有企业也积累了一些问题、存在一些弊端，需要进一步推进改革。全会决定提出一系列有针对性的改革举措，包括国有资本加大对公益性企业的投入；国有资本继续控股经营的自然垄断行业，实行以政企分开、政资分开、特许经营、政府监管为主要内容的改革，根据不同行业特点实行网运分开、放开竞争性业务，推进公共资源配置市场化，进一步破除各种形式的行政垄断；健全协调运转、有效制衡的公司法人治理结构；建立职业经理人制度，更好发挥企业家作用；深化企业内部管理人员能上能下、员工能进能出、收入能增能减的制度改革；建立长效激励约束机制，强化国有企业经营投资责任追究；探索推进国有企业财务预算等重大信息公开；国有企业要合理增加市场化选聘比例，合理确定并严格规范国有企业管理人员薪酬水平、职务待遇、职务消费。

> 网运分开：不同的产品类型分别由政府和市场来提供，可以使经济运行更顺畅。

　　全会决定从多个层面提出鼓励、支持、引导非公有制经济发展，激发非公有制经济活力和创造力的改革举措。在功能定位上，明确公有制经济和非公有制经济都是社会主义市场经济的重要组成部分，都是我国经济社会发展的重要基础；在产权保护上，提出公有制经济财产权不可侵犯，非公有制经济财产权同样不可侵犯；在政策待遇上，强调坚持权利平等、机会平等、规则平等，实行统一的市场准入制度；鼓励非公有制企业参与国有企业改革，鼓励发展非公有资本控股的混合所有制企业，鼓励有条件的私营企业建立现代企业制度。这将推动非公有制经济健康发展，中国经济管理体制改革和企业改革将步入一个新阶段。

　　2017年在中共十九大报告中，又进一步提出了全面建成小康社会的决胜目标，号召全国人民为实现民族复兴的中国梦而奋斗。

　　2022年，中共二十大报告提出了新时代新征程党的使命任务：团结带领全国各族人民全面建成社会主义现代化强国、实现第二个百年奋斗目标，以中国式现代化全面推进中华民族伟大复兴。中国式现代化，是中国共产党领导的社会主义现代化，既有各国现代化的共同特征，更有基于自己国情的中国特色。中国式现代化是人口规模巨大的现代化，是全体人民共同富裕的现代化，是物质文明和精神文明相协调的现代化，是人与自然和谐共生的现代化，是走和平发展道路的现代化。总的战略安排是分两步走：从2020年到2035年基本实现社会主义现代化；从2035年到本世纪中叶把我国建成富强民主文明和谐美丽的社会主义现代化强国。

　　二十大报告强调，高质量发展是全面建设社会主义现代化国家的首要任务。必须完整、准确、全面贯彻新发展理念，坚持社会主义市场经济改革方向，坚持高水平对外开放，加快构建以国内大循环为主体、国内国际双循环相互促进的新发展格局。加快建设现代化经济体系，着力提高全要素生产率，着力提升产业链供应链韧性和安全水平，着力推进城乡融合和区域协调发展，推动经济实现质的有效提升和量的合理增长。

二十大报告强调，要构建高水平社会主义市场经济体制，必须坚持和完善社会主义基本经济制度，毫不动摇巩固和发展公有制经济，毫不动摇鼓励、支持、引导非公有制经济发展，充分发挥市场在资源配置中的决定性作用，更好发挥政府作用。深化国资国企改革，加快国有经济布局优化和结构调整，推动国有资本和国有企业做强做优做大，提升企业核心竞争力。优化民营企业发展环境，依法保护民营企业产权和企业家权益，促进民营经济发展壮大。完善中国特色现代企业制度，弘扬企业家精神，加快建设世界一流企业，支持中小微企业发展。加强反垄断和反不正当竞争，破除地方保护和行政性垄断，依法规范和引导资本健康发展。

二十大报告强调，建设现代化产业体系，必须坚持把发展经济的着力点放在实体经济上，推进新型工业化，加快建设制造强国、质量强国、航天强国、交通强国、网络强国、数字中国。实施产业基础再造工程和重大技术装备攻关工程，支持专精特新企业发展，推动制造业高端化、智能化、绿色化发展。并要构建优质高效的服务业新体系，推动现代服务业同先进制造业、现代农业深度融合。加快发展物联网，建设高效顺畅的流通体系，降低物流成本。加快发展数字经济，促进数字经济和实体经济深度融合，打造具有国际竞争力的数字产业集群。优化基础设施布局、结构、功能和系统集成，构建现代化基础设施体系。

二十大报告还在乡村振兴、区域协调发展、高水平对外开放、科教兴国战略、全过程人民民主、依法治国、文化自信自强、增进民生福祉、推动绿色发展、国家安全体系和能力现代化、国防和军队现代化以及推进祖国统一、构建人类命运共同体、全面从严治党等方面，提出了治国理政的许多新理念、新思路、新论述和新方针，指明了把我国建设成社会主义现代化强国的道路，把有中国特色的现代管理思想推进到了一个新高度。

读 书 提 示

1. 蔡一，《华夏管理文化精粹》，高等教育出版社，1996 年。

2. ［美］哈罗德·孔茨、［美］海因茨·韦里克，《管理学——国际化与领导力的视角》（精要版第 9 版）第 2 章，马春光译，中国人民大学出版社，2014 年。

3. ［美］斯蒂芬·罗宾斯、［美］玛丽·库尔特，《管理学》（第 15 版）第 2 章，刘刚等译，中国人民大学出版社，2022 年。

4. ［美］丹尼尔·A. 雷恩，《管理思想的演变》，孔令济译，中国社会科学出版社，1997 年。

5. 中国企协古代管理思想研究会，《传统文化与现代管理》，企业管理出版社，1994 年。

6. ［日］宫坂纯一，《经营管理论》第 4、5、6、7、8 章，赵兴昌等译，企业管理出版社，1996 年。

7. 陈传明，《管理发展新趋势》，《南京大学学报（哲学·人文科学·社会科学）》，1995 年第 2 期。

8. ［美］查尔斯·M. 萨维奇，《第 5 代管理》，谢强华等译，珠海出版社，1998 年。

9. ［美］彼得·圣吉，《第五项修炼》，张成林译，中信出版社，2009 年。

10. 经济合作与发展组织（OECD），《以知识为基础的经济》，杨宏进、薛澜译，机械工业出版社，1997 年。

11. ［美］B. 约瑟夫·派恩，《大规模定制：企业竞争的新前沿》，操云甫等译，中国人民大学出版社，2000 年。

12. ［美］保罗·S. 麦耶斯，《知识管理与组织设计》，蒋惠工等译，珠海出版社，1998 年。

13. ［美］达尔·尼夫，《知识经济》，樊春良、冷民等译，珠海出版社，1998 年。

14. ［美］德鲁克基金会，《未来的组织》，方海洁等译，中国人民大学出版社，2006 年。

15. ［美］詹姆斯·P. 沃麦克、［英］丹尼尔·T. 琼斯、［美］丹尼尔·鲁斯，《改变世界的机器：精益生产之道》，余锋等译，机械工业出版社，2015 年。

16. ［美］约翰·P. 科特、［英］马尔科姆·沃纳，《工商管理大百科全书》第 4 卷，清华大学经济管理学院编译，辽宁教育出版社，1999 年。词条"物料需求计划与制造资源计划"，第 285—299 页；"供应链"，第 200—208 页；"后勤学"，第 209—214 页。

17. "企业资源管理研究中心"的"AMT ERP 研究小组"撰写的"ERP 初阶（三）：MRP 基本原理"、"ERP 初阶（六）：七十年代闭环 MRP"、"ERP 初阶（七）：八十年代的 MRP Ⅱ"、"ERP 初阶（八）：九十年代的 ERP 系统"、"ERP 初阶（九）：ERP 的主要功能模块简介"、"ERP 初阶（十一）：ERP 的实施过程"，www.amteam.org。

18. Hammer, M. Reengineering Work: Don't Automate, Obliterate. *Harvard Business Review*, July-August, 1990, pp.104—112.

19. ［美］迈克尔·哈默、［美］詹姆斯·钱皮，《企业再造：企业革命的宣言书》，王珊珊等译，上海译文出版社，2007 年。

20. ［英］维克托·迈尔-舍恩伯格、［英］肯尼斯·库克耶,《大数据时代：生活、工作与思维大变革》,盛杨燕、周涛译,浙江人民出版社,2013年。

21. ［美］杰里米·里夫金,《第三次工业革命：新经济模式如何改变世界》,张体伟、孙豫宁译,中信出版社,2012年。

22. 涂子沛著,《大数据》,广西师范大学出版社,2012年。

复习思考题

1. 理解中国古代管理思想要点的主要内容,并思考对现代企业经营有何启示。
2. 请综合分析斯密与巴贝奇关于劳动分工的研究。
3. 科学管理理论为什么会在19世纪末的美国产生？泰罗为什么要研究并提出科学管理理论？其理论的实质是什么？其理论的主要内容是什么？并谈谈科学管理理论对目前我国企业管理的启发。
4. 理解法约尔关于经营和管理的概念及其管理原则。
5. 解释厄威克的管理理论综合概念结构图。
6. 人际关系学说的主要内容是什么？行为科学研究的主要内容是什么？
7. 理解管理科学学派、决策理论学派的主要观点。
8. 新经济时代或知识经济时代的主要特征是什么？理解知识经济时代管理原则的变革。
9. 理解我国现代企业管理思想发展的历史。

第三章

管理的基本原理

"道可道，非常道，名可名，非常名。"作为人类社会最高智慧的"常道"，我们可能无法准确界定，但对"管理"这一具体领域内的基本规律，人们是可以认识的。从长期的管理实践中，我们逐渐领悟到人类在进行管理活动时确实存在某些基本规律。本书提出了管理的五项基本原理（见图3.1），即系统原理、人本原理、责任原理、效益原理、适度原理，作为对管理基本规律的探索，并尽力把这些基本原理贯彻到全书之中。

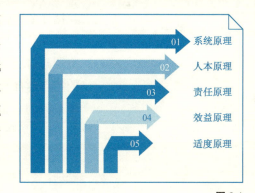

图 3.1
管理的五项基本原理

第一节 管理原理的特征

原理是指某种客观事物的实质及运动的基本规律。管理原理是对管理工作的实质进行科学分析总结而形成的基本真理，它是对现实管理现象的抽象，是对各项管理制度和管理方法的高度综合与概括，因而对一切管理活动具有普遍的指导意义。

一、管理原理的主要特征

管理原理的主要特征见图 3.2。

（一）客观性

管理原理是对管理的实质及客观规律的表述。因此，它与管理工作中所确定的原则有严格区别。原则是根据对客观事物的基本原理的认识引申而来的，是人们规定的行动准则。原则的确定固然应以客观真理为依据，但是有一定的人为因素，为了加强其约束作用，一般带有指令性和法定性，是要求人们共同遵循的行为规范，人们违反了规定的原则要受到群体组织的制裁。原理则是对管理工作客观必然性的刻画，原理之"原"即"源"，是原本、根本的意思，原理之"理"即道理、基准、规律。违背了原理必然会遭到客观规律的惩罚，承受严重的后果，但在群体组织上不一定有某种强制反应。在日常的管理工作中，我们既要认识原理与原则的区别，又要注意两者之间的联系。在确定每项管理原则时，要以客观真理为依据，同时，又要以指令或法令的形式来强化原则的约束作用，加强管理原理的指导作用。

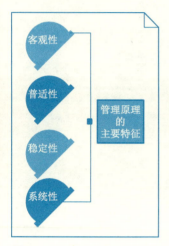

图 3.2
管理原理的主要特征

（二）普适性

管理原理所反映的事物很广泛，涉及自然界与社会的许多领域，包括人与物的关系、物与物的关系以及人与人的关系。但它不是现象的罗列，不反映管理的多样性。例如，国民经济包括许多门类、行业，而每个行业又包括许多企业，每个企业又各自有其自身的特点，即使是同一类型企业，它们的产品品种、企业规模、技术装备水平、人员构成、建厂历史、厂址地理位置与自然环境、社会环境等也不可能完全一样，因而每个企业结合自身的特点具有不完全相同的管理方式和方法，即企业管理活动呈现出多样性。但是，管理原理对这些不同的企业都是适用的，具有普遍的指导意义。因此，管理原理是对包含了各种复杂因素和复杂关系的管理活动客观规律的描绘；或者说，是在总结大量管理活动经验的基础上，舍弃了各组织之间的差别，经过综合和概括而得出的具有普遍性、规律性的结论。

（三）稳定性

管理原理不是一成不变的教条，它随着社会经济和科学技术的发展而不断发展。但是，它也不是变化多端和摇摆不定的，应保持相对稳定。管理原理和一切科学原理一样，都是确定的、巩固的，具有"公理的性质"。不管事物的运动、变化和发展的速度多么快，这个确定性是相对稳定的。因此，管理原理能够被人们正确认识和利用，从而指导管理实践活动取得成效。

（四）系统性

本书中提出的五大管理原理，即系统原理、人本原理、责任原理、效益原理、适度原理，本身就是具有高度系统性的相互联系、相互制约的有机整体。任何管理对象不管看上去如何纷乱繁杂，都可以用系统原理进行分析归类，研究内外各部分、各要素之间的相互关系，理出不同的脉络和层次、分清问题的轻重主次。根据各自的特点和规律进行管理，这是一切管理工作的基础。在此基础上实施管理时又必须以人本原理为指导，真正做到重视人、尊重人和促进人的全面发展。为了充分调动管理系统中各个岗位上人们的积极性和主动性，协调人们管理活动的相互关系，又必须按责任原理和效益原理明确各自的职责。任何管理系统都是逐级相互衔接的责任系统，否则就无法进行科学管理。管理活动中充满着矛盾，解决矛盾的对策也往往相互对立。解决矛盾和消除对立要求管理者在不同的对策中实现平衡，在相互冲突的两个极端间寻求最适度的组合。度的把握正是管理科学在实践中被艺术地运用的体现。遵循这五大原理的精神就可建立起一个有效的科学管理体系。

二、研究管理原理的意义

管理原理是现实管理现象的一种抽象，是大量管理实践经验的升华，它指导一切管理行为。研究管理原理具有如下意义（见图 3.3）。

1. 掌握管理原理有助于提高管理工作的科学性，避免盲目性。管理原理是不可违背的管理的基本规律。实践证明，凡是遵循这些原理的管理，都是成功的管理；反之，都有失败的记录。例如，很多企业存在管理混乱、职工积极性不能充分发挥、企业经济效益很差甚至大量亏损的情况。出现这种后果，其原因虽然复杂，但认真分析一下，都是与违背管理原理分不开的。认识管理原理之后，实践就有了指南，建立管理组织、进行管理决策、制定规章制度等就有了科学依据。

图 3.3
研究管理原理的意义

2. 研究管理原理有助于掌握管理的基本规律。管理工作虽然错综复杂、千头万绪、千变万化，但万变不离其宗，各类管理工作都具有共同的基本规律，管理者只要掌握了这些基本规律，面对任何纷繁杂乱的局面都可做到胸有成竹，将组织（企业）管理得井井有条。在现实生活中，许多管理者是通过自己的管理实践，经历漫长的积累过程，才逐渐领悟到管理的基本规律。学习管理原理，将能加速人们掌握管理基本规律的过程，使人们更快地形成自己的管理哲学，以应对瞬息万变的世界。

3. 掌握管理原理有助于迅速找到解决管理问题的途径和手段。依据组织的实际情况，建立科学合理的管理制度、方式与方法，使管理行为制度化、规范化，使管理的许多常规性工作有章可循，有规可依。这样，领导者就可从事务堆中摆脱出来，集中精力进行对例外事项的管理，即使领导者更换，系统运作仍可照常顺利进行。

第二节 系统原理

中共二十大报告指出："必须坚持系统观念。万事万物是相互联系、相互依存的。只有用普遍联系的、全面系统的、发展变化的观点观察事物，才能把握事物发展规律。"任何社会组织都是由人、物、信息组成的系统，任何管理都是对系统的管理，没有系统，也就没有管理。系统原理不仅为认识管理的本质和方法提供新的视角，而且它所提供的观点和方法广泛渗透到相关的原理之中，从某种程度上说，在管理原理的有机体系中起着统率的作用。

一、系统的概念

系统是指由若干相互联系、相互作用的部分组成，在一定环境中具有特定功能的有机整体。就其本质来说，系统是"过程的复合体"。

> 系统是"过程的复合体"。

在自然界和人类社会中，一切事物都是以系统的形式存在的，任何事物都可以看作一个系统。系统从组成要素的性质看，可划分为自然系统和人造系统。自然系统是由自然物组成的系统，如生态系统、气象系统、太阳系等。人造系统是人们为达到某种目的而建立的系统，如生产系统、交通系统、商业系统、管理系统、危机预警系统等。

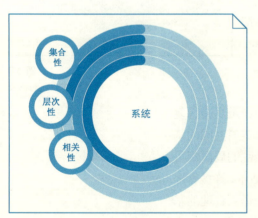

图 3.4
系统的特征

二、系统的特征

系统的特征见图 3.4。

（一）集合性

集合性是系统最基本的特征。一个系统至少由两个或两个以上的子系统构成。构成系统的子系统称为要素，也就是说，系统是由各个要素集合而成的，这就是系统的集合性。例如，一个典型的工业企业系统通常由研究开发子系统、生产子系统、销售子系统、管理子系统等组成。

（二）层次性

系统的结构是有层次的，构成一个系统的子系统和子子系统分别处于不同的地位。系统从总体上看，都有宏观和微观之分，而微观上，还有各种层次。由于系统层次的普遍性，因而系统概念本身也就具有层次性，有系统、子系统、子子系统等。例如，工厂的车间相对于工厂系统来说是子系统，相对于班组子系统来说又是母系统；工厂相对于公司系统来说也是子系统。系统与子系统是相对而言的，而层次是客观存在的（见图 3.5）。

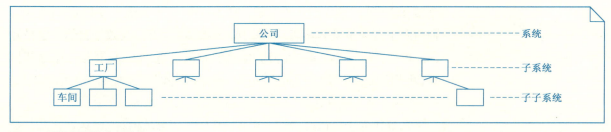

图 3.5 系统层次性示意图

（三）相关性

系统内各要素之间相互依存、相互制约的关系，就是系统的相关性。它一方面表现为子系统与系统之间的关系，系统的存在和发展，是子系统存在和发展的前提，因而各子系统本身的发展，就要受到系统的制约。例如，国民经济系统中的工业、农业、商业等子系统的发展，受到国民经济这一系统的制约。另一方面表现为系统内部子系统或要素之间的关系。某要素的变化会影响另一些要素的变化，而各个子系统之间的关系状态，对子系统和整个系统的发展都可能产生重要的影响。

三、系统原理要点

系统原理的要点见图 3.6。

（一）整体性原理

整体性原理指系统要素之间的相互关系及要素与系统之间的关系以整体为主进行协调，局部服从整体，使整体效果为最优。实际上就是指要从整体着眼，部分着手，统筹考虑，各方协调，达到整体的最优化。

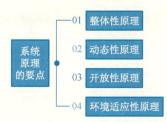

图 3.6 系统原理的要点

从系统目的的整体性来说，局部与整体存在着复杂的联系和交叉效应。大多数情况下，局部与整体是一致的。对局部有利的事对整体也是有利的，对整体有利的事对局部也有利。但有时，局部认为是有利的事，从整体上来看并不一定就是有利的，甚至是有害的。有时，局部的利越大，整体的弊反而越多。因此，当局部和整体发生矛盾时，局部利益必须服从整体利益。

从系统功能的整体性来说，系统的功能不等于要素功能的简单相加，而是往往要大于各个部分功能的总和，即整体大于各个孤立部分的总和。这里的"大于"，不仅指数量上大，而且指在各部分组成一个系统后，产生了总体的功能，即系统的功能。这种总体功能的产生是一种质变，它的功能大大超过了各个部分功能的总和。因此，系统要素的功能必须服从系统整体的功能，否则，就要削弱整体功能，从而失去系统功能。

在现实情形中，经常可以看到一个系统中，重局部，轻全局，特别是局部之间不协调，互相扯皮。在这种情况下，子系统的功能虽好，但不利于达到整体的目的，效果当然不会好；相反，有时候子系统的效益虽然低一些，但有利于实现系统的功能，有利于达到整体的目的，其效果自然一定是好的。例如，一个球队是一个互相配合的有机系统，如果队员虽个个球艺精湛，但相互配合不默契，不能形成一个整体，那么肯定不能成为优秀的球队。

（二）动态性原理

系统作为一个运动着的有机体，其稳定状态是相对的，运动状态则是绝对的。系统不仅作为一个功能实体而存在，而且作为一种运动而存在。系统内部的联系就是一种运动，系统与环境的相互作用也是一种运动。系统的功能是时间的函数，因为不论是系统要素的状态和功能，还是环境的状态或联系的状态都是在变化的，运动是系统的生命。例如，企业是社会经济系统中的子系统，它为了适应外部社会经济系统的需要，必须不断地完善和改变自己的功能，而企业内部各子系统的功能及相互关系也必须随之相应地发展变化。企业系统就是在这种不断变化的动态过程中生存和发展的，因此，企业的管理都具有很强的时限性。

掌握系统动态原理，研究系统的动态规律，使我们能预见系统的发展趋势，观念超前，减少偏差，掌握主动，使系统向期望的目标发展。

（三）开放性原理

封闭系统因受热力学第二定律作用，其熵将逐渐增大，活力逐渐减少。严格地说，完全封闭的系统是不可能存在的。实际上，不存在一个与外部环境完全没有物质、能量、信息交换的系统。任何有机系统都是耗散结构系统，系统与外界不断交流物质、能量和信息，才能维持其生存；并且只有当系统从外部获得的能量大于系统内部消耗散失的能量时，系统才能克服熵增而不断发展壮大。所以，对外开放是系统的生命。在管理工作中，任何试图把本系统封闭起来与外界隔绝的做法，都只会导致失败。明智的管理者应当从开放性原理出发，充分估计到外部对本系统的种种影响，努力从开放中扩大本系统从外部吸入的物质、能量和信息。

（四）环境适应性原理

系统不是孤立存在的，它要与周围事物发生各种联系。这些与系统发生联系的周围事物的全体，就是系统的环境，环境也是一个更高级的大系统。如果系统与环境进行物质、能量和信息的交流，能够保持最佳适应状态，则说明这是一个有活力的理想系统。

系统对环境的适应并不都是被动的，也有能动的，那就是改善环境。环境可以施加作用和影响于系统，系统也可施加作用和影响于环境。例如，构成社会系统的人类具有改造环境的能力，没有条件可以创造条件。这种能动地适应和改造环境的可能性，受到人类掌握科学技术（包括组织管理）

知识和经济力量的制约。管理者既要看到能动地改变环境的可能，又要看到自己的局限，才能作出科学的决策，保证组织的可持续发展。

第三节 人本原理

世界上一切科学技术的进步，一切物质财富的创造，一切社会生产力的发展，一切社会经济系统的运行，都离不开人的努力、人的劳动与人的管理，并且都是为了造福人类，促进人的全面发展。人本原理就是以人为主体的管理思想。这是管理理论发展百年来的主要特点。

人本原理包括下述主要观点（见图 3.7）：职工是企业的主体；职工参与是有效管理的关键；使人性得到最完美的发展是现代管理的核心；服务于人是管理的根本目的。

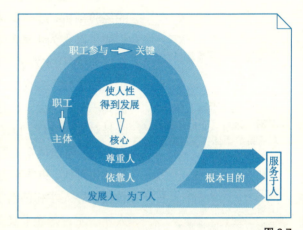

图 3.7
人本原理的主要观点

一、职工是企业的主体

劳动是企业经营的基本要素之一，劳动者是创造价值的主体。人们对提供劳动服务的劳动者在企业生产经营中的作用是逐步认识的，这个认识过程大体上经历三个阶段。

（一）要素研究阶段

对劳动力在生产过程中的作用研究是随着以机器大生产为主要标志的现代企业的出现而开始的。但在早期，这种研究基本上限于把劳动者视为生产过程中的一种不可缺少的要素。比如，管理科学的奠基人泰罗的全部管理理论和研究工作的目的，就是致力于挖掘作为机器附属物的劳动者的潜能。他仔细研究工人操作的每个动作，精心设计出最合理的操作程序，要求所有工人严格地执行，而不要自己再去创造和革新。他坚信，工人只要按照规范程序去作业，就能实现最高的劳动生产率，从而获得最多的劳动报酬。这样对工人和企业双方都有利。泰罗之后的几十年中，所有对劳动和劳动力的研究大多未摆脱这种把人视作机器附属物的基本观点和方法。

（二）行为研究阶段

第二次世界大战前夕，特别是战后，部分管理学家和心理学家开始认识到劳动者的行为决定了生产效率、质量和成本。在此基础上，他们进行了大量的案例分析，研究劳动者行为的影响因素。通过这些研究他们发现，人的行为是由动机决定的，而动机又取决于需要。劳动者的需要是多方面的，经济需要只是其基本内容之一。所以，他们强调管理者要从多方面去激励劳动者的劳动热情，引导他们的行为，使其符合企业的要求。这一阶段的认识有其科学合理的一面，但其基本点仍然是把劳动者作为管理的客体。

（三）主体研究阶段

20世纪70年代以来，随着日本经济的崛起，人们通过对日本成功企业的经验剖析，进一步认识到职工在企业生产经营活动中的重要作用，逐渐形成了以人为主体的管理思想。中国管理学家蒋一苇（1920—1993）在20世纪80年代末发表了著名论文《职工主体论》，明确提出"职工是社会主义企业的主体"的观点，从而把对职工在企业经营活动中地位和作用的认识提到一个新高度。根据这种观点，职工是企业的主体，而非客体；企业管理既是对人的管理，也是为人的管理；企业经营的目的，绝不是单纯的商品生产，而是为包括企业职工在内的人的社会发展服务的。在科技迅猛发展的智能化时代，更要努力培养、造就大批德才兼备的大师、战略科学家、一流科技领导人才和创新团队、青年科技人才、卓越工程师、大国工匠、高技能人才。无论是企业还是非营利组织的管理者，都应坚持尊重劳动、尊重知识、尊重人才、尊重创造，实施更加积极、更加开放、更加有效的人才政策，努力建设结构合理、素质优良的人才队伍。

> 蒋一苇：中国企业改革与管理理论的重要奠基者之一。20世纪50年代起，蒋一苇先生即开始从事企业改革与管理的研究和教育工作。他的两篇代表作《企业本位论》和《职工主体论》影响巨大。1996年，中国社会科学院发起成立了"蒋一苇企业改革与发展学术基金奖"，是我国管理学和企业改革领域最早设立的全国性学术奖项。

二、有效管理的关键是职工参与

实现有效管理有两条完全不同的途径。

1. 高度集权、从严治厂，依靠严格的管理和铁的纪律，重奖重罚，使得企业目标统一、行动一致，从而实现较高的工作效率。

2. 适度分权、民主治厂，依靠科学管理和职工参与，使个人利益与企业利益紧密结合，使企业成为全体职工的命运共同体。

两条途径的根本不同之处在于：前者把企业职工视作管理上的客体，职工处在被动被管的地位；后者把企业职工视作管理的主体，使职工处于主动参与管理的地位。当企业职工受到饥饿和失业的威胁时，或受到政治与社会的压力时，前一种管理方法可能是有效的；而当职工经济上已比较富裕，基本生活已得到保证，就业和流动比较容易，政治和社会环境比较宽松时，后一种方法就必然更为合理、更为有效。

影响企业发展的因素固然很多，但归纳起来无非是天时、地利、人和。其中，"人和"最为宝贵。有了"人和"，才能去争取和利用"天时"（客观环境和机遇）；有了"人和"，才有可能去逐步完善和充分发挥"地利"（本企业的资源优势）。如果没有"人和"，经营者与劳动者纠纷不断，企业领导层内部、上下级之间、各部门之间遇事互相扯皮、遇责互相推诿、遇权或利互相争夺，则再好的外部环境也将错过，再好的内部条件也将耗尽，失败将是必然结果。

"人和"的物质基础是经济利益的一致。真正"人和"的企业应当成为全体职工的命运共同体。但并不会因为企业的性质是国有企业，职工就自然地产生这种"主人翁感"，也不会因为企业的非国有性质就一定无法形成命运共同体。

一方面，当代年轻人根据自身的感受来认识企业。他们从工资报酬分配、企业红利分配、管理者工作态度和作风、管理者对劳动者权益的关心程度等，来判定是否应把自己的命运托付给企业。

另一方面，企业职工，从厂长经理到普通工人，又都是依靠向企业让渡自己的劳动力的使用权而谋生的劳动者。职工的劳动目前仍然是他们谋生的主要手段，并且只有当劳动者具有企业需要的劳动能力时，才能成为企业的职工。职工之间的工作岗位和劳动报酬的差别，也基本上都是根据每个人的劳动力状况（受教育程度、专长、能力、经验等）、劳动态度、劳动贡献等因素确定的。所以，企业中的职工都是劳动者，没有主人仆人之分。经营者和管理者不能把下属和工人视作花钱雇来的奴仆随意使唤。普通职工也不应因没有直接决策权或未能指挥别人而感到"主人翁"地位的失落。许多在生产劳动中表现出聪明才智的工人，发展成为担当管理企业重任的领导者；也有不少领导者因事业失败而成为普通劳动者。

正是由于企业全体职工的共同努力，才使企业各项资源（包括劳动力本身）得到最合理的利用，才使企业创造出产品、利润和财富。所以，企业全体职工都有权参与企业管理。企业中的一部分职工（经营者和管理人员）的职责就是管理。所以，要特别重视非专职管理的职工（普通工人、职员和技术人员）参与企业管理的问题。具体的途径和形式是多种多样的，但有三种形式应当是最基本的（见图3.8）。

1. 通过职工代表大会选举代表参加企业的最高决策机构——管理委员会或董事会。职工代表在管委会和董事会中应占有一定比例，并享有与其他代表同等的权利和义务。

2. 由职工代表大会选举代表参加企业的最高监督机构——监事会。职工代表在监事会中应占有较多名额，并与其他监事一样，享有监督企业生产经营活动的职权。

3. 广泛参与日常生产管理活动。由于劳动者最了解自己

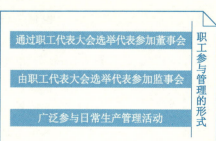

图 3.8
职工参与管理的形式

直接参与的那部分生产经营活动的实际情况，因此，他们在参与日常生产管理活动时应有更大的发言权，并且一定能取得更好的效果。

三、现代管理的核心是使人走向完美

人之初是性本善还是性本恶？这个问题已经争论了许多世纪。这个争论，不论在古今中外的伦理思想中，还是在现代管理学的研究中，都得到了不同程度的反映。这两种相互对立的观点都可在社会生活中找到支持或反对的论据与事例。这个事实本身就表明，世界上并不存在绝对善或恶的人性。人性是受后天环境影响而形成的，因而也是可以塑造和改变的。

不同的时代，人性都不可避免地被打上历史的烙印。在封建社会，超经济的人身依附成为人性中最普遍的现象。君臣之间、官民之间、夫妇之间、父子之间、主仆之间……几乎无不以人身依附作为建立正常关系的准则，并且以是否完全遵守这一准则作为评价人性是否完美的标准。一切管理都建立在一方无条件服从另一方的基础之上。资本主义摧毁了这种封建的人身依附关系，建立了以人的利己本性为基础的商品经济关系。资本家拥有资本，劳动者拥有自己的劳动力，人们都是"平等"的"商品"所有者，都是为了利己的目的通过市场进行"自由"的交换和买卖，相互讨价还价，然后成交、签订合同。因此，"利己"和"守信"就成为人际关系和人性是否完美的基本准则，一切管理活动也都建立在这一准则之上。

按照马克思的设想，在资本主义高度发达基础上建立的社会主义社会，由于物质财富极大丰富，人们的思想觉悟极大提高，人们之间将形成完全平等的友爱关系，向善为人的品格将成为人性的主流。但是，由于社会生产力尚不发达，今天的中国特色社会主义尚处于初级阶段，人们的物质生活尚不富裕，传统的思想意识尚有较大影响，有些企业为追求高额利润其行为甚至更"资本主义化"，因此，管理所面临的人性状况极为复杂。有专门利他的奉献精神，也有专门利己的个人主义；有自由平等的民主要求，也有"官贵民贱"的等级观念。这就是中国管理界所面临的挑战，管理者要在这个挑战的过程中，引导和促进人性的发展。

事实上，任何管理者都会在管理过程中影响下属人性的发展。同时，管理者行为本身又是管理者人性的反映。只有管理者的人性达到比较完美的境界，才能使企业职工的人性得到完美的全面发展，而职工队伍的状况又是企业成功的关键。在多元文化的时代，在多样化的组织中，实施每一项（个）管理措施、制度、办法时，不仅要看到其取得的经济效果，而且要从尊重人的角度出发考虑其对人精神状态的影响。

四、管理是为人服务的

我们说管理是以人为主体的，是为人服务的，是为了实现人的全面发展，这个"人"当然不仅包括企业内部、参与企业生产经营活动的人（虽然在大多数情况下，这类人是管理学研究的主要对象），而且包括存在于企业外部的、企业通过提供产品为之服务的用户（见图3.9）。

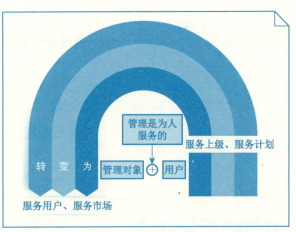

图 3.9 为人服务的管理

为社会生产和提供某种物质产品（或服务），是企业存在的主要理由。在我国传统的计划经济体制下，企业是根据国家指令性计划来组织产品生产的。据此生产出来的产品交由国家有关部门统一销售。企业不需要研究社会和用户的要求。因此，执行上级指令成为企业活动的主要任务，服务于行政主管部门成为企业管理明显的或隐含的宗旨。在市场经济条件下，市场的需求及发展趋势逐渐取代国家指令性计划，成为企业组织生产经营活动的主要依据，市场是否欢迎企业的产品成为企业能否继续生存、企业经营能否成功的主要影响因素。"服务用户""服务市场"逐渐取代"服务上级""服务计划"，成为企业以及企业管理必须遵循的基本宗旨。

在市场经济条件下，用户是企业存在的社会土壤，是企业利润的来源。因此，为用户服务、满足用户的需要，实质是企业实现其社会存在的基本条件。

1. 企业要在这种思想的指导下，研究市场需求的特点及发展趋势，据此确定企业的经营和产品发展方向。由于人的社会发展通常需要借助物质产品的消费来实现，因此，为广义的人的发展服务的企业经营及管理，不仅要研究作为社会成员的消费者已经表现出的需求的特点，更应重视那些尚未被消费者认识的新产品的开发，挖掘他们的潜在需求。

2. 企业要从用户的角度出发，努力提高设备和材料的使用效率，加速资金周转，以减少资金占用和材料消耗，降低生产成本，从而降低产品的销售价格。这样就能使消费者充分利用有限的货币购买力，获取更多的物质产品，满足更多的需要。

3. 企业还要在这种思想的指导下，研究消费者如何通过使用本企业产品使自身需求得到满足。消费者购买某种产品不是为了这种产品的物质本身，而是为了获得这种产品所具有的使用价值。为了保证产品的使用价值能充分实现，消费者不仅要求企业提供符合需要的产品，而且要求企业提供与其使用有关的各种服务。

> 管理的终极目标是
> _____。

综上所述，尊重人、依靠人、发展人、为了人是人本原理的基本内容和特点。管理者应牢牢记住，管理的终极目标是为了人类的未来更美好！

第四节 责任原理

管理是追求效率和效益的过程。在这个过程中，要挖掘人的潜能，就必须在合理分工的基础上明确规定这些部门和个人必须完成的工作任务和必须承担的相应责任（见图 3.10）。

图 3.10
责任原理的主要观点

一、明确每个人的职责

挖掘人的潜能的最好办法是明确每个人的职责。

分工是生产力发展的必然要求。在合理分工的基础上明确规定各职位应担负的责任，这就是职责。所以，职责是整体赋予个体的责任，也是维护整体正常秩序的一种约束力。它是以行政性规定的方式体现的客观规律的要求，绝不是随心所欲的产物。

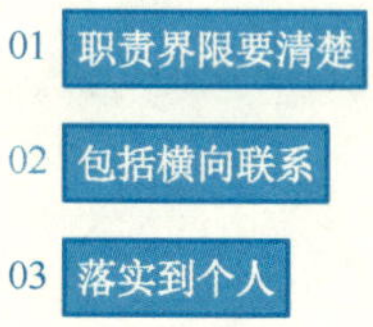

职责不是抽象的概念，而是在数量、质量、时间、效益等方面有严格规定的行为规范。表达职责的形式主要有各种规程、条例、范围、目标、计划等。一般说来，分工明确，职责也会明确。但两者的对应关系并不这样简单。这是因为分工一般只是对工作范围作了形式上的划分，至于工作的数量、质量、完成时间、效益等要求，分工本身还不能完全体现出来。所以，必须在分工的基础上，对每个人的职责作出明确规定（见图 3.11）。

01 职责界限要清楚
02 包括横向联系
03 落实到个人

图 3.11
职责的明确

1. 职责界限要清楚。在实际工作中，工作职位离实体成果越近，职责越容易明确；工作职位离实体成果越远，职责越容易模糊。应按照与实体成果联系的密切程度，划分出直接责任与间接责任、实时责任和事后责任。例如，在生产第一线的，应负直接责任和实时责任，在后方部门和管理部门的，主要负间接责任和事后责任。此外，职责内容要具体，并要对其作出明文规定。只有这样，才便于执行与检查、考核。

2. 职责中要包括横向联系的内容。在规定某个岗位工作职责的同时，必须规定同其他单位、个人协同配合的要求，才能提高组织整体的功效。

3. 职责一定要落实到每个人，只有这样，才能做到事事有人负责。没有分工的共同负责，实际上是职责不清、无人负责，其结果必然导致管理混乱和效率低下。

二、职位设计和权限委授要合理

列宁曾说:"管理的基本原则是,一定的人对所管的一定的工作完全负责。"[1]问题是,怎样才能做到完全负责?一定的人对所管的一定的工作能否做到完全负责,基本上取决于三个因素。

(一) 权限

明确了职责,就要授予相应的权力。实行任何管理都要借助于一定的权力。管理总离不开人、财、物的使用。如果没有一定的人权、物权、财权,任何人都不可能对任何工作实行真正的管理。职责和权限虽然很难从数量上画等号,但若有责无权,责大权小,许多事情都得请示上级,由上级决策、上级批准,并且上级过多地对下级分内的工作发指示、作批示,实际上等于宣告此事下级不必完全负责。所以,明智的上级必须克制自己的权力欲,要把下级完成职责所必需的权限全部委授给下级,由他去独立决策,自己只在必要时给予适当的帮助和支持。

(二) 利益

权限的合理委授只是完全负责所需的必要条件之一。完全负责就意味着责任者要承担全部风险。任何管理者在承担风险时,都自觉不自觉地要对风险与收益进行权衡,然后才决定是否值得去承担这种风险。为什么有时上级放权下级反而不要?原因就在于风险与收益不对称,没有足够的利益可图。当然,这种利益不仅仅是物质利益,也包括精神上的满足感。

(三) 能力

这是完全负责的关键因素。管理是一门科学,也是一门艺术。管理者既要有生产、技术、经济、社会、管理、心理等各方面的科学知识,又需要处理人际关系的组织才能,还要有一定的实践经验。科学知识、组织才能和实践经验这三者构成管理能力。在一定时期,每个人的时间和精力有限,管理能力也是有限的,并且每个人的能力各不相同。因此,每个人所能承担的职责也是不一样的。只能挑五十斤的人硬要他挑一百斤,其结果只能是:或者依靠上级,遇事多多请示,多多汇报;或者主要依赖助手,遇事就商量和研究;或者凑合应付,遇事上推下卸,让别人去干。这样也不可能做到完全负责。

本书作者认为,职责和权限、利益、能力之间的关系应遵守等边三角形定理,如图3.12所示。职责、权限、利益是三角形的三个边,它们是相等的,能力是等边三角形的高,根据具体情况,它可以略小于职责。这样,负

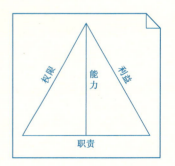

图 3.12
责权利三角定理

---

[1]《列宁全集》第50卷,人民出版社,2017年,第37页。

责者会感到工作的挑战性，避免骄傲自大、自以为是，从而能促使管理者更加感恩和谦卑，更加尊重群众、更加自觉地学习新知识，注意发挥智囊的作用，使用权力也会更慎重，获得利益时还会产生更大的动力，努力把自己的工作做得更好。但是，能力也不可过小，以免形成"挑不起"职责的后果。

三、奖惩要分明、公正、及时

人无完人，但人总是向上的。对每个人的工作表现及绩效给予分明、公正、及时的奖惩，有助于提高人的积极性，挖掘每个人的潜力，从而不断提高管理成效，引导每个人的行为朝着组织需要的方向变化（见图3.13）。

对每个人进行公正的奖惩，要求以准确的考核为前提。若考核不细致或不准确，奖惩就难以做到恰如其分。因此，首先要明确工作绩效的考核标准。对于有成绩有贡献的人员，要及时予以肯定和奖励，使他们的积极行为维持下去。奖励有物质奖励和精神奖励，两者都是必需的。如果长期埋没人们的工作成果，就会挫伤积极性，过时的奖赏便失去其作用和意义。

及时、公正的惩罚也是不可或缺的，惩罚是利用令人不喜欢的东西或取消某些为人所喜爱的东西，改变人们的工作行为。惩罚可能引致挫折感，从而可能在一定程度上影响人的工作热情，但惩罚的真正意义在于"杀一儆百"，通过惩罚少数人来教育多数人，从而强化管理的权威。惩罚也可以及时制止这些人的不良行为，以免给企业造成更大损失。

为了做到严格奖惩，要建立健全组织的奖惩制度。使奖惩工作尽可能地规范化、制度化，是实现奖惩分明、公正、及时的可靠保证。

图 3.13
奖惩要分明、公正、及时

第五节 效益原理

效益是管理的永恒主题。

一、效益的概念

效益是与结果、效果以及效率既相互联系，又相互区别的概念。

结果是指由投入经过转换而产出的成果，其中有的是有效益的，有的是无效益的。例如，企业的产品虽然质量合格，但卖不出去，最后积压在仓库里，这些产品是不具有效益的。效果是指那些有效的结果。只有那些为社会所接受的结果，即有效的结果，才是有效益的。

效率是指单位时间内所取得的结果的数量,反映了劳动时间的利用状况,与效益有一定的联系。在实践中,效益与效率并不一定是一致的。企业花巨资增添技术设备来提高生产效率,实际结果却使单位产品生产的物化劳动消耗的增量超过活劳动的减量,导致生产成本增加,就会出现效率提高而效益降低的现象。

要确立管理活动的效益观。管理活动要以提高效益为核心。追求效益的不断提高,应该成为管理活动的中心和一切管理工作的出发点。特别在宏观或中观管理中,以"GDP 论英雄"是愚蠢的,因为这种管理必然导致片面追求产值、盲目重复建设的倾向,必然造成破坏生态环境、浪费社会资源、产能过剩、效益严重低下的状况。

二、效益的评价

效益的评价,可由不同主体从多个不同视角去进行,因此没有一个绝对的标准。不同的评价标准和方法,得出的结论也会不同,甚至相反。有效的管理首先要求对效益的评价尽可能做到公正和客观,因为评价的结果直接影响组织对效益的追求和获得,结果越是公正和客观,组织对效益追求的积极性就越高,动力也越大,客观上产生的效益也就越多。

不论采用哪些具体的指标,企业效益的高低最终表现为并决定了企业的生存与发展能力。这种生存与发展能力是市场对企业效益的评价结果。显然,越是成熟、规范的市场,其评价结果就越客观公正;越是发育不成熟或行为扭曲的市场,其评价结果就越不客观、不公正,甚至具有很强的欺骗性。市场评价体现的主要是经济效益。显然,不同的评价都有它自身的长处和不足,应配合运用,以求获得客观公正的评价结果。

三、效益的追求

效益是管理的重要目的。管理就是对效益的不断追求。这种追求是有规律可循的。

1. 在实际工作中,管理效益的直接形态是通过经济效益而得到表现的。这是因为管理系统是一个人造系统,它是通过管理主体的劳动按一定顺序排列的多方面、多层次的有机系统。尽管其中有纷繁复杂的因素相交织,但每一种因素均通过管理主体的劳动而活化,并对整个管理运动产生着影响。综合评价管理效益,当然要首先从管理主体的劳动效益及其所创造的价值来考虑。

2. 影响管理效益的因素很多,其中主体管理思想正确与否占有相当重要的地位。在现代化管理中,采用先进的科学方法和手段,建立合理的管理机构和规章制度无疑是必要的。但更重要的是一个管理系统高级主管所选取的战略。这是更加带有全局性的问题。实际上,日常的管理只解决如何"正确地做事",战略才告诉我们怎样"做正确的事"。企业如果经营战略错了,局部的东西再好也毫无意义。实际上,管理效益总是与组织的战略联系在一起的。

3. 追求局部效益必须与追求全局效益相一致。全局效益是一个比局部效益更为重要的问题。如果全局效益很差,局部效益提高就难以持久。当然,局部效益也是全局效益的基础,没有局部效益的提高,全局效益的提高也是难以实现的。局部效益与全局效益是统一的,有时又是矛盾的。因此,当局部效益与全局效益发生冲突时,管理必须做到局部服从全局。

4. 管理应追求长期稳定的高效益。企业时刻都处于激烈的竞争中。如果企业只满足于眼前的经济效益水平,而不以新理念、新品种、高质量迎接新的挑战,就会随时有落伍甚至被淘汰的危险。所以,企业家必须有远见卓识和创新精神,随时想着明天。不能只追求当前经济效益,不惜竭泽而渔、寅吃卯粮,不肯加大研究与开发投入,不肯花时间和成本去提高职工的技术水平和文化道德素养,这将必然损害今后的经济效益。只有不断增强企业发展的后劲,积极进行企业的技术改造、技术开发、产品开发和人才开发,才能保证企业有长期稳定的较高经济效益。

第六节 适度原理

良好的管理要求管理者在处理组织内部各种矛盾、协调各种关系时要把握好适度的问题。"适"的原因在于组织面对的不确定性以及由此而决定的管理实践的艺术性特征,"度"的把握在很大程度上取决于管理者的直觉。

一、适度原理的内涵

管理活动中存在许多相互矛盾的选择。比如,在业务活动范围的选择上专业化与多元化的对立。专业化经营可以使企业拥有稳定的业务方向和顾客队伍,从而有利于企业完善管理、改进技术;多元化经营则可以使企业有广阔的市场,从而承受着较小的经营风险。又如,在组织结构的安排上,有管理幅度宽窄之分。较宽的管理幅度可以减少管理层次,从而可以加快信息的传递速度,提高组织高层决策的及时性,还可避免上级对下级工作的过多干预,从而有利于发挥下级在工作中的主动性;较窄的管理幅度则

> ⊘ 管理幅度:又称管理宽度、管理跨度,是指在一个组织结构中,一名领导者直接领导的下属人员的数目。

可以减少每个层次的管理者需要处理的信息数，从而有利于有价值的信息被及时识别和利用，还可以使管理者有较多的时间去指导下属，从而有利于下属工作能力的提高。再如，在管理权力的分配上，有集权与分权的矛盾。集权可以保证组织总体政策的统一以及决策执行的迅速；分权则可增强组织的适应能力，提高较低层次管理者的积极性。

在这些相互对立的选择中，前者的优点恰好是后者的局限之所在，而后者的贡献恰好构成了前者的劣势。因此，组织在业务活动范围的选择上既不能过大，也不能过小；在管理幅度的选择上，既不能过宽，也不能过窄；在权力的分配上，既不能完全集中，也不能绝对分散，必须在两个极端之间找到最恰当的点，进行适度管理，实现适度组合。要明白不偏不倚、过犹不及、物极必反的道理。

二、适度管理的缘由

适度管理的根本原因可能在于管理所面对的不确定性以及与这种不确定性相关的管理实践的艺术性特征。

组织管理是对面向外部、伸向未来的活动的协调。活动类型的选择、活动条件的获取、活动成果的实现，在很大程度上都取决于外部环境的特征。这个制约内部活动的外部环境不仅其构成错综复杂，而且其特征在不断地发生变化，因而不仅是组织不可控的，甚至是组织不可预测的。组织内部的人因知识、能力、思维模式等的差异，对环境中出现的各种问题的认知判断以及据此选择的应对措施也往往是不同的，甚至可能出现两种以上完全对立的意见。在这样的背景下，管理者需要艺术地运用科学的管理理论和方法，在错综复杂、矛盾对立的背景中审慎地作出适当的选择。

管理研究中一直有着关于管理究竟是科学还是艺术的争论。这个争论在很大程度上源于问题表述的不严谨。管理是科学还是艺术？这里的管理指的是管理理论（或管理学）还是管理工具（手段与方法），或是管理实践？如果非常明确地表述上述三种不同指向，答案是不言自明的。管理理论和管理工具与方法毫无疑问是科学的，或者可以是科学的，管理实践则明显地表现出艺术性的特征。在管理实践中，管理者需要根据活动环境、活动条件以及活动对象等因素的特征及其变化艺术地运用那些科学的理论、手段和方法。实际上，管理活动的有效性正是取决于管理者能否艺术地运用以及在何种程度上艺术地运用那些科学的理论、手段和方法。

> 试着在课堂上展开如下讨论：
> 管理是科学还是艺术？

三、适度原理的启示

艺术地运用科学的管理理论在错综复杂、对立矛盾的背景中作出适度或适当的选择，要求管理者重视直觉能力的培养和应用。

管理活动中一直强调运用科学的手段和方法。比如，要用科学的方法对组织活动的外部环境和内部条件进行充分的分析，在这个基础上制定不同的方案，并运用科学的方法对这些方案进行充分的论证和比较，据此作出科学的决策并组织实施。但与此同时，我们也可以在管理实践中观察到，管理要处理许多问题，这些问题所涉及的背景、条件以及处理后可能产生的影响，并不总是可以精确地量化处理的。以经验为基础的直觉在管理活动的组织中依然有着十分重要的作用。在矛盾对立且难以量化的两个方案中进行选择，直觉往往是主要的工具。

德国军事学家克劳塞维茨（Karl Philip Gottfried von Clausewitz）在分析拿破仑战略思想时曾指出，拿破仑许多战略行动的成功源于他在广泛阅读历史战例、思维沉淀的基础上，在关键时刻能够结合当时的自然地理环境特点"灵感闪现"[1]。熊彼特曾经强调，"个人的直觉与力量"是企业成功的"钥匙"[2]。实际上，许多科学家也非常强调直觉的作用。爱因斯坦曾经指出，真正有价值的东西是直觉；门捷列夫也曾强调，元素周期表的发现依靠的主要是直觉；牛顿的重大理论发现也曾借助直觉性质的顿悟。从表面上看，直觉没有详细的数据，没有定量的模型，没有精确的计算，因而没有形式上的科学性。但实际上，直觉可能仍然是一个快速的逻辑思维过程的结果。虽然我们目前还无法用科学的语言描述和揭示直觉思维的科学特征，但是毫无疑问，直觉思维有着非常丰富的科学内涵，管理者必须注重直觉决策能力的培养。

以经验为基础的直觉，往往会使你在错综复杂、困难的决策中"灵感闪现"，这时请勇敢地相信它吧！

读 书 提 示

1. 朱镕基，《管理现代化》，科学普及出版社，1983年。
2. [美]丹尼尔·A.雷恩，《管理思想的演变》，孔令济译，中国社会科学出版社，1997年。
3. [美]彼得·德鲁克，《卓有成效的管理者》，许是祥译，机械工业出版社，2009年。
4. [美]欧内斯特·戴尔，《伟大的组织者》，孙耀君译，中国社会科学出版社，1991年。
5. 周祖城，《管理与伦理》，清华大学出版社，2000年。
6. 张文贤、朱永生、张格，《管理伦理学》，复旦大学出版社，1995年。

---

[1] [美]威廉·杜根，《捕获战略直觉的火花》，张美玲译，《北大商业评论》，2008年第1期。
[2] 参见[美]威廉·杜根，《直觉》，李芳龄译，中国财政经济出版社，2005年，第8页。

复习思考题

1. 什么是系统？系统有哪些基本特征？管理者可从系统原理中得到哪些启示？
2. 如何理解责任原理？责任原理的本质是什么？管理者可从责任原理中得到哪些启示？
3. 何谓以人为主体的管理？如何实现以人为主体的管理？
4. 管理有效性的实质是什么？人类管理活动为何要遵循效益原理？
5. 何谓适度原理？为什么说适度原理是管理实践中艺术地运用科学的管理理论与方法的具体体现？

第四章 管理道德与社会责任

伦理与道德作为人类文明的基本因子，是指评价人类行为善恶的社会价值形态，在日常生活中具体表现为一定的行为规范和准则（英文 ethics 来源于希腊语 $\acute{\varepsilon}\theta o\varsigma$）。任何社会、任何组织要想长期生存，不仅需要遵守法律，还必须遵守一定的道德规范。任何组织的管理行为都在文化深层上体现它所秉持的道德观，形成独特的管理道德。管理道德随着社会经济的发展而不断进步，现代管理道德的发展，使社会责任成为当前最紧迫、最重要的课题。

第一节 企业管理为什么需要伦理道德

自现代企业诞生开始，伦理道德就是它内在的文明因子。企业管理之所以需要伦理道德，不只是因为现代企业的经济运行面临诸多伦理困境与道德风险，或是伦理道德作为有效的文化工具可以帮助企业更好地达到经济目的，最根本的是，伦理道德是现代企业的核心价值构件，具有特殊的管理意义和文明意义。

一、伦理、道德的文化真义及其管理学诠释

在习惯用语中,人们并不对伦理与道德加以区分,但在严格的学术话语中,两者并不完全相同,因而对企业管理也具有不同的意义。

在中西方文化传统中,伦理与道德是历时甚至共时地存在着的两个概念。在古希腊,伦理的最初意义指灵长类生物的持久居留地。人作为万物之灵,在本性中存在一种悖论:既是群居的动物,又有个人自由意志。在探索如何协调群体性与自由意志之间的关系,使人的行为既合理又可以预期,从而持久地居留的过程中,便产生了伦理。于是,伦理的原初形态或自然形态就是风俗习惯。所谓道德,就是在一定的风俗习惯下所形成的个人的品质、气质。伦理与道德的关系是什么?用德国古典哲学家黑格尔(G.W.F. Hegel,1770—1831)的话说,"德毋宁应该说是一种伦理上的造诣"。

> 黑格尔:德国哲学家,德国19世纪唯心论哲学的代表人物之一。黑格尔出生于德国西南部城市斯图加特,曾是柏林大学(如今的柏林洪堡大学)的校长。

在中国文化中,"伦"指人所处于其中的那个共同体,以及个人在这个共同体中的地位。人类最基本的共同体被表述为天伦与人伦。天伦即家庭血缘关系的共体,人伦即社会关系的共体。"伦,辈也。""伦"既是相互关系所构成的共同体,也是个人在关系共同体中所处的地位,是谓"辈份"。顾名思义,"伦理"就是关于"伦"的理性和原理。如果用最简洁的话语诠释,伦理就是"人理";道德就是"得道"。黑格尔在《法哲学原理》中说过,人间最高贵的事就是成为人;"成为一个人,并尊敬他人为人",就是"法的命令"。伦理,是人之所以为人,即单个的人成为一个具有共同体本质的人,用管理学的话语说,就是单个的人成为"组织人"的理性与原理。这些理性与原理,当走出思维与意识并具有意志与行为的意义时,便是所谓的"道"。"德者,得也。""得"什么?就是"得道"。于是,得到了"道",便具有了"伦理上的造诣",也就有了"德"。由此,伦理与道德便相接相通。

伦理的真义是"本性上普遍的东西",这种"本性上普遍的东西"被称为伦理性的实体,即伦理性的共同体。在社会体系中,家庭、民族、市民社会,是伦理实体的三大基本形态,企业则是市民社会中伦理实体的一种具体存在方式。所以,企业不仅是一个经济实体,而且首先并且更重要的是一个伦理实体。伦理关系是个人与共同体的关系,伦理行为的本质是个人作为共同体的成员而行动,并以共同体为行为的目的和内容,即所谓家庭成员与民族公民。最能诠释和表现伦理本性的就是人的姓名:姓名中的"姓"是家族血缘关系的实体,"名"是个体性及其在家族共同体中的地位;"姓"是既定的(family name),"名"是给定的(given name);姓名就是人的个体性与家族血缘关系的实体性的统一,是谓"天伦"。在企业管理中,伦理的要义就是个人作为"组织人"或作为企业的成员而行动。伦理的真谛

是个人的单一性与共同体的普遍性的统一,但它不是借助外在强制(如法律规范)的形式统一,而是透过精神所达到的统一,因而精神是伦理的文化内核,即所谓"伦理精神""企业精神""企业伦理精神"。所谓"德",就是个体将共同体的普遍性、普遍品质或普遍要求加以内化,"内得于己"并"外施于人",形成个体内在的伦理普遍性,获得"伦理上的造诣",造就精神同一性,从而使共同体成员或企业员工达到"同心同德"。

总之,如果从中国文化的传统诠释,伦理道德便表现为"伦—理—道—德—得"的五个要素、四个过程的精神运动。"伦"是个体处于其中并与之相同一的共同体或伦理性的实体,其基本形态包括家庭、民族、市民社会;"理"是关于伦理的理性或原理,是意识形态的"伦"或在思维中存在的"伦",其典型形态是伦理范型,如中国传统文化中的"五伦";"道"是冲动形态或在意志中存在的"伦",其表现形态就是各种道德规范及其体系,如中国传统伦理中仁、义、礼、智、信的"五常";"德"便是个体透过"理"与"道"对"伦"的内植和内化,是个体内在的实体性或伦理普遍性,有了"德",人便由个体上升为主体;"得"则是个体以"德"处理世俗生活中的诸利益关系所达到的义利合一、德-得相通的状态和境界,所谓"得之有道,取之有理"[1]。

伦理道德以"善"调节共同体以及共同体中个人的行为。善就是个体与共体统一的价值形态与精神形态。在企业管理中,个体与共体统一的善的价值追求,表现为两大基本结构:企业内部的个体与组织的关系;企业与它所处的更大的共同体,即企业与社会、国家的关系。两大结构分别形成企业的内部伦理与外部伦理,由此形成管理道德的两个基本课题,即个体与企业、个体与个体之间的内部伦理关系,以及企业与社会之间的外部伦理关系(见图4.1)。

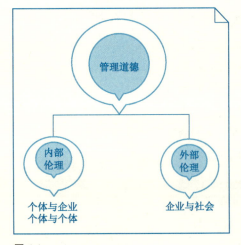

图 4.1
管理道德的两个基本课题

🎙 **试讨论**:如果无法明确能够带来经济效益,也无法提高工作效率,企业是否还需要关注伦理道德?

二、伦理道德与经济运行

一般认为,之所以需要企业伦理与管理道德,是因为如果企业没有良好的伦理形象与管理道德,会引起社会负面的评价,使企业因深陷伦理困境与道德风险而降低经济运行的效率和效益。实际上,这是一种似是而非的狭隘的企业伦理观和管理道德观,因为它不能经受这样的追问:如果与经济运行的效率和效益无关,是否还需要企业伦理与管理道德?这种狭隘的企业伦理观与管理道德观的直接后果是导致了现代企业管理中的诸多伪

---

[1] 关于伦理道德的概念诠释,参见樊浩,《道德形而上学体系的精神哲学基础》,中国社会科学出版社,2006年。

伦理与伪道德，形成了企业伦理与管理道德中的伪善。

伦理道德到底具有怎样的经济意义与管理意义？20世纪西方学术的发展提供了几个不断递进的解释和实践模式。

（一）理想类型论

20世纪初，德国著名社会学家马克斯·韦伯（Max Weber，1864—1920）在研究中发现，在欧美资本主义国家中，在工商活动中有杰出表现的企业家大都是新教徒，由此演绎出一个在世界范围内产生重大影响的结论：现代资本主义成功的最大秘密在于其独特的伦理——新教伦理。"新教伦理+资本主义市场经济"，就是现代资本主义乃至现代文明的"理想类型"，由此演绎出"新教资本主义"的命题。新教伦理对欧美资本主义经济发展的根本意义，在于它形成了一种独特"经济气质"或"经济精神"，即所谓的"资本主义精神"。这种"经济气质"或"经济精神"从三个方面影响了现代企业尤其是企业家。

- "天职"的观念与独特的劳动价值观。
- "蒙恩"的观念与独特的财富观。
- "节俭"的观念与独特的消费观。

> 马克斯·韦伯：对西方古典管理理论的确立作出杰出贡献的德国著名社会学家和哲学家。他与泰罗和法约尔属同一历史时期，与卡尔·马克思和涂尔干被并称为现代社会学的三大奠基人。

> 理想类型论：新教伦理+资本主义市场经济。

按照新教伦理的观念，企业家经营和工人劳动的根本目的，不是利润和工资，而是向上帝尽天职，以便得到上帝的终极关怀，由此世俗的"职业"便成为追求终极目的和终极关怀的"天职"，从而造就了一批兴奋异常而工作永无止境的经营者和劳动者，培育出企业家的经营精神与生产者的劳动精神。在经营和劳动中，财富不是经营和劳动的结果，而是上帝恩宠的标志，因而只有符合道德的财富才具有"蒙恩"的意义，自身才可以得到上帝的拯救，由此赋予人的行为以道德的合理性与合法性。新教伦理以"天职"和"蒙恩"的观念最大限度地释放了人们的谋利冲动，又以"节俭"的观念束缚着消费尤其是奢侈品的消费，它要求人们过一种节俭乃至禁欲的生活。而当创造财富的冲动与对消费尤其是奢侈品的消费的节制结合为一体时，不可遏止的后果，便是财富的增加和经济的增长。新教伦理就是欧美资本主义企业独特的"经济气质"，也是它成功的秘密[1]。

（二）文化矛盾论

20世纪70年代，美国哈佛大学教授丹尼尔·贝尔（Daniel Bell，1919—2011）发现，经过半个多世纪的发展，西方资本主义已经陷入困境，这个困境本质是一种"文化矛盾"。文化矛盾的核心是经济冲动力与宗教或

> 文化矛盾论：经济冲动力与宗教或道德冲动力的背离。

---

[1] 关于伦理-经济的"理想类型"，参见[德]马克斯·韦伯，《新教伦理与资本主义精神》，于晓、陈维纲等译，生活·读书·新知三联书店，1992年。

道德冲动力的分离与背离。在资本主义初期，企业和企业家的经济冲动与道德冲动锁合在一起，但随着市场经济的发展，两者发生了分离，资本主义的冲动只剩下一个，那就是经济冲动。分期付款等制度的建立，将人们的经济冲动释放到极致，新教伦理所造就的道德冲动力则耗尽了能量。由此，资本主义的复兴、西方资本主义企业发展的前途，在于重新建构经济冲动力与道德冲动力之间预定的和谐[1]。

（三）最强动力-最好动力论

沿着这样的思路，20世纪末期，德国著名经济伦理学家彼得·科斯洛夫斯基（P. Koslowski）提出了一种观点。他认为，无论在社会、企业，还是个人的身上，都存在两种动力：一种是谋利或经济活动的"最强的动力"，一种是道德的"最好的动力"。这两种动力往往处于矛盾之中：最强的动力往往不是最好的，最好的动力往往不是最强的。企业管理与社会管理的目的和境界，在于将这两种动力有机匹合，形成"最强的动力-最好的动力"的合理冲动体系。他提出一种见解，认为道德是对"市场失灵"的补偿措施，宗教是对"道德失灵"的补偿措施[2]。

> 最强动力-最好动力论：谋利(最强动力)VS道德(最好动力)。

（四）竞争力论

> 竞争力论：企业伦理是一种竞争力。

除上述三种理论外，20世纪90年代，查尔斯·汉普登-特纳（Charles Hampden-Turner）等几位学者通过对世界七个老牌资本主义国家，即美国、英国、法国、德国、意大利、荷兰、日本的一百多家企业的调查，努力探寻企业竞争力的根源，他们的结论是："国家竞争力：创造财富的价值体系。"而另一些学者，如美国兰德公司的重要代表人物弗兰西斯·福山（Francis Fukuyama）则反证，在世界范围内，华人企业之所以容易走入困境，根本原因在其伦理的局限，尤其是它的家族伦理传统。狭隘的家族伦理传统不仅使它难以建立现代企业制度，而且导致"马鞍形企业"，即"国营与家族企业两头大，民营企业中间小"的经济模式，更重要的是，它使华人企业难以摆脱"富不过三代"的宿命[3]。

综上，无论企业伦理还是管理道德，都不是企业经济运行和企业家管理活动中的"价值附加"，而是企业品质与管理素质的内在构成，具有十分重要的管理学意义。

---

[1] 关于"经济冲动力-道德冲动力的文化矛盾"理论，参见[美]丹尼尔·贝尔，《资本主义文化矛盾》，赵一凡等译，生活·读书·新知三联书店，1989年。

[2] 关于"最强的动力-最好的动力"理论，参见[德]彼得·科斯洛夫斯基，《伦理经济学原理》，孙瑜译，中国社会科学出版社，1997年。

[3] 以上理论分别参见[英]查尔斯·汉普登-特纳、[荷]阿尔方斯·特龙佩纳斯，《国家竞争力——创造财富的价值体系》，徐联恩译，海南出版社，1997年；[美]弗兰西斯·福山著，《信任——社会道德与繁荣的创造》，李宛蓉译，远方出版社，1998年。

三、伦理道德的管理学意义

理解伦理道德的管理学意义,必须首先澄清经济的价值属性。企业是经济的细胞,经济是创造财富的活动。但是,在现代文明中,经济和经济学常常被误解为"价值中立"。其实,无论是经济活动还是经济学,其最后的决定因素都是人们的价值观念。"经济学者在繁忙的计算与统计过程中,尤其遗漏了一项非常重要的经济要素,一项关系所有经济活动成败的因素——人际关系。其实,所有交易活动的优先顺序都取决于经济行动者或决策者的价值观,这些价值观决定经济活动的优先顺序,主导着经济活动。"[1]

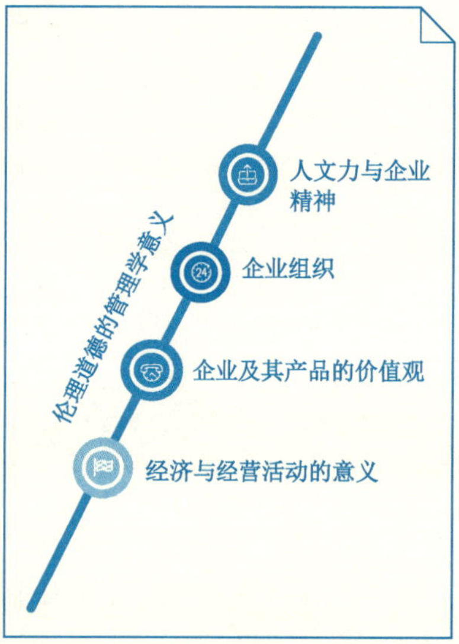

人们很容易在非常狭隘的意义上理解伦理道德的管理学意义。一种对经济学家和企业家很有诱惑力的劝告是:如果管理者能够"道德"一点的话,经济活动中的交易成本可能会降低[2]。诚然,企业伦理与管理道德会给企业带来经济方面的利益和效益,尤其在它的长远发展中,但是,正如前面所指出的,如果只局限于实用主义的这种狭隘理解,势必将企业引向伪善。一种可以被社会接受并能经受经济学家和伦理学家共同考察的观点是:"财富创造是一种道德行为。"[3]

简单地说,在经营活动中,企业伦理与管理道德的管理学意义突出表现在以下几方面(见图4.2)。

图 4.2 伦理道德的管理学意义

（伦理道德的管理学意义：人文力与企业精神；企业组织；企业及其产品的价值观；经济与经营活动的意义）

(一)经济与经营活动的意义

正如汉普登-特纳等人在对国际最著名企业的大规模调查中所发现的那样,寻求意义并在任何具体形式中赋予价值意义,是人类内心最深沉的呼唤。新教伦理为欧美企业家和资本主义经济提供的最重要的动力,就是对关于上帝终极关怀的意义和信念的追求,只有基于这一点,才能理解美国石油大王洛克菲勒"人死而富有是一种耻辱"的名言,也才能理解比尔·盖茨为何在退休时将所有财产580亿美元全部捐献用于慈善事业。当然,这些行为的背后,还有另一个道德哲学上的根据,这就是财富及其创造活动的社会性:"即使从外表上看,也就一望而知,一个人自己享受时,他也在促使一切人都得到享受,一个人劳动时,他既是为他自己劳动也是为一切人劳动,而且一切人也都为他而劳动。因此……自私自利只不过是一

---

[1] [英]查尔斯·汉普登-特纳、[荷]阿尔方斯·特龙佩纳斯,《国家竞争力——创造财富的价值体系》,徐联恩译,海南出版社,1997年,第8页。
[2] Oliver E.Williamson. *The Economic Institution of Capitalism*. New York: Free Press, 1985.
[3] [英]查尔斯·汉普登-特纳、[荷]阿尔方斯·特龙佩纳斯,《国家竞争力——创造财富的价值体系》,徐联恩译,海南出版社,1997年,第5页。

种想象的东西。"[1]部分中国企业家由于缺乏对终极意义的追求,以及对财富的普遍本质的觉悟,或把财富追求与积累当作目的,或把财富当作个人的附属或能力的证明,被批评为"离企业家还很远"。

(二) 企业及其产品的价值观

汉普登-特纳等人在调查中还发现:"任何企业产品的品质,早先决定于创办人的价值观,后来则决定于整个企业的工作价值观。"[2]一个可以通过经验确证的事实是,企业活动与人们带进工作现场的价值观有关,伦理道德的着力点就在于生产者的劳动价值观与管理者的经营价值观,韦伯所说的"天职"的劳动价值观的意义就在于此。

(三) 企业组织

在古典意义上,管理被诠释为透过人群的努力达到组织目标的活动。伦理道德对于企业组织的意义,不仅在于上文所说的"人际关系",更重要的在于对真正合理有效的企业组织的造就,因为"伦"本身就是个体性与实体性的统一。根据巴纳德的组织理论,组织的形成有三要素:共同目的、协作的愿望、信息的沟通。很显然,三要素中处于最重要地位的前两个要素都与伦理道德有关。虽然制度主义或体制主义者可能强调透过制度安排与体制改革,尤其是借助利益驱动机制可以强化共同目的与协作的愿望,然而,有效组织不仅要在客观上存在共同目的,更重要的是要在主观上认同共同目的,并由此产生协作的愿望,从而使个人行为非个人化,而对后一方面利益驱动机制的努力往往束手无策,因为它正是企业伦理与管理道德的文化职责所在。

(四) 人文力与企业精神

科斯洛夫斯基已经指出,在人身上存在谋利的"最强的动力"与道德的"最好的动力"的矛盾。企业管理的深层难题之一,就是如何将"最强的动力"与"最好的动力"相协调,在互动中建立合理的"冲动体系"或"人文力体系"[3]。企业管理一方面透过伦理道德建立个体与企业相统一的内部伦理关系,另一方面借此建立企业与社会相统一的外部伦理关系,还透过伦理道德的有效合理运作,建立企业的人文力体系,形成企业的伦理精神或企业运行的"经济气质",从而构筑作为企业灵魂的"企业精神"。

---

[1] [德]黑格尔,《精神现象学》(下卷),贺麟、王玖兴译,商务印书馆,1979年,第47页。
[2] [英]查尔斯·汉普登-特纳、[荷]阿尔方斯·特龙佩纳斯,《国家竞争力——创造财富的价值体系》,徐联恩译,海南出版社,1997年,第6页。
[3] 关于人文力的理论,参见樊和平,《中国人文管理》,机械工业出版社,2010年;樊浩,《伦理精神的价值生态》,中国社会科学出版社,2007年。

第二节 | 几种相关的道德观

一、功利主义道德观

这种观点认为，能给行为影响所及的大多数人带来最大利益的行为才是善的（见图4.3）。这是一种完全根据行为结果即所获得的功利来评价人类行为善恶的道德观。中国民间流行的一句谚语可以非常生动地描述这种道德观的基本精神："不管白猫、黑猫，抓到耗子就是好猫。"

功利主义道德观有其合理的一面，因为人类的行为一般都是基于动机，动机就是期望行为带来某些有利的结果。如果该行为能为行为影响所及的大多数人带来最大利益，当然就可以认为该行为是善的，必然得到大多数人的支持。但也存在以下两个不可回避的问题。

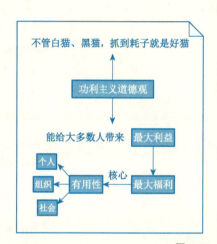

图 4.3 功利主义道德观

1. 为了实现最大利益，可能采取了不公平、不道德甚至损害了他人或社会利益的手段。

2. 只是规定了对大多数人有利，而没有规定所得利益如何在相关人员中分配，所以，很可能产生利益分配不公，一小部分人利用手中的职权或资本，获取绝大部分的利益，而大部分人只得到一小部分的利益，形成贫富两极分化的现象，这也是不道德的。

将功利主义道德观移植到企业管理中，必须对它的意义有准确的把握。在经典也是古典的功利主义传统中，以下两个要义特别重要。

1. 功利主义的所谓"最大利益"是"最大福利"，如果将利益理解为财富，它们便不是一般的物质财富，而是能带来幸福的财富，因此，那些可能会导致财富指数和幸福指数矛盾甚至相悖的利益，不是"功利"的目标和内容。

2. 功利主义的核心是"有用性"。这里的"有用性"不只是指对象对主体或者财富对个人或社会的有用性，还指个人对组织和社会的有用性。在功利主义价值观中，个人在有用性中发现自己的价值，将自己与社会相统一，个人主义与功利主义无关，甚至可以说，功利主义是反对个人主义的。只有在这两个意义上，功利主义才可能成为现代企业管理的伦理道德资源。

二、权利至上道德观

这种观点认为，能尊重和保护个人基本权利的行为才是善的（见图4.4）。所谓基本权利，就是人权，只要是人，就应当平等地享有人的基本

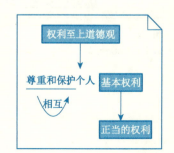

图 4.4 权利至上道德观

权利（如生存权、言论自由权、受教育权、医疗保障权、工作权等）。这些权利不是某个权威赐予的，而是人与生俱有的。政府、法律和各级管理者应当尊重和保护人权，这是是否真正贯彻"执政为民"思想的试金石。

依这种观点，一切残酷剥削工人的血汗工厂、过低的工资、过长的劳动时间、劳动者没有平等话语权、没有工作教育医疗保障权、随时都有被解雇的危险等现象都是恶的管理行为造成的。我国 2018 年修订的《劳动法》在保障人权方面前进了一大步，但离真正贯彻落实还有很长的路要走。尊重人权当然是人类社会进步的思想。但保障的程度必然受到社会经济发展程度的制约，过高的保障期望也会给社会经济发展带来负面效应。我国目前还是发展中国家，人均可支配收入还很低（2021 年美国人均可支配收入是中国的 10.3 倍），在人权保障方面也需要有一个逐步发展的过程。

理解权利至上的道德观同样有两个重要方面。

1. "权利"是从西方文化中移植而来的概念，在英语中，权利即"right"。"right"传到日本，被翻译和理解为"权利"，中国文化从日本移植了这个概念，于是，"right"就变成了"权利"。其实，"right"与"权利"的关系并不那么直接和密切，它的基本意义是"正确"和"正当"。

2. 权利是相互的，"肯定自己是人，并尊敬他人为人"，是"法"的绝对命令，这两个方面结合起来，才构成"权利"的基本内涵，否则，权利会演化为自私自利和任性放任。

三、公平公正道德观

这种观点认为，管理者不能因种族、性别、个性、个人爱好、国籍、户籍等因素而歧视部分员工，那些按照同工同酬的原则和公平公正的标准向员工支付薪酬的行为是善的（见图 4.5）。

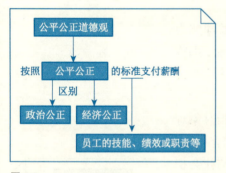

图 4.5
公平公正道德观

所谓公平公正，主要是指支付薪酬的依据应当只是员工的技能、经验、绩效或职责等因素，而不是其他各种似是而非的因素。这种道德观在理论上是完全正确的，但在实践中问题十分复杂。例如，现阶段中国城市各类组织中的农民工、临时工、非正式工与有编制的正式工之间，工资待遇有着极大的差别。一些发达国家也存在大量非法劳工。临时工、非正式工以及种族、性别、国籍歧视的问题，都不是短期内能解决的。更重要的是，经济公正与政治公正虽然相关联，但并不是同一个概念，片面地以政治公正的要求取代经济公正，会导致政治上权利关系的公正与经济上义务关系的不公正的悖论，甚至可能使企业经济运行陷入困境。片面强调基于简单平等的公正公平，会导致事实上的不公正，并可能重新回到历史上的"大锅饭"。

四、社会契约道德观

这种观点认为,只要按照企业所在地区政府和员工都能接受的社会契约所进行的管理行为就是善的(见图4.6)。例如,美国公司在中国的雇员,与美国本国的同等技能、同等绩效或同等职责的员工相比,工资待遇差别可能有 5—10 倍之多,并且中国员工在失业、医疗、休假等方面的保障往往更少。但这些行为通常并不被认为不道德,而被视为正常,至少是可以被理解和接受的。这种道德观实质上是功利主义道德观的变种。它既不符合权利至上的道德观,更不符合公平公正道德观的基本原则,却能大幅度降低企业人力资源的成本,增加企业的利润。

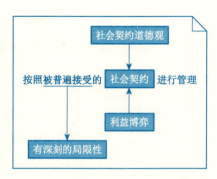

图 4.6
社会契约道德观

契约论的道德观有其深刻的局限性。因为契约具有很强的情境特征,在很多场合是利益博弈的结果,与合理性无关。而且,契约的对象必须严格限制,哲学家已经多次指出,许多东西,比如人格、道德、婚姻、家庭是绝对不可以契约的[1]。契约主义的泛滥,会导致严重的经济与社会后果。

五、推己及人道德观

这是中国儒家道德观的高度概括(见图4.7)。儒家道德观的核心是"仁","仁也者,人也。""仁"的核心是什么?"子曰:爱人。"[2]实施"仁"的基本原则是什么?孔子说:"己所不欲,勿施于人。"[3] 这便是孔子所谓的"一以贯之"之"道",所谓"忠恕之道",具体内容是:"忠者诚以待人,恕者推己及人。"这样就可达到"在邦无怨,在家无怨"[4]的结果。可见推己及人道德观所追求的结果不是经济利益,而是"无怨"的"和为贵"[5],也就是我们今天所讲的"合作""和谐""双赢"的结果。在儒家传统中,"仁"是全德之名。那么,什么样的行为才算"仁"呢?孔子的回答是:"恭、宽、信、敏、惠。恭则不侮,宽则得众,信则人任焉,敏则有功,惠则足以使人。"[6] 后来的思想家又把儒家的道德观归纳为"五常",即"仁、义、礼、智、信",作为人们行为的最高道德规范。

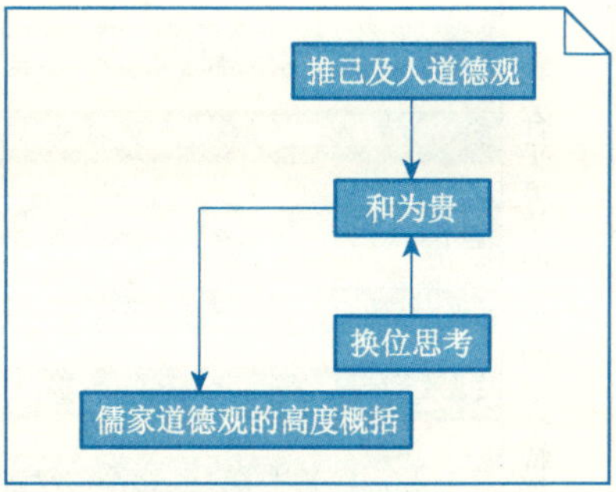

图 4.7
推己及人道德观

中国儒家的道德观作为中国传统文化的一部分,流传了几千年,在中国知识分子和普通民众中影响极其深远。"己所不欲,勿施于人"成为人人皆知的做人道理和绝大部分人自觉遵守的行为规则。同时,对中国现代的

---

[1] 参见[德]黑格尔,《法哲学原理》,范扬、张企泰译,商务印书馆,1961年。
[2][3][4]《论语·颜渊》。
[5]《论语·学而》。
[6]《论语·阳货》。

管理道德的形成也具有重大的影响。许多成功的管理者在决定管理行为时，都学会了换位思考，将心比心、设身处地考虑问题。他们十分重视对上级的"忠诚"，对下属的"仁爱"，对朋友的"义气"和"诚信"以及各方面关系的"和谐"。

以上关于道德观的划分只是理论上的分类。在实践中，组织或个人往往是根据具体事情和具体情况综合运用的，不可能"从一而终"。从客观上看，由于影响道德的因素十分复杂，组织要实行合乎道德的管理（即道德管理）并不容易。

第三节 | 道德管理的特征和影响管理道德的因素

一、道德管理的特征

合乎道德的管理具有以下七个特征[1]（见图4.8）。

1. 合乎道德的管理不仅将遵守道德规范视作组织获取利益的一种手段，而且更将其视作组织的一项责任。在遵守道德规范会带来利益或不遵守道德规范会带来损失的情况下，组织当然会选择遵守道德规范；但在遵守道德规范会带来损失或不遵守道德规范会带来利益的情况下，组织仍然选择遵守道德规范，这就是责任。在企业管理中，承担责任有时意味着要额外付出成本。

2. 合乎道德的管理不仅从组织自身角度更应从社会整体角度看问题。有时，为了社会整体的利益，甚至不惜在短期内牺牲组织自身的利益。"道德的发展史表明，道德一开始就是一种调整个人利益与社会集体利益的行为规范。道德原本的用意在于维护社会共同利益的尊严。实际上，道德的崇高和价值就在于它是共同利益的维护者。"[2]

图 4.8
合乎道德的管理

3. 合乎道德的管理尊重所有者以外的利益相关者的利益，善于处理组织与利益相关者的关系，也善于处理管理者与一般员工及一般员工内部的关系。合乎道德的管理者知道，组织与利益相关者是相互依存的[3]。

---

[1] 参阅周祖城,《管理与伦理》,清华大学出版社, 2000年, 第56—65页。
[2] 魏英敏,《新伦理学教程》,北京大学出版社, 1993年, 第250—251页。
[3] R. Edward Freeman and Daniel R. Gilbert, Jr. *Corporate Strategy and the Search for Ethics*. New Jersey: Prentice-Hall International, Inc., 1988, P.6.

4. 合乎道德的管理不仅把人看作手段，更把人看作目的。组织行为的目的是为了人。德国著名伦理学家弗里德里希·包尔生（Friedrich Paulsen）说："所有的技艺根本上都服务于一个共同的目的——人生的完善。"[1] "人生的完善"包括物质和精神两个方面。康德（Immanuel Kant）指出，人应该永远把他人看作目的，而永远不要把他人只看作实现目的的手段[2]。他把"人是目的而不是手段"视为"绝对命令"，应无条件地遵守。尊重人、视人为目的的思想正逐渐进入管理领域。肯尼斯·E. 古佩斯特（Kenneth E. Goodpaster）和小约翰·B. 马瑟斯（John B. Matthews, Jr.）认为，"尊重人、把人看作目的而不仅仅是实现目的的手段是企业社会责任概念的核心"[3]。R. 爱德华·弗里曼（R. Edward Freeman）和小丹尼尔·R. 吉尔伯特（Daniel R. Gilbert, Jr.）认为，"在许多情况下，顾客服务和质量本身就是目标，利润只是副产品，尽管是重要的副产品……这场卓越革命（指托马斯·J. 彼德斯〔Tom Peters〕和小罗伯特·H. 沃特曼〔Robert H. Waterman, Jr.〕《追求卓越》〔*In Search of Excellence*〕一书所提示的革命）的基本伦理是对个人的尊重"[4]。

5. 合乎道德的管理超越了法律的要求，能让组织取得卓越的成就。法律是所有社会成员必须共同遵守的最起码的行为规范。一个组织如果奉行"只要守法就行了"的原则，就不大可能去积极从事那些"应该的""鼓励的"行为，实际上也就等于放弃了对卓越的追求。哈佛大学的琳·夏普·佩尼（Lynn Sharp Paine）说得好："法律不能激发人们追求卓越，它不是榜样行为的准则，甚至不是良好行为的准则。那些把道德定义为遵守法律的管理者隐含着用平庸的道德规范来指导企业。"[5] 仅仅遵守法律不大可能激发员工的责任感、使命感，不大可能赢得顾客、供应者、公众的信赖、支持，因而也就不大可能取得非凡的成就。

相反，合乎道德的管理虽不把组织自身利益放在第一位，但常常能取得卓越的业绩。美国著名企业默克（Merck）公司创始人的儿子、企业家乔治·W. 默克（George W. Merck）说过这样一段话："我们努力记住药品是为人的，而不是为了利润。如果我们记住这一点，利润也就来了，而且总是会

---

[1] ［德］弗里德里希·包尔生，《伦理学体系》，何怀宏、廖申白译，中国社会科学出版社，1988年，第7—8页。
[2] 转引自 William H.Shaw and Vincent Barry. *Moral Issues in Business*（Fifth Edition）. California: Wadsworth, 1992, P.70.
[3] Kenneth E, Goodpaster and John B, Matthews, Jr. Can a Corporation Have a Conscience? *Harvard Business Review*, January-February 1982.
[4] R. Edward Freeman and Daniel R. Gilbert, Jr. *Corporate Strategy and the Search for Ethics*. New Jersey: Prentice-Hall International, Inc., 1988, P.69.
[5] Lynn Sharp Paine. Managing for Organizational Integrity. *Harvard Business Review*, March-April 1994, PP.106-117.

来。我们记得越牢，利润就越大。"[1]詹姆斯·C.柯林斯（James C. Collins）和杰里·I.波拉斯（Jerry I. Porras）指出："只有当公司不把利润看得高于一切的时候，才有可能采取具有远见卓识的行动。"[2] R.爱德华·弗里曼和小丹尼尔·R.吉尔伯特在谈到惠普、IBM、麦当劳等优秀企业时指出："这些优秀企业的秘诀在于懂得人的价值观和伦理，懂得如何把它们融合到公司战略中。追求卓越实质上就是追求伦理。"[3]

6. 合乎道德的管理具有自律的特征。有时，社会舆论和内心信念能唤醒人们的良知和羞耻感、内疚感，从而对其行为进行自我调节。

7. 合乎道德的管理以组织的价值观为行为导向。组织的价值观不是个人价值观的简单汇总，而是组织所推崇的并为全体（或大多数）成员所认同的价值观。组织的价值观有时可以替代法律来对组织内的某种行为作"对错""应该不应该"的判断。

追求道德的管理者通常能为组织确立起较为崇高的价值观，以此来引导组织及其成员的一切行为。这种价值观一般能够激发成员去作出不平凡的贡献，从而给组织带来生机和活力。

二、影响管理道德的因素

综合中西方管理学理论，管理道德受以下五种因素的影响最大。

（一）道德发展阶段[4]

国外学者的研究表明，道德发展要经历三个层次，每个层次又分为两个阶段。随着阶段的上升，个人的道德判断越来越不受外部因素的影响。道德发展所经历的三个层次和六个阶段如表 4.1 所示。

表 4.1　道德发展阶段

层　次	阶　段
前惯例层次 只受个人利益的影响 决策的依据是本人利益，这种利益是由不同行为方式带来的奖赏和惩罚决定的	1. 遵守规则以避免受到物质惩罚 2. 只在符合自己的直接利益时才遵守规则

---

[1]　转引自 Ronald M. Green. *The Ethical Manager*. New York: Macmillan College Publishing Co., 1994, P.419.
[2]　[美]詹姆斯·柯林斯、[美]杰里·波拉斯，《企业不败》，刘国远等译，新华出版社，1996年，第134页。
[3]　R. Edward Freeman and Daniel R. Gilbert, Jr. *Corporate Strategy and the Search for Ethics*. New Jersey: Prentice-Hall International, Inc., 1988, p.5.
[4]　[美]斯蒂芬·P.罗宾斯、[美]玛丽·库尔特，《管理学》第7版第3章，孙健敏等译，中国人民大学出版社，2004年。

续表

层　次	阶　段
惯例层次 受他人期望的影响 包括对法律的遵守，对重要人物期望的反应，以及对他人期望的一般感觉	3. 做周围的人所期望的事 4. 通过履行自己允诺的义务来维持平常秩序
原则层次 受个人用来辨别是非的伦理准则的影响 这些准则可以与社会的规则或法律一致，也可以与社会的规则或法律不一致	5. 尊重他人的权利，置多数人的意见于不顾，支持不相干的价值观和权利 6. 遵守自己选择的伦理准则，即使这些准则暂时还与法律不匹配

　　道德发展的最低层次是前惯例层次。在这一层次，个人只有在其利益受到影响的情况下才会作出道德判断。道德发展的中间层次是惯例层次。在这一层次，道德判断的标准是个人是否维持平常的秩序并满足他人的期望。道德发展的最高层次是原则层次。在这一层次，个人试图在组织或社会的权威之外建立道德准则。

　　有关道德发展阶段的研究表明：

　　1. 人们一步一步地依次通过这六个阶段，而不能跨越。

　　2. 道德发展可能中断，可能停留在任何一个阶段上，也可能倒退和堕落。

　　3. 多数成年人的道德发展处在第四阶段上。中国企业家史玉柱在巨人集团破产后东山再起时，坚持要还清法律规定可以不还的欠债。这一行为表明其道德在当时已发展到如表4.1所示的第六阶段。

（二）个人特性

　　管理者的个人特性对组织的管理道德有着直接的影响。这里所讲的个人特性主要是指管理者的个人价值观（包括道德观）、自信心和自控力。

　　人们的价值观是由家庭、朋友、社区环境、教育环境、生活和工作经历等因素影响而逐渐形成的。由于每个人所遇到的这些因素千差万别，因而每个人判断是非善恶的标准就不可能完全相同。每个人对待权力、财富、爱情、家庭、子女、社会、人生以及个人责任等的态度也各式各样。所以，在同样的管理道德问题面前，每个管理者作出的决策不可能完全相同，甚至可能完全相反。

　　管理者个人的自信心和自控力与管理道德也有很大的关系。自信心和自控力强的人，一般都会深信自己的判断是正确的，因而通常都能坚持去做自己认为正确的事。他们也会听取不同的意见，但自己确定的方向和底线不会轻易改变。涉及道德的管理问题一般都有较大争议，管理者都会受到利益与道德风险两方面的巨大压力，自信心和自控力弱的人就会摇摆不定和困惑不解，很容易屈服于外力，而难以坚持自己的主张。

（三）组织结构

组织结构对管理道德影响巨大，主要体现在以下四个方面。

1. 组织内部机构和职责分工有没有必要的权力制衡、监察、检查、审计机制，有没有外部群众和舆论监督。如果有比较完善的内外制衡、监督机制，就可大大预防和制止不道德的管理行为产生。

2. 组织内部有无明确的规章制度。清晰说明各级管理职务的实施细则和应遵守的道德准则，可以有效预防不道德管理行为的产生。

3. 上级管理行为的示范作用。下级必然会十分关注上级的管理行为，从中弄清哪些管理行为是上级可以接受和真正期待的，上行下效，而完全不管规章制度有什么规定。

4. 绩效评估考核体系会起到指挥棒的作用。如果评估考核奖惩偏重于成果，并且所订的指标又偏高，各级管理者就可能迫于强大的压力而不择手段地追求成果指标，从而引发许多不道德的管理行为。

（四）组织文化

有无诚信、包容的组织文化对管理道德将产生重大影响。管理者和员工在积极创新进取时，一旦遭受挫折或失败，不会受到组织的歧视和惩罚；相反，如果采用某些不道德的行为取得成果，将会被人们揭露和鄙视——这样的话，诚信做事、包容失败的组织文化将必然减少不道德的管理行为。没有诚信、包容的组织文化必将助长不道德管理行为的滋生与扩散。

（五）问题强度

道德问题强度会直接影响管理者的决策。所谓问题强度，是指该问题如果采取不道德的处理行为可能产生后果的严重程度。例如，是否有很多人会受到伤害？是否有很多舆论会谴责这种行为？这种行为造成危害的概率是否很大？人们是否能直接感觉到？潜在受害者与这种不道德行为的距离是否很近？这种行为的危害是否可能集中爆发？如果这些问题的答案是肯定的，管理者就很可能采取道德的行为。但是当问题本身对组织具有特别重大影响时，管理者为了保护本组织的利益也可能甘冒被揭露的风险而采取不道德的管理行为。美国安然公司造假账事件就是一个典型的例子。

第四节 改善企业道德行为的途径

一、挑选高道德素质的员工

人在道德发展阶段、个人价值取向和个性上差异的存在，使管理者有可能通过严格的挑选过程（挑选过程通常包括审查申请材料、组织笔试和面试以及试用等阶段）而将低道德素质的求职者淘汰掉。但是，真正做到这一点并非易事。事实证明，仅仅通过"挑选"这一控制措施，是很难把道德标准有问题的求职者挡在门外的，更重要的一环是加强对试用者的观察和了解，有时通过生活或工作中的某一细节就可能判断出对方的内心世界和道德水准。

二、建立道德守则和决策规则

在一些组织中，员工对"道德是什么"认识不清，这显然对组织不利。建立道德守则可以缓解这一问题。

道德守则是表明组织的基本价值观和组织期望员工遵守的职业道德规范的正式文件。道德守则要相当具体，以便让员工明白以什么样的精神来从事工作、以什么样的态度来对待工作，规定内容则要比较宽松，以便让员工有判断的自由。美国麦道公司（McDonnell-Douglas Corporation）在这方面做得比较好，见表 4.2。

表 4.2　麦道公司的员工道德守则

个人应当具有正直和符合道德的品质 为了使正直和道德成为麦道公司的特征，作为公司成员的我们必须努力做到： · 在所有交往中要诚实可信 · 要可靠地完成所交代的任务 · 说话和书写要真实和准确 · 在工作中要与人合作并作出自己的贡献 · 对待同事、顾客和其他人要公平和体贴 · 在所有活动中要遵守法律 · 承诺以较好的方式完成所有任务 · 节约使用公司资源 · 为公司服务并尽力提高我们生活的世界的生活质量 正直和高道德标准要求我们努力工作、具有勇气和作出艰难选择。有时，为了确定正确的行动路线，员工、高层管理人员和董事会之间进行磋商是必要的。有时正直和道德可以要求我们放弃商业机会。但是，从长远看，做正确的事比做不正确、不符合道德的事对我们更有利

管理者对道德守则的态度（是支持还是反对）以及对违背者的处理办法对道德守则的效果有重大影响。如果管理者认为这些守则很重要，经常宣讲其内容，并当众训斥违反者，道德守则就能为道德计划提供坚实的基础。

当前我国社会的部分成员价值观混乱，一些人的职业道德观念十分淡薄，究其原因在于各级管理者长期以来只满足于提出空洞的道德口号，而没有进一步要求各行各业、各个组织健全道德守则，再把守则变为员工的职业道德行为。

劳拉·纳什（Laura Nash）提出使用正式文件来指导行为的另一种方法。她提出 12 个问题（见表 4.3），这些问题作为决策规则，在管理者处理决策中的道德问题时可以起一定指导作用。

表 4.3　作为决策规则的 12 个问题

1. 你准确地确定了问题吗？
2. 如果你站在对方的立场上，将如何确定问题？
3. 这种情形原本是如何发生的？
4. 作为一个人和公司的一员，你忠于什么人和什么事？
5. 在决策时你的意图何在？
6. 这一意图与可能的结果有何差距？
7. 你的决定或行动可能伤害谁？
8. 你能在决策前与有关各方讲清楚这一问题吗？
9. 你有信心认为你的立场不仅现在看起来正确，而且在长期来看也正确吗？
10. 你能问心无愧地把你的决定或行动透露给你的上司、首席执行官、董事会、家庭以及整个社会吗？
11. 你的行动在被人理解的情况下有什么可能的后果？在不被人理解的情况下又如何？
12. 在什么情况下你将容忍反对意见？

三、在道德方面领导员工

高层管理人员自己就应该是一个具有高尚道德的人，至少是一个以高尚道德标准要求自己的人，而不是一架只会赚钱的机器。在道德方面的领导作用做比说更重要，主要体现在以下两方面。

1. 高层管理人员在言行方面是员工的表率。他们所做的比所说的更为重要，所以，他们作为组织的领导者要在道德方面起模范带头作用。如果高层管理人员把公司资源据为己有、虚报支出、公车私用、公款吃喝玩乐或优待好友，这无疑向员工暗示，这些行为都是可接受的。

2. 高层管理人员可以通过奖惩机制来影响员工的道德行为。选择什么人和什么事作为提薪和晋升的对象和理由，会向员工传递强有力的信息。管理者通过不道德的手段让人感到其成果惊人，从而获得晋升，这种行为本身就向所有人表明，采取不道德的手段是被允许的。鉴于此，管理人员在发现错误行为时，不仅要严惩当事人，而且要把事实公布于众，让组织中所有人都认清后果。这就传递了这样的信息："做坏事必须付出代价。"

四、设定工作目标

员工应该有明确和现实的目标。如果目标对员工的要求不切实际，即使目标是明确的，也会产生道德问题。在不现实的目标的压力下，即使道德素质较高的员工也会感到困惑，很难在道德和目标之间作出选择，有时为了达到目标而不得不牺牲道德。而明确和现实的目标可以减少员工的困惑，并能激励员工而不是惩罚他们。

五、对员工进行道德教育

越来越多的组织意识到对员工进行适当的道德教育的重要性，它们积极采取各种方式（如开设研修班、组织专题讨论会等）来提高员工的道德素质。人们对这种做法意见不一。反对者认为，个人价值体系是在早年建立起来的，从而成年时的道德教育是徒劳无功的。而支持者指出，一些研究已发现价值准则可以在成年后建立。另外，他们也找出一些证据，这些证据表明：

- 向员工讲授解决道德问题的方案，可以改变其行为。
- 这种教育提升了个人的道德发展阶段。
- 道德教育至少可以增强有关人员对职业道德的认识。

六、对绩效进行全面评价

如果仅以经济成果来衡量绩效，人们为了取经济成果，就会不择手段，从而有可能产生不符合道德的行为。如果组织想让其管理者坚持高的道德标准，它在评价标准中就必须包含道德方面的要求。在对管理者的评价中，不仅要考察其决策带来的经济成果，还要考察其决策带来的道德后果。

七、进行独立的社会审计

有不道德行为的人都有害怕被抓住的心理，被抓住的可能性越大，产生不道德行为的可能性越小。根据组织的道德守则来对决策和管理行为进行评价的独立审计，是发现不道德行为的有效手段。

审计可以是例行的，如同财务审计；也可以是随机的，并不事先通知。有效的道德计划应该同时包括这两种形式的审计。审计员应该对公司的董事会负责，并把审计结果直接交给董事会，这样比较有利于保证审计结果的客观性和公正性。

八、提供正式的保护机制

正式的保护机制可以使那些面临道德困境的员工在不用担心受到斥责或报复的情况下自主行事。例如，员工可以向上一级政府部门或监察委员会进行信访或上访。

所有以上措施的基本目的，都是为了使本组织的员工能自觉地恪守职业道德。

第五节 企业的社会责任

社会责任是企业追求有利于社会长远目标的一种义务，它超越法律与经济对企业所要求的义务。社会责任是企业管理道德的要求，完全是企业出于义务的自愿行为。

一、企业与现代社会

企业是现代社会的产物。现代社会基本上由四类组织组成，即政府、企业、非营利组织和家庭。企业以外的三类组织的社会责任十分清晰，企业的社会责任却比较模糊，因而备受争议。

长期以来，传统经济学的观点认为，为股东实现组织利润最大化是企业的天职，否则，就不称其为企业，增进和保护社会福利是政府和非营利组织的责任；社会经济学的观点则认为，企业不只是对股东负责的独立实体，它们还要对社会负责，因此，企业的责任不只是创造利润，还应包括保护和增进社会福利。

本书作者认为，在我国，这一问题必须从企业与现代社会的全面关系的视角来考察。社会通过各种法律法规保障企业的建立，给予它利用所需各种生产资源的权利，政府给予许多优惠政策的支持，银行给予信贷和其他金融服务的优惠，企业才得以正常运行。反过来，企业也给予社会以回馈，提供就业机会，繁荣社会经济，创造和生产出大量社会需要的产品和服务，改善和提高人们的生活质量。消费者通过购置企业提供的产品和服务，使企业获得赢利。企业除了给员工支付工资外，还要按规定缴纳税款和各种名目的费用，使政府有财政收入去做应做的事及保护和增进社会福利的工作，如此循环不已。一切看起来似乎十分和谐、公平和合理。但如果从更深的层次去看，事实并非如此。

企业从社会得到的权利与依法克尽的义务之间并不平衡。企业付给员工的工资大大小于员工劳动创造的价值，在我国，无论是外资企业或国有企业，更不用说民营企业，一般员工的年收入偏低，他们的工资与企业高管相比差距达几十倍甚至几百倍的也比比皆是，这在发达国家的优秀企业中是很少见的。企业每年缴纳的税收和付出的费用不少，但与大量消耗资源和排污所造成的对环境破坏使社会蒙受的损失相比，只是九牛一毛而已。许多暴利和高利润企业对产品和服务的"垄断价格"与消费者的额外支出形成鲜明对照……这一切都是大家心知肚明的事实，也许是中国经济发展漫长过程中的必经阶段，不必为此大惊小怪。但是作为企业家、作为管理者应当明白，这一切并不一定是因为我们真的把企业经营得如何杰出和优秀，只是因为我们遇上了千载难逢的机遇，使我们有可能向社会透支许多并不属于我们的权利。对许多企业而言，所得可能是完全合法的，但不一定完全是道德的。所以，所有的企业都应当从道德的层面担负起更宽广的企业责任，以感恩的心来回报社会为企业行为付出的代价和时代给予的机遇。

企业社会责任必须在管理哲学上澄清的重大问题是：企业是否只是一个经济实体？作为经济细胞，企业当然是一个经济实体。然而问题在于，企业不只是一个经济实体，而且同时是，也必须是、应当是一个伦理实体。企业不仅是"经济细胞"，而且是"社会公器"，因而具有伦理属性，并承担社会责任。循环经济理论和现代企业以循环生产模式取代传统的线性模式，就是基于对企业"伦理实体"与"社会公器"的定位而取得的觉悟和进步。我国现代企业起步较晚，在由计划经济向市场经济转轨的过程中，形成"企业是一个经济实体"的定位，由此取代计划经济时代"行政实体"的定位，这当然具有历史合理性。但如果将企业只定位于"经济实体"，忽视和消解其"伦理实体"和"社会公器"的本质，企业将会由"经济细胞"沦为"经济动物"，从而丧失其责任意识和责任能力，甚至会造成大量社会公害，环境污染、坑蒙拐骗等行为就是突出表现。

二、企业的价值观

价值观是关于价值的一定信念、倾向、主张和态度的系统观点，是评价人或组织行为善恶的标准和原则。任何优秀的组织都有本组织全体成员共享的价值观，这种价值观是由管理者创导、推行，全体成员共同实践形成的。价值观的内涵由主体所处的社会历史条件、社会地位、教育水平等诸多因素影响所决定，因此是一个不断发展变化的历史范畴。

企业价值观主要表现为全体成员对本企业"应当是什么"和"应当做什么"的高度认同。它有利于指导管理者的决策和行为，有利于塑造员工的行为，有利于建立团队精神，也有利于创造优秀的经营绩效。

从历史的观点看，企业价值观的发展经历了四个阶段（见表4.4）。

表 4.4 企业价值观的发展

历史阶段	阶段1 工业化初期	阶段2 工业化中期	阶段3 工业化后期	阶段4 后工业化时期
企业目标	股东利润最大化	企业利润最大化兼顾员工利益	追求企业相关利益者价值最大化	追求企业相关利益者价值最大化同时要保护和增进社会福利
社会责任	更小 ◄——————————————————————► 更大			

工业化初期，企业处于资本原始积累阶段，企业价值观必然是追求股东利润最大化，到处都是残酷剥削工人的血汗工厂，不这样反而成为空想社会主义的典型，成为当时企业的另类。工业化中期，资本原始积累已基本完成，工人争取自身权益的群众运动风起云涌，为了求得社会稳定和维持工厂的正常生产秩序，或者为了更文明地提高生产绩效，企业逐步采取科学管理方法，更多地、较为公平地兼顾到员工的利益。有了较高的工资标准，较完善的教育、医疗、失业保障制度。到了工业化后期，大批中产阶级已成为社会的主体，许多商品的买方市场已经出现，企业之间的竞争日益激烈，企业为了提高自身的竞争力，不再狭隘地只追求本企业利润的最大化，而是把企业价值观提升到追求利益相关者的价值最大化。所谓利益相关者，首先当然是股东，其次是员工，然后是消费者，同时也要保证供应商能够共赢。这样的管理行为似乎已经比较公平和公正，社会也似乎可以走向和谐了。但是，在人类工业化过程中，企业长期以来不注意环保，把大量本来应由企业支付的环保成本转移给社会。大量污染物和温室气体的排放以及大量不可再生的自然资源的消耗，严重破坏了地球的生态平衡，引起地球气候变暖，全世界范围内严重的自然灾害频发，全球环境问题引起人们深思。中国已经认识到以破坏环境为代价追求 GDP 增长不是善举而是灾难和罪恶，绿水青山才能产生金山银山。许多企业界的有识之士也认识到企业不能单纯地追求财富的增长，必须同时考虑保护和增进社会福利，这就是第 4 阶段的企业价值观。

我国工业化时间比较短，大部分企业尚处在第 2、第 3 阶段，西部地区的许多企业可能还处在第 1 阶段。但是全国也有相当一部分企业已经到达第 4 阶段。衡量企业价值观发展阶段的最好标志，就是企业对待社会责任的态度。企业价值观越向高级阶段发展，就越重视企业的社会责任。

三、企业社会责任的体现

企业社会责任的内涵十分丰富和广泛，除法律规定的企业行为规范以外，所有可能影响社会福利的企业行为都应纳入企业社会责任之内。大体上可以体现在以下五个方面。

1. 办好企业，把企业做强、做大、做久。努力增强企业的竞争力，不断创新，向社会提供更好、更新、更多的产品和服务，使人民的物质和文化生活更美好。

2. 企业的一切经营管理行为应符合道德规范。这包括企业内部管理、产品设计、制造、质量保证、广告用语、营销手段、售后服务、公关工作等。

3. 社区福利投资。对企业所在社区或其他特定社区的建设进行福利投资，包括医院、学校、幼儿园、敬老院、住宅、公共娱乐设施、商业中心、图书馆等有关社区居民福利的一切设施的投资,均不应以赚取商业利益为目的,因为社区为本企业的发展已经作出了太多的牺牲和贡献。

4. 社会慈善事业。对社会教育、医疗公共卫生、福利设施及对由于遭遇特殊的天灾人祸而需要帮助的人,企业应根据自身优势适当定位,及时伸出援助之手,尽到应尽的社会责任。尤其对那些突发性社会灾难事件,如地震、海啸、飓风与恐怖袭击等造成的巨大灾难,企业应给予特别的关注,并争取在第一时间作出快速而适当的反应。

5. 自觉保护自然环境,主动节约能源和其他不可再生资源,尽可能减少企业活动对生态的破坏。积极参与节能产品的研究开发,参与对地球荒漠化和地球变暖所引发的各种灾害的研究和治理。

对于上述活动,社会一般都不用法律的形式来规范企业的行为,而是由企业的管理者根据企业的价值观、道德观以及企业内部治理的规章制度自愿作出抉择。企业主管应十分敏感地关注消费者和社会舆论对本企业产品或行为的反应和法律可能变更的趋势,并迅速作出必要的、合理的响应。任何过度的澄清、辩解、否认或抗拒都可能进一步扩大事态,使企业遭受不必要的损失,甚至引发一场危机。如果处理得当,企业所尽的社会责任不仅能赢得社会公众的尊敬,更重要的是,由此所激发出来的员工自觉的道德力量将成为企业最宝贵的财富。

读 书 提 示

1. [美]斯蒂芬·罗宾斯、[美]玛丽·库尔特,《管理学》(第15版)第6章,刘刚等译,中国人民大学出版社,2022年。

2. 周祖城,《管理与伦理》,清华大学出版社,2000年。

3. Stephen P. Robbins and Mary Coulter, *Management* (*11th Edition*), New Jersey: Prentice-Hall International, Inc., 2013(清华大学出版社影印本)。

复 习 思 考 题

1. 在管理道德方面存在哪些基本观点?各种观点的要义和区别何在?
2. 合乎道德的管理具有哪些特征?
3. 影响管理道德的因素有哪些?
4. 管理者可以采取哪些办法来改善组织成员的道德行为?
5. 企业的社会责任主要体现在哪些方面?

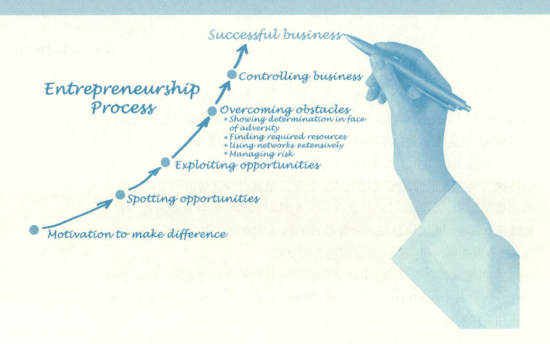

第五章
管理的基本方法

管理学属于应用学科。应用管理理论解决实践中的问题必须有适当的方法，研究管理方法是研究管理学无法回避的课题。管理学通过适当的管理方法才能实现其应用价值。管理对象千变万化，管理问题千奇百怪，解决问题的管理方法也是"法无定法"。但是我们从无数具体管理方法中也可归纳出若干类基本方法，并且发现各类方法都有各自的特点和指导原则，因此，本章研究的内容可以作为寻找解决具体管理问题的具体方法的指引。

第一节 管理的方法论

一、管理方法的重要性

管理方法是在管理活动中为实现管理目标、保证管理活动顺利进行所采取的具体方案和措施。

管理原理必须通过管理方法才能在管理实践中发挥作用。管理方法是管理理论、原理的自然延伸和具体化、实际化，是管理原理指导管理活动的必要中介和桥梁，是实现管理目标的途径和手段，它的作用是一切管理理论、原理本身所无法替代的。

管理实践的发展促进了管理学研究的深化。在吸收和运用多种学科知识的基础上，管理方法已逐渐形成许多相对独立、自成体系的研究领域。

二、管理哲学

各种管理方法之间的相互联系形成管理方法体系，而作为管理方法体系前提的是管理方法论，即管理哲学问题。

管理哲学就是关于管理的世界观和方法论，管理主客体矛盾运动规律的科学。一切管理学说和管理活动都必须接受一定的管理哲学的指导。管理哲学贯穿于整个管理学说和管理活动的全过程，一般地说，任何管理理论和方法总是与一定的哲学思想相联系的。任何管理者也总是自觉或不自觉地在一定的思想观点和方法指导下工作的。

马克思主义哲学，即辩证唯物主义和历史唯物主义，是正确反映世界的一般发展规律的科学，是科学的真理和世界观，又是理论与实践的统一。因此，它是管理哲学和方法体系的指导思想和理论基础。

管理哲学主要由以下几个方面构成（见图5.1）。

1. 管理辩证法。管理活动所涉及的诸多要素之间处于相互联系、相互作用的过程之中，这些联系、作用形成管理活动的特定本质和管理活动的运动，引发管理活动的变化，产生管理活动的功能。这就是管理活动的联系观、运动观、变化观、发展观。用任何孤立的、静止的、片面的、僵化的观点去看待管理活动，都违背管理活动的客观规律，其结果必然使管理效益受损。

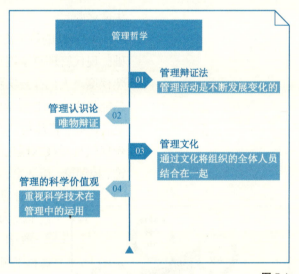

图 5.1 管理哲学的构成

2. 管理认识论。管理思想和理论来源于管理实践。只要勇于实践，勤于探索，任何管理客体的内在奥秘终究是可以被认识的。管理思想和理论形成以后，反过来又能动地指导管理实践，并接受管理实践的检验。实践是检验管理思想、理论的唯一标准。人们对管理的认识过程，由于主客观条件的限制，总要经历由实践到认识、由认识到实践的多次反复才能完成。管理认识运动的这种反复性和无限性，表现为一个由低级向高级发展的波浪式的前进运动。管理实践在永不停止地发展，管理思想、理论也随之而不断深入和完善。唯物辩证的管理认识论，既是唯一科学的管理认识路线，也是唯一科学的管理工作方法。

3. 管理文化。管理活动主要是对人的组织和协调，而不仅仅是物化要素的组织和协调。集体活动中人与人之间的联结和维系，不仅要依靠管理的制度、规章和守则，而且在相当程度上要借助人们的某种集体意识。这种集体意识既是管理文化的主要内容之一，也是管理文化的作用结果。管理文化是指将一个组织的全体人员结合在一起的行为方式和标准。它代表该组织的目标、信念、哲学伦理及价值观，是管理精神世界中最核心、最本质的成分。

管理活动是以人类本身一定程度的文化发展总和为存在基础的。而管理又对文化的发展有着极大的推动作用。脱离管理的文化发展以及脱离文化的管理发展都是不可能的。文化是管理活动的客观基础，是管理主体的精神之魂，是管理科学生存的土壤。管理本身就是文化的延伸和具体的发展形态。整个管理发展史证明，文化是管理科学和管理实践生存与发展的生命之源。

4. 管理的科学价值观。现代化管理思想以现代管理科学理论发展为基础。现代管理科学理论发展的水平直接制约着现代化管理思想的完善和成熟程度。人们社会实践活动的经验和知识总结，经过抽象、概括和规范化，总能形成一定的科学理论形态。它比直观的经验更为精确、更符合逻辑规范。因此，管理科学的发展不但直接依赖于人们的社会实践，而且更要依赖现代科学技术理论的发展。管理科学发展的历史表明，现代科学的系统论、控制论、信息论、耗散结构论、协同论、突变论、数学中的概率、网络技术和计算机技术等，均渗透于管理理论和实践活动之中，有的甚至成为管理学本身的一个重要组成部分。同时，心理学、语言学、社会学、逻辑学、美学、艺术和战略学等也日益进入管理科学领域，构成当代管理理论体系的框架和主要内容。现代化管理本身就是当代科学技术在管理中的综合和应用。

充分重视科学对管理的渗透，自觉地应用当代最新科技成果来提高管理水平，懂得科学技术发展对管理现代化的价值，经常不断地从各类科学技术发展的最新成就和动态中汲取营养，是管理的科学价值观的具体体现。

三、管理方法的分类

管理方法一般可分为管理的法律方法、管理的行政方法、管理的经济方法、管理的教育方法和管理的技术方法（见图5.2）。

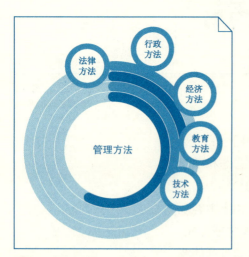

图 5.2
管理方法的分类

它们构成一个完整的管理方法体系。

此外，也可从其他特定角度出发来对管理方法进行分类。例如，按照管理对象的范围，可划分为宏观管理方法、中观管理方法和微观管理方法；按照管理方法的适用普遍程度，可划分为一般管理方法和具体管理方法；按照管理对象的性质，可划分为人事管理方法、物资管理方法、资金管理方法、信息管理方法；按照所运用方法的量化程度，可划分为定性方法和定量方法；等等。

第二节 | 管理的法律方法

一、法律方法的内容与实质

法律是由国家制定或认可的，以国家强制力保证实施的行为规则的总和，依法治国已成为实现中国梦的基本方略。法律方法是指国家根据广大人民群众的根本利益，通过各种法律、法令、条例和司法、仲裁工作，调整社会经济的总体活动和各企业、单位在微观活动中所发生的各种关系，以保证和促进社会经济发展的管理方法（见图5.3）。

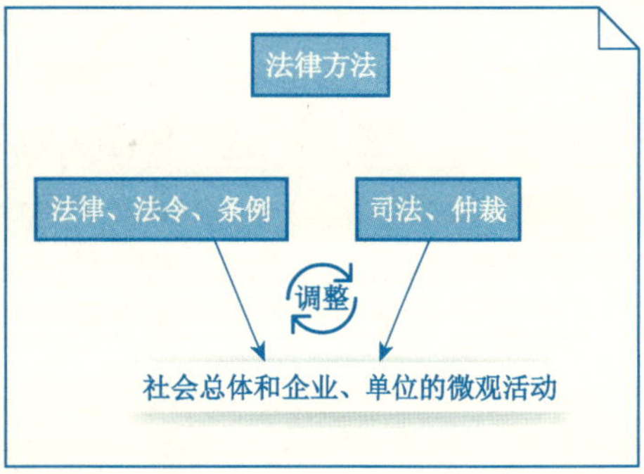

由于社会关系的复杂性和多样性，法律规范的形式与内容也极为丰富，法学上根据法律所调整的社会关系的不同将其分为各个不同的法律，并形成相互联系、相互协调的统一的法律体系。管理的法律方法中，既包括国家正式颁布的法，也包括各级政府机构和各个管理系统所制定的具有法律效力的各种法规和规章制度。法律、法规一般是由一系列单项的法律、法规所组成的，例如，用于国民经济管理总体方面的，有计划法、工业法、农业法、商业法、基本建设法、财政法等；用于工业管理活动的，有公司法、工业企业法、交通运输法、海商法等；在流通领域的管理方面，有商标法、价格管理法、外汇管理法、证券交易法等；在调整各地区、各部门企业以及各单位之间的经济活动方面，有经济合同法、公平竞争法；在资源和环境保护方面，有自然资源法、能源法、环境保护法等；在保护劳动者及其集体权益方面，有劳动合同法、专利法、版权法等；在促进科学技术进步方面，有科学技术进步法、创业创新法、知识产权保护法等；随着改革开放的继续和深入，还有外商投资法、对外贸易法、涉外税法、涉外金融法、涉外经济合

图 5.3
管理法律方法的内容

> **试讨论**：在如今互联网时代，我国还需要建立健全哪些方面的法律？

同法等。建立健全各种法律法规，最根本的一点是要遵循事物自身的客观规律。

法律方法的内容，不仅包括建立和健全各种法规，而且包括相应的司法工作和仲裁工作。这两个环节相辅相成、缺一不可。只有法规而缺乏司法和仲裁，就会使法规流于形式，无法发挥效力；法规不健全，司法和仲裁工作则无所依从，造成混乱。

司法工作是指国家的司法机关按照法律和法规解决各种纠纷和审理案件的执法活动。司法机构"以事实为依据，以法律为准绳"，通过司法制裁，强制执行法规，停止违法活动，恢复正常秩序，并给予当事人一定的惩罚，达到维护法律尊严、教育人民的目的。司法制裁分为经济制裁和刑事制裁两类。经济制裁包括强制执行付给违约金和罚款、停止和排除妨害、返还原物、赔偿损失等。刑事制裁是对直接责任人员因违反刑法、危害社会而采取的处罚，包括拘役、有期徒刑、无期徒刑和死刑，以及罚金、剥夺政治权利和没收财产等附加刑罚。

仲裁即公断。如果组织之间发生纠纷，经过协商仍不能达成协议，就可由仲裁人或仲裁机构居中作出判断和裁决。就仲裁的性质而言，它是一种行政性活动，不是司法活动。因此，裁决不被当事人执行时，仲裁机关不能强制执行，只能由人民法院强制执行。

经济仲裁分为经济合同仲裁和涉外仲裁两类（见图 5.4）。经济合同仲裁是指国家规定的仲裁机关对经济合同纠纷案件依法进行调解、作出裁决的活动。

涉外仲裁是指我国涉外仲裁机构根据当事人之间签订的仲裁协议，基于当事人的仲裁申请，按照有关仲裁法律和仲裁规则，对其经济争议进行审理并作出裁决，从而解决争议的一种制度。根据我国法律的规定，我国的涉外仲裁机构有中国国际经济贸易仲裁委员会和中国海事仲裁委员会。它们都是全国性的、常设的仲裁机构。涉外仲裁委员会的裁决是终局裁决，双方当事人都不可以向人民法院或其他机关提出变更的要求，当事人应当依照裁决所规定的期限自动执行。如果逾期不执行，一方当事人可向我国有管辖权的人民法院申请依法强制执行，即我国涉外仲裁机构所作的裁决对于当事人双方都有约束力，必须执行。

法律方法的实质是实现全体人民的意志，并维护他们的根本利益，代表他们对社会经济、政治、文化活动实行强制性的、统一的管理。法律方法既要反映广大人民的利益，又要反映事物的客观规律，调动各个企业、单位和群众的积极性、创造性。

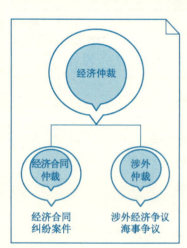

图 5.4
经济仲裁

二、法律方法的特点与作用

法律方法主要有下列特点（见图 5.5）。

（一）严肃性

法律和法规的制定必须严格地按照法律规定的权限和程序进行。一旦制定和颁布出来后，就具有相对的稳定性。法律和法规不可因人而异、滥加修改，必须保持它的严肃性。司法工作更是严肃的行为，它必须通过严格的执法活动来维护法律的尊严。

（二）规范性

法律和法规是所有组织和个人行动的统一的准则，对他们具有同等的约束力。法律和法规都是用极严格的语言，准确阐明一定的含义，并且只允许对它作出一种意义的解释。法律与法规之间不允许互相冲突，法规应服从法律，法律应服从宪法。

（三）强制性

法律、法规一经制定就要强制执行，各个企业、单位和每个公民都必须毫无例外地遵守。否则，就要受到国家强制力量的惩处。

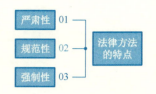

图 5.5
法律方法的特点

法律方法的运用，对于建立和健全科学的管理制度和管理方法，有着十分重要的作用。

1. 保证必要的管理秩序。管理系统内外部存在着各种社会经济关系，只有通过法律方法才能公正、合理、有效地加以调整，及时排除各种不利因素的影响，保证社会经济秩序的正常运行，为管理活动提供良好的外部环境。

2. 调节管理因素之间的关系。根据对象的不同特点和所给任务的不同，规定不同管理因素在整个管理活动中各自应尽的义务和应起的作用。这是管理的法律方法所具有的一定的自动调节功能。

3. 使管理活动纳入规范化、制度化轨道。法律方法的运用，有助于使符合客观规律、行之有效的管理制度和管理方法用法律的形式规范化、条文化、固定化，使人们有章可循。严格执行这些制度和方法，管理系统便能自动、有效地运转。这样既可保证管理效率，又可节约管理者的精力。

三、法律方法的正确运用

法律方法从本质上讲是通过上层建筑的力量来影响和改变社会活动的方法。这里有双重作用问题，它既可以起促进作用，也可以起阻碍作用。如果各项法律和法规的制定和颁布符合客观规律的要求，就会促进社会、经济的发展；反之，可能成为社会、经济发展的严重阻碍。法律方法由于缺少灵活性和弹性，易使管理僵化，而且有时会不利于企业发挥其主动性和创造性。

在管理活动中，各种法规要综合运用、相互配合，因为任何组织的关系都是复杂的、多方面的。就企业管理而言，法律方法不仅要求企业掌握和运用"企业法"以及与企业生产经营活动直接相关的经济法律，而且也要掌握和运用民法赋予的权利和义务。企业成为法人，一方面，企业的权利地位受到法律保护，可以自觉地去抵制和克服当前改革中出现的各种"乱摊派""多方向企业伸手"等不正之风；另一方面，企业的义务和责任也严格化了。企业的最高领导人多为企业的法定代表人，企业的每个职工是享有公民权的自然人。有关法律对企业法人和公民的权利和义务都有明确规定，法律是企业管理的基础和前提。企业应根据国家、政府的有关法律、法规制订自己的管理规范，保证必要的管理秩序，有效地调节各种管理因素之间的关系，使宏观法规在本单位得以顺利地贯彻执行，避免与法律、法规有悖而造成不必要的损失。

当然，不能期望法律方法解决所有问题，它只是在有限的范围内发生作用。而在法律范围之外，还有各种大量的经济关系、社会关系需要用其他方法来管理和调整。所以，法律方法应该和管理的其他方法综合使用，才能达到最终的管理目标。

第三节 | 管理的行政方法

一、行政方法的内容与实质

行政方法是指依靠行政组织的权威，运用命令、规定、条例、指示等行政手段，按照行政系统和层次，以权威和服从为前提，直接指挥下属工作的管理方法（见图 5.6）。

行政方法的实质是通过行政组织中的职务和职位来进行管理。它特别强调职责、职权、职位，而并非个人的能力或特权。任何单位、部门总要建立起若干行政机构来进行管理。它们都有着严格的职责和权限范围。由于在任何行政管理系统中，各个层次所掌握的信息绝对是也应当是不对称的，即使在互联网高度发达的时代，也概莫能外。所以，才有了行政的权威。上级指挥下级完全是由于高一级的职位所决定的，下级服从上级是对上级所拥有的管理权限的服从。

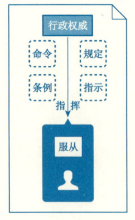

图 5.6
管理行政方法的内容

二、行政方法的特点与作用

行政方法实际上就是行使政治权威,它的主要特点如下(见图 5.7)。

(一)权威性

行政方法所依托的基础是管理机关和管理者的权威。管理者权威越高,他所发出的指令接受率就越高。提高各级领导的权威,是运用行政方法进行管理的前提,也是提高行政方法有效性的基础。管理者必须努力以自己优良的品德、卓越的才能去增强管理权威,而不能仅仅依靠职位带来的权力来强化权威。

图 5.7 行政方法的特点

(二)强制性

行政权力机构和管理者所发出的命令、指示、规定等,对管理对象具有程度不同的强制性。行政方法通过这种强制性来达到指挥与控制的目的。但是,行政强制与法律强制有区别:法律的强制性通过国家机器和司法机构来执行,准许人们做什么和不准许人们做什么;行政的强制性要求人们在行动的目标上服从统一的意志,它在行动的原则上高度统一,但允许人们在方法上灵活多样。行政的强制性由一系列的行政措施(如表扬、奖励、晋升、任务分配、工作调动及批评、记过、降级、撤职等处分直至开除等)作为保证来执行。

(三)垂直性

行政方法通过行政系统、行政层次来实施,基本上属于"条条"的纵向垂直管理。行政指令一般都自上而下,通过纵向直线下达。下级组织和领导人只接受一个上级的领导和指挥,对横向传来的指令基本上不予理睬。因此,行政方法的运用必须坚持纵向的自上而下,切忌通过横向传达指令。

(四)具体性

相对于其他方法而言,行政方法比较具体。不仅行政指令的内容和对象是具体的,而且在实施过程中的具体方法上也因对象、目的和时间的变化而变化。所以,任何行政指令往往是在某一特定的时间内对某一特定对象起作用,具有明确的指向性和一定的时效性。

(五)无偿性

运用行政方法进行管理,上级组织对下级组织的人、财、物等的调动和使用不讲等价交换的原则。一切根据行政管理的需要,不考虑价值补偿问题。

由于行政方法具有以上特点,采用它就会产生一些独特的作用。

1. 行政方法的运用有利于组织内部统一目标、统一意志、统一行动,能够迅速有力地贯彻上级的方针和政策,对全局活动实行有效的控制。尤其是在需要高度集中和适当保密的领域,更具有独特作用。

2. 行政方法是实施其他各种管理方法的必要手段。在管理活动中，经济方法、法律方法、教育方法和技术方法必须经由行政系统的中介，才能具体地组织与贯彻实施。

3. 行政方法可以强化管理作用，便于发挥管理职能，使全局、各部门和各单位密切配合，前后衔接，并不断调整它们之间的进度和相互关系。

4. 行政方法便于处理特殊问题。行政方法时效性强，它能及时地针对具体问题发出命令和指示，可以快刀斩乱麻，较好地处理特殊问题和管理活动中出现的新情况。

三、行政方法的正确运用

行政方法是实现管理功能的一个重要手段，但只有正确运用，不断克服其局限性，才能发挥它应有的作用。

1. 管理者必须充分认识行政方法的本质是服务。服务是行政的根本目的，这是由管理的实质、生产的社会化以及市场经济的基本特征决定的。行政不以服务为目的，必然导致官僚主义、以权谋私、玩忽职守等行为；没有行政方法的管理，同样达不到服务的目的。就企业管理的行政方法来说，服务是为基层、为生产和科研第一线、为全体员工服务。

2. 行政方法的管理效果为领导者水平所制约。因为它更多的是人治，而不是法治。管理效果基本上取决于领导者的指挥艺术和心理素质，取决于领导者和执行者的知识、能力。

3. 信息在运用行政方法过程中至关重要。首先，领导者驾驭全局、统一指挥，必须及时获取组织内外部有用的信息，才能作出正确决策，避免指挥失误。其次，上级要迅速而准确地下达行政命令、规定或指示，还要把收集到的各种反馈信息和预测信息发送给下级领导层，供下级决策时使用。总之，行政方法要求有一个灵敏、有效的信息管理系统。

4. 行政方法的运用由于借助了职位的权力，因此，对行政下属来说有较强的约束力，较少遇到下属的抵制，这种特点可能使上级在使用行政方法时忽视下属的正确意见和合理的要求，从而容易助长官僚主义作风，不利于充分调动各方面的积极性。所以，不可单纯依靠行政方法，而要在客观规律的基础上，把行政方法和管理的其他方法，特别是经济方法有机地结合起来。

2022年10月，埃隆·马斯克用440亿美元收购推特后，自任CEO，随即便对推特进行了大规模裁员和重组改造。这是把管理的行政方法用到极致的典型。虽然影响面极大，但至今尚未发现违法违规之处。

第四节 | 管理的经济方法

一、经济方法的内容与实质

经济方法是根据客观经济规律，运用各种经济手段，调节不同经济主体之间的关系，以获取较高的经济效益与社会效益的管理方法。这里所说的各种经济手段，主要包括价格、税收、信贷、利润、工资、奖金与罚款以及经济合同等（见图5.8）。不同的经济手段在不同的领域中可发挥各自不同的作用。

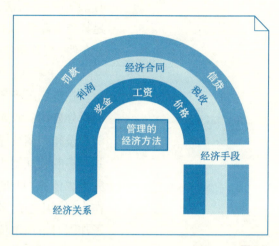

图 5.8
管理的经济方法的内容

（一）价格

在存在商品货币关系的社会里，价格是计量和评价劳动的社会标准。价格的高、低、涨、落会直接影响生产企业和消费者的经济利益，从而影响他们的生产和消费行为。价格体系合理是社会经济活动能实现良性循环的一个十分重要的条件。国家运用价格这一杠杆来调节生产与供求，调整一部分国民收入的分配。就企业和外部的关系而言，企业要在价格政策规定的范围内，根据市场供需情况正确地制定本企业产品的价格，运用好浮动价格和季节差价、批零差价、地区差价、购销差价、质量差价等经济杠杆，增强企业竞争能力，改善企业经营地位，争取获得最大的经济效益。企业为了正确地核算各分厂、各车间、各班组的劳动消耗和劳动成果，正确处理企业内部各生产单位之间的经济关系，调节它们之间的经济利益，必须制定进行内部核算用的内部价格。内部价格直接关系到企业内部各个单位、各个职工的切身利益，所以，内部价格也是一种管理的经济手段。制定内部价格应该正确反映劳动消耗和劳动成果，把企业的经济效益和职工的经济利益结合起来。值得注意的是，在经济全球化的背景下，跨国公司的内部价格常常成为转移利润、合法避税的一种手段。

（二）税收

税收是国家取得经济收入的重要来源，也是国家管理社会生活的重要手段之一。国家根据宏观调控的需要，合理制定不同的税种和税率，来调节生产和流通，调节一部分企业的利润水平，控制消费的过快增长，使社会经济的内部结构、发展趋势、活动规模等趋于合理。某些税种（如个人所得税、印花税、利息税等）也成为进行国民收入二次分配、调节国民之间收入差距的工具。

(三) 信贷

信贷是银行存款、贷款等信用活动的总称。信贷是最为灵活、有效的经济杠杆。银行信用活动以吸收存款和储蓄形式，集中社会闲散资金；同时，按照社会经济发展的需要，以贷款形式发放给生产经营单位或个人，满足其资金需要，达到管理协调社会经济活动的目的。其具体手段主要有贷款条件、贷款额度以及差别利率和贷款期限等。

(四) 利润

在市场经济条件下，利润是反映经济组织经济效益的综合指标。总公司对分公司（利润中心）的管理，通常都把一定的经济责任、经济权限、经济利益和利润指标紧密地结合在一起。分公司完成利润指标后，就可以得到更多的利润留成，用于扩大再生产和改善职工的生活福利。反之，如果完不成任务，则要相应地减少留成。不仅在实行事业部制的企业里，要给作为利润中心的各事业部下达利润指标，在不实行事业部制的企业里，为了加强对下属单位经济效益的控制，也有模拟事业部制的办法，给各生产单位下达利润指标。在这两种情况下，都要根据利润指标的完成情况决定各个单位的奖金和生产发展资金总额。所以，利润把企业经济效益与职工的经济利益挂起钩来，促使企业劳动者从关心个人利益的角度更多地关心企业的经营及其成果。

(五) 工资

工资是实行按劳分配原则的一种劳动报酬形式。这一经济手段直接涉及企业和劳动者个人的物质利益，正确使用它，对于调动企业的经营积极性和职工个人的劳动积极性，有着重要的作用。职工工资应该与企业经济效益挂钩，应该与职工个人贡献挂钩。根据按劳分配原则，应当按照职工每个时期实际劳动的数量和质量，联系企业的经济效益来支付职工的工资。由于各个劳动者的劳动能力和劳动态度差别很大，而且同一个人在不同时期也会有很大的变化，因此，必须真正实行多劳多得的原则，拉开差距。由于不同企业的生产技术特点和劳动组织特点不同，反映职工劳动贡献的方法不同，各个企业应采用适合本企业特点和各类人员劳动特点的工资形式，如计时工资、计件工资、浮动工资、结构工资、年薪制等。现实中的许多弊病都是由报酬分配不合理造成的，所以，管理工作中必须用好工资这个杠杆，充分调动人的积极性。

(六) 奖金与罚款

1. 奖金。奖金是企业根据职工对企业所作额外贡献的大小，用货币形式付给职工的奖赏。奖金的名目和条件应能表达企业领导者对职工行为的期望，应能对职工的行动方向和努力目标具有引导作用。所以，奖金的名目不宜过多，以免分散目标；奖金的数额不宜过小，以提高奖励的效价；奖金取得的条件不宜过严或过宽，以保证必要的期望值；奖金发放还要密切联系企业或部门的经济效益，同样的超额劳动，在不同效益的企业里奖金数量可能不同。这样，奖金才能起到调动职工积极性的作用。

2. 罚款。罚款是企业对职工违反规章制度和给企业群体造成危害的行为进行的经济惩罚。它可以制约或收敛某些人的不轨行为，迫使人们努力完成劳动或工作定额。但是，罚款的名目和数额要适当，不能滥用。要防止用罚款代替管理工作、代替思想工作的倾向，以免招致职工的不满和反对。

3. 奖罚分明。奖励与惩罚最重要的是严明，该奖即奖，当罚则罚，激励正气，祛除邪气。只有这样，才能使奖金与罚款真正成为有效的管理手段。

管理的经济方法的实质是围绕着物质利益，运用各种经济手段正确处理好国家、集体与劳动者个人三者之间的经济关系，最大限度地调动和激发各方面的积极性、主动性、创造性和责任感。

二、经济方法的特点

与其他方法相比较，经济方法具有以下四个特点（见图 5.9）。

（一）利益性

经济方法是通过利益机制引导被管理者去追求某种利益，间接影响被管理者行为的一种管理方法。

（二）关联性

经济方法的使用范围很广。不但各种经济手段之间的关系错综复杂，影响面宽，而且每一种经济手段的变化都会造成社会多方面经济关系的连锁反应。有时，它不仅会影响当前，而且会波及长远，产生一些难以预料的后果。

（三）灵活性

一方面，针对不同的管理对象，如企业、职工个人，可以采用不同的手段。另一方面，对于同一管理对象，在不同情况下，可以采用不同的方式来进行管理，以适应形势的发展。例如，税收的增减可分别鼓励与限制某一产业的发展，增减的幅度越大，作用越明显。

（四）平等性

经济方法承认被管理的组织或个人在获取自己的经济利益上是平等的。社会按照统一的价值尺度来计算和分配经济成果；各种经济手段的运用对相同情况的被管理者起同样的效力，不允许有特殊性。

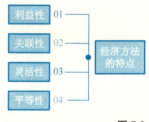

图 5.9
经济方法的特点

三、经济方法的正确应用

经济方法与其他方法一样，必须正确运用才能充分发挥其价值。

（一）要注意将经济方法和教育等方法有机结合起来

人们除了物质需要以外，还有更多的精神和社会方面的需要。在现代生产力迅速发展的条件下，物质利益的刺激作用将逐步减弱，人们更需要接受教育，以提高知识水平和思想修养。再者，如果单纯运用经济方法，易导致讨价还价、"一切向钱看"的不良倾向，易助长本位主义、个人主义思想。所以，也必须结合教育方法，搞好精神文明建设。

（二）要注意经济方法的综合运用和不断完善

既要发挥各种经济杠杆各自的作用，更要重视整体上的协调配合。如果忽视综合运用，孤立地运用单一杠杆，往往不能取得预期效果。例如，价格杠杆对生产和消费同时有方向相反的调节作用。提高价格可以促进生产，却抑制消费。但在经济生活中有些产品具有特殊的性质。因而，仅凭单一的价格杠杆就难以奏效，必须综合运用一组杠杆。

（三）不要迷信重奖重罚的作用，防止以罚代管的倾向

奖励和惩罚的目的都是引导企业员工的行为。奖惩的力度越大，对员工产生的激励或威慑作用也就越大。但是根据经济学的边际效用原理，其有效性会随着奖惩力度的不断增加而降低，奖惩措施本身的"成本"却会不断增加。所以，要审慎运用重奖重罚，不能以罚代管。

第五节　管理的教育方法

一、教育方法的实质和任务

教育是按照一定的目的、要求对受教育者从德、智、体诸方面施加影响的一种有计划的活动。教育的目的是让受教育者的行为符合管理的要求。

管理活动中人的因素是第一位的，管理最重要的任务是提高人的素质，充分调动和激发人的积极性、创造性。人的素质是在社会实践和教育中逐步发展、成熟起来的。通过教育，不断提高人的思想品德素质、文化知识素质、专业水平素质，实现人的全面发展是管理工作的重要任务。现代社会科学技术的迅猛发展导致人的知识更新速度加快，建设学习型组织已成为增强组织竞争力的必经之路。因此，全面提高人的素质，对组织成员不断进行培养教育，就必然成为管理者实现管理目标过程中必不可少的方法。

二、教育方法的特点

管理离不开对管理对象的教育，但作为管理方法的教育，有其自身的一系列特点（见图 5.10）。

（一）强制性

某些教育内容在组织的管理规章制度中作了强制性的规定。如职责条例教育、安全教育、保密教育、操作规程教育、上岗资格教育以及交通规则、运行流程教育等。这些教育内容是相应岗位上职工应知、应会、应当遵守的。只有这样，才能保证系统正常、安全、有效地运行。

（二）示范性

集中、系统、正面的教育是需要的，事先就告诉职工应当怎样做是正确的。这比事情发生后再来处理要好，这就是预先管理。但更重要的是示范性教育，因为单纯的说教和规定往往不一定能引起职工的重视。职工真正重视的是看领导者怎么做，"身教重于言教"的道理就在于此。所以，各级领导必须严于律己，凡教育群众应当做到的，不论法制、规章层面的或道德修养层面的内容，都应该率先做到。领导者的行为是对群众无声的教育，"身教"能获得员工的认同，是最有力的教育。

（三）群体性

人是群体性动物，尤其是在组织中，我行我素者有，但绝大多数人的行为受组织文化的影响极大。非正式组织的影响也不可忽视。所以，在管理中施行教育方法时，必须十分注意对群体的教育，提高每个人对群体的认知，加强团队的凝聚力和荣誉感。正式组织吸引力越强，非正式组织吸引力就越弱，但非正式组织总是存在的，也必须注意对非正式组织的教育与引导。

（四）个体性

人有群体性的一面，但每个人又有自己的特殊性，价值观、信仰、个性、习惯、爱好、兴趣、文化水平、经济条件、生活经历、个人的困难和欢乐等可能各不相同。管理者不能简单粗暴、强求一致，而应以仁爱之心和宽广之怀去包容、尊重、体恤每个个体，正是有许多不同的个体，才能组成强有力的集体。所以，教育工作必须采取一把钥匙开一把锁的办法，实现求同存异、和而不同。

（五）自主性

教育方法是通过改变人的思想认识、知识结构来改变人的行为，使其向有利于实现管理目标的方向发展。因此，这种改变的主要动力应来自职工自身的内在需要，组织只是为他们的发展创造条件而已。管理者的重要作用在于激发职工寻求教育学习的内在动力，并形成机制和制度。没有员工的自主参加，任何教育都难以达到预定的效果。

图 5.10 教育方法的特点

三、教育方法应用的方式

教育方法是管理的最好方法,因为教育能使人的思想品德、思维方法、知识水平、知识结构、文明程度、劳动态度发生根本性的变化。但应用方式不当不仅起不到应有效果,甚至会产生抗拒和反作用。常用的较好方式有以下几种(见图5.11)。

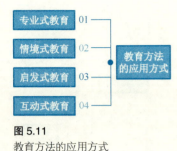

图 5.11 教育方法的应用方式

(一)专业式教育

所有强制性教育和专业性教育都应尽可能外包给专业机构,请有资格的权威人士来进行。例如,学校可按专门的、系统的教学计划进行培养,各种专业机构可结合有关法规、案例进行生动的教育,都能收到良好的教育效果。

(二)情境式教育

可结合实际的现场情境或模拟现场情境进行教育,也能收到较好的效果。如果条件许可,采用增强现实技术(AR)和虚拟现实技术(VR)进行专门技能培训十分有效。

(三)启发式教育

各级管理者或领导人出面进行教育也是必要的,但应防止套话、官话、八股式的训话。应采用晓之以理、动之以情的启发式教育,让职工听过讲话后会自己受到感染、受到启发、受到鼓舞、受到教育。讲话不在于长而在于精,声情并茂、感人至深才算成功。对于许多管理者而言,这是一门必修课。

(四)互动式教育

对于管理中存在的问题,不一定非要由管理者想好后去宣布执行。完全可以采取平等的、开放的、讨论的、互动的方式进行。面对面地开会行,用网络博客的方式也行,用线上微信视频或视频会议进行互动交流更方便。只要通过互动、交流,让大多数人出主意、想办法,听到大多数人的意见后再作决策,管理就有了群众基础,执行效率就更高。

第六节 管理的技术方法

一、技术方法的内容与实质

技术的进步直接导致管理手段的现代化。对于当今社会的各种类型组织的管理者,要想在日益复杂和多变的环境中,对组织中包括人力资源在内的各种资源进行有效的协调，以维持、激发组织的活力，单凭传统管理手段是远远不够的。相反，环境的多变性和组织自身的复杂性决定了管理者必须善于运用业已发展起来的，并被管理实践证明为行之有效的各类技术，来提高管理的效率和效果。

实践已经并将继续证明，有效的管理离不开技术，尽管不同的管理者，尤其是组织中不同层次的管理者，对技术的依赖程度可能不一样。可以这样说，在当今社会，不使用技术，就谈不上真正的管理。

基于这样的认识，我们提出管理的技术方法，以突出技术在管理中的重要性或突出技术与管理的不可分性。技术方法是指组织中各个层次的管理者（包括高层管理者、中层管理者和基层管理者）根据管理活动的需要，自觉运用自己或他人所掌握的各类技术，以提高管理的效率和效果的管理方法（见图5.12）。这里所说的各类技术，主要包括信息技术、决策技术、计划技术、组织技术和控制技术等。从这种划分中可以看出，不同的技术在管理中的作用是不一样的，有些技术与管理过程的各项管理职能都有关，我们称之为信息技术和决策技术。另外一些技术与管理过程的某些职能有关，根据管理职能的不同，我们把这样的技术划分为计划技术、组织技术和控制技术。细心的读者也许会发现其中少了"领导技术"，这是因为，在我们看来，领导的对象是有感情的人，领导的有效性主要取决于领导者影响下属的能力或力量，而能力或力量主要来自职位与权力、人格魅力以及所掌握的技巧。实际上，领导是一种艺术。同样的组织、同样的岗位、同样的职权，不同的领导者、不同的领导风格，会得出完全不同的结果。当然，现代信息技术和决策技术能极大地提高领导者掌握信息的数量、质量和速度，从而帮助领导者作出科学的决策，提高领导能力，扩展管理幅度和管理空间。最后，作为管理轴心的创新包括技术创新，这要求管理者必须了解或掌握更多的技术信息和本行业或相关行业的技术发展趋势，以便正确地指导组织中的技术创新。通过上面的分析，可以得出这样的结论：无论是管理的哪项职能，都需要技术，技术在管理中的重要性由此可见一斑。

管理的技术方法的实质是把技术融进管理中，利用技术来辅助管理。随着人工智能技术的发展和应用，往往把管理融入技术中。当用技术手段检测到生产流程问题或工艺质量不正常时，会自动发出警告或按事先设定的程序自动处理。善于使用技术方法的管理者通常能把技术与管理很好地结合起来。具体体现在以下三个方面。

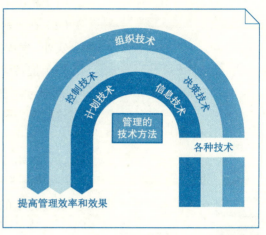

图 5.12
管理的技术方法的内容

（1）根据不同的管理问题，选用不同的技术。

（2）在了解每种技术的适用范围的前提下，尽可能地把所掌握的技术用到实处，发挥技术的积极作用。

（3）把管理措施直接嵌入 AI 芯片中，与技术完全融为一体。

技术与管理的有机结合是技术渗透到社会生活各个领域的必然结果。可以这样说，不注重技术方法的管理者必定是落伍者，终将遭到淘汰。

二、技术方法的特点与作用

（一）特点

技术方法的实质就是用技术来进行管理，与其他管理方法相比，它有以下一些特点（见图 5.13）。

1. 客观性。技术方法的客观性体现在以下两个方面。

（1）技术是客观存在的，它不依赖人的意识并不以人的意识为转移。

（2）技术方法产生的结果是客观的。

2. 规律性。技术方法的规律性源自客观性。规律性也体现在以下两个方面。

（1）技术脱胎于现实世界中普遍存在的客观规律。

（2）技术方法是有规律的，每种方法都是有章可循的，而不是杂乱无章的，每种技术方法的步骤都是特定的。无论是何种组织，面临什么样的环境，只要是采取同一技术方法，就必须遵循同样的步骤。

3. 精确性。技术方法的精确性是指只要基础数据是正确无误的，由技术方法产生的结果就是精确的。正是因为其精确性，技术方法才日益受到人们的青睐。

4. 动态性。管理者在管理过程中时时会遇到新情况、新问题。对于这些新情况、新问题，过去的技术方法可能效果不好或失效，所以，新技术正以瞬息万变的速度在不断涌现。这就要求管理者必须紧密追踪技术的发展，将现有的管理技术及时升级换代。技术方法因而呈现出动态性的特征。

（二）作用

技术方法的运用对组织的有效运行有着十分重要的作用。

1. 信息技术的采用可以提高信息获取的速度与信息的质量。信息技术在各类组织中的广泛运用是信息时代的一个显著特征，电子商务、电子机票、全球全国联网订票、网上邮购、远程控制、多媒体会议，每个城市的要害部门、街道和高速公路上都布满摄像头，这些在今天已成为常态。如果没有它们，管理就可能马上瘫痪。

2. 决策技术的采用可以提高决策的速度与质量。由于决策是管理的本

图 5.13
技术方法的特点

质工作,决策速度与质量的提高对组织的重要性不言而喻。

3. 计划、组织和控制技术的采用可以提高有关职能的执行效率,促进管理过程的良性循环。

4. 技术在组织中的运用和被重视为技术创新创造了良好的氛围和条件,只有那些一直致力于技术创新的组织,才有可能长盛不衰。

三、技术方法的正确运用

管理者要想正确运用技术方法,必须注意以下几点。

1. 技术不是万能的,并不能解决一切问题。在某些场合,技术可能很管用,但在其他场合,技术可能不管用。例如,对单只股票价格的预测,技术有时就没有经验判断和直觉来得准确。这就是说,技术是有一定局限性的,或技术是有一定适用范围的。管理者既不能否定技术的重要性,也不能盲目迷信技术。

2. 既然技术不是万能的,管理者在解决管理问题时,就不能仅仅依靠技术方法。相反,应该把各种管理方法结合起来使用,争取取得较好的效果。

3. 管理者使用技术方法有一定的前提,即他本人必须努力学习新技术的应用方法,知道技术的价值所在和局限所在,并在尽可能的情况下,多向组织内外的技术专家请教,弥补自身某些方面知识的不足。

读 书 提 示

1. [美]哈罗德·孔茨、[美]海因茨·韦里克,《管理学——国际化与领导力的视角》(精要版第9版)第2章,马春光译,中国人民大学出版社,2014年。

2. 朱镕基,《管理现代化》,科学普及出版社,1983年。

复 习 思 考 题

1. 管理的法律方法的内容和实质是什么?有何特点和作用?如何正确运用?
2. 管理的行政方法的内容和实质是什么?有何特点和作用?如何正确运用?
3. 管理的经济方法的内容和实质是什么?有何特点?如何正确运用?
4. 管理的技术方法的内容和实质是什么?有何特点?如何正确运用?
5. 管理的教育方法的内容和实质是什么?如何正确运用?

综合案例

华为管理的灰度[1]

华为创立于1987年。作为全球领先的ICT(信息与通信)基础设施和智能终端提供商,华为致力于把数字世界带入每个家庭、每个组织,构建万物互联的智能世界。2010年华为首度入选《财富》全球500强,排名397位。目前华为约有19.5万员工,业务遍及170多个国家和地区,服务全球30多亿人口。2022年,华为在《财富》全球500强排名96位,营收987亿美元。

一、开放、宽容、妥协与灰度

2009年1月15日,任正非在2009年华为全球市场工作会议上发表了题为《开放、妥协与灰度》的讲话。任正非首先指出:"华为的核心价值观中,很重要的一条是开放与进取。我们强调开放,更多一些向别人学习,我们才会有更新的目标,才会有真正的自我审视,才会有时代的紧迫感。"然后,任正非系统阐述了灰度、妥协与宽容三者之间的关系,他认为这是华为公司从无到有、从小到大、从弱到强快速发展的秘密武器。

(1)坚定不移的正确方向来自灰度、妥协与宽容。一个领导人重要的素质是把握方向、节奏,他的水平就是合适的灰度。一个清晰的方向,是在混沌中产生的,是从灰色中脱颖而出的,而方向是随时间与空间而变的,它常常又会变得不清晰,并不是非白即黑,非此即彼。合理地掌握合适的灰度,是使各种影响发展的要素,在一段时间内和谐。这种和谐的过程叫妥协,这种和谐的结果叫灰度。

(2)宽容是领导者的成功之道。宽容同领导工作的性质有关。任何工作,无非涉及两个方面:一是同物打交道,二是同人打交道。不宽容,不影响同物打交道。但是,任何管理者,都必须同人打交道。有人把管理定义为"通过别人做好工作的技能"。一旦同人打交道,宽容的重要性就会立即显示出来。人与人的差异是客观存在的,所谓宽容,本质就是容忍人与人之间的差异。不同性格、不同特长、不同偏好的人能否凝聚在组织目标和愿景的旗帜下,靠的就是管理者的宽容。宽容别人,其实就是宽容我们自己。多一点对别人的宽容,我们生命中就多了一点空间。宽容是一种坚强,而不是软弱。宽容所体现出来的退让是有目的、有计划的,主动权掌握在自己的手中。无奈和迫不得已不能算宽容。只有勇敢的人才懂得如何宽容;懦夫绝不会宽容,这不是他的本性。宽容是一种美德。只有宽容才会团结大多数人与你一起认知方向,只有妥协才会在坚定不移的正确方向上减少对抗,只有如此才能达到你的正确目的。

(3)没有妥协就没有灰度。坚持正确的方向,与妥协并不矛盾,相反,妥协是对坚定不移方向的坚持。当然,方向是不可以妥协的,原则也是不可以妥协的。在一些人的眼中,妥协似乎是软弱和不坚定的表现,似乎只有毫不妥协,方能显示出英雄本色。但是,这种非此即彼的思维方式,实际

---

[1] 改编自任正非在2009年华为全球市场工作会议上的讲话《开放、妥协与灰度》,以及魏江茹等,《华为创新发展过程中企业家悖论式领导研究》,《管理案例研究与评论》,2020年第5期,第553—565页。

上是认定人与人之间的关系是征服与被征服的关系。妥协其实是非常务实、通权达变的智慧。人要懂得在恰当时机接受别人的妥协，或向别人提出妥协，毕竟人要生存，靠的是理性，而不是意气。妥协是双方或多方在某种条件下达成的共识。在解决问题上，它不是最好的办法，但在没有更好的方法出现之前，它是最好的方法。妥协并不意味着放弃原则，一味地让步。明智的妥协是一种适当的交换。为了达到主要的目标，可以在次要的目标上做适当的让步。这种妥协并不是放弃原则，而是以退为进，通过适当的交换来确保目标的实现。相反，不明智的妥协，就是缺乏适当的权衡，或是坚持了次要目标而放弃了主要目标，或是妥协的代价过高。明智的妥协是一种让步的艺术，妥协也是一种美德。掌握这种高超的艺术，是管理者的必备素质。只有妥协，才能实现"双赢"和"多赢"，否则必然两败俱伤。因为妥协能够消除冲突，拒绝妥协必然是对抗的前奏。我们的各级干部要是真正领悟了妥协的艺术，学会了宽容，保持开放的心态，就会真正达到灰度的境界，就能够在正确的道路上走得更远，走得更扎实。

二、华为的发展与灰度管理

从创立至今，华为的发展进程大致可以分为以下四个阶段。

（1）创业初期阶段：1987—1995 年。在华为创业初期，我国通信技术缺乏，主要设备商都是从国外引进成熟技术与产品。华为要想从销售代理转型为通信设备制造商，就必然面临资金、技术、人才等问题。为了让企业发展下去，华为开展了以引进技术、改善产品为主导的模仿式创新，技术研发以跟踪、引进、学习为主，以此节约产品成本，相继推出了电信局级别的交换设备，通过服务网络的建立迅速开拓市场，为企业积累了竞争优势。

该阶段华为关注技术与人才，善于学习，对先进技术持有开放、包容的态度，同时坚持关键技术自立，在引进的同时注重培养技术自主性。在用人方面，注重发挥员工所长，实现优势互补。

（2）二次创业阶段：1996—2000 年。高速扩张造成了管理滞后的难题，因此在二次创业阶段，华为开始了以流程管理为中心的渐进式创新，引入集成产品开发流程，管理向职业化过渡。配合流程创新，同时开展体制创新和组织结构创新，完善考评体系，打造学习型组织。

该阶段华为集中于职权分配与员工教育，坚持"不走极端"的管理方式，工作要务虚和务实相结合，允许权力下放但要制度制约等。

（3）全球发展阶段：2001—2010 年。华为开始进军国际市场。上一阶段公司职业化管理基本完成，华为将重点转为更加细节化的制度创新，完成员工持股等一系列改革。在积累的资源和能力基础上，华为开始关注客户的隐性需求，将创新深入基础领域，开始产品微创新。

该阶段华为的关注点主要集中于与竞争对手的关系，将竞争对手视作友商，既要竞争，也要合作。任正非正式提出以"开放、妥协和宽容"为主的"灰度管理理论"。

（4）商业模式融合阶段：2011 年至今。随着移动通信技术的不断发展，华为在商业模式融合阶段开展了以 5G 为核心的颠覆式创新，成为 5G 时代的领军者。其中以"2012 实验室"为中心的持续技术研发起到了关键作用。同时，华为打破了原有的 2B 模式，走向 2B+2C 的融合。

该阶段华为以打破与创造为主，以"最好的防御就是进攻"的原则，不断打破自身固有优势，形成新的优势。

思考题
1. 你是如何理解开放、宽容、妥协与灰度四者之间关系的？
2. 请你从开放、宽容、妥协、灰度四者之间的关系来理解管理和管理者的含义。

第二篇 决　策

DIERPIAN JUECE

故经之以五事，校之以计，而索其情。一曰道，二曰天，三曰地，四曰将，五曰法。
　　　　　　　　——《孙子兵法·计篇》
Master Sun's The Art of War

管理就是决策。
　　　　　　　　——赫伯特·西蒙
Herbert Simon

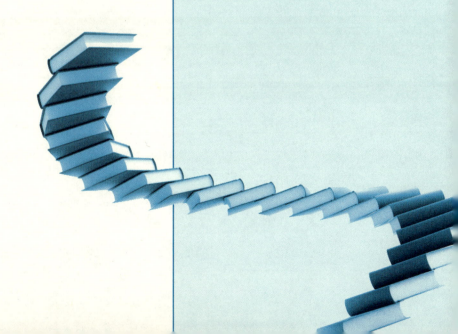

第二章

發災

第六章 决策

决策是管理工作的本质。管理的各项职能——计划、组织、领导、控制和创新——都离不开决策。

第一节 决策的定义、原则与依据

一、决策的定义

我们将决策定义为"管理者识别并解决问题以及利用机会的过程"[1]。对于这一定义，可作如下理解。

◎ 决策：管理者识别并解决问题以及利用机会的过程。

（1）决策的主体是管理者（既可以是单个的管理者，也可以是多个管理者组成的集体或小组）。

（2）决策的本质是一个过程，这一过程由多个步骤组成（具体步骤见

---

[1] Pamela S.Lewis, Stephen H. Goodman and Patricia M.Fandt. *Management: Challenges in the 21st Century* (*Second Edition*). Illinois：South-Western College Publishing, 1998（东北财经大学出版社影印本），p.190.

本章第四节）。

（3）决策的目的是解决问题和（或）利用机会，这就是说，决策不仅仅是为了解决问题，有时也为了利用机会。

二、决策的原则

1. 决策遵循的是满意原则，而不是最优原则。对决策者来说，要想使决策达到最优，必须：

（1）获得与决策有关的全部信息。

（2）了解全部信息的价值所在，并据此制定所有可能的方案。

（3）准确预测每个方案在未来的执行结果。

2. 现实中，上述这些条件往往得不到满足。具体来说：

（1）组织内外存在的一切，对组织的现在和未来都会直接或间接地产生某种程度的影响，但决策者很难收集到反映这一切情况的信息。

（2）对于收集到的有限信息，决策者的利用能力也是有限的，从而决策者只能制定数量有限的方案。

（3）任何方案都要在未来实施，而人们对未来的认识是不全面的，对未来的影响也是有限的，从而决策时所预测的未来状况可能与实际的未来状况有出入。

因此，在管理者现实的决策中，遵循的是符合实际条件的满意决策而非最优决策。

> 决策遵循的原则是_____原则。

三、决策的依据

管理者在决策时离不开信息。信息的数量和质量直接影响决策水平。这要求管理者在决策之前以及决策过程中尽可能地通过多种渠道收集信息，作为决策的依据。但这并不是说管理者要不计成本地收集各方面的信息。管理者在决定收集什么样的信息、收集多少信息以及从何处收集信息等问题时，要进行成本—收益分析。只有在收集的信息所带来的收益（因决策水平提高而给组织带来的利益）超过因此而付出的成本时，才应该收集信息。

第二节 决策的类型与特点

一、决策的类型

可按不同的标准对决策进行分类（见图 6.1）。

（一）长期决策与短期决策

1. 长期决策是指有关组织今后发展方向的长远性、全局性的重大决策，又称长期战略决策，如投资方向的选择、人力资源的开发和组织规模的确定等。

2. 短期决策是为实现长期战略目标而采取的短期策略手段，又称短期战术决策，如企业日常营销、物资储备以及生产中资源配置等问题的决策。

图 6.1
决策的类型

（二）战略决策、战术决策与业务决策

1. 战略决策对组织最重要，通常包括组织目标、方针的确定，组织机构的调整，企业产品的更新换代，技术改造等，这些决策牵涉组织的方方面面，具有长期性和方向性。

2. 战术决策又称管理决策，是在组织内贯彻的决策，属于战略决策执行过程中的具体决策。战术决策旨在实现组织中各环节的高度协调和资源的合理使用，如企业生产计划和销售计划的制定、设备的更新、新产品的定价以及资金的筹措等都属于战术决策的范畴。

3. 业务决策又称执行性决策，是日常工作中为提高生产效率、工作效率而作出的决策，牵涉范围较窄，只对组织产生局部影响。属于业务决策范畴的主要有：工作任务的日常分配和检查、工作日程（生产进度）的安排和监督、岗位责任制的制定和执行、库存的控制以及材料的采购等。

（三）集体决策与个人决策

从决策的主体看，可把决策分为集体决策与个人决策。

集体决策是指多个人一起作出的决策，个人决策则是指单个人作出的决策。

相对于个人决策，集体决策有一些优点：①能更大范围地汇总信息；②能拟定更多的备选方案；③能得到更多的认同；④能更好地沟通；⑤能作出更好的决策等。但集体决策也有一些缺点，如花费较多的时间、产生"群体思维"（group think）[1]以及责任不明等。

（四）初始决策与追踪决策

从决策的起点看，可把决策分为初始决策与追踪决策。

初始决策是零起点决策，它是在有关活动尚未进行从而环境未受到影

---

[1] 所谓"群体思维"，是指个人由于真实或臆想的来自集体的压力，在认知或行动上不由自主地趋向于和其他人保持一致的现象。

响的情况下进行的。随着初始决策的实施，组织环境发生变化，这种情况下所进行的决策就是追踪决策。因此，追踪决策是非零起点决策。

（五）程序化决策与非程序化决策

从决策所涉及的问题看，可把决策分为程序化决策与非程序化决策。

组织中的问题可分为两类：一类是例行问题，另一类是例外问题。例行问题是指那些重复出现的、日常的管理问题，如管理者日常遇到的产品质量、设备故障、现金短缺、供货单位未按时履行合同等问题；例外问题是指那些偶然发生的、新颖的、性质和结构不明的、具有重大影响的问题，如组织结构变化、重大投资、开发新产品或开拓新市场、长期存在的产品质量隐患、重要的人事任免以及重大政策的制定等问题。

赫伯特·A. 西蒙（Herbert A. Simon）根据问题的性质把决策分为程序化决策与非程序化决策。程序化决策涉及的是例行问题，非程序化决策涉及的是例外问题。

（六）确定型决策、风险型决策与不确定型决策

从环境因素的可控程度看，可把决策分为确定型决策、风险型决策与不确定型决策。

1. 确定型决策是指在稳定（可控）条件下进行的决策。在确定型决策中，决策者确切知道自然状态的发生，每个方案只有一个确定的结果，最终选择哪个方案取决于对各个方案结果的直接比较。

2. 风险型决策也称随机决策，在这类决策中，自然状态不止一种，决策者不能知道哪种自然状态会发生，但能知道有多少种自然状态以及每种自然状态发生的概率。

3. 不确定型决策是指在不稳定条件下进行的决策。在不确定型决策中，决策者可能不知道有多少种自然状态，即便知道，也不可能知道每种自然状态发生的概率。

二、决策的特点

决策的特点见图 6.2。

（一）目标性

任何决策都包含目标的确定。目标体现的是组织想要获得的结果。目标明确以后，方案的拟订、比较、选择、实施及实施效果的检查就有了标准与依据。

（二）可行性

方案的实施需要利用一定的资源。缺乏必要的人力、物力、财力，理论上十分完善的方案也只能是空中楼阁。因此，在决策过程中，决策者不仅要考虑采取某种行动的必要性，而且要注意实施条件的限制。

图 6.2
决策的特点

(三)选择性

决策的关键是选择。没有选择就没有决策。而要能有所选择,就必须提供可以相互替代的多种方案。事实上,为了实现同样的目标,组织总是可以从事多种不同的活动。这些活动在资源要求、可能结果及风险程度等方面存在或多或少的差异。因此,不仅有选择的可能,而且有选择的必要。

(四)满意性

决策的原则是"满意",而不是"最优"。由于第一节已有较多的介绍,此处不再重复。

(五)过程性

1. 组织中的决策并不是单项决策,而是一系列决策的综合。这是因为组织中的决策牵涉到方方面面。当令人满意的行动方案被选出后,决策者还要就其他一些问题(如资金筹集、结构调整和人员安排等)作出决策,以保证该方案的顺利实施。只有当配套决策都作出后,才能认为组织的决策已经完成。

2. 在这一系列决策中,每个决策本身就是一个过程。为了理论分析的方便,我们把决策的过程划分为几个阶段。但在实际工作中,这些阶段往往是相互联系、交错重叠的,难以截然分开。

(六)动态性

决策的动态性与过程性有关。决策不仅是一个过程,而且是一个不断循环的过程。作为过程,决策是动态的,没有真正的起点,也没有真正的终点。我们知道,组织的外部环境处在不断变化中。这要求决策者密切监视并研究外部环境及其变化,从中发现问题或找到机会,及时调整组织的活动,以实现组织与环境的动态平衡。

第三节 决策的理论

决策理论的构成如图 6.3 所示。

一、古典决策理论

古典决策理论又称规范决策理论,是基于"经济人"假设提出来的,主要盛行于 20 世纪 50 年代以前。古典决策理论认为,应该从经济的角度来看待决策问题,即决策的目的在于为组织获取最大的经济利益。

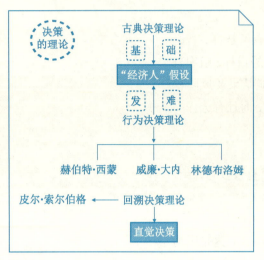

图 6.3
决策的理论

古典决策理论的主要内容如下。

（1）决策者必须全面掌握有关决策环境的信息情报。

（2）决策者要充分了解有关备选方案的情况。

（3）决策者应建立一个合理的自上而下地执行命令的组织体系。

（4）决策者进行决策的目的始终都是使本组织获取最大的经济利益。

古典决策理论假设，作为决策者的管理者是完全理性的，决策环境条件的稳定与否是可以被改变的，在决策者充分了解有关信息情报的情况下，是完全可以作出完成组织目标的最佳决策的。古典决策理论忽视了非经济因素在决策中的作用，这种理论不一定能指导实际的决策活动，从而逐渐被更为全面的行为决策理论代替。

二、行为决策理论

行为决策理论的发展始于20世纪50年代。对古典决策理论的"经济人"假设发难的第一人是赫伯特·A. 西蒙，他在《管理行为》一书中指出，理性的和经济的标准都无法确切地说明管理的决策过程，进而提出"有限理性"标准和"满意度"原则。其他学者对决策者行为作了进一步的研究，他们在研究中也发现，影响决策者进行决策的不仅有经济因素，还有其个人的行为表现，如态度、情感、经验和动机等。

行为决策理论的主要内容如下。

1. 人的理性介于完全理性和非理性之间，即人是有限理性的，这是因为在高度不确定和极其复杂的现实决策环境中，人的知识、想象力和计算力是有限的。

2. 决策者在识别和发现问题中容易受知觉上的偏差的影响，而在对未来的状况作出判断时，直觉的运用往往多于逻辑分析方法的运用。所谓知觉上的偏差，是指由于认知能力的有限，决策者仅把问题的部分信息当作认知对象。

3. 由于受决策时间和可利用资源的限制，决策者即使充分了解和掌握有关决策环境的信息情报，也只能做到尽量了解各种备选方案的情况，而不可能做到全部了解，决策者选择的理性是相对的。

4. 在风险型决策中，与经济利益的考虑相比，决策者对待风险的态度起着更为重要的作用。决策者往往厌恶风险，倾向于接受风险较小的方案，尽管风险较大的方案可能带来较为可观的收益。

5. 决策者在决策中往往只求满意的结果,而不愿费力寻求最佳方案。导致这一现象的原因有以下三种。

(1)决策者不注意激发自己和别人继续进行研究的积极性,只满足于在现有的可行方案中进行选择。

(2)决策者本身缺乏有关能力,在有些情况下,决策者出于个人某些因素的考虑而作出自己的选择。

(3)评估所有的方案并选择其中的最佳方案,需要花费大量的时间和金钱,这可能得不偿失。

行为决策理论抨击了把决策视为定量方法和固定步骤的片面性,主张把决策视为一种文化现象。例如,威廉·大内(William Ouchi)在其对美日两国企业在决策方面的差异所进行的比较研究中发现,东西方文化的差异是导致这种决策差异的一种不容忽视的原因,从而开创了决策的跨文化比较研究。

除了西蒙的"有限理性"模式,林德布洛姆(C.E. Lindblom)的"渐进决策"模式也对"完全理性"模式提出挑战。林德布洛姆认为决策过程应是一个渐进过程,而不应大起大落(当然,这种渐进过程积累到一定程度也会形成一次变革),否则,会危及组织内的稳定,给组织带来结构、心理倾向和习惯等的震荡和资金困难,也使决策者不可能了解和思考全部方案并弄清每种方案的结果(这是由于时间的紧迫和资源的匮乏)。因此,"按部就班、修修补补的渐进主义决策者或安于现状的人,似乎不是一位'叱咤风云'的英雄人物,而实际上是能够清醒地认识到自己是在与无边无际的宇宙进行搏斗的足智多谋的解决问题的决策者"。这说明,决策不能只遵守一种固定的程序,应根据组织内外环境的变化进行适时的调整和补充。

三、回溯决策理论

回溯决策理论(retrospective decision)或隐含最爱理论(implicit favorite)把思考重点放在决策制定之后,解释决策者如何努力使自己的决策合理化。该理论是皮尔·索尔伯格(Peer Soelberg)于1967年提出的。他在观察商学院毕业生的择业过程时发现,很多情况下,学生在招聘过程中很早就确定了自己的隐含最爱方案,即他们想要的选择。但是,学生们会继续寻找更多备选方案,并很快选定最优的备选方案,即第二备选方案。该方案被称为"证实性备选方案"。接下来,学生们会试图开发一组能够清楚地证明自己的隐含最爱方案优于证实性备选方案的决策标准。他们通过感知扭曲来开发决策标准,也即强调隐含最爱方案比备选方案优越的那些特性。在建立了明显偏袒隐含最爱方案的决策标准之后，决策者决定选择隐含最爱方案。事实上，该方案很早就确定了。索尔伯格研究发现，隐含最爱方案通常只在一个或两个方面优于证实性备选方案。回溯决策理论（或隐含最爱理论）说明，决策事实上只是为已经作出的直觉决策证明其合理性的一个过程，说明了直觉在决策中的作用。通过这种方式，个人相信他（或她）是在理性地行动，为某个重要问题制定逻辑的、理性的决策。虽然一些企业通常把他们的决策行为建立在理性分析基础之上，但是一些研究发现直觉决策在很多组织里不但更快，而且决策结果与系统的理性决策方法一样好，甚至更好。

第四节 决策的过程与影响因素

一、决策的过程

决策的过程如图 6.4 所示。

（一）诊断问题，识别机会

决策者必须知道哪里需要行动，从而决策过程的第一步是识别机会或诊断问题。管理者通常密切关注与其责任范围有关的各类信息，包括外部的信息和报告以及组织内的信息。实际状况和所想要状况的偏差提醒管理者潜在机会或问题的存在。识别机会和问题并不总是简单的，因为要考虑组织中人的行为。有些时候，问题可能植根于个人的过去经验、组织的复杂结构或个人和组织因素的某种混合。因此，管理者要尽可能精确地评估问题和机会。另一些时候，问题可能简单明了，只要稍加观察就能识别出来。

评估机会和问题的精确程度有赖于信息的精确程度，所以，管理者要尽力获取精确的、可信赖的信息。低质量的或不精确的信息会使时间白白浪费掉，并使管理者无从发现导致某种情况出现的潜在原因。

即使收集到的信息是高质量的，在解释的过程中，也可能发生扭曲。有时，随着信息持续地被误解或有问题的事件一直未被发现，信息的扭曲程度会加大。大多数重大灾难或事故都有一个较长的潜伏期，在这一时期，有关征兆被错误地理解或不被重视，从而未能及时采取行动，导致灾难或事故的发生。

图 6.4
决策的过程

更糟的是，即使管理者拥有精确的信息并正确地解释它，处在他们控制之外的因素也会对机会和问题的识别产生影响。但是，管理者只要坚持获取高质量的信息并仔细地解释它，就会提高作出正确决策的可能性。

（二）识别目标

目标体现的是组织想要获得的结果。想要的结果的数量和质量都要明确下来，因为目标的这两个方面都最终指导决策者选择合适的行动路线。

目标的衡量方法有很多种，例如，我们通常用货币单位来衡量利润或成本目标，用每人单位时间的产出数量来衡量生产率目标，用次品率或废品率来衡量质量目标。

根据时间的长短，可把目标分为长期目标、中期目标和短期目标。长期目标通常用来指导组织的战略决策，中期目标通常用来指导组织的战术决策，短期目标通常用来指导组织的业务决策。无论时间的长短，目标总指导着随后的决策过程（见图6.5）。

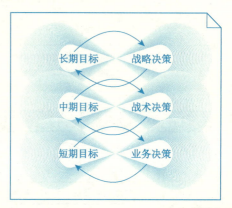

图 6.5
目标与决策的关系

（三）拟定备选方案

一旦机会或问题被正确地识别出来，管理者就要提出达到目标和解决问题的各种方案。这一步骤需要创造力和想象力，在提出备选方案时，管理者必须把其试图达到的目标牢记在心，而且要提出尽可能多的方案。

管理者常常借助其个人经验、经历和对有关情况的把握来提出方案。为了提出更多、更好的方案，需要从多种角度审视问题，这意味着管理者要善于征询他人的意见。

备选方案可以是标准的和明确的，也可以是独特的和富有创造性的。标准方案通常是指组织以前采用过的方案。通过头脑风暴法、名义小组技术和德尔菲法等，可以提出富有创造性的方案。

（四）评估备选方案

确定所拟定的各种方案的价值或恰当性，即确定最优的方案。为此，管理者起码要具备评价每种方案的价值或相对优势/劣势的能力。在评估过程中，要使用预定的决策标准（如所想要的质量）以及每种方案的预期成本、收益、不确定性和风险。最后对各种方案进行排序。例如，管理者会提出以下问题：该方案有助于我们质量目标的实现吗？该方案的预期成本是多少？与该方案有关的不确定性和风险有多大？

（五）作出决定

在决策过程中，管理者通常要作出最后选择。但作出决定仅是决策过程中的一个步骤。尽管选择一个方案看起来很简单——只需要考虑全部可行方案并从中挑选一个能最好解决问题的方案，但实际上，作出选择是很困难的。由于最好的决定通常建立在仔细判断的基础上，所以，管理者要想作出一个好的决定，必须仔细考察全部事实、确定是否可以获取足够的信息以及最终选择最好的方案。

（六）选择实施战略

方案的实施是决策过程中至关重要的一步。在方案选定以后，管理者就要制定实施方案的具体措施和步骤。实施过程中通常要注意做好以下工作（见图6.6）。

（1）制定相应的具体措施，保证方案的正确实施。

（2）确保与方案有关的各种指令能被所有有关人员充分接受和彻底了解。

（3）应用目标管理方法把决策目标层层分解，落实到每一个执行单位和个人。

（4）建立重要的工作报告制度，以便及时了解方案进展情况，及时进行调整。

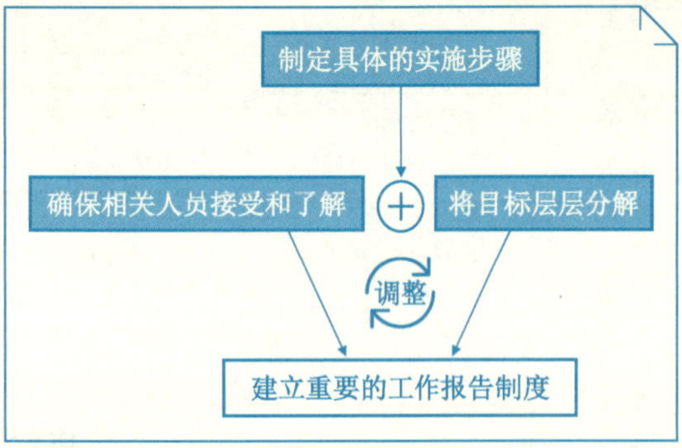

图 6.6 方案的实施

（七）监督和评估

一个方案可能涉及较长的时间，在这段时间内，形势可能发生变化，而初步分析建立在对问题或机会的初步估计上，因此，管理者要不断对方案进行修改和完善，以适应变化了的形势。同时，连续性活动因涉及多阶段控制而需要定期的分析。

由于组织内部条件和外部环境的不断变化，管理者要不断修正方案来减少或消除不确定性，定义新的情况，建立新的分析程序。具体来说，职能部门应对各层次、各岗位履行职责情况进行检查和监督，及时掌握执行进度，检查有无偏离目标，及时将信息反馈给决策者。决策者则根据职能部门反馈的信息，及时追踪方案实施情况，对与既定目标发生部分偏离的，应采取有效措施，以确保既定目标的顺利实现；对客观情况发生重大变化，原先目标确实无法实现，要重新寻找问题或机会，确定新的目标，重新拟定可行的方案，并进行评估、选择和实施。

需要说明的是，管理者在以上各个步骤中都会受到个性、态度和行为，伦理和价值以及文化等诸多因素的影响。

二、决策的影响因素

决策的影响因素如图6.7所示。

（一）环境

环境从以下两个方面对决策施加影响。

1. 环境的特点影响组织的活动选择。就企业而言，如果市场相对稳定，则今天的决策基本上是昨天决策的翻版与延续；如果市场急剧变化，则需要经常对经营方向和内容进行调整。处在垄断市场上的企业，通常将经营重点放在内部生产条件的改善、生产规模的扩大以及生产成本的降低上；处在竞争市场上的企业，需要密切关注竞争对手的动向，不断推出新产品，努力改善宣传促销，建立健全销售网络。

2. 对环境的习惯反应模式也影响组织的活动选择。对于相同的环境，不同的组织可能作出不同的反应。而这种调整组织与环境关系的模式一旦形成，就会趋于稳固，限制决策者对行动方案的选择。

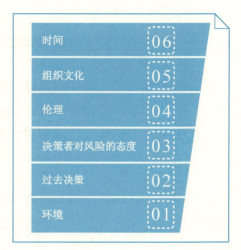

图 6.7
决策的影响因素

（二）过去决策

今天是昨天的继续，明天是今天的延伸。历史总要以这种或那种方式影响着未来。在大多数情况下，组织中的决策不是在一张白纸上进行的初始决策，而是对初始决策的完善、调整或改革。过去的决策是目前决策的起点；过去方案的实施，给组织内部状况和外部环境带来某种程度的变化，进而给"非零起点"的目前决策带来影响。

> 组织在进行决策时，都会或多或少地受到过去决策的影响，因此，大部分决策都是"非零起点"决策。

过去的决策对目前决策的影响程度取决于过去决策与现任决策者的关系情况。如果过去的决策是由现在的决策者作出的，决策者考虑到要对自己当初的选择负责，就不会愿意对组织活动作重大调整，而倾向于将大部分资源继续投入过去方案的实施中，以证明自己的一贯正确。相反，如果现在的决策者与过去的决策没有什么关系，重大改变就可能被其接受。

（三）决策者对风险的态度

人的理性是有限的。决策者对未来的预知不可能与实际发生的情况完全一样，导致方案实施后未必能产生期望的结果，也就是说，决策是有风险的（在现实世界中，确定型决策是少之又少的）。

决策者对风险的态度会影响其对方案的选择。喜好风险的人，通常会选取风险程度较高但收益也较高的行动方案；厌恶风险的人，通常会选取较安全同时收益水平也较低的行动方案。

（四）伦理

决策者是否重视伦理以及采用何种伦理标准会影响其对待行为或事物的态度，进而影响其决策。

不同的伦理标准会对决策产生影响，可以从下面这个例子中看出[1]。不同的国家可能有不同的伦理标准。如在巴西，一个人可能认为，只要金额较小，贿赂海关官员在伦理上就是可接受的。因为他想的是："海关工作人员需要这笔钱，我国政府是根据他们可以捞一点外快来规定他们工资的。"可见，其伦理标准是以对社会最佳为出发点的，因此无可厚非。而在美国，人们却认为这样做不符合伦理，因为他们信奉的是："只有每个人都变得诚实，制度才会更加有效。"这种伦理标准也是以对社会最佳为出发点的，因此也是值得肯定的。在前一种伦理标准下，人会作出以较小的金额贿赂海关官员的决策，以加快货物的通关速度；在后一种伦理标准下，人会采取其他办法来达到同样目的。

（五）组织文化

组织文化会影响组织成员对待变化的态度，进而影响组织对方案的选择与实施。

在决策过程中，任何方案的选择都意味着对过去某种程度的否定，任何方案的实施都意味着组织要发生某种程度的变化。决策者本人及其他组织成员对待变化的态度会影响到方案的选择与实施。在偏向保守、怀旧、维持的组织中，人们总是根据过去的标准来判断现在的决策，总是担心在变化中会失去什么，从而对将要发生的变化产生怀疑、害怕、抗御的心理与行为；相反，在具有开拓、创新精神的组织中，人们总是以发展的眼光来分析决策的合理性，总是希望在可能发生的变化中得到什么，因此渴望变化、欢迎变化、支持变化。很明显，欢迎变化的组织文化有利于新方案的通过与实施，抵御变化的组织文化不利于那些对过去作重大改变的方案的通过。即使决策者费尽周折让方案勉强通过，也要在正式实施前，设法创建一种有利于变化的组织文化，这无疑增加了方案的成本。

（六）时间

美国学者威廉·R.金（W.R. King）和大卫·I.克里兰（D.I. Cleland）把决策划分为时间敏感型决策和知识敏感型决策（见图6.8）。时间敏感型决策是指那些必须迅速作出的决策。战争中军事指挥官的决策多属于此类。这类决策对速度的要求甚于一切。例如，一个走在马路上的人突然看到一辆疾驶的汽车向他冲来时，最需要做的就是迅速跑开，至于跑向马路的哪一边更近，对此时的他来说并不重要。

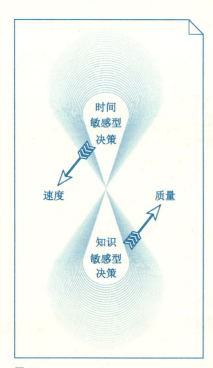

图 6.8
时间对决策的影响

---

[1] 本例取材于张文贤、朱永生、张格，《管理伦理学》，复旦大学出版社，1995年，第93—94页。

知识敏感型决策是指那些对时间要求不高、而对质量要求较高的决策。在作这类决策时，决策者通常有宽裕的时间来充分利用各种信息。组织中的战略决策大多属于知识敏感型决策。

第五节 决策的方法

一、集体决策方法

（一）头脑风暴法

头脑风暴法（brainstorming）是比较常用的集体决策方法，便于发表创造性意见，因此主要用于收集新设想。通常是将对解决某一问题有兴趣的人集合在一起，在完全不受约束的条件下，敞开思路，畅所欲言。头脑风暴法的创始人美国心理学家奥斯本（A. F. Osborn，1888—1966）为该决策方法的实施提出四项原则（见图6.9）：

（1）对别人的建议不作任何评价，将相互讨论限制在最低限度内。

（2）建议越多越好，在这个阶段，参与者不要考虑自己建议的质量，想到什么就应该说出来。

（3）鼓励每个人独立思考，广开思路，想法越新颖、奇异越好。

（4）对已有的建议可以进行必要的完善和补充，以使它更具说服力。

头脑风暴法的目的在于创造一种畅所欲言、自由思考的氛围，诱发创造性思维的共振和连锁反应，产生更多的创造性思维。这种方法的时间安排应在1—2小时，参加者以5—6人为宜。

图6.9
头脑风暴法的四条原则

（二）名义小组技术

在集体决策中，如对问题的性质不完全了解且意见分歧严重，则可采用名义小组技术。在这种技术下，小组的成员互不通气，也不在一起讨论、协商，从而小组只是名义上的。这种名义上的小组可以有效地激发个人的创造力和想象力。

在这种技术下，管理者先召集一些有知识的人，把要解决的问题的关键内容告诉他们，并请他们独立思考，要求每个人尽可能地把自己的备选方案和意见写下来。然后再按次序让他们一个接一个地陈述自己的方案和意见。在此基础上，由小组成员对提出的全部备选方案进行投票，根据投

亚历克斯·奥斯本：创造学和创造工程之父，头脑风暴法之父，BBDO广告公司创始人。他是美国著名的创意思维大师，创设了美国创造教育基金会，他的许多创意思维模式已成为家喻户晓的常用方式。其所著的《创造性想象》（Applied Ima-gination）的销量曾一度超过《圣经》。

票结果，赞成人数最多的备选方案即为所要的方案，当然，管理者最后仍有权决定是接受还是拒绝这一方案。

（三）德尔菲法

这是兰德公司（Rand）提出的，被用来听取有关专家对某一问题或机会的意见。例如，当管理者面临着一个有关用煤发电的重大技术问题时，运用这种技术的第一步是要设法取得有关专家的合作机会（专家包括大学教授、研究人员以及能源方面有经验的管理者）。然后把要解决的关键问题（如把煤变成电能的重大技术问题）分别告诉专家们，请他们单独发表自己的意见并对实现新技术突破所需的时间作出估计。在此基础上，管理者收集并综合各位专家的意见，再把综合后的意见反馈给各位专家，让他们再次进行分析并发表意见。在此过程中，如遇到差别很大的意见，则把提供这些意见的专家集中起来进行讨论并综合。如此反复多次，最终形成代表专家组意见的方案。

运用该技术的关键有以下三点。

（1）选择好专家，这主要取决于决策所涉及的问题或机会的性质。

（2）决定适当的专家人数，一般10—50人较好。

（3）拟定好意见征询表，因为它的质量直接关系到决策的有效性。

二、有关活动方向的决策方法

管理者有时需要对企业或企业某一部门的活动方向进行选择，可以采用的方法主要有经营单位组合分析法和政策指导矩阵等。

（一）经营单位组合分析法

该法由美国波士顿咨询公司（The Boston Consulting Group，BCG）创立，其基本思想是，大部分企业都有两个以上的经营单位，每个经营单位都有相互区别的产品-市场片，企业应该为每个经营单位确定其活动方向。

该法主张，在确定每个经营单位的活动方向时，应综合考虑企业或该经营单位在市场上的相对竞争地位和业务增长情况。相对竞争地位往往体现在企业的市场占有率上，它决定了企业获取现金的能力和速度，因为较高的市场占有率可以为企业带来较高的销售量和销售利润，从而给企业带来较多的现金流量。

业务增长率对活动方向的选择有两方面的影响。

（1）它有利于市场占有率的扩大，因为在稳定的行业中，企业产品销售量的增加往往来自竞争对手市场份额的下降。

（2）它决定投资机会的大小，因为业务迅速增长可以使企业迅速收回投资，并取得可观的投资报酬。

根据上述两个标准——相对竞争地位和业务增长率，可把企业的经营单位分成四大类（如图 6.10 所示）。企业应根据各类经营单位的特征，选择合适的活动方向。

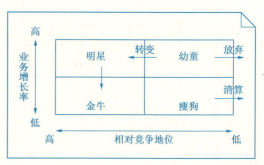

图 6.10 企业经营单位组合图

1. "金牛"经营单位的特征是市场占有率较高，而业务增长率较低。较高的市场占有率为企业带来较多的利润和现金，而较低的业务增长率则仅需要较少的投资。"金牛"经营单位所产生的大量现金可以满足企业的经营需要。

2. "明星"经营单位的市场占有率和业务增长率都较高，因而所需要的和所产生的现金都很多。"明星"经营单位代表着最高利润增长率和最佳投资机会，因此，企业应投入必要的资金，以增加它的生产规模。

3. "幼童"经营单位的业务增长率较高，而目前的市场占有率较低，这可能是企业刚刚开发的很有前途的领域。由于高增长速度需要大量投资，而较低的市场占有率只能提供少量的现金，企业面临的选择是需要投入必要的资金，以提高市场份额，扩大销售量，使其转变为"明星"。如果认为刚刚开发的领域不能转变成"明星"，则应及时放弃该领域。

4. "瘦狗"经营单位的特征是市场份额和业务增长率都较低。由于市场份额和销售量都较低，甚至出现负增长，"瘦狗"经营单位只能带来较少的现金和利润，而维持生产能力和竞争地位所需的资金甚至可能超过其所提供的现金，从而可能成为资金的陷阱。因此，对这种不景气的经营单位，企业应采取收缩或放弃的战略。

经营单位组合分析法的步骤通常如下。

（1）把企业分成不同的经营单位。

（2）计算各个经营单位的市场占有率和业务增长率。

（3）根据其在企业中占有资产的比例来衡量各个经营单位的相对规模。

（4）绘制企业的经营单位组合图。

（5）根据每个经营单位在图中的位置，确定应选择的活动方向。

经营单位组合分析法以"企业的目标是追求增长和利润"这一假设为前提。对拥有多个经营单位的企业来说，它可以将获利较多而潜在增长率不高的经营单位所产生的利润投向那些增长率和潜在获利能力都较高的经营单位，从而使资金在企业内部得到有效利用。

（二）政策指导矩阵

该法由荷兰皇家壳牌公司（Royal Dutch Shell）创立。顾名思义，政策指导矩阵即用矩阵来指导决策。具体来说，该法从市场前景和相对竞争能力两个角度来分析企业各个经营单位的现状和特征，并把它们标示在矩阵上，据此指导企业活动方向的选择。市场前景取决于盈利能力、市

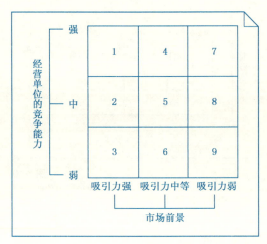

图 6.11
政策指导矩阵

场增长率、市场质量和法规限制等因素，分为吸引力强、中等、弱三种；相对竞争能力取决于经营单位在市场上的地位、生产能力、产品研究和开发等因素，分为强、中、弱三种。根据上述对市场前景和相对竞争能力的划分，可把企业的经营单位分成九大类（如图 6.11 所示）。

处于区域 1 和 4 的经营单位竞争能力较强，市场前景也较好。应优先发展这些经营单位，确保它们获取足够的资源，以维持自身的有利市场地位。

处于区域 2 的经营单位虽然市场前景较好，但企业利用不够——这些经营单位的竞争能力不够强。应分配给这些经营单位更多的资源，以提高其竞争能力。

处于区域 3 的经营单位市场前景虽好，但竞争能力弱。要根据不同的情况来区别对待这些经营单位：最有前途的应得到迅速发展，其余的则需逐步淘汰，这是由于企业资源的有限性。

处于区域 5 的经营单位一般在市场上有 2—4 个强有力的竞争对手。应分配给这些经营单位足够的资源，以使它们随着市场的发展而发展。

处于区域 6 和 8 的经营单位市场吸引力不强且竞争能力较弱，或虽有一定的竞争能力（企业对这些经营单位进行投资并形成一定的生产能力）但市场吸引力较弱。应缓慢放弃这些经营单位，以便把收回的资金投入到盈利能力更强的经营单位。

处于区域 7 的经营单位竞争能力较强但市场前景不容乐观。这些经营单位本身不应得到发展，但可利用它们的较强竞争能力为其他快速发展的经营单位提供资金支持。

处于区域 9 的经营单位市场前景暗淡且竞争能力较弱。应尽快放弃这些经营单位，把资金抽出来并转移到更有利的经营单位。

三、有关活动方案的决策方法

管理者选好组织的活动方向之后，接下来需要考虑的问题自然是如何实现与之相关的活动目标。由于实现活动目标的活动方案通常不止一种，所以，管理者要在这些方案中作出选择。在决定选择哪一个方案时，要比较不同的方案，而比较的一个重要标准是各种方案实施后的经济效果。由于方案是在未来实施的，管理者在计算方案的经济效果时，要考虑到未来的情况。根据未来情况的可控程度，可把有关活动方案的决策方法分为三大类：确定型决策方法、风险型决策方法和不确定型决策方法。

(一)确定型决策方法

在比较和选择活动方案时,如果未来情况只有一种并为管理者所知,则须采用确定型决策方法。常用的确定型决策方法有线性规划和量本利分析法等。

1. 线性规划。线性规划是在一些线性等式或不等式的约束条件下,求解线性目标函数的最大值或最小值的方法。运用线性规划建立数学模型的步骤如下。

(1)确定影响目标大小的变量,列出目标函数方程。
(2)找出实现目标的约束条件。
(3)找出使目标函数达到最优的可行解,即为该线性规划的最优解。

例 6.1 某企业生产两种产品——桌子和椅子,它们都要经过制造和装配两道工序,有关资料如表 6.1 所示。假设市场状况良好,企业生产出来的产品都能卖出去,试问何种组合的产品使企业利润最大?

表 6.1 某企业的有关资料

	桌子(张)	椅子(把)	工序可利用时间(小时)
在制造工序上的时间(小时)	2	4	48
在装配工序上的时间(小时)	4	2	60
单位产品利润(元)	8	6	—

这是一个典型的线性规划问题。

第一步,确定影响目标大小的变量。在本例中,目标是利润,影响利润的变量是桌子数量 T 和椅子数量 C。

第二步,列出目标函数方程:$\pi = 8T + 6C$。

第三步,找出约束条件。在本例中,两种产品在一道工序上的总时间不能超过该道工序的可利用时间,即:

$$制造工序:2T + 4C \leqslant 48$$
$$装配工序:4T + 2C \leqslant 60$$

除此之外,还有两个约束条件,即非负约束:

$$T \geqslant 0$$
$$C \geqslant 0$$

从而线性规划问题成为,如何选取 T 和 C,使 π 在上述四个约束条件下达到最大。

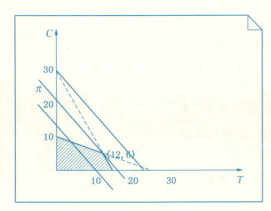

图 6.12 线性规划的图解法

第四步，求出最优解——最优产品组合。通过图解法（如图 6.12 所示），求出上述线性规划问题的解为 $T^*=12$ 和 $C^*=6$，即生产 12 张桌子和 6 把椅子时企业的利润最大。

2. 量本利分析法。量本利分析法又称保本分析法或盈亏平衡分析法，是通过考察产量（或销售量）[1]、成本和利润的关系以及盈亏变化的规律来为决策提供依据的方法。

在应用量本利分析法时，关键是找出企业不盈不亏时的产量（称为保本产量或盈亏平衡产量，此时企业的总收入等于总成本）。而找出保本产量的方法有图解法和代数法两种。

（1）图解法。图解法是用图形来考察产量、成本和利润的关系的方法。在应用图解法时，通常假设产品价格和单位变动成本都不随产量的变化而变化，所以，销售收入曲线、总变动成本曲线和总成本曲线都是直线。

例 6.2　某企业生产某产品的总固定成本为 60 000 元，单位变动成本为每件 1.8 元，产品价格为每件 3 元。假设某方案带来的产量为 100 000 件，问该方案是否可取？

利用例子中的数据，在坐标图上画出总固定成本曲线、总成本曲线和销售收入曲线，得出量本利分析图，如图 6.13 所示。

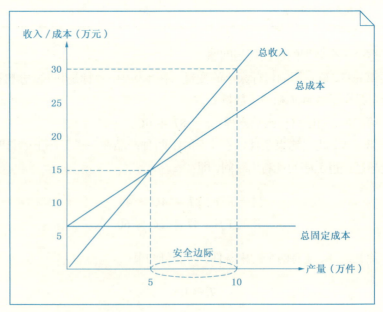

图 6.13　量本利分析图

---

[1] 在量本利分析法中，假设生产出来的产品都能销售出去，即产量和销售量相等，企业期初和期末的产品库存量相同。

从图 6.13 中可以得出以下信息，供决策分析之用。

a. 保本产量，即总收入曲线和总成本曲线交点所对应的产量（本例中的保本产量为 5 万件）。

b. 各个产量上的总收入。

c. 各个产量上的总成本。

d. 各个产量上的总利润，即各个产量上的总收入与总成本之差。

e. 各个产量上的总变动成本，即各个产量上的总成本与总固定成本之差。

f. 安全边际，即方案带来的产量与保本产量之差[本例中安全边际为 5 万件（10—5）]。

在本例中，由于方案带来的产量（10 万件）大于保本产量（5 万件），所以该方案可取。

（2）代数法。代数法是用代数式来表示产量、成本和利润的关系的方法。

假设 p 代表单位产品价格，Q 代表产量或销售量，F 代表总固定成本，v 代表单位变动成本，π 代表总利润，c 代表单位产品贡献[1]（$c = p-v$）。

a. 求保本产量。

企业不盈不亏时，$pQ = F + vQ$

所以，保本产量 $Q = F/(p-v) = F/c$

b. 求保目标利润的产量。

设目标利润为 π，则 $pQ = F + vQ + \pi$

所以，保目标利润 π 的产量 $Q = (F+\pi)/(p-v) = (F+\pi)/c$

c. 求利润。

$$\pi = pQ-F-vQ$$

d. 求安全边际和安全边际率。

$$安全边际 = 方案带来的产量 - 保本产量$$
$$安全边际率 = 安全边际 / 方案带来的产量$$

（二）风险型决策方法

在比较和选择活动方案时，如果未来情况不止一种，管理者不知道到底哪种情况会发生，但知道每种情况发生的概率，则须采用风险型决策方法。常用的风险型决策方法是决策树法。

---

[1] 单位产品贡献是指多生产一个单位产品给企业带来的利润增量。

决策树法是用树状图来描述各种方案在不同情况（或自然状态）下的收益，据此计算每种方案的期望收益从而作出决策的方法。下面举例说明决策树的原理和应用。

例 6.3 某企业为了扩大某产品的生产，拟建设新厂。据市场预测，产品销路好的概率为 0.7，销路差的概率为 0.3。有三种方案可供企业选择：

方案 1，新建大厂，需投资 300 万元。据初步估计，销路好时，每年可获利 100 万元；销路差时，每年亏损 20 万元。服务期为 10 年。

方案 2，新建小厂，需投资 140 万元。销路好时，每年可获利 40 万元；销路差时，每年仍可获利 30 万元。服务期为 10 年。

方案 3，先建小厂，三年后销路好时再扩建，需追加投资 200 万元，服务期为 7 年，估计每年获利 95 万元[1]。

问哪种方案最好？

画出该问题的决策树，如图 6.14 所示。

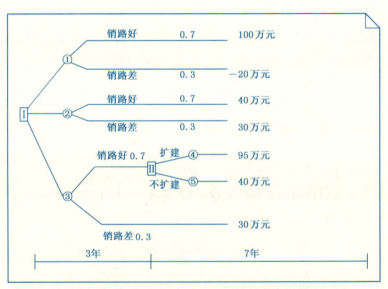

图 6.14 一个多阶段决策的决策树

图 6.14 中的矩形节点被称为决策点，从决策点引出的若干条树枝表示若干种方案，称为方案枝。圆形节点称为状态点，从状态点引出的若干条树枝表示若干种自然状态，称为状态枝。图中有两种自然状态：销路好和销路差，自然状态后面的数字表示该种自然状态出现的概率。位于状态枝末端的是各种方案在不同自然状态下的收益或损失。据此可以算出各种方案的期望收益。

---

[1] 我们以下会看到，在这种情况下，扩建比不扩建有利。

方案 1（节点①）的期望收益为：$[0.7\times100+0.3\times(-20)]\times10-300=340$（万元）

方案 2（节点②）的期望收益为：$(0.7\times40+0.3\times30)\times10-140=230$（万元）

至于方案 3，由于节点④的期望收益 $465(=95\times7-200)$ 万元大于节点⑤的期望收益 $280(=40\times7)$ 万元，所以销路好时，扩建比不扩建好。方案 3（节点③）的期望收益为：$(0.7\times40\times3+0.7\times465+0.3\times30\times10)-140=359.5$（万元）

计算结果表明，在三种方案中，方案 3 最好。

需要说明的是，在上面的计算过程中，没有考虑货币的时间价值，这是为了使问题简化。但在实际中，多阶段决策通常要考虑货币的时间价值。

（三）不确定型决策方法

在比较和选择活动方案时，如果管理者不知道未来情况有多少种，或虽知道有多少种，但不知道每种情况发生的概率，则须采用不确定型决策方法。常用的不确定型决策方法有小中取大法、大中取大法和最小最大后悔值法等。下面举例介绍这些方法。

例 6.4 某企业打算生产某产品。据市场预测，产品销路有三种情况：销路好、销路一般和销路差。生产该产品有三种方案：a. 改进生产线；b. 新建生产线；c. 与其他企业协作。据估计，各方案在不同情况下的收益见表 6.2。问企业选择哪个方案？

1. 小中取大法。采用这种方法的管理者对未来持悲观的看法，认为未来会出现最差的自然状态，因此，不论采取哪种方案，都只能获取该方案的最小收益。采用小中取大法进行决策时，首先计算各方案在不同自然状态下的收益，并找出各方案所带来的最小收益，即在最差自然状态下的收益，然后进行比较，选择在最差自然状态下收益最大或损失最小的方案作为所要的方案。

表 6.2 各方案在不同情况下的收益　　　　　　　　　　单位：万元

方案	自然状态		
	销路好	销路一般	销路差
a. 改进生产线	180	120	-40
b. 新建生产线	240	100	-80
c. 与其他企业协作	100	70	16

在上例中，a 方案的最小收益为 -40 万元，b 方案的最小收益为 -80 万元，c 方案的最小收益为 16 万元，经过比较，c 方案的最小收益最大，所以选择 c 方案。

2. 大中取大法。采用这种方法的管理者对未来持乐观的看法，认为未来会出现最好的自然状态，因此，不论采取哪种方案，都能获取该方案的最大收益。采用大中取大法进行决策时，首先计算各方案在不同自然状态下的收益，并找出各方案所带来的最大收益，即在最好自然状态下的收益，然后进行比较，选择在最好自然状态下收益最大的方案作为所要的方案。

在例 6.4 中，a 方案的最大收益为 180 万元，b 方案的最大收益为 240 万元，c 方案的最大收益为 100 万元，经过比较，b 方案的最大收益最大，所以选择 b 方案。

3. 最小最大后悔值法。管理者在选择了某方案后，如果将来发生的自然状态表明其他方案的收益更大，他（或她）会为自己的选择而后悔。最小最大后悔值法就是使后悔值最小的方法。采用这种方法进行决策时，首先计算各方案在各自然状态下的后悔值（某方案在某自然状态下的后悔值＝该自然状态下的最大收益－该方案在该自然状态下的收益），并找出各方案的最大后悔值，然后进行比较，选择最大后悔值最小的方案作为所要的方案。

在例 6.4 中，在销路好这一自然状态下，b 方案（新建生产线）的收益最大，为 240 万元。在将来发生的自然状态是销路好的情况下，如果管理者恰好选择了这一方案，他就不会后悔，即后悔值为 0。如果他选择的不是 b 方案，而是其他方案，他就会后悔（后悔没有选择 b 方案）。比如，他选择的是 c 方案（与其他企业协作），该方案在销路好时带来的收益是 100 万元，比选择 b 方案少带来 140 万元的收益，即后悔值为 140 万元。各个后悔值的计算结果见表 6.3。

表 6.3　各方案在各自然状态下的后悔值　　　　　　　　　　单位：万元

方案	自然状态		
	销路好	销路一般	销路差
a. 改进生产线	60	0	56
b. 新建生产线	0	20	96
c. 与其他企业协作	140	50	0

由表 6.3 中看出，a 方案的最大后悔值为 60 万元，b 方案的最大后悔值为 96 万元，c 方案的最大后悔值为 140 万元。经过比较，a 方案的最大后悔值最小，所以选择 a 方案。

读 书 提 示

1. ［美］斯蒂芬·罗宾斯、［美］玛丽·库尔特，《管理学》（第 15 版）第 7 章，刘刚等译，中国人民大学出版社，2022 年。

2. ［美］赫伯特·A. 西蒙，《管理行为》，詹正茂译，机械工业出版社，2014 年。

3. ［美］彼得·德鲁克，《卓有成效的管理者》第 6、7 章，许是祥译，机械工业出版社，2009 年。

4. ［美］W. H. 纽曼、［美］小 C. E. 萨默，《管理过程——概念、行为和实践》第 11、12、13、14 章，李柱流译，中国社会科学出版社，1995 年。

5. Stephen P. Robbins and Mary Coulter, *Management*(*11th Edition*), New Jersey: Prentice-Hall International, Inc. 2013（清华大学出版社影印本）。

6. Pamela S. Lewis, Stephen H. Goodman and Patricia M. Fandt, *Management: Challenges in the 21st Century*(*Second Edition*), Illinois: South-Western College Publishing, 1998（东北财经大学出版社影印本）。

复 习 思 考 题

1. 什么是决策？决策的原则和依据各是什么？
2. 何谓追踪决策？与初始决策相比，其特点是什么？管理者在进行追踪决策时要注意什么？
3. 战略决策、战术决策与业务决策之间有何区别？程序化决策与非程序化决策之间有何区别？
4. 决策的理论有哪些？
5. 决策过程包括哪几个阶段？决策过程要受到哪些因素的影响？
6. 何谓经营单位组合分析法？如何利用它来进行企业经营决策？何谓政策指导矩阵？它有何特点？
7. 确定型决策方法、风险型决策方法和不确定型决策方法各有哪些？

第七章

计划与计划工作

计划过程是决策的组织落实过程。决策是计划的前提，计划是决策的逻辑延续。计划通过将组织在一定时期内的活动任务分解给组织的每个部门、环节和个人，从而不仅为这些部门、环节和个人在该时期的工作提供具体的依据，而且为决策目标的实现提供保证（见图7.1）。

第一节 计划的概念及其性质

图7.1
计划的概念

一、计划的概念

在汉语中，"计划"一词的词性既可能是名词，也可能是动词。从名词意义上说，计划是指用文字和指标等形式所表述的，组织以及组织内不同部门和不同成员，在未来一定时期内，关于行动方向、内容和方式安排的管理文件。计划既是决策所确定的组织在未来一定时期内的行动目标和方式在时间和空间的进一步展开，又是组织、领导、控制和创新等管理活动的基础。从动词意义上说，计划是指为了实现决策所确定的目标，预先进行的行动安排。这项行动安排工作包括：在时间和空间这两个维度上进一步分解任务和目标，选择任务和目标实现方式，进度规定，行动结果的检查与控制等。我们有时用"计划工作"表示动词意义上的计划内涵。

正如哈罗德·孔茨（Harold Koontz）所言"计划工作是一座桥梁，它把我们所处的这岸和我们要去的对岸连接起来，以克服这一天堑。"[1]计划工作给组织提供通向未来目标的明确道路，给组织、领导和控制等一系列管理工作提供基础，同时计划工作也要着重于管理创新。有了计划工作这座桥，本来不会发生的事，现在就可能发生了；模糊不清的未来变得清晰实在。虽然我们几乎不可能准确无误地预知未来，虽然那些不可控制的因素可能干扰最佳计划的制订，并且我们几乎不可能制订最优计划，但是如果我们不进行计划工作，我们就只能听任自然，组织活动的有序性、有效性就很难保证了。

无论在名词意义上还是在动词意义上，计划内容都包括"5W1H"，计划必须清楚地确定和描述这些内容：

- What——做什么？目标与内容。
- Why——为什么做？原因。
- Who——谁去做？人员。
- Where——何地做？地点。
- When——何时做？时间。
- How——怎样做？方式、手段。

二、计划与决策

计划与决策是何关系？两者中谁的内容更为宽泛，或者说哪一个概念是被另一个包容的？管理理论研究中对这个问题有着不同的认识。

有人认为，计划是一个较为宽泛的概念：作为管理的首要工作，计划是一个包括环境分析、目标确定、方案选择的过程，决策只是这一过程中某一阶段的工作内容。比如，法约尔认为，计划是管理的一个基本部分，包括预测未来并在此基础上对未来的行动予以安排；西斯克（Henry L. Sisk）认为，"计划工作在管理职能中处于首位"，是"评价有关信息资料、预估未来的可能发展、拟定行动方案的建议说明"的过程，决策是这个过程中的一项活动，是在"两个或两个以上的可选择方案中作一个选择"[2]。

---

[1] ［美］哈罗德·孔茨、［美］海因茨·韦里克，《管理学》（第9版），郝国华等译，经济科学出版社，1993年，第66页。

[2] ［美］亨利·西斯克，《工业管理与组织》，段文燕译，中国社会科学出版社，1985年，第92、94页。

以西蒙为代表的决策理论学派则强调，管理就是决策，决策是包括情报活动、设计活动、抉择活动和审查活动等一系列活动的过程；决策是管理的核心，贯穿于整个管理过程。因此，决策不仅包括计划，而且包容整个管理，甚至就是管理本身。

我们认为，决策与计划是两个既相互区别、又相互联系的概念。说它们是相互区别的，是因为这两项工作需要解决的问题不同。决策是关于组织活动方向、内容以及方式的选择。我们是从"管理的首要工作"这个意义上来把握决策的内涵的。任何组织，在任何时期，为了表现其社会存在，必须从事某种为社会所需要的活动。在从事这项活动之前，组织当然必须首先对活动的方向和方式进行选择；计划则是对组织内部不同部门和不同成员在一定时期内行动任务的具体安排，它详细规定了不同部门和成员在该时期内从事活动的具体内容和要求。

1. 决策是计划的前提，计划是决策的逻辑延续。决策为计划的任务安排提供依据，计划则为决策所选择的目标活动的实施提供组织保证。

2. 在实际工作中，决策与计划相互渗透，有时甚至不可分割地交织在一起。

在决策制定过程中，不论是对内部能力优势或劣势的分析，还是在方案选择时关于各方案执行效果或要求的评价，实际上都已经开始孕育着决策的实施计划。反过来，计划的编制过程，既是决策的组织落实过程，也是决策的更为详细的检查和修订过程。无法落实的决策，或者说决策选择的活动中某些任务的无法安排，必然导致决策进行一定程度的调整。

三、计划的性质

在本书的结构体系中，计划工作具有承上启下的作用：一方面，计划工作是决策的逻辑延续，为决策所选择的目标活动的实施提供组织实施保证；另一方面，计划工作又是组织、领导、控制和创新等管理活动的基础，是组织内不同部门、不同成员行动的依据（见图7.2）。

（一）计划工作为实现组织目标服务

决策活动为组织确立存在的使命和目标，并且进行实现方式的选择。计划工作是对决策工作在时间和空间两个维度上进一步地展开和细化。所谓在时间维度上进一步展开和细化，是指计划工作把决策所确立的组织目标及其行动方式分解为不同时间段（如长期、中期、短期等）的目标及其行动安排；所谓在空间维度上进一步展开和细化，是指计划工作把决策所确立的组织目标及其行动方式分解为组织内不同层次（如高层、中层、基层等）、不同部门（如生产、人事、销售、财务等部门）、不同成员的目标及

图 7.2
计划工作的性质

其行动安排。组织正是为了通过有意识的合作来完成群体的目标而生存的。因此，组织的各种计划及其各项计划工作都必须有助于完成组织的目标。

（二）计划工作是管理活动的基础

如果说决策工作确立了组织生存的使命和目标，描绘了组织的未来，那么计划工作就是一座桥梁，它把我们所处的此岸和我们要去的彼岸连接起来，给组织提供了通向未来目标的明确道路，给组织、领导和控制等一系列管理工作提供基础。

未来的不确定性和环境的变化使行动有如大海航行，如果我们要时刻保持正确的航向，我们就必须明白自己所处的位置，明确自己行动的目标，这不仅要求组织的一般成员了解组织的目标和实现目标的行动安排，而且更要求组织的主要领导人员明确组织的目标和实现目标的行动路径（而不至于因日常琐事和一连串的转弯迷失方向）。计划工作的目的就是使所有行动保持同一方向，促使组织目标实现。

（三）计划工作具有普遍性和秩序性

所有管理人员，从最高管理人员到第一线的基层管理人员都要订计划，做计划工作。虽然计划工作的特点和广度，由于管理人员所处的部门、层级的不同而有所不同，但是计划工作是全体管理人员的一项职能。当然，计划工作的普遍性中蕴含一定的秩序（见图 7.3）。这种秩序随着不同组织的性质不同而有所不同。最主要的秩序表现为计划工作的纵向层次性和横向协作性。虽然所有管理人员都订计划，做计划工作，但第一线的基层管理人员的工作计划，不同于高层管理人员制订的战略计划。在高层管理人员计划组织总方向时，各级管理人员必须随后据此拟订他们的计划，从而保证实现组织的总目标。另外，组织的总目标不可能仅通过某一类型活动（如销售活动）就可以完成，而需要多种多样的活动相互协作和相互补充才可以完成。在高层管理计划组织总方向时，各层级的管理人员必须随后制订相互协作的计划。

（四）计划工作要追求效率

可以用计划对组织的目标的贡献来衡量一个计划的效率。贡献是指扣除在制订和实施这个计划时所需要的费用和其他因素后能得到的剩余。在计划所要完成的目标确定的情况下，同样可以用制订和实施计划的成本及其他连带成本（如计划实施带来的损失、计划执行的风险等）来衡量效率。如果计划能得到最大的剩余，或者如果计划按合理的代价实现目标，这样的计划

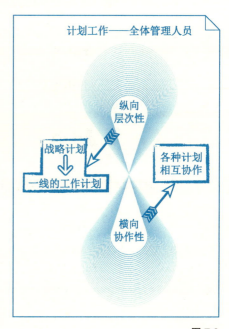

图 7.3
计划的普遍性和秩序性

就是有效率的。特别应注意的是，在衡量代价时，不仅要考虑时间、资金或者产量等因素，还要关注对个人和集体满意程度的影响。

实现目标有许多途径，我们必须从中选择尽可能好的方法，以最低的费用取得预期的成果，保持较高的效率，避免不必要的损失。计划工作强调协调、强调节约，其重大安排都经过经济和技术的可行性分析，可以使付出的代价尽可能划算。

第二节 计划的类型

计划是将决策实施所需完成的活动任务进行时间和空间上的分解，以便将其具体落实到组织中的不同部门和个人的过程。因此，计划的分类可以依据时间和空间两个不同的标准。除了时间和空间两个标准外，我们还可以根据计划的明确性程度和计划的程序化程度对计划进行分类。把计划分类为战略性计划和战术性计划是管理活动中常见的。这一分类综合时间和空间两类标准，考察计划涉及的时间长短和职能范围的广狭程度。表7.1列出了按不同方法分类的计划类型。

表 7.1　计划的类型

分类标准	类　　型
时间长短	• 长期计划 • 短期计划
职能空间	• 业务计划 • 财务计划 • 人事计划
综合性程度（涉及时间长短和职能范围广狭）	• 战略性计划 • 战术性计划
明确性	• 具体性计划 • 指导性计划
程序化程度	• 程序性计划 • 非程序性计划

一、长期计划和短期计划

财务分析人员习惯于将投资回收期分为长期、中期和短期。长期通常指 5 年以上，短期一般指一年以内的期间，中期则介于两者之间。管理人员也采用长期、中期和短期来描述计划。长期计划描述组织在较长时期（通常为五年以上）的发展方向和方针，规定了组织的各个部门在较长时期内从事某种活动应达到的目标和要求，绘制了组织长期发展的蓝图。短期计划具体地规定了组织的各个部门在目前到未来的各个较短的时期阶段，特别是最近的时段中，应该从事何种活动，从事该种活动应达到何种要求，从而为各组织成员在近期内的行动提供指导依据。

二、业务计划、财务计划和人事计划

从职能空间分类，可以将计划分为业务计划、财务计划及人事计划。组织通过从事一定业务活动立身于社会，业务计划是组织的主要计划。我们通常用"人财物，供产销"六个字来描述一个企业所需的要素和企业的主要活动（见图 7.4）。业务计划的内容涉及"物、供、产、销"，财务计划的内容涉及"财"，人事计划的内容涉及"人"。

作为经济组织，企业业务计划包括产品开发、物资采购、仓储后勤、生产作业以及销售促进等内容。长期业务计划主要涉及业务方面的调整或业务规模的发展，短期业务计划则主要涉及业务活动的具体安排。比如，长期产品计划主要涉及产品新品种的开发，短期产品计划则主要与现有品种的结构改进、功能完善有关；长期生产计划安排了企业生产规模的扩张及实施步骤，短期生产计划则主要涉及不同车间、班组的季、月、旬乃至周的作业进度安排；长期营销计划关系到推销方式或销售渠道的选择与建立，短期营销计划则为现有营销手段和网络的充分利用。

财务计划与人事计划是为业务计划服务的，也是围绕着业务计划而展开的。财务计划研究如何从资本的提供和利用上促进业务活动的有效进行，人事计划则分析如何为业务规模的维持或扩大提供人力资源的保证。比如，长期财务计划要决定，为了满足业务规模发展，从而资本增值的需要，如何建立新的融资渠道或选择不同的融资方式；短期财务计划则研究如何保证资本的供应或如何监督这些资本的利用效率。长期人事计划要研究如何保证组织的发展，提高成员的素质，准备必要的干部力量；短期人事计划则要研究如何将具备不同素质特点的组织成员安排在不同的岗位上，使他们的能力和积极性得到充分的发挥。

三、战略性计划与战术性计划

根据涉及时间长短及其范围广狭的综合性程度标准，可以将计划分为战略性计划与战术性计划。战略性计划是指应用于整体组织的，为组

图 7.4
企业的主要活动

织未来较长时期（通常为 5 年以上）设立总体目标和寻求组织在环境中的地位的计划。战术性计划是指规定总体目标如何实现的细节的计划，其需要解决的是组织的具体部门或职能在未来各个较短时期内的行动方案。战略性计划的两个显著特点是长期性与整体性。长期性是指战略性计划涉及未来较长时期，整体性是指战略性计划是基于组织整体而制定的，强调组织整体的协调。战略性计划是战术性计划的依据，战术性计划是在战略性计划指导下制订的，是战略性计划的落实。从作用和影响上来看，战略性计划的实施是组织活动能力的形成与创造过程，战术性计划的实施则是对已经形成的能力的应用。

四、具体性计划与指导性计划

根据计划内容的明确性标准，可以将计划分为具体性计划和指导性计划。具体性计划具有明确规定的目标，不存在模棱两可。比如，企业销售部经理打算使企业销售额在未来 6 个月中增长 15%，他也许会制定明确的程序、预算方案以及日程进度表，这便是具体性计划。指导性计划只规定某些一般的方针和行动原则，给予行动者较大自由处置权，它指出重点但不把行动者限定在具体的目标上或特定的行动方案上。比如，一个增加销售额的具体计划可能规定未来 6 个月内销售额要增加 15%，而指导性计划则可能只规定未来 6 个月内销售额要增加 12%—16%。相对于指导性计划而言，具体性计划虽然更易于计划的执行、考核及控制，但它缺少灵活性，而且它要求的明确性和可预见性条件往往很难得到满足。

五、程序性计划与非程序性计划

赫伯特·西蒙把组织活动分为两类（见图 7.5）。

1. 例行活动，指一些重复出现的工作，如订货、材料的出入库等。有关这类活动的决策是经常反复的，而且具有一定的结构，因此，可以建立一定的决策程序。每当出现这类工作或问题时，就利用既定的程序来解决，而不需要重新研究。这类决策叫程序化决策，与此对应的计划是程序性计划。

2. 非例行活动，不重复出现，如新产品的开发、生产规模的扩大、品种结构的调整、工资制度的改变等。处理这类问题没有一成不变的方法和程序，因为这类问题在过去尚未发生过，或因为其确切的性质和结构捉摸不定或极为复杂，再或因

图 7.5
组织活动的分类

为其十分重要而须用个别方法加以处理。解决这类问题的决策叫非程序化决策，与此对应的计划是非程序性计划。

W. H. 纽曼（William H. Newman）指出："管理部门在指导完成既定目标的活动上基本用的是两种计划：常规计划和专用计划。"[1]（见图7.5）常规计划包括政策、标准方法和常规作业程序，所有这些都是准备用来处理常发性问题的。每当一种具体常见的问题发生时，常规计划就能提供一种现成的行动指导。专用计划包括为独特的情况专门设计的方案、进程表和一些特殊的方法等，它用来处理一次性的而非重复性的问题。

我们可根据不同标准来划分计划的类型。一个计划包含组织将来行动的目标和方式。计划与未来有关，是面向未来的，而不是过去的总结，也不是现状的描述；计划与行动有关，是面向行动的，而不是空泛的议论，也不是学术的见解。面向未来和面向行动是计划的两大显著特征。如果认识到这点，我们就能够理解计划是多种多样的。哈罗德·孔茨和海因·韦里克从抽象到具体把计划分为一种层次体系：①目的或使命；②目标；③战略；④政策；⑤程序；⑥规则；⑦方案；以及⑧预算[2]，如图7.6所示。

孔茨和韦里克的分类对于我们理解计划及其计划工作大有裨益。下面简要分析各种形式的计划。

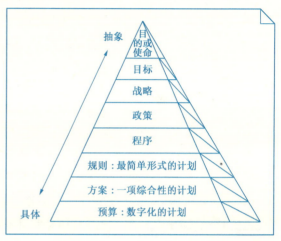

图 7.6
计划的层次体系

（一）目的或使命

它指明一定的组织机构在社会上应起的作用、所处的地位。它决定组织的性质，是决定此组织区别于彼组织的标志。各种有组织的活动，如果要使它有意义，至少应该有自己的目的或使命。比如，大学的使命是教书育人和科学研究，研究院所的使命是科学研究，医院的使命是治病救人，法院的使命是解释和执行法律，企业的目的是生产和分配商品和服务。

（二）目标

组织的目的或使命往往太抽象、太原则化，它需要进一步具体为组织一定时期的目标和各部门的目标。组织的使命支配着组织各个时期的目标和各部门的目标，并且组织各个时期的目标和各部门的目标是围绕组织存在的使命所制定的，并为完成组织使命而努力的。虽然教书育人和科学研究

---

[1] ［美］W. H. 纽曼、［美］小 C. E. 萨默，《管理过程——概念、行为和实践》，李柱流译，中国社会科学出版社，1995 年，第 492 页。

[2] ［美］哈罗德·孔茨、［美］海因茨·韦里克，《管理学》（第 9 版），郝国华等译，经济科学出版社，1993 年，第 70 页。

是一所大学的使命，但一所大学在完成自己使命时会进一步具体化不同时期的目标和各院系的目标，如最近 3 年培养多少人才、发表多少论文等。

（三）战略

战略是为了达到组织总目标而采取的行动和利用资源的总计划，其目的是通过一系列的主要目标和政策去决定和传达指望成为什么样组织的愿景。战略并不准确描述组织怎样去完成它的目标，其实这些是无数主要的和次要的支持性计划的任务。

（四）政策

政策是指导或沟通决策思想的全面的陈述书或理解书。但不是所有政策都是陈述书，政策也常常会从主管人员的行动中含蓄地反映出来。比如，主管人员处理某问题的习惯方式往往会被下属作为处理该类问题的模式，这也许是一种含蓄的、潜在的政策。政策帮助事先决定问题处理的方法，这减少了对某些例行事件处理的成本。政策支持分权，同时也支持上级主管对该项分权的控制。政策允许对某些事情有酌情处理的自由，我们切不可把政策当作规则，又必须把这种自由限制在一定的范围内。自由处理的权限大小既取决于政策自身，又取决于主管人员的管理艺术。

（五）程序

> 比如，一家制造业企业的处理订单程序、财务部门批准给客户信用的程序、会计部门记载往来业务的程序等，这些都表现为企业的规章制度，也即政策。

程序是制订处理未来活动的一种必需方法的计划。它详细列出必须完成某类活动的切实方式，并按时间顺序对必要的活动进行排列。它与战略不同，它是行动指南，而非思想指南。它与政策不同，它没有给行动者自由处理的权力。出于理论研究的考虑，我们把政策与程序区分开来，实践工作中，程序往往表现为组织的规章制度。组织中每个部门都有程序，并且在基层，程序变得更加具体化且数量更多了。

（六）规则

规则没有酌情处理的余地。它详细地阐明必需的行动或非必需的行动，其本质是反映一种必须或无须采取某种行动的管理决策。规则通常是最简单形式的计划。

规则不同于程序。

（1）规则指导行动但不说明时间顺序。

（2）可以把程序看作一系列的规则，但是一条规则可能是也可能不是程序的组成部分。

> 比如，"禁止吸烟"是一条规则，但和程序没有任何联系。不过，一种规定顾客服务的程序可能表现为一些规则，如在接到顾客需要服务的信息后30分钟内必须给予答复。

规则也不同于政策。政策的目的是要指导行动，并给执行人员留有酌情处理的余地；规则虽然也起指导行动的作用，但是在运用规则时，执行人员没有自行处理之权。必须注意的是，就其性质而言，规则和程序均旨在约束思想；但我们只有在不需要组织成员使用他们的自行处理权时，才应该使用规则和程序。

(七) 方案(或规划)

方案是一个综合性的计划,它包括目标、政策、程序、规则、任务分配、要采取的步骤、要使用的资源以及为完成既定行动方针所需的其他因素。一项方案可能很大,也可能很小。通常情况下,一个主要方案(规划)可能需要很多支持计划。在该主要计划进行之前,都必须把这些支持计划制订出来,并付诸实施。所有这些计划都必须加以协调和安排时间。

(八) 预算

预算是一份用数字表示预期结果的报表。预算通常是为计划服务的,但其本身也可能是一项规划。

第三节 计划编制过程

计划编制本身也是一个过程。为了保证编制的计划合理,确保能够实现决策的组织落实,计划编制过程中必须采用科学的方法。

虽然可以用不同标准把计划分成不同类型,计划的形式也多种多样,但管理人员在编制任何完整的计划时,实质上都遵循相同的逻辑和步骤。这个逻辑可用图 7.7 来描述。

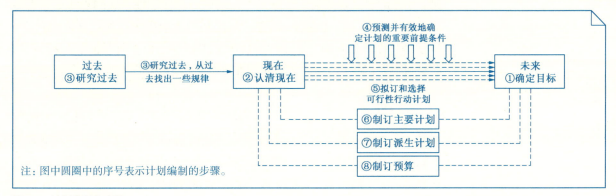

图 7.7 计划编制的步骤

(一) 确定目标

确定目标是决策工作的主要任务。制订计划的第一步是必须明确我们将要走向何方。目标是指期望的成果。目标为组织整体、各部门和各成员指明方向,描绘组织未来的状况,并且作为标准可用来衡量实际的绩效。计划工作的主要任务是将决策所确立的目标进行分解，以便落实到各个部门、各个活动环节，并将长期目标分解为各个阶段的目标。企业的目标指明主要计划的方向，而主要计划又根据反映企业目标的方式，规定各个重要部门的目标。而主要部门的目标又依次控制下属各部门的目标，如此等等，沿着这条线依次类推，从而形成组织的目标结构，包括目标的时间结构和空间结构。目标结构描述组织中各层次目标间的协作关系。

（二）认清现在

计划是连接我们所处的此岸和我们要去的彼岸的一座桥梁。目标指明组织要去的彼岸。因此，制订计划的第二步是认清组织所处的此岸，即认清现在。认识现在的目的在于寻求合理有效的通向彼岸的路径，也即实现目标的途径。认清现在不仅需要开放的精神，将组织、部门置于更大的系统中，而且要有动态的精神，考察环境、对手与组织自身随时间的变化与相互间的动态反应。对外部环境、竞争对手和组织自身的实力进行比较研究，不仅要研究环境给组织带来的机会与威胁，与竞争对手相比的组织自身的实力与不足，还要研究环境、对手及其自身随时间变化的变化。

（三）研究过去

虽然"现在"不必然在"过去"的线性延长线上，但"现在"毕竟是从"过去"走来。研究过去不仅是从过去发生的事件中得到启示和借鉴，更重要的是探讨过去通向现在的一些规律。从过去发生的事件中探求事物发展的一般规律，其基本方法有两种：一为演绎法，一为归纳法。演绎法是将某一大前提应用到个别情况，并从中引出结论。归纳法是从个别情况发现结论，并推论出具有普遍原则意义的大前提。现代理性主义的思考和分析方式基本上可分为以上两种，即要么从已知的大前提出发加以立论，要么有步骤地把个别情况集中起来，再从中发现规律。根据所掌握的材料情况，研究过去可以采用个案分析、时间序列分析等形式。

（四）预测并有效地确定计划的重要前提条件

前提条件是关于要实现计划的环境的假设条件，是关于我们所处的此岸到达我们将去的彼岸的过程中所有可能的假设情况。预测并有效地确定计划前提条件的重要性不仅在于，对前提条件认识越清楚、越深刻，计划工作就越有效，而且在于，组织成员越彻底地理解和同意使用一致的计划前提条件，企业的计划工作就越协调。

由于将来是极其复杂的，要对一个计划的将来环境的每个细节都作出假设，不仅不切合实际甚至无利可图，因而是不必要的。因此，前提条件是限于那些对计划来说是关键性的，或具有重要意义的假设条件，也就是说，限于那些最影响计划贯彻实施的假设条件。预测在确定前提方面很重要。

最常见的对重要前提条件预测的方法是德尔菲法。

（五）拟订和选择可行性行动计划

"条条道路通罗马""殊途同归"，这些都是描述实现某一目标的途径是多条的。拟订和选择行动计划包括三个内容：拟订可行性行动计划、评估计划和选定计划。

拟订可行性行动计划要求拟订尽可能多的计划。可供选择的行动计划数量越多，被选计划的相对满意程度就越高，行动就越有效。因此，在可行的行动计划拟订阶段，要发扬民主，广泛发动群众，充分利用组织内外的专家，通过他们的献计献策，产生尽可能多的行动计划。在寻求可供选择的行动计划阶段需要"巧主意"，需要创新性。尽管没有两个人的脑力活动完全一样，但科学研究表明，创新过程一般包括浸润（对一问题由表及里的全面了解）、审思（仔细考虑这一问题）、潜化（放松和停止有意识的研究，让下意识来起作用）、突现（突现绝妙的，也许有点古怪的答案）、调节（澄清、组织和再修正这一答案）[1]。具体的方式有头脑风暴法、提喻法[2]。

评价行动计划，要注意考虑以下几点。

（1）认真考察每一个计划的制约因素和隐患。

（2）要用总体的效益观点来衡量计划。

（3）既要考虑到每一计划的许多有形的可以用数量表示出来的因素，又要考虑到许多无形的不能用数量表示出来的因素。

（4）要动态地考察计划的效果，不仅要考虑计划执行所带来的利益，还要考虑计划执行所带来的损失，特别注意那些潜在的、间接的损失。评价方法分为定性和定量两类。

（5）按一定的原则选择出一个或几个较优计划。

（六）制订主要计划

完成拟订和选择可行性行动计划后，制订主要计划就是将所选择的计划用文字正式地表达出来，作为一项管理文件。制订计划要清楚地确定和描述5W1H（见图7.8）的内容。

（七）制订派生计划

主要计划需要派生计划的支持。比如，一家公司年初制定了"当年销售额比上年增长15%"的销售计划，这一计划发出了许多信号，如生产计划、促销计划等。再如当一家公司决定开

图7.8
5W1H

---

[1] ［美］W.H. 纽曼、［美］小 C.E. 萨默，《管理过程——概念、行为和实践》，李柱流译，中国社会科学出版社，1995年，第318—324页。

[2] 关于提喻法，可阅读野中郁次郎关于"知识螺旋""从暗喻到模型""从混乱到概念"的讨论。［日］野中郁次郎、陈洁，《知识创新使公司成长》，《市场观察》，1999年第2期。

拓一项新的业务时,这个决策是制订很多派生计划的信号,比如雇佣和培训各种人员的计划、筹集资金计划、广告计划等。

(八) 制订预算

在作出决策和确定计划后,赋予计划含义的最后一步就是把计划转变成预算,使计划数字化。编制预算,一方面是为了使计划的指标体系更加明确,另一方面使企业更易于对计划执行进行控制。

读 书 提 示

1. [美]哈罗德·孔茨、[美]海因茨·韦里克,《管理学——国际化与领导力的视角》(精要版第9版)第3章,马春光译,中国人民大学出版社,2014年。

2. [美]斯蒂芬·罗宾斯、[美]玛丽·库尔特,《管理学》(第15版)第8章,刘刚等译,中国人民大学出版社,2022年。

3. [德]F. X. 贝阿、[德]E. 迪维特里、[德]施维策尔,《企业管理学》(第二卷)第1章,王演红、陆新等译,复旦大学出版社,1998年。

4. [美]W. H. 纽曼、[美]小 C. E. 萨默,《管理过程——概念、行为和实践》,第16、17、18、19章,李柱流译,中国社会科学出版社,1995年。

5. [美]彼得·德鲁克,《管理的实践》,齐若兰译,机械工业出版社,2009年。

复 习 思 考 题

1. 简述计划的概念及其性质。
2. 理解计划的类型及其作用。
3. 解释孔茨与韦里克的计划层次体系的基本内容。
4. 计划编制包括哪几个阶段的工作?

第八章

计划的实施

把战略性计划转化为战术性计划,既是中期与短期计划的制订过程,又是长期、中期与短期计划的组织实施过程。战术性计划是指规定总体目标如何实现的细节的计划,其需要解决的是组织的具体部门或职能在未来各个较短时期内的行动方案。战略性计划是战术性计划的依据,战术性计划是在战略性计划指导下制订的,是战略性计划的落实。把战略性计划转化为战术性计划,要求计划在不同期间内和不同职能空间上协调一致,保证计划全面且均衡地得以实施和完成(见图8.1)。所谓全面地完成计划,是指组织整体、组织内的各个部门要按一切主要指标完成计划,而不能有所偏废;所谓均衡地完成计划,是指要根据时段的具体要求,做好各项工作,按年、季、月,甚至旬、周、日完成计划,以建立正常的活动秩序,保证组织稳步地发展。

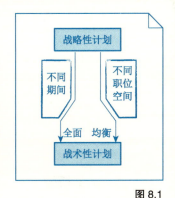

图 8.1
战略性计划向战术性计划的转化

把战略性计划所确定的目标在时间和空间两个维度上展开,具体地规定组织的各个部门在目前到未来的各个较短的时期阶段,特别是最近的时段中,应该从事何种活动,从事该种活动应达到何种要求,从而为各组织成员在近期内的行动提供依据。没有战术性计划对战略性计划进行落实,制订战略性计划就没有意义。如果企业管理者和员工了解企业,将自己作为企业的一部分,战略性计划就容易转化为战术性行动。实践中,组织计

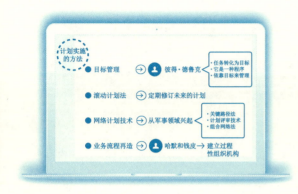

图 8.2　计划实施的方法

划实施行之有效的方法主要有目标管理、滚动计划法、网络计划技术和业务流程再造等方法（见图 8.2）。

第一节　目 标 管 理

目标管理是美国管理学家彼得·德鲁克（Peter F. Drucker）于 1954 年提出的。我国企业于 20 世纪 80 年代初开始引进目标管理法，并取得较好成效。

一、目标管理的基本思想

1. 企业的任务必须转化为目标，企业管理人员必须通过这些目标对下级进行领导并以此来保证企业总目标的实现。凡是工作成就和成果直接对企业的生存和繁荣有重要影响的部门，都必须制定目标，期望经理取得的成就必须是从企业的目标中引申出来的，他的成果必须用他对企业的贡献来衡量。

2. 目标管理是一种程序，使一个组织中的上下各级管理人员会同起来制定共同的目标，确定彼此的成果责任，并以此项责任来作为指导业务和衡量各自的贡献的准则。一个管理人员的职务应该以达到公司目标所要完成的工作为依据；如果没有方向一致的分目标来指导每个人的工作，则企业的规模越大、人员越多时，发生冲突和浪费的可能性就越大。

3. 每个企业管理人员或工人的分目标就是企业总目标对他的要求，同时也是这个企业管理人员或工人对企业总目标的贡献。只有每个人的分目标都完成了，企业的总目标才有完成的希望。

4. 管理人员和工人靠目标来管理，以其所要达到的目标为依据，进行自我指挥、自我控制，而不是由他的上级来指挥和控制。

5. 企业管理人员对下级进行考核和奖惩也是依据这些分目标。

二、目标的性质

目标表示最后结果，总目标需要由子目标来支持。这样，组织及其各层次的目标就形成一个目标网络。作为任务分配、自我管理、业绩考核和奖惩实施的目标具有如下特征：①层次性；②网络性；③多样性；④可考核性；⑤可实现性；⑥挑战性；⑦伴随信息反馈性（见图 8.3）。

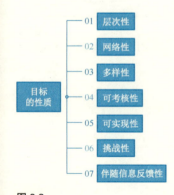

图 8.3　目标的性质

(一)目标的层次性

组织目标形成一个有层次的体系,范围从广泛的组织战略性目标到特定的个人目标。这个体系的顶层包含组织的远景和使命陈述。第二层次是组织的任务。在任何情况下,组织的使命和任务必须要转化为组织总目标和战略,总目标和战略更多地指向组织较远的未来,并且为组织的未来提供行动框架。这些行动框架必须要进一步细化为更多的具体的行动目标和行动方案,因此,在目标体系的基层,有分公司的目标、部门和单位的目标、个人目标等。

在组织的层次体系中的不同层次的主管人员参与不同类型目标的建立。董事会和最高层主管人员主要参与确定企业的使命和任务目标,也参与在关键成果领域中更多的具体的总目标。中层主管人员如副总经理、营销经理或生产经理,主要是建立关键成果领域的目标、分公司的和部门的目标。基层主管人员主要关心的是部门和单位的目标以及他们的下级人员目标的制定。

(二)目标的网络性

如果说目标体系是从组织整体来考察组织目标的话,目标网络则是从某一具体目标的实施规划的整体协调方面来进行工作。目标与计划方案,通常均会形成所希望的结果和结局的一种网络。如果各种目标不互相关联、不相互协调且也互不支持,则组织成员往往出于自利而采取对本部门看来可能有利而对整个公司却是不利的途径。目标网络的内涵表现为以下四点。

1. 目标和计划很少是线性的,即并非一个目标实现后接着去实现另一个目标,如此等等。目标和规划形成一个互相联系着的网络。

2. 主管人员必须确保目标网络中的每个组成部分要相互协调。不仅执行各种规划要协调,而且完成这些规划在时间上也要协调。

3. 组织中的各个部门在制定自己部门的目标时,必须要与其他部门相协调。有人研究得出结论,一家公司的一个部门似乎很容易制定完全适合于它的目标,但这个目标却在经营上与另一个部门的目标相矛盾。

4. 组织制定各种目标时,必须要与许多约束因素相协调。

(三)目标的多样性

企业任务的主要目标通常是多种多样的。同样,在目标层次体系中的每个层次的具体目标,也可能是多种多样的。有人认为,一位主管人员不可能有效地追求更多的目标,以2—5个为宜。其理由是,过多的目标会使主管人员应接不暇从而顾此失彼,更为可怕的是,可能会使主管人员过多注重于小目标而有损于主要目标的实现。也有人认为,即使排除了日常的事务性工作,似乎也没有目标的限定数目,主管人员可能同时追求多达

10—15个重要目标。但这个结论是值得怀疑的，如果目标的数目过多，其中无论哪一个都没有受到足够的注意，则计划工作是无效的。因此，在考虑追求多个目标的同时，必须对各目标的相对重要程度进行区分。

（四）目标的可考核性

目标考核的途径是将目标量化。目标定量化往往也会损失组织运行的一些效率，但是对组织活动的控制、成员的奖惩会带来很多方便。目标可考核性表达的是：人们必须能够回答这样一个问题，"在期末，我如何知道目标已经完成了？"比如，获取合理利润的目标，可以最好地指出公司是盈利还是亏损的，但它并不能说明应该取得多少利润。因为在不同人的思想里，"合理"的解释是不同的，对于下属人员是合理的东西，可能完全不被上级领导人接受。如果意见不合，下属人员一般无法争辩。如果我们将此目标明确地定量为"在本会计年度终了实现投资收益率10%"，那么，它对"多少""什么""何时"都作出了明确回答。

> 有时要用可考核的措辞来说明结果会有更多的困难，对高层管理人员以及政府部门尤其如此。但原则是：只要有可能，就规定明确的、可考核的目标。

（五）目标的可实现性

根据美国管理心理学家维克多·弗鲁姆（Victor Vroom）的期望理论，人们在工作中的积极性或努力程度（激发力量）是效价和期望值的乘积。其中，效价指一个人对某项工作及其结果（可实现的目标）能够给自己带来满足程度的评价，即对工作目标有用性（价值）的评价；期望值指人们对自己能够顺利完成这项工作可能性的估计，即对工作目标能够实现概率的估计。因此，一个目标对其接受者如果要产生激发作用的话，对于接受者来说，这个目标就必须是可接受的、可以完成的。对一个目标完成者来说，如果目标超过其能力所及的范围，则该目标对其是没有激励作用的。

> 期望理论（Expectancy Theory）：要激励员工，就必须让员工明确：(1)工作能提供给他们真正需要的东西；(2)他们欲求的东西是和绩效联系在一起的；(3)只要努力工作，就能提高他们的绩效。

（六）目标的挑战性

同样根据弗鲁姆的期望理论，如果一项工作完成所达的目的对接受者没有多大意义，接受者也就没有动力去完成该项工作；如果一项工作对接受者来说是件轻而易举的事，那么接受者也没有动力去完成该项工作。所谓"跳一跳，摘桃子"说的就是这个道理。

目标的可接受性和挑战性是对立统一的关系，但在实际工作中，我们必须把它们统一起来。

（七）目标的伴随信息反馈性

信息反馈是把目标管理过程中目标的设置、目标实施情况不断地反馈给目标设置和实施的参与者，让人员时时知道组织对自己的要求、自己的贡献情况。如果建立了目标再加上反馈，就能更进一步强化员工的工作表现。

综上所述，设置目标，一般要求目标的数量不宜太多，包括工作的主要特征，并尽可能地说明必须完成什么和何时完成，如有可能，也应明示所期望的质量和为实现目标的计划成本。此外,目标能促进个人和职业上的成长和发展,对员工具有挑战性,并适时地向员工反馈目标完成情况。

三、目标管理的过程

孔茨认为,目标管理是一个全面的管理系统,它用系统的方法,使许多关键管理活动结合起来,以有效地实现组织目标和个人目标。

在理想的情况下,这个过程开始于组织的最高层,并且有总经理的积极支持,他会给组织以指导。但是目标设置开始于最高层并不是实质性的。它可以从分公司一级开始,也可以在某职能部门这一级甚至更低层开始。目标管理的过程见图8.4。

> 例如,某一公司的目标管理首先在一个分公司建立,随后逐级建立到管理的最低层从而形成一个互相联系、互相支持的目标网络。在分公司经理的领导和指导下,无论在获利性、成本降低还是改善经营等方面都取得了成功。不久,其他一些分公司经理和企业总经理也会产生兴趣并力图履行类似的目标管理计划。

(一)制定目标

这包括确定组织的总体目标和各部门的分目标。总体目标是组织在未来从事活动要达到的状况和水平,其实现有赖于全体成员的共同努力。为了协调这些成员在不同时空的努力,各个部门的各个成员都要建立与组织总体目标相结合的分目标。这样就形成一个以组织总体目标为中心的一贯到底的目标体系。在制定每个部门和每个成员的目标时,上级要向下级提出自己的方针和目标,下级要根据上级的方针和目标制定自己的目标方案,要在此基础上进行协商,最后由上级综合考虑后作出决定。

目标可以设置为任何期限,在大多数情况下,目标设置可与年度预算或主要项目的完成期限相一致。在制定目标时,主管人员也要建立衡量目标完成的标准,如果制定的是定量的、可考核的目标,时间、成本、数量、质量等这些衡量标准一般都要写到目标里去。在制定目标体系时,主管人员和下级应该一起行动,而不应该不适当地强制下级制定各种目标。

(二)明确组织的作用

理想的情况是,每个目标和子目标都应明确对应某一个人的责任。然而,几乎不可能去建立一个完美的组织结构以致每一特定的目标都成为某个个人的责任。例如,在制定一种新产品投入的目标中,研究、销售和生产等部门的主管人员必须仔细地协调他们的工作。组织常会设立一名产品主管人员来统一协调各种职能。

(三)执行目标

组织中各层次、各部门的成员为达成分目标,必

图 8.4
目标管理的过程

须从事一定的活动，活动中必须利用一定的资源。为了保证他们有条件组织目标活动的展开，必须授予相应的权力，使之有能力调动和利用必要的资源。有了目标，组织成员便会明确努力的方向；有了权力，他们便会产生强烈的与权力使用相应的责任心，从而能充分发挥他们的判断能力和创造能力，使目标执行活动有效地进行。

（四）成果评价

成果评价既是实行奖惩的依据，也是上下左右沟通的机会，还是自我控制和自我激励的手段。成果评价既包括上级对下级的评价，也包括下级对上级、同级关系部门相互之间以及各层次自我的评价。上下级之间的相互评价，有利于信息、意见的沟通，从而有利于组织活动的控制；横向的关系部门相互之间的评价，有利于保证不同环节的活动协调进行；各层次组织成员的自我评价，则有利于促进他们的自我激励、自我控制以及自我完善。

（五）实行奖惩

组织对不同成员的奖惩，是以上述各种评价的综合结果为依据的。奖惩可以是物质的，也可以是精神的。公平合理的奖惩有利于维持和调动组织成员饱满的工作热情和积极性。如果奖惩有失公正，则会影响这些成员行为的改善。

（六）制定新目标并开始新的循环

成果评价与成员行为奖惩，既是对某一阶段组织活动效果以及组织成员贡献的总结，也为下一阶段的工作提供参考和借鉴。在此基础上，为组织成员及其各个层次、部门的活动制定新的目标并组织实施，便展开了目标管理的新一轮循环。

第二节　滚动计划法

滚动计划法是一种定期修订未来计划的方法。

一、滚动计划法的基本思想

这种方法根据计划的执行情况和环境变化情况定期修订未来的计划，并逐期向前推移，使短期计划、中期计划有机地结合起来。由于在计划工作中很难全面准确地预测将来影响企业经营的经济、政治、文化、技术、产业、顾客等各种因素的变化，而且随着计划期的延长，这种不确定性会越来越大。因此，若机械地按几年以前的计划实施，或机械地、静态地执行战略性计划，则可能导致巨大的错误和损失。滚动计划法可以避免这种不确定性可能带来的不良后果。具体做法是，用近细远粗的办法制订计划。如图8.5 所示，这是 5 年期的滚动计划法。

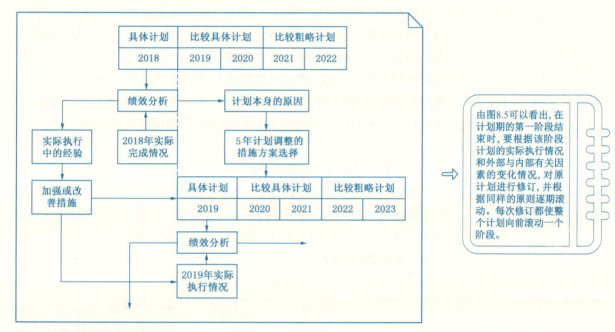

图 8.5　5 年期的滚动计划法

由图8.5可以看出，在计划期的第一阶段结束时，要根据该阶段计划的实际执行情况和外部与内部有关因素的变化情况，对原计划进行修订，并根据同样的原则逐期滚动。每次修订都使整个计划向前滚动一个阶段。

二、滚动计划法的评价

滚动计划方法虽然使得计划编制和实施工作的任务量加大，但在计算机时代的今天，其优点十分明显。

1. 计划更加切合实际，并且使战略性计划的实施也更加切合实际。战略性计划是指应用于整体组织的，为组织未来较长时期（通常为 5 年以上）设立总体目标和寻求组织在环境中的地位的计划。由于人们无法对未来的环境变化作出准确的估计和判断，所以，计划针对的时期越长，不准确性就越大，其实施难度也越大。滚动计划相对缩短了计划时期，加大了计划的准确和可操作性，从而是战略性计划实施的有效方法。

2. 滚动计划方法使长期计划、中期计划与短期计划相互衔接，短期计划内部各阶段相互衔接。这就保证了即使由于环境变化出现某些不平衡时也能及时地进行调节，使各期计划基本保持一致。

3. 滚动计划方法大大加强了计划的弹性，这对环境剧烈变化的时代尤为重要，它可以提高组织的应变能力。

在实施计划的方法中，对于战略性计划的实施最有效的方法是＿＿＿＿＿＿。

第三节 网络计划技术

网络计划技术于 20 世纪 50 年代后期在美国产生和发展起来。这种方法包括各种以网络为基础制订计划的方法，如关键路径法、计划评审技术、组合网络法等。1956 年，美国的一些工程师和数学家组成一个专门小组首先开始这方面的研究。1958 年，美国海军武器计划处采用计划评审技术，使北极星导弹工程的工期由原计划的 10 年缩短为 8 年。1961 年，美国国防部和国家航空署规定，凡承制军用品必须用计划评审技术制订计划上报。从那时起，网络计划技术就开始在组织管理活动中被广泛地应用。

一、网络计划技术的基本步骤

网络计划技术的原理，是把一项工作或项目分成各种作业，然后根据作业顺序进行排列，通过网络图对整个工作或项目进行统筹规划和控制，以便用最少的人力、物力、财力资源，以最高的速度完成工作。网络计划技术的基本步骤如图 8.6 所示。

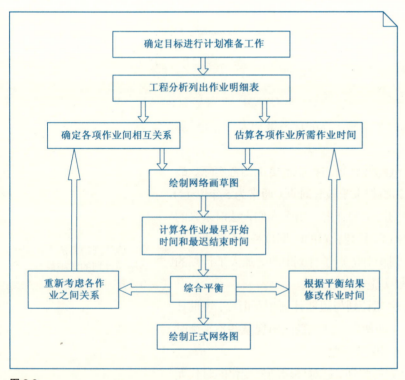

图 8.6
网络计划技术的基本步骤

二、网络图

网络图是网络计划技术的基础。任何一项任务都可分解成许多步骤的工作，根据这些工作在时间上的衔接关系，用箭线表示它们的先后顺序，画出一个由各项工作相互联系并注明所需时间的箭线图，这个箭线图就称作网络图。图 8.7 便是一个简单的网络图。

1. "→"，工序。这表示一项工作的过程，有人力、物力参加，经过一段时间才能完成。图中箭线下的数字便是完成该项工作所需的时间。此外，还有一些工序既不占用时间，也不消耗资源，是虚设的，叫虚工序，在图中用"--▶"表示。网络图中应用

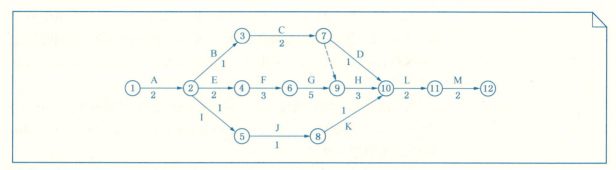

图 8.7 网络图

虚工序的目的也是避免工序之间关系的含混不清，以正确表明工序之间先后衔接的逻辑关系。

2. "○"，事项。这是指两个工序间的连接点。事项既不消耗资源，也不占用时间，只表示前道工序结束、后道工序开始的瞬间。一个网络图中只有一个始点事项，一个终点事项。

3. 路线。这是指网络图中由始点事项出发，沿箭线方向连续不断地前进，直至到达终点事项为止的一条通道。一个网络图中往往存在多条路线，图 8.7 中从始点①连续不断地走到终点⑫的路线有四条，如图 8.8 所示。

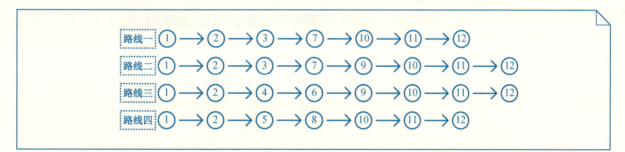

图 8.8 四条路线

比较各路线的路长，可以找出一条或几条最长的路线。这种路线被称为关键路线。关键路线上的工序被称为关键工序。关键路线的路长决定了整个计划任务所需的时间。关键路线上各工序完工时间提前或推迟都直接影响整个活动能否按时完工。确定关键路线，据此合理地安排各种资源，对各工序活动进行进度控制，是利用网络计划技术的主要目的。

三、网络计划技术的评价

网络计划技术虽然需要大量而烦琐的计算，但在计算机广泛运用的时代，这些计算已大都程序化了。这种技术之所以被广泛地运用，是因为它有一系列的优点。

1. 该技术能把整个工程的各个项目的时间顺序和相互关系清晰地表明，并指出完成任务的关键环节和路线。因此，管理者在制订计划时可以统筹安排，全面考虑，又不失重点。在实施过程中，管理者可以进行重点管理。

2. 可对工程的时间进度与资源利用实施优化。在计划实施过程中，管理者调动非关键路线上的人力、物力和财力从事关键作业，进行综合平衡。这既可节省资源又能加快工程进度。

> 能够事先评价达到目标的可能性的计划方法是_____。

3. 可事先评价达到目标的可能性。该技术指出计划实施过程中可能发生的困难点，以及这些困难点对整个任务产生的影响，准备好应急措施，从而降低完不成任务的风险。

4. 便于组织与控制。管理者可以将工程，特别是复杂的大项目，分成许多支持系统来分别组织实施与控制，这种既化整为零又聚零为整的管理方法，可以达到局部和整体的协调一致。

5. 易于操作，并具有广泛的应用范围，适用于各行各业以及各种任务。

第四节 业务流程再造

业务流程再造（BPR）又称业务流程重组、企业经营过程再造，最早是由美国的哈默和钱皮提出的，并将它引入西方企业管理领域。

业务流程再造强调以业务流程为改造对象和中心、以客户的需求和满意度为目标，对现有的业务流程进行根本的再思考和彻底的再设计，利用先进的制造技术、信息技术以及现代化的管理手段，最大限度地实现技术上的功能集成和管理上的职能集成，以打破传统的职能型组织结构（functional organization），建立全新的过程型组织结构（process-oriented organization），从而实现企业经营在成本、质量、服务和速度等方面的巨大改善。这种做法既适用于单独一个流程，也适用于整个组织。

整个 BPR 实施体系（见图 8.9）由观念再造、流程再造、组织再造、试点与切换以及实现战略等五个关键阶段组成，其中，以流程再造为主导，每个层次内部又有各自

图 8.9
BPR 实施体系

相应的步骤,各层次也交织着彼此作用的关联关系[1]。并且流程再造与企业资源计划(enterprise resource planning,ERP)的实施在实际运行中是交织在一起的。

一、观念再造

这一层次所要解决的是有关 BPR 的观念问题,即要在整个企业内部树立实施 BPR 的正确观念,使企业员工理解 BPR 对于企业管理、应用 ERP 的重要性。其相应的步骤见图 8.10。

图 8.10
观念再造的步骤

1. 组建 BPR 小组。由于 BPR 要求大幅度地变革基本信念、转变经营机制、重建组织文化、重塑行为方式和重构组织形式,这就需要有很好的领导和组织保证。所以,在企业内部要成立专门的领导小组负责 ERP 应用中的业务流程再造。

2. 制订计划,培训宣传。计划内容包括:哪些是重要的环节,如何做好沟通工作,特别是在可能涉及下岗问题的地方。培训和宣传可以帮助企业的员工从客观的和整个企业发展的角度,来看待并理解业务流程再造及其对本企业的重要意义,以避免由于员工的不理解,造成企业内部的人心恐慌和对 BPR 的抵触情绪。

3. 找出核心流程。相应的管理层要找出组织关键的、核心的流程。

4. 设置合理目标。这是为了给业务流程再造活动设置一个明确的要达到的目标,以便做到"心中有数"。常见的目标有降低成本、缩短时间、增加产量、提高质量、提高顾客满意度等。

5. 建立项目实施团队。再造项目所需要的变革规模往往很大,超出现有管理结构的处理能力。因此,通常需要一个单独的管理结构,一般来说是三级管理结构:最上层是项目的主持人,主持人应该来自最高管理部门;第二层是一个指导小组,他们负责监督转变的过程;第三层为任务团队,是实际发生变革的地方。流程分析、流程图绘制、新设计评价以及最后的实施都发生在这一层面上。根据再造工作的范围,在该层设立相应数目的团队,分别负责指定的任务。

二、流程再造

流程再造是指对企业的现有流程进行调研分析、诊断、再设计,然后重新构建新的流程的过程。其相应的步骤见图 8.11。

---

[1] 本小节编写主要参考了[英]J. 佩帕德、[英]P. 罗兰,《业务流程再造》,高俊山译,中信出版社,Prentice Hall 出版公司,1999 年,第 264—292 页;汉普咨询,"BPR:推动企业成功应用 ERP",www.amteam.org。

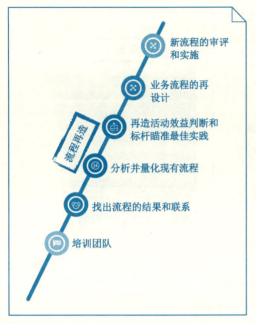

图 8.11
流程再造的步骤

1. 培训团队。团队组建到正常工作一般要经过四个阶段：组建阶段、规范阶段、动荡阶段和功能发挥阶段。培训中要强调流程观念，并且介绍一些简单的流程图技术。

2. 找出流程的结果和联系。以流程所服务的任务为结果，重新设计流程的边界。

3. 分析并量化现有流程。团队画出并理解现有流程的流程图，应用定量指标度量这个流程和流程的每个阶段。具体定量指标有：各阶段的工作时间和流程总工作时间；各阶段的通过时间，各阶段上和各阶段间的通过时间相加就是流程的总延滞时间；任务转手次数（物料、文件及电子信息通过流程时经过的不同人手次数）；计算机系统数目（流程中使用的计算机系统数）；各阶段存在问题；增值评价（各个阶段是否直接贡献于所需结果的成功传送）。

4. 再造活动效益判断和标杆瞄准最佳实践。一个流程的再造范围可能会很大，所涉及的再造活动可能很多，按再造活动对组织总体效益的改进效果，按 ABC 方法排列出再造活动的优先次序。标杆瞄准最佳实践是一种打破范式、推进不同的做事方式的有用方法，其实质是创造性和创新性。

5. 业务流程的再设计。针对前面分析诊断的结果，重新设计现有流程，使其趋于合理化。流程再设计可以表现为：经多道工序合并，归于一人完成；将完成多道工序的人员组合成小组或团队共同工作；将串行式流程改为同步工程等。

6. 新流程的审评和实施。

三、组织再造

在新流程实施之前，对组织基础结构进行评审和必要的变革是非常必要的。这种基础结构包括人力资源和技术。人力资源制度基础结构的要素有管理等级体制、报酬和奖励制度、劳动合同等；技术方面的要素包括信息网络、工厂/办公室位置、办公设施、设备和机器等。组织再造的目的，是要给业务流程再造提供制度上的维护和保证，并追求不断改进。其相应的步骤见图 8.12。

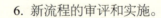

图 8.12
组织再造的步骤

1. 审评组织的人力资源。用好组织中的人员关键在于对他们的了解。新流程需要的角色可能会与现在员工承担的角色完全不同。谁来承担这些角色以及如何调动他们的积极性就是一个关键问题。因此，需要审评现有人力资源的结构、能力与动机。

2. 审评技术结构与技术能力。对组织现有的技术结构进行深入的考察，包括信息网络、计算机技术、设备与机器等，以便确定它们支持新流程设计的能力。

3. 设计新的组织形式。对流程要求、组织的人力资源与技术要素深入考察之后，就可以设计新的组织形式了。管理层次、规章制度、角色和责任等可能都需要在取得一致意见后调整，从而使得新流程能够实施。

4. 建立新的技术基础结构和技术应用。应从企业整体角度而不仅仅从正在改造的单个流程的角度来考虑对技术的需求，从而建立新的结构和能力，以保证新流程能够实施。

四、试点和切换

管理者对新流程、人力资源结构和能力、技术结构和能力充分思考并完成工作后，就转入实施改进阶段。最好的实施过程应该是先试点、后推广。其相应的步骤见图 8.13。

1. 选定试点流程，组建试点流程团队。选好试点流程对整个 BPR 项目的成功非常关键。选试点流程时应注意：能够显著显现 BPR 计划的效果；成功的概率高，改进所涉及的变革不应过分复杂，参与人员的才能应尽可能高并拥有高度的积极性；试点应包括足够多的在整个组织实施时会涉及的因素，作为推广到组织其他部分的充分检验。

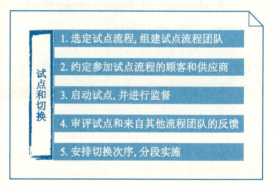

图 8.13
试点和切换的步骤

2. 约定参加试点流程的顾客和供应商。开始时应选择最好的顾客和最好的供应商。

3. 启动试点，并进行监督。高级管理者应该赋予试点团队负责人调动必要资源以完成任务的权力，所有失误都应该迅速转变成可以应用的实践经验。

4. 审评试点和来自其他流程团队的反馈。这段时间应适当延长以保证取得结果，但又不应过长而导致组织的其他部分失去对再造的热情和动力。

5. 安排切换次序，分段实施。

五、实现远景目标

这一阶段包括评价流程再造的成效；获取改进业绩的效益及其信息；发展流程再造所得能力的新用途；不断改进，不断创新，创造持续竞争优势。

读 书 提 示

1. ［美］哈罗德·孔茨、［美］海因茨·韦里克，《管理学——国际化与领导力的视角》（精要版第 9 版）第 3 章，马春光译，中国人民大学出版社，2014 年。

2. ［美］斯蒂芬·罗宾斯、［美］玛丽·库尔特著，《管理学》（第 15 版）第 8 章，刘刚等译，中国人民大学出版社，2022 年。

3. ［德］F. X. 贝阿、［德］E. 迪维特里、［德］施维策尔，《企业管理学》（第二卷）第 1 章，王演红、陆新等译，复旦大学出版社，1998 年。

4. ［美］彼得·德鲁克，《管理的实践》，齐若兰译，机械工业出版社，2009 年。

5. Hammer, M. Reengineering Work: Don't Automate, Obliterate. *Harvard Business Review*, July-August, 1990, pp.104-112.

6. ［美］迈克尔·哈默、［美］詹姆斯·钱皮，《企业再造：企业革命的宣言书》，王珊珊等译，上海译文出版社，2007 年。

7. ［英］J. 佩帕德、［英］P. 罗兰，《业务流程再造》，高俊山译，中信出版社，1999 年。

复 习 思 考 题

1. 何谓目标管理？其特点是什么？如何利用目标管理组织计划的实施？
2. 网络计划技术的基本原理是什么？
3. 滚动方式计划有何基本特点？
4. 何为业务流程再造？简述业务流程再造的基本过程。

综合案例

南京钢铁的数字化转型[1]

南京钢铁集团有限公司（以下简称"南钢"）创建于 1958 年，是国家第二个五年计划战略布局

---

[1] 改编自对南钢集团的访谈材料及相关报道材料。

的 18 家地方重点钢企之一。目前，南钢拥有国际领先、国际先进和国内领先产品 159 个，Only1、No.1 产品 75 个，止裂钢特厚板、低温钢、极地用钢、高强度水电钢等解决了关键产品的"卡脖子"问题，为 300 多个大国重器和超级工程提供了不可或缺的高性能材料。

一、启动

南钢自 20 世纪 90 年代开始陆续建设了与生产自动化控制系统相结合的销售、财务等专业领域的信息化管理系统。2003 年，与 POSCO ICT 合作开发的国内第一个中厚板炼轧一体化 MES 系统，引入了韩国浦项的生产管控理念；2007 年，与我国台湾地区的中冠公司合作开发 ERP 系统，借鉴和学习了台湾地区钢铁企业的管理思想和成功实践。2014 年，钢铁行业利润、经营效益非常差，下游造船业客户也陷入低谷。南钢发现行业痛点，在行业首推 JIT+C2M 个性化定制服务模式，打破传统的钢铁企业只为下游提供标品的规则，向船厂客户分段配送交付定制尺寸与规格的产品。打破常规的定制交付方式，对于习惯规模化、标准化生产的钢铁企业来说是巨大的挑战，一炉百余吨的钢水，如何满足几吨的产品需求？南钢通过数字化赋能在订单管理、生产计划、质量管理、仓储物流等领域几乎都进行了流程再造、系统再造、组织再造，适配定制化需求，支撑了客户走向造船业领先的分段建造、精益造船。

二、战略行动

"十二五"期间南钢投资 8 亿元，加快数字化转型，完成了核心业务系统数字化全覆盖；"十三五"期间投资超过 15 亿元，实现了"一切业务数字化"，开始探索数字化无人区，构建实时可靠、安全共享、智慧决策的内部智慧工厂和外部全链路价值循环的产业运营生态。在"十四五"期间，计划投资将超 25 亿元。

南钢制定了"工业互联网＋数据治理"双轮驱动的推进模式。通过工业互联网平台的建设实现数据的统一采集，以数字系统承载工业知识，全面支撑公司业务数字化转型、智能化生产、网络化协同、个性化定制、服务化延伸。通过数据治理对数据全面盘点，提升数据质量，打破数据"孤岛"，形成数据地图，促进数据共享，实现数据资产变现，确保数字技术高效解决工业痛点问题。

南钢制定了统一顶层设计、业务分步实施的行动路径。底层部署自动化与物联、边缘计算系统，实现车间级智慧生产，通过数据采集汇聚到统一的数据底座，形成一套完整的高质量数据体系。基于统一的数据底座进行领域智能化建设，南钢运营业务划分为 17 个领域，覆盖研产供销服、战略、保卫、人资、财务、党建等。基于钢铁复杂长流程的特点分段规划了铁区、钢轧、能源管控三个一体化中心，建成覆盖全公司的"智慧运营中心"体系，形成全局智能寻优的能力。南钢智慧运营中心与供应商、客户、渠道方等相关方通过数字服务平台进行互联，放大生态乘数效应。

南钢确定了数字化战略的"一把手工程"：建立了由董事长挂帅的数字化管理委员会，成立了由工程院院士领衔的 46 位专家组成的数字化转型专家智库，成立了数字应用研究院；在钢铁行业首创了数字化人才序列，构建了人才引进、成长、选拔、流动的"活水机制"，促进生产技术型人才 (OT) 成长为 OT+IT+DT 的复合型人才。

三、成果举例

1. 南钢 JIT+C2M 智能工厂。2020年7月,南钢自主集成国内智能装备供应商,建成全球首个专业加工高等级耐磨钢配件工厂 JIT+C2M 智能工厂(准时化配送),实现全工序智能协同、全球化定制配送,实现离散制造向全流程制造转变,解决了下游终端用户零部件分散加工、离散制造所造成的成本高、效率低等问题,并实现绿色低碳生产;实现供应周期缩短 33%,加工成本下降 20%,整体人效提升 10 倍(见图 8.14)。

图 8.14
南钢 JIT + C2M 智能工厂

2. 钢铁"数字新工人"。目前,南钢自主研发出一批智能试验室、雷达检测、视觉标识、智能安全帽、MR(混合现实,mixed reality)点巡检系统、AR 眼镜(增强现实,augmented reality)等产线工序操控机器人 300 台(套)。

3. 数据治理。2021 年,南钢在行业率先启动全面数据治理工作。以业务一把手为主导的数据 Owner 体系,分步推进南钢 17 个业务领域数据资产的盘点工作,构建数据管理矩阵。目前,实现数据服务交付时间平均缩短 50%,数据指标复用率提升 50%,数据存储资源节约 20%。

4. 智慧运营中心。2021 年 12 月,南钢建成了钢铁行业首个覆盖业务最广的"智造、经营、生态"一体化智慧运营中心,涵盖六大集群、17 个业务领域,实现了端到端的全面数据资产整合,完成了从采购、生产、销售、研发等各业务环节全要素、全流程、全价值链的一体化智慧运营。智慧运营中心是南钢工业数字系统核心,既是南钢生产运营管理的"工业大脑",也是南钢所有业务模块协同管理的"运营大脑",支撑南钢从单领域、单工序寻优走向跨领域、全局寻优。集约化效果显著,研发周期缩短了 30%,加工成本下降了 10%。

思考题

1. 工业企业数字化转型的痛点和难点是什么?再结合相关材料,谈谈如何解决。
2. 你从南钢的数字化转型中学到了什么?

第三篇 组　织

为了使人们能为实现目标而有效地工作，就必须设计和维持一种职务结构，这就是组织管理职能的目的。

——哈罗德·孔茨
Harold Koontz

第九章 组织设计

成功的演出,不仅需要每个演员的天才表演,而且要求有优秀的剧本;同样,组织的高效率运行,首先要求设计合理的组织结构。虽然,"高明的管理人员能使任何一个组织发挥作用",但合理的组织设计必然会提高管理人员成功的概率。

第一节 组织设计概述

一、问题的提出

组织设计的实质是对管理人员的管理劳动进行横向和纵向的分工。管理劳动分工的必要性缘于管理者的有效管理幅度是有限的。管理幅度决定组织中的管理层次,从而决定组织结构的基本形态。设计合理的组织机构与结构,必须确定合理的管理幅度,为此首先需要分析管理幅度的主要影响因素。

> 管理劳动分工之所以必要是因为管理者的_____是有限的。

> 组织中的管理层次是由_____决定的。

（一）个人活动与集体活动

一般意义上的管理，是指对人们从事的业务活动的计划、组织和控制，管理中的组织职能首先是对管理人员的管理劳动的管理。组织结构的设计就是要在管理劳动分工的基础上，设计出组织所需的管理职务和各个管理职务之间的关系。

🎤 个体劳动者和手工作坊会面临组织结构问题吗？为什么？

个体劳动者和手工作坊不存在组织结构问题。个体劳动者需要安排的只是自己的活动、自己的时间和资源的分配；手工作坊或规模很小的其他社会组织，其主管可以直接管理每一个成员的活动，而不需假手他人。但是，在一个拥有数百、上千，乃至几万人的大型现代社会组织中，由于时间和精力的限制，主管人员不可能直接地、面对面地安排和指导每个成员的工作，而需要委托他人分担管理工作。委托多少人？委托什么样的人？每个受委托人从事何种性质的工作？他们在工作中的关系以及与委托者的关系如何？解决这些问题，就需要设计组织的机构和结构，确定管理职务的类型和组合方法，规定它们的工作任务和相互关系。

可以说，组织结构的必要性和重要性是随着组织活动内容的复杂程度和参与活动的人员数量的增加而不断提高的。

（二）管理幅度、管理层次与组织结构的基本形态

组织的最高主管因受到时间和精力的限制，须委托一定数量的人分担其管理工作。委托的结果是减少了他必须直接从事的业务工作量，但与此同时，也增加了他协调受托人之间关系的工作量。因此，任何主管能够直接有效地指挥和监督的下属数量总是有限的。这个有限的直接领导的下属数量被称作管理幅度。

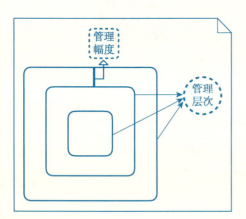

图9.1
扁平结构

出于同样的理由，最高主管的受托人也须将受托担任的部分管理工作再委托给另一些人来协助进行，并依此类推下去，直至受托人能直接安排和协调组织成员的具体业务活动。由此形成组织中最高主管到具体工作人员之间的不同管理层次。

显然，管理层次受到组织规模和管理幅度的影响。它与组织规模成正比：组织规模越大，包括的成员越多，则层次越多。在组织规模已定的条件下，它与管理幅度成反比：主管直接控制的下属越多，管理层次越少，相反，管理幅度减小，则管理层次增加。

管理层次与管理幅度的反比关系决定了两种基本的管理组织结构形态——扁平结构形态和锥形结构形态（见图9.1和图9.2）。

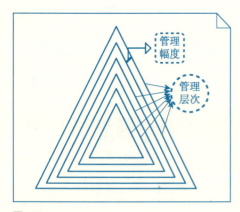

图9.2
锥形结构

1. 扁平结构是指在组织规模已定的条件下，管理幅度较大、管理层次较少的一种组织结构形态。这种形态的优点是：由于层次少，信息的传递速度快，从而可以使高层尽快地发现信息所反映的问题，并及时采取相应的纠偏措施；同时，由于信息传递经过的层次少，传递过程中失真的可能性也较小；此外，较大的管理幅度，使主管人员对下属的控制不可能过多过死，从而有利于下属主动性和首创精神的发挥。但过大的管理幅度也会带来一些局限性：比如主管不能对每位下属进行充分、有效地指导和监督；每个主管从较多的下属那儿取得信息，众多的信息量可能淹没其中最重要、最有价值者，从而可能影响信息的及时利用等。

2. 锥形结构是管理幅度较小，从而管理层次较多的高、尖、细的金字塔形态。其优点与局限性正好与扁平结构相反：较小的管理幅度可以使每位主管仔细地研究从每个下属那儿得到的有限信息，并对每个下属进行详尽的指导。但过多的管理层次：

（1）不仅影响了信息从基层传递到高层的速度，而且由于经过的层次太多，每次传递都被各层主管加进许多自己的理解和认识，从而可能使信息在传递过程中失真。

（2）可能使各层主管感到自己在组织中的地位相对渺小，从而影响积极性的发挥。

（3）往往容易使计划的控制工作更加复杂。

组织设计要尽可能地综合两种基本组织结构形态的优势，克服它们的局限性。

（三）影响管理幅度的因素

综合和发扬两种基本组织形态的优点、克服其局限性，要求确定合理的管理层次和管理幅度。由于管理层次的多少取决于管理幅度的大小，因此后者便成了矛盾的主要方面。

任何组织都需要解决主管人员直接指挥与监督的下属数量问题，但在同样获得成功的组织中，每位主管直接管辖的下属数量往往是不同的。根据美国著名管理学家孔茨和奥唐奈（Cyril O'Donnell）的介绍：美国五星上将艾森豪威尔（D.D. Eisenhower）在第二次世界大战中任盟军欧洲部队最高司令官时，有三名直属下级，而这三名下属没有一人有多于四名下属的；1975年，通用汽车公司的总经理有两名执行副总经理和一个由13名副总经理组成的小组向他直接报告工作；同年，一家管理较好的运输公司的最高主管直接领导7名主要下属……这些事实表明，努力去确定一种适用于任何组织的管理幅度是没有意义的，也是不可能有结果的。有效的管理幅度受到诸多因素的影响，主要有主管与下属的工作能力、工作内容和性质、

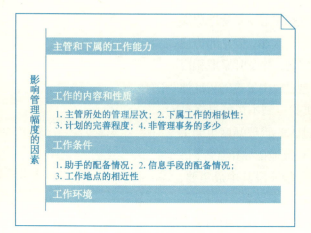

图 9.3
影响管理幅度的四大因素

工作条件与工作环境（见图 9.3）。

1. 主管和下属的工作能力。主管的综合能力、理解能力、表达能力强，则可以迅速地把握问题的关键，就下属的请示提出恰当的指导建议，并使下属明确地理解，从而可以缩短与每一位下属在接触中占用的时间。同样，如果下属具备符合要求的能力，受过良好的系统培训，则可以在很多问题上根据自己符合组织要求的主见去解决，从而可以减少占用上司的时间和向上司请示的频率。这样，管理的幅度便可适当宽些。

2. 工作的内容和性质。

（1）主管所处的管理层次。主管的工作在于决策和用人。处在管理系统中的不同层次，决策与用人的比重各不相同。决策的工作量越大，主管用于指导、协调下属的时间就越少，而越接近组织的高层，主管人员的决策职能越重要，所以，其管理幅度要较中层和基层管理人员小。

（2）下属工作的相似性。如果下属从事的工作内容和性质相近，则主管对每人工作的指导和建议也大体相同。这种情况下，同一主管对较多下属的指挥和监督是不会有什么困难的。

（3）计划的完善程度。下属如果单纯地执行计划，且计划本身制订得详尽周到，下属对计划的目的和要求明确，那么，主管对下属指导所需的时间就不多；相反，如果下属不仅要执行计划，而且要将计划进一步分解，或计划本身不完善，那么，主管对下属指导、解释的工作量就会相应增加，从而减小有效管理幅度。

（4）非管理事务的多少。主管作为组织不同层次的代表，往往必须占用一定时间去进行一些非管理性事务。通常，管理层次越高，主管的非管理性事务越多。这种现象对管理幅度也会产生消极的影响。

3. 工作条件。

（1）助手的配备情况。如果有关下属的所有问题，不分轻重缓急，都要主管去亲自处理，就必然要花费他大量的时间，他能直接领导的下属数量也会受到进一步的限制。如果给主管配备了必要的助手，由助手去和下属进行一般的联络，并直接处理一些明显的次要问题，则可以大大减少主管的工作量，增加其管理幅度。

（2）信息手段的配备情况。掌握信息是进行管理的前提。利用先进的技术去搜集、处理、传输信息，不仅可帮助主管更早、更全面地了解下属的工作情况，从而可以及时地提出忠告和建议，而且可使下属了解更多的与自己工作有关的信息，从而更能自如、自主地处理分内的事务。这显然有利于扩大主管的管理幅度。

（3）工作地点的相近性。不同下属的工作岗位在地理上的分散，会增加下属与主管以及下属之间的沟通困难，从而会影响主管直属部下的数量。

4. 工作环境。组织环境稳定与否会影响组织活动内容和政策的调整频度与幅度。环境变化越快，变化程度越大，组织中遇到的新问题越多，下属向上级的请示就越有必要、越频繁；相反，上级能用于指导下属工作的时间和精力就越少，因为他必须花更多的时间去关注环境的变化，考虑应变的措施。因此，环境越不稳定，各层主管人员的管理幅度越受到限制。

（四）组织设计的任务

设计组织的结构是执行组织职能的基础工作。组织设计的任务是提供组织结构系统图和编制"职务说明书"。组织结构系统图的基本形状如图9.4所示。

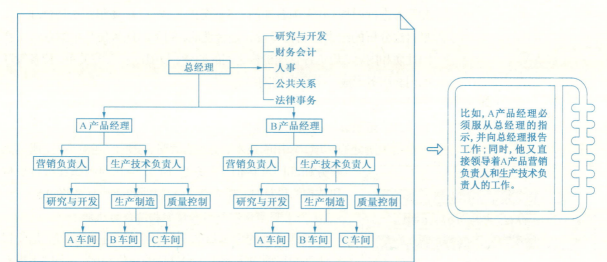

图 9.4　组织结构系统图

图9.4中的方框表示各种管理职务或相应的部门；箭线表示权力的指向；通过箭线将各方框连接，标明各种管理职务或部门在组织结构中的地位以及它们之间的相互关系。

"职务说明书"要求能简单而明确地指出：该管理职务的工作内容、职责与权力、与组织中其他部门和职务的关系，要求担任该项职务者所必须拥有的基本素质、技术知识、工作经验、处理问题的能力等条件。

为了提供上述两种组织设计的最终成果，组织设计者要完成以下三个步骤的工作。

1. 职务设计与分析。组织系统图是自上而下绘制的,在研究现有组织的改进时,也往往从自上而下地重新划分各个部门的职责来着手进行。但是,设计一个全新的组织结构却需要从最基层开始,也就是说,组织设计是自下而上的。

职务设计与分析是组织设计的最基础工作。职务设计是在目标活动逐步分解的基础上,设计和确定组织内从事具体管理工作所需的职务类别和数量,分析担任每个职务的人员应负的责任、应具备的素质要求。

2. 部门划分。根据各个职务所从事的工作内容的性质以及职务间的相互关系,依照一定的原则,可以将各个职务组合成被称为"部门"的管理单位。组织活动的特点、环境和条件不同,划分部门所依据的标准也不一样。对同一组织来说,在不同时期的背景中,划分部门的标准也可能会不断调整。

3. 结构的形成。职务设计和部门划分是根据工作要求来进行的。在此基础上,还要根据组织内外能够获取的现有人力资源,对初步设计的部门和职务进行调整,并平衡各部门、各职务的工作量,以使组织机构合理。如果再次分析的结果证明初步设计是合理的,剩下的任务便是根据各自工作的性质和内容,规定各管理机构之间的职责、权限以及义务关系,使各管理部门和职务形成一个严密的网络。

二、组织设计的原则

组织所处的环境、采用的技术、制定的战略、发展的规模不同,所需的职务和部门及其相互关系也不同,但任何组织在进行机构和结构的设计时,都须遵守一些共同的原则(见图 9.5)。

图 9.5
组织设计的原则

(一) 因事设职与因人设职相结合的原则

组织设计的根本目的是保证组织目标的实现,是使目标活动的每项内容都落实到具体的岗位和部门,即"事事有人做",而非"人人有事做"。因此,组织设计中,逻辑性地要求首先考虑工作的特点和需要,要求因事设职,因职用人,而非相反。但这并不意味着组织设计中可以忽视人的因素,组织设计过程中必须重视人的因素。

1. 组织设计往往并不是为全新的、迄今为止还不存在的组织设计职务和机构。在那种情况下,也许可以不考虑人的特点。但是,在通常情况下,我们遇到的实际上是组织的再设计问题。随着环境、任务等某个或某些影响因素的变化,重新设计或调整组织的机构与结构,这时就不能不考虑到现有组织中现有成员的特点,组织设计的目的就不仅是要保证"事事有人做",而且要保证"有能力的人有机会去做他们真正胜任的工作"。

2. 组织中各部门各岗位的工作最终是要人去完成的,即使是一个全新的组织,也并不总能在社会上招聘到每个职务所需的理想人员。如同产品的设计,不仅要考虑产品本身的结构合理,还要考虑所能运用的材料的质地、性能和强度的限制一样,组织机构和结构的设计,也不能不考虑组织内外现有人力资源的特点。

3. 任何组织,首先是人的集合,而不是事和物的集合。人之所以参加组织,不仅有满足某种客观需要的要求,而且希望通过工作来提高能力、展现才华、实现自我的价值。现代社会中的任何组织,通过其活动向社会提供的不仅是某种特定的产品或服务,而且是具有一定素质的人。可以说,为社会培养各种合格有用的人才是所有社会组织不可推卸的社会责任。

(二)权责对等的原则

组织中每个部门和职务都必须完成规定的工作。而为了从事一定的活动,都需要利用一定的人、财、物等资源。因此,为了保证"事事有人做""事事都能正确地做好",则不仅要明确各个部门的任务和责任,而且在组织设计中,还要规定相应的取得和利用人力、物力、财力以及信息等工作条件的权力。没有明确的权力,或权力的应用范围小于工作的要求,则可能使责任无法履行、任务无法完成。当然,对等的权责也意味着赋予某个部门或岗位的权力不能超过其应负的职责。权力大于工作的要求,虽能保证任务的完成,但会导致不负责任地滥用,甚至会危及整个组织系统的运行。

(三)命令统一的原则

除了位于组织金字塔顶部的最高行政指挥外,组织中的所有其他成员在工作中都会收到来自上级行政部门或负责人的命令,根据上级的指令开始或结束、进行或调整、修正或废止自己的工作。但是,一个下属如果同时接受两个上司的指导,而且这些上司的指示并不总是保持一致,就会造成他的工作混乱。如果两位上司的命令相互矛盾,下属便会感到无所适从。这时,下属无论依照谁的指令行事,都有可能受到另一位上司的指责。当然,如果下属足够聪明,且有足够的胆略,他还可利用一位上司的命令去影响另一位上司的指示,不采取任何执行行动。这显然也会给整个组织带来危害。统一命令或统一指挥的原则指的是组织中的任何成员只能接受一个上司的领导。

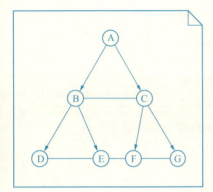

图 9.6
组织中各个职务之间的等级关系

但是,这条重要的原则在组织实践中常遇到来自多方面的破坏。最常见的有两种情况。

图 9.6 表明组织中各个职务之间的等级关系。

1. 在正常情况下,D 和 E 只接受 B 的领导,F 和 G 只服从 C 的命令,B 和 C 都不应闯入对方的领地。但是,如果 B 也向 F 下达指令,要求他在某时某刻去完成某项工作,F 也因其具有与自己的直系上司 C 相同层次的职务而服从这个命令,则出现双头领导的现象。这种在理论上不应出现的现象,在实践中却常会遇到。

2. 在正常情况下,A 只能对 B 和 C 直接下达命令,但如果出于"效率"和速度的考虑,为了纠正某个错误,或及时停止某项作业,A 不通过 B 或 C,而直接向 D、E 或 F、G 下达命令,这些下属的下属对自己上司的上司的命令,在通常情况下是会积极执行的。这种行为经常反复,也会出现双头或多头领导。这种越级指挥的现象给组织带来的危害是极大的,它不仅破坏了命令统一的原则,而且会引发越级请示的行为。长此以往,会造成中层管理人员在工作中的犹豫不决,增强他们的依赖性,诱使他们逃避工作、逃避责任。最后会导致中间管理层乃至整个行政管理系统的瘫痪。

为了防止上述现象的出现,在组织设计中要根据一个下级只能服从一个上级领导的原则,将管理的各个职务形成一条连续的等级链,明确规定链中每个职务之间的责任、权力关系,禁止越级指挥或越权指挥;在组织实践中,在管理体制上要实行各级行政首长负责制,减少甚至不设各级行政主管的副职。

第二节 组织设计的影响因素分析

组织设计的任务是确定为保证组织目标的达成,组织中需要设立哪些岗位和部门,并规定这些岗位和部门间的相互关系。组织的目标不同,为实现目标所需进行的活动不同;活动的环境和条件不同,企业中需要设立不同的岗位,这些岗位又在不同的部门,这些部门之间的相互关系也必然表现出不同的特征,从而成为影响企业经营活动、企业组织设计的主要因素。

影响组织设计的主要因素见图 9.7。

一、外部环境对企业组织设计的影响

广义地讲，企业外部存在的一切都是企业的环境。当然，环境中的不同因素对企业活动内容的选择及组织方式的影响程度也是不同的。我们主要分析环境中对组织来说敏感的和必须作出反应的方面。所以，企业组织的外部环境可以被定义为存在于企业组织边界之外并对企业组织具有潜在的直接影响的所有因素。

这些因素可以分为两个层次：任务环境与一般环境。任务环境主要作用于对组织实现其目标的能力具有直接影响的部门，如顾客、供应商、竞争对手、投资和金融机构、工会组织、行业协会和政府机构等。一般环境指那些对企业的日常经营没有直接影响，但对企业和企业的任务环境产生影响的经济、技术、政治、法律、社会、文化和自然资源等要素。

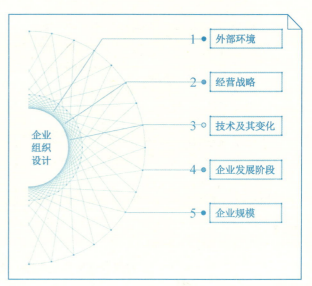

图 9.7
组织设计的影响因素

不确定性是企业外部经营环境的主要特点，这个特点使企业决策者很难掌握足够的关于环境因素的信息，从而难以预测外部环境的变化并据此采取相应措施。因此，外部环境的不确定性特点提高了企业对外部环境反应失败的风险。

环境的不确定性取决于环境的复杂性和环境的变动性。复杂性是指环境由多个不同质的要素构成。随着复杂性程度的提高，组织就要设置更多的职位和部门来负责对外联系，并配备更多的综合人员来协调各部门工作，结构的复杂程度就随之提高，组织的集权化程度也必然降低；环境的变动性取决于构成要素的变化及这种变化的可预见程度。

环境的特点及变化对企业组织的影响主要表现在以下三个方面。

1. 对职务和部门设计的影响。组织是社会经济大系统中的一个子系统。组织与外部存在的其他社会子系统之间也存在分工问题。社会分工方式的不同决定了组织内部工作内容的不同，从而导致所需完成的任务、所需设立的职务和部门不同。

2. 对各部门关系的影响。环境不同，使组织中各项工作完成的难易程度以及对组织目标实现的影响程度也不相同。同样在市场经济体制中，当产品的需求大于供给时，企业关心的是如何增加产量、扩大生产规模，增加新的生产设备或车间，从而企业的生产职能的体现者——生产部门会显得非常重要，而相对要冷落销售部门和销售人员；一旦市场供过于求，从卖方市场

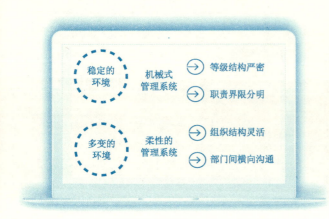

图 9.8
环境对组织结构总体特征的影响

转变为买方市场,则营销职能会得到强化,营销部门会成为组织的中心。

3. 对组织结构总体特征的影响(见图 9.8)。外部环境是否稳定,对组织结构的要求也是不一样的。稳定环境中的经营,要求设计出被称为"机械式管理系统"的稳固结构,管理部门与人员的职责界限分明,工作内容和程序经过仔细的规定,各部门的权责关系固定,等级结构严密;多变的环境则要求组织结构灵活(常被称为"柔性的管理系统"),各部门的权责关系和工作内容需要经常作适应性的调整,更多地强调部门间的横向沟通而不是纵向的等级控制。

二、经营战略对企业组织设计的影响

组织结构必须服从组织所选择的战略的要求。适应战略要求的组织结构为战略的实施和组织目标的实现提供了必要的前提。

战略是实现组织目标的各种行动方案、方针和方向选择的总称。为实现同一目标,组织可在多种战略中进行挑选。战略选择在两个层次上影响组织结构:不同的战略要求不同的业务活动,从而影响管理职务的设计;战略重点的改变会引起组织的工作重点,从而导致各部门与职务在组织中重要程度的改变,因此,要求各管理职务以及部门之间的关系作相应的调整。

战略的类型不同,企业活动的重点不同,组织结构的选择有异。

从企业经营领域的宽窄来分,企业经营战略可分为单一经营战略及多种经营战略。如果一家公司采取的是只向有限的市场提供一种或少数几种产品或服务的战略,它通常可能采用倾向集权的组织结构。因为这类企业的组织目标强调内部效率和技术质量,控制和协调主要通过纵向层级来实现,不太需要横向协调。随着企业的发展,其战略会自然而然地趋于多元化,提供多种产品并扩展到新的市场,企业相对集权的层级组织也会随之发展为分权的结构,因为此时企业的目标更强调灵活性和快速决策,以适应外部环境。

按企业对竞争的方式和态度分,其经营战略可分为保守型战略、风险型战略及分析型战略。

1. 保守型战略的企业领导可能认为,企业面临的环境较为稳定,需求不再有大的增长和变化。战略目标为致力保持该产品已取得的市场份额,集中精力改善企业内部生产条件,提高效率,降低成本。采取这种保守型战略，保持生产经营的稳定和提高效率便成为企业的主要任务。在组织设计上强调提高生产和管理的规范化程度，以及用严密的控制来保证生产和工作的效率。因此，采用刚性结构应是这种组织结构的基本特征。具体表现在以下几个方面。

（1）实行以严格分工为特征的组织结构。

（2）高度的集权控制。

（3）规范化的规章和程序。

（4）以成本和效率为中心的严格的计划体制。

（5）生产专家和成本控制专家在管理中，特别是在高层管理中占重要地位。

（6）信息沟通以纵向为主。

2. 选择风险型战略的领导可能认为环境复杂多变，需求高速增长，市场变化很快，机遇和挑战并存。企业必须不断开发新产品，开拓新市场，实行新的经营管理方法。为了满足组织不断开拓和创新的需要，在组织设计上就不能像保守型战略那样以规范化和控制为目标，而应以保证企业的创新需要和部门间的协调为目标，因而，实行柔性结构便成为这类组织的基本特征。

（1）规范化程度较低的组织结构。

（2）分权的控制。

（3）计划较粗泛而灵活。

（4）高层管理主要由市场营销专家和产品开发研究专家支配。

（5）信息沟通以横向为主。

3. 分析型战略介于保守型战略和风险型战略之间。它力求在两者之间保持适当的平衡，所以，其组织结构的设计兼具刚性和柔性的特征。

（1）既强调纵向的职能控制，也重视横向的项目协调。

（2）对生产部门和市场营销部门实行详细而严格的计划管理，对产品的研究开发部门则实行较为粗泛的计划管理。

（3）高层管理层由老产品的生产管理、技术管理等职能部门的领导及新产品的事业部领导联合组成，前者代表企业的原有阵地，后者代表企业进攻的方向。

（4）信息在传统部门间主要为纵向沟通，在新兴部门间及其与传统部门间主要为横向沟通。

（5）权力的配置是集权与分权的适当结合。

企业战略类型的选择对组织设计的要求总结于表9.1中。

表9.1 战略对组织设计的影响

结构特征	保守型战略	风险型战略	分析型战略
集权和分权	集权为主	分权为主	适当结合
计划管理	严格	粗泛	有严格,也有粗泛
高层管理人员构成	工程师、成本专家	营销、研究开发专家	联合组成
信息沟通	纵向为主	横向为主	有纵向,也有横向

三、技术及其变化对企业组织设计的影响

组织的活动需要利用一定的技术和反映一定技术水平的物质手段来进行。技术以及技术设备的水平不仅影响组织活动的效果和效率,而且会作用于组织活动的内容划分、职务的设置和工作人员的素质要求;信息处理的计算机化必将改变组织中的会计、文书、档案等部门的工作形式和性质。

现代企业的一个最基本特点是在生产过程中广泛使用先进的技术和机器设备。由人制造的设备和设备体系有其自身的运转规律,这个规律决定了对运用设备进行作业的工人的生产组织。在某些条件下,人们必须把某一类产品的制造集中在一个封闭的生产车间内完成;在另一些条件下,人们又可以让不同车间的生产专门化,只完成各类产品的某道或某几道工序的加工。

技术是指企业在将原材料加工成产品并销售出去这一转换过程中所运用的知识、工具和技艺(技术与企业资源的转化过程见图9.9)。它不仅包括企业的机器、厂房和工具,而且包括职工的知识和技能,以及生产工艺和管理业务方法等。

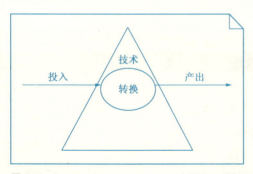

图9.9
技术与企业资源的转化过程

我们可以把技术分成作用于资源转换的物质过程的生产技术与主要对物质生产过程进行协调和控制的管理技术。管理过程是利用反映企业经营要素在时空上的运动特点与分布状况的各种信息来计划、组织、协调与控制企业生产经营活动,因此,与信息搜集、处理利用相关的技术成为管理技术的主要内容。

(一)生产技术对企业组织的影响

英国工业社会学家伍德沃德(Joan Woodward)在20世纪50年代对工业生产技术与组织结构的关系进行了有影响的研究,又称南埃塞克斯郡研究(South Essex Study)。研究的主要内容是英国南埃塞克斯郡的100家工业企业组织结构的特征,如管理幅度、管理层次、管理人员与事务人员比重、工人的技术水平等,还涉及管理风格的一些内容(如书面沟通和口头沟

通的比例、报酬的使用等）以及生产的类型、企业经营成效等。

她的研究表明，工业企业的生产技术同组织结构及管理特征有着系统的联系。伍德沃德指出，每一种有着类似目的和类似技术复杂程度的生产系统，都有其独特的组织模型及管理特征。她所指的企业的目的，是指它的产品和市场。这种目的决定着它会有怎样的技术复杂程度。技术复杂程度包括产品制造过程的机械化程度，以及制造过程的可预测性。技术复杂程度高，意味着大多数生产操作是由机器来完成的，因而制造过程的可预测性高。

伍德沃德把企业生产组织的形式分成单件小批生产、大批大量生产和连续生产三种类型，随着生产过程中所采用的技术复杂程度的提高，企业生产组织逐渐从单件小批生产转化为大批大量生产，进而发展到连续生产（见表 9.2）。

表 9.2　企业技术类型

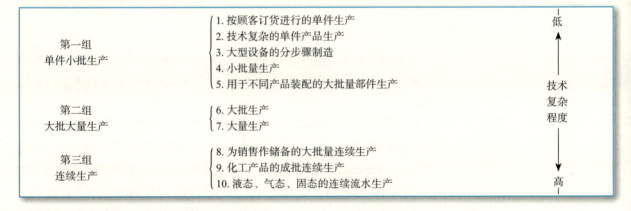

伍德沃德在研究中还有以下发现。

1. 经营成功的企业的组织结构，与其所属的技术类型有相互对应的关系。经营不成功的企业，其组织结构特征通常偏离了相应的技术类型。

2. 成功的单件小批生产和连续生产的组织具有柔性结构，成功的大批量生产的组织具有刚性结构。

表 9.3 列举了伍德沃德的一些重要发现。伍德沃德关于技术-组织结构的研究，说明企业的生产技术特点是企业组织设计的一个重要变量。

不同生产技术特点的企业，要求不同的组织设计，采用不同的组织结构及管理特征。因而不存在一种绝对的最佳组织结构模式，从而引发组织结构研究的权变理论思路。

表 9.3 技术类型与组织结构特征间的相互关系

组织结构特征	技术类型		
	单件小批生产	大批大量生产	连续生产
管理层次数目	3	4	6
高层领导的管理幅度	4	7	10
基层领导的管理幅度	23	48	15
基本工人与辅助工人的比例	9∶1	4∶1	1∶1
大学毕业的管理人员所占比重	低	中等	高
经理人员与全体职员的比例	低	中等	高
技术工人的数量	高	低	高
规范化的程序	少	多	少
集权程度	低	高	低
口头沟通的数量	高	低	高
书面沟通的数量	低	高	低
整体结构类型	柔性的	刚性的	柔性的

（二）信息技术对企业组织的影响

信息技术对组织的影响如同计算机一体化技术对生产的影响，提高了企业的生产效率和管理效率，它也同样需要新型的组织结构来配合它的发展。

1. 使组织结构呈现扁平化的趋势。在伦敦的一个运用了信息技术向雇员授权而不是维持严格的等级制的组织中，技术的发展使其结构由 13 层减少至 4 层。Hercules 是一家医药公司，它将电子信息和群件技术相联系，使存在于首席执行官与工厂的工头之间的层次由 12 个减少至 7 个。新的信息技术能够使 Aetna Life Casualty 公司的销售以较小的工作小组去替代过去的管理者和代理层级制。

2. 集权化和分权化可能带来双重影响。希望集权化的管理者能够运用先进技术去获得更多的信息和作出更多的决策。同时，希望分权化的管理者也能够向下属分散信息并且增强其参与性与自主性。

3. 加强或改善了企业内部各部门间以及各部门内工作人员间的协调。比如在 Chase Manhattan 银行，新技术能够使管理者之间彼此沟通并认识到组织的活动与结果，它有助于消除障碍和树立以前不曾有的团体意识及组织的整体意识，特别是当人们在不同地点工作时。

4. 要求给下属以较大的工作自主权。在信息技术很发达的情况下，很少有管理工作服从严格的政策限定和工作描述。

5. 提高专业人员比例。例如，当 North American Banking Group 安装

了顾客服务系统后，雇员中的专业人员由30%增至60%。中高层的管理者能够运用新技术去生成自己的备忘录，并可立刻通过电子邮件发送。

四、企业发展阶段对企业组织设计的影响

企业初始阶段，其组织层级比较简单，如企业在初创时可能以个人业主制或手工作坊等简单的形式出现。在早期发展阶段其层级很简单，其管理者很可能同时担任决策执行者的角色，即企业的管理层和执行层是合而为一的，或者其层级可能是包括管理层和执行层在内的两个简单层级。

在逐步向高级阶段发展时，企业可能将一部分通过市场交易的资源通过内部化来进行交易，因为企业发现通过市场交易的费用远高于内部化的费用，这样企业就以其内部的行政协调取代市场作为资源的配置方式。这时企业要求有相应的层级组织来执行行政协调配置资源的功能，因而企业的组织层级很可能增加，即由简单的两级跃升为三级或更多层级；或者伴随着企业由简单的初始阶段的原始的组织形式发展为成熟阶段或发展阶段的比较高级的企业组织形式（如股份制），企业的所有权与经营权可能发生分离。此时，原先企业的所有者若缺乏必要的知识、信息和管理技术与手段，很可能放弃企业的经营权和管理权，将企业的管理权通过委托的方式交由专门从事经营管理的经理人管理，这样，企业就会相应增加其组织层级。

在企业逐渐走向老化或处于企业生命周期的衰退阶段时，企业可能出于开源节流的目的，进行组织层级的调整，如裁员等。

美国学者坎农（J. Thomas Cannon）提出组织发展五阶段的理论（见图9.10），并指出在发展的不同阶段，要求有与之适应的组织结构形态。

1. 创业阶段。在这个阶段，决策主要由高层管理者个人作出，组织结构相当不正规，对协调只有最低限度的要求，组织内部的信息沟通主要建立在非正式的基础上。

2. 职能发展阶段。这时，决策越来越多地由其他管理者作出，最高管理者亲自决策的数量越来越少，组织结构建立在职能专业化的基础上，各职能间的协调需要增加，信息沟通变得更重要，也更困难。

3. 分权阶段。组织采用分权的方法来应对职能结构引起的种种问题，组织结构以产品或地区事业部为基础建立，目的是在企业内建立

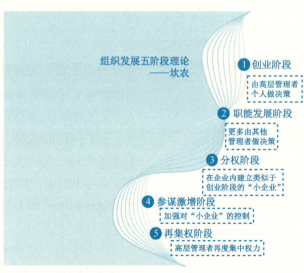

图 9.10
组织发展五阶段理论

"小企业"，使后者按创业阶段的特点来管理。但随之出现了新的问题，各"小企业"成了内部的不同利益集团，组织资源转移，用于开发新产品的相关活动减少，总公司与"小企业"的许多重复性劳动使费用增加，高层管理者感到对各"小企业"失去了控制。

4. 参谋激增阶段。为了加强对各"小企业"的控制，公司一级的行政主管增加了许多参谋助手。而参谋的增加又会导致他们与直线的矛盾，影响组织中的命令统一。

5. 再集权阶段。分权与参谋激增阶段所产生的问题可能诱使公司高层主管再度高度集中决策权力。同时，信息处理的计算机化也使再集权成为可能。

五、企业规模对企业组织设计的影响

规模是影响组织结构设计的一个重要变量（见图 9.11）。随着企业的发展，企业活动的规模日渐扩大，内容日趋复杂，组织管理的正规化要求逐渐提高，管理文件越来越多，对不同岗位以及部门间协调的要求越来越高，组织越来越复杂。

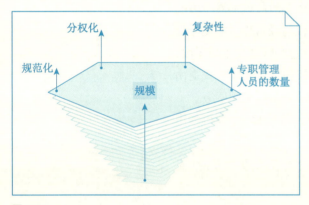

图 9.11
规模对组织设计的影响

1. 规范化。规范化是指规章、程序和书面文件，如政策手册和工作描述等，这些文件规定了雇员的权利与义务。大型组织具有更高的规范化程度，原因是大型组织更依靠规章、程序和书面工作去实现标准化和对大量的雇员与部门进行控制。与之相反，小型组织则可以通过管理者的个人观察进行控制。规范化也可能增加大型官僚组织中更加规范的和非人格化的行为和作用方式。相反，在小型松散的组织中则更多是自发的偶然性行为和社会性作用方式。

2. 分权化。集权化与分权化主要与组织中决策权力的集中或分散有关。在集权化的组织中，决策是由高层作出的；在分权化的组织中，类似的决策在较低的层次上作出。在完全的官僚制中，所有的决策由那些具有完全控制权的高层管理者作出。然而，随着组织的成长壮大，组织会有越来越多的部门和人员。因此，组织规模的研究表明，组织规模越大，就越需要分权化。

3. 复杂性。复杂性与组织中的层级数目（纵向复杂性）以及部门和工种的数量（横向复杂性）有关。大型组织显示了复杂性的明显特征。规模与复杂性之间的关系也是显而易见的。

（1）在大型组织中对传统的专门化的需要更加普遍。大型组织需要经常建立新的管理部门来解决规模所带来的问题，在大型组织中建立计划部门是因为在组织达到一定的规模后产生了对计划的巨大需要。

（2）随着组织中部门规模的增大，产生了细分的压力，部门最终达到最大以至管理者不能有效地控制它们。在这一点上，子集团会试图被再细分为独立的部门。

（3）传统的纵向复杂性需要保持对大量人员的控制。随着雇员数量的增加，为保持管理跨度所增加的层级会更多。

4. 专职管理人员的数量。大型组织的另一个特点是管理人员、办事人员和专业人员的数量激增。1957年，帕金森（C.Northcote Parkinson）提出帕金森法则，认为工作可以延长到完成它所需要的时间。帕金森认为，由于各种原因，管理者受到激励会增加更多的管理人员来巩固他们的地位。帕金森运用所谓的帕金森法则来讽刺当时的英国海军总部。在1914—1928年的14年间，尽管英国海军总人数减少了32%，在用的军舰也减少了大约68%，但是海军总部的工作人员却增加了78%。实际上，帕金森在英国海军总部所观察到的现象也可在现代大型企业中普遍观察到：随着企业活动规模的扩大，必然增加对直接生产以及直接生产者的需要，进而必然产生对管理者以及对管理者的管理劳动进行管理的必要。

第三节　部　门　化

组织机构和结构的确定首先是为了管理的效率。组织设计的实质是通过对管理劳动的分工，将不同的管理人员安排在不同的管理岗位和部门中，通过他们在特定环境、特定相互关系中的管理作业来使整个管理系统有机地运转起来。

管理劳动的分工，包括横向和纵向两个方面。

1. 横向分工。根据不同的标准，将对组织活动的管理劳动分解成不同岗位和部门的任务，横向分工的结果是部门的设置，或组织的部门化。

2. 纵向分工。根据管理幅度的限制，确定管理系统的层次，并根据管理层次在管理系统中的位置，规定各层次管理人员的职责和权限。从某种意义上说，纵向分工是在责任分配基础上的管理决策权限的相对集中或分散。

部门化是将整个管理系统分解成若干个相互依存的基本管理单位,它是在管理劳动横向分工的基础上进行的。分工的标准不同,所形成的管理部门以及各部门之间的相互关系也不同。组织设计中经常运用的部门划分的标准是职能、产品以及区域。

一、职能部门化

职能部门化是根据业务活动的相似性来设立管理部门。判断某些活动的标准是否相似,这些活动的业务性质是否相近,从事活动所需的业务技能是否相同,这些活动的进行对同一目标(或分目标)的实现是否具有紧密相关的作用。

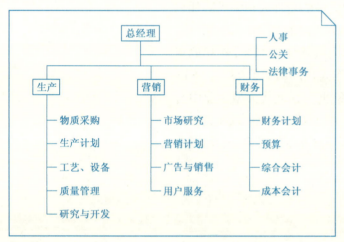

图 9.12
部门组织结构

企业为了实现生存和发展的目标,必须盈利,而盈利的前提是有效地向社会提供人们需要的商品(服务)。研发、生产、营销以及财务被认为是企业的基本职能,缺少其中的任何一项,企业便无法生存。除了这些非常重要的基本职能外,企业还需要一些保证生产经营能顺利展开的辅助性的或次要的职能,如人事、公共关系(公关)、法律事务等职能。

图 9.12 是一个基本的职能部门化的组织结构系统图。

职能部门化是一种传统的、普遍的组织形式。

1. 职能是划分活动类型,从而设立部门的最自然、最方便、最符合逻辑的标准,据此进行的分工和设计的组织结构可以带来专业化分工的种种好处,可以使各部门的管理人员或专心致志地研究产品的开发和制造,或积极努力地探索和开发市场,或分析和评价资金的运动。

2. 按职能划分部门,由于各部门在最高主管的领导下从事相互依存的整体活动的一部分业务活动,因此有利于维护最高行政指挥的权威,有利于维护组织的统一性。

3. 由于各部门只负责一种类型的业务活动,因此有利于工作人员的培训、相互交流,从而提高技术水平。

职能部门化的局限性主要表现在以下几个方面:由于各种产品的原料采购、生产制造、产品销售都集中在相同的部门进行,各种产品给企业带来的贡献不易区别，因此不利于指导企业产品结构的调整；由于各部门的负责人长期只从事某种专门业务的管理，缺乏总体的眼光，因此不利于高级管理人才的培养；由于活动和业务的性质不同，各职能部门可能只注重依据自己的准则来行动，因此可能使本来相互依存的部门之间的活动不协调，影响组织整体目标的实现。为了克服这些局限性，有些组织利用产品或区域的标准来划分部门。

二、产品部门化

按职能设立部门往往是企业发展初期、品种单纯、规模较小时的一种组织形式。随着企业的成长和品种多样化，把制造工艺不同和用户特点不同的产品集中在同一生产或销售部门管理，会给部门主管带来日益增多的困难。因此，如果主要产品的数量足够大，不同产品的用户或潜在用户足够多，组织的最高管理层除了保留人事、公关、采购、财务这些必要的职能外，就应该考虑根据产品来设立管理部门、划分管理单位，把同一产品的生产或销售工作集中在相同的部门组织进行。

从职能部门化到产品部门化可能要经历一个发展过程。当企业规模还不够大、各种产品的产量和社会需求量还不够多的时候，组织中可能采取的变通方法是：职能部门内部，不同的工作人员按产品的类别来划分工作任务，然后随着产品需求量和生产量的发展再采取产品部门化的形式。

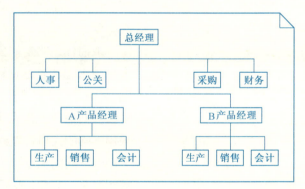

图 9.13 产品部门化组织

图 9.13 是一个典型的产品部门化的组织图。

产品部门化具有下述优势。

1. 能使企业将多元化经营和专业化经营结合起来。整个企业向社会提供多种产品，每一个部门只专门生产一种产品。因此，既可使企业因多元化经营而减少市场风险，提高经营的稳定性；又可使企业的各部门因专业化经营而提高生产率，降低劳动成本。

2. 有利于企业及时调整生产方向。按产品设立管理部门，要比职能部门化更易区分和摊派各种产品的收益与成本，从而更易考察和比较不同产品对企业的贡献，因此有利于企业及时限制，甚至淘汰或扩大和发展某种产品的生产，使整个企业的产品结构更加合理。

3. 有利于促进企业的内部竞争。由于各个产品部门对企业的贡献容易辨认，因此可能导致部门间的竞争。这种内部竞争如果处理不当，可能影响总体利益的协调；但如果加以正确引导，则可以促进不同的产品部门努力改善本单位工作，从而有利于促进企业的成长。

4. 有利于高层管理人才的培养。每个部门的经理都需独当一面，完成同一产品制造的各种职能活动，这类似于对一个完整企业的管理。因此，企业可以将产品部门作为培养有前途的高层管理人才的基地。

产品部门化的局限性是需要较多的具有像总经理那样能力的人去管理各个产品部；各个部门的主管也可能过分强调本单位利益，从而影响企业的统一指挥。此外，产品部门某些职能管理机构与企业总部的重叠会导致管理费用的增加，从而提高了待摊成本，影响企业竞争能力。

三、区域部门化

区域部门化是根据地理因素来设立管理部门，把不同地区的经营业务和职责划分给不同部门的经理。

组织活动在地理上的分散带来的交通和信息沟通困难曾经是区域部门化的主要理由。我们很难设想在一个交通和电信联络不方便的区域或国家，公司总部的经理人员能正确合理地遥控指挥一个在千里之外的生产单位的产品制造活动。但是，随着通信条件的改善，这个理由已不再那么重要。

取而代之的是社会文化环境方面的理由。随着管理理论研究的深入，人们越来越清楚地认识到社会文化环境对组织的活动有着非常重要的影响：不同的文化环境，决定了人们不同的价值观，从而使人们的劳动态度、对物质利益或工作成就的重视程度以及消费偏好不一样，因此，要求企业采用不同的人事管理或营销方法。文化背景是历史形成的，由于历史上各个地区之间的相互封闭，使得今天的一定的文化环境总是同一定的地理区域相联系。因此，根据地理位置的不同设立管理部门，甚至使不同区域的生产、经营单位成为相对自主的管理实体，可以更好地针对各地区的劳动者和消费者的行为特点来组织生产和经营活动。跨国公司尤其如此，它们不仅使分散在世界各地的附属公司成为独立的实体，而且对公司总部协调国际经营的各级管理人员的业务划分也是根据区域标准来进行的。

典型的区域部门化的组织结构如图9.14所示。

按区域划分管理部门的贡献和弊端类似于产品部门化。

四、综合标准与矩阵组织

从各种组织结构图（见图9.12、图9.13和图9.14）中不难发现，任何组织都不可能根据单一的标准来设计管理组织，而必须同时利用两个或两个以上的部门化方式：在职能部门化的情况下，各职能部门内部可能按地区

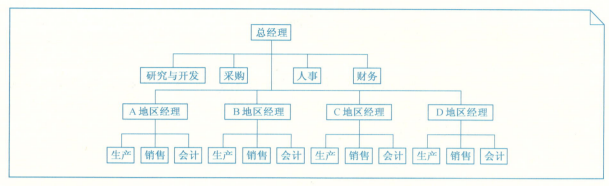

图 9.14 区域部门化组织

或产品来组织各个小组(分部门)的业务工作;在利用产品或区域标准的情况下,不仅公司总部保留必要的人事、财务、采购等职能部门,而且相对独立的地区或产品部也要设立一些必要的职能机构。

矩阵组织是综合利用各种标准的一个范例。这是一种由纵横两套系统交叉形成的复合结构组织。纵向的是职能系统。横向的是为完成某项专门任务(如新产品开发)而组成的项目系统。项目系统没有固定的工作人员,而是随着任务的进度,根据工作的需要,从各职能部门抽人参加,这些人员完成与自己有关的工作后,仍回到原来的职能部门。

图 9.15 是一种常见的矩阵式组织结构图。

矩阵组织具有很大的弹性和适应性,可以根据工作的需要,集中各种专门的知识和技能,短期内迅速完成重要的任务;由于在项目小组中集中了各种人才,便于知识和意见的交流,能促进新的观点和设想的产生;此外,由于成员来自各个不同的职能部门,项目小组的活动还可促进各个部门间的协调和沟通。但由于项目组织的成员是根据工作的进展情况临时从各职能部门抽调的,其隶属关系不变,这样不仅可能使他们产生临时观念,影响工作责任心,而且由于要接受并不总是保持一致的双重领导,他们在工作中可能有时会感到无所适从。

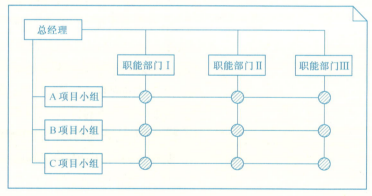

图 9.15
矩阵结构组织

矩阵式组织的特点决定了它主要适用于那些工作内容变动频繁、每项工作的完成需要众多技术知识的组织,或者作为一般组织中安排临时性工作任务的补充结构形式。

第四节 集权与分权

组织的不同部门拥有的权力范围不同，会导致部门之间、部门与最高指挥者（群）之间以及部门与下属单位之间的关系不同，从而导致组织的结构不同。

一、权力的性质与特征

设计一个集权或分权的组织，分析某个组织主要是集权还是分权的，需要解决的第一个问题是界定权力的含义。

作为政治学、社会学、领导科学等多学科研究的共同课题，"权力"通常被描述为组织中人与人之间的一种关系，是指处在某个管理岗位上的人对整个组织或所辖单位与人员的一种影响力，或简称管理者影响别人的能力。定义为影响力的权力主要包括三种类型：专长权、个人影响权与制度权（或称法定权）。专长权是指管理者因具备某种专门知识或技能而产生的影响能力；个人影响权是指因个人的品质、社会背景等因素而赢得别人尊重与服从的能力；制度权是与管理职务有关，由管理者在组织中的地位所决定的影响力。与个人品质、社会背景、知识、技能有关的影响力显然不会成为集中或分散的对象，因此，我们这里关心的主要是制度权力。

作为赋予管理系统中某一职位的权力，制度权的实质是决策的权力，即决定干什么的权力、决定如何干的权力以及决定何时干的权力。制度权的这三个方面从本质上来说是不可分割的：只有决定干什么的权力，而不能决定行动的内容、方式和时间，会影响决策者对目标实现的可行性研究，从而可能导致决策的盲目性；相反，如果只有决定如何干、何时去完成的权力，而无权确定行动的方向，则会影响决策的积极性，降低决策的动力。

制度权力与组织中的管理职位有关，而与占据这个职位的人无关。生产经理一旦调任营销主管或财务主管，对原部门的管理人员便不再具有命令或控制的权力。赋予某一职位的权力，也并不意味着在某个时期占据该职位的管理人员对本系统的任何较低层次的员工都能直接指挥和命令：生产经理负责整个企业的产品制造活动的统一组织指挥，但这并不意味着他可以不通过车间主任或厂长而直接向某个工人分配任务。制度权力只赋予某个职位的管理人员向直接下属发布命令的权力。

二、集权与分权的相对性

集权是指决策权在组织系统中较高层次的一定程度的集中；与此相对

应，分权是指决策权在组织系统中较低管理层次的程度上分散。

集权和分权是一个相对的概念。绝对的集权意味着组织中的全部权力集中在一个主管手中，组织活动的所有决策均由主管作出，主管直接面对所有的执行者，没有任何中间管理人员，没有任何中层管理机构。这在现代社会经济组织中显然是不可能的。绝对的分权则意味着全部权力分散在各个管理部门，甚至分散在各个执行、操作者手中，没有任何集中的权力，因此，主管的职位显然是多余的，一个统一的组织也不复存在。

所以，在现实社会中的组织，可能是集权的成分多一点，也可能是分权的成分多一点。我们需要研究的，不是应该集权还是分权，而是哪些权力宜于集中，哪些权力宜于分散，在什么情况下集权的成分应多一点，何时又需要较多的分权。

三、组织中的集权倾向

集权与分权虽然同样必不可少，但组织中几乎普遍存在一种集权的倾向。

（一）集权倾向的产生原因

集权倾向主要与组织的历史和领导的个性有关，但有时也可能是为了追求行政上的效率。

1. 组织的历史。如果组织是在自身较小规模的基础上逐渐发展起来，而且在发展过程中没有其他组织的加入，集权倾向可能更为明显。因为组织规模较小时，大部分决策都是由最高主管（层）直接制定和组织实施的。决策权的使用可能成为习惯，一旦失去这些权力，主管便可能产生失去对"自己的组织"的控制的感觉。因此，即使事业不断发展，规模不断扩大，最高主管或最高管理层仍然愿意保留不应集中的大部分权力。

2. 领导的个性。权力是赋予一定职位的管理人员的，它是地位的象征。权力的运用可以证实、保证并提高其使用者在组织中的地位。组织中个性较强和自信的领导者往往喜欢所辖部门完全按照自己的意志来运行，集中控制权力则是保证个人意志被绝对服从的先决条件。当然，集中地使用权力，统一地使用和协调本部门的各种力量，创造比较明显的工作成绩，也是提高自己在组织中的地位、增加升迁机会的重要途径。

3. 政策的统一与行政的效率。从积极方面来看，集权化倾向的普遍存在有时也是为了获得它的贡献。集权至少可以带来两个方面的好处：一是可以保证组织总体政策的统一性；二是可以保证决策执行的效率。集中的权力制定出组织各单位必须执行的政策，可以使整个组织统一认识，统一行动，统一处理对内、对外的各种问题，从而防止政出多门，互相矛盾；同时，集权体制下，决策的制定可能是一个缓慢的过程，但任何问题一经决策，便可借助高度集中的行政指挥体系，使多个层次"闻风而动"，迅速组织实施。

（二）过分集权的弊端

当一个组织的规模还比较小的时候，高度集权可能是必须的，而且可以充分显示其优越性。但随着组织规模的发展，如果将许多决策权过度地集中在管理高层，则可能出现弊端（见图 9.16）。

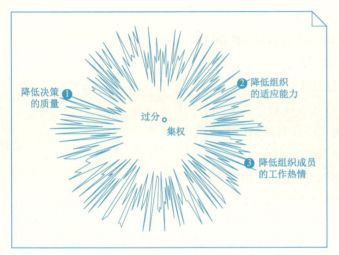

图 9.16
过分集权的弊端

1. 降低决策的质量。大规模组织的主管远离基层，基层发生的问题经过层层请示汇报后再作决策，则不仅影响决策的正确性，而且影响决策的及时性。高层主管了解的信息是在传递过程中可能被扭曲的信息，而根据被扭曲的信息制定的决策很难保证其质量；即使制定的决策正确，但由于信息多环节的传递需要耽误一定的时间，从而可能导致决策迟缓，等到正确的方案制定出来时，问题可能已对组织造成重大的危害，或者形势已经发生变化，问题的性质已经转换，需要新的解决方法。

2. 降低组织的适应能力。作为社会细胞的组织，其整体和各个部分与社会环境有着多方联系。随着组织的发展，这种联系变得更频繁、更复杂。而与组织有联系的外界环境是在不断发展和变化的。处在动态环境中的组织必须根据环境中各种因素的变化不断进行调整。这种调整既可能是全局性的，也可能是且往往是局部性的。过分集权的组织，可能使各个部门失去自适应和自调整的能力，从而削弱组织整体的应变能力。

3. 降低组织成员的工作热情。权力的高度集中使得组织中的大部分决策均由最高主管或高层管理人员制定，基层管理人员和操作人员的主要任务甚至唯一任务在于被动地、机械地执行命令。长此以往，他们的积极性、主动性、创造性会被逐渐磨灭，工作热情消失，劳动效率下降，从而使组织的发展失去基础。

上述主要弊端的任何一项的发展，都会对组织造成致命性的危害；同时，由于集权是一种方便的行为、普遍化的现象，因此，我们应着重研究其对应面：非集权化或权力的分散。

四、分权及其实现途径

（一）分权的标志

要研究和指导组织的分权，首先要确定判别组织是否实行了分权以及分权程度的标志。

1. 决策的频度。组织中较低管理层次制定决策的频度或数目越大，则分权程度越高。

2. 决策的幅度。组织中较低层次决策的范围越广，涉及的职能越多，则分权程度越高。比如按地区划分的管理单位，如果只有权力对生产问题作出决策，则组织的分权程度较低；相反，如果对市场营销甚至财务问题也有一定的决策权，企业是一个分权化组织的可能性就比较大。

3. 决策的重要性。决策的重要性可以从两个方面来衡量：一是决策的影响程度，二是决策涉及的费用。如果组织中较低层次的决策只影响该部门的日常管理，而不影响部门今后的发展，从而决策对整个组织的影响程度较小，则组织的分权程度较低；反之，则高。

4. 对决策的控制程度。如果高层次对较低层次的决策没有任何控制，则分权程度极高；如果低层次在决策后要向高一级管理部门报告备案，则分权程度次之；如果低层次在决策前要征询上级部门的意见，向其"咨询"，则分权程度更低。

> 例如，A组织的低层次管理部门能够制定需要10万元费用的决策，B组织相应层次的管理部门只能作出需要5万元费用的决策，我们就可以说，A组织的分权程度比B组织的分权程度高。

（二）分权的影响因素

分权虽然是必要的，组织中也存在许多因素有利于分权，但也存在不少妨碍分权的因素。

1. 组织中促进分权的因素。

（1）组织的规模。组织的规模越大，管理的层次越多。多层次管理人员为了协调和指挥下属的活动，必然要求相应的权力。因此，权力往往随着组织规模的扩大和管理层次的增加而与职责一起逐层分解。同时，组织规模达到一定程度以后，决策权仍高度集中，则可能导致"规模负经济"。因此，分权往往是发展中的组织避免或至少是推迟达到"最佳规模"的手段。

（2）活动的分散性。组织的某个工作单位如果远离总部，则往往需要分权。这是因为对总部来说，不在现场难以正确、有效地指挥现场的操作；同时，分散在各地区的单位主管往往表现出强烈的自治欲望，这种欲望如果不能得到一定程度的满足，则可能破坏组织的效率。

（3）培训管理人员的需要。"在游泳中学会游泳"，在权力的使用中学会使用权力。低层次管理人员如果很少有实践权力的机会，或只有实践很少权力的机会，则难以培养成为能够统御全局的人才，从而不能使组织在内部造就高层管理的后备力量。相反，独当一面的分权化单位的主管可以非常迅速地适应总经理的工作。

2. 不利于分权的因素。

（1）政策的统一性。组织作为一个统一的社会单位、要求内部的各方面政策是统一的。如果一个企业在同一产品上存在不同的销售价格、在职工的报酬标准等方面采取不同的政策，则可能导致统一组织的解体。分权则可能对组织的统一性起到某种破坏作用。

（2）缺乏受过良好训练的管理人员。分权与管理人员的培训是互为因果的。现有组织的重新设计不能不考虑组织现有管理人员的素质：分权会增加基层的决策权力，要求这些权力被正确、有效地运用。唯有如此，才符合分权的初衷，才能促进组织效率的提高。然而，正确地运用权力，要求管理人员具有相应的素质。现有组织如果缺乏足够的符合要求的低层次管理人员，则往往会对进一步分权造成限制。

（三）分权的途径

权力的分散可以通过两个途径来实现：组织设计中的权力分配（我们称之为制度分权）与主管人员在工作中的授权（见图9.17）。

制度分权与授权的结果虽然相同，都是使较低层次的管理人员行使较多的决策权，即权力的分散化，许多教科书也因此对它们不作区分，甚至把授权视为分权的主要手段，然而我们认为这两者是有重要区别的。

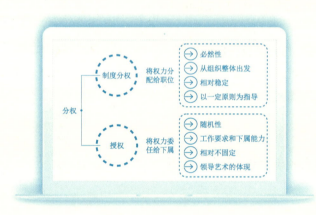

图 9.17 分权的途径

制度分权，是在组织设计时，考虑到组织规模和组织活动的特征，在工作分析、职务和部门设计的基础上，根据各管理岗位工作任务的要求，规定必要的职责和权限。而授权则是担任一定管理职务的领导者在实际工作中，为充分利用专门人才的知识和技能，或出现新增业务的情况下，将部分解决问题、处理新增业务的权力委任给某个或某些下属。

制度分权与授权的含义不同，决定了它们具有下述区别。

1. 制度分权是在详细分析、认真论证的基础上进行的，因此具有一定的必然性；工作中的授权则往往与管理者个人的能力和精力、拥有的下属的特长、业务发展情况相联系，因此具有很大的随机性。

2. 制度分权是将权力分配给某个职位，因此，权力的性质、应用范围和程度的确定，须根据整个组织结构的要求；授权是将权力委任给某个下属，因此，委任何种权力、委任后应作何种控制，不仅要考虑工作的要求，而且要依据下属的工作能力。

3. 分配给某个管理职位的权力，如果调整的话，不仅影响该职位或部门，而且会影响与组织其他部门的关系。因此，制度分权是相对稳定的。除非整个组织结构重新调整，否则，制度分权不会收回。相反，由于授权是某个主管将自己担任的职务所拥有的权限因某项具体工作的需要而委任给某个下属，这种委任可以是长期的，也可以是临时的。长期的授权虽然可能制度化，在组织结构调整时成为制度分权，但在此之前授权并不意味着放弃权力。

4. 制度分权主要是一条组织工作的原则以及在此原则指导下的组织设计中的纵向分工；授权则主要是领导者在管理工作中的一种领导艺术，一种调动下属积极性、充分发挥下属作用的方法。

有必要指出的是，作为分权的两种途径，制度分权与授权是互相补充的：组织设计中难以详细规定每项职权的运用，难以预料每个管理岗位上工作人员的能力，也难以预测每个管理部门可能出现的新问题，因此，需要各层次领导者在工作中的授权来补充。

读 书 提 示

1. ［美］哈罗德·孔茨、［美］海因茨·韦里克，《管理学——国际化与领导力的视角》（精要版第 9 版）第 7、8 章，马春光译，中国人民大学出版社，2014 年。

2. ［美］斯蒂芬·罗宾斯、［美］玛丽·库尔特，《管理学》（第 15 版）第 11 章，刘刚等译，中国人民大学出版社，2022 年。

3. ［美］W. H. 纽曼、［美］小 C. E. 萨默，《管理过程——概念、行为和实践》第 2、3、5、6 章，李柱流译，中国社会科学出版社，1995 年。

4. ［德］F. X. 贝阿、［德］E. 迪维特里、［德］施维策尔，《企业管理学》（第 2 卷）第 2 章，王演红、陆新等译，复旦大学出版社，1998 年。

复 习 思 考 题

1. 管理幅度问题是如何提出的？如何确定有效的管理幅度和合理的管理层次？
2. 组织的基本结构形态有哪两种类型？这两种结构形态各有何特点？
3. 组织设计的任务是什么？设计时要考虑哪些因素的影响？依据哪些基本原则？
4. 为什么说部门化是横向分工的结果？职能部门化、产品部门化、区域部门化有哪些优势和局限性？
5. 何谓矩阵组织？有何特点？又如何运用之？请举例说明。
6. 有效的管理要求适度的集权和分权，怎样才能使集权与分权合理地组合？请举例说明。
7. 谈谈组织分权的两个主要途径（制度分权和授权）的内涵及其区别。

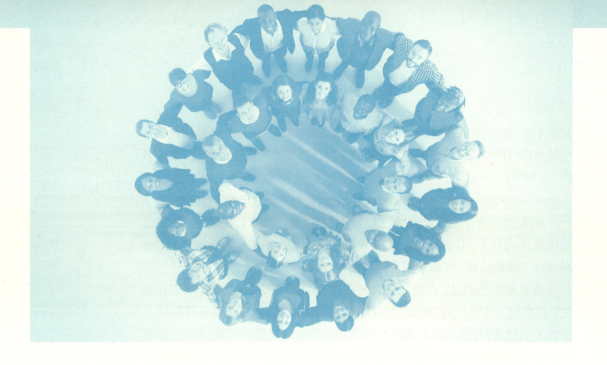

第十章 人员配备

组织设计仅为系统的运行提供了可供依托的框架。框架要能发挥作用，还需由人来操作。因此，在设计了合理的组织机构和结构的基础上，还需为这些机构的不同岗位选配合适的人员。人员配备是组织设计的逻辑延续。

第一节 人员配备的任务、程序和原则

一、人员配备的任务

人员配备是为每个岗位配备适当的人，也就是说，首先要满足组织的需要；其次，人员配备也是为每个人安排适当的工作，因此，要考虑满足组织成员个人的特点、爱好和需要。人员配备的任务可以从组织和个人这两个不同的角度去考察（见图10.1）。

（一）从组织需要的角度去考察

1. 使组织系统有效运转。设计合理的组织系统要能有效地运转，必

须使机构中的每个工作岗位都有适当的人去占据，使实现组织目标所必须进行的每项活动都有合格的人去完成。这是人员配备的基本任务。

2. 为组织储备干部力量。组织是一个动态系统。组织处在一个不断变化发展的社会经济环境中。组织的目标、活动的内容需要经常根据环境的变化作适当的调整，由目标和活动决定的组织机构也会随之发生相应的变化。组织的适应调整过程往往也是发展壮大的过程。组织的机构和岗位不仅会发生质的改变，而且会在数量上不断增加。所以，我们在为组织目前的机构配备人员时，还需要考虑机构可能发生的变化，为将来的组织准备和提供工作人员，特别是管理干部。由于管理干部的成长往往需要较长的时间，因此，组织要在使用的同时、或通过使用来培训未来的管理干部，要注意管理干部培训计划的制订和实施。

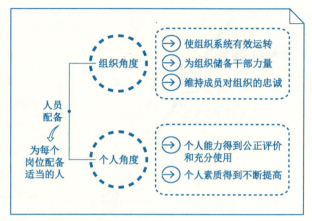

图 10.1
人员配备的任务

3. 维持成员对组织的忠诚。人才流动对个人来说可能是重要的，它可以使人才通过不断的尝试，找到最适合自己、给自己带来最大利益的工作。但是对整个组织来说，人才流动虽有可能给企业带来"输入新鲜血液"的好处，但其破坏性可能更甚，人员不稳定、职工离职率高，特别是优秀人才的外流，往往使组织积年的培训费用付之东流，而且可能破坏组织的人事发展计划，甚至影响企业在发展过程中的干部需要。因此，要通过人员配备，稳住人心，留住人才，维持成员对组织的忠诚。

（二）从组织成员配备的角度去考察

留住人才，不仅要留住其身，而且要留住其心。只有这样，才能达到维持他们对组织忠诚的效果。然而，组织成员是否真心实意地、自觉积极地为组织努力工作，要受到许多因素的影响。

1. 通过人员配备，使每个人的知识和能力得到公正的评价、承认和运用。工作的要求与自身的能力是否相符，是否感到"大材小用"，从而"怀才不遇"，工作的目标是否富有挑战性，这些因素与人们在工作中的积极、主动、热情程度有着极大的关系。

2. 通过人员配备，使每个人的知识和能力不断发展，素质不断提高。知识与技能的提高，不仅可以满足人们的心理需要（"自我实现的需要"已变得越来越现实，特别是对于有一定文化素质的组织成员来说），而且往往是职业生涯中职务晋升的阶梯。

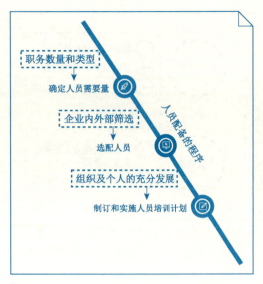

图 10.2
人员配备的程序

二、人员配备的程序

人员配备的程序见图 10.2。

（一）确定人员需要量

人员配备是在组织设计的基础上进行的。人员需要量的确定主要以设计出的职务数量和类型为依据。职务类型指出了需要什么样的人，职务数量则告诉我们每种类型的职务需要多少人。

构成组织结构基础的职务可以分成许多类型。比如：全体职务可分成管理人员与生产作业人员；管理人员可分成高层、中层、基层管理人员；每一层次的管理人员又可分成直线主管与参谋或管理研究人员；生产作业人员可分成技术工人与专业工人、基本生产工人与辅助生产工人等。

如果是为一个新建的组织选配人员，只需利用上述职务设计的分类数量表直接在社会上公开招用、选聘。然而，我们遇到的往往是现有组织的机构与人员配备重新调整的问题，所以，在通常情况下，在进行组织的重新设计后，还需检查和对照企业内部现有的人力资源情况，两相对比，找出差额，确定需要从外部选聘的人员类别与数量。

（二）选配人员

职务设计和分析指出了组织中需要具备哪些素质的人。为了保证担任职务的人员具备职务要求的知识和技能，必须对组织内外的候选人进行筛选，作出最恰当的选择。这些待聘人员可能来自企业内部，也可能来自外部社会。从外部新聘员工或从内部进行调整，各有其优势和局限性：对于外部候选人的实际工作能力我们往往所知甚少，而对于内部候选人我们了解的也只是他们以前从事较低层次工作时的能力，至于他们能否胜任需要担负更大责任的工作，往往难以得出比较可靠、肯定的结论。候选人实际工作能力的辨识困难告诉我们必须谨慎、认真、细致地进行人员配备。把不合适的人安排在不合适的岗位上，不论对个人还是对组织，都会带来灾难性的后果。必须研究和使用一系列科学的测试、评估和选聘方法。

（三）制订和实施人员培训计划

人的发展是一个过程。组织成员在明天的工作中表现出的技术和能力需要在今天培训；组织发展所需的干部要求现在就开始准备。维持成员对组织忠诚的一个重要方面是使他们看到自己在组织中的发展前途。人员，特别是管理人员的培训无疑是人员配备中的一项重要工作。培训既是为了适应组织技术变革、规模扩大的需要，也是为了实现成员个人的充分发展。因此，要根据组织的成员、技术、活动、环境等特点，有计划、有组织、有重点地进行全员培训，特别是对有发展潜力的未来管理人员的培训。

三、人员配备的原则

为求得人与事的优化组合，人员配备过程中必须依循一定的原则（见图 10.3）。

1. 因事择人的原则。选人的目的在于使其担当一定的职务，要求其从事与该职务相应的工作。要使工作卓有成效地完成，首先要求工作者具备相应的知识和能力。

2. 因材器使的原则。不同的工作要求不同的人去进行，而不同的人也具有不同的能力和素质，能够从事不同的工作。从人的角度来考虑，只有根据人的特点来安排工作，才能使人的潜能得到最充分的发挥，使人的工作热情得到最大限度的激发。

3. 人事动态平衡的原则。处在动态环境中的组织是在不断发展的，工作中的人的能力和知识是在不断提高和丰富的，同时，组织对其成员的素质认识也是不断全面、完善的。因此，人与事的配合需要进行不断的调整，使能力发展并得到充分证实的人去从事更高层次的、负更多责任的工作，使能力平平、不符合职务需要的人有机会进行力所能及的工作，以求使每一个人都能得到最合理的使用，实现人与工作的动态平衡。

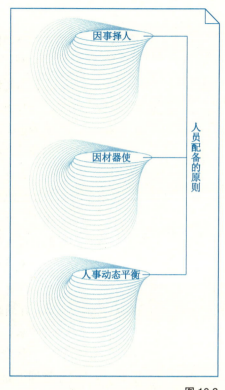

图 10.3
人员配备的原则

第二节 | 管理人员的选聘

人是组织活动的关键资源。组织中的物力或财力资源需要通过人的积极组合和利用才能发挥效用。人在资源配置中的作用决定了人员配备在管理工作中的重要性。由于每一个具体的组织成员都在一定的管理人员的领导和指挥下展开工作，因此，管理人员的选拔、培养和考评当为企业人事管理的核心；**人事决策**当居企业各种决策之首。

✓ 人事决策，当居企业各种决策之首。

一、管理人员需要量的确定

制订管理人员选配和培训计划,首先需要确定组织目前和未来的管理人员需要量。

1. 组织现有的规模、机构和岗位。管理人员的配备首先是为了指导和协调组织活动的展开,因此,首先需要参照组织结构系统图,根据管理职位的数量和种类,来确定企业每年平均需要的管理人员数量。

2. 管理人员的流动率。不管组织作出何种努力,在一个存在劳动力市场且市场机制发挥作用的国度,总会出现组织内部管理人员外流的现象。此外,由于自然力的作用,组织中现有的管理队伍会因病老残退而减少。确定未来的管理人员需要量,按需求对这些自然或非自然的管理干部减员进行补充。

3. 组织发展的需要。随着组织规模的不断发展,活动内容的日益复杂,管理工作量将会不断增加,从而对管理人员的需要也会不断增加。因此,计划组织未来的管理干部队伍,还须预测和评估组织发展与业务扩充的要求。

综合考虑上述几种因素,便可大致确定未来若干年内组织大致需要的管理干部数量,从而为管理人员的选聘和培养提供依据。

二、管理人员的来源

组织可从外部招聘或从内部提拔所需的管理人员。

(一) 外部招聘

> 外部招聘:根据一定的标准和程序,从组织外部的众多候选人中选拔符合空缺职位工作要求的管理人员。

外部招聘是指根据一定的标准和程序,从组织外部的众多候选人中选拔符合空缺职位工作要求的管理人员。

外部招聘干部具有以下优点。

1. 被聘干部具有"外来优势"。所谓"外来优势",主要是指被聘者没有"历史包袱",组织内部成员(部下)只知其目前的工作能力和实绩,对其历史特别是职业生涯中的失败记录知之甚少。因此,如果他确有工作能力,便可迅速地打开局面。相反,如果从内部提升,部下可能对新上司在成长过程中的失败教训有着非常深刻的印象,从而可能影响后者,使其无法大胆地放手工作。

2. 有利于平息和缓和内部竞争者之间的紧张关系。组织中空缺的管理职位可能有好几个内部竞争者希望得到。每个人都希望有晋升的机会。如果员工发现自己的同事,特别是原来与自己处于同一层次具有同等能力的同事提升而自己未果时,就可能产生不满情绪,懈怠工作,不听管理,甚至拆台。从外部选聘可能使这些竞争者得到某种心理上的平衡,从而利于缓和他们之间的紧张关系。

3. 能够为组织带来新鲜空气。来自外部的候选人可以为组织带来新的管理方法与经验。他们没有太多的条条框框束缚，工作起来可以放开手脚，从而给组织带来较多的创新机会。此外，由于他们新近加入组织，没有与上级或下属历史上的个人恩怨关系，从而在工作中可以很少顾忌复杂的人情网络。

外部招聘也有许多局限性，主要表现在以下三个方面。

1. 外聘干部不熟悉组织的内部情况，也缺乏一定的人事基础，因此，需要一段时期的适应才能进行有效地工作。

2. 组织对应聘者的情况不能深入了解。虽然选聘时可借鉴一定的测试、评估方法，但一个人的能力很难通过几次短暂的会晤、几次书面测试而得到正确反映。被聘者的实际工作能力与选聘时的评估能力可能存在很大差距，因此，组织可能聘用一些不符合要求的管理干部。这种错误的选聘可能给组织造成极大的危害。

3. 外聘干部的最大局限性莫过于对内部员工的打击。大多数员工都希望在组织中有不断发展的机会，都希望能够担任越来越重要的工作。如果组织经常从外部招聘管理人员，且形成制度和习惯，则会堵死内部员工的升迁之路，从而会挫伤他们的工作积极性，影响他们的士气。同时，有才华、有发展潜力的外部人才在了解到这种情况后也不敢应聘，因为一旦应聘，虽然在组织中工作的起点很高，但今后提升的希望很小。

由于这些局限性，许多成功的企业强调不应轻易地外聘管理人员，而主张采用内部培养和提升的方法。

（二）内部提升

内部提升是指组织成员的能力增强并得到充分的证实后，被委以需要承担更大责任的更高职务。

⊘ 内部提升：组织成员的能力增强并得到充分的证实后，被委以需要承担更大责任的更高职务。

作为填补组织中由于发展或伤老病退而空缺的管理职务的主要方式，内部提升制度具有以下优点。

1. 利于鼓舞士气，提高工作热情，调动组织成员的积极性。内部提升制度给每个人带来希望。每个组织成员都知道，只要在工作中不断提高能力、丰富知识，就有可能被选聘担任更重要的工作，这种职业生涯中的个人发展对每个人都是非常重要的；职务提升的前提是要有空缺的管理岗位，而空缺的管理岗位的产生主要取决于组织的发展，只有组织发展了，个人才可能有更多的提升机会。因此，内部提升制度能更好地维持成员对组织的忠诚，使那些有发展潜力的员工能自觉地更积极地工作，以促进组织的发展，从而为自己创造更多的职务提升机会。

2. 有利于吸引外部人才。内部提升制度表面上排斥外部人才、不利于吸收外部优秀的管理人员，其实不然。真正有发展潜力的管理者知道，加入到这种组织中，担任管理职务的起点虽然比较低，有时甚至需要一切从头做起，但是凭借自己的知识和能力，花较少的时间便可熟悉基层业务，从而能迅速地提升到较高的管理层次。

3. 有利于保证选聘工作的正确性。已经在组织中工作若干时间的候选人，组织对其了解程度必然要高于外聘者。候选人在组织中工作的经历越长，组织就越有可能对其作全面深入的考察和评估，从而选聘工作的正确程度就越高。

4. 有利于使被聘者迅速展开工作。管理人员能力的发挥要受到他们对组织文化、组织结构及其运行特点的了解的制约。在内部成长提升上来的管理干部，由于熟悉组织中错综复杂的机构和人事关系，了解组织运行的特点，所以可以迅速地适应新的管理工作，工作起来要比外聘者更得心应手，从而能迅速打开局面。

同外部招聘一样，内部提升制度也可能带来某些弊端。

1. 引起同事的不满。在若干个内部候选人中提升一个管理人员，可能会使落选者产生不满情绪，从而不利于被提拔者展开工作。避免这种现象的一个有效方法是不断改进干部考核制度和方法，正确地评价、分析、比较每一个内部候选人的条件，努力使组织得到最优秀的干部，并使每一个候选人都能体会到组织的选择是正确、公正的。

2. 可能造成"近亲繁殖"的现象。从内部提升的管理人员往往喜欢模仿上级的管理方法。这虽然可使老一辈管理人员的优秀经验得到继承，但也有可能使不良作风得以发展，从而不利于组织的管理创新，不利于管理水平的提高。要克服这种现象，必须加强对管理队伍的教育和培训，特别是要不断组织他们学习新知识。在评估候选人的管理能力时，也必须注意对他们创新能力的考察。

三、管理人员选聘的标准

试讨论：在你所处的组织中，你上一级的管理人员(如班干部)应具备哪些方面的能力？他或她是"能干的指挥员"吗？

"士兵有权得到能干的指挥员"，这是古罗马恺撒大帝时就已成为名言的一句格言；同样，组织中的每个成员都有权得到最称职的管理干部。战争中，士兵们不得不把自己的生命托付给指挥作战的长官；类似地，在现代社会生活中，组织成员不得不把自己许多需要得到满足的希望寄托于优秀的管理干部。因此，必须选择合适的管理人员来担任合适的管理工作。怎样才算是合适的管理人员？我们应根据哪些标准去选聘管理人员？

在具体讨论管理干部的标准以前，有必要作两点说明。

1. 组织中不同层次不同职能机构的管理职务，需要完成不同的工作，要求职务担任者具备不同的知识和技能。因此，要列出一个适合所有管理岗位工作人员的条件清单是非常困难的，甚至是不可能的。

2. 选聘管理干部的主要依据是贡献还是能力？由于这两者并不总是一致的，个人对组织的贡献并不仅仅取决于自己的能力，还要受到自身以外的许多其他因素的影响，因此，我们选择了后者。不以成员对组织的贡献程度来提升干部是否意味着对贡献者的不公平呢？我们认为不是的。对组织成员贡献的补偿主要是分配中的报酬，特别是给予物质方面的报酬。当然，贡献的大小有时也是能力高低的一种标志，如果某个成员不仅为组织提供了特殊贡献，而且在提供贡献的过程中，充实了工作技能和知识，能够胜任更高层次的工作，这种特殊贡献应该成为予以提升的补充依据。

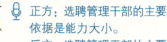
正方：选聘管理干部的主要依据是能力大小。
反方：选聘管理干部的主要依据是对组织贡献的大小。
依自己的理解，选择队伍，展开辩论。

不同管理层次的具体管理业务工作是不同的，但其本质特征是一样的，即组织和协调他人的劳动。因此，从对不同管理人员的具体要求中可以辨别出一些相同的方面（见图10.4）。

（一）强烈的管理的欲望

强烈的管理欲望是有效地进行管理工作的基本前提。担任管理工作，意味着许多：对某些人来说，它意味着在组织中取得较高的地位、名声以及与之相应的报酬，但对更多的、成功的管理人员来说，它意味着可以利用制度赋予的权力来组织他人的劳动，意味着通过他人的劳动来实现自己制定的、符合组织需要的目标，并从中获得心理上的满足。对权力不感兴趣的人，当然不会负责任地、有效地使用权力，从而难以借此获得积极的效果。

（二）正直、诚信

正直和诚信是每个组织成员都应具备的基本品质。管理人员尤其如此。由于担任管理职务具有相当大的职权，而组织对权力的运用往往难以进行严密、细致、及时、有效的监督，所以，权力能否正确运用在很大程度上只能取决于管理人员的良知。管理人员必须是道德高尚的、值得信赖的，必须具有正直的品质。正直和诚信意味着对上不曲意逢迎，不拍马屁，敢于提出自己的观点，指出上级的错误；意味着诚实地总结和汇报工作，不虚报成绩，不隐瞒缺点；意味着对部属一视同仁，不拉帮派，不分亲疏，不搞"顺我者昌、逆我者亡"，在评价下

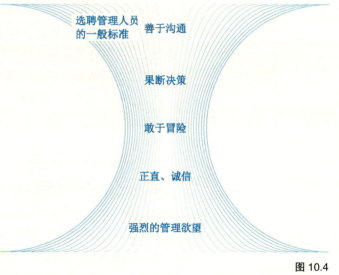

图 10.4
选聘管理人员的一般标准

属工作时，有一套客观的、公正的标准，而不是根据个人的好恶；意味着对工作脚踏实地，而不是为了哗众取宠，搭花架子，做表面文章。总之，正直、诚信意味着很多内容，应该成为管理人员的基本品质。管理人员缺乏了这种品质就可能涣散人心。当然，只有这种品质而无工作的能力也不能成为合格的管理者，然而，有能力而无正直诚信品质的管理人员，则可能给组织造成巨大的破坏，且能力越大，破坏越大。

（三）敢于冒险

管理的任务不仅在于执行上级的命令，维持系统的运转，而且要在组织系统或部门的工作中不断创新。只有不断创新，组织才能充满生机，才能不断发展。创新意味着打破原有机制的束缚，做以前没有做过的事，没有现成的程序或规律可循。因此，既有成功的可能，也有失败的风险，且往往是，希望取得的成功越大，需要冒的风险也越多。因此，要创新，就要敢于冒险。

（四）果断决策

管理人员不仅要计划和安排自己的工作，更重要的是要组织和协调部属的工作。管理人员在组织下属工作的过程中要进行一系列的决策：本部门在未来时期内要从事何种活动？从事这种活动须达到何种状况和水平？谁去从事这些活动？利用何种条件、在何时完成这些活动？等等。赫伯特·西蒙认为管理就是决策，管理过程中充满了决策。因此，掌握一定的决策能力对管理人员来说非常重要。当然，拥有决策的能力，并不一定要求每位管理人员都能娴熟地运用决策的定性或定量方法（管理人员在这方面的缺陷可以通过设立参谋人员或进行咨询而得到补偿），但管理者至少必须具备分析问题的能力和果断抉择的魄力。他们必须能够敏锐地观察事物的变化，善于捕捉信息，发现问题，能够透过现象抓住本质，判断问题的性质，预估事物的发展趋势；必须能够在基本把握事物变化的脉络以后，在管理研究人员制定并比较了多种解决问题的可行方案的基础上，迅速果断地作出选择。成功的管理人员通常在别人还犹豫不决的情况下作出决策并采取行动。

（五）善于沟通

管理人员要理解别人，也需要别人理解自己。组织成员之间的相互理解是组织成功的基本保证。理解要借助信息的沟通来完成。信息沟通是在"说"和"听"的过程中实现的。管理人员要通过充分地"听"与艺术地"说"，来正确地理解上级的意图，认清组织的任务与目标，制定正确的落实措施，或巧妙地提出自己的不同意见，争取上司的赞同；同时，也要通过娴熟地运用听与说的技巧，准确地表述自己的思想，布置下属的工作，并充分地聆听下属的怨诉，体察他们的苦衷，了解下属工作的进度，协调他们的活动。

四、管理人员的选聘程序与方法

不论是外部招聘还是内部提升，为了保证新任管理人员符合工作的要求，往往需要把竞争机制引入人员配备工作。通过竞争，可以使组织筛选出最合适的管理人员。竞争的结果可能是外部人员被选中，内部候选人被淘汰。

通过竞争来选聘管理人员的程序和方法主要有以下几个方面。

（一）公开招聘

当组织中出现需要填补的管理职位时，根据职位所在的管理层次，建立相应的选聘工作委员会或小组。工作小组既可以是组织中现有的人事部门，也可以是代表所有者利益的董事会，或由各方面利益代表组成的专门或临时性机构。

选聘工作机构要以相应的方式，通过适当的媒介，公布待聘职务的数量、性质以及对候选人的要求等信息，向企业内外公开"招聘"，鼓励那些自认为符合条件的候选人参加。

（二）粗选

应聘者的数量可能很多。选聘小组不可能对每一个人进行详细的研究和认识，否则，所花费用过高。这时，需要进行初步筛选。内部候选人的初选可以比较容易地根据组织以往的人事考评来进行。对外部应聘者则需通过简短的初步会面、谈话，尽可能多地了解每个申请人的情况，观察他们的兴趣、观点、见解、独创性等，淘汰那些不能达到这些方面的基本要求的人。

（三）对粗选合格者进行知识与能力的考核

在粗选的基础上，要对入选的应聘者进行考核和评价。

1. 智力与知识测验。测验是要通过考试的方法测评候选人的基本素质，包括智力测验和知识测验两种基本形式。智力测验是目前流行的一种评估个人潜能的基本方法，这种方法通过候选人对某些问题的回答，来测试他的思维能力、记忆能力、思想的灵敏度和观察复杂事物的能力等。显然，管理人员必须具备中等水平以上的智力。知识测验是要了解候选人是否掌握了与待聘职务有关的基本的技术知识和管理知识，缺乏这些知识，候选人将无法进行管理工作。

2. 竞聘演讲与答辩。这是知识与智力测验的补充。测验可能不足以完全反映一个人的基本素质，更不能表明一个人运用知识和智力的能力。发表竞聘演讲，介绍自己任职后的计划和打算，并就选聘工作人员或与会人员的提问进行答辩，可以为候选人提供充分展示才华、自我表现的机会。

3. 案例分析与候选人实际能力考核。竞聘演说使每个应聘者介绍了自己"准备怎么干",使每个人表明了自己"知道如何干"。但是"知道干什么或怎么干"与"实际干什么或会怎么干"不是一回事。因此,在竞聘演说与答辩以后,还需对每个候选人的实际操作能力进行分析。测试和评估候选人分析问题和解决问题的能力,可借助情景模拟(或称案例分析)的方法。这种方法是将候选人置于一个模拟的工作情景中,运用多种评价技术来观测考察他的工作能力和应变能力,以判断他是否符合某项工作的要求。

情景模拟的具体方法很多,这里主要介绍处理公文测验与无领导小组讨论两种方法。

> 处理公文测验(In-basket Test):又称"文件筐测验",是最常用的评价技术之一,通过对特定管理岗位工作的模拟,旨在考察候选人分析资料、处理信息并据此作出决策的能力。

(1)向候选人提供"一揽子"公文,包括电话记录、下级请示报告、上级批件、公司内部报告、外部函件等。其中既有重要事项,也有琐碎的小事。

(2)要求候选人在规定时间内把这些公文处理完毕。

(3)观察候选人在一大堆公文压力下的心理与行为,是分清轻重缓急、有条不紊或授权下属呢,还是杂乱无章、"眉毛胡子一把抓"?

(4)询问候选人处理某些公文的依据是什么?有什么设想?为什么这样做而不那样做?

(5)根据观测结果,选聘工作小组对候选人的管理能力作出集体评价。

> 无领导小组讨论(Leaderless Group Discussion):将候选人分组,给定主题进行讨论,并不指定负责人,在此过程中考察候选人的领导能力、合作能力及应变能力等。

无领导小组讨论的方法主要用于评价候选人的领导能力、合作能力、应变能力。其运用步骤如下。

(1)将候选对象编成若干小组。

(2)规定身份,明确任务。向候选人提供相同的"公司"或"市场"材料,要求就公司在未来时期内增加盈利或提高市场份额制定对策。讨论时各自的指定身份是相同的,不存在领导与被领导的关系。

(3)每个候选人根据提供的材料,开动脑筋,提出自己的看法和设想,进行讨论。

(4)考核应变力。讨论中每隔一定时间通报一次市场行情和企业生产情况的变化。有时,某个问题刚刚讨论完毕,解决问题的方案刚刚制定,便立即告诉候选人情况发生了变化。这时,要注意每个候选人的表现,在突然变化面前是焦躁不安、不知所措,还是沉着冷静,应对自如。

(5)最后对参加讨论的每个人的领导能力、合作能力和应变能力进行评价,建议符合每个人特点的工作性质。

(四)民意测验

管理人员是通过别人的劳动来实现自己的目标的。管理工作的效果是否理想不仅取决于管理人员自己努力与否,而且受到被管理人员接受程度的影响。因此,在选配管理人员时,特别是在选配组织中较高层次的管理人员时,还应注意征询所在部门,甚至是组织所有成员的意见,进行民意测验，以判断组织成员对他（他们）的接受程度。

（五）选定管理人员

在上述各项工作的基础上，利用加权的方法，算出每个候选人知识、智力和能力的综合得分，考虑到民意测验反映的受群众拥护的程度，并根据待聘职务的性质，选择聘用既有工作能力又被同事和部属广泛接受的管理人员。

第三节 管理人员的考评

员工的素质，特别是管理干部的素质，是企业活动效率的决定因素。美国钢铁大王卡内基（Andrew Carnegie）曾经宣称："你可以剥夺我的一切——资本、厂房、设备，但只要留下我的组织和人员，四年以后我将又是一个钢铁大王。"人员对于企业成功之重要，由此可见一斑。因此，企业对人力资本也应有规律地定期"盘点"，列出"清单"，以配合组织的发展。

一、管理人员考评的目的和作用

人事考评首先是为了列出企业人力资本的清单，了解企业管理队伍的基本状况。

1. 为确定管理人员的工作报酬提供依据。这是许多企业进行人事评估的主要目的。工作报酬必须与工作者的能力和贡献结合起来，这是企业分配的一条基本原则。

如果报酬仅取决于工作的性质（如流水线上的作业）或劳动的数量（比如在实行计件工资制的条件下）一个因素，人事考评也许就不太重要。这时，企业更加关心的是工作分析。分析流水生产中每道工序的作业对工人的体力和智力要求，不论谁担任此项工作，都必须付给相同的报酬；分析作业方法，制定标准的作业时间，确定合理的计件单价，使任何作业者的报酬与其工作量成某种比例关系。然而，管理人员的工作与流水线上的操作或按件计资的工人有着本质的区别。

（1）管理人员的工作往往具有较大的特性。
（2）管理人员的工作效果通常难以精确地量化处理。
（3）这种结果往往受到存在于管理人员之外的许多难以界定的因素的影响。

由于这些特点，在确定管理人员的工作报酬时，不仅要根据担任这项

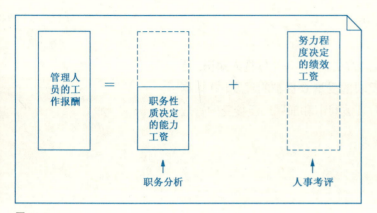

图 10.5
管理人员的工作报酬

职务所必需的素质来确定能力工资或职务工资,而且还应根据管理人员在工作中的态度、努力程度、实际表现等因素来确定绩效工资。如果说前者取决于工作或职务分析,后者则需要通过人事考评来提供依据,如图 10.5 所示。

2. 为人事调整提供依据。期初配备的管理人员并不一定与工作要求完全相符。有些管理人员在选聘时曾表现出的令人留下深刻印象的工作能力在管理实践中并未能得到充分证实。相反,另一些管理人员在工作过程中素质和能力不断得到提高,表现出强烈的担负更重要工作的欲望,并努力证明自己是有能力负起更大责任的。由于诸如此类的原因,必须根据管理人员在工作中的实际表现,对组织的人事安排经常进行调整:将前者安排到力所能及的岗位上,给后者提供晋升的机会,剩余的人则可保持现在的职位。

3. 为管理人员的培训提供依据。管理人员的社会阶层、文化背景,过去经历以及受教育程度等因素决定了他们在具备一定优秀素质的同时,也存在着某些方面的素质缺陷。这些素质缺陷影响了他们管理技能的提高,对他们现在的工作效率或未来的提升机会构成不同程度的障碍。这些缺陷往往是由于缺少学习和训练的机会而形成的,可以通过企业的人事培训来消除或改善。人事考评可以帮助企业了解每个管理人员的优势、局限、内在潜力,指导企业针对管理队伍的状况和特点来制定培训和发展规划。

4. 有利于促进组织内部的沟通。促进沟通也许只是一种副产品,是人事考评中一种派生的有利作用。制度化的人事考评,可以使下级更加明确上级或组织对自己的工作和能力要求,从而了解努力的方向;可以使上级更加关心下属的工作和问题,从而更关注他们的成长;可以使上下级经常对某些问题加以讨论,从而促进理解的一致性……这些由于考评而带来的沟通的增加,必然会促进人们对组织目标与任务的理解,融洽组织成员特别是管理人员之间的关系,从而有利于组织活动的协调进行。

二、管理人员考评的内容

一般来说,为确定工作报酬提供依据的考评着重于管理人员的现时表现,为人事调整或组织培训而进行的考评则偏向技能和潜力的分析。然而,组织中具体进行的人事考评，往往不是与一种目的有关，而是为一系列目的服务。

（一）关于贡献考评

贡献考评是指考核和评估管理人员在一定时期内担任某个职务的过程中对实现企业目标的贡献程度，即评价和对比组织要求某个管理职务及其所辖部门提供的贡献与该部门的实际贡献。

> 贡献考评：组织要求某个管理职务及其所辖部门提供的贡献与该部门的实际贡献的评价和对比。

贡献往往是努力程度和能力强度的函数。因此，贡献考评可以成为决定管理人员报酬的主要依据。贡献评估需要注意以下两个问题。

> 假设：贡献=C，努力程度=E，能力强度=A，那么：$C=f(E,A)$。

1. 应尽可能地把管理人员的个人努力和部门的成就区别开来，即力求在所辖部门的贡献或问题中辨识出有多大比重应归因于主管人员的努力。这项工作可能在实践中是非常困难的，但也是非常重要的。因为在个人提供的努力程度不变的情况下，外部完全有可能发生不可抗拒的、内部无能为力的、但对内部的部门目标的实现起着重要的促进或阻滞作用的变化。许多组织中往往存在一些"陷阱部门"：从某个时刻开始，担任该部门主管的人员"纷纷落马"，即使在其他部门表现突出的管理人员，来到这些"陷阱部门"后也往往一筹莫展。相反，有些部门则不论是谁担任主管都有可能实现骄人的业绩。这种部门的产生，往往与环境的变化有关。环境发生重大的变化后，这类部门的业务性质可能发生重大改变，业务量急剧膨胀，而组织对该部门的性质及其与其他部门的关系却未作相应的调整。在这种情况下，需要考察和分析的不是管理人员的表现和能力，而是组织机构的合理性。

2. 贡献考评既是对下属的考评，也是对上级的考评。贡献考评是考核和评价具体管理人员及其部门对组织目标实现的贡献程度。而具体人员和部门对组织的贡献往往是根据组织的要求来提供的。因此，只有在被考评时期开始以前，组织（上级）对每个部门和管理岗位的工作规定具体的目标和要求，考评才可以进行。否则，不仅使下级不能了解努力的方向，从而不能提供有效的贡献，而且使考评失去客观的标准。在这种情况下，下级不能提供积极贡献的原因不在他们自己，而在上级。

（二）关于能力考评

贡献虽可在一定程度上反映管理人员的工作能力，但不仅仅取决于后者。能力的大小与贡献的多少并不存在着严格的一一对应的关系。所以，为了有效地指导企业的人事调整或培训与发展计划，还须对管理干部的能力进行考评。

> 能力考评：分析某一管理人员是否符合现任职务的能力要求，以及任职后管理能力是否有所提高从而能否担任更高一级的工作。

能力考评是指通过考察管理人员在一定时间内的管理工作，评估他们的现实能力和发展潜力，即分析他们是否符合现任职务的要求，任现职后素质和能力是否有所提高，从而能否担任更重要的工作。

由于管理人员的能力要通过日常的具体工作来表现，而处理这些工作的技术与方法又很难与那些抽象地描述管理者素质特征或能力水准的概念对上号。因此，能力考评中切忌只给抽象概念打分。

"决策能力""用人能力""沟通能力""创新精神""正派的作风"等无疑是优秀的管理人员必须具备的基本素质，这是任何一个组织都会认识到的。但这只是一些抽象的概念，用这些未加细分的、笼统的，甚至是模糊的概念进行组织考评，只能增加考评的难度，使考评者仅根据自己的主观判断给被考评对象任意打分，且这种打分往往是比较宽松的。

怎样才能得到真实、可靠、客观的能力考评结论呢？美国管理学家孔茨等人认为，应该根据组织对不同管理人员的基本要求，借助管理学的知识，将管理工作进行分类，然后用一系列具体的问题说明每项工作，来考评管理人员在从事这些工作中所表现出的能力。

1. 为了考评管理人员的计划能力，可提出如下问题。

（1）他是否为本部门制定与公司目标有明确关系的可考核的长期和短期目标？

（2）他是否理解公司政策在其他决策中的指导作用，并确保下属也这样做？

（3）他是否定期检查计划的执行情况，以确保部门的实际工作与计划要求相一致？

2. 为了考评管理人员的组织能力，可提出如下问题。

（1）他对下属的工作职责和任务是否有明确的要求，并确保下属能理解自己的任务？

（2）他是否对下属在进行工作、承担责任的过程中授予相应的职权？

（3）他在授权后是否能控制自己不再利用这些职权进行决策，从而干预下属工作？

（4）他是否建立了必要的信息反馈制度，并明确职权系统与信息反馈系统在管理中的地位区别？

3. 为了尽可能地得到客观的评价意见，上述问题应力求设计成是非判断题的形式。在难以设计成是非题的情况下，应努力对可供选择的多种答案（如"优秀""良好""一般""不符要求"等）给予明确的界定。

根据对管理者的工作要求来进行能力考评，不仅具有方便可行、能够保证得到客观结论的好处，而且可以促使被考评者注重自己的日常工作，根据组织的期望注意改进和完善自己的管理方法和艺术，从而能起到促进管理能力发展的作用。

4. 考评中的"明确"与"具体"的要求不应与"复杂""烦琐"相混同。只有经过专门训练的专家才能看懂、填写的考评表，在实际操作中会遇到与简单抽象概念打分相类似的困难。因此，在设计考评表时，要注意在具体、明确的基础上，用简洁的语言准确地提出能够反映管理人员能力特点或素质状况的问题。

三、管理人员考评的工作程序与方法

贡献与能力考评，不仅对组织的人事工作，而且对管理者本身也是非常重要的。考评工作可以从两个方面影响管理人员的积极性。

（1）考评结论直接反映组织、上级、部属、同行对自己的评价，从而反映组织对自己努力的承认程度。

（2）组织根据考评结论而进行的分配或晋升方面的决策，会影响自己在组织中的地位和发展前景。

由于这两个原因，每个管理人员都会重视组织的考评，都会把组织对自己的考评与别人进行比较，以判断组织对自己是否公正。

公平的考评要求依据一定的程序，确定合理的考评内容，选择适当的考评者，测试考评的误差，向被考评对象传达考评的结论，使其有申辩的机会，以真正起到促进改善的效果（见图10.6）。

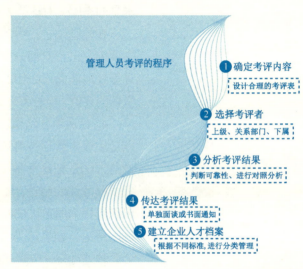

图 10.6 管理人员考评的程序

1. 确定考评内容。管理职务不同，工作要求不同，管理人员应具备的能力和提供的贡献也不同。在考评管理人员时，首先要根据不同岗位的工作性质，设计合理的考评表，以合理的方式提出问题，通过考评者对这些问题的填写得到考评的原始资料。

2. 选择考评者。考评工作往往被视为人事管理部门的任务。实际上，人事部门的主要职责是组织考评工作，而非具体地填写每张考评表。考评表应该由与被考评对象在业务上发生联系的有关部门的工作人员去填写。

与被考评对象发生业务联系的人员主要有三类：上级、关系部门、下属。由上级人员来填写考评表，主要是考核和评价下属的理解能力和组织执行能力；关系部门的考评主要是评估当事人的协作精神；下属的评价则着重于管理者的领导能力和影响能力。

传统的考评方法，往往是由直接上司来考评各管理人员，直接上司虽然对部属比较了解（而且这种考评方法也能促进上司去注意下属的情况和

要求），但每个上司都不希望从下属的能力和贡献评价中得到不利的结论（培养部下的能力往往是影响上司晋升的一个重要因素），所以，在考评时往往打分过宽。这种考评方法还有可能促成管理人员只知"唯上"的坏作风，只愿求得上司的赏识，只做上司能够看得到的表面文章，而忽视部下和关系部门的要求，不做扎扎实实的工作。让相关部门或部属来填写考评表，可以克服这些弊病，促进管理人员加强民主意识和协作意识。

3. 分析考评结果。为了得到正确的考评结果，首先要分析考评表的可靠性，剔除那些明显不符合要求的随意乱填的表格。比如对表中的各个问题均答"是"（给最高分），或均答"否"（给最低分），显然不是科学的实事求是的态度。对这些表格不加剔除，会影响考评结论的质量。

在此基础上，要综合各考评表的打分，得出考评结论，并对考评结论的主要内容进行对照分析。比如某管理人员的贡献考评得分颇高，而能力考评得分则偏低，或相反，这就需要检查和分析考评中有无不符事实的、不负责任的评价，检验考评结论的可信程度。

4. 传达考评结果。考评结果应及时反馈给有关当事人。反馈的形式可以是上级主管与被考评对象的直接单独面谈，也可以用书面形式通知。有效的方法是把这两种结合起来使用：主管与被考评对象会晤之前，应让后者了解考评的结论，知道组织对自己能力的评价和贡献的承认程度，以及组织所认为的自己的缺陷和要求改进的方向，使被考评者有时间认真考虑这些结论。如果认为考评不公正或不全面，被考评者可认真准备，以便在会面时进行充分申辩或补充。

5. 建立企业人才档案。有规律地定期考评管理干部，可以使企业了解管理干部的成长过程和特点，使企业建立起人力资本档案，帮助企业根据不同的标准将管理人员分类管理，比如根据每个人的发展潜力分成：①目前即可提升的；②经过适当培训后便可提升的；③基本胜任工作，但有缺陷需要改善的；④基本不符合要求、需要更换的等几种类型，从而为企业制定人事政策、组织管理人员的培训和发展提供依据。

第四节 管理人员的培训

人的成长需要一个相对漫长的渐进过程，明天担任管理职务的干部要求今天就开始培训。因此，组织要在通过人事考评了解人力资源状况和特点的基础上，重视展开人员培训，特别是管理人员的培训工作。

一、培训与管理队伍的稳定

管理人员的培训，不仅可以为组织的发展准备干部，而且对管理人员自己来说也是非常重要的：通过培训，不仅可直接丰富个人的知识，增强个人的素质，提高个人的技能，而且可以辨识个人的发展潜力，使那些在培训中表现突出的管理人员在培训后有更多的机会被提拔担任更重要的工作。培训为每个人的发展和职务晋升提供了美好的前景，使每个人的未来在一定程度上有了保障，增强了管理人员在职业方面的安全感。

管理队伍的稳定与组织的人员培训工作是相互促进的。

1. 培训提供了个人发展的机会，能够减少管理人员的离职。

2. 管理干部的稳定性，又能促进企业放心地进行人力投资，使企业舍得花钱培训，而不需担心为他人作嫁衣。

二、管理人员培训的目标

旨在提高管理队伍素质，促进个人发展的培训工作，必须实现以下四个方面的具体目标（见图 10.7）。

（一）传递信息

这是培训管理干部的基本要求。通过培训，要使管理人员了解企业在一定时期内的生产特点、产品性能、工艺流程、营销政策、市场状况等方面的情况，熟悉公司的生产经营业务。

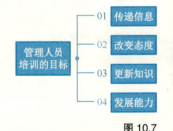

图 10.7
管理人员培训的目标

（二）改变态度

每个组织都有自己的文化、价值观念、行动的基本准则。管理人员只有了解并接受这种文化，才能在其中有效地工作。因此，要通过管理人员，特别是对新聘管理人员的培训，使他们逐步了解组织文化，接受组织的价值观念，按照组织中普遍的行动准则来从事管理工作，与组织同化。

（三）更新知识

现代企业在生产过程中广泛地运用了先进的科学技术。管理者必须掌握与企业生产经营有关的科技知识。这些知识既可以在工作前的学校教育中获取，更应该在工作中不断地补充和更新，因为随着科学技术进步速度的加快，人们原先拥有的知识结构在迅速地陈旧和老化。为了使企业的活动跟上技术进步的速度，为了使管理人员能有效地管理具有专门知识的生产技术人员的劳动，就必须通过培训来及时补充和更新他们的科学文化和技术知识。

> 国外有人曾统计分析，认为在学校学到的知识，5年后已有50%过时了；大学学到的知识仅为实际工作中要求的10%，其余90%需要在工作以后不断补充。

（四）发展能力

管理是一种职业，有效地从事这种职业，必须具备职业要求的基本能力，并在职业活动中不断提高。管理人员培训的一个主要目的，便是根据管理工作的要求，努力提高他们在决策、用人、激励、沟通、创新等方面的管理能力。

三、管理人员的培训方法

知识的更新和补充可以相对迅速地通过集中脱产或业余学习的方法来完成，态度的改变与技能的培养则需要在参与管理工作的实践中长期不懈地努力。我们关心的主要是旨在培养能力与改变态度的培训方法。

（一）工作轮换

这包括管理工作轮换与非管理工作轮换。非管理工作轮换是根据受培训者的个人经历，让他们轮流在公司生产经营的不同环节工作，以帮助他们取得各种工作的知识，熟悉公司的各种业务。管理工作轮换是在提拔某个管理人员担任较高层次的职务以前，让他先在一些较低层次的部门工作，以积累不同部门的管理经验，了解各管理部门在整个公司中的地位、作用及其相互关系。

> 管理工作轮换：在提拔某个管理人员担任较高层次的职务以前，让他先在一些较低层次的部门工作，以积累不同部门的管理经验。

作为培养管理技能的一种重要方法，工作轮换不仅可以使受训人丰富技术知识和管理能力，掌握公司业务与管理的全貌，而且可以培养他们的协作精神和系统观念，使他们明确系统的各部分在整体运行和发展中的作用，从而在解决具体问题时，能自觉地从系统的角度出发，处理好局部与整体的关系。

为了有效地实现工作轮换的目的，要对受轮换训练的管理人员提出明确的要求，并据此对他们在各部门工作期间的表现严格考核。

（二）设置助理职务

在一些较高的管理层次设立助理职务，不仅可以减轻主要负责人的负担，使之从繁忙的日常管理中脱出身来，专心致力于重要问题的考虑和处理，而且具有培训待提拔管理人员的好处。比如，可以使助理开始接触较高层次的管理实务，并通过处理这些实务，积累高层管理的经验，熟悉高层管理工作的内容与要求；可以使助理很好地观察主管的工作，学习主管处理问题的方法，吸收他的优秀管理经验，从而促进助理的成长；此外，还可使培训组织者更好地了解受训人（助理）的管理能力，通过让他单独主持某项重要工作，来观察他的组织能力和领导能力，从而决定是否有必要继续培养或是否有可能予以提升。

（三）临时职务与"彼得现象"

当组织中某个主管由于出差、生病或度假等原因而使某个职务在一定时期内空缺时（当然，组织也可有意识地安排这种空缺），则可考虑让受培训者临时担任这项工作。安排临时性的代理工作具有和设立助理职务相类似的好处，可以使受培训者进一步体验高层管理工作，并在代理期内充分展示其具有的管理能力，或迅速弥补他所缺乏的管理能力。

设立代理职务不仅是一种培训管理人员的方法，而且可以帮助组织进行正确的提升，防止"彼得现象"的产生。

著名教育家劳伦斯·J.彼得（Laurence J. Peter, 1919—1990）曾经发现："在实行等级制度的组织里，每个人都崇尚爬到能力所不能及的层次。"他把自己的这个发现写成著名的《彼得原理》(The Peter Principle)一书。由于组织中经常有些管理人员在提升后不能保持原先的成绩，因此可能给组织带来效率的大滑坡。

如何才能防止"彼得现象"产生呢？从理论上来说，组织总是有可能（而且应该）及时撤换不称职的管理干部。但在实际工作中，"表现平平"的管理人员被降职的可能性极小，对"政绩较差"的干部，组织又往往是比较宽容的。为了对他们本人"负责"，组织往往需要给他们提供一个改善的机会。而当他们的能力被再度证明不符职务要求，从而组织下决心撤换时，他们所在部门的工作已对组织目标的实现产生了一些不利的影响。因此，消极地在提升后撤换不称职管理人员的方法需要组织付出的代价有时是极大的。

"彼得现象"能够产生的一种重要原因是：我们提拔管理人员往往主要根据他们过去的工作成绩和能力。在较低层次上表现优异、能力突出的管理者能否胜任较高层次的管理工作？答案是不肯定的。只有当这些人担任高层次管理工作的能力得到某种程度的证实以后，组织才应考虑晋升的问题。检验某个管理人员是否具备担任较高职务的条件的一种可行方法，是安排他担任某个临时性的"代理"职务。通过对代理者的考察，组织可以更好地了解他的独立工作能力。如果在代理以前，该管理人员表现突出，部门内的人际关系很好，在执行工作中也表现出一定的创新精神，而在代理过程中，遇事不敢做主，甚至惊慌失措，那么，将"代理"转为"正式"显然是不恰当的。由于"代理"只是一个临时性的职务，因此，取消"代理"使其从事原先的工作，对代理者本人也不会造成任何打击。但这样可以帮助组织避免一次错误的提拔。

> 彼得现象：每一个管理职位最终都会由一位对其不胜任的员工负责。

> 劳伦斯·J.彼得：出生于加拿大，是一位教育工作者，现代层级组织学的奠基者。

读 书 提 示

1. ［美］哈罗德·孔茨、［美］海因茨·韦里克，《管理学——国际化与领导力的视角》（精要版第 9 版）第 12、13、14、15 章，马春光译，中国人民大学出版社，2014 年。

2. ［美］斯蒂芬·罗宾斯、［美］玛丽·库尔特，《管理学》（第 15 版）第 12 章，刘刚等译，中国人民大学出版社，2022 年。

3. ［美］W. H. 纽曼、［美］小 C. E. 萨默，《管理过程——概念、行为和实践》第 7、8、9、10 章，李柱流译，中国社会科学出版社，1995 年。

4. ［美］彼得·德鲁克，《卓有成效的管理者》第 4 章，许是祥译，机械工业出版社，2009 年。

复习思考题

1. 工作分析的作用和内容是什么？如何在此基础上评估组织对管理人员的需要量？
2. 怎样评估现有人员的能力和素质？如何从组织外部招聘合适的管理人员？
3. 如何使人员的稳定与流动合理地组合，从而在帮助每个管理人员找到最恰当的工作岗位，使人才得到最充分、最合理的使用的同时，保持组织的稳定性？
4. 为什么不仅要考评管理人员的贡献，还要考评其能力？管理人员考评的目的和作用是什么？
5. 为什么会出现"彼得现象"？如何防止"彼得现象"的出现？

第十一章

组织力量的整合

组织机构中的各个部分要能协调地为组织目标服务,就要求组织的全体成员能和谐一致地进行工作。为此,需要整合组织中的各种力量,建立高效的信息沟通网络,处理好组织不同成员之间的各种关系,使分散在不同层次、不同部门、不同岗位的工作朝着同一方向、同一目标努力。

第一节 正式组织与非正式组织

一、正式组织的活动与非正式组织的产生

组织设计的目的是建立合理的组织机构和结构,规范组织成员在活动中的关系。设计的结果是形成所谓的正式组织。这种组织有明确的目标、任务、结构、职能以及由此而决定的成员间的责权关系,对个人具有某种程度的强制性。

但是,不论组织设计的理论如何完善、设计人员如何努力,人们都无法规范组织成员在活动中的所有联系,都无法将这些联系全部纳入正式的组

> 非正式组织：在正式组织展开活动的过程中，一些无形的、与正式组织有联系，但又独立于正式组织的小群体。维系非正式组织的，主要是接受与欢迎或孤立与排斥等感情因素。

织结构系统。在社会经济单位中，存在一种非正式的组织。

非正式组织是伴随着正式组织的运转而形成的。在正式组织展开活动的过程中，组织成员必然发生业务上的联系。这种工作上的接触会促进成员之间的相互认识和了解。他们会渐渐发现在其他同事身上也存在一些自己所具有、所欣赏、所喜爱的东西，从而相互吸引和接受，并开始工作以外的联系。频繁的非正式联系又促进他们的相互了解，一些无形的、与正式组织有联系，但又独立于正式组织的小群体便慢慢地形成。这些小群体形成以后，其成员由于工作性质相近、社会地位相当、对一些具体问题的认识基本一致、观点基本相同，或者在性格、业余爱好以及感情相投的基础上，产生一些被大家所接受并遵守的行为规则，从而使原来松散、随机性的群体渐渐成为趋向固定的非正式组织。

正式组织的活动以成本和效率为主要标准，要求组织成员为了提高活动效率和降低成本而确保形式上的合作，并通过对他们在活动过程中的表现予以正式的物质与精神的奖励或惩罚来引导他们的行为。因此，维系正式组织的，主要是理性的原则。非正式组织则主要以感情和融洽的关系为标准。它要求其成员遵守共同的、不成文的行为规则。不论这些行为规范是如何形成的，非正式组织都有能力迫使其成员自觉或不自觉地遵守。对于那些自觉遵守和维护规范的成员，非正式组织会予以赞许、欢迎和鼓励；那些不愿就范或犯规的成员，非正式组织则会通过嘲笑、讥讽、孤立等手段予以惩罚。因此，维系非正式组织的，主要是接受与欢迎或孤立与排斥等感情上的因素。

由于正式组织与非正式组织的成员是交叉混合的，由于人们感情的影响在许多情况下要甚于理性的作用，因此，非正式组织的存在必然要对正式组织的活动及其效率产生影响。

二、非正式组织的影响

非正式组织的存在及其活动既可对正式组织目标的实现起到积极促进作用，也可能对后者产生消极影响。

（一）非正式组织的积极作用

1. 可以满足职工的需要。非正式组织是自愿性质的，其成员甚至是无意识地加入进来的。他们之所以愿意成为非正式组织的成员，是因为这类组织可以给他们带来某些需要的满足。比如，工作中或作业间的频繁接触以及在此基础上产生的友谊，可以帮助他们消除孤独的感觉，满足他们"被爱"以及"施爱之心于他人"的需要；基于共同的认识或兴趣，对一些共同关心的问题进行谈论，甚至争论，可以帮助他们满足"自我表现"的需要；

从属于某个非正式群体这个事实本身,可以满足他们"归属""安全"的需要等。组织成员的许多心理需要是在非正式组织中得到满足的。

2. 人们在非正式组织中的频繁接触会使相互之间的关系更加和谐、融洽,从而易于产生和加强合作的精神。这种非正式的协作关系和精神如能带到正式组织中来,则无疑有利于促进正式组织的活动协调地进行。

3. 非正式组织虽然主要是发展一种工作之余的、非工作性的关系,但是它们对其成员在正式组织中的工作情况也往往是非常重视的。对于那些工作中的困难者、技术不熟练者,非正式组织中的伙伴往往会自觉地给予指导和帮助。这种自觉、善意的帮助,可以促进他们技术水平的提高,从而可以帮助正式组织起到一定的培训作用。

4. 非正式组织也是在某种社会环境中存在的。就像对环境的评价会影响个人的行为一样,社会的认可或拒绝也会左右非正式组织的行为。非正式组织为了群体的利益,为了在正式组织中树立良好的形象,往往会自觉或自发地帮助正式组织维护正常的活动秩序。虽然有时也会出现非正式组织的成员犯了错误互相掩饰的情况,但为了不使整个群体在公众中留下不受欢迎的印象,非正式组织对那些严重违反正式组织纪律的害群之马,通常会根据自己的规范、利用自己特殊的形式予以惩罚。

(二)非正式组织可能造成的危害

1. 非正式组织的目标如果与正式组织冲突,则可能对正式组织的工作产生极为不利的影响。比如,正式组织力图利用职工之间的竞赛以达到调动积极性、提高产量与效益的目标,非正式组织则可能认为竞赛会导致竞争,造成非正式组织成员的不和,从而设法阻碍和破坏竞赛的展开,其结果必然是影响企业竞赛的气氛。

2. 非正式组织要求成员一致性的压力,往往也会束缚成员的个人发展。有些人虽然有过人的才华和能力,但非正式组织一致性的要求可能不允许他冒尖,从而使个人才智不能得到充分发挥,对组织的贡献不能增加,这样便会影响整个组织工作效率的提高。

3. 非正式组织的压力还会影响正式组织的变革,发展组织的惰性。这并不是因为所有非正式组织的成员都不希望改革,而是因为其中大部分人害怕变革会改变非正式组织赖以生存的正式组织的结构,从而威胁非正式组织的存在。

三、积极发挥非正式组织的作用

不管我们承认与否、允许与否、愿意与否,上述影响总是客观存在的。正式组织的目标的有效实现,要求积极利用非正式组织的贡献,努力克服和消除它的不利影响。

> 比如，正式组织在进行人员配备工作时，可以考虑把性格相投、有共同语言和兴趣的人安排在同一部门或相邻的工作岗位上，使他们有频繁接触的机会，这样就容易使两种组织的成员基本吻合。
>
> 又如，在正式组织开始运转以后，注意开展一些必要的联欢、茶话、旅游等旨在促进组织成员间感情交流的联谊活动，为他们提供业余活动的场所，在客观上为非正式组织的形成创造条件。

1. 利用非正式组织，首先要认识到非正式组织存在的客观必然性和必要性，允许乃至鼓励非正式组织的存在，为非正式组织的形成提供条件，并努力使之与正式组织吻合。

促进非正式组织的形成，有利于正式组织效率的提高。人通常都有社交的需要。如果一个人在工作中或工作之后与别人没有接触的机会，则可能心情烦闷，感觉压抑，对工作不满，从而影响效率。相反，如果能有机会经常与别人聊聊对某些事情的看法，谈谈自己生活或工作中的障碍，甚至发发牢骚，就容易卸掉精神上的包袱，以轻松、愉快、舒畅的心理状态投身到工作中去。

2. 通过建立和宣传正确的组织文化来影响非正式组织的行为规范，引导非正式组织提供积极的贡献。非正式组织形成以后，正式组织既不能利用行政方法或其他强硬措施来干涉其活动，也不能任其自由，因为这样有产生消极影响的危险。因此，对非正式组织的活动应该加以引导。这种引导可以通过借助组织文化的力量，影响非正式组织的行为规范来实现。

许多管理学者在近期的研究中发现，不少组织在管理结构上并无特殊优势，却获得了超常成功，成功的奥秘在于有一种符合组织性质及其活动特征的组织文化。所谓组织文化，是指被组织成员共同接受的价值观念、工作作风、行为准则等群体意识的总称。组织通过有意识地培养、树立和宣传某种文化，来影响成员的工作态度，使他们的个人目标与组织的共同目标尽量吻合，从而引导他们自觉地为组织目标的实现积极工作。

> 组织文化：被组织成员共同接受的价值观念、工作作风、行为准则等群体意识的总称。

如果说合理的结构、严格的等级关系是正式组织的专有特征，组织文化则有可能成为企业协调和引导非正式组织成员行为的重要手段。正确的组织文化可以帮助员工树立正确的价值观念和工作与生活的态度，从而有利于产生符合正式组织要求的非正式组织的行为规范。

第二节 直线与参谋

组织中的管理人员是以直线主管或参谋两类不同身份来从事管理工作的。这两类管理人员，或更准确地说与此相应的管理人员的两种不同作用，对组织活动的开展和目标的实现都是必需的（见图11.1）。

一、直线、参谋及其相互关系

企业中的最高主管，由于时间和精力的限制，不可能直接地、面对面地安排和协调每一个成员的活动，需要委托若干副手来分担管理的职能，各个副手又需委托若干部门经理或车间主任，后者再委托若干科长或工段长来分担自己受托担任的管理工作。依此类推，直至组织中的基层管理人员能直接安排和控制员工的具体活动。这种由管理幅度的限制而产生的管理层次之间的关系便是所谓的直线关系。

从直线关系形成的过程来看，由于低层次的主管是受高层次主管的委托来进行工作的，因此，必须接受他的指挥和命令。所以，直线关系是一种命令关系，是上级指挥下级的关系。这种命令关系自上而下，从组织的最高层，经过中间层，一直延伸到最基层，形成一种等级链。链中每一个环节的管理人员都有指挥下级工作的权力，又必须接受上级管理人员的指挥，这种指挥和命令的关系越明确，即各管理层次直线主管的权限越清楚，就越能保证整个组织的统一指挥。直线关系是组织中管理人员的主要关系，组织设计的重要内容便是规定和规范这种关系。

参谋关系是伴随着直线关系而产生的。组织的规模越大，活动越复杂，参谋人员的作用就越重要，参谋的数量就越多，从而参谋与直线的关系就越复杂。

现代企业在运营中，企业活动的过程越来越复杂。组织和协调这个活动过程的管理人员，特别是高层次的主管人员越来越感到专业知识的缺乏。由于企业很难找到精通各种业务的"全才"，直线主管也很难使自己拥有组织本部门活动所需的各种知识，人们常借助设置一些助手，利用不同助手的专门知识来补偿直线主管的知识不足，来协助他们的工作。这些具有不同专门知识的助手通常被称为参谋人员。因此，参谋的设置首先是为了方便直线主管的工作，减轻他们的负担。虽然随着组织规模的扩大，参谋人员的数量会不断增加，参谋机构会逐渐规范化，为了方便这些机构的工作，直线主管也会授予它们部分职能权力，但是，它们的主要职责和特征，仍然是同层次直线主管的助手，主要任务仍然是提供某些专门服务，进行某些专项研究，以提供某些对策建议。

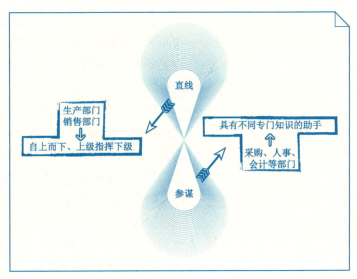

图 11.1
直线和参谋的关系

从上面的分析中可以看出，直线与参谋是两类不同的职权关系。直线关系是一种指挥和命令的关系，授予直线人员的是决策和行动的权力；参谋关系则是一种服务和协助的关系，授予参谋人员的是思考、筹划和建议的权力。

区分直线与参谋的另一个标准是分析不同管理部门和管理人员在组织目标实现中的作用。人们把那些对组织目标的实现负有直线责任的部门称为直线机构，把那些为实现组织基本目标协助直线人员有效工作而设置的部门称为参谋机构。根据这个标准，人们通常把企业中致力于生产或销售产品的部门称为直线机构，把采购、人事、会计等部门列为参谋部门。

这种分类方法虽然有直观明确的好处，而且可在一定程度上与职权关系角度的分类有某种吻合。比如，企业中生产、销售部门主管的主要工作内容是组织所辖部门的生产或销售活动，因此，主要精力是处理部门内与直线下属的关系；会计、人事等部门及其主管的主要活动内容则是记录生产与销售部门的资金运动或制定指导这些部门活动中的财务、人事政策，因此，主要精力是处理与这些直线部门发生的关系，为他们提供建议或服务。但是，根据在组织目标实现中的作用来分类，可能会引起某些混乱。比如，企业中的物资后勤部门，显然不是主要部门，不直接参与企业的产品制造或销售服务活动。因此，根据在目标实现中的作用的标准来衡量，它们不能列为直线部门。毫无疑问，这些部门是为直线部门服务的。但把它们列为参谋部门也是不适宜的，因为它们只是提供工作或生活上的服务，并无参赞与建议的任务。为了避免这种混乱，我们认为应该主要从职权关系的角度来理解直线与参谋。直线管理人员拥有指挥和命令的权力，参谋则是作为直线的助手来进行工作的。

二、直线与参谋的矛盾

设置作为直线主管的助手的参谋职务，可以保证直线的统一指挥，还能够适应管理复杂活动需要多种专业知识的要求。在实践中，直线与参谋的矛盾往往是组织缺乏效率的原因之一。考察这些低效率的组织活动，通常可以发现两种不同的倾向。

1. 虽然保持了命令的统一性，但参谋作用不能充分发挥。

2. 参谋作用发挥失当，破坏了统一指挥的原则。

因此，在实际工作中，直线与参谋都有可能产生对对方不满的情绪（见图11.2）。

图 11.2
直线与参谋的矛盾

从直线经理这方面来说，他们需要对自己所辖部门的工作结果负责。因此，对那些必须在工作中与之商量、倾听意见的上级参谋人员和部门，当他们对与自己有关的工作发表议论和评论甚至指手画脚时，就有可能认为是在干预自己的工作，从而可能对他们产生不满。由于参谋人员只有服务和建议的权力，对直线人员的工作没有任何约束力，因此，后者对他们的建议完全可以不予重视，只根据自己的认识和判断行事，并以所谓的"参谋不实际""参谋不了解本部门的特点""参谋们只知纸上谈兵"等作为借口。直线人员对参谋作用的敌视和忽视，使得后者的专业知识不能得到充分利用。

从参谋人员的角度来看，会因为直线主管的轻视而产生不满。由于专门从事研究和咨询的参谋人员往往要比同层次的直线管理人员年轻，且受过更高水平的正规教育，组织重视他们的目的是利用他们的某些专业知识，因此，他们理所当然地希望通过提出有见解的、能够被采纳的建议来证明自己的价值，作为进取的途径。当有人告诉他们，决策是直线管理的职能，他们的作用只是支持性的、辅助性的，从而是第二位的时候，他们自然会感觉受到了挫折，甚至侮辱，从而会产生对直线人员的不满。

参谋人员为了克服来自低层直线管理者的抵制，往往会不自觉地寻求上级直线经理的支持。在许多情况下，他们能够得到这种支持，并使之产生一定作用。上级主管会对直线下属施加一定压力，要求他们认真考虑参谋人员的建议。这有可能使直线与参谋的矛盾朝向有利于参谋的方面变化。但是，这时还可能会出现另外一种倾向，参谋们借助上级直线主管的支持，不是向低层次的直线管理人员推荐自己的建议、"推销"自己的观点，而是以指挥者的姿态强迫他们接受自己的观点，从而可能激起低层直线管理人员的不满，激化直线与参谋的矛盾。这时，高层次的直线主管可能会面临两难选择：是支持自己在工作中必须依赖的主要下属直线负责人，还是继续支持没有把活动限于调查研究、提供咨询的参谋人员。在这个两难问题的解决中，参谋人员往往是牺牲者，因为高层主管几乎只有选择支持直线下属的可能。

引起直线与参谋矛盾的另一个可能原因是参谋人员过高估计了自己的作用。某些正确的建议被直线经理采纳并取得积极的成果以后，参谋人员会沾沾自喜，"贪天功为己有"，认为组织活动的成绩主要应归功于自己。相反，如果建议在实施过程中遇到困难，没有取得预期的有利结果，有些参谋人员又会迫不及待地推卸责任，声明之所以未能取得有利结果，是因为直线曲解了他们的建议，或者没有完全按照他们的说法去做：建议是合理的，方案是正确的，但在执行过程中变了样。既然这样，成绩要归功于参谋，失误要怪罪于直线，直线漠视参谋的建议与作用也就不足为怪了。

三、正确发挥参谋的作用

解决直线与参谋的矛盾，综合直线与参谋的力量，要在保证统一指挥与充分利用专业人员的知识这两者之间实现某种平衡。解决这对矛盾的关键是要合理利用参谋的工作，参谋的作用发挥不够或过分，都有可能影响直线，从而整个组织活动的效率。合理利用参谋的工作，要求明确直线与参谋的关系，授予参谋机构必要的职能权力，同时，直线经理也必须向参谋人员提供必要的信息条件（见图 11.3）。

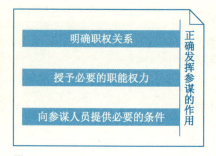

图 11.3　正确发挥参谋作用的方法

（一）明确职权关系

无论是直线经理或是参谋人员都应认识到，设置参谋职务、利用参谋人员的专业知识是管理现代组织的复杂活动所必需的。但是，直线与参谋的职责、权限以及工作目的是不同的。直线经理需要制定决策，安排所辖部门的活动，并对活动的结果负责；参谋人员则是在直线经理的决策过程中，进行研究，提供建议，指明采用不同方案可能得到的不同结果，以供直线经理在运用决策权力的过程中参考。

只有明确了各自工作的性质与职权关系的特点，直线与参谋才有可能防止相互之间矛盾的产生或以积极的态度去解决已产生的矛盾。

1. 对直线经理来说，只有了解参谋工作，才有可能自觉地发挥参谋的作用，利用参谋的知识，认真对待参谋的建议，充分吸收其中合理的内容，并勇于对这种吸收以及据此采取行动的结果负责，而不是在行动中出现问题后才去责怪参谋人员由于缺乏经验而制订理论脱离实际的计划。

2. 对参谋人员来说，只有明确了自己工作的特点，认识到参谋存在的价值在于协助和改善直线的工作，而不是去削弱他们的职权，才有可能在工作中不越权、争权，而是努力地提供好的建议，推荐自己的主张，宣传自己的观点，以说服直线经理乐于接受自己的方案，并在方案实施、取得成绩以后不居功自傲，而是认识到没有直线经理的接受，再好的方案也只能是纸上谈兵。直线经理采纳何种方案、采取何种行动，是要担负一定的风险的，因此，活动的成绩应首先归功于直线的经营管理人员。

总之，直线与参谋，越是明确各自的工作性质、了解两者的职权关系，就越有可能重视对方的价值，从而自觉地尊重对方，处理好相互间的关系。

（二）授予必要的职能权力

明确了参谋人员对管理复杂活动的必要性以后，直线经理会在理智上意识到必须充分利用参谋的专业知识和作用。但是，人并不是单纯的理性动物，也非在任何时候、任何条件下都是理智的，影响人的行为的还有许多非理性的因素。为了确保参谋人员作用的合理发挥，授予他们必要的职能权力往往是必需的。

授予职能权力是指直线主管把原本属于自己的指挥和命令直线下属的某些权力授给有关的参谋部门或参谋人员行使，从而使这些参谋部门不仅具有研究、咨询和服务的责任，而且在某种职能范围内（如人事、财务等）具有一定的决策、监督和控制权。

组织中参谋人员发挥作用的方式主要有以下四种。

1. 参谋专家向他们的直线上司提出意见或建议，由后者把建议或意见作为指示传达到下级直线机构。这是纯粹的参谋形式，参谋与低层次的直线机构不发生任何联系。

2. 直线上司授权参谋直接向自己的下级传达建议和意见，取消自己的中介作用，以减少自己不必要的时间和精力消耗，并加快信息传递的速度。

3. 参谋不仅向直线下属传达信息、提出建议，而且告诉后者如何利用这些信息、应采取何种活动。这时，参谋与直线的关系仍然没有发生本质的变化。参谋仍然无权直接向直线下属下命令，只是就有关问题与他们商量，提出行动建议。如果直线下属不予理睬或不予重视，则需要由直线上司发出行动指示。

4. 上级直线主管把某些方面的决策权和命令权直接授予参谋部门，即参谋部门不仅建议下级直线主管应该怎么做，而且要求他们在某些方面必须怎么做。这时，参谋的作用发生了质的变化，参谋部门不仅要研究政策建议或行动方案，而且要布置方案的实施、组织政策的执行。

必须指出，参谋部门职能权力的增加虽然可以保证参谋人员专业知识和作用的发挥，但也有带来多头领导、破坏命令统一性的危险。参谋部门有了职能权力以后，企业中的分厂厂长或事业部经理除了有一个直线上司（总经理或副总经理）以外，可能同时还要接受好几个职能部门负责人的指导甚至是领导。这些职能上司的存在虽然是由解决复杂问题所必需的专业知识所决定的，但同样不可忽视的是，多头领导往往会造成组织关系的混乱和职责不清。因此，组织中要谨慎地授予职能权力。

谨慎地使用职能权力，包括两个方面的含义：一方面，要认真地分析授予职能权力的必要性，只在必要的领域中使用它，以避免削弱直线经理的地位；另一方面，要明确职能权力的性质，限制职能权力的应用范围，规定职能权力主要用来指导组织中较低层次的直线经理怎么干，而不是用于决定干什么，主要用于解决"如何""何时"等问题，而不能用于解决"什么""何地""何人"等问题。

为了避免命令的多重性,组织中较高层次的直线主管还应注意,在授予某些职能权力后,要让相应的参谋人员放手展开工作,而不能仍然频繁地使用已经授予的权力。

(三)向参谋人员提供必要的条件

直线与参谋的矛盾主要是由于参谋人员的过分热心所造成的,因此,缓和他们之间的关系首先要求参谋人员经常提醒自己"不要越权""不要篡权";同时,直线经理也应认识到,参谋人员拥有的专业知识正是自己所缺乏的,因此,必须自觉地利用他们的工作。要取得参谋人员的帮助,必须首先帮助参谋人员的工作,向参谋人员提供必要的工作条件,特别是有关的信息情报,使他们能及时地了解直线部门的活动进展情况,从而能够提出有用的建议。一方面,埋怨参谋部门不了解直线活动的复杂性,提出的建议不切实际;另一方面,又不愿为参谋人员研究情况、获得信息提供必要的方便,这显然是直线经理们应该注意避免的态度。

第三节 委 员 会

作为集体工作的一种形式,组织中存在着多种多样的委员会。在这些委员会中,有些是为解决某个专项问题而临时成立的,另一些则是在组织中长期存在的;有些只涉及某个专门职能,另一些则是综合性质的;有些只是执行性的,另一些则属于决策机构;有些只存在于组织中的较高层次,另一些则大量地活跃于组织的中间层或较低管理层。

一、运用委员会的理由

虽然我们在本篇结构的逻辑中是把委员会当作整合组织力量的手段来研究的,但是由于委员会的性质和形式多种多样,因此,它们存在的理由也往往各自相异(见图11.4)。

(一)综合各种意见,提高决策的正确性

这通常是采用委员会工作方式的主要理由。集体决策的质量要优于个人决策,这是由多种原因所决定的。

1. 集体讨论可以产生数量更多的方案。个人的知识、经验和判断能力总是有限的,从而能够提出的解决特定问题的方案数量也是有限

图 11.4
运用委员会的理由

的。集体讨论则可增加方案的数量。可供选择的方案数量越多，被选方案的正确程度或满意程度就可能越高。

2. 委员会工作可以综合各种不同的专门知识。组织中需要解决的问题很少只涉及某一个方面的职能。企业的经营决策通常同时需要生产、营销、财务、人事等各个方面的专业知识。决策的层次越高，对知识的要求越广，从而越宜采用集体的方式，因为集体决策能够运用比个人更多、更广泛的经验和知识。

3. 集体讨论，可以互相启发，从而可以完善各种设想以及决策的质量。通过讨论，可以启发和活跃人的思维，开阔人的思路，促进人们思考，使新设想不断产生、补充和完善。不论是赞同还是反对自己的观点，别人的意见都会促进每一个与会者去认真思索赞同或反对、坚持或修正的理由，从而使他们及时地放弃自己的不合理设想，或在充分吸收他人意见的基础上不断完善自己的观点。

（二）协调各种职能，加强部门间的合作

组织内的许多工作都要打破部门的界限，部门经理的决策不仅影响本部门的工作，而且会对其他部门的活动产生影响，比如，销售部门与客户商定的交货日期，要求制造部门在生产进度上予以配合，同时，它对市场情况的了解又会对生产部门的任务安排或设计部门的产品开发提供一定指导。由于各职能部门的活动相互影响、相互依存，企业目标的实现有赖于这些不同职能部门的共同努力，所以，组织中常通过建立由主要职能部门经理组成的执行委员会或管理委员会来协调不同部门的活动，来组织信息的交流，通过委员会的定期或不定期会议，方便各部门经理交换情报，了解关系部门的工作计划、存在的问题以及相互要求，以保证取得或提供相互间的必要配合。

（三）代表各方利益，诱导成员的贡献

组织是由不同成员构成的。他们分属于不同的利益集团。如果各利益集团在组织的决策机构中没有自己的代表，不能及时反映自己的要求，或者认为组织目标没有考虑到本集团的利益，他们对这些目标和政策就会采取一种抵制的态度。委员会的运用，往往也是为了使组织内的不同利益集团能够派出自己的代表，发出自己的呼声。企业中的最高决策机构——董事会就是各利益集团的代表所构成的，虽然从理论上来说董事会主要是代表股东来行使资本所有权的，但由于企业活动离不开管理人员和工人的努力，因此，在今天西方企业的董事会构成中，往往都包括这两个方面的代表。组织在处理涉及不同部门的关系或同一部门内部的各种纠纷时，往往也根据这个标准来选择委员会的成员。

（四）参与组织管理，调动执行者的积极性

委员会工作不仅有利于决策的制定，而且有利于决策的执行。通过委员会来研究和决定解决某个问题的方案，不仅可以使更多的人（包括计划执行者的代表）参与整个决策过程，使他们了解信息、增加知识，从而为计划的执行提供更好的条件，而且参与本身就是一种重要的激励方式，能够推动人们在执行过程中的更好合作。我们知道，上级的实际权威在很大程度上取决于下级的接受。仅仅担任纯粹的执行职能的组织成员在组织活动中对上级制定的决策并不总是积极响应的，有时甚至采取抵制的态度。在下属没有参与决策制定的情况下，为了取得他们在执行过程中的合作和贡献，上级决策者需要去解释和说服。但这种解释或说服并不总是有效的。下属也许会被迫地、勉强地去执行这类决策，也会在执行过程中找出一大堆不能达到目标要求的理由。相反，人们通常愿意接受自己参与制定的决策。

二、委员会的局限性

由于委员会是由一组人来执行某种管理职能的，委员会的决策要在这一组人的意见基本一致的基础上才能制定，所以，运用委员会的工作方式也有可能带来时间上的延误、决策的折中以及权力与责任的分离等局限性（见图11.5）。

图 11.5
委员会的局限性

（一）时间上的延误

为了取得大体一致的意见，制定出各方面基本上都能接受的决策，委员会需要召开多次会议。这些会议通常要消耗大量的时间。委员会是一个讲坛，所有成员都有权得到发言的机会，以阐明自己的观点，说服别人或向别人提出质询。只有在充分讨论的基础上，才有可能得到基本一致的集体决议。综合了各种知识和意见的集体决策的正确性往往伴随着时间上的迟缓性。这种时间上的延误，可能会使组织付出极大的代价，因为行动的最好时机也许会在委员会的无休止的争论中已悄悄溜去。

（二）决策的折中

委员会的工作方式降低决策质量的可能性几乎与促进决策完善的机会一样多。委员会的成员既是不同利益集团的代表，也有自己个人的利益，他们往往把委员会视为充分表现自己、实现个人或集团目标的工具。在这种情况下，委员会难以发挥积极地促进合作的功能。只要某个利益集团或其代表的利益未能得到满足，委员会就难以作出任何决策，因为任何一方的代表都可以借助拒绝支持将要实施的计划的方式来破坏委员会的统一行动。充分考虑了各个方面的利益，满足了各个委员的要求后，委员会也许

最终能得到全体一致的决策。这种决策与其说是集体的意见，不如说是各种利益冲突的结果，是各种势力妥协、折中的产物，决策的质量是有限的，甚至没有实质性的内容。

（三）权力与责任的分离

同组织中任何其他机构或职务一样，当委员会被授予一定的权限时，必须对相应的权力使用结果负责。因此，从理论上来说，作为集体中的每个成员都必须对委员会的每项决策及其执行情况负责。了解了委员会决策可能是各种利益集团相互妥协的结果后，可以认为，这种"集体决策"是没有任何意义的：委员会的决策可能反映每个人的意见，但并未反映任何人的所有意见，任何人都不愿意对那些只代表了自己部分利益和观点的决策及其行动负完全的责任——委员会的普通成员如此，对委员会的工作只起协调作用的委员会主席可能也会如此。职权与责任的分离是委员会的主要缺陷之一，它可能导致没有任何委员会成员去关心委员会的工作效率。

三、提高委员会的工作效率

委员会的工作形式对于协调不同利益集团的关系，调动各方面的积极性，促进不同职能部门和管理层次的沟通和协作是非常重要的，但是，如果应用不当，则有可能影响决策的速度和质量，增加决策的成本。因此，要求我们不断探索改进这些缺点、提高委员会工作效率的方法（见图11.6）。

（一）审慎使用委员会工作的形式

由于委员会的工作需要消耗大量的时间和费用，所以，那些琐碎、繁杂、具体的日常事务，不宜采用委员会的形式去处理。这些日常业务不仅数量多，而且时间要求往往非常高。如果利用委员会去处理，则可能经常产生决策延误的危险。相反，处理那些对组织的全局影响更重要、更长远，从而对时间要求往往不是很严格，组织必须进行详细论证的问题，则可利用作为提供咨询的参谋机构，甚至作为制定政策的决策机构的委员会的工作方式。

另外，由于委员会通常可用来作为协调的工具，因此，当处理的问题只涉及一个职能或一个利益群体的内部时，利用委员会的工作似乎是多余的，对于处理那些涉及不同部门的利益和权限的问题，委员会的形式往往是比较有效的。

（二）选择合适的委员会成员

根据委员会的性质来选择恰当的委员，运用委

图 11.6 提高委员会工作效率的方法

员会的目的在于进行专门研究、提供咨询意见和建议，委员会成员应具有问题所涉及的不同专业的理论和实际知识。如果运用委员会的目的是协调各方面的利益和权限，委员会的成员就应是相关职能部门的负责人或利益群体的代表。如果委员会作为一个决策机构来工作，委员会的成员就不仅应掌握必要的专门知识，能够代表不同方面的利益，而且应具备相当的综合、分析能力和合作精神。在任何性质的委员会中，成员都应有较强的表达能力和理解能力，不仅善于表达自己的观点，而且能正确把握其他成员的思想。因为决定委员会工作效率的一个重要因素是成员间的相互沟通，而改善沟通的必要前提是这些在一起工作的人具有较强的沟通能力。

（三）确定适当的委员会规模

委员会的规模主要受到两个因素的影响：沟通的效果以及委员会的性质。

委员会是利用开会、讨论的方式来展开工作的。参加讨论的人数过多，要使每一个与会者都有足够的机会去正确理解别人的观点或充分阐述自己的意见是比较困难的。信息沟通的质量与参加会议的人数成反比：委员会的成员越少，沟通的效果越好；反过来，成员越多，沟通的难度越大。因此，从信息沟通这个角度去考察，似乎倾向于较小的委员会规模。

但是，如果委员会规模很小，就有可能与这种工作方式的逻辑使命相违背。只有少数人组成的委员会，不可能"综合各种知识""代表各方面利益""使执行者有足够的参与机会"。为了在保证代表性的同时取得较好的沟通效果，有人把所需讨论的问题细分为若干方面，然后成立小组委员会，从而使相关部门或群体的代表都有足够的机会去发表自己的意见。

在确定委员会的规模时，要努力在追求"沟通效果"与"代表性"这两者之间取得适当的平衡。

（四）发挥委员会主席的作用

委员会主席是一个重要的角色，委员会的工作成效无疑要在很大程度上受到它的主席的领导才能的影响。为了避免时间的浪费和无聊的争论，委员会主席应在每次会议之前制订详细的工作计划，选择恰当的会议主题，安排好议事日程，为与会者准备必要的、能够帮助他们熟悉情况的有关议题的背景材料；在讨论过程中，要善于组织和引导，既能公正地对待每一种意见，不偏袒任何一种观点，尊重每一个成员，给他们以平等的自由发表意见的机会；又能从总体的角度出发，综合各种意见，提出易于被大部分成员接受的新观点。

（五）考核委员会的工作

要提高委员会的工作效率，必须了解委员会的工作情况，对委员会的工作效率进行考核。由于委员会主要是通过会议来进行工作的,因此,考核委员会的工作必须检查它的会议效率。会议的效率与召开会议所得到的有利结果以及为取得该有利结果而支付的费用有关。虽然难以计算委员会的决策带来的货币收益,特别是难以对会议本身带来的协调、沟通和激励的作用进行量化处理,但可以很方便地利用下述公式来计算委员会召开会议的直接成本:

$$C = A \times B \times T$$

式中:C 表示会议的直接成本,A 表示与会者平均小时工资率,B 表示与会人数,T 表示会议延续的时间。显然,在委员会成员数量与工资水平不变的情况下,减少为取得特定结果所需的会议时间,是减少会议直接成本,从而提高委员会工作效率的重要途径。

读 书 提 示

1. [美]哈罗德·孔茨、[美]海因茨·韦里克,《管理学——国际化与领导力的视角》(精要版第 9 版)第 9、10、11 章,马春光译,中国人民大学出版社,2014 年。

2. [美]W. H. 纽曼、[美]小 C. E. 萨默,《管理过程——概念、行为和实践》第 4 章,李柱流译,中国社会科学出版社,1995 年。

复 习 思 考 题

1. 正式组织和非正式组织有何区别?非正式组织的存在及其活动对组织目标的实现可能产生何种影响?如何有效地利用非正式组织?

2. 组织中为什么会存在参谋关系?直线关系与参谋关系的角色是什么?如何恰当处理直线与参谋间的矛盾,从而有效地发挥参谋人员的作用?

3. 委员会工作方式有何贡献和局限性?如何提高委员会的工作效率?

第十二章

组织变革与组织文化

组织的机构与结构设计以及在此基础上的人员配备是在特定情境下根据人对特定情境的认识而完成的。由于企业经营的环境在不断变化，人们对环境特点的认识不断完善，因此，企业的任务、目标以及与此相关的岗位和机构设置、这些机构间的关系也应随之而不断调整。组织及其结构必须顺势变革。

本章将探讨组织变革的一般规律以及变革中可能产生的冲突、组织者和实施者可能面临的压力，分析组织文化以及文化对组织运行的影响，以期从中总结出管理组织变革和文化的具体对策思路。

第一节 | 组织变革的一般规律

一、组织变革的动因

（一）组织变革必要性的简要分析

哈默和钱皮曾在《企业再造》一书中把三"C"力量（见图

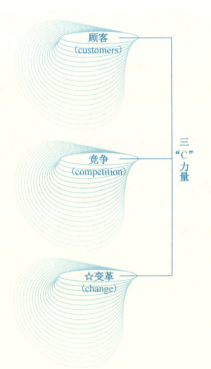

图 12.1
三"C"力量

12.1），即顾客（customers）、竞争（competition）、变革（change）看成影响市场竞争的最重要的三种力量，并认为三种力量中尤以变革最为重要，"变革不仅无所不在，而且还持续不断，这已成为常态"。

组织变革就是组织根据内外环境的变化，及时对组织中的要素进行结构性变革，以适应未来组织发展的要求。

○ 组织变革：组织根据内外环境的变化，及时对组织中的要素进行结构性变革，以适应未来组织发展的要求。

任何一个组织，无论过去如何成功，都必须随着环境的变化而不断地调整自我并与之相适应。组织变革的根本目的就是提高组织的效能，特别是在动荡不定的环境条件下，要想使组织顺利地成长和发展，就必须自觉地研究组织变革的内容、阻力及其一般规律，研究有效管理变革的具体措施和方法。

（二）组织变革的动因

推动组织变革的因素可以分为外部环境因素和内部环境因素两个部分（见图12.2）。

1. 外部环境因素。外部环境因素主要有以下四种。

（1）宏观社会经济环境变化。诸如政治、经济政策的调整、经济体制的改变以及市场需求的变化等，都会引起组织内部深层次的调整和变革。

（2）科技进步。知识经济社会，科技发展日新月异，新产品、新工艺、新技术、新方法层出不穷，对组织的固有运行机制构成强有力的挑战。

（3）资源变化。组织发展所依赖的环境资源对组织具有重要的支持作用，如原材料、资金、能源、人力资源、专利使用权等。组织必须克服对环境资源的过度依赖，要及时根据资源的变化顺势变革组织。

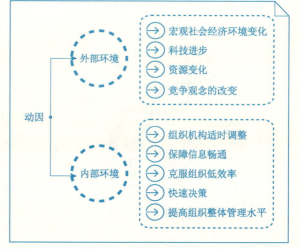

图 12.2
组织变革的动因

（4）竞争观念的改变。基于全球化的市场竞争将会越来越激烈，竞争的方式也将会多种多样，组织要想适应未来竞争的要求，就必须在竞争观念上顺势调整，争得主动，才能在竞争中立于不败之地。

2. 内部环境因素。推动组织变革的内部环境因素主要有以下五种。

（1）组织机构适时调整。组织机构的设置必须与组织的阶段性战略目标相一致，组织一旦需要根据环境的变化调整机构，新的组织职能必须得到充分的保障和体现。

（2）保障信息畅通。随着外部不确定性因素的增多，组织决策对信息的依赖性增强，为了提高决策的效率，必须通过变革保障信息沟通渠道的畅通。

（3）克服组织低效率。组织运行长期沿用现有模式极可能会出现低效率现象，其原因既可能是机构重叠、权责不明，也可能是人浮于事、目标分歧。组织只有及时变革才能进一步制止组织效率的下降。

（4）快速决策。决策的形成如果过于缓慢，组织常常会因决策的滞后或执行中的偏差而坐失良机。为了提高决策效率，组织必须通过变革对决策过程中的各个环节进行梳理，以保证决策信息的真实、完整和迅速。

（5）提高组织整体管理水平。组织整体管理水平的高低是竞争力的重要体现。组织在成长的每一个阶段都会出现新的发展矛盾，为了达到新的战略目标，组织必须在人员素质、技术水平、价值观念、人际关系等各个方面都作出进一步的改善和提高。

二、组织变革的类型和目标

（一）组织变革的类型

依据不同的划分标准，组织变革可以有不同的类型。例如，按照变革的程度与速度不同，可以分为渐进式变革和激进式变革；按照工作的对象不同，可以分为以组织为重点的变革、以人为重点的变革和以技术为重点的变革；按照组织所处的经营环境状况不同，可以分为主动性变革和被动性变革。本章按照组织变革的侧重点不同将其分为以下四种类型（见图12.3）。

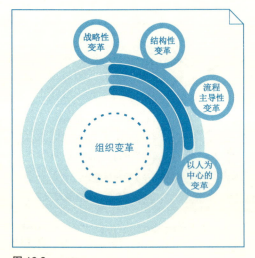

图 12.3
组织变革的类型

1. 战略性变革。战略性变革是指组织对其长期发展战略或使命所作的变革。如果组织决定进行业务收缩，就必须考虑如何剥离非关联业务；如果组织决定进行战略扩张，就必须考虑并购的对象和方式以及组织文化重构等问题。

2. 结构性变革。结构性变革是指组织需要根据环境的变化适时对组织的结构进行变革，并重新在组织中进行权力和责任的分配，使组织变得更为柔性灵活、易于合作。

3. 流程主导性变革。流程主导性变革是指组织紧密围绕其关键目标和核心能力，充分应用现代信息技术对业务流程进行重新构造。这种变革会对组织结构、组织文化、用户服务、质量、成本等各个方面产生重大的改变。

4. 以人为中心的变革。组织中人的因素最为重要，如果不能改变人的观念和态度，组织变革就无从谈起。以人为中心的变革是指组织必须通过对员工的培训、教育等引导，使他们能够在观念、态度和行为方面与组织保持一致。

（二）组织变革的目标

组织变革的基本目标是使组织整体、组织中的管理者以及组织中的成员对外部环境的特点及其变化更具适应性。

1. 使组织更具环境适应性。环境不仅是不可预测的，而且对组织本身来说是不可控的，阻止或控制环境的变化可能只是组织的一厢情愿。组织要想在动荡的环境中生存并得以发展，就必须顺势调整自己的任务目标、组织结构、决策程序、人员配备、管理制度等，只有如此，组织才能有效地把握各种机会，识别并应对各种威胁，使组织更具环境适应性。

2. 使管理者更具环境适应性。一个组织中，管理者是决策的制定者和组织资源的分配人。在组织变革中，管理者必须能清醒地认识到自己是否具备足够的决策、组织和领导能力来应对未来的挑战。因此，管理者既要调整过去的领导风格和决策程序，使组织更具灵活性和柔性；又要能根据环境的变化要求重构层级之间、工作团队之间的各种关系，使组织变革的实施更具针对性和可操作性。

3. 使员工更具环境适应性。组织变革的最直接感受者就是组织的员工。组织如果不能使员工充分认识到变革的重要性，顺势改变员工对变革的观念、态度、行为方式等，就可能无法使组织变革措施得到员工的认同、支持和贯彻执行。特别需要指出的是，改变员工的固有观念、态度和行为是一件非常困难的事，组织要使人员更具环境适应性，就必须不断地进行再教育和再培训，决策中要更多地重视员工的参与和授权，要能根据环境的变化改造和更新整个组织文化。

三、组织变革的内容

组织变革具有互动性和系统性，组织中的任何一个因素改变，都会带来其他因素的变化。然而，就某一阶段而言，由于环境情况各不相同，变革的内容和侧重点也有所不同。综合而言，组织变革过程的主要变量因素包括人员、技术与任务以及结构（见图 12.4）。

（一）对人员的变革

人员的变革是指员工在态度、技能、期望、认知和行为上的改变。组织发展虽然包括各种变革，但人是最主要的因素，人既可能是推动变革的力量，也可能是反对变革的力量。变革的主要任务

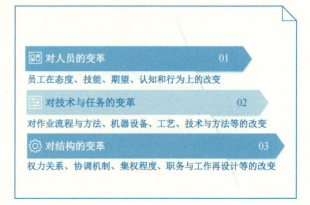

图 12.4
组织变革的内容

是组织成员之间在权力和利益等资源方面的重新分配。要想顺利实现这种分配，组织必须注重员工的参与，注重改善人际关系并提高实际沟通的质量。

（二）对技术与任务的变革

对技术与任务的变革包括对作业流程与方法的重新设计、修正和组合，更换机器设备，采用新工艺、新技术和新方法等。由于产业竞争的加剧和科技的不断创新，管理者应能与当今的信息革命相联系，注重在流程再造中利用最先进的计算机技术进行一系列的技术改造，同时，组织还需要对组织中各个部门或各个层级的工作任务进行重新组合，如工作任务的丰富化、工作范围的扩大化等。

（三）对结构的变革

组织的任务调整了，技术改变了，利用一定技术从事不同活动的人进行了重新安排，这些人之间的关系、组织结构也必然要求进行相应的变革。结构的变革包括权力关系、协调机制、集权程度、职务与工作再设计等其他结构参数的变化。管理者的任务就是要对如何选择组织设计模式、如何制订工作计划、如何授予权力以及授权程度等一系列行动作出决策。现实中，固化组织结构通常是不可能的，组织需要随着环境条件的变化而改变，管理者应该根据实际情况灵活改变其中的某些要素及其相互关系。

第二节 管理组织变革

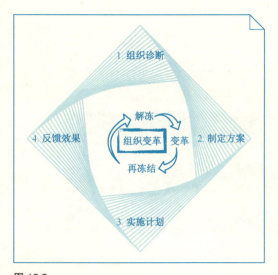

图 12.5
组织变革的过程和程序

一、组织变革的过程与程序

组织变革的过程与程序见图 12.5。

（一）组织变革的过程

为使组织变革顺利进行，并能达到预期效果，必须先对组织变革的过程有一个全面的认识，然后按照科学的程序组织实施。

组织变革的过程包括解冻—变革—再冻结三个阶段。

1. 解冻阶段。这是改革前的心理准备阶段。一般来讲，成功的变革必须对组织的现状进行解冻，然后通过变革使组织进入一个新阶段，同时对新的变革予以再冻结。组织在解冻期间的中心任务是改变员工原有的观念和态度，组织必须通过积极的引导，激励员工更新观念、接受改革并参与其中。

2. 变革阶段。这是变革过程中的行为转换阶段。进入到这一阶段，组织上下已对变革做好了充分的准备，变革措施就此开始。组织要把激发起来的改革热情转化为改革的行为，关键是要能运用一些策略和技巧减少对变革的抵制，进一步调动员工参与变革的积极性，使变革成为全体员工的共同事业。

3. 再冻结阶段。这是变革后的行为强化阶段，其目的是要通过对变革驱动力和约束力的平衡，使新的组织状态保持相对稳定。由于人们的传统习惯、价值观念、行为模式、心理特征等都是在长期的社会生活中逐渐形成的，并非一次变革所能彻底改变的，因此，改革措施顺利实施后，还应采取种种手段对员工的心理状态、行为规范和行为方式等进行不断地巩固和强化。否则，稍遇挫折，便会反复，使改革的成果无法巩固。

（二）组织变革的程序

组织变革程序可以分为以下几个步骤。

1. 通过组织诊断，发现变革征兆。组织变革的第一步就是要对现有的组织进行全面诊断。这种诊断必须要有针对性，要通过搜集资料的方式，对组织的职能系统、工作流程系统、决策系统以及内在关系等进行全面诊断。组织除了要从外部信息中发现对自己有利或不利的因素之外，更重要的是要能够从各种内在征兆中找出导致组织或部门绩效差的具体原因，并确立需要进行整改的具体部门和人员。

2. 分析变革因素，制定改革方案。组织诊断任务完成之后，就要对组织变革的具体因素进行分析，如职能设置是否合理、决策中的分权程度如何、员工参与改革的积极性怎样、流程中的业务衔接是否紧密、各管理层级间或职能机构间的关系是否易于协调等。在此基础上制定几个可行的改革方案，以供选择。

3. 选择正确方案，实施变革计划。制定改革方案的任务完成之后，组织需要选择正确的实施方案，然后制订具体的改革计划并贯彻实施。推进改革的方式有多种，组织在选择具体方案时要充分考虑到改革的深度和难度、改革的影响程度、变革速度以及员工的可接受和参与程度等，做到有计划、有步骤、有控制地进行。当改革出现某些偏差时，要有备用的纠偏措施及时纠正。

4. 评价变革效果，及时进行反馈。组织变革是一个包括众多复杂变量的转换过程，再好的改革计划也不能保证完全取得理想的效果。因此，变革结束之后，管理者必须对改革的结果进行总结和评价，及时反馈新的信息。对于没有取得理想效果的改革措施,应当给予必要的分析和评价,然后再作取舍。

二、组织变革的阻力及其管理

(一) 组织变革的阻力

组织变革是一种对现有状况进行改变的努力,任何变革都会遇到来自各种变革对象的阻力和反抗。产生这种阻力的原因可能是传统的价值观念和组织惯性,也有一部分来自对变革不确定后果的担忧,这集中表现为来自个人的阻力和来自团体的阻力两种。

1. 个人阻力。个人对变革的阻力包括以下两个方面。

(1) 利益上的影响。变革从结果上看可能会威胁到某些人的利益,如机构的撤并、管理层级的扁平等都会给组织成员造成压力和紧张感。过去熟悉的职业环境已经形成,而变革要求人们调整不合理的或落后的知识结构,更新过去的管理观念、工作方式等,这些新要求都可能会使员工面临失去权力的威胁。

(2) 心理上的影响。变革意味着原有的平衡系统被打破,要求成员调整已经习惯了的工作方式,而且变革意味着要承担一定的风险。对未来不确定性的担忧、对失败风险的惧怕、对绩效差距拉大的恐慌以及对公平竞争环境的担忧,都可能造成人们心理上的倾斜,进而产生心理上的变革阻力。另外,平均主义思想、厌恶风险的保守心理、因循守旧的习惯心理等也会阻碍或抵制变革。

2. 团体阻力。团体对变革的阻力包括以下两个方面。

(1) 组织结构变动的影响。组织结构变革可能打破过去固有的管理层级和职能机构,并采取新的措施对责权利重新作出调整和安排,这就必然要触及某些团体的利益和权力。如果变革与这些团体的目标不一致,团体就会采取抵制和不合作的态度,以维持原状。

(2) 人际关系调整的影响。组织变革意味着组织固有的关系结构的改变,组织成员之间的关系也需要随之调整。非正式团体的存在使得这种新旧关系的调整需要一个较长过程。在这种新的关系结构未被确立之前,组织成员之间很难磨合一致,一旦发生利益冲突,就会对变革的目标和结果产生怀疑和动摇,特别是一部分能力有限的员工将在变革中处于相对不利的地位。随着利益差距的拉大,这些人必然会对组织的变革产生抵触情绪。

(二) 消除组织变革阻力的管理对策

为了确保组织变革的顺利进行,必须要事先针对变革中的种种阻力进行充分研究，并要采取一些具体的管理对策。

1. 客观分析变革的推力和阻力的强弱。库尔特·勒温（Kurt Lewin，1890—1947）曾提出运用力场分析的方法研究变革的阻力。其要点是：把组织中支持变革和反对变革的所有因素分为推力和阻力两种力量，前者发动并支持变革，后者反对和阻碍变革。当两种力量均衡时，组织维持原状；当推力大于阻力时，变革向前发展；反之，变革受到阻碍。管理层应当分析推力和阻力的强弱，采取有效措施，增强支持因素，削弱反对因素，进而推动变革的深入进行。

> 库尔特·勒温：心理学家，社会心理学的先驱，传播学研究中"守门理论"的创立者。他试图用团体动力学的理论来解决社会实际问题。

2. 创新组织文化。冰山理论（见图 12.6）认为，假如把水面之上的冰山比作组织结构、规章制度、任务技术、生产发展等要素，水面之下的冰体便是组织的价值观体系、组织成员的态度体系、组织行为体系等组成的组织文化。只有创新组织文化并渗透到每个成员的行为之中，才能使露出水面的改革行为变得更为坚定，也才能够使变革具有稳固的发展基础。

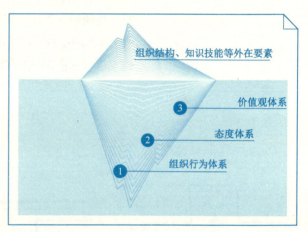

图 12.6
冰山理论

3. 创新策略方法和手段。为了避免组织变革中可能会造成的重大失误，使人们坚定变革成功的信心，必须采用比较周密可行的变革方案，并从小范围逐渐延伸扩大。特别是要注意调动管理层变革的积极性，尽可能地削减团体对组织变革的抵触情绪，力争使变革的目标与团体的目标相一致，提高员工的参与程度。

总之，无论是个人还是组织，都有可能对变革形成阻力，变革成功的关键在于尽可能地消除阻碍变革的各种因素，压制反对变革的力量，使变革的阻力尽可能降低，必要时，还应该运用行政力量保证组织变革的顺利进行。

三、组织变革中的压力及其管理

（一）压力的定义

所谓压力，是指在动态的环境条件下，个人面对种种机遇、规定以及追求的不确定性所造成的一种心理负担。压力既可以带来正面激励效果，也可以造成负面影响。显然，变革就是要能够把个人内在的潜能充分地发挥出来，起到正面效果。一般而言，压力往往与各种规定、目标的追求相关联，例如，组织中的各项规定使每一个人都不能随心所欲、为所欲为，而对工作业绩、奖励和提升的追求又使每一个人产生极大的工作压力。组织中只有当目标结果具有不确定性和重要性时,潜在的压力才会变为真实的压力。

(二)压力的起因及其特征

产生压力的因素可能有多种,变革中的主要压力因素是组织因素和个人因素两种。

1. 组织因素。组织中的结构变动和员工的工作变动是产生压力的主要因素。例如,矩阵结构要求员工具有两个上级,从而打破了组织的统一指挥原则,并要求员工具有更强的组织协调能力。同样,工作负担过于沉重或过于枯燥也会产生很大的压力,虽然从事具有挑战性工作的人可能更富有工作激情,然而,一旦出现权责不统一或预期不明确,马上就会造成工作压力。另外,过于严厉的管制和规章制度、不负责任的上级、模糊不清的沟通渠道、不愉快的工作环境等都会产生很大的工作压力。

2. 个人因素。组织中的个人因素如家庭成员的去世、个人经济状况的困难、离异、伤病、配偶下岗、借债、法律纠纷等都是产生压力的主要因素。经验表明,员工的人格类型划分有助于组织对个人压力进行识别和调节。组织中往往将人区分为A型和B型两种人格(见图12.7)。A型人总觉得时间紧迫,富有竞争性,比较没有耐心,做事非常快,很难有空闲时间,因此承受的压力就比较大,也容易通过各种形式表现出来,身体也更容易得病。B型人则刚好相反,轻松、悠闲、与世无争,性格比较开朗,因此压力也就较轻。

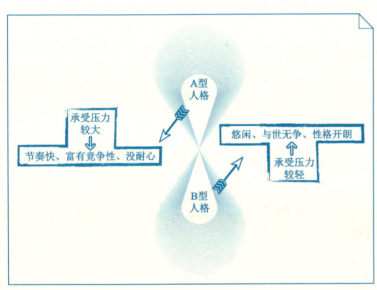

图 12.7
A 型和 B 型人格

3. 压力的特征。压力的特征有以下三点。

(1)生理上的反应。医学界认为,压力会造成一系列的生理反应,如新陈代谢的改变、心跳和呼吸频率加快、血压升高、头痛、心脏病、胃溃疡等。

(2)心理上的反应。压力产生不满意,产生对工作的不满意,这可以说是最简单、最明显的心理现象。除此之外,还有其他心理现象,如紧张、焦虑、易怒、枯燥、拖延等。

(3)行为上的反应。由于受到压力,表现在行为上有:工作效率降低、饮食习惯的改变、吸烟加剧和酗酒、说话速度增快、不安、睡眠不规律等。

（三）压力的释解

并非所有压力都是不良的。对于员工而言，如何对待因工作要求和组织结构变革而产生的压力是重要的，如何减轻和消除不适的压力则是更为重要的。

对于组织因素而言，必须从录用员工时就要确定员工的潜力大小，看其能否适应工作的要求。显然，当员工能力不足时，就会产生很大的压力。另外，改善组织沟通也会使沟通不畅所产生的压力减至最小。组织应当建立规范的绩效考核方案，如采取目标管理方法，清楚地划分工作责任并提供清晰的考核标准和反馈路径，以减少各种不确定性。如果压力来自枯燥的工作或过重的工作负荷，可以考虑重新设计工作内容或降低工作量。

对于个人因素而言，减轻个人的压力会存在两个问题。

1. 管理者很难直接控制和把握某些因素，如团队建设往往需要人们有更多的自觉意识，而这种意识又很难取得观念上的一致。

2. 必须考虑组织文化和道德伦理等因素，员工如果是因缺乏计划和组织观念而产生压力，组织可以提供帮助予以合理安排；如果是涉及个人隐私方面的问题，组织就很难插手。

组织可以通过建构强势文化使员工的目标和组织的目标尽可能趋于一致，也可以采用一些比较适宜的、能够有效减轻压力的放松技术，如深呼吸、改善营养平衡、做形体操等方法，引导员工减少压力。

随着外部不确定性因素的加大，变革中的压力成本有上升的趋势，如生产效率的不稳定、员工流动率的增加、大量的医疗保健支出等。所以，如何帮助员工克服压力、适应环境，仍然是管理者和组织应当深入探讨的重要问题。

四、组织冲突及其管理

任何一个组织都不同程度地存在各种各样的冲突。所谓**组织冲突**，是指组织内部成员之间、不同部门之间、个人与组织之间由于在工作方式、利益、性格、文化、价值观等方面的不一致性所导致的彼此相抵触、争执甚至攻击等行为。

组织中的冲突是常见的，特别是在变革中是不可避免的，对此不能一概排斥和反对，重要的是研究导致这种冲突的原因，区分冲突的性质，并有效地加以管理。

（一）组织冲突的影响

组织冲突会对组织造成很大影响。研究表明，竞争是导致团体内部

> 组织冲突：组织内部成员之间、不同部门之间、个人与组织之间由于在工作方式、利益、性格、文化、价值观等方面的不一致性所导致的彼此相抵触、争执甚至攻击等行为。

> 导致团体内部或团体之间冲突的最直接因素是_____。

或团体之间发生冲突的最直接因素，组织变革的一个主要目标就是要在效率目标的前提下通过有效的竞争来降低组织的交易成本，因此，团体内部或团体之间的竞争是不可避免的，组织冲突是这种竞争的一种表现形式。

1. 竞争胜利对组织的影响。

（1）组织内部更加团结，成员对团体更加忠诚，这有利于加强和保持团体的凝聚力。

（2）组织内部气氛更为轻松，紧张的情绪有所消除，容易失去继续奋斗的意志，也容易滋生骄傲和得意忘形的情绪。

（3）强化组织内部的协作，组织更为关心成员的心理需求，但对于完成工作及任务的关心则有减少的趋势。

（4）组织成员容易感到满足和舒畅，认为竞争胜利证实了自己的长处和对方的弱点，因此，反而不愿对其自身的不足重作估计和弥补，也不想重新反思团体是否还需要根据环境的变化作进一步改善。

2. 竞争失败对组织的影响。

（1）如果胜败的界限不是很分明，团体就会以种种借口和理由来掩饰自身的失败；团体之间也容易产生偏见，每个团体总是只看到对方的弱处，看不到对方的长处。

（2）当团体发现失败是无可置疑的事实时，依据团体的基本状况，如平时的团结程度、失败的程度、对挫折的忍受程度等，可分为两种情况：一种情况是团体内部可能发生混乱与斗争，彼此攻击的现象频频发生，团体最终将趋于瓦解；另一种情况是全体成员可能会知耻而奋起，通过努力探寻失败的原因，大胆改进，勤奋工作，以求走出失败。

（3）竞争失败后的团体往往不太关心成员的心理需求，而只集中精力于自己的本职工作。组织中的组织性和纪律性明显增强，组织有集权化的倾向。

（4）成员以往的自信心会受到极大打击，过去的固执和偏见在失败之后不得不重新进行检讨和反思。实际上，这正给了组织一次检讨、改革的机会。

无论是竞争胜利还是竞争失败，组织冲突都会存在两种截然不同的结果，即建设性冲突和破坏性冲突。

⊘ 建设性冲突：组织成员从组织利益角度出发，对组织中存在的不合理之处所提出的意见等。

所谓建设性冲突，是指组织成员从组织利益角度出发，对组织中存在的不合理之处所提出的意见等。建设性冲突可以使组织中存在的不良功能和问题充分暴露出来，防止事态的进一步演化，也可以促进不同意见的交流和对自身弱点的检讨，有利于促进良性竞争。

所谓破坏性冲突，是指由于认识上的不一致，组织资源和利益分配方面的矛盾，员工发生相互抵触、争执甚至攻击等行为，从而导致组织效率下降，并最终影响到组织发展的冲突。破坏性冲突造成组织资源的极大浪费和破坏，各种内耗影响了员工的工作热情，导致组织凝聚力的严重降低，从根本上妨碍对组织任务的顺利完成。

> 破坏性冲突：由于认识上的不一致，组织资源和利益分配方面的矛盾，员工发生相互抵触、争执甚至攻击等行为，从而导致组织效率下降，并最终影响到组织发展的冲突。

（二）组织冲突的类型

每一种环境都可以对应一种冲突类型。常见的组织冲突来源于组织目标不相容、资源的相对稀缺、层级结构关系的差异以及信息沟通上的失真等。组织冲突会在不同的层次水平上发生，如个体内部的心理冲突、组织内部成员之间的冲突、各种不同部门之间的冲突等。其中，组织内的正式组织与非正式组织之间、直线与参谋之间以及委员会成员之间的冲突最为典型（见图 12.8）。

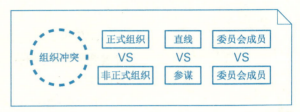

图 12.8
组织冲突的主要类型

1. 正式组织与非正式组织之间的冲突。由于正式组织与非正式组织之间的成员是交叉混合的，非正式组织的存在必然要对正式组织的活动产生影响。正面的影响可以是满足员工在友谊、兴趣、归属、自我表现等心理上的需要，使员工之间的关系更加和谐融洽，易于产生和加强成员之间的合作精神，自觉地帮助维持正常的工作和生活秩序。

但是，一旦非正式组织的目标与正式组织的目标相冲突，则可能对正式组织的工作产生负面影响，特别是在强调竞争的情况下，非正式组织可能会认为这种竞争会导致成员间的不和，从而抵制这些竞争。非正式组织还要求成员行动保持一致，这往往会束缚成员的个人发展，使个人才智受到压抑，从而影响组织工作的效率。由于非正式组织中的大多数成员害怕变革会改变其非正式组织性，这种组织极有可能会演化成组织变革的一种反对势力。

2. 直线与参谋之间的冲突。组织中的管理人员是以直线主管或参谋两类不同身份出现的，现实中，这两类人员之间的矛盾往往是组织缺乏效率的重要原因。直线关系是一种指挥和命令的关系，具有决策和行动的权力；参谋关系则应当是一种服务和协调的关系，具有思考、筹划和建议的权力。实践中，保证命令的统一性往往会忽视参谋作用的发挥，参谋作用发挥失当，又会破坏统一指挥的原则。这将使直线和参谋有可能相互指责、互相推诿责任。

3. 委员会成员之间的冲突。委员会是集体工作的一种形式，它起到汇聚各种信息、加强人员交流、协调部门关系等重要作用。委员会是一个讲坛，每个成员都有发言的权力，这些成员既代表不同的利益集团、利益部门，也代表个人的行为目标。在资源一定的条件下，成员之间的利益很难取得一致。一旦某个利益代表未能得到支持，他将会被动执行或拒绝执行委员会的统一行动，从而导致组织效率的下降。委员会必须充分考虑各方利益，其协调的结果必然是各方势力妥协、折中的产物，这势必会影响决策的质量和效率。

（三）组织冲突的避免

避免组织冲突有许多方法，首先需要强调组织整体目标的一致性，同时需要制定更高的行动目标并加强团体之间的沟通联系，特别是要注意信息反馈。

1. 对于非正式组织来讲，首先要认识到非正式组织存在的必要性和客观性，积极引导非正式组织的积极贡献，使其目标与正式组织的目标相一致，同时要建立良好的组织文化，规范非正式组织的行为。

2. 对于直线与参谋，首先应该明确必要的职权关系，既要充分认识到参谋的积极作用，也要认识到协作和改善直线工作的重要性，在工作中不越权、不争权、不居功自傲。其次，为了确保参谋人员的作用，应当授予他们必要的职能权力，这种权力应当更多的是一种监督权；最后，给予参谋人员必要的工作条件，使其能够及时了解直线部门的活动进展情况，并提出更具有实际价值的建议。

3. 对于委员会，一方面应该选择勇于承担责任的合格成员加入，并注意委员会人选的理论和实践背景，力争使之成为一个有效的决策机构和专家智囊团，同时，要对委员会的规模作出限制。显然，信息沟通的质量与成员的多少具有关联性，在追求沟通效果和代表性这两者之间要尽可能取得平衡。为了提高委员会的工作效率，发挥委员会主席的积极作用，避免漫无边际的争论和浪费时间，要做好会议的准备工作，讨论中主席应善于引导和把握每种意见，去粗取精，从总体上把握组织利益的方向。

需要注意的是，要把建设性冲突和破坏性冲突区分开来。过去，人们常把组织冲突视为组织中的一种病态，是组织管理失败或组织崩溃的前兆。事实显然并非如此。适度的组织冲突是组织进步的表现，它会使组织保持一定的活力和创造力。为了促进和保护这种有益的建设性冲突，首先，组织应当创造一种组织气氛，使成员敢于发表不同意见。其次，要保持信息的完整性和畅通性，把组织冲突控制在一定的范围之内；最后，要避免和改正组织中压制民主、束缚成员创新的机械式的规章制度，以保持组织旺盛的活力。

第三节 组织文化及其发展

组织的成功或失败经常归因于组织文化。组织文化是被组织成员广泛认同、普遍接受的价值观念、思维方式、行为准则等群体意识的总称。组织通过培养、塑造这种文化,来影响成员的工作态度和工作中的行为方式,引导其实现组织目标,因此,根据外在环境的变化适时变革组织文化常被视为组织成功的基础。

一、组织文化的概念及其特征

(一)组织文化的基本概念

文化一词来源于古拉丁文 cultura,本义是"耕作""培养""教习""开化"的意思。中国最早把"文"和"化"两个字联系起来的是《易经》:"观乎天文,以察时变;观乎人文,以化成天下。"意思是指圣人在考察人类社会的文明时,用诗书礼乐来教化天下,以构造修身齐家治国平天下的理论体系和制度,使社会变得文明而有秩序。

一般而言,文化有广义和狭义两种理解。广义的文化是指人类在社会历史实践过程中所创造的物质财富和精神财富的总和,其中,物质文化可称为"器的文化"或"硬文化",精神文化可称为"软文化"。狭义的文化是指社会的意识形态,以及与之相适应的礼仪制度、组织机构、行为方式等物化的精神。文化具有民族性、多样性、相对性、沉淀性、延续性和整体性的特点。

由于每个组织都有自己特殊的环境条件和历史传统,也就会形成自己独特的哲学信仰、意识形态、价值取向和行为方式,于是,每种组织也都形成了自己特定的组织文化。

就组织特定的内涵而言,组织是按照一定的目的和形式建构起来的社会集合体,为了满足自身运作的要求,必须要有共同的目标、共同的理想、共同的追求、共同的行为准则以及与此相适应的机构和制度,否则,组织就会是一盘散沙。组织文化的任务就是努力创造这些共同的价值观念体系和共同的行为准则。从这个意义上来说,组织文化是组织在长期的实践活动中所形成的并且为组织成员普遍认可和遵循的具有本组织特色的价值观念、团体意识、工作作风、行为规范和思维方式的总和。

(二)组织文化的主要特征

组织文化具有以下几个主要特征。

1. 超个体的独特性。每个组织都有其独特的组织文化,这是由不同的国家和民族、不同的地域、不同的时代背景以及不同的行业特点所造成的。例如，美国的组织文化强调能力主义、个人奋斗和不断进取；日本文化深受儒家文化的影响，强调团队合作和家族精神。

2. 相对稳定性。组织文化是组织在长期发展中逐渐积累而成的，具有较强的稳定性，不会因组织结构的改变、战略的转移或产品与服务的调整而随时变化。组织的精神文化又比物质文化具有更强的稳定性。

3. 融合继承性。每一个组织都是在特定的文化背景之下形成的，必然会接受和继承这个国家和民族的文化传统和价值体系。但是，组织文化在发展过程中，也必须注意吸收其他组织的优秀文化，融合世界上最新的文明成果，不断地充实和发展自我。也正是这种融合继承性使得组织文化能够更加适应时代的要求，并且形成历史性与时代性相统一的组织文化。

4. 发展性。组织文化会随着历史的积累、社会的进步、环境的变迁以及组织变革逐步演进和发展。强势、健康的文化有助于组织适应外部环境和变革，弱势、不健康的文化则可能导致组织的不良发展。改革现有的组织文化，重新设计和塑造健康的组织文化过程就是组织适应外部环境变化、改变员工价值观念的过程。

二、组织文化的结构与内容

（一）组织文化的结构

一般认为，组织文化有三个层次结构，即潜层次、表层和显现层（见图12.9）。

1. 潜层次的精神层。这是指组织文化中的核心和主体，是广大员工共同而潜在的意识形态，包括管理哲学、敬业精神、人本主义的价值观念、道德观念等。

2. 表层的制度系统。它又称制度层，是体现某个具体组织文化特色的各种规章制度、道德规范和员工行为准则的总和，也包括组织体内的分工协作关系的组织结构。它是组织文化核心（内隐部分）与显现层的中间层，是由虚体文化（意识形态）向实体文化转化的中介。

3. 显现层的组织文化载体。它又称物质层，是指凝聚组织文化抽象内容的物质体的外在显现，它既包括组织整个物质的和精神的活动过程、组织行为、组织产出等外在表现形式，也包括组织实体性的文化设备、设施等，如带有本组织色彩的工作环境、作业方式、图书馆、俱乐部等。显现层是组织文化最直观的部分，也是人们最易于感知的部分。

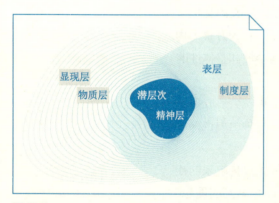

图 12.9
组织文化的结构

（二）组织文化的内容

从最能体现组织文化特征的内容来看，组织文化包括组织价值观、组织精神、伦理规范以及组织素养等。

1. 组织的价值观。组织的价值观就是组织内部管理层和全体员工对该组织的生产、经营、服务等活动以及指导这些活动的一般看法或基本观点。它包括组织存在的意义和目的、组织中各项规章制度的必要性与作用、组织中各层级和各部门的各种不同岗位上的人们的行为与组织利益之间的关系等。每一个组织的价值观都会有不同的层次和内容，成功的组织总是会不断地创造和更新组织的信念，不断地追求新的、更高的目标。

> 组织的价值观：组织内部管理层和全体员工对该组织的生产、经营、服务等活动以及指导这些活动的一般看法或基本观点。

2. 组织精神。组织精神是指组织经过共同努力奋斗和长期培养所逐步形成的，认识和看待事物的共同心理趋势、价值取向和主导意识。组织精神是一个组织的精神支柱，它反映组织成员对组织的特征、形象、地位等的理解和认同，也包含对组织未来发展和命运所抱有的理想和希望。组织精神反映一个组织的基本素养和精神风貌，成为凝聚组织成员共同奋斗的精神源泉。

> 组织精神：组织经过共同努力奋斗和长期培养所逐步形成的，认识和看待事物的共同心理趋势、价值取向和主导意识。

3. 伦理规范。伦理规范是指从道德意义上考虑的、由社会向人们提出并应当遵守的行为准则，它通过社会公众舆论规范人们的行为。组织文化内容结构中的伦理规范既体现组织自下而上环境中社会文化的一般性要求，又体现着本组织各项管理的特殊需求，因此，如果高层主管不能设定并维持高标准的伦理规范，正式的伦理准则和相关的培训计划将会流于形式。

> 伦理规范：从道德意义上考虑的、由社会向人们提出并应当遵守的行为准则。

由此可见，以道德规范为内容与基础的员工伦理行为准则是传统的组织管理规章制度的补充、完善和发展。正是这种补充、完善和发展，使组织的价值观融入了新的文化力量。

三、组织文化的功能与塑造

（一）组织文化的功能

组织文化作为一种自组织系统具有很多特定的功能。其主要功能有以下几点（见图 12.10）。

1. 整合功能。组织文化通过培育组织成员的认同感和归属感，建立起成员与组织之间的相互信任和依存关系，使个人的行为、思想、感情、信念、习惯以及沟通方式与整个组织有机地整合在一起，形成相对稳固的文化氛围，凝聚成一种无形的合力，以此激发出组织成员的主观能动性，并为组织的共同目标而努力。

图 12.10
组织文化的功能

2. 适应功能。组织文化能从根本上改变员工的旧有价值观念，建立起新的价值观念，使之适应组织外部环境的变化要求。一旦组织文化所提倡的价值观念和行为规范被成员接受和认同，成员就会自觉或不自觉地作出符合组织要求的行为选择，倘若违反，则会感到内疚、不安或自责，从而自动修正自己的行为。因此，组织文化具有某种程度的强制性和改造性，其效用是帮助组织指导员工的日常活动，使其能快速地适应外部环境因素的变化。

3. 导向功能。组织文化作为团体共同价值观，与组织成员必须强行遵守的、以文字形式表述的明文规定不同，它只是一种软性的理智约束，通过组织的共同价值观不断地向个人价值观渗透和内化，使组织自动生成一套自我调控机制，以一种适应性文化引导组织的行为和活动。

4. 发展功能。组织在不断的发展过程中所形成的文化沉淀，通过无数次的辐射、反馈和强化，会随着实践的发展而不断地更新和优化，推动组织文化从一个高度向另一个高度迈进。

5. 持续功能。组织文化的形成是一个复杂过程，往往会受到政治、社会、人文和自然环境等诸多因素的影响，因此，它的形成需要经过长期的倡导和培育。正如任何文化都有历史继承性一样，组织文化一经形成，便会具有持续性，并不会因为组织战略或领导层的人事变动而立即消失。

（二）组织文化的形成

企业文化首先是在企业中的主要管理者（或称企业家）的倡导下形成的。同时，只有当企业家倡导的价值观念和行为准则为企业员工广泛认同、普遍接受，并自觉地作为自己行为的选择依据时，企业文化才能在真正意义上形成。

> 企业文化，首先是企业家文化。

1. 管理者的倡导。企业文化首先是企业家文化。企业家倡导某种价值观念和行为准则体系主要借助以下两种途径。

（1）在日常工作中，不仅言传，而且身教；不仅提出、促使企业员工接受某种价值观念，而且身体力行，自觉表现出与自己倡导的价值观和行为准则相应的行为选择，以求影响身边的人，从而通过身边的人对企业组织中其他成员的行为产生潜移默化的影响。这种潜移默化通常需要假以时日，所以，企业文化建设通常是一个漫长的过程。

（2）借助重大事件的成功处理，促进企业成员对重要价值观和行为准则的认同。企业在生产经营活动中经常遇到一些突发性的重大事件。这些事件处理得妥善与否对企业的持续发展可能产生重要影响：处理得当可能为企业的未来发展提供重要机遇，处理不当则可能引发企业自下而上的危机。在这些事件的处理过程中，企业主管会自觉或不自觉地依循某些价值观念以及与之相应的行为准则。事件的成功处理则可使这些价值观念和行为准则为企业员工所认同并在日后的工作中自觉模仿。企业文化便可能在这种自觉模仿或认同的基础上逐渐形成。

2. 组织成员的接受：社会化与预社会化。社会学的相关研究把与一定文化相应的价值观和行为准则被组织成员接受的过程称为文化的社会化过程。从严格意义上说，文化被组织成员的接受包括社会化和预社会化两个不同路径。

所谓社会化，是指组织通过一定形式不断向员工灌输某些特定的价值观念，比如通过组织培训、宣传和介绍反映特定价值观的英雄人物的事迹，借助正式或非正式渠道传颂体现特定价值观的企业内部的各种"神话"以及企业家在各种场所的言传身教，从而使组织成员逐渐接受这些价值观和行为准则。

所谓预社会化，是企业在招募新员工时不仅提出相应的技能和素质要求，而且注意分析应聘者的行为特征，判断影响应聘者外显行为的内在价值观念与企业的是否一致，从而保证新聘员工对组织文化的接受、进入组织后在特定文化氛围中的迅速融入。

（三）组织文化的塑造途径

组织文化的塑造是个长期的过程，也是组织发展过程中的一项艰巨、细致的系统工程。许多组织致力于导入的 CIS 系统（Corporate Identity System）对此颇有成效，它已成为一种直观的、便于理解和操作的组织文化塑造方法。从路径上讲，组织文化的塑造需要经过以下几个过程（见图12.11）。

1. 选择合适的组织价值观标准。组织价值观是整个组织文化的核心，选择正确的组织价值观是塑造良好组织文化的首要战略问题。选择组织价值观首先要立足于本组织的具体特点，根据自己的目的、环境要求和组成方式等特点选择适合自身发展的组织文化模式。其次要把握住组织价值观与组织文化各要素之间的相互协调，因为各要素只有经过科学的组合与匹配才能实现系统整体优化。

在此基础上，选择正确的组织价值标准要注意以下四点。

（1）组织价值标准要正确、明晰、科学，具有鲜明特点。

（2）组织价值观和组织文化要体现组织的宗旨、管理战略和发展方向。

（3）要切实调查本组织员工的认可程度和接纳程度，使之与本组织员工的基本素质相和谐，过高或过低的标准都很难奏效。

（4）选择组织价值观要发挥员工的创造精神，认真听取员工的各种意

> 社会化：组织通过一定形式不断向员工灌输某些特定的价值观念。

> 预社会化：企业在招募新员工时不仅提出相应的技能和素质要求，而且注意判断影响应聘者外显行为的内在价值观念与企业的是否一致。

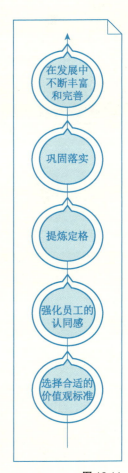

图 12.11
塑造组织文化的路径

见，并经过自上而下和自下而上的多次反复，审慎地筛选出既符合本组织特点又反映员工心态的组织价值观和组织文化模式。

2. 强化员工的认同感。在选择并确立了组织价值观和组织文化模式之后，就应把基本认可的方案通过一定的强化灌输方法使其深入人心。具体做法如下。

（1）利用一切宣传媒体，宣传组织文化的内容和精要，使之家喻户晓，以创造浓厚的环境氛围。

（2）培养和树立典型。榜样和英雄人物是组织精神和组织文化的人格化身与形象缩影，能够以其特有的感召力和影响力为组织成员提供可以仿效的具体榜样。

（3）加强相关培训教育。有目的地培训与教育，能够使组织成员系统地接受组织的价值观并强化员工的认同感。

3. 提炼定格。组织价值观的形成不是一蹴而就的，必须经过分析、归纳和提炼方能定格。

（1）精心分析。在经过群众性的初步认同实践之后，应当将反馈回来的意见加以剖析和评价，详细分析和比较实践结果与规划方案的差距，必要时，可吸收有关专家和员工的合理意见。

（2）全面归纳。在系统分析的基础上，进行综合化的整理、归纳、总结和反思，去除那些落后或不适宜的内容与形式，保留积极进步的形式与内容。

（3）精练定格。把经过科学论证和实践检验的组织精神、组织价值观、组织伦理与行为，予以条理化、完善化、格式化，再经过必要的理论加工和文字处理，用精练的语言表述出来。

4. 巩固落实。要巩固落实已提炼定格的组织文化，首先要建立必要的制度保障。在组织文化演变为全体员工的习惯行为之前，要使每一位成员在一开始就能自觉主动地按照组织文化和组织精神的标准去行动比较困难，即使在组织文化业已成熟的组织中，个别成员背离组织宗旨的行为也是经常发生的。因此，建立某种奖优罚劣的规章制度十分必要。其次，领导者在塑造组织文化的过程中应起到率先垂范的作用，领导者必须更新观念并能带领组织成员为建设优秀组织文化而共同努力。

5. 在发展中不断丰富和完善。任何一种组织文化都是特定历史的产物，当组织的内外条件发生变化时，组织必须不失时机地丰富、完善和发展组织文化。这既是一个不断淘汰旧文化和不断生成新文化的过程，也是一个认识与实践不断深化的过程。组织文化由此经过不断的循环往复以达到更高的层次。

> 🎤 北京小米科技有限责任公司成立于2010年，短短几年的时间，高举"为发烧而生"的大旗，小米的估值近千亿美元。你能否运用本章所学知识，试着分析小米的企业文化以及它是如何塑造的？

读 书 提 示

1. [美] 弗朗西斯·高哈特、[美] 詹姆斯·凯利, 《企业蜕变》, 宋伟航译, 中国人民大学出版社, 2006 年。
2. [美] 迈克尔·哈默、[美] 詹姆斯·钱皮, 《改革公司》, 胡毓源等译, 上海译文出版社, 1998 年。
3. [美] 戈登·唐纳森, 《公司改组——从内部把握改革进程》, 高新亮译, 中国对外翻译出版公司, 1999 年。
4. [美] 斯坦雷·M.戴维斯, 《企业文化的评估与管理》, 傅小平译, 广东高等教育出版社, 1991 年。
5. [德] E.海能, 《企业文化——理论和实践的展望》, 张庆洪等译, 知识出版社, 1990 年。
6. [美] 阿伦·肯尼迪、[美] 特伦斯·迪尔, 《西方企业文化》, 孙耀君等译, 中国对外翻译出版公司, 1989 年。
7. [美] 约翰·P.科特、[美] 詹姆斯·L.斯科特, 《企业文化与经营业绩》, 李晓涛译, 中国人民大学出版社, 2004 年。

复习思考题

1. 如何理解组织文化的概念?
2. 组织文化的基本特征有哪些?
3. 组织文化有哪些基本要素?
4. 组织文化有哪些重要功能?
5. 为什么说组织价值观是组织文化的核心?
6. 联系某企业实际分析构造企业文化的途径。

吉利并购沃尔沃后的文化整合[1]

吉利控股集团始建于 1986 年, 于 1997 年进入汽车行业, 2001 年获准成为中国首家民营汽车企业, 2005 年成功在香港证券交易所上市。吉利汽车早期实施低价战略, 以低价拓展市场, 致力于"造老百姓买得起的车"。2007 年吉利实施战略转型, 开辟中高端市场, 专注于"造每个人的精品

---

[1] 改编自刘超等, 《从企业文化整合的角度分析吉利集团并购沃尔沃》, 《商场现代化》, 2020 年第 15 期, 第 25—27 页。

车"。2010年，吉利全资收购沃尔沃（Volvo）轿车公司，公司进入新的发展阶段。目前，吉利的主要业务集中于汽车制造、动力总成、关键零部件的设计、研发、生产、销售与服务，同时覆盖出行、金融等诸多业务领域，公司规模不断扩大。

沃尔沃1927年创建于瑞典哥德堡，是瑞典著名豪华汽车品牌。沃尔沃汽车追求环保、舒适，注重用户体验，在质量控制、安全性等方面拥有多项领先技术。1999年，福特汽车收购沃尔沃集团旗下轿车业务，并购后由于福特汽车旗下品牌众多，沃尔沃未能受到足够重视，财务连年亏损，业务表现不佳。同时受金融危机影响，福特汽车资金链出现压力，继续持有沃尔沃会对福特产生不利影响。2010年，吉利与福特达成收购协议。收购后沃尔沃重新焕发活力，销售量逐年稳步增长。

一、文化差异

1. 民族文化层面。依据霍夫斯坦德的文化维度理论，我们对吉利和沃尔沃所处的不同民族文化环境进行分析（见表12.1）。

表12.1 民族文化环境分析

	吉利（中国）	沃尔沃（瑞典）
权力距离	注重对权力的控制，等级明显，注重考察年龄、资历和地位等	组织层级结构扁平，注重权力分配
集体主义/个人主义	社会结构紧密，个人服从团队利益，重视奋斗与奉献	松散的联系，强调个人权利与自由，追求个人价值
不确定性规避	可预测与可控，组织会制定规则尽量避免不确定性因素	更开放或包容，重视风险规避
长期/短期取向	面向未来，注重长期利益，对待事物长期考察，注重节约和储备	面向当下，注重短期享受
男性/女性维度	两性社会角色差别大，强调分工，男性更注重物质财富和事业成就，崇尚竞争	两性社会角色互相重叠，定位模糊，男性和女性都关注生活质量，追求个人权利

2. 企业文化层面。从企业文化层面，我们对比了吉利与沃尔沃（见表12.2）。

表12.2 企业文化分析

	吉利（中国）	沃尔沃（瑞典）
发展历史	发展时间短，管理经验尚存在不足，管理体制不够完善，内部文化不突出	原属于福特汽车，发展历史悠久，作为国际知名汽车品牌，有着独特的管理经验和管理制度，内部文化具有鲜明西方特色
市场定位	低端市场	高端市场
产品定位	主打经济适用，注重成本控制，追求产品性价比，关注企业效益	高端豪华，注重用户体验，关注汽车质量、安全性与舒适性

基于以上企业文化的差异，对于吉利汽车并购沃尔沃后能否探索出有效的管理体制、能否借鉴并转化沃尔沃先进技术运用到吉利汽车，在当时存在不少的争议。

二、文化整合

吉利汽车能否借鉴先进技术、技术的转化能力以及是否会因技术运用而导致成本上升或加强对沃尔沃的成本控制使得沃尔沃质量下降，是两者文化整合中的重点。

1. 独立自主经营，实现"一企两制"。李书福提出"吉利是吉利，沃尔沃是沃尔沃，两者是兄弟关系，不是父子关系"。吉利对沃尔沃的管理不是单一的管控，而是分别制定了两个品牌的发展战略，保留了沃尔沃原有的管理团队、研发中心和生产基地，使得沃尔沃具有很大的自主权，自主处理内部事务与决定本企业经营事项。吉利给予沃尔沃应有的尊重和信任，构建良好的沟通环境，减少双方之间的隔阂与摩擦。

2. 重构吉利内部文化，加强对话交流。吉利汽车的企业使命"造最安全、最环保、最节能的好车，让吉利汽车走遍全世界"充分体现了与沃尔沃之间的文化融合。通过建立双方人才交流机制，促进沃尔沃与吉利之间的价值认同。吉利充分吸收沃尔沃的经营理念、价值观念和企业文化，在此基础上调整自身的管理制度和组织结构，提高管理水平。吉利专门成立"沃尔沃－吉利对话与合作委员会"，以对话的方式，就双方关注的整车制造、关键零部件设计、新技术开发及人才培养与交流等内容进行深度沟通。

3. 加强企业文化管理与研究。为促进双方文化融合，吉利聘请专业的文化整合团队开展企业文化整合，定期开展跨文化培训，使双方充分了解对方的价值观念及深层次的文化背景，达成共识。吉利重视保护沃尔沃这一品牌，在保留沃尔沃原有管理团队的基础上，聘请具有丰富的跨国管理经验的国际化管理人才对沃尔沃进行管理，更好地维护了沃尔沃的品牌形象。吉利成立全球型企业文化研究中心，专门研究整合型企业的发展难题。

思考题

1. 吉利实现企业文化整合过程中的关键点是什么？
2. 如果你是沃尔沃的管理者，你还希望吉利能够在文化整合方面做些什么？

第四篇 领　导
DISIPIAN LINGDAO

将者，智、信、仁、勇、严也。
　　　　　——《孙子兵法·计篇》
Master Sun's The Art of War

视卒如婴儿，故可与之赴深溪；视卒如爱子，故可与之俱死。厚而不能使，爱而不能令，乱而不能治，譬若骄子，不可用也。
　　　　　——《孙子兵法·地形篇》
Master Sun's The Art of War

第十三章 领导与领导者

第一节 领导的性质和作用

一、领导的含义

"什么是领导?""怎样才能做一个好的领导者?"这些问题已经困扰着人类数千年之久。孙子、柏拉图、诸葛亮、斯隆都曾试图给出答案。最近几十年来,众多学者也出版或发表了大量的专著和论文讨论这些问题。对于领导的定义,至少有下列几种解释。

- 领导是解决问题的初始行为。
- 领导是对制定和完成企业目标的各种活动施加影响的过程。
- 领导是指挥部下的过程。
- 领导是在机械地服从组织的常规指令以外所增加的影响力。
- 领导是一个动态的过程,该过程是领导者个人品质、追随者个人品质和某种特定环境的函数。

第一个定义强调解决问题而采取的最初的行动。第二个定义着重说明对企业的活动施加影响,但过于空泛。第三个定义认为,领导就是指挥。

第四个定义认为，领导就是正式命令之外的影响能力。据研究，因上级领导人的职权而发挥出来的职工的才能约为60%，因主管人员引导和鼓励而激发出来的职工的才能约为40%。换句话说，领导至少具有两种过程：一是利用职权指挥部下的过程；二是引导和鼓励部下的过程，二者缺一不可。第三个定义只看到指挥而忽略了引导和鼓励；第四个定义忽略了指挥，片面强调职权之外的影响力，两者都具有片面性。第五个定义侧重于领导的决定因素及动态性，但没有对领导的本质作出解释。

> 领导：指挥、带领、引导和鼓励部下为实现目标而努力的过程。

那么领导是什么呢？我们认为，所谓领导，就是指挥、带领、引导和鼓励部下为实现目标而努力的过程。这个定义包括下列三要素。

1. 领导者必须有部下或追随者。没有部下的领导者谈不上领导。
2. 领导者拥有影响追随者的能力或力量。这些能力或力量包括由组织赋予领导者的职位和权力，也包括领导者个人所具有的影响力。
3. 领导的目的是通过影响部下来达到企业的目标。

> 试讨论：领导就是管理吗？

领导和管理是一回事吗？从本质上说，管理是建立在合法的、有报酬的和强制性权力的基础上对下属命令的行为。下属必须遵循管理者的指示。在此过程中，下属可能尽自己最大的努力去完成任务，也可能只尽一部分努力去完成工作。在企业的实践中，后者是客观存在的。但是，领导更多的是建立在个人影响权、专长权和模范作用的基础之上。因此，一个人可能既是管理者，也是领导者，但是，管理者和领导者两者分离的情况也是有的。一个人可能是领导者，但并不是管理者。非正式组织中最具影响力的人就是典型的例子，组织没有赋予他们职位和权力，他们也没有义务去负责企业的计划和组织工作，他们却能引导、激励甚至命令自己的成员。一个人可能是个管理者，但并不是个领导者。领导的本质就是被领导者的追随和服从，它不是由组织赋予的职位和权力所决定的，而是取决于追随者的意愿，因此，有些握有职权的管理者可能没有部下的服从，也就谈不上是真正意义上的领导者。使非正式组织中有影响力的人参加企业正式组织的管理，会大大有益于管理的成效；对于那些不具备领导才能的人，应该从管理人员队伍中剔除或减少其决策权力。

二、领导的作用

在带领、引导和鼓舞部下为实现组织目标而努力的过程中，领导者要具体发挥指挥、协调和激励三个方面的作用。

（一）指挥作用

在人们的集体活动中，需要有头脑清晰、胸怀全局，能高瞻远瞩、运筹帷幄的领导者帮助人们认清所处的环境和形势，指明活动的目标和达到目标的途径。领导者只有站在群众的前面，用自己的行动带领人们为实现企业目标而努力，才能真正起到指挥作用。

（二）协调作用

在许多人协同工作的集体活动中，因为各人的才能、理解能力、工作态度、进取精神、性格、作风、地位等不同，加上各种外部因素的干扰，所以即使有了明确的目标，人们在思想上发生各种分歧、行动上出现偏离目标的情况也是不可能避免的。因此，就需要领导者来协调人们之间的关系和活动，把大家团结起来，朝着共同的目标前进。

（三）激励作用

在现代企业中，尽管大多数人都具有积极工作的愿望和热情，但是未必能自动地长久保持下去，这是因为劳动是谋生的手段，人们需求的满足还受到种种限制。如果一个人的学习、工作和生活遇到了困难、挫折或不幸，某种物质的或精神的需要得不到满足，就必然会影响工作的热情。在复杂的社会生活中，企业的每一个职工都有各自不同的经历和遭遇，怎样才能使每一个职工都保持旺盛的工作热情、最大限度地调动他们的工作积极性呢？这就需要有通情达理、关心群众的领导者来为他们排忧解难，激发和鼓舞他们的斗志，发掘、充实和加强他们积极进取的动力。

引导不同职工朝向同一个目标努力，协调这些职工在不同时空的贡献，激发职工的工作热情，使他们在企业经营活动中保持高昂的积极性，这便是领导者在组织和率领职工为实现企业目标而努力工作的过程中必须发挥的具体作用。

第二节 理想的领导者与领导集体

一、领导者素质及条件

个人品质或特征是决定领导效果的关键因素。通过比较和分析，可以确定哪些品质或特征是一个好的领导者所必备的。当判断或预测一个人能否是一个好领导时，只要看他是否具有那些特定的品质和特征。根据这些品质和特征的来源不同，可以分为传统领导特性理论和现代领导特性理论。前者认为领导者的品质是天生的，与后天的培育、训练和实践无关，因而传统的特性理论也被称为伟人说。后者认为领导者的品质和特征是在后天的实践环境中逐步培养、锻炼出来的。

究竟哪些品质是一个好的领导者所必须具有的呢？斯托格第（R.M. Stogdill）认为，与领导才能有关的品质很多，包括五种身体特征（如精力、外貌、身高等）、四种智力特征、十六种个性特征（如适应性、进取性、决断力等）、六种与工作有关的特征（如职业成就、创造性等）、九种社会特征（如合作性、人际关系等）。吉沙利（E.E. Ghiselli）也提出了自己的品质理论，并就每个品质测算出相对重要性（见表13.1）。

表13.1 吉沙利的品质理论

品　　质	重要性	品　　质	重要性
监督能力	100	人际关系	47
职业成就	76	创造性	34
智力	64	不慕财富	20
自立	63	对权力的追求	10
自信	62	成熟	5
决断力	61	男性化或女性化	0
冒险	54		

事实上，这些研究的成果很不一致，甚至相互矛盾。往往有的品质在某项研究中对领导的成就有积极的影响，但在另一项研究中则是否定的结论。在实践中，这些品质仅仅与选择领导者有关，而与他们的成就没有太大的关系。

但是，作为一个领导者确实必须具备一些基本的素质和条件。我们认为领导者的思想素质、业务素质和身体素质应符合下列条件（见图13.1）。

（一）思想素质

领导者应具有强烈的事业心、责任感和创业精神；有实事求是的思想作风和工作作风，能一心为公，不图虚名，不谋私利，谦虚谨慎，深入基层，善于调查研究；有较高的情商，具有影响他人的魅力，品行端正，模范遵守规章制度和道德规范；密切联系群众，关心群众疾苦，与群众同甘共苦，不搞特殊化，多为群众办好事，不拉帮结派。

（二）业务素质

领导者应具有管理现代企业的知识和技能。

领导者应掌握的业务知识包括以下五种。

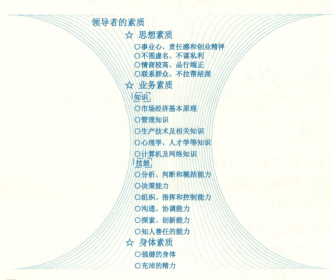

图13.1
领导者的必备素质

1. 应懂得市场经济的基本原理,与时俱进地掌握建设中国特色社会主义的理论和思想。

2. 应懂得管理的基本原理、方法和各项专业管理的基本知识。此外,还应学习管理学、统计学、会计学、经济法、财政金融和外贸等方面的基本知识,了解国内外管理科学的发展方向。

3. 应懂得生产技术和有关自然科学、技术科学的基本知识,掌握本行业的科研和技术发展方向,本企业产品的结构原理、加工制造过程,熟悉产品的性能和用途。

4. 应懂得政治思想工作、心理学、人才学、行为科学、社会学等方面的知识,以便做好人的工作,激发职工士气,协调好人与人的关系,充分调动人的积极性。

5. 应能熟练应用计算机、信息管理系统和网络,了解新一代信息技术(移动互联网、物联网、工业互联网、大数据、云计算、人工智能、区块链、5G、6G等)的基本原理和作用,及时处理需要亲自处理的有关信息。

领导者不仅应具有一定的业务知识,还要有较高的业务技能。这些业务技能包括以下六种。

1. 较强的分析、判断和概括能力。领导者应能在纷繁复杂的事务中,透过现象看清本质,抓住主要矛盾,运用逻辑思维,进行有效的归纳、概括、判断,找出解决问题的办法。

2. 决策能力。决策,特别是经营决策正确与否,对企业生产经营的效果影响巨大。企业的领导者决策是多种能力的综合表现。任何正确的决策,都来源于周密细致的调查和准确而有预见的分析判断,来源于丰富的科学知识和实践经验,来源于对人工智能决策系统的正确运用,来源于集体的智慧和领导者勇于负责精神的恰当结合。因此,决策要求在充分掌握企业内外环境资料的基础上进行科学的预测,并对多种方案进行比较和选择。

3. 组织、指挥和控制的能力。领导者应懂得组织设计的原则,如因事设职(在知识经济时代,为了发挥某一杰出人才的专长,有时也可因人设事)、因人设职、职权一致、命令统一、管理幅度等,熟悉并善于运用各种组织形式,善于综合运用组织的力量,协调人力、物力和财力。控制能力要求在实现企业预定目标的过程中,能够及时发现问题并采取措施予以克服,从而保证目标的顺利实现;在确认目标无法实现时,要能果断地调整目标。

4. 沟通、协调企业内外各种关系的能力。善于与人交往,倾听各方面的意见,应是交换意见沟通情况的能手。对上,要尊重,争取帮助和支持;对下,要谦虚,平等待人;对内,要有自知之明,知道自己的长处和短处;对外,要热情、公平而客观。

5. 不断探索和创新的能力。对做过的工作能及时认真地总结经验、吸取教训，善于听取不同意见，从中吸取有用的东西。对新鲜事物要敏感，富有想象力，思路开阔，善于提出新的设想、新的方案，对工作能提出新的目标，鼓舞下属去完成任务。

6. 知人善任的能力。要重视人才的发现、培养、提拔和使用，知其所长，委以适当工作；重视教育，提高部属的业务能力，大胆提拔，勇于起用新人。

(三) 身体素质

领导者负责指挥、协调组织活动的进行，这项工作不仅需要足够的心智，而且需要消耗大量体力，因此，必须有强健的身体、充沛的精力。

二、经济全球化对企业领导者提出的新要求

中国加入世贸组织，全面融入全球经济体系。中国企业领导人将在世贸组织的规则框架下，享受一个更加透明、可以预测的宏观环境和统一平等的市场体系。经过几十年的努力，中国经济得到了迅猛发展，逐渐由弱变强，成为世界第二大经济体。虽然以美国为首的一些西方国家保护主义抬头，逆全球化暗流涌动，不断围堵、封锁、打压中国，试图与中国脱钩。但中国已经发展壮大，它们的图谋不会得逞。经济全球化的大潮势不可当，中国在此过程中将扮演越来越重要的角色。但是，中国企业由于直接面对技术革新的加速和强大的国际竞争对手，它们面临的不确定性也大大增加。中国企业领导者究竟需要哪些关键特质才能应对当前经济全球化环境下的高度不确定性？《世界经理人文摘》邀请世界经理人网站的广大用户、中国企业领导者和管理专家一起推荐和评选了企业领导者的十大特质：建立愿景、信息决策、配置资源、有效沟通、激励他人、人才培养、承担责任、诚实守信、事业导向、快速学习（见图13.2）。

1. 建立愿景。确立企业发展方向是领导者最主要的职责之一。建立愿景的能力如果很糟糕，甚至不具备该能力，产生的后果就不仅仅是员工得不到激励，更严重的是他们会因此迷失方向或者怀疑目前的方向。当今经济环境不确定性因素的增加，给方向确立带来了新的挑战。中国企业对企

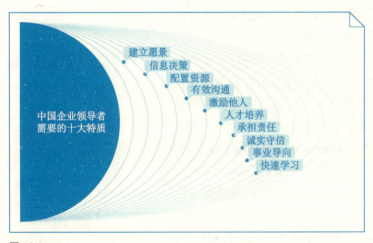

图 13.2
中国企业领导者需要的特质

业愿景需要有更多的认识。有了正确的愿景，就可"以不变应万变"。

2. 信息决策。在复杂多变的经营环境中，企业领导者放弃信息分析与理性决策成为一种倾向。但是，高度不确定性不应该成为企业领导者"拍脑袋"的借口。领导者必须能够在充满不确定性的模糊情境下进行有效决策，如果等到状态变得清晰，极有可能已经失去最好的机会。

3. 配置资源。把有限的资源配置到能够产生最大效益的人员、项目与任务中，是企业运行的一项基本任务。合理配置有限的资源本身就是一种策略。配置资源中特别要讲究领导技巧，远离市场的企业领导者不应该直接指令所有资源的配置过程，而是下放权力，允许资源被"吸引"到直接面对市场的人员和他们发现的市场新机会上去。

4. 有效沟通。领导的真正工作就是沟通。优秀的领导者在沟通中应该具有一种化繁为简的才能，能够把很复杂的事情通过简洁通俗的语言表达出来。沟通不能总是采取自上而下的模式，领导者需要成为倾听大师。在组织变革方面的沟通，要求领导者具备足够的耐心和热情。领导者应该选择好不轻易放弃的事业，遇到挫折不气馁，并经常在不同场合宣扬这项事业。

5. 激励他人。激励机制一直是中国企业的一块"软肋"。在持续的竞争压力或企业变革中，员工需要不断地激励。成功的领导者必须在企业内部建立起有效的激励体制、透明的赏罚制度，实行绩效付酬，让优秀的员工得到更多的认可，使他们产生归属感。

6. 人才培养。在成功的企业中，培养他人的能力是判断领导成熟度的重要标准。如果一个领导者害怕自己的属下比自己厉害，"武大郎开店"，而把可能超过自己的属下"淹死"，这样的领导者手下不会有能干的人才。因此，一个不遗余力地培养人才的领导者，才会拥有很多人才，成功的机会才会更多、更大。

7. 承担责任。即使是一个优秀的企业领导者，在不确定性的经营环境中也不可能总是一次就把事情做成功。在遭遇挫折和失败时，只要勇于负起责任，认真总结，从头再来，就会有成功的机会。企业领导者的岗位赋予了他们承担责任的义务。决定性的决策往往具有风险性，但是无论如何，在不确定的情形下进行决策，总比不做决策好。这些时候，领导者肯定要承担风险和责任。

8. 诚实守信。有效的领导者是那些有效地管理不确定性的人，诚实守信则是有效地管理不确定性的第一条原则。成功的领导者们的"最大的成功"在于号召力不只是源于他们手中的权力，或是施以实惠，更多的是依靠自我纪律与诚信。只有诚信才能使自己在人际关系中保持吸引力，建立广泛而良好的社会、人际关系，从而吸引、保留企业需要的各种优秀人才。

9. 事业导向。成功的企业领导者一定具有强烈的事业心,把企业的事业当作自己的事业,全身心地投入事业。

10. 快速学习。许多成功的企业领导者都曾经历过各自事业的低潮或逆境,其实,失败并不可怕。成功之路往往不是简单地写在管理大师们的书籍中,而是由企业领导者们在一次次失败中领悟、学习出来的。

三、领导集体的构成

组织中的领导者是复数而非单数,是一群人而非一个人。某个组织的领导者是就这个组织的领导者集体或"领导班子"而言的。

在领导集体中,为首的领导者特别重要,他在领导集体中起着核心和舵手的作用。

现代企业的生产经营活动异常复杂,如果单靠一个人的聪明才智,很难有效地组织和指挥企业的生产经营活动。因为世界上很少有无所不能的全才,可以说绝大多数都是某一方面的专才,无论科学技术或管理方面都是如此。但专才如果组织得好,可以构成全才的领导集体。

一个具有合理结构的领导班子,不仅能使每个成员人尽其才,做好各自的工作,而且能通过有效的组合,发挥巨大的集体力量。领导班子的结构一般包括年龄结构、知识结构、能力结构、专业结构等。

(一) 年龄结构

不同年龄的人具有不同的智力、不同的经验,因此,寻求领导班子成员的最佳年龄结构非常重要。领导班子应该是老、中、青三结合,向年轻化的趋势发展。

现代社会处于高度发展之中,知识更新的速度越来越快。尽管随着年龄的增长,也会增加知识数量的积累,但吸收新知识的优势无疑属于中青年人,人的知识水平的提高与年龄的增长没有必然的联系。现代生理科学和心理科学研究表明,一个人的年龄与智力有一定的定量关系,如表13.2所示。

表13.2 年龄与智力间的定量关系

智力	年龄				
	10—17	18—29	30—49	50—69	70—89
知觉	100	95	93	76	46
记忆	95	100	92	83	55
比较和判断力	72	100	100	87	67
动作及反应速度	88	100	97	92	71

从表 13.2 中可知，在智力诸因素中，中青年占有明显的优势。人的经验与年龄一般呈正向关系，年老的人经验往往比较丰富。因此，领导班子中老、中、青结合，有利于发挥各自的优势。

领导班子的年轻化，是现代社会的客观要求，是新时代现代化企业的需要。但年轻化绝不是青年化，不是说领导班子中成员的年龄越小越好，而是指一个领导集体中应有一个合理的老、中、青比例，有一个与管理层次相适应的平均年龄界限。在不同的管理阶层中，对年龄的要求和年轻化的程度应有所不同。

（二）知识结构

知识结构是指领导班子中不同成员的知识水平构成。

领导班子成员都应具有较高的知识水平。没有较高的文化知识素养，就满足不了管理现代化企业的要求。在现代企业中，大量的先进科学技术被采用，在复杂多变的经营环境中，为了使企业获得生存，求得发展，企业领导人员必须具备广博的知识。随着我国社会经济的发展，职工的文化水准在不断提高，各类组织的各级领导都在向知识型转变。但是，盲目追求高学位的做法至少在行政、企业等非学术性组织中是绝对不可取的。

（三）能力结构

领导的效能不仅与领导者的知识有关，而且与他运用知识的能力有密切关系。这种运用知识的能力对于管理好一个企业非常重要。能力是一个内容十分广泛的概念，它包括决策能力、判断能力、分析能力、指挥能力、组织能力、协调能力等。每个人的能力是不相同的，有的人善于思考分析问题，提出好的建议与意见，但不善于组织工作；有的人善于组织工作，但分析问题的能力较差。因此，企业领导班子中应包括不同能力类型的人物，既要有思想家，又要有组织家，还要有实干家，这样才能形成最优的能力结构，在企业管理中充分发挥作用。

（四）专业结构

专业结构是指在领导班子中各位成员的配备应由各种专门的人才组成，形成一个合理的专业结构，从总体上强化这个班子的专业力量。在现代企业里，科学技术是提高生产经营成果的主要手段。因此，领导干部的专业化是搞好现代企业经营的客观要求。

以上所述的领导班子的结构仅指主要方面而言。此外，还有其他一些结构，如性格结构、党派结构、地区结构、种族结构、性别结构等也是需要注意的。但是，除了政治协商性组织以外，一般组织的领导集体最看重的是工作效率。按照这些要求形成的领导集体应是一个结构优化、富有效率的集体，力求避免领导集体内互相掣肘、争论不休、一事无成的状态。

第三节 领导方式及其理论

一、领导方式的基本类型

仅有良好的领导素质还不足以保证领导者的工作效率。要充分利用这些素质进行有效的领导，领导者还必须选择恰当的领导方式。领导方式大体上有三种类型：专权型领导、民主型领导和放任型领导（见图 13.3）。

1. 专权型领导，是指领导者个人决定一切，布置下属执行。这种领导者要求下属绝对服从，并认为决策是自己一个人的事情。

2. 民主型领导，是指领导者发动下属讨论，共同商量，集思广益，然后决策，要求上下融洽，目标一致地工作。

3. 放任型领导，是指领导者撒手不管，下属愿意怎样做就怎样做，完全自由。他的职责仅仅是为下属提供信息并与企业外部进行联系，以此有利于下属工作。

领导方式的这三种基本类型各具特色，也各适用于不同的环境。领导者要根据所处的管理层次、所担负的工作性质以及下属的特点，在不同时空处理不同问题时，针对不同下属选择合适的领导方式。

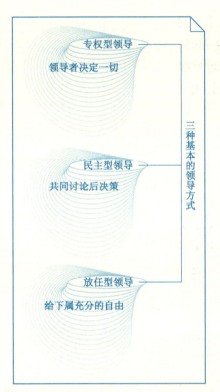

图 13.3
领导方式的基本类型

二、领导方式的连续统一体理论

美国学者坦南鲍姆（R. Tannenbaum）和施米特（Warren H. Schmidt）认为，领导方式是多种多样的，从专权型到放任型，存在着多种过渡类型。根据这种认识，他们提出领导方式的连续统一体理论。图 13.4 概括描述了这种理论的基本内容和观点。

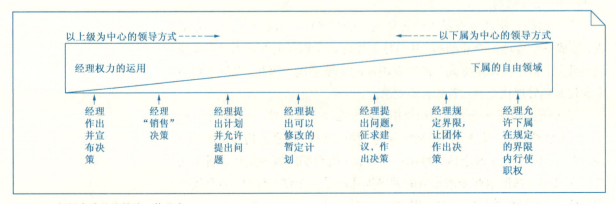

图 13.4 领导方式的连续统一体理论

图 13.4 中列出了七种典型的领导方式。

1. 经理作出并宣布决策。在这种方式中，上级确认一个问题，考虑各种可供选择的解决方法，从中选择一个，然后向下属宣布，以便执行。他既可能考虑也可能不考虑下属对他的决策的想法，但不管怎样，他不给下属参与决策的机会，下级只能服从他的决定。

2. 经理"销售"决策。在这种方式中，如同前一种方式一样，经理承担确认问题和作出决定的责任，但他不是简单地宣布这个决策，而是说服下属接受他的决策。这样做是表明他意识到下属中可能有某些反对意见，通过阐明这种决策给下属带来利益以争取他们的支持。

3. 经理提出计划并允许提出问题。在这种方式中，经理作出决策并期望下属接受这个决策，他向下属提供一个有关他的想法和意图的详细说明，并允许提出问题，这样，他的下属可以更好地了解他的意图和计划。这个过程使经理和他的下属能深入探讨这个决策的意义和影响。

4. 经理提出可以修改的暂定计划。在这种方式中，允许下属对决策发挥某些影响作用。确认问题和决策的主动权仍操纵在经理手中。他先对问题进行考虑，并提出一个计划，但只是暂定的计划，然后把这个计划交给有关人员征求意见。

5. 经理提出问题，征求建议，作出决策。在这种方式中，虽然确认问题和决策仍由经理来进行，但下属有建议权。下属可以在经理提出问题后，提出各种解决问题的方案，经理从他自己和下属提出的方案中选择出较为满意的。这样做的目的是充分利用下属的知识和经验。

6. 经理规定界限，让团体作出决策。在这种方式中，经理把决策权交给团体。在团体作出决策前，经理解释需要解决的问题，并给要作的决策规定界限。

7. 经理允许下属在规定的界限内行使职权。在这种方式中，团体有极度的自由，唯一的界限是上级所作的规定。如果上级参加了决策过程，也往往以普通成员的身份出现，并执行团体所作的任何决定。

坦南鲍姆和施米特认为，上述方式孰优孰劣没有绝对的标准，成功的经理不一定是专权的人，也不一定是放任的人，而是在具体情况下采取恰当行动的人。当需要果断指挥时，他善于指挥；当需要职工参与决策时，他能提供这种可能。

三、管理方格理论

管理方格理论（Management Grid Theory）是布莱克（Robert R. Blake）和穆顿（Jane S. Mouton）提出的。

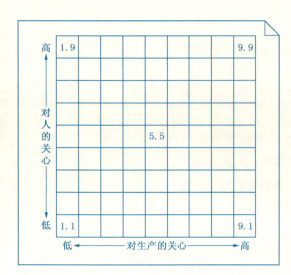

图 13.5
管理方格图

该理论可用一张方格图来表示,在这张图上,横轴表示领导者对生产的关心,纵轴表示领导者对人的关心。每条轴划分为九小格,第一格代表关心程度最低,第九格表示关心程度最高,整个方格图共有81个方格,每一小方格代表一种领导方式,如图13.5所示。

布莱克和穆顿在提出管理方格时,列举了五种典型的领导方式。

1. 9.1型方式(任务型)。只注重任务的完成,不重视人的因素。这种领导是一种专权式的领导,下属只能奉命行事,职工失去进取精神,不愿用创造性的方法去解决各种问题,不能施展所有的本领。

2. 1.9型方式(乡村俱乐部型)。与9.1型相反,即特别关心职工。持此方式的领导者认为,只要职工精神愉快,生产自然会好。这种管理的结果可能很脆弱,一旦和谐的人际关系受到影响,生产成绩会随之下降。

3. 5.5型方式(折中型)。既不过于重视人的因素,也不过于重视任务因素,努力保持和谐和妥协,以免顾此失彼。遇到问题总想用息事宁人的办法了事。虽然此种方式比1.9型和9.1型强些,但由于牢守传统习惯,从长远看,会使企业落伍。

4. 1.1型方式(贫乏型)。对职工的关心和对生产任务的关心都很少。这种方式无疑会使企业失败,在实践中很少见到。

5. 9.9型方式(团队型)。对生产和人的关心都达到最高点。在9.9型方式下,职工在工作上希望相互协作,共同努力去实现企业目标;领导者诚心诚意地关心职工,努力使职工在完成组织目标的同时满足个人需要。应用这种方式的结果是,职工都能运用智慧和创造力进行工作,团队之间关系和谐,出色地完成任务。

从上述不同方式的分析中,显然可以得出下述结论:作为一个领导者,既要发扬民主,又要善于集中;既要关心企业任务的完成,又要关心职工的正当利益。只有这样,才能使领导工作卓有成效。

四、权变理论

权变理论认为不存在一种"普适"的领导方式,领导工作强烈地受到领导者所处的客观环境的影响。换句话说,领导和领导者是某种既定环

> 领导方式是领导者特征、追随者特征和环境的函数:
> $$S=f(L, F, E)$$
> 其中,S代表领导方式,L代表领导者特征,F代表追随者特征,E代表环境。

境的产物。

领导者的特征主要指领导者的个人品质、价值观和工作经历。如果一个领导者决断力很强，并且信奉 X 理论，他很可能采取专权型的领导方式。

追随者的特征主要指追随者的个人品质、工作能力、价值观等。如果一个追随者的独立性较强、工作水平较高，采取民主型或放任型的领导方式就比较适合。

环境主要指工作特性、组织特征、社会状况、文化影响、心理因素等。工作是具有创造性还是简单重复，组织的规章制度是比较严密还是宽松，社会时尚是倾向于追随服从还是推崇个性等，都会对领导方式产生强烈的影响。

弗雷德·菲德勒（Fred E. Fiedler）的领导权变理论（Contingency Theory）是比较具有代表性的一种权变理论。该理论认为各种领导方式都可能在一定的环境内有效，这种环境是多种外部和内部因素的综合作用体。

菲德勒将领导环境具体化为三个方面，即职位权力、任务结构和上下级关系。所谓职位权力，是指领导者所处的职位具有的权威和权力的大小，或者说领导的法定权、强制权、奖励权的大小。权力越大，群体成员遵从指导的程度越高，领导环境也就越好。任务结构是指任务的明确程度和部下对这些任务的负责程度。这些任务越明确，并且部下责任心越强，领导环境就越好。上下级关系是指下属乐于追随的程度。下级对上级越尊重，下属越乐于追随，则上下级关系越好，领导环境也越好。

菲德勒设计了一种问卷（least preferred coworker questionaire，LPC）来测定领导者的领导方式。该问卷的主要内容是询问领导者对最难合作的同事的评价。如果领导者对这种同事的评价大多用敌意的词语，则该种领导趋向于工作任务型的领导方式（低 LPC 型）；如果评价大多用善意的词语，则该种领导趋向于人际关系型的领导方式（高 LPC 型）。

菲德勒认为环境好坏对领导的目标有重大影响。对低 LPC 型领导来说，他比较重视工作任务的完成。如果环境较差，他将首先保证完成任务；当环境较好时，任务能够确保完成，他的目标将是搞好人际关系。对高 LPC 型领导来说，他比较重视人际关系。如果环境较差，他将把人际关系放在首位；如果环境较好时，人际关系也比较融洽，他将追求完成工作任务，如图 13.6 所示。

菲德勒对 1 200 个团体进行抽样调查，得出以下结论（见表 13.3）：领导环境决定领导的方式。在环境较好的Ⅰ、Ⅱ、Ⅲ和环境较差的Ⅶ、Ⅷ情况下，采用低 LPC 领导方式，即工作任务型的领导方式比较有效。在环境中等的Ⅳ、Ⅴ和Ⅵ情况下，采用高 LPC 领导方式，即人际关系型的领导方式比较有效。

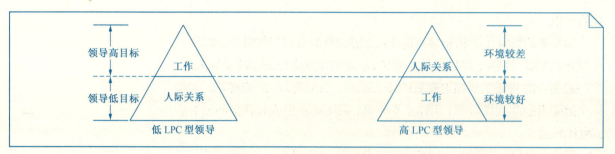

图 13.6 领导目标与环境的关系示意图

表 13.3 菲德勒模型

人际关系	好	好	好	好	差	差	差	差
工作结构	简单	简单	复杂	复杂	简单	简单	复杂	复杂
职位权力	强	弱	强	弱	强	弱	强	弱
环境	Ⅰ	Ⅱ	Ⅲ	Ⅳ	Ⅴ	Ⅵ	Ⅶ	Ⅷ
	好				中等			差
领导目标	高				不明确			低
低 LPC 型领导	人际关系				不明确			工作
高 LPC 型领导	工作				不明确			人际关系
最有效的方式	低 LPC 型				高 LPC 型			低 LPC 型

第四节　领导艺术

领导者的工作效率和效果在很大程度上取决于他们的领导艺术。领导艺术是一门博大精深的学问，其内涵极为丰富。

一、做领导的本职工作

领导人有条不紊地办事是一种艺术。在组织中，经常看到一些这样的领导者，他们整天忙忙碌碌，工作十小时、十二小时，放弃了娱乐、休息和学习，还总是感到时间不够用。作为一个领导者，当发现自己忙不过来的时候，就应该考虑自己是否已经影响下属的职权，做了本来应当由下属去做的事。领导者必须明白，凡是下属可以做的事，都应授权让他们去做，领导者只应做领导者应干的事。

领导的事包括决策、用人、指挥、协调和激励。这些都是大事，是领导者应该做的，但绝对不是说都应由单位的最高领导者来做，而应该分清轻重缓急、主次先后，分别授权让每一级去管本级应管的事。企业的最高领导者应该只抓重中之重、急中之急，并且严格按照"例外原则"办事。也就是说，凡是已经授权给下属去做的事，领导者就要克制自己，不要再去插手；领导者只需管那些没有对下授权的例外的事情。有些领导者太看重自己的地位和作用，事无巨细，无所不包，其结果不仅浪费了自己宝贵的时间和精力，还挫伤了下属的积极性和责任感，反过来又会加重自己的负担。

领导者对于那些必须由自己亲自处理的事，也应先问三个能不能：能不能取消它？能不能与别的工作合并处理？能不能用更简便的方法处理？这样就可以把那些可做可不做的事去掉，把一部分事合并起来用最简便的方法去做，从而减轻负担，腾出更多时间去进行思索和筹划，更好地发挥领导的作用。

> 试讨论："领导者只应干领导者应干的事"对吗？领导者"应干的事"包括哪些？领导者"不应干的事"又有哪些？

二、善于同下属交谈，倾听下属的意见

没有人与人之间的信息交流，就不可能有领导。领导者在行使指挥和协调职能时，必须把自己的想法、感受和决策等信息传递给被领导者，才能影响被领导者的行为。同时，为了进行有效的领导，领导者也需了解被领导者的反应、感受和困难。这种双向的信息传递十分重要。交流信息可以通过正式的文件、报告、书信、会议、电话、手机短信、互联网和非正式的面对面会谈等方式进行。其中，面对面的个别交谈是深入了解下属的较好方式，因为通过交谈不仅可以了解到更多、更详细的情况，并且可以通过察言观色来了解对方心灵深处的想法。善于同下级交谈是一种领导艺术。有些领导者在同下属谈话时，往往同时批阅文件，左顾右盼，精力不集中，不耐烦，其结果是不仅不能了解对方的思想，反而会伤害对方的自尊，失去下属对自己的尊重和信任，甚至还会造成冲突和隔阂。所以，领导者必须掌握同下属交谈、倾听下属意见的艺术。

1. 即使你不相信对方的话，或者对谈的问题毫无兴趣，在对方说话时，也必须悉心倾听，善加分析。

2. 要仔细观察对方说话时的神态，捉摸对方没有说出的意思。

3. 谈话一经开始，就要让对方把话说完，不要随意插话、打断对方的思路、岔开对方的话题，也不要迫不及待地解释、质问和申辩。对方找你谈话是要谈他的感受，领导者倾听下属意见的目的在于了解对方的想法，而

> 对如何倾听感兴趣的读者，可进一步阅读[美]安德·D.沃尔文、[美]卡罗琳·格温·科克利、[中]吴红雨著，《倾听的艺术》（第五版），复旦大学出版社，2010年。

不是摆出"权威"的架势去说服、教育对方,打通对方的思想。对方讲的是否有理、是否符合事实,可以留待以后研究。

4. 如果你希望对某一点多了解一些,可以将对方的意见改成疑问句简单重复一遍,"是这样么?""为什么?"这样将鼓励对方作进一步的解释和说明。

5. 如果对方诚恳地希望听到你的意见,你必须抓住要领,态度诚恳地就实质性问题作出简明扼要的回答,帮助他拨开心灵上的云雾,解开思想上的疙瘩。同时,也要注意对方说的许多情况你可能并不清楚,在未加调查之前,不应表态和许愿,以免造成被动,引起更大的不快。对于谈话涉及的重大原则问题或应由上级主管部门处理的问题,领导者应实事求是地告诉对方,这些问题是自己不能单独处理的,需待研究以后才能答复。切忌使用"外交辞令"和"官腔"。

6. 领导者必须控制自己的情绪,不能感情用事。对方说话的内容,领导者可能同意,也可能不同意,有怀疑甚至反感和不满。但是,不管领导者自己的观点和情绪如何,都必须加以控制,始终保持冷静的态度,让对方畅所欲言。仅此一点,就会使对方感到领导在注意他的意见,在彼此沟通思想感情。至于是非曲直,你可点出某些事实,但不作结论,留待以后再谈,或留待对方冷静后自己去判断。

三、争取众人的信任和合作

企业领导者不能只依靠自己手中的权力,还必须取得同事和下属的信任和合作。有些新踏上领导岗位的人,往往只会自己埋头苦干,不善于争取别人的信任和合作;也有个别人只想利用手中的权力来使副手和下属慑服,而较少考虑如何取得他们的支持和友谊。其实,领导者和被领导者之间的关系不应当只是一种刻板的、冷漠的上下级关系,而应当建立起真诚合作的朋友关系。

(一)平易近人

由于几千年封建思想的影响,在一些人的头脑中不自觉地残留着"官贵民贱"的意识,认为当"长"以后,总比一般老百姓高一头。所以,领导者必须自觉地消除这种意识,在与同事和下属相处中,要注意礼貌,主动向对方表示尊重和友好;在办事时要多用商量的口吻,多听取和采纳对方意见中合理的部分;要勇于承认和改正自己的缺点、错误。既不要轻易发脾气、耍态度、训斥人,也不要讲无原则的话,更不能随便表态、许诺。幽默受人欢迎,能使气氛轻松,但开玩笑应适度,掌握好分寸。至关重要的是要谦虚待人、以诚待人。

（二）信任对方

在分工授权后，领导者对下属不要再三关照叮嘱，更不要随便插手干预，使对方感到你对他的能力有所怀疑。相反，领导者要用实际行动使下属感到你对他是信任的，感到自己对企业集体是重要的。这样，下属就会主动加强同领导者的合作。如果领导者能在授权的同时，主动征求并采纳下属对工作的意见，使下属感到领导对他的器重，这将有利于增进相互之间的友谊和合作。如果领导者让自己的副手或下属长期感到被忽视，不能发挥作用，则必将招致他们的不满和怨恨。

（三）关心他人

群众最反感的是领导者以权谋私。所以，领导者要特别警惕，不仅不能以权谋私，而且要在政治、思想、业务、生活等多方面关心他人。要为下属提高思想业务水平创造条件，不怕他们超过自己；要为群众解决生活上的困难，不怕添麻烦；要吃苦在前，享受在后，在经济利益和荣誉面前一定要先想到他人。当企业取得成功时，千万别忘掉那些为企业作过贡献的人们。当人们面临困难的时候，如果领导者能伸出友谊之手，这种友谊将特别宝贵和持久。

（四）一视同仁

人们之间的关系有亲有疏，这是正常的社会现象，领导者也不例外。但是，为了加强企业的内聚力，克服离心倾向，领导者既要团结一批同自己亲密无间、命运与共的骨干；又要注意团结所有的职工，对于同自己意见不一、感情疏远或反对自己的人，领导者绝不可视为异己、另眼看待、加以排斥，而应关心和尊重他们，努力争取他们的友谊和合作。特别是在处理诸如提级、调资、奖励、定职等有关经济利益和荣誉的问题时，必须一视同仁、秉公办理。当下属犯了错误时，不论亲疏，都要严格对待，真诚地帮助他们认识错误、改正错误，但在进行处理时又要设身处地地为他们着想，坚持思想教育从严、组织处理从宽的原则。领导者必须懂得，很多人工作上犯错误、出毛病，都是想多做工作、做好工作而无意造成的，所以，领导者对下属工作上的错误要勇于承担责任，即使可能与自己并无关系，也应主动承担领导或指导责任。在下属受到外界侵犯或蒙受冤屈时，领导者应挺身而出，保护下属。这样，企业的全体人员就会感到，在你的领导下，没有亲疏，只要好好干，谁都可以得到应有的尊重和信任，就会产生一种安全感、归属感，组织内部常有的"宗派"或"山头"自然也就失去了存在的基础。

四、做自己时间的主人

做任何事情都需要占用时间。创造一切财富也都要耗用时间。时间似

> 时间最不偏私，给任何人都是二十四小时；
> 时间也是偏私，给任何人都不是二十四小时。
> ——托马斯·赫胥黎
> (Thomas Henry Huxley)

乎是一种用之不竭的资源，但对个人来讲，时间又是一个常数。因此，"时间就是金钱，时间就是生命"，这是一条实实在在的真理。领导者要做时间的主人，首先要科学地组织管理工作，合理地分层授权，把大量的工作分给副手、助手、下属去做，以摆脱烦琐事务的纠缠，腾出时间来做真正应该由自己做的事。

（一）记录自己的时间消耗

有许多领导者忙了一天、一周或者一个月，往往说不出究竟做了哪些事，哪些是自己应该做的，哪些是自己不该做的。年复一年地如此下去，浪费了许多宝贵时间。为了珍惜自己的时间，把有限的时间用在自己应该做的领导工作上，应当养成记录自己时间消耗情况的习惯。每做一件事就记一笔账，写明几点到几点办什么事。每隔一两周，对自己的时间消耗情况进行一次分析。这时，就会发现自己在时间利用上有许多惊人的不合理之处，从而可找到合理利用自己时间的措施。

（二）学会合理地使用时间

时间的合理使用因人而异、因地制宜，取决于企业的特点、企业的管理体制和组织结构、企业领导者的分工以及各人的职责和习惯，所以，很难有一个统一的标准。表 13.4 是根据我国一些优秀企业家的时间分配经验列出的，一般来说，这样的时间分配是比较合理的，但尚有改进的余地，如领导者每周用于学习、思考的时间偏少。

业余时间的使用更不合理，普遍现象是加班加点较多、应酬偏多，而参加体育活动偏少、业余爱好偏少。领导者应努力把自己塑造成一个普通的、完美的人，而不是一部工作机器。要有意识地把更多业余时间分给家庭——妻子、孩子和父母。"工作狂"并不是一种美德，只是不会使用时间的一种"美称"而已。

表 13.4　领导者每周工作时间的分配

工作内容	每周小时数	时间使用方式
1. 了解情况，检查工作	6	每天 1 小时
2. 研究业务，进行决策	12	每次 2—4 小时
3. 与主要业务骨干交谈，做人的工作	4	每次 0.5—1 小时
4. 参加社会活动（接待、开会等）	8	每次 0.5—2 小时
5. 处理企业与外部的重大业务关系	8	每次 0.5—2 小时
6. 处理内部各部门的重大业务关系	8	每次 0.5—3 小时
7. 学习与思考	4	集中一次进行

（三）提高开会的效率

开会是交流信息的一种有效方式。领导离不开开会，但开会也要讲求艺术。企业领导者每年要开几百次会，但重视研究和掌握开会艺术的人却不多。有许多领导者整天沉沦于文山会海之中，似乎领导的职能就是开会、批文件，而开会是否解决了问题、效率如何，却全然不顾。只要开了会，该传达的传达了，该说的说了，就算尽到了责任。其实，不解决问题的会议有百害而无一利。开会也要讲求经济效益。会议占用的时间也是劳动耗费的一种。会议的成本应纳入企业经济核算体系之内进行考核，以提高开会的效率，节约领导者和与会者的宝贵时间。

读 书 提 示

1. [美]彼得·F. 德鲁克，《卓有成效的管理者》，许是祥译，机械工业出版社，2009 年。
2. [美]约翰·P. 科特，《现代企业的领导艺术》，史向东、颜艳译，华夏出版社，1998 年。
3. [美]J. P. 科特，《总经理》，耿帅译，机械工业出版社，2008 年。
4. [美]约翰·P. 科特，《权力与影响力》，李亚等译，机械工业出版社，2008 年。
5. [美]欧内斯特·戴尔，《伟大的组织者》，孙耀君译，中国社会科学出版社，1991 年。

复 习 思 考 题

1. 领导的实质和作用是什么？如何去实现这种作用？
2. 领导者的权力来源是什么？如何正确地使用这些权力？领导和管理是一回事吗？
3. 虽然没有任何迹象说明领导能力来源于家庭的遗传或者一些特别的个人素质，并且无论你是否具备这些天生条件，你都可以成为一个有效的领导者。但是，一般认为作为一名领导者，必然具备一些基本素质。这些素质主要有哪些？
4. 中国企业家调查系统在 1997 年做的一次大型调查中显示(《管理世界》1998 年第 2 期，第 123 页)，86.2% 的企业经营者认为提高企业竞争力的关键是"好的领导班子"（"高素质的职工队伍"为 50.7%，"强有力的技术创新能力"为 32.2%）。何谓领导班子？"好的领导班子"的基本要求是什么？
5. 领导有效性的实质是什么？领导者培训哪些方面的心理习惯以获得领导的有效性？
6. 从所学的领导方式及其理论中，你得到哪些启示？

激 励

任何社会组织首先是人的集合体,组织的一切活动都要靠人来进行,组织的各种要素是在主动参与活动的人的利用下才能发挥作用的。因此,只有使参与组织活动的人始终保持旺盛的士气、高扬的热情,组织才能实现较好的绩效。管理的激励功能就是要研究如何根据人的行为规律来提高人的积极性。

第一节 激励的性质

一、激励与行为

什么是激励?美国管理学家贝雷尔森(Bernard Berelson)和斯坦尼尔(Gray Steiner)给激励下了如下的定义:"一切内心要争取的条件、希望、愿望、动力等都构成了对人的激励。……它是人类活动的一种内心状态。"[1]

---

[1] [美]小詹姆斯·H.唐纳利、詹姆斯·L.吉布森、约翰·M.伊凡赛维奇,《管理学基础——职能·行为·模型》,李柱流等译,中国人民大学出版社,1982年,第195页。

心理学家一般认为,人的一切行动都是由某种动机引起的。动机是人类的一种精神状态,它对人的行动起激发、推动、加强的作用,因此称之为激励。人类的有目的的行为都是出于对某种需要的追求。未得到满足的需要是产生激励的起点,进而导致某种行为。行为的结果可能使需要得到满足,之后再发生对新需要的追求;行为的结果也可能是遭受挫折,追求的需要未得到满足,由此而产生消极的或积极的行为。这种激励过程可用图 14.1 来描述。

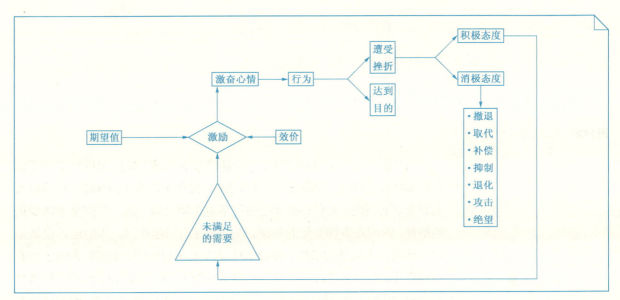

图 14.1 激励过程

从图 14.1 中可以看出,未满足的需要对人的激励作用的大小,取决于某一行动的效价和期望值。所谓效价,是指个人对达到某种预期成果的偏爱程度,或某种预期成果可能给行为者个人带来的满足程度;期望值则是某一具体行动可带来某种预期成果的概率,即行为者采取某种行动,获得某种成果,从而带来某种心理上或生理上满足的可能性。显然,能够满足某一需要的行动对特定个人的激励力是效价与实现可能性的综合作用结果。激励力、效价以及期望值之间的相互关系可用下式表示:

$$激励力 = 某一行动结果的效价 \times 期望值$$

二、内因与外因

激励理论建立在对人的运动规律的认识基础之上。人的运动形式主要分两大类:生命运动和思维运动。生命运动,包括人体的、机械的、物理的、化学的、生物的变化规律；思维运动，包括思维、实践、知识、技能等活动形式。人的生命运动是思维运动的物质基础。当人的生命运动结束时，思维运动也必然随之而终止。同时，思维运动又对生命运动有着能动的反馈作用，人的生命运动与思维运动乃是辩证的统一，人的运动形式和特点如图 14.2 所示。

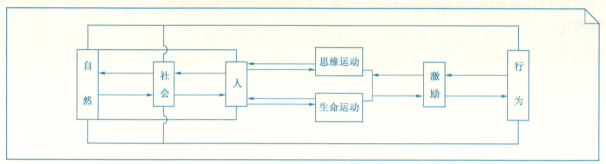

图 14.2　生命运动与思维运动的关系

人生活于特定的环境之中，这个环境包括气候、水土、阳光、空气等自然环境和社会制度、劳动条件、经济地位、文化条件等社会环境。环境对人的影响是客观的，人和外界环境的关系也是辩证统一的。外因是事物变化的条件，内因是事物变化的根据，外因通过内因起作用。人的运动也是如此。环境是人运动的条件，自身条件是人运动的根据，环境对人的运动有影响作用，但必须通过人的自身条件才能起作用。所以，改善外部环境是必要的，但更为重要的是要提高人的自身素质，增强适应环境、改造环境的能力。

根据这个观点，可以把人的行为（B）看成其自身特点（P）及其所处环境（E）的函数，即：

$$B = f(P, E)$$

因此，为了引导人的行为，达到激励的目的，领导者既可在了解人的需要的基础上，创造条件促进这些需要的满足，也可通过采取措施，改变个人行为的环境。这个环境就是卢因所提出的人的行为"力场"。

库尔特·卢因（Kurt Lewin）把人看作是在一个力场上活动的，力场内并存着驱动力和遏制力，人的行为便是场内诸力作用的产物，其模式如图 14.3 所示。

领导者对在"力场"中活动的职工行为的引导，就是要借助各种激励方式，减少遏制力，增强驱动力，提高职工的工作效率，从而改善企业经营效率。

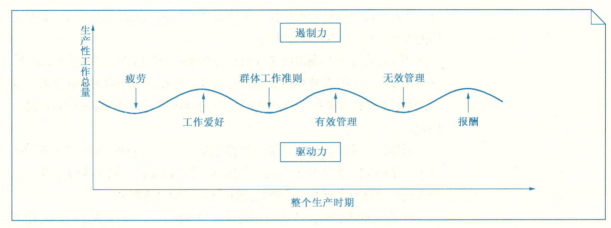

图 14.3 卢因的力场理论

第二节 激励理论

根据激励性质的介绍，我们可以知道，激励就是通过影响职工个人需要的实现来提高他们的工作积极性、引导他们在组织活动中的行为。因此，激励理论的研究大多围绕人的需要实现及其特点的识别、如何根据需要类型和特点的不同来影响他们的行为而展开。这里主要介绍马斯洛的需要层次理论、维克多·弗鲁姆的期望理论、亚当斯的公平理论、斯金纳的强化理论以及波特等人的激励模式理论。

一、需要层次理论

辨识需要是对员工在工作中的行为进行激励和引导的前提。

行为科学认为，人的各种行为都是由一定动机引起的，而动机又产生于人们本身存在的需要。人们为了满足自己的需要，就要确定自己行为的目标。人都是为达到一定目标而行动的。这种从一定的需要出发，为达到某一目标而采取行动，进而得到需要的满足，而在此基础上产生新的需要，引发新的目标行为，便是周而复始、不断循环的人的行为过程。需要既是这个过程的起点，也是这个过程的终点，是人的行为基础。

决定人的行为的尚未得到满足的需要是些什么内容？许多早期的管理者强调，人们参与社会活动追求的主要是经济方面的需要，因而金钱是激励个人的主要手段。当代的许多心理学家则认为，金钱虽是重要的激励因素，但人们希望满足的不仅仅是经济需要。至于应该是哪些需要，需要之间的关系怎样，至今仍是众说纷纭。

美国心理学家马斯洛将需要划分为五级：生理的需要、安全的需要、社交的需要、尊重的需要和自我实现的需要。与此有关的内容，本书第二章"需求层次理论"部分（第 53—54 页）有过详细论述，感兴趣的读者可进行回顾。

马斯洛的需要理论只是需要分类的理论之一。这种分类方法为我们提供了一个研究人类各种需要的参照样本。根据对这个样本的研究，我们认为人类需要具有多样性、层次性、潜在性和可变性等特征。

1. 需要的多样性。人类的需要是多种多样的。一个人在不同的时期可有多种不同的需要；即使在同一时期，也可存在着好几种程度不同、作用不同的需要。不同的人对各种需要的认知和迫切性差别更大。古代中国就有"士为知己者死"之说，事实上，不只是"士"（泛指有知识的人才），任何人只要有了信仰，有了理想，有了使命感，他（她）们就会把自我实现的需要放在第一位，而不惜牺牲个人的一切，甚至献出自己宝贵的生命。

2. 需要的层次性。马斯洛认为，支配人们行为的需要是由低级向高级发展的，当低一层次的需要得到满足以后，就会产生高一级的需要。根据马斯洛的观点，五种需要的高低层次的排列可回顾图 2.8。

研究需要的目的是指导我们如何改变人们的行为，我们对需要的研究是从如何影响人的行为这个角度来进行的，而决定人的行为的又是人们感觉最迫切的需要，因此，需要的层次应该由其迫切性来决定。这就是说，人虽然有多种需要，但这些需要并不是在同时以同样的程度来影响人们的行为。在一定时期，只有那些表现最强烈、感觉最迫切的需要才引发人们的动机，影响人们的行为。对于不同的人在同一时期，或对于同一个人在不同时期，感受到最强烈的需要类型是不一样的。

3. 需要的潜在性。需要的潜在性是决定需要是否迫切的原因之一。人们在一生中可能存在多种需要，但这些需要并非随时随刻全部被他们的主体所感知、所认识。潜在的需要有可能被商家挖掘、引导而成为重要商机。

4. 需要的可变性。需要的可变性是指需要的迫切性、需要的层次结构是可以改变的。改变的原因可以有两个。

（1）原来迫切的需要通过某种活动已在一定程度上得到满足，紧张已经得到消除，需要的迫切性也随之消除。

（2）由于环境的影响，人们改变自己对各种需要迫切性的认识，使一些原来迫切的需要现在"退居二线"，而一些原来不是很迫切的需要现在成为影响人们行为的迫切需要。

当国家经济日益发达、社会生活和医疗保障体系日益完善、人民日益富裕时，人的生理需要和安全需要可以自然而然地得到满足，其迫切性大为降低。人们更看重社会需要和尊重需要，并且会更多地追求自我实现，以及自由自在的美好生活。所以，人的需求不是完全按马斯洛的需求层次逐级上升的，各层次需要的迫切性是随着时代的发展而不断变化的。

二、期望理论

维克多·弗鲁姆（Victor Vroom）的期望理论认为：只有当人们预期到某一行为能给个人带来有吸引力的结果时，个人才会采取这一特定行为。根据这一理论，人们对待工作的态度取决于对下述三种联系的判断。

1. 努力—绩效的联系。需要付出多大努力才能达到某一绩效水平？我是否真能达到这一绩效水平？概率有多大？

2. 绩效—奖赏的联系。当我达到这一绩效水平后，会得到什么奖赏？

3. 奖赏—个人目标的联系。这一奖赏能否满足个人的目标？吸引力有多大？

期望理论的基础是自我利益，它认为每一个员工都在寻求获得最大的自我满足。期望理论的核心是双向期望，管理者期望员工的行为，员工期望管理者的奖赏。期望理论的假设是管理者知道什么对员工最有吸引力。期望理论的员工判断依据是员工个人的感觉，而与实际情况不相关。不管实际情况如何，只要员工以自己的感觉确认自己经过努力工作就能达到所要求的绩效，达到绩效后能得到具有吸引力的奖赏，他就会努力工作。目前，国内外企业对高层管理人员实行的期权激励就建立在这种理论基础之上。

三、公平理论

公平理论是美国心理学家亚当斯（J.S.Adams）于20世纪60年代首先提出的，也被称为社会比较理论。这种激励理论主要讨论报酬的公平性对人们工作积极性的影响。人们将通过两个方面的比较来判断其所获报酬的公平性，即横向比较和纵向比较。

（一）横向比较

所谓横向比较，就是将"自己"与"别人"相比较来判断自己所获报酬的公平性，并据此作出反应，我们以下列公式来说明：

若 $$\frac{Q_p}{I_p} = \frac{Q_x}{I_x}$$

其中，Q_p：自己对所获报酬的感觉；

Q_x：自己对别人所获报酬的感觉；

I_p：自己对所投入量的感觉；

I_x：自己对别人所投入量的感觉。

如果某人觉得报酬是公平的,他可能会因此而保持工作的积极性和努力程度。这里需要说明的问题如下。

1. 投入量包括个人所受到的教育、能力、努力程度、时间等因素,报酬包括精神和物质奖励以及工作安排等因素。

2. "别人"包括本组织中的其他人以及别的组织中与自己能力相当的同类人。

如果 $\dfrac{Q_p}{I_p} > \dfrac{Q_x}{I_x}$，则说明此人得到了过高的报酬或付出的努力较少。在这种情况下,他一般不会要求减少报酬,而有可能会自觉地增加投入量。但过一段时间他就会通过高估自己的投入而对高报酬心安理得,于是,其产出又会恢复到原先的水平。

如果 $\dfrac{Q_p}{I_p} < \dfrac{Q_x}{I_x}$，则此人对组织的激励措施感到不公平。此时,他可能会要求增加报酬,或者自动地减少投入以便达到心理上的平衡。当然,他甚至有可能离职。管理人员对此应特别注意。

(二)纵向比较

除了"自己"与"别人"的横向比较外,还存在着自己目前与过去的比较。如以 Q_{pp} 代表自己目前所获的报酬, Q_{pl} 代表自己过去所获的报酬, I_{pp} 代表自己目前的投入量, I_{pl} 代表自己过去的投入量,则比较的结果也有三种。

1. $\dfrac{Q_{pp}}{I_{pp}} = \dfrac{Q_{pl}}{I_{pl}}$，此人认为激励措施基本公平,积极性和努力程度可能会保持不变。

2. $\dfrac{Q_{pp}}{I_{pp}} > \dfrac{Q_{pl}}{I_{pl}}$，一般来讲,此人不会觉得所获报酬过高,因为他可能会认为自己的能力和经验有了进一步的提高,其工作积极性因而不会提高多少。

3. $\dfrac{Q_{pp}}{I_{pp}} < \dfrac{Q_{pl}}{I_{pl}}$，此人觉得很不公平,工作积极性会下降,除非管理者给他增加报酬。

尽管公平理论的基本观点普遍存在,但是在实际运用中很难把握。个人的主观判断对此有很大的影响,因为人们总是倾向于过高地估计自己的投入量,而过低地估计自己所得到的报酬,对别人的投入量及所得报酬的估计则与此相反。因此,管理者在运用该理论时,应当更多地注意实际工作绩效与报酬之间的合理性。当然,对于有些具有特殊才能的人,或对完成某些复杂工作的人,应更多地考虑到其心理平衡。

四、强化理论

强化理论由美国心理学家斯金纳(B.F.Skinner)首先提出。该理论认为,人的行为是其所获刺激的函数。如果这种刺激对他有利,这种行为会重复出现;若对他不利,这种行为会减弱直至消失。因此,管理者要采取各种强化方式,以使人们的行为符合组织的目标。根据强化的性质和目的,可以分为正强化和负强化两大类型。

(一)正强化

所谓正强化,就是奖励那些符合组织目标的行为,以便使这些行为得到进一步加强,从而有利于组织目标的实现。正强化的刺激物不仅仅包含奖金等物质奖励,还包含表扬、提升、改善工作关系等精神奖励。为了使强化能达到预期的效果,还必须注意实施不同的强化方式。

1. 连续的、固定的,譬如对每一次符合组织目标的行为都给予强化,或每隔一个固定的时间都给予一定的强化。尽管这种强化有及时刺激、立竿见影的效果,但随着时间的推移,人们就会对这种正强化的期望越来越高,或者认为这种正强化是理所应当的。在这种情况下,管理者只有不断加强这种正强化,否则,其作用就会减弱甚至不再起到刺激行为的作用。

2. 间断的、时间和数量都不固定,管理者根据组织的需要和个人行为在工作中的反映,不定期、不定量地实施强化,使每一次强化都能起到较大的效果。

(二)负强化

所谓负强化,就是惩罚那些不符合组织目标的行为,以使这些行为被削弱直至消失,从而保证组织目标的实现不受干扰。实际上,不进行正强化也是一种负强化。譬如,过去对某种行为进行正强化,现在组织不再需要这种行为,但基于这种行为并不妨碍组织目标的实现,就可以取消正强化,使行为减少或不再重复出现。负强化还包含减少奖酬或罚款、批评、降级等。实施负强化的方式与正强化有所差异,应以连续负强化为主,即对每一次不符合组织目标的行为都应及时予以负强化,消除人们的侥幸心理,减少直至完全避免这种行为重复出现的可能性。

五、激励模式

波特(L.W.Porter)和劳勒(E.E.Lawler)的激励模式比较全面地说明了各种激励理论的内容,如图 14.4 所示。

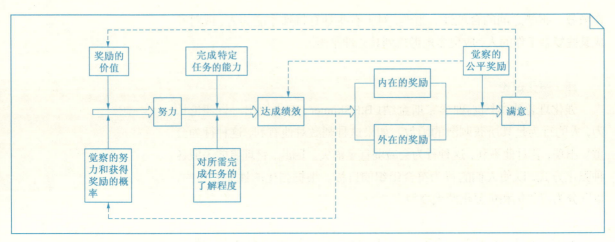

图 14.4 波特和劳勒的激励模式

从图 14.4 中我们可以归纳出该模式的五个基本点。

1. 个人是否努力以及努力的程度不仅仅取决于奖励的价值，还受到个人觉察的努力和获得奖励的概率的影响。个人觉察出来的努力是指其认为需要或应当付出的努力，获得奖励的概率是指其对于付出努力之后得到奖励的可能性的预测。很显然，过去的经验、实际绩效及奖励的价值将对此产生影响。如果个人有较确切的把握完成任务或曾经完成过并获得相当价值的奖励，他将乐意付出相当程度的努力。

2. 个人实际能达到的绩效不仅仅取决于其努力的程度，还受到个人能力大小以及对任务的了解和理解程度的影响。特别是对于比较复杂的任务，如高难度技术工作或管理工作，个人能力以及对此任务的理解较其付出的努力对所能达到的绩效的影响更大。

3. 个人所应得到的奖励应当以其实际达到的工作绩效为价值标准，尽量剔除主观评估因素。要使个人看到：只有完成组织的任务时，才会受到精神和物质上的奖励。不应先有奖励，后有努力和成果，而应当先有努力的结果，再给予相应的奖励。

4. 个人对于所受到的奖励是否满意以及满意的程度如何，取决于受激励者对所获报酬公平性的感觉。如果受激励者感到不公平，则会导致不满意。

5. 个人是否满意以及满意的程度将会反馈到其完成下一个任务的努力过程中。满意会导致进一步的努力，而不满意会导致努力程度的降低甚至离开工作岗位。

综上所述，波特和劳勒的激励模式是对激励系统的比较全面和恰当的描述，它告诉我们，激励和绩效之间并不是简单的因果关系。要使激励能产生预期的效果，就必须考虑到奖励内容、奖励制度、组织分工、目标设置、公平考核等一系列综合性因素，并注意个人满意程度在努力中的反馈。

第三节 激励实务

所有的激励理论都是对一般而言的，而每个员工都有自己的特性，他们的需求、个性、期望、目标等个体变量各不相同。领导者根据激励理论处理激励实务时，必须针对部下的不同特点采用不同的方法，常用的主要有四种：工作激励、成果激励、批评激励和培训教育激励。

一、委以恰当工作，激发职工内在的工作热情

对职工委以恰当的工作，以求激发职工的工作热情，主要包括两方面的内容：一是工作的分配要尽量考虑到职工的特长和爱好，使人尽其才、才尽其用；二要使工作的要求既富有挑战性，又能为职工所接受。

（一）工作的分配要能考虑到职工的特长和爱好

合理地分配工作，就是根据工作的要求和个人的特点，把工作与人有机地结合起来。也就是说，要根据人的特长来安排工作。

根据职工的特长安排工作，就是要从"这个职工能做什么"角度来考虑问题。领导者应该知道，每个人都有自己的优势和劣势。一方面，技术水平再高的人，也总有自己的不足之处。全才是难求的，因为人的精力是有限的，在通常情况下，人们只能把自己有限的精力集中于一个或少数几个领域钻研，所以，总有一些领域是涉足不到的。另一方面，水平再低的人，也总有某个或某些独到之处。这就是"尺有所短，寸有所长"。善于用人，就是要认真研究每个人"长"在何处，"短"在何方，用其长而避其短，使每个人都能满负荷。

给每个人分配适当的工作，还要求能在条件允许的情况下，把每个人的工作与其兴趣尽量结合起来。当一个人对某项工作真正感兴趣并爱上这项工作时，他便会去钻研、去克服困难，努力把这项工作做好。

（二）工作的分配要能激发职工内在的工作热情

分配适当的工作，不仅要使工作的性质和内容符合职工的特点，照顾到职工的爱好，还要使工作的要求和目标富有一定的挑战性，能真正激起

> ⊘ 清人顾嗣协有一首《杂兴》诗，言简意赅地说明了如何恰当用人的道理：
> 骏马能历险，力田不如牛。
> 坚车能载重，渡河不如舟。
> 舍长以就短，智者难为谋。
> 生材贵适用，慎勿多苛求。

职工奋发向上的精神。怎样才能使工作的分配达到激励的效果呢？我们认为应使工作的能力要求略高于执行者的实际能力。

假定某一工作 X 需要的能力水平为 N。

领导者为保险起见，或许会把这项任务交给一位能力远远高于任务要求的人去做。假定他的能力为 N^{+++}，这个人完全了解为完成这项任务应做哪些工作，而且知道如何去做这些工作。但当他了解了任务的实质后，就会感觉到自己的潜力没有发挥。随着时间的推移，他可能对任务越来越不感兴趣，越来越不满意，直至感到厌倦。

与此相反，从迅速提高员工技术水平和工作能力这个角度出发，领导者或许会把这项任务交给一个工作能力远远低于要求的人去完成。假定这个人的能力水平为 N^{---}。刚接到任务时，他也许会努力去做，以期成功。但经过几次努力未获成果以后，就会感到完成这项任务是自己力所不能及的，从而会灰心丧气，不愿再进行新的尝试。

正确的方法应该是把这项任务交给一个能力略低于要求的人（N^-），如果这个人愿意思考和努力，则工作可以完成，目标可以达到，还可在工作中提高工作能力。感兴趣的读者可回顾本书第三章"责任原理"部分所论述的"责权利三角定理"。

上述推理可用图 14.5 来概括。

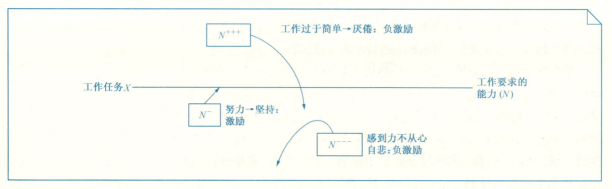

图 14.5 工作分配与激励

二、正确评价工作成果，合理给予报酬，形成良性循环

正确评价工作成果必须首先正确设定评价指标体系。通过评价指标体系向有关员工传递明确的信息：组织要求你做哪些事，什么事做好了能得到奖励。由于人的自利性，大多数人都会按评价体系显示的方向去努力，因此，工作成果的评价指标体系就有"指挥棒"效应。在设定时必须慎重，从组织的战略目标出发，根据不同工作的特点、功能、战略地位来设计评价

指标体系。评价指标体系必须符合透明、公平、公正的原则。哪些为主、哪些为辅，适于量化的就应量化，不适于量化的也不必勉强，不适当的量化可能误入歧途，难以使评价达到公平、公正的要求。

根据对工作成果的评价，必须给予报酬。报酬从性质上可分为精神和物质两种。两者应相互结合，兼而有之。报酬从作用上可分为正报酬和负报酬两种。正报酬就是奖励，负报酬就是惩罚。应以奖励为主，但惩罚也不可缺少。奖励的目的在于"打气""加油"，使其工作更加努力，惩罚的目的在于"惩前毖后"，使员工不再犯类似错误，能起到"火炉效应"就好，即当你用手去触摸火炉时，立即会感到灼痛，迅速把手缩回，你及其他人都将由此得到教训，以后不能再用手"触摸火炉"。

为了使报酬能对工作形成良性循环，必须按照"法、理、情"的原则去做。

1. 先要制定奖惩办法，公之于众。"法"要足够透明，严防模糊处理、暗箱操作，一切奖惩都有法可依。

2. 任何奖惩都应合理。所谓合理，就是合"人人平等"之理，不拘个人私情，更不能营私舞弊、弄虚作假。

3. 任何奖惩都要合情。"法"本身要"合情合理"，执法过程除"人人平等""铁面无私"之外，也要充分考虑具体情节，使结果能"合乎人情"。所谓"人情"，并非"私人交情"，而是"人之常情"。"合情"有利于人们接受，能使奖惩起到更好的效果。管理者不要迷信"重奖重罚"的激励作用，"重奖重罚"很容易做过头而不合情理，走向"事与愿违"。

三、掌握批评武器，化消极为积极

在管理实践中，大量违规行为和不良现象都可通过批评加以化解。批评是管理者最常用的武器，批评不像罚款和行政处分那样"无情"，它通过批评者与被批评者的语言和感情交流，帮助违规者认识错误、产生信心、改正错误，从深层次上起到激励作用，化消极因素为积极因素。

（一）明确批评的目的

在进行批评之前，要明确批评的目的。在不同情况下，对不同对象进行的批评，可以有不同的目的，例如：

- 帮助批评对象认识行为可能或已经产生的有害结果。
- 帮助批评对象下次不再犯同样的错误。
- 帮助批评对象补救这次错误造成的不利结果。
- 帮助批评对象认识错误的原因，并使之认识到本来可以把事情办得好些，从而恢复他的自信心。

(二) 了解错误的事实

明确了批评的目的，还须了解要批评（错误）的事实，才可正式进行批评。了解错误的事实，就是要知道错在何处、何时错的、如何发生的、何人做错的、为何会做错等。只有了解错误的事实，才可以在批评中有的放矢，才会使批评有说服力，不抽象笼统。

(三) 注意批评的方法

1. 要注意对事不对人。批评一个人，应是针对某一事而发，而不是针对某一人而发。针对一个人发出批评，可能使批评对象觉得领导对自己全盘否定。而且对人而发，好像一个人出了问题是和他的特性分不开的，而不是由于某种特殊原因，因而可能造成批评对象的反感，听不进去。相反，如果仅对问题而发，对某一事进行批评，并且说明根据对方的条件，本来可以做得好些。这样，对方听起来舒服，容易接受，而且有信心去纠正问题。

2. 要注意选择适当的用语。批评语言要尽量使对方感觉到你的善意，以及你在帮助他，而不是在斥责他、羞辱他。要在批评中给对方以启发，比如说用"如果是我的话，我会怎么做"去批评，其效果要比直截了当地指责"你的方法不对，路子不对……"好些。

3. 选择适当的场合。除非特殊情况，一般不提倡在公开场合"杀鸡儆猴"。因为这样容易使受批评的职工难堪，会损伤他的自尊心，从而极易引起反感。因此，要尽可能地在个别场合向对方指出问题所在，给予批评。选择适当的场合，这是指要在双方都能平静地坐下来讨论分析问题的时候进行。领导者一定要抛弃通过公开批评而"立威"的想法。

4. 注意选择适当的批评时间。西方有些企业管理学家认为，不要在午饭前和下班后批评工人。午饭前的批评，有时会引起受批评者的不快，从而不仅会影响食欲、影响他的身体健康，而且有把不满情绪带到饭桌上并在工人中蔓延的危险；而在下班后，人们一般都急匆匆地赶回家，对批评不会十分留心，因此不会收到好的效果。

(四) 注意批评的效果

注意批评的效果是指批评者在批评过程中和批评结束时，要了解批评对象是否明白了批评的目的，是否明白了应该如何去做（错在何处，下次应该怎样才能避免重犯），还应注意批评后的检查。批评的目的在于帮助职工改正错误。因此，领导者的批评工作不应随着谈话的结束而中止。要使批评收到有效的结果，还要注意批评后的追踪检查，以避免重犯类似的错误。

四、加强教育培训，提高职工素质，增强进取精神

职工在参与企业活动中的工作热情和劳动积极性通常与他们自身素质有极大的关系。一般来说，自身素质好的人，进取精神较强，对高层次的追求较多，在工作中对自我实现的要求较高，因此，比较容易自我激励，能够表现出高昂的士气和工作热情。所以，通过教育和培训，提高下属的自身素质，从而增强他们自我激励的能力，也是领导者的一种激励手段。

职工的素质主要包括思想品德和业务技能两方面。

1. 通过提高思想品德调动职工积极性，是我国企业管理的优良传统，必须在新形势下发扬光大。通过对职工进行思想品德教育，可以帮助他们正确认识肩负的历史使命，树立正确的人生观、价值观和道德观，形成崇高的理想和抱负，从而在工作中富于进取精神，积极努力，表现出高昂的工作热情。

为了保证思想品德教育收到预期效果，领导者在进行这方面的工作时，要注意遵循下述基本原则：要坚持以经济建设为中心，使思想工作为经济建设服务，注意尊重和保护员工的个人隐私；要理论联系实际，防止空谈理论、空洞说教；要平等对待职工，坚持民主原则，防止以教育者或"教训者"自居；要注意批评与表扬相结合，但以表扬为主；要在注意提高职工思想认识的同时，切实解决职工在工作和生活中遇到的实际困难；不仅要注意教育别人，更应严格要求自己，要以身作则，用行动去影响职工。

2. 培养和启动职工的自我激励机制，还要注意专业知识和技术能力的培训。进取心与个人的业务素质是相互促进的：强烈的进取心会促使职工努力地掌握新的知识和工作技能，从而可以实现个人素质的更加完善。反过来，良好的业务素质使个人有较多的成功机会，能够较多地带来心理上的满足。而成功以及由此带来的心理满足的体验会促使个人追求事业的进步，从而会激发他们努力去掌握更多的新知识和新技能。

为了促进职工素质的提高，从而增强他们的进取精神，领导者应根据企业经营和职工个人的特点有计划、有重点、有组织、有针对性地进行培训工作。鼓励职工积极参加成人教育和相关专业国家证书的等级考试。比如，对于管理人员，既要注意通过理论学习，使他们掌握现代化管理的新知识和新方法，也要注意实践中的培养，提高他们解决和处理实际经营管理问题的能力；对于生产工人，既要注意文化知识教育，提高他们的文化水平，也要结合本职工作，进行作业方法改进训练或相关作业的基本技能训练，以提高他们的作业技能；对于工程技术人员，既要注意采取各种方式，使他们及时了解本学科发展动态，掌握学科发展的最新知识，也要注意让他们有更多的运用新知识的机会，以使他们利用掌握的最新科技知识为企

业的技术、工艺、材料、产品创新等作出贡献。有计划地派送职工到培训基地或学校脱产学习，到国外考察学习，这一行动本身就能有力地使职工感知组织对他的重视和期望，从而可极大地提高他们的责任心和积极性。

从上述激励手段及其运用的介绍中可以看出，不论是工作激励，还是任务激励，或是培训教育激励，它们都是外在激励与内在激励的统一。我们或许可以说，通过改善工作内容、工作环境和工作条件等外在因素，以诱使职工内在地产生奋发向上的进取精神和努力工作的积极性，这就是领导者激励工作的本质特征。

读 书 提 示

1. ［美］哈罗德·孔茨、［美］海因茨·韦里克，《管理学——国际化与领导力的视角》（精要版第 9 版）第 17 章，马春光译，中国人民大学出版社，2014 年。

2. ［美］斯蒂芬·罗宾斯、［美］玛丽·库尔特，《管理学》（第 15 版）第 16 章，刘刚等译，中国人民大学出版社，2022 年。

3. ［美］W. H. 纽曼、［美］小 C. E. 萨默，《管理过程——概念、行为和实践》第 23 章，李柱流译，中国社会科学出版社，1995 年。

复 习 思 考 题

1. 说明激励的过程及动因。
2. 理解需要层次理论的主要内涵，谈谈对实际工作的启发。
3. 解释波特和劳勒的激励模式。
4. 解释公平理论、强化理论的主要观点，谈谈对实际工作的启发。
5. 试以实例说明如何运用好工作激励、成果激励和培训教育激励这三种常用的激励方法。

第十五章

沟 通

第一节 | 组织中的沟通

一、沟通的重要性

沟通是指可理解的信息或思想在两人或两人以上的人群中传递或交换的过程，整个管理工作都与沟通有关。企业与外部人员的交流，组织中不同层次管理者之间的信息传递，领导者与下属的感情联络，控制者与控制对象的纠偏工作，都与沟通相联系。

> 沟通：可理解的信息或思想在两人或两人以上的人群中传递或交换的过程。

1. 沟通是协调各个体的行为，使企业成为一个整体的凝聚剂。每个企业都由数人、数十人，甚至成千上万人组成，企业每天的活动也由许许多多的具体工作所构成，由于各个体的地位、利益和能力不同，他们对企业目标的理解、所掌握的信息也不同，这就使得各个体的目标有可能偏离企业的总体目标，甚至完全背道而驰。如何保证上下一心，不折不扣地完成企业的总目标呢？这就需要互相交流意见，统一思想认识，自觉地协调各个体的工作活动，以保证个人目标与组织目标的和谐结合。

2. 沟通是领导者激励下属、实现领导职能的基本途径。一个领导者不管他有多么高超的领导艺术，有多么灵验的管理方法，他都必须将自己的意图和想法告诉下属，并且了解下属的想法。领导环境理论认为，领导者就是了解下属的愿望并为此而采取行动，为满足这些愿望而拟订与实施各种方案的人；下属就是从领导者身上看到能实现自己愿望或目的的人。而这些"目的"被"看到"或"了解"都需要沟通这个基本工具和途径。

3. 沟通也是企业与外部环境建立联系的桥梁。企业必然要和顾客、政府、公众和竞争者等发生各种各样的关系，它必须按照顾客的要求调整产品结构，遵守政府的法规法令，担负自己应尽的社会责任，获得适用且廉价的原材料，并且在激烈的竞争中取得一席之地，这使得企业不得不和外部环境进行有效的沟通。而且，由于外部环境永远处于变化之中，企业为了生存就必须适应这种变化，这就要求企业不断地与外界保持持久的沟通，以便把握住成功的机会，避免失败的可能。

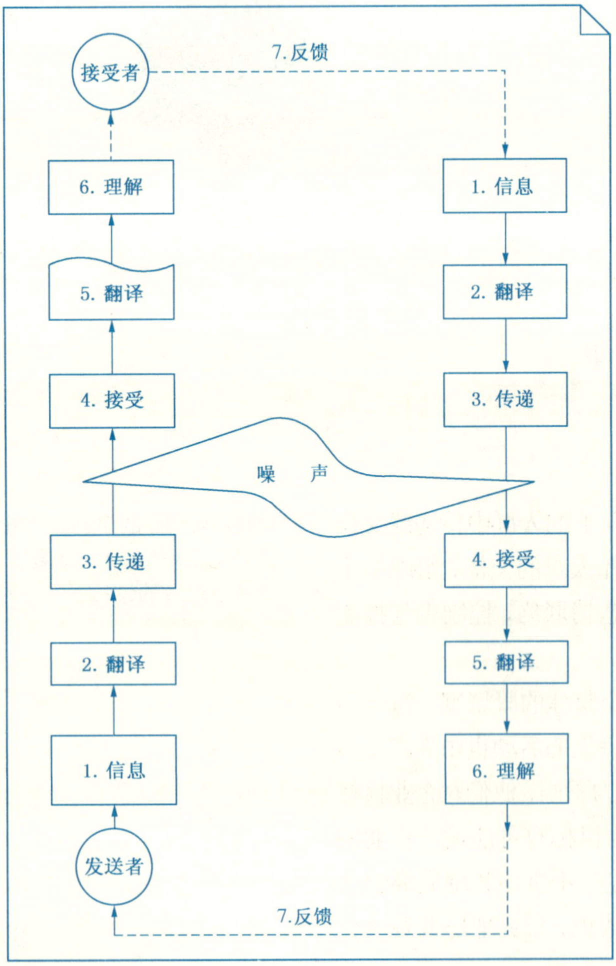

二、沟通过程

沟通简单地说就是传递信息的过程。在这个过程中至少存在一个发送者和一个接受者，即发出信息的一方和接受信息的一方。信息在两者之间是怎样传递的呢？图15.1描述了这个过程。

1. 发送者需要向接受者传送信息或者需要接受者提供信息。这里所说的信息包括很广，如想法、观点、资料等。

2. 发送者将这些信息翻译成接受者能够理解的一系列符号。为了有效地进行沟通，这些符号必须能符合适当的媒体。例如，如果媒体是书面报告，符号的形式应选择文字、图表或者照片；如果媒体是讲座，应选择文字、投影和板书。

3. 将上述符号传递给接受者。由于选择的符号种类不同，传递的方式也不同。传递的方式可以是书面的（信、备忘录等），也可以是口头的（交谈、演讲、电话等），甚至还可以通过身体动作来进行（手势、面部表情、姿态

图 15.1
沟通过程

等)。如果媒体是网络,就可选择电子信箱、网上无缝对接交流平台等多媒体方式发送信息和沟通。

4. 接受者接受这些符号。接受者根据这些符号传递的方式,选择相对应的接受方式。例如,如果这些符号是口头传递的,接受者就必须仔细地听,否则,符号将会丢失。

5. 接受者将这些符号翻译为具有特定含义的信息。由于发送者翻译和传递能力的差异,以及接受者接受和翻译水平的不同,信息的内容经常被曲解。

6. 接受者理解信息的内容。

7. 发送者通过反馈来了解他想传递的信息是否被对方准确无误地接受。一般说来,由于沟通过程中存在许多干扰和扭曲信息传递的因素(通常将这些因素称为噪声),使得沟通的效率大为降低。因此,发送者了解信息被理解的程度是十分必要的。图15.1中的反馈构成信息的双向流动。

三、沟通的类别

1. 按照功能,沟通可以分为工具式沟通和感情式沟通。一般说来,工具式沟通指发送者将信息、知识、想法、要求传达给接受者,其目的是影响和改变接受者的行为,最终达到组织的目标。感情式沟通指沟通双方表达情感,获得对方精神上的同情和谅解,最终改善相互间的关系。

2. 按照方法,沟通可分为口头沟通、书面沟通、非言语沟通(包括体态语言沟通、语调沟通)及电子媒介沟通等。各种沟通方式的比较如表15.1所示。

表15.1 各种沟通方式比较

沟通方式	举 例	优 点	缺 点
口 头	交谈、讲座、讨论会、电话	快速传递、快速反馈、信息量很大	传递中经过层次越多,信息失真越严重,核实越困难
书 面	报告、备忘录、信件、文件、内部期刊、布告	持久、有形,可以核实	效率低、缺乏反馈
非言语	声、光信号(红绿灯、警铃、旗语、图形、服饰标志)、体态(手势、肢体动作、表情)、语调	信息意义十分明确,内涵丰富,含义隐含灵活	传送距离有限,界限含糊,只可意会,不可言传
电子媒介	传真、闭路电视、互联网或局域网多媒体交流、电子邮件	快速传递、信息容量大、远程传递、一份信息同时传递多人,可以同时上传或下载,也可面对面实时交流沟通,效率高且廉价	沟通过程中容易产生噪声,且噪声源不易控制

3. 按照组织系统，沟通可分为正式沟通和非正式沟通。一般说来，正式沟通指以正式组织系统为渠道的信息传递。非正式沟通指以非正式组织系统或个人为渠道的信息传递。

4. 按照方向，沟通可分为下行沟通、上行沟通、平行沟通和网状沟通。下行沟通指上级将信息传达给下级，是由上而下的沟通。上行沟通指下级将信息传达给上级，是由下而上的沟通。平行沟通指同级之间横向的信息传递，这种沟通也被称为横向沟通。利用网络可实现上下左右的网状沟通。

5. 按照是否进行反馈，沟通可分为单向沟通和双向沟通。

（1）单向沟通指没有反馈的信息传递。单向沟通比较适合下列几种情况：①问题较简单，但时间较紧；②下属易于接受解决问题的方案；③下属没有了解问题的足够信息，在这种情况下，反馈不仅无助于澄清事实反而容易混淆视听；④上级缺乏处理负反馈的能力，容易感情用事。

（2）双向沟通指有反馈的信息传递，是发送者和接受者相互之间进行信息交流的沟通。它比较适合于下列几种情况：①时间比较充裕，但问题比较棘手；②下属对解决方案的接受程度至关重要；③下属能对解决问题提供有价值的信息和建议；④上级习惯于双向沟通，并且能够有建设性地处理负反馈。表15.2比较了两种沟通的优缺点。

表 15.2　单向和双向沟通比较

因素	结果
时间	双向沟通比单向沟通需要更多的时间
信息理解的准确程度	在双向沟通中，接受者理解信息发送者意图的准确程度大大提高
接受者和发送者的自信程度	在双向沟通中，接受者和发送者都比较相信自己对信息的理解
满意度	接受者比较满意双向沟通，发送者比较满意单向沟通
噪声	由于与问题无关的信息较易进入沟通过程，双向沟通的噪声比单向沟通的噪声要大得多

四、非正式沟通及其管理

组织除了需要正式沟通外，也需要并且客观上存在着非正式沟通。非正式沟通的主要功能是传播职工所关心的信息，体现职工的个人兴趣和利益，与组织正式的要求无关。与正式沟通相比，非正式沟通有下列特点。

1. 非正式沟通的信息交流速度较快。由于这些信息与职工的利益相关或者是他们比较感兴趣的，再加上没有正式沟通那种程序，信息的传播速度大大加快。

2. 非正式沟通的信息比较准确。据国外研究，它的准确率可高达95%。一般说来，非正式沟通中信息的失真主要是因为形式上的不完整，而不一定是因为它们是无中生有的谣言。人们常常把非正式沟通（俗称小道消息）与谣言混为一谈，这是缺乏根据的。

3. 非正式沟通的效率较高。非正式沟通一般是有选择地、针对个人的兴趣传播信息。正式沟通则常常将信息传递给本不需要它们的人，管理人员的办公桌上往往堆满了一大堆毫无价值的文件。

4. 非正式沟通可以满足职工的需要。由于非正式沟通不是基于管理者的权威，而是出于职工的愿望和需要，因此，这种沟通常常是积极的、卓有成效的，并且可以满足职工的安全需要、社交需要和尊重的需要。

5. 非正式沟通有一定的片面性。非正式沟通中的信息常常被夸大、曲解，因而需要慎重对待。

不管人们怎样看待和评价非正式沟通，它都是客观存在的，并且扮演着重要的角色。管理人员应该怎样对待非正式沟通呢？

• 管理人员必须认识到它是一种重要的沟通方式，否认、消灭、阻止、打击都是不可取的。

• 管理人员可以充分地利用非正式沟通为自己服务：他们可以"听"到许多从正式渠道不可能获得的信息，"知道"谁在传播这些信息，谁最喜欢这些信息；他们还可以将自己所需要传递但又不便从正式渠道传递的信息，利用非正式渠道进行传递。

• 对非正式沟通中的错误信息必须"以其人之道，还治其人之身"，通过非正式渠道进行更正。

五、沟通网络

所谓沟通网络，是指组织中沟通渠道的结构和类型。一种网络不同于另一种网络的基本特征在于：渠道的数量、分布以及是单向还是双向。图 15.2 表明了一些常见的网络。其中，最基本的是轮型和风车型。图中只给出三人和四人的网络，读者可自行类推。

如图 15.2 所示，网络的形式随沟通渠道分布的变化而变化。在集权网络中，有一个或两个主要的信息发送者。最集权化的网络是轮型和 Y 型，最分权化的网络是星型（有时也称全方位型）。

沟通渠道的结构对组织的活动有重大影响。一个高效的沟通网络能够调节职工的精神状态，鼓励创新，协调工作，指导员工的各项活动。据研究，各种沟通网络类型在企业中可以起到不同的作用。一般来说，选择哪一种网络取决于外部环境和沟通目的。例如，集权化的网络（Y 型和轮

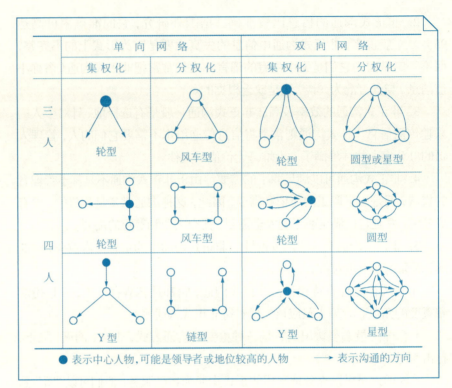

图 15.2　沟通网络示意图

型）在完成比较简单的工作中比分权化的网络更快、更准确，也更有效，它们通过一个中心人物传递信息，以避免不必要的噪声并且可以节省时间。然而，分权化的网络（圆型、星型和链型等）适合于完成比较复杂的任务，它们便于信息交换和充分地利用资源。另外，员工的满意度也与网络的类型有关。领导者或中心人物比较满意集权化的网络，普通成员则比较满意分权化的网络。

第二节　沟通的障碍及其克服

一、有效沟通的障碍

在沟通的过程中，由于存在外界干扰以及其他种种因素，信息往往被丢失或曲解，使得信息的传递不能发挥正常的作用。

（一）个人因素

个人因素主要包括两大类：一是选择性接受，二是沟通技巧的差异。

1. 所谓选择性接受，是指人们有选择地接受与他们期望一致的信息。研究表明，人们往往愿意听或看他们感情上有所准备的东西，或他们想听到或看到的东西，甚至只愿意接受中听的，拒绝不中听的。有人曾做过一个试验，请一家公司的 23 位主管回答"假如你是公司总裁，你认为哪个问题最重要"，结果每个主管都认为从全公司角度出发，自己所负责的部门最重要。销售经理说营销是个大问题，生产经理认为产品是生命，人事经理则回答说在现代的管理中，人是中心。这个试验进一步表明：

（1）人们只看到他们擅长的或经常看到的东西。

（2）由于复杂的事物可以从各种角度去观察，人们所选择的角度强烈地影响他们认识问题的能力和方法。

因此，管理人员应该懂得：

（1）由于各主管人员的偏见在所难免，在作最后决定时，必须对有关各方进行协调。

（2）各部门间如果没有有效的沟通，很可能相互发生冲突，因为每个部门主管都认为其他部门主管不了解情况。

2. 沟通技巧的差异也影响沟通的有效性。例如，有的人不能用口头完美地表达，却能够用文字清晰而简洁地写出来；另一些人口头表达能力很强，但不善于听取意见；还有一些人反应较慢，理解问题比较困难。

（二）人际因素

人际因素主要包括沟通双方的相互信任、信息来源的可靠程度和发送者与接受者之间的相似程度。

沟通是发送者与接受者之间"给"与"受"的过程。信息传递不是单方的而是双方的事情，因此，沟通双方的诚意和相互信任至关重要。上下级间或平级间的猜疑只会增加抵触情绪，减少坦率交谈的机会，也就不可能进行有效的沟通。例如，当一方怀疑某些信息会给他带来损害时，他在与对方沟通时常常会对这些信息做一些有利于自己的加工。

信息来源的可靠性由四个因素决定：①诚实；②能力；③热情； ④客观。有时，信息来源可能并不同时具有这四个因素，但只要信息接受者认为发送者具有即可。可以说信息来源的可靠性实际上是由接受者主观决定的。例如，当面对来源不同的同一问题的信息时，职工最可能相信他们认为的最诚实、最有能力、最热情、最客观的那个来源的信息。信息来源的可靠对企业中个人和团体行为的影响很大。就个人而言，雇员对上级是否满意很大程度上取决于他对上级可靠性的评价。就团体而言，可靠性较大的工作单位或部门比较能公开地、准确地和经常地进行沟通，它们的工作也相应地较为出色。

> 选择性接受：人们有选择地接受与他们期望一致的信息。

> 许多研究表明，很多管理者常常自然地认为他们听到的信息是片面的，为了防止"偏听偏信"，便根据自己的想象进行"纠偏"。例如，经理们常常认为有利于下级的信息准确性较差，而不利于下级的信息准确性较高。反过来，下级常常对损害自己形象的信息不屑一顾，对有利于自己的信息则大加渲染。

沟通的准确性与沟通双方间的相似性有着直接关系。沟通双方特征（如性别、年龄、智力、种族、社会地位、兴趣、价值观、能力等）的相似性影响沟通的难易程度和坦率性。沟通一方如果认为对方与自己很相近，他将比较容易接受对方的意见，并且达成共识。相反，如果沟通一方视对方为异己，信息的传递将很难进行下去。例如，年龄差距或"代沟"在沟通中就是一个常见的问题。

（三）结构因素

结构因素主要包括地位差别、信息传递链、团体规模和空间约束四个方面。

一个人在组织中的地位很大程度上取决于他的职位。许多研究表明，地位的高低对沟通的方向和频率有很大影响。例如，人们一般愿意与地位较高的人沟通；地位较高的则更愿意相互沟通；信息趋向于从地位高的流向地位低的；在谈话中，地位高的人常常居于沟通的中心地位；地位低的人常常通过尊敬、赞扬和同意来获得地位高的人的赏识和信任。事实清楚地表明，地位是沟通中的一个重要障碍。许多职工都喜欢与地位高的人进行沟通。其原因有以下两个。

1. 与上级接触是获得同伴承认和尊重的一种方法。

2. 与对自己未来有重大影响的上级交往可以增加成功的机会。但是，这种带有功利性目的的沟通常导致随声附和的"拍马屁"风气盛行，对企业的发展十分不利。

一般说来，信息通过的等级越多，它到达目的地的时间也越长，信息失真率则越大。这种信息连续地从一个等级到另一个等级所发生的变化，被称为信息传递链现象。一项研究表明，企业董事会的决定通过五个等级后，信息损失平均达 80%。其中，副总裁这一级的保真率为 63%，部门主管为 56%，工厂经理为 40%，第一线工长为 30%，职工为 20%，如图 15.3 所示。

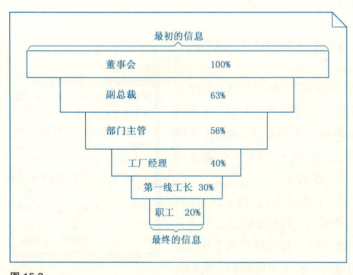

图 15.3
信息传递链现象实例

当工作团体规模较大时，人与人之间的沟通也相应地变得较为困难。这一方面是由于可能的沟通渠道数量的增长大大超过人数的增长。例如，5 个人的团体，有 $n(n-1)/2$ 即 10 条渠道；10 人有 45 条渠道；20 人有

190 条渠道。另一方面是由于随着团体规模的扩大，沟通的形式将非常复杂。据测算，如果将沟通的各种形式考虑在内，5 人的团体中将存在 $(3^n-2^{n+1})/2$ 即 90 条左右的渠道。

企业中的工作常常要求工人只能在某一特定的地点进行操作。这种空间约束的影响往往在工人单独干某工位工作或在数台机器之间往返运动时尤为突出。空间约束不仅不利于工人间的交往，而且也限制了他们的沟通。一般说来，两人间的距离越短，他们交往的频率也越高。

（四）技术因素

技术因素主要包括语言、非语言暗示、媒介的有效性和信息过量。

大多数沟通的准确性依赖于沟通者赋予字和词的含义。由于语言只是个符号系统，本身并没有任何意思，它仅仅作为我们描述和表达个人观点的符号或标签。每个人表述的内容常常是由他独特的经历、个人需要、社会背景等决定的。因此，同一句话或文字常常会引起不同的理解和感受。语言的不准确性不仅仅表现为符号。语言常常能挑动起各种各样的感情，这些感情可能会歪曲信息的含义。

当人们进行交谈时，常常伴随着一系列有含义的动作。这些动作包括身体姿势、头的偏向、手势、面部表情、移动、触摸和眼神。这些无言的信号强化了所表述的含义。例如，沟通者双方的眼神交流，可能会表明相互感兴趣、喜爱、躲避或者攻击，面部表情会表露出惊讶、恐惧、兴奋、悲伤、愤怒或憎恨等情绪，身体动作也能传送渴望、愤恨和松弛等感情。研究表明，在面对面的沟通中，仅有 7% 的内容通过语言文字表达，另外 93% 的内容通过语调（38%）和面部表情（55%）表达。由此可见，语言与非语言暗示共同构成了全部信息。

管理人员十分关心各种不同沟通工具的效率。一般说来，书面和口头沟通各有所长。

1. 书面沟通（备忘录、图表、表格、公告、公司报告）常常适用于传递篇幅较长、内容详细的信息。它具有下列几个优点。

（1）为读者提供以适合自己的速度、用自己的方式阅读材料的机会。

（2）易于远距离传递。

（3）易于储存，并在做决策时提取信息。

（4）比较准确，白纸黑字，有据可查，因而更可靠、更正式。

2. 口头沟通（面对面讨论、交谈、讲座、会议等，可以在线下也可以在线上进行）适合于需要使拥有不同观念的人相互理解的信息。它有下列几个优点。

（1）快速传递信息，并且希望立即得到反馈。

> 国外有一项研究，对 488 个职工进行试验，分析他们对 61 个常用管理术语的理解和反应。例如，"资本主义"一词，经理们认为是"企业的私人所有制……为所有的人提供了平等的机会"，74% 的职工认为是"最富有的人的统治""大企业吞并、压榨小企业"，甚至"富人的独裁"。

> 另一项研究表明，文字理解的差异不仅存在于普通劳动者和经理阶层之间，而且存在于不同的管理阶层之间。"激励""配额""合作""预算"等词就是一例。当高层管理人员谈及进行"激励"和"配额"的必要性时，低层管理人员常常会产生反感，并有一种身不由己被支配的感觉。

> 我们生活在一个信息爆炸的时代。管理者面临着"信息过量"的问题。例如，管理人员只能利用他们所获得信息的1/1 000—1/100进行决策。信息过量不仅使经理人员没有时间去处理，而且使他们难以向同事提供有效的、必要的信息，沟通也随之变得困难重重。

（2）传递敏感的或秘密的信息。

（3）传递不适用书面媒介的信息。

（4）适合于传递感情和非语言暗示的信息。

选择何种沟通工具，在很大程度上取决于信息的种类和目的，还与外界环境和沟通双方有关。

二、如何克服沟通中的障碍

1. 明了沟通的重要性，正确对待沟通。管理人员往往十分重视计划、组织、领导和控制，对沟通则常有疏忽，认为信息的上传下达有组织系统就可以了，对非正式沟通中的"小道消息"常常采取压制的态度。上述种种现象都表明沟通没有得到应有的重视，重新确立沟通的地位是刻不容缓的事情。

2. 要学会"听"。对管理者来说，"听"绝不是件轻而易举的事。"听"不进去一般有下列三种表现：①根本不"听"；②只"听"一部分；③不正确地"听"。如何才能较好地"听"呢？表15.3列出了一些要点。

表15.3 "听"的艺术

要：	不要：
1. 表现出兴趣	1. 争辩
2. 全神贯注	2. 打断
3. 该沉默时必须沉默	3. 从事与谈话无关的活动
4. 选择安静的地方	4. 过快地或提前作出判断
5. 留适当的时间用于辩论	5. 草率地给出结论
6. 注意非语言暗示	6. 让别人的情绪直接影响你
7. 当你没有听清楚时，请以疑问的方式重复一遍	
8. 当你发觉遗漏时，直截了当地问	

3. 创造一个相互信任、有利于沟通的小环境。管理者不仅要获得下属的信任，而且要得到上级和同僚们的信任。

4. 缩短信息传递链，拓宽沟通渠道，保证信息的畅通无阻和完整性。信息传递链过长，减慢了流通速度并造成信息失真，出路在于精简机构，减少机构重叠、层次过多的现象。此外，在利用正式沟通渠道的同时，可开辟高级管理人员至低级管理人员的非正式直通渠道，以便于信息传递。

5. 职工代表大会。每年一度的职工代表大会为企业最高领导者汇报工作提供了良机。企业最高领导者就企业过去一年取得的成绩、存在的问题以及未来的发展等重大问题通报全体员工，职工也可以就自己所关心的问题与企业最高领导者进行面对面的沟通和交流。

6. 工作组。当企业发生重大问题，引起上下关注时，管理人员可以授权组成临时的专题工作组。该工作组由一部分管理人员和一部分职工自愿参加,利用一定的工作时间,调查企业的问题,并向最高管理阶层汇报。最高管理阶层也要定期公布他们的报告,就某些重大问题或"热点"问题在全企业范围内进行沟通。

7. 加强平行沟通,促进横向交流。一般说来,企业内部的沟通以与命令链相符的垂直沟通居多,部门间、车间间、工作小组间的横向交流较少,而平行沟通能加强横向合作。具体说来,可以定期举行由各部门负责人参加的工作会议,相互汇报本部门的工作、提出对其他部门的要求等,以便强化横向合作。

8. 利用互联网进行沟通。管理者可以通过公众网站或专门网站与有关个人或全体有关人员进行信息沟通。例如,目前许多市政府建立网上政务平台,为社会公众广泛参与公共事务的决策、管理和监督提供了畅通快捷的渠道。运用市长信箱、"市长在线"、网上论坛、公示、咨询等形式,使人民群众的知情权、参与权、表达权、监督权得到有效保障。由于智能手机的性能日益完美,移动互联网已成为人们信息沟通的主渠道,领导者必须用好微信等社交平台,这是与人沟通最方便的工具之一。2022 年,微信用户已超过 12.6 亿,在全球社交软件中排名第三。

第三节 冲突与谈判

一、冲突的起源

冲突是指由于某种差异而引起的抵触、争执或争斗的对立状态。人与人之间在利益、观点、掌握的信息或对事件的理解上都可能存在差异,有差异就可能引起冲突。不管这种差异是否真实存在,只要一方感觉到有差异就会发生冲突。冲突的形式可以从最温和、最微妙的抵触到最激烈的罢工、骚乱和战争。

人们之间存在差异的原因是多种多样的,但大体上可归纳为三类。

(一)沟通差异

文化和历史背景的不同、语义困难、误解及沟通过程中噪声的干扰都可能造成人们之间意见不一致。沟通不良是产生冲突的重要原因,但不是主要原因。

> 每个人都不免遇到冲突。请回忆一下,你上一次与人发生冲突的原因是什么?

（二）结构差异

管理中经常发生的冲突绝大多数是由组织结构的差异引起的。分工造成组织结构中垂直方向和水平方向各系统、各层次、各部门、各单位、各岗位的分化。组织越庞大、越复杂，组织分化越细密，组织整合越困难。由于信息不对称和利益不一致，人们之间在计划目标、实施方法、绩效评价、资源分配、劳动报酬、奖惩等许多问题上都会产生不同看法，这种差异是由组织结构的差异造成的。为了本单位的利益和荣誉，许多人都会理直气壮地与其他单位甚至上级组织发生冲突。不少管理者甚至把挑起这种冲突看作自己的职责，或作为建立自己威望的手段。

（三）个体差异

每个人的社会背景、教育程度、阅历、修养，塑造了每个人各不相同的性格、价值观和作风。人们之间这种个体差异往往造成合作和沟通的困难，从而成为某些冲突的根源。

二、冲突处理

> 请回忆一下，你上一次与人发生冲突是怎么处理的？

传统观点往往只看到冲突的消极影响，把冲突当作组织内部矛盾、斗争、不团结的征兆。因而，管理者总是极力消除、回避或掩饰冲突。事实上，由于沟通差异、结构差异和个体差异的客观存在，冲突不可避免地存在于一切组织之中。我们不仅应当承认冲突是正常现象，而且要看到冲突的积极作用。任何一个组织如果没有冲突或很少有冲突，任何事情都意见一致，这个组织必将非常冷漠、对环境变化反应迟钝、缺乏创新。当然，冲突过多、过激也会造成混乱、涣散、分裂和无政府状态。

所以，组织可以保持适度的冲突，养成批评与自我批评、不断创新、努力进取的风气，这样就会出现人人奋发向上的局面，组织就有旺盛的生命力。这就是管理者冲突处理的使命。

当组织缺乏冲突时，管理者应细心地寻找原因，问问自己是否过于看重决策的"意见一致"，是否过分强调"团结、友谊和支持比什么都重要"，是否处理问题过于"中庸"，在用人、奖励、惩罚时，是否过于关注不同意见。或者是否走到另一极且过于独断专行？是否压制打击过批评者？或者对不同意见者态度过于严厉？最后，你要静下心来扪心自问，我是否已被"点头称是的人们"所包围？为了促进冲突，管理者除改变自身的思想观念和工作作风外，还要有意识地鼓励、支持、任用和晋升持不同意见的人。有时候，为了引起冲突听到不同意见，可有意散布一点"小道消息"作为探测气球、问路之石，也可通过引进外人、调整机构等方法改变组织的现状。

缺乏冲突时，希望有冲突，真有冲突时，又有可能害怕冲突，"叶公好龙"是许多管理者的通病。处理冲突实际上是一种艺术（见图15.4）。

1. 谨慎地选择要处理的冲突。管理者可能面临许多冲突。其中，有些冲突非常琐碎，不值得花很多时间去处理；有些冲突虽很重要但不是自己力所能及的，不宜插手；有些冲突难度很大，要花很多时间和精力，还未必有好的回报，不要轻易介入。管理者应当选择处理那些群众关心、影响面大，对推进工作、打开局面、增强凝聚力、建设组织文化有意义、有价值的事件。其他冲突均可尽量回避，事事时时都冲到第一线的人并不是真正的优秀管理者。

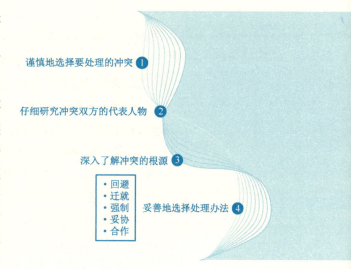

图 15.4
冲突的处理过程

2. 仔细研究冲突双方的代表人物。是哪些人卷入了冲突？冲突双方的观点是什么？差异在哪里？双方真正感兴趣的是什么？代表人物的人格特点、价值观、经历和资源因素如何？

3. 深入了解冲突的根源。不仅了解公开的、表层的冲突原因，还要深入了解深层的、没有说出来的原因。冲突可能是多种原因共同作用的结果，如果是这样，还要进一步分析各种原因作用的强度。

4. 妥善地选择处理办法。通常的处理办法有五种：回避、迁就、强制、妥协、合作。当冲突无关紧要时，或当冲突双方情绪极为激动，需要时间恢复平静时，可采用回避策略；当维持和谐关系十分重要时，可采用迁就策略；当必须对重大事件或紧急事件进行迅速处理时，可采用强制策略，用行政命令的方式牺牲某一方利益处理后，再慢慢做安抚工作；当冲突双方势均力敌、争执不下需采取权宜之计时，只好双方都作出一些让步，实现妥协；当事件重大，双方不可能妥协时，经过开诚布公的谈判，走向对双方均有利的合作。

三、谈判

谈判是双方或多方为实现某种目标就有关条件达成协议的过程。这种目标可能是为了实现某种商品或服务的交易，也可能是为了实现某种战略或策略的合作；可能是为了争取某种待遇或地位，也可能是为了减税或贷款；可能是为了弥合相互的分歧而走向联合，也可能是为了明确各自的权益而走向独立。市场经济就是一种契约经济，一切有目的的经济活动、一切有意义的经济关系，都要通过谈判来建立。管理者总是面对无数的谈判对手。

优秀的管理者通常是这样进行重要的谈判的。

1. 理性分析谈判的事件。抛开历史和感情上的纠葛，理性地辨别信息、依据的真伪，分析事件的是非曲直，分析双方未来的得失。

2. 理解你的谈判对手。他的制约因素是什么？他的真实意图是什么？他的战略是什么？他的兴奋点和抑制点在哪里？

3. 抱着诚意开始谈判。态度不卑不亢，条件合情合理，提法易于接受，必要时，可以主动作出让步（也许只是一个小小的让步），尽可能地寻找双赢的解决方案。

4. 坚定与灵活相结合。对自己目标的基本要求要坚持，对双方最初的意见（如报价）不必太在意，那多半只是一种试探，有极大的伸缩余地。当谈判陷入僵局时，应采取暂停、冷处理等措施后再谈，或争取第三方调停，尽可能地避免谈判破裂。

读 书 提 示

1. [美]哈罗德·孔茨、[美]海因茨·韦里克，《管理学——国际化与领导力的视角》(精要版第 9 版)第 19 章，马春光译，中国人民大学出版社，2014 年。

2. [美]斯蒂芬·罗宾斯、[美]玛丽·库尔特，《管理学》(第 15 版)第 14 章，刘刚等译，中国人民大学出版社，2022 年。

3. [美]W. H.纽曼、[美]小 C. E.萨默，《管理过程——概念、行为和实践》第 22 章，李柱流译，中国社会科学出版社，1995 年。

复习思考题

1. 什么是沟通？为什么要沟通？沟通的基本步骤有哪些？
2. 区分沟通的类别，解释企业中的沟通网络。
3. 有效沟通的障碍有哪些？如何克服？

综合案例

福耀和格力的专业化管理

"平地起家,筚路蓝缕。"这是当今驰骋国际市场的绝大多数中国企业的成长写照。它们一路走来,扎实地做好管理工作,不断提升专业化管理水平。福耀和格力是典型代表。

一、福耀的专业化管理实践[1]

福耀玻璃工业集团股份有限公司(简称"福耀"),前身为成立于1976年的"高山异型玻璃厂",主业为水表玻璃生产。1987年,成立福建耀华玻璃工业有限公司,主营汽车玻璃生产。1993年,福耀在上海证券交易所主板上市。上市后的近三十年里,福耀专注汽车安全玻璃生产,成为全球第二大汽车玻璃供应商,全球市场占有率约达25%。目前,福耀已在全球11个国家和地区建立现代化生产基地和商务机构,拥有员工超2.7万人,上榜中国企业500强。

1987年,为了在宏路镇正式开办福耀而举行招工考试时,哪怕知道会和不少人结下梁子,曹德旺还是打定主意不招关系户,只看个人能力。这也为福耀后来的规范化、专业化管理奠定了良好的基础。

"(曹德旺叮嘱负责招工考试的办公室主任)'是,不论成绩好坏。凡写了条子来的,统统不招。'我反复强调。'可是曹总,我真替你捏一把汗。'办公室主任一脸担心,'董事长那天把1—10号的准考证拿去了,他还特意叫我跟曹总您讲1—10号是他的人。'办公室主任像是怕我不懂这意思,接着说:'意思是不论考好考坏这10个人都要进。''没有关系,不要替我担心,这10个,也一样,不能收,不论考好考坏。'"(《心若菩提》,第135页)

福耀的成功也离不开严明的纪律性、完善企业的管理制度,并要求员工严格按照制度来执行。

"我决定自己下车间调研,自己采集工厂的各项生产指标,制定出一个目标。同时,为了改变公司的行政管理人员不喜着正装的习惯,即便是夏天,下工厂我也穿西装打着领带。在我看来,这也是企业管理的一部分,是企业形象的一个重要展示。"(《心若菩提》,第218页)

"我拿出自己写的生产作业指导书,以及设计的产品质量统计表,希望他能按照指导书所设计的目标进行管理。我拿出一份质量检验报表,'你(指白总)把这个报表,分给每个岗位的每一个工人,让他们填写。'要求围绕实现目标作为主旨,使用统计、分析、评估、纠正等方法作为手段,保证产品质量与成本进入目标状态……从第二天开始,他(指白总)就蹲在车间里看着,按照我建议的方法指导着每个工序的员工……这让福耀的生产水平大大地向前迈进了一步,甚至超过了当时世界最好的生产水平……我立刻找来各工厂的厂长、车间主任、班组长,教给他们通过统计、分析、事后分析等管理工具,使得福耀的生产水平逐步全面地提高……福耀第一次的管理革命,就这样在白总手上得以成功地推行。这次改革的成功,为后来福耀的发展,奠定了坚实的基础。"(《心若菩提》,第220—221页)

---

[1] 改编自曹德旺,《心若菩提》,人民出版社,2014年。

二、格力的专业化管理体系[1]

珠海格力电器股份有限公司（简称"格力"），前身为成立于1985年的"冠雄塑胶厂"，主要生产塑料件。1991年，冠雄塑胶与海利空调厂合并，更名为格力，并专注于空调生产。1996年，格力在深交所上市。经过三十多年的发展，产业覆盖家用消费品和工业装备两大领域，产品远销180多个国家和地区。目前，格力拥有员工8.2万人。2015年起跻身世界500强，2022年列《财富》世界500强第487位。

格力的发展，是基于格力自己的专业化管理体系。这一体系的目标是：包括格力、消费者、经销商、供应商、社会等相关利益者价值最大化；实现目标的路径是：可靠的产品，可靠的服务。夯实路径的基础是：

（1）"少说空话，多干实事"的文化。在格力办公楼的大堂里，朱江洪在任的二十多年来一直挂着他亲手书写的两幅八个大字——忠诚、友善、勤奋、进取，以及"少说空话，多干实事"。格力的文化是"实"的文化，即苦干实干、实事求是的文化。朱江洪一方面以身作则，实践"实"文化，另一方面在各种会议上，向管理者、员工不断地阐释两幅八个大字所包括"实"文化的含义。

（2）"科技创新、技术立企"的纲领。格力初期销售人员薪水最高，这导致许多技术骨干也纷纷争着进销售部门，这对于公司风气建设有不良的影响。为了平衡这一关系，1994年朱江洪大幅度调低销售人员提成比例，并将大部分人力物力财力向科技领域倾斜，以科技创新引领企业发展。再如，从1996年至2009年格力共有重大投资近20项，涉及投资超过53亿元，在所有投资项目中，除无偿受让格力小家电有限公司股份与增资珠海格力集团财务有限公司外，其余项目均与空调器的生产与销售有密切关系，占总投资的74%。其中，直接用于技术改造的投资达10亿元以上，占总投资约20%。

（3）"用产品说话"的品牌。为了更好地控制产品质量，需要严格控制零部件的质量，由于大部分零部件需要外协厂家供应，为了控制这些采购来的零部件的质量，格力电器不惜提高成本，成立了"筛选分厂"。1995年下半年，一个由300多人组成的筛选分厂宣告成立，它一不生产零件，二不装配产品，它的工作就是把买回来的重要零件在上线装配之前逐一检验筛选，将不合格的剔除，退回原厂，并按情节的严重程度给予协作厂一定的经济处罚，迫使协作厂家重视产品质量。这个筛选分厂也成了格力质量管理的一大特色。在朱江洪看来，最好的服务就是没有服务，可靠的产品质量就是最好的服务。从1994年起格力陆续采用镀锌板，从而保证了外壳的可靠性，格力空调安装多年还像新的一样。

（4）专业精神和工匠精神的队伍。格力的"匠心制造"，是由一支专业的管理队伍和工匠队伍完成的。在格力"实"文化的教育下，在科技立企和品牌建设的行动中，诞生了格力一批批骨干，他们拥有专业化的管理知识和业务知识，以吃亏、吃苦、肯干的精神，提供性能优、安全可靠的产品和服务，实现格力、消费者、经销商、供应商、社会等相关利益者价值最大化。

思考题

1. 从福耀和格力的专业化管理实践中，请尝试总结曹德旺和朱江洪的领导风格。
2. 请尝试分析专业化管理与企业持续成长之间的关系。

---

[1] 改编自朱江洪，《朱江洪自传：我执掌格力的24年》，企业管理出版社，2017年。

第五篇 控 制

DIWUPIAN KONGZHI

有效的管理者应该始终督促他人，以保证应该采取的行动事实上已经在进行，保证他人应该达到的目标事实上已经达到。

——斯蒂芬·P.罗宾斯
Stephen P. Robbins

第十六章

控制与控制过程

控制是为了保证企业计划与实际作业动态适应的管理职能。控制工作的主要内容包括确立标准、衡量绩效和纠正偏差。有效的控制不仅要求选择关键的经营环节,确定恰当的控制频度,收集及时的信息,而且要求合理地运用预算或非预算的控制手段。

第一节 控制及其分类

控制是管理过程不可分割的一部分,是企业各级管理人员的一项重要工作内容。

一、控制的必要性

亨利·西斯克(H. L. Sisk)指出:"如果计划从来不需要修改,而且是在一个全能的领导人的指导之下,由一个完全均衡的组织完美无缺地来执

图 16.1 控制的必要性

行的,那就没有控制的必要了。"然而,这种理想的状态不可能成为企业管理的现实。无论计划制定得如何周密,由于各种各样的原因,人们在执行计划的活动中总是会或多或少地出现与计划不一致的现象。控制的必要性见图 16.1。

(一)环境的变化

如果企业面对的是一个完全静态的市场,市场供求条件永不发生变化,每年都以同样的费用取得同样性质和数量的资源,又能以同样的价格向同样的客户销售同样品种和数量的产品,那么,企业管理人员便年复一年、日复一日地以相同的方式组织企业经营,工人可以以相同的技术和方法进行生产作业,因而,不仅控制工作,甚至管理的计划职能都将成为多余的。事实上,这样的静态环境是不存在的,整个世界就是一个不断变化着的耗散结构系统。无论企业外部环境还是内部各生产要素,每时每刻都在发生变化。

(二)管理权力的分散

只要企业经营达到一定规模,企业主管就不可能直接地、面对面地组织和指挥全体员工的劳动。时间与精力的限制要求他委托一些助手代理部分管理事务。由于同样的原因,这些助手也会再委托其他人帮助自己工作。这便是企业管理层次形成的原因。为了使助手们有效地完成受托的部分管理事务,高一级的主管必然要授予他们相应的权限。因此,任何企业的管理权限都制度化或非制度化地分散在各个管理部门和层次。企业分权程度越高,控制就越有必要;每个层次的主管都必须定期或非定期地检查直接下属的工作,以保证授予他们的权力被正确地运用,保证运用这些权力的组织的业务活动符合计划与企业目的的要求。如果没有控制,没有为此而建立的相应控制系统,管理人员就不能检查下级的工作情况,即使出现不负责任地滥用权力,或活动不符合计划要求等其他情况,管理人员也无法发现,更无法采取及时的纠正行动。

(三)工作能力的差异

即使企业制定了全面完善的计划,经营环境在一定时期内也相对稳定,对经营活动的控制仍然是必要的。这是由不同组织成员的认识能力和工作能力的差异所造成的。完善计划的实现要求每个部门的工作严格按计划的要求来协调地进行。然而,由于组织成员在不同的时空进行工作,他们的认识能力不同,对计划要求的理解可能发生差异;即使每位员工都能完全正确地理解计划的要求,但由于工作能力的差异,他们的实际工作结果也可能在质和量上与计划要求不符。某个环节可能产生的这种偏离计划的现象,会对整个企业活动的进行造成冲击。因此,加强对这些员工的工作控制非常必要。

二、控制的类型

（一）确定控制标准 Z 值

根据确定控制标准 Z 值的方法，可将控制过程分为四类。

1. 程序控制。程序控制的特点是，控制标准 Z 值是时间 t 的函数，即：

$$Z = f(t)$$

在工程技术中，如程序控制的机器人或机床，都严格按照预先设定的程序进行动作。某种动作什么时间开始、什么时间结束，都根据计数器给出的时间数值加以控制，到时间就进行规定的动作，而不管实际的具体情况如何。

在企业生产经营活动中，大量的管理工作都属于程序控制性质。例如，计划编制程序、统计报告程序、信息传递程序、生产流程管理、质量管理、在制品库存管理等都必须严格按事前规定的控制标准和时间进行活动，以保证整个系统行动的统一。

2. 跟踪控制。跟踪控制的特点是，控制标准 Z 值是控制对象所跟踪的先行量的函数。若先行量为 X，则：

$$Z = f(X)$$

例如，要求军舰的航线必须与海岸线保持 12 海里的距离，海岸就是先行量 X，航线就是跟随量，控制标准 Z 就是 12 海里。军舰要不断地测量自己与海岸的距离来控制自己的航线。

先行量也可以是某种运动中的变量，如图 16.2 所示的狗追兔子问题。

兔子从 O 点开始沿着 X 轴直线逃跑，狗从 P 点开始跟踪追捕。追捕中，狗跟着兔子的运动随时改变自己的追捕方向，使自己与兔子始终保持最短的距离。狗的行动轨迹就形成一条追捕曲线。兔子是先行量 X，追捕曲线是跟随量，Z_1、Z_2、Z_3、Z_4 就是控制标准值。

在企业生产经营活动中，税金的缴纳，利润、工资、奖金的分配，资金、材料的供应等都属于跟踪控制性质。实行利改税后，企业产品的销售额就是先行量，税金就是跟随量，控制标准就是各个税种的税率。这是一种动态的跟踪控制。国家通过制定各种税种和税率，就可有效地控制国家与企业在经济利益上的分配

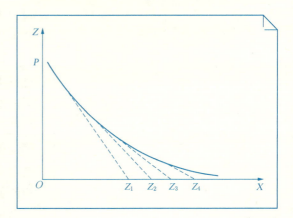

图 16.2
追捕曲线

关系。随着企业生产的发展、销售额的增长，国家的税金收入也水涨船高；反之，则国家的税金收入则水降船落。

3. 自适应控制。自适应控制的特点是没有明确的先行量，控制标准 Z 值是过去时刻（或时期）已达状态 K_t 的函数。也就是说，Z 值是通过学习过去的经验而建立起来的。即：

$$Z = f(K_t)$$

例如，工程技术中的学习机器人就是一种自适应控制的机器人。它通过学习过去的经验，会对活动中遇到的各种情况采取相应的行动。但如果发生它在学习中没有遇到过的事情，它将无法采取行动。因此，自适应是相对的、有一定限度的。

在企业的生产经营活动中，情况是千变万化的，企业最高领导者对企业的发展方向很难进行程序控制或跟踪控制，而必须进行自适应控制。他们往往要根据过去时刻企业所处的外部环境和内部已经达到的状态，凭自己的分析、判断、经验、预感作出重大的经营决策，使企业适应外部环境发生的新变化。

4. 最佳控制。最佳控制的特点是，控制标准 Z 值由某一目标函数的最大值或最小值构成。这种函数通常含有输入量 X、传递因子 S 和 K 及各种附加参数 C，即：

$$Z = \max f(X, S, K, C) \text{ 或}$$
$$Z = \min f(X, S, K, C)$$

例如，在前述追捕问题中，若以最短路程 L 作为狗追兔子的最佳控制标准，狗就不应沿着追捕曲线奔跑，而应从 $P(X, Z)$ 直接朝着两者的交点 $W(t)$ 跑去。这样，就可用最短的路程追到兔子（见图 16.3）。

在企业的生产经营活动中，普遍应用了最佳控制原理进行决策和管理。例如，用最小费用来控制生产批量，用最低成本来控制生产规模，用最大利润率控制投资，用最短路程控制运输路线等。几乎所有可以用线性规划、网络技术等运筹学方法和其他数学方法求解的问题，都毫无例外地要得出某种过程的最优解，并以此作为对过程施行管理的控制标准。企业生产经营活动中的管理问题，都可通过人工智能软件的应用模型进行准确的预测，按控制标准要求作出最优解的决策。

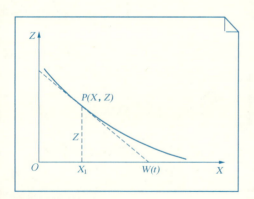

图 16.3
最佳控制

（二）目标控制

根据时机、对象和目标的不同，可以将控制划分为三类。

1. 预先控制。预先控制是在企业生产经营活动开始之前进行的控制。控制的内容包括检查资源的筹备情况和预测其利用效果两个方面。

为了保证经营过程的顺利进行，管理人员必须在经营开始以前就检查企业是否已经或能够筹措到在质和量上符合计划要求的各类经营资源。如果预先检查的结果是资源的数量和(或)质量无法得到保证，就必须修改企业的活动计划和目标，改变企业产品加工的方式或内容。已经或未来可筹措到这些经营资源经过加工转换后取得的结果是否符合需要？这种利用预测方法对经营成果的事先描述，并使之与企业的需要相对照，也是事先预测的一个内容。如果预测的结果符合企业需要，企业活动就可以按原定的程序进行；如果不符合，就需要改变企业经营的运行过程及其投入。

> 预先控制：在企业生产经营活动开始之前进行的控制。

2. 现场控制。现场控制，亦称过程控制，是指企业经营过程开始以后，对活动中的人和事进行指导和监督。

人们常说，领导的实质是一要决策，二要用人，即：要先确定本部门、本单位在未来某个时期内的活动目标和行动路线，然后为组织配备适当的人去从事目标活动。但是，犹如挖坑植树，却不浇水、不剪枝，从而不能保证树苗的成活与生长一样，如果制订了计划、配备了必要的人员，却不去检查这些人员的工作情况，就难以保证计划目标的有效实现。

> 现场控制：亦称过程控制，是指企业经营过程开始以后，对活动中的人和事进行指导和监督。

对下属的工作进行现场监督，其作用有两个。

（1）可以指导下属以正确的方法进行工作。指导下属的工作，培养下属的能力，这是每一个管理者的重要职责。现场监督可以使上级有机会当面解释工作的要领和技巧，纠正下属错误的作业方法与过程，从而可以提高他们的工作能力。

（2）可以保证计划的执行和计划目标的实现。通过现场检查，可以使管理者随时发现下属在活动中与计划要求相偏离的现象，从而可以将经营问题消灭在萌芽状态，或者避免已经产生的经营问题对企业造成的不利影响的扩散。

3. 成果控制。成果控制，亦称事后控制，是指在一个时期的生产经营活动已经结束以后，对本期的资源利用状况及其结果进行总结。由于这种控制是在经营过程结束以后进行的，因此，不论其分析如何中肯、结论如何正确，对于已经形成的经营结果来说都是无济于事的，它们无法改变已经存在的事实。成果控制的主要作用，一是为激励提供定量的依据，二是通过总结过去的经验和教训，为未来计划的制定和活动的安排提供借鉴。

> 成果控制：亦称事后控制，是指在一个时期的生产经营活动已经结束以后，对本期的资源利用状况及其结果进行总结。

成果控制主要包括财务分析、成本分析、质量分析以及职工成绩评定等内容（见图 16.4）。

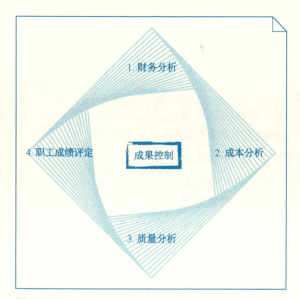

图 16.4
成果控制的内容

财务分析的目的是通过分析反映资金运动过程的各种财务资料，了解本期资金占用和利用的结果，弄清企业的盈利能力、偿债能力、维持营运的能力以及投资能力，以指导企业在下期活动中调整产品结构和生产方向，决定缩小或扩大某种产品的产量。

成本分析是通过比较标准成本（预定成本）和实际成本，了解成本计划的完成情况；通过分析成本结构和各成本要素的情况，了解材料、设备、人力等资源的消耗与利用对成本计划执行结果的影响程度，以找出降低成本、提高经济效益的潜力的方法。

质量分析是通过研究质量控制系统收集的统计数据，判断企业产品的平均等级系数，了解产品质量水平与其费用要求的关系，找出企业质量工作的薄弱环节，为组织下期生产过程中的质量管理和确定关键的质量控制点提供依据。

职工成绩评定是通过检查企业员工在本期的工作表现，分析他们的行动是否符合预定要求，判断每个职工对企业提供的劳动数量和质量贡献。成绩评定不仅为企业确定付给职工的报酬（物质或精神上的奖惩）提供客观依据，而且会通过职工对报酬公平与否的判断，影响他们在下期工作中的积极性。公开报酬的前提是公开评价，这种评价要求以对职工表现的客观认识和组织对每个人的工作要求（计划任务或职务说明书）为依据。

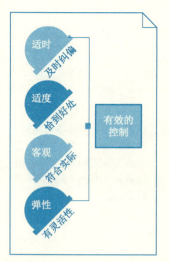

图 16.5
有效控制的特征

第二节 控制的要求

控制的目的是保证企业活动符合计划的要求，以有效地实现预定目标。为此，有效的控制应具有下述特征（见图 16.5）。

一、适时控制

企业经营活动中产生的偏差只有及时采取措施加以纠正，才能避免偏差的扩大，或防止偏差对企业造成的不利影响的扩散。及时纠偏要求管理人员及时掌握能够反映偏差产生及其严重程度的信息。如果等到偏差已经非常明晰，且对企业造成不可挽回的影响后，反映偏差的信息才姗姗来迟，即使这种信息是非常系统、绝对客观、完全正确的，也不可能对纠正偏差带来任何指导作用。

纠正偏差的最理想方法应该是在偏差未产生以前，就注意到偏差产生的可能性，从而预先采取必要的防范措施，防止偏差的产生；或者由于某种企业无力抗拒的原因，偏差的出现不可避免，这种认识也可指导企业预先采取措施，消除或遏制偏差产生后可能对企业造成的不利影响。

预测偏差的产生，在实践中和理论上是可行的，可以通过建立企业经营状况的预警系统来实现。可以为需要控制的对象建立一条警戒线，反映经营状况的数据一旦超过这条警戒线，预警系统就会发出警报，提醒人们采取措施防止偏差的产生和扩大。

质量控制图就是一个简单的预警系统（见图 16.6）。

在图 16.6 中，纵轴表示反映产品某个质量特征或某项工作质量完善程度的数值，横轴表示取值（即进行控制）的时间，中心线 CL 表示反映质量特征的标准状况，UCL 和 LCL 分别表示上、下警戒线。反映质量特征的数据如果始终分布在 CL 周围，就表示质量"在控制中"；而一旦超越 UCL 或 LCL，就表示出现了质量问题。在这以前，质量控制人员就应引起警惕，注意质量变化的趋势，并制定或采取必要的纠正措施。

图 16.6
质量控制预警系统

二、适度控制

适度控制是指控制的范围、程度和频度要恰到好处。

（一）防止控制过多或控制不足

控制常给被控制者带来某种不愉快，但是如果缺乏控制，就可能导致组织活动的混乱。有效的控制应该既能满足对组织活动监督和检查的需要，又要防止与组织成员发生强烈的冲突。适度的控制应能同时体现以下两个方面的要求。

1. 要认识到，过多的控制会对组织中的人造成伤害，对组织成员行为的过多限制，会扼杀他们的积极性、主动性和创造性，会抑制他们的首创精神，从而影响个人能力的发展和工作热情的提高，最终会影响企业效率。

2. 也要认识到，过少的控制将不能使组织活动有序地进行，就不能保证各部门活动进度和比例的协调，将会造成资源浪费。过少的控制还可能使组织中的个人无视组织的要求，我行我素，不提供组织所需的贡献，甚至利用在组织中的便利地位谋求个人利益，最终导致组织的涣散和崩溃。

控制程度适当与否，要受到许多因素的影响。判断控制程度或频度是否适当的标准，通常要随活动性质、管理层次以及下属受培训程度等因素而变化。一般来说，科研机构的控制程度应小于生产劳动企业；企业中对科室人员工作的控制要少于现场的生产作业人员；对受过严格训练，从而能力较强的管理人员的控制要少于那些缺乏必要训练的新任管理者或单纯的执行者。此外，企业环境的变化也会影响人们对控制严厉程度的判断：在市场疲软时期，为了共渡难关，部分职工会同意接受比较严格的行为限制；在经济繁荣时期则希望工作中有较大的自由度。

（二）处理好全面控制与重点控制的关系

任何组织都不可能对每一个部门、每一个环节的每一个人在每一个时刻的工作情况进行全面控制。由于存在对控制者的再控制问题，这种全面控制甚至会造成组织中控制人员远远多于现场作业者的现象。值得庆幸的是：

1. 并不是所有成员的每一项工作都具有相同的发生偏差的概率。

2. 并不是所有可能发生的偏差都会对组织带来相同程度的影响。企业工资成本超出计划的 5% 对经营成果的影响要远远高于行政系统的邮资费用超过预算的 20%。这表明，全面系统的控制不仅代价极高，是不可能的，而且也是不必要的。

适度的控制要求企业在建立控制系统时，利用帕累托法则和例外原则等工具，找出影响企业经营成果的关键环节和关键因素，并据此在相关环节上设立预警系统或控制点，进行重点控制。

（三）使花费一定费用的控制得到足够的控制收益

任何控制都需要一定的费用，衡量工作成绩，分析偏差产生的原因，以及为了纠正偏差而采取的措施，都需支付一定的费用；同时，任何控制只要纠正了组织活动中存在的偏差，就会带来一定的收益。一项控制，只有当它带来的收益超出其所需成本时，才是值得的。控制费用与收益的比较分析，实际上是从经济角度去分析上面考察过的控制程度与控制范围的问题。图 16.7 说明控制费用与收益是如何随控制程度而变化的。

从图 16.7 中可以看出，控制费用基本上随着控制程度的提高而增加，控制收益的变化则比较复杂。

在初始阶段，较小范围和较低程度的控制不足以使企业管理者及时发现和纠正偏差，因此，控制费用的需要会高于可能产生的收益。随着控制范围的扩大和控制程度的提高，控制效率会有所改善，能指

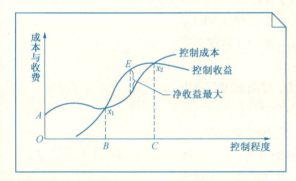

图 16.7
控制费用与收益变化

导管理者采取措施纠正一些重要的偏差，从而使控制收益能逐渐补偿并超过控制费用。图中，控制成本与收益曲线在 x_1 至 x_2 点的变化便反映了这种情况，在 E 点，控制净收益达到最大。在 x_2 点，控制收益与控制费用曲线再度相交。自此点开始，控制所需的费用重新超过其收益。之所以会出现这种情况，是因为组织活动的主要偏差在 x_2 点以前已经解决，这以后的控制只能解决一些次要的、影响不大的问题，因此带来的收益甚小；同时，过度的控制会抑制组织成员的工作积极性，从而影响效率的提高。

从理论上来说，控制程度在与 x_1 和 x_2 相对应的 B、C 两点之间为适度控制；低于 B 点，为控制不足；高于 C 点，为控制过剩。虽然在实践中企业很难确定各种控制的费用与收益之比，但这种分析告诉我们，过多的控制并不总能带来较高的收益，企业应根据活动的规模特点和复杂程度来确定控制的范围和频度，建立有效的控制系统。

三、客观控制

控制工作应该针对企业的实际状况，采取必要的纠偏措施，或促进企业活动沿着原先的轨道继续前进。因此，有效的控制必须是客观的、符合企业实际的。客观的控制源于对企业经营活动状况及其变化的客观了解和评价。

1. 控制过程中采用的检查、测量的技术与手段必须能正确地反映企业经营在时空上的变化程度与分布状况，准确地判断和评价企业各部门、各环节的工作与计划要求的相符或相背离程度。这种判断和评价还取决于衡量工作成效的标准是否客观和恰当。

2. 企业还必须定期地检查过去规定的标准和计量规范，使之符合现时的要求。没有客观的标准和准确的检测手段，人们对企业实际工作就不易有一个正确的认识，从而难以制定出正确的措施进行客观的控制。

四、弹性控制

企业在生产经营过程中经常可能遇到某种突发的、无力抗拒的变化，这些变化使企业计划与现实条件严重背离。有效的控制系统应在这样的情况下仍能发挥作用，维持企业的运营，也就是说，应该具有灵活性或弹性。

弹性控制通常与控制的标准有关。预算控制通常规定了企业各部门的主管人员在既定规模下能够用来购买原材料或生产设备的额度。这个额度如果规定得绝对化，一旦实际产量或销售量与预测数发生差异，预算控制就可能失去意义：经营规模扩大，会使经营单位感到经费不足；销售量低于预测水平，则可能使经费过于富绰，甚至造成浪费。有效的预算控制应能反映经营规模的变化，考虑到未来的企业经营水平，从而为经营规模的参数值规定不同的经营额度，使预算在一定范围内是可以变化的。

一般地说，弹性控制要求企业制定弹性的计划和弹性的衡量标准。

第三节 控制过程

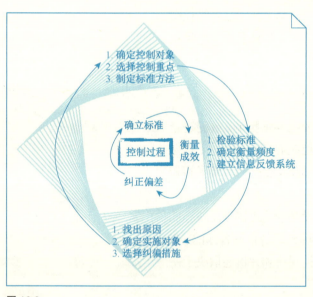

图 16.8
控制的过程

控制是根据计划的要求，设立衡量绩效的标准，然后把实际工作结果与预定标准相比较，以确定组织活动中出现的偏差及其严重程度；在此基础上，有针对性地采取必要的纠正措施，以确保组织资源的有效利用和组织目标的圆满实现。不论控制的对象是新技术的研究与开发，还是产品的加工制造，或是市场营销宣传，是企业的人力条件，还是物质要素，或是财务资源，控制的过程都包括三个基本环节的工作：①确立标准；②衡量成效；③纠正偏差（见图 16.8）。

一、确立标准

标准是人们检查和衡量工作及其结果（包括阶段结果与最终结果）的规范。制定标准是进行控制的基础。没有一套完整的标准，衡量绩效或纠正偏差就失去了客观依据。

（一）确定控制对象

标准的具体内容涉及需要控制的对象。那么，企业经营与管理中哪些事或物需要加以控制呢？这是在建立标准之前首先要加以分析的。

无疑，经营活动的成果是需要控制的重点对象。控制工作的初始动机就是要促进企业有效地取得预期的活动结果。因此，要分析企业需要什么样的结果。这种分析可以从客户满意度、为客户创造的价值量、盈利性、市场占有率等多个角度来进行。确定了企业活动需要的结果类型后，要对它们加以明确的、尽可能定量的描述，也就是说，要规定需要的结果在正常情况下希望达到的状况和水平。

要保证企业取得预期的成果，必须在成果最终形成以前进行控制，纠正与预期成果要求不相符的活动。因此，需要分析影响企业经营结果的各种因素，并把它们列为需要控制的对象。影响企业在一定时期经营成果的主要因素如下。

1. 关于环境特点及其发展趋势的假设。企业在特定时期的经营活动是根据决策者对经营环境的认识和预测来计划和安排的。如果预期的市场环境没有出现，或者企业外部发生了某种无法预料和抗拒的变化，原来计划的活动就可能无法继续进行，从而难以为组织带来预期的结果。因此，应把制订计划时所依据的对经营环境的认识作为控制对象，列出"正常环境"的具体标志或标准。

2. 资源投入。企业经营成果是通过对一定资源的加工转换得到的。没有或缺乏这些资源，企业经营就会成为无源之水、无本之木。投入的资源不仅会影响经营活动的按期、按量、按要求进行，从而影响最终的物质产品能否达到客户要求，而且其费用会影响生产成本，从而影响经营的盈利程度。因此，必须对资源投入进行控制，使之在数量、质量以及价格等方面符合预期经营成果的要求。

3. 组织的活动。输入到生产经营中的各种资源不可能自然形成产品。企业经营成果是通过全体员工在不同时间和空间上利用一定技术和设备对不同资源进行不同内容的加工劳动才最终得到的。企业员工的工作质量和数量是决定经营成果的重要因素，因此，必须使企业员工的活动符合计划和预期结果的要求。为此，必须建立：①员工的工作规范；②各部门和各员工在各个时期的阶段成果的标准，以便对他们的活动进行控制。

（二）选择控制重点

企业无力也无必要对所有成员的所有活动进行控制，而必须在影响经营成果的众多因素中选择若干关键环节作为重点控制对象。美国通用电气公司关于关键绩效领域（key performance areas）的选择或许能对我们提供某种启示（见图 16.9）。

通用电气公司在分析影响和反映企业经营绩效的众多因素的基础上，选择出对企业经营成败起决定作用的八个方面。

1. 获利能力。通过提供某种商品或服务取得一定的利润，这是任何企业从事经营的直接动因之一，也是衡量企业经营成败的综合标志，通常可用与销售额或资金占用量相比较的利润率来表示。

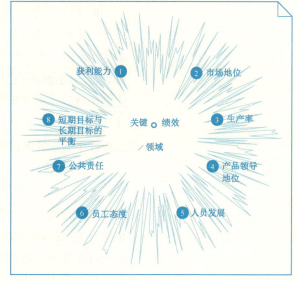

图 16.9
关键绩效领域

它们反映企业对某段时期内投资应获利润的要求。利润率实现情况与计划的偏离，可能反映生产成本的变动或资源利用效率的变化，从而为企业采取改进方法指明方向。

2. 市场地位。市场地位是指对企业产品在市场上占有份额的要求。这是反映企业相对于其他厂家的经营实力和竞争能力的一个重要标志。如果企业占领的市场份额下降，就意味着由于价格、质量或服务等某个方面的原因，企业产品相对于竞争产品来说其吸引力降低了，因此，应该采取相应的措施。

3. 生产率。生产率标准可用来衡量企业各种资源的利用效果，通常用单位资源所能生产或提供的产品数量来表示。其中，最重要的是劳动生产率标准。企业其他资源的充分利用在很大程度上取决于劳动生产率的提高。

4. 产品领导地位。产品领导地位通常指产品的技术先进水平和功能完善程度。通用电气公司是这样定义产品领导地位的：它表明企业在工程、制造和市场方面领导一个行业的新产品和改良现有产品的能力。为了维持企业产品的领导地位，必须定期评估企业产品在质量、成本方面的状况及其在市场上受欢迎的程度。

5. 人员发展。企业的长期发展在很大程度上依赖于人员素质的提高。为此，需要测定企业目前的活动以及未来的发展对职工的技术、文化素质的要求，并与他们目前的实际能力相比较，以确定如何为提高人员素质采取必要的教育和培训措施。要通过人员发展规划的制定和实施，为企业及时供应足够的经过培训的人员，为员工提供成长和发展的机会。

6. 员工态度。员工的工作态度对企业目前和未来的经营成就有着非常重要的影响。测定员工态度的标准是多个方面的。比如，可以通过分析离职率、缺勤率来判断员工对企业的忠诚度；也可通过统计改进作业方法或管理方法的合理化建议的数量来了解员工对企业的关心程度；还可通过对定期调查的评价分析来测定员工态度的变化。如果发现员工态度不符合企业的预期，任其恶化是非常危险的，企业应采取有效的措施来提高他们在工作或生活上的满足程度，以改变他们的态度。

7. 公共责任。企业的存续以社会的承认为前提，而要争取社会的承认，企业必须履行必要的社会责任，包括提供稳定的就业机会、参加公益事业等多个方面。公共责任能否很好地履行关系到企业的社会形象。企业应根据有关部门对公众态度的调查，了解企业的实际社会形象同预期的差异，改善对外政策，提高公众对企业的满意程度。

8. 短期目标与长期目标的平衡。企业目前的生存和未来的发展相互依存、不可分割。因此，在制定和实施经营活动计划时，应能统筹长期与短期的关系，检查各时期的经营成果，分析目前的高利润是否会影响未来的收益，以确保目前的利益不是以牺牲未来的利益和经营的稳定性为代价而取得的。

（三）制定标准方法

控制的对象不同，为它们建立正常水平标准的方法也不一样。一般来说，企业可以使用的建立标准的方法有三种：①利用统计方法来确定预期结果；②根据经验和判断来估计预期结果；③在客观的定量分析基础上建立工程（工作）标准。

1. 统计性标准（见图16.10）。统计性标准也叫历史性标准，是以分析反映企业经营在历史上各个时期状况的数据为基础来为未来活动建立的标准。这些数据可能来自本企业的历史统计，也可能来自其他企业的经验。据此建立的标准，可能是历史数据的平均数，也可能是高于或低于中位数的某个数，比如上四分位值或下四分位值。

利用本企业的历史统计资料为某项工作确定标准，具有简便易行的好处。但是，据此制定的工作标准可能低于同行业的卓越水平，甚至是平均水平。在这种条件下，即使企业的各项工作都达到标准的要求，但也可能造成劳动生产率的相对低下、制造成本的相对高昂，从而造成经营成果和竞争能力劣于竞争对手。为了克服这种局限性，在根据历史统计数据制定未来工作标准时，充分考虑到行业的平均水平，并研究竞争企业的经验是非常必要的。

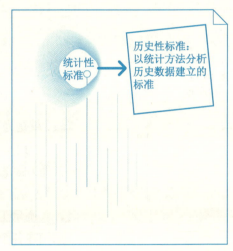

图 16.10
统计性标准

2. 评估性标准（见图16.11）。实际上，并不是所有工作的质量和成果都能用统计数据来表示，也不是所有的企业活动都保存着历史统计数据。对于新从事的工作，或对于统计资料缺乏的工作，可以根据管理人员的经验、判断和评估来为之建立标准。利用这种方法来建立工作标准时，要注意利用各方面的管理人员的知识和经验，综合大家的判断，给出一个相对先进、合理的标准。

3. 工程标准（见图16.12）。严格地说，工程标准也是一种用统计方法制定的控制标准，不过它不是对历史统计资料的分析，而是通过对工作情况进行客观的定量分析来进行的。比如，产出标准是其设计者计算的在正常情况下被使用的最大产出量；工人操作标准是劳动研究人员在对构成作业的各项动作和要素的客观描述与分析的基础上，经过消除、改进和合并而

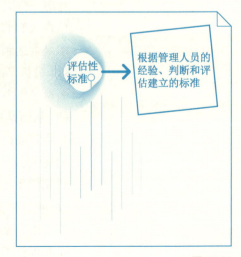

图 16.11
评估性标准

确定的标准作业方法；劳动时间定额是测定的受过训练的普通工人以正常速度按照标准操作方法对产品或零部件进行某个（些）工序的加工所需的平均必要时间。

二、衡量成效

企业经营活动中的偏差如能在产生之前被发现，管理者就可预先采取必要的措施以求避免。这种理想的控制和纠偏方式虽然有效，但其现实可能性不是很高。并非所有的管理人员都有卓越的远见，也并非所有的偏差都能在产生之前被预见，事实可能正好相反。在这种限制条件下，最满意的控制方式应是必要的纠偏行动能在偏差产生以后迅速采取。为此，要求管理者及时掌握能够反映偏差是否产生，并能判定其严重程度的信息。用预定标准对实际工作成效和进度进行检查、衡量和比较，就是为了提供这类信息。

为了能够及时、正确地提供能够反映偏差的信息，又符合控制工作在其他方面的要求，管理者在衡量工作成绩的过程中应注意以下几个问题。

（一）检验标准

衡量工作成效以预定的标准为依据，但利用预先制定的标准去检查各部门在各个阶段的工作，这本身也是对标准的客观性和有效性进行检验的过程。

检验标准的客观性和有效性，是要分析通过对标准执行情况的测量能否取得符合控制需要的信息。在为控制对象确定标准的时候，人们可能只考虑一些次要的因素，或只重视一些表面的因素，因此，利用既定的标准去检查人们的工作，有时并不能达到有效控制的目的。比如，衡量职工出勤率是否达到正常水平，不足以评价劳动者的工作热情、劳动效率或劳动贡献；分析产品数量是否达到计划目标，不足以判定企业的盈利程度等。在衡量过程中对标准本身进行检验，就是指出能够反映被控制对象的本质特征，从而是最适宜的标准。要评价员工的工作热情，可以考核他们提供有关经营或技术改造合理化建议的次数；评价他们的工作效率，可以计量他们提供的产品数量和质量；分析企业的盈利程度，可以统计和分析企业的利润额及其与资金、成本或销售额的相对百分比；衡量推销人员的工作绩效，可以检查他们的销售额是否比上年或平均水平高出一定数量等。

由于企业中许多类型的活动难以用精确的手段和方法加以衡量，建立标准也就相对困难，因此，企业可能会选择一些易于衡量但并不反映控制对象特征的标准。比如，科研人员和管理人员的劳动效果，并不总能用精

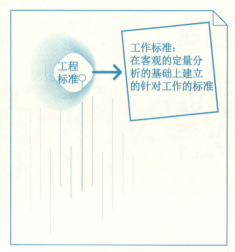

图 16.12
工程标准

确的数字表示出来，有关领导可能根据研究小组上交研究报告的数量和质量来判断其工作进展；或根据科室是否整齐划一、办公室是否挂满各种图表来判断管理人员的工作努力程度。然而，根据这些标准去进行检查，得到的可能是误导信息：科研人员用更多的时间去撰写数量更多、结构更严谨的报告，而不是将精力真正花在科研上；管理人员花更多的精力去制作和张贴更漂亮的图表，而不是用这个时间去扎扎实实地进行必要的管理基础工作。

衡量过程中的检验就是要辨别并剔除这些不能为有效控制提供必需信息、容易产生误导作用的不适宜标准。

（二）确定衡量频度

正如我们在有效控制的要求中分析的，控制过多或不足都会影响控制的有效性。这种"过多"或"不足"，不仅体现在控制对象、衡量标准的数目选择上，而且表现在对同一标准的衡量次数或频度上。对影响某种结果的要素或活动过于频繁地衡量，不仅会增加控制的费用，而且可能引起有关人员的不满，从而影响他们的工作态度；检查和衡量的次数过少，则可能使许多重大的偏差不能及时被发现，从而不能及时采取措施。

以什么样的频度、在什么时候对某种活动的绩效进行衡量，这取决于被控制活动的性质。例如，对产品的质量控制常常需要以小时或以日为单位进行；对新产品开发的控制则可能只需以月为单位进行就可以了。需要控制的对象可能发生重大变化的时间间隔是确定适宜的衡量频度所需考虑的主要因素。

管理人员经常在他们自己方便的时候，而不是在工作绩效仍"在控制中"（即可能因人们采取的措施而改变）时进行衡量。这种现象必须避免，因为这可能导致行动的迟误。

（三）建立信息反馈系统

负有控制责任的管理人员只有及时掌握了反映实际工作与预期工作绩效之间偏差的信息，才能迅速采取有效的纠正措施。然而，并不是所有的衡量绩效的工作都是由主管直接进行的，有时需要借助专职的检测人员。因此，应该建立有效的信息反馈网络，使反映实际工作情况的信息适时地传递给适当的管理人员，使之能与预定标准相比较，及时发现问题。这个网络还应能及时将偏差信息传递给与被控制活动有关的部门和个人，以使他们及时知道自己的工作状况、错误原因，以及需要怎样做才能更有效地完成工作。建立这样的信息反馈系统，不仅更有利于保证预定计划的实施，而且能防止基层工作人员把衡量和控制视作上级检查工作、进行惩罚的手段，从而避免产生抵触情绪。

三、纠正偏差

利用科学的方法、依据客观的标准对工作绩效进行衡量，可以发现计划执行中出现的偏差。纠正偏差就是在此基础上分析偏差产生的原因，制定并实施必要的纠正措施。这项工作使得控制过程得以完整，并将控制与管理的其他职能相互联结：通过纠偏，使组织计划得以遵循，使组织结构和人事安排得到调整。

为了保证纠偏措施的针对性和有效性，必须在制定和实施纠偏措施的过程中注意下述问题。

（一）找出原因

并非所有的偏差都可能影响企业的最终成果。有些偏差可能反映计划制定和执行工作中的严重问题，另一些偏差则可能是一些偶然的、暂时的、区域性因素引起的，从而不一定会对组织活动的最终结果产生重要影响。因此，在采取任何纠正措施以前，必须首先对反映偏差的信息进行评估和分析。

1. 要判断偏差的严重程度，是否足以构成对组织活动效率的威胁，从而值得去分析原因，采取纠正措施。

2. 要探寻导致偏差产生的主要原因。

纠正措施的制定以偏差原因的分析为依据。同一偏差可能由不同的原因造成：销售利润的下降既可能是因为销售量的降低，也可能是因为生产成本的提高。前者既可能是因为市场上出现了技术更加先进的新产品，也可能是由于竞争对手采取了某种竞争策略，或是企业产品质量下降；后者既可能是原材料、劳动力消耗和占用数量的增加，也可能是由于购买价格的提高。针对不同的原因要求采取不同的纠正措施。要通过评估反映偏差的信息和对影响因素的分析，透过表面现象找出造成偏差的深层原因；在众多的深层原因中找出最主要者，为纠偏措施的制定指引方向。

（二）确定实施对象

需要纠正的不仅可能是企业的实际活动，也可能是组织这些活动的计划或衡量这些活动的标准。大部分员工没有完成劳动定额，可能不是由于全体员工的抵制，而是定额水平太高；承包后企业经理的兑现收入可能不是由于经营者的努力数倍或数十倍于工人，而是由于承包基数不恰当或确定经营者收入的挂钩方法不合理；企业产品销售量的下降，可能并不是由于质量劣化或价格不合理，而是由于市场需求的饱和或周期性的经济萧条；等等。在这些情况下，首先要改变的是衡量这些工作的标准或指导工作的计划。

预定计划或标准的调整由以下两种原因决定。

1. 原先的计划或标准制定得不科学，在执行中发现了问题。

2. 原来正确的标准和计划，由于客观环境发生了预料不到的变化，不再适应新形势的需要。

负有控制责任的管理者应该认识到，外界环境发生变化以后，如果不对预先制定的计划和行动准则进行及时的调整，即使内部活动组织得非常完善，企业也不可能实现预定的目标；如果消费者的需求偏好转移，企业的产品质量再高，功能再完善，生产成本、价格再低，仍然不可能找到销路，不会给企业带来期望利润。

（三）选择纠偏措施

针对产生偏差的主要原因，就可能制定改进工作或调整计划与标准的纠偏方案。纠偏措施的选择和实施过程中要注意以下三个方面。

1. 使纠偏方案双重优化。纠正偏差，不仅在实施对象上可以进行选择，而且对同一对象的纠偏也可采取多种不同的措施。所有这些措施，其实施条件与效果相比的经济性都要优于不采取任何行动、使偏差任其发展可能给组织造成的损失，如果行动的费用超过偏差带来的损失，这时候，最好的方案也许是不采取任何行动。这是纠偏方案选择过程中的第一重优化。第二重优化是在此基础上，通过对各种经济可行方案的比较，找出其中追加投入最少、解决偏差效果最好的方案来组织实施。

2. 充分考虑原先计划实施的影响。由于对客观环境的认识能力提高，或者由于客观环境发生了重要变化而引起的纠偏需要，可能会导致原先计划与决策的局部甚至全局的否定，从而要求对企业活动的方向和内容进行重大调整。这种调整有时被称为追踪决策，即当原有决策的实施表明将危及决策目标的实现时，对目标或决策方案所进行的一种根本性修正。

> 追踪决策：当原有决策的实施表明将危及决策目标的实现时，对目标或决策方案所进行的一种根本性修正。

追踪决策是相对于初始决策而言的。初始决策是所选定的方案尚未付诸实施，没有投入任何资源，客观对象与环境尚未受到人的决策的影响和干扰，因此，是以零为起点的决策。进行重大战略调整的追踪决策则不然，企业外部的经营环境或内部的经营条件已经由于初始决策的执行而有所改变，是"非零起点"。因此，在制定和选择追踪决策的方案时，要充分考虑到初始决策实施已经消耗的资源，以及这种消耗对客观环境造成的种种影响。

3. 注意消除人们对纠偏措施的疑虑。任何纠偏措施都会在不同程度上引起组织的结构、关系和活动的调整，从而会涉及某些组织成员的利益。不同的组织成员会因此而对纠偏措施持不同态度，特别是纠偏措施属于对原先决策和活动进行重大调整的追踪决策时。虽然一些反对原先决策的人会夸大此决策的失误，反对保留其中任何合理的成分，但更多的人对纠偏措施持怀疑和反对的态度，原先决策的制定者和支持者会害怕改变决策标志着自己的失败，从而会公开或暗地里反对纠偏措施的实施；执行原先决策、从事具体活动的基层工作人员则会对自己参与的已经形成的或开始形成的活动结果怀有感情，或者担心调整会使自己失去某种工作机会、影响自己的既得利益而极力抵制任何重要的纠偏措施的制定和执行。因此，控制人员要充分考虑到组织成员对纠偏措施的不同态度，注意消除执行者的疑虑，争取更多的人理解、赞同和支持，以避免在纠偏方案的实施过程中可能出现的人为障碍。

第四节 危机与管理控制

控制的目的是根据预定的目标和标准实时监测企业的经营活动，使之根据预定的规则按预定的要求和线路进行，防止出现重大的偏差。然而，由于企业经营是面向外部伸向未来的活动，活动过程中要受到许多企业无法控制的因素和力量的影响，因此，在企业经营实践中，不仅可能存在不希望出现的偏差，甚至有可能产生引发影响企业生存的危机。本节旨在描述企业危机的本质与特征，分析企业危机的类型与影响因素，探讨危机控制的工作内容以及应该注意的管理问题。

一、危机的特征

随着企业经营范围的不断扩大和经营内容的日趋复杂，防不胜防的危机给许多企业的有序经营造成了严重的影响。危机管理因此而成为近三十年来国内外学者高度关注和研究的课题，在这些研究中，学者们对危机的概念从不同角度给予了不同的阐释。美国学者罗伯特·希斯（Robert Heath）在《危机管理》（*Crisis Management for Managers and Executives*）一书中曾经列出比较有代表性的关于危机的定义[1]。比如，罗森塔尔和皮恩伯格（U. Rosenthal and B. Pijnenburg, 1991）强调，危机是一种"具有严重威胁、不确定性和有危机感的情境"；巴顿（L. Barton, 1993）则认为，"危机是一个会引起负面影响的具有不确定性的事件，这种事件及其后果可能对组织及其员工、产品、服务、资产和声誉造成极大的损害"。

这些定义从不同侧面描述了危机的特点，但似乎未能从本质上把握危机的基本特征。我们认为，危机是在企业生产经营活动过程中由于企

---

[1] [美]罗伯特·希斯，《危机管理》，王成等译，中信出版社，2004年。

业内外部的突发事件而引发的可能危及企业发展，甚至危及企业生存的严重问题。

从这个定义可以推导出危机的三个基本特征（见图 16.13）。

第一，危机的实质是企业经营中出现的"严重问题"。所谓问题，是指企业经营活动中的实际状况与预定目标之间的一种偏离。本章讨论的管理控制从一般意义上来说就是要界定这种偏离。导致偏离的原因是多重的，偏离的类型也是多样的。危机式的偏离是企业在某一时空的状态严重偏离了预定的要求。

第二，具有危机性质的严重问题不仅危及企业的长期发展，而且可能影响企业目前的生存。活动状态与预定要求的任何偏离对企业的长期持续发展都有可能产生不同程度的影响，但危机式的偏离可能使企业目前的生存都难以为继。生存不保，何以发展？所以，一旦爆发危机，迅速采取应对行动是第一位的。

第三，引发危机的根源是企业内部或外部的突发性事件。危机性的严重偏离既可能来自外部的突然变化，也可能源自内部的严重性偶发事件。从企业外部来说，既可能是全新技术的突然涌现，也可能是宏观政策的突然转向；既可能源自市场矛盾的积累，也可能是因为偶发事件的突然冲击。从企业内部来说，既可能是企业过度扩张导致的不同领域间的严重不平衡，也可能是管理不善导致的灾难性事故。

具有上述基本特征的突发性事件对企业造成的冲击都可能引发或外在地表现为来自企业内部和（或）外部的不同利益群体对企业管理当局的不满累积到一定程度后的爆发。

二、危机的类型

根据不同的标准，可以将危机进行不同的分类（见图 16.14）。

从诱发危机产生的原因这个角度去分析，企业危机可以分成外源危机与内源危机。

图 16.13
危机的三个基本特征

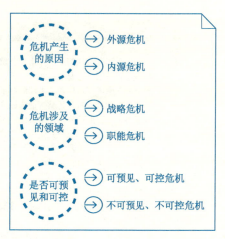

图 16.14
危机的类型

表现为产品质量劣变的责任事故通常与企业管理的懈怠有关，钢铁、化工、煤矿等特殊行业的安全事故也或多或少地是由管理不善造成的（这方面的例子不胜枚举）。然而，企业原先被市场接受的产品突然受到市场用户或政府主管机构的质疑，这种变化也许不是因为企业内部管理懈怠，而可能是由于科学研究的最新发现。比如，天津中美史克制药有限公司生产的康泰克自 20 世纪 90 年代初进入中国市场以后曾成功占据中国感冒药市场近 40%的份额，1999 年的销售额曾达 7 亿元人民币之多。但是，康泰克和其他同类感冒药中含有盐酸苯丙醇胺（phenylpropanolamine，PPA）成分，它起收缩血管的作用，可以缓解鼻塞、流鼻涕等感冒症状，同时，因为它也有抑制食欲的功效，在国外也被广泛用于减肥药中。美国耶鲁大学的一个医学研究小组经过长期研究发展，过量服用 PPA 会使患者血压升高、肾功能衰竭、心律失常，严重的可能导致中风、心脏病而危及生命。该小组向美国食品和药品管理局（Food and Drug Administration，FDA）提出禁止使用 PPA 的建议。2000 年 11 月初，国内部分媒体报道了国外关于 PPA 的消息，康泰克与 PPA 成为媒体和公众关注的焦点。中国政府出于谨慎考虑，决定暂停含 PPA 成分药物的使用和销售。2000 年 11 月 16 日，中美史克公司接到天津市卫生局的传真，要求立即暂停制售含 PPA 成分的药物，一场涉及中美史克企业形象及其产品市场命运的危机突然降临。华为的生存危机是美国倾全国之力，并胁迫他国对华为封锁、围堵、打压的结果，是典型的外源性危机；恒大的债务危机是由企业本身无序扩张、野蛮生长，负债 2 万多亿元，致使资金链断裂，是典型的内源性危机。

从危机涉及领域的宽窄这个角度去分析，可以把企业危机分成战略危机与职能危机。战略危机源自企业战略选择的失误，如企业过早或过度的多元化，也可能源自企业战略选择后市场发生了企业预料不到的变化；职能危机大多源自企业众多的环节中出现某个短板。

正确的战略选择是企业持续发展的根本保证。战略选择的失误则可能毁掉一个曾经辉煌的企业。

不同环节之间能力的相对均衡是企业经营有序进行的重要前提，如果某个环节的能力突发性增长，而其他领域又未能迅速适应，就可能给企业带来危机。

2013年8月19日，央视新闻"索尼公司申请破产"虽然迅即被证实是闹了乌龙，但面对三星、苹果等公司的竞争，索尼陷入困境、市场竞争力江河日下却被认为是不争的事实。这种衰败与公司品牌捆绑过度、企业多元化战略过度不无一定的关系。凭借独特的创新理念和能力，索尼曾孕育出一个又一个充满锐气和独特的创新产品，创建了一个又一个全新的市场。然而，索尼进入了太多的行业：笔记本电脑、手机、DVD、数码相机、机顶盒、游戏、娱乐、金融……以至于索尼内部一位高层抱怨"索尼插手各种业务，想要各项业务都成为老大，这首先要在各方面创造出新一代的产品，这要求太高了"。

从危机涉及主体对危机的可预见和可控程度,可以把企业危机分成可预见、可控和不可预见、不可控两种类型。不管是源自企业内部还是源自企业外部的危机,它们都既可能是某个诱因积累到一定程度后的集中爆发,也可能是某个偶发性因素的瞬间突然引爆。从某种意义上说,源自内部的危机在一定程度上是可预料、可控的,而外源性危机通常是企业不可预料、不可控的;诱因累积后的集中爆发在一定程度上是可预料、可控的,而瞬间突然引爆的危机是不可预料、不可控的。

> 山东秦池酒厂曾因1995年和1996年连续两年在中央电视台黄金时段广告招标中夺得标王而迅速提升了企业品牌的知名度,企业市场营销能力也因此而爆发性扩张。然而,市场很快对这个县级小酒厂的生产能力提出了质疑。与天价3.2亿元的广告费相对应,秦池酒厂至少需要实现15亿元的销售额,而这是秦池当时凭借自己的生产能力无论如何都无法实现的。《经济参考报》的4位记者通过追踪调查后发现,以"秦池"品牌销售的白酒竟然有50%以上来自四川邛崃的春泉酒厂。1997年1月,《经济参考报》据此而刊发的"秦池酒厂使用川酒勾兑"的连续报道使"秦池"从此陷入万劫不复的境地[1]。

三、危机的控制

最有效的危机防范在于完善管理制度,加强日常经营管理。各种制度的严密制定和严格执行从某种意义上说是为了从根本上消除源自企业内部由于管理懈怠而导致的经营危机,或将企业经营中可能出现的问题及时消灭在萌芽初期。

危机管理也有惊人的相似之处。危机爆发后力挽狂澜的企业家常为市场所欢呼,善于完善制度、保证有序、化危机于无形的卓越管理者则常为人们所忽略。然而,管理从根本上来说是要建立秩序、消解危机、保证效率。因此,危机前的各项工作才是最重要也是最能有效遏制危机的工作。在本质上,管理学系的各专业课程无不与此有关。作为管理控制的一节,这里主要讨论危机爆发前后的管理控制工作。

危机爆发前后的管理控制主要包括危机辨识、危机消解、危机沟通以及危机后的学习等方面的工作。

> 扁鹊是中国历史传说中的名医,但其兄长医术更高。然而,世人只知扁鹊,却鲜闻其兄长。魏文王曾就此问扁鹊:"你们家兄弟三人皆精于医术,谁的医术最高?"扁鹊答道:"论医术我大哥最高,二哥次之,我在两位兄长之下,属于最差。"文王再问:"何以你名扬天下,他们却声望远不及你?"扁鹊答:"我大哥治病,是治在病情发作之前,由于人们不知道他事先能铲除病因,所以,他的名气根本无法传播出去;我二哥治病,是治病于病情初起之时,一般人认为他只能医治一些轻微的小病,故名声只及附近乡里;至于我,没有二位兄长的超前判断能力,只能医治于病情严重之时,但一般人却只看我穿针放血或在皮肤上做些大的手术,就认为我医术最高明,因此,名气最大,远涉全国。"

---

[1] 吴晓波,《大败局》,浙江人民出版社,2001年,第37—60页。

首先是危机辨识。危机辨识不仅包括危机爆发后迅速识别其有可能对企业造成的冲击，从而尽可能迅速地采取应对措施以尽量缩减危机损失，更应包括危机爆发前捕捉危机信息，尽可能采取早期的预防和消解行动。

巴顿认为，可能预示企业将会出现危机的信号包括突破性技术创新导致的"技术断裂"、客户对企业技术创新的抵制、公司内部难以消除的传言和怀疑、客户的抱怨不休、管理标准的不甚严谨以及内部员工的焦虑和呼吁。对这类信号的忽视，可能使企业错失行动良机。所以，管理层特别是高层管理者应对这类信号及其反映的问题有高度的敏感性[1]。

其次是危机消解。危机性事件一旦爆发，管理层就应迅速采取行动，防止事件产生的负面影响蔓延。危机管理的关键是行动的及时性。从某种意义上说，要达到缩减危机冲击的目标，行动的迅速性可能比行动的正确性更加重要。等到应对方案非常完善了再采取行动，危机对企业可能已经造成了不可挽回的伤害。巴顿在《危机管理：一套无可取代的简易危机管理方案》（*Crisis Leadership Now: A Real-World Guide to Preparing for Threats, Disaster, Sabotage, and Scandal*）一书中介绍，曾有上百万美国观众收看了一部电视纪录片，画面中一种品牌的汽车在模拟碰撞试验中腾起烈焰。观众义愤填膺，发誓不再购买这家公司的任何产品。等到一个月之后，公司才发布电视片出品人操纵撞车起火的证据。但真相对于公众的态度已经几乎没有任何影响。公司反应的迟缓使得电视纪录片对公司及其声望的破坏已经造成。由于某些企业危机的外溢效应巨大，如华为和恒大，可能对国家科技进步、社会稳定、经济发展产生巨大影响。在中国特色社会主义体制条件下，政府的直接干预对危机的消解起着决定性作用。

再次是危机沟通。危机爆发后，不仅受事件直接冲击的利益主体急需了解事件的真相、危害程度、企业的态度，特别是企业目前正在采取的应对措施，企业内部和外部的其他公众也非常希望及时掌握相关信息。在网络传播渠道已经遍及全球各个角落的今天，企业基本不可能隐瞒或封锁任何消息。掩盖和迟缓带来的只能是不满甚至愤怒。企业唯一能做的就是危机爆发后在不影响企业商业机密或技术秘密的前提下心有诚意地及时迅速传递真实的信息。真实信息的传递，不仅反映企业真诚的态度，而且可以避免企业不同部门在与外部接触时可能出现的不一致以及因此而可能导致的各种猜疑。

最后是要努力从危机中学习。从危机中学习，首先是在危机中发现和

---

[1] 哈佛商学院出版公司，《危机管理——掌握抵御灾难的技巧》，商务印书馆，2007年。

挖掘机会。正如"危机"这个中文单词所深含的意蕴：危机既可能给企业经营带来危险，也可能给企业在克服危险后带来成长与发展的机会。俗话说，不破不立，危机事件也许能够迫使企业打破旧的平衡，寻找到突破障碍实现新的平衡的机会。在危机中学习，还意味着要通过危机管理的实践掌握危机管理的一般规律。要总结本次危机管理的经验与教训，分析信号辨识、措施选择以及与公众沟通等方方面面工作的得与失，为今后可能出现的类似情况提供借鉴。特别是，要通过危机管理的总结，找出企业目前经营中可能还存在的隐患，尽早采取防范措施，为企业今后的健康经营提供保障。

读 书 提 示

1. ［美］哈罗德·孔茨、［美］海因茨·韦里克，《管理学——国际化与领导力的视角》（精要版第 9 版）第 20 章，马春光译，中国人民大学出版社，2014 年。

2. ［美］斯蒂芬·罗宾斯、［美］玛丽·库尔特著，《管理学》（第 15 版）第 18 章，刘刚等译，中国人民大学出版社，2022 年。

3. ［美］W. H. 纽曼、［美］小 C. E. 萨默著，《管理过程——概念、行为和实践》第 24 章，李柱流译，中国社会科学出版社，1995 年。

复 习 思 考 题

1. 什么是控制？在管理中控制的作用是什么？
2. 描述控制的过程。
3. 计划与控制是如何产生联系的？为什么在控制过程中"衡量什么"比"如何衡量"更关键？
4. "调整性纠偏"与"彻底性纠偏"的差别是什么？
5. 比较不同类型控制的优缺点。
6. 一个有效的控制系统应具备哪些条件？
7. 危机爆发后的管理控制工作包括哪些内容？

第十七章

控制方法

企业管理实践中运用着多种控制方法。在决策和计划等章节里所介绍的盈亏平衡分析、经营单位组合矩阵（BCG）、管理信息系统（MIS）、企业资源计划（ERP）等既是计划和决策的工具，也是企业管理控制的方法，本章重点介绍预算控制、非预算控制、成本控制、标杆管理、平衡计分卡等常用的控制理论和方法。

第一节 预算控制

企业在未来的几乎所有活动都可以利用预算进行控制。预算预估了企业在未来时期的经营收入或现金流量，也为各部门或各项活动规定了在资金、劳动、材料、能源等方面的支出不能超过的额度。**预算控制**就是根据预算规定的收入与支出标准来检查和监督各个部门的生产经营活动，以保证各种活动或各个部门在充分达成既定目标、实现利润的过程中对经营资源的利用，从而使费用支出受到严格有效的约束。

预算控制：根据预算规定的收入与支出标准来检查和监督各个部门的生产经营活动。

一、预算的形式

为了有效地从预期收入和费用两个方面对企业经营全面控制，不仅需要对各个部门、各项活动编制分预算，而且要对企业整体编制全面预算。分预算是按照部门和项目来编制的，它们详细说明了相应部门的收入目标或费用支出的水平，规定了它们在生产活动、销售活动、采购活动、研究开发活动或财务活动中筹措和利用劳动力、资金等生产要素的标准。全面预算则是在对所有部门或项目分预算进行综合平衡的基础上编制而成的，它概括了企业相互联系的各个方面在未来的总体目标。只有编制了总体预算，才能进一步明确组织各部门的任务、目标、制约条件以及各部门在活动中的相互关系，从而为正确评价和控制各部门的工作提供客观的依据。

> 分预算：按照部门和项目来编制，详细说明相应部门的收入目标或费用支出水平。它不一定用货币单位计量。

> 全面预算：在对所有部门或项目分预算进行综合平衡的基础上进行编制，概括企业未来的总体目标。它必须用统一的货币单位计量。

任何预算都须用数字形式来表述，全面预算必须用统一的货币单位来衡量，分预算则不一定用货币单位计量。比如，原材料预算可能用千克或吨等单位来表述；劳动预算可能用用工数量或人工小时来表述。这是因为对一些具体的项目来说，用时间、长度或重量等单位来表达能提供更多、更准确的信息。用货币金额来表达原材料预算，我们只知道原材料消耗的总费用标准，而不知道原材料使用的确切种类和数量，也难以判断价格变动会产生何种影响。当然，不论以何种方式表述的各部门或项目的分预算，在将它们综合平衡以编制企业的全面预算之前，必须转换成用统一的货币单位来表达的方式。预算的形式如图 17.1 所示。

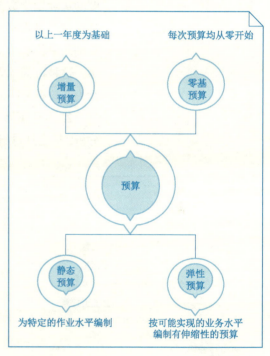

图 17.1 预算的形式

（一）静态预算与弹性预算

1. 静态预算是指为特定的作业水平编制的预算。

2. 弹性预算是指在成本按性质分类的基础上，以业务量、成本和利润之间的相互关系为依据，按照预算期内可能实现的各种业务水平编制的有伸缩性的预算。编制弹性预算所用的业务量可以是产量、销售量、直接人工工时、机器工时、材料消耗量和直接人工工资等。弹性预算主要用于编制成本预算和利润预算。现以弹性预算为例说明预算编制步骤。

（1）选择业务量的计量单位。业务量的计量单位应选用最能反映本部门生产经营活动的特征，并且容易搜集、容易理解的计量单位，例如，以手工操作为主的车间应选用人工工时。

（2）确定适用的业务量范围。业务量范围要视部门的业务量变化情况而定，务必使实际业务量不超过所确定的范围，例如，可定在正常生产能力的 80%—110%。

（3）根据成本与产量之间的相互关系，应用多水平法、公式法和图式法等把企业成本分解为固定、变动、半变动成本三类。

（4）确定预算期内各业务活动水平。

（5）编制预算，若企业于事后按实际业务量编制弹性预算，可按实际业务水平编制。若企业预选编制弹性预算，则可利用多栏式的表格分别编制对应于不同经营水平的预算。

（6）进行分析、评价，考核预算控制的执行情况。

（二）增量预算与零基预算

1. 传统的预算方法是增量法。增量预算又称基线预算法，是以上一年度的实际发生数为基础，再结合预算期的具体情况加以调整，而很少考虑某项费用是否必须发生，或其预算额有没有必要这么大。在增量法下，预算编制单位的负责人常常竭力用完全年的预算指标，以致到了年底毫无剩余。这种行为源于他们要维持预算的现有水平，并可要求增加资金。这种行为在政府部门、事业单位以及财政投资性的国有企业尤为明显。

2. 零基预算不受前一年度预算水平的影响。它对现有的各项作业进行分析，根据其对组织的需要和用途，决定作业的取舍；根据未来一定期间生产经营活动的需要和各项业务的轻重缓急，对每项费用进行成本—效益分析和评定分级，从而确定其开支的必要性、合理性和优先顺序，并依据企业现有资金的实际可能，在预算中对各个项目进行综合性费用预算编制。

由于每次预算均从零开始，所以，零基预算实施起来费时又费力。它的成功运用要求广泛而深入的分析，实际上，增量预算也需要广泛而深入的考核。现实中折中的方法是，每3—5年编制一次零基预算，以减少浪费和低效。

图 17.2
预算的内容

二、预算的内容

由于不同企业的生产活动特点不同，预算表中的项目会有不同程度的差异。但一般来说，预算内容要涉及以下几个方面：①收入预算；②支出预算；③现金预算；④资金支出预算；⑤资产负债预算（见图 17.2）。

（一）收入预算

收入预算和支出预算都是从财务角度计划和预测未来活动的成果以及为取得这些成果所需付出的费用。

由于企业收入主要来源于产品销售，因此，收入预算的主要内容是销售预算。销售预算是在销售预测的基础上编制的，即通过分析企业过去的销售情况、目前和未来的市场需求特点及其发展趋势，比较竞争对手和本企业的经营实力，确定企业在未来时期内为了实现目标利润必须达到的销售水平。

由于企业通常不只生产一种产品，这些产品也不仅在某一个区域市场上销售，因此，为了能为控制未来的活动提供详细的依据，便于检查计划的执行情况，往往需要按产品、区域市场或消费者群（市场层次）为各经营单位编制分项销售预算。同时，由于在一年中的不同季度和月度，销售量往往不稳定，所以，通常还需预计不同季度和月度的销售收入，这种预计对编制现金预算很重要。

（二）支出预算

企业销售的产品是在内部生产过程中加工制造出来的，在这个过程中，企业需要借助一定的劳动力，利用和消耗一定的物质资源。因此，与销售预算相对应，企业必须编制能够保证销售过程得以进行的生产活动的预算。关于生产活动的预算，不仅要确定为取得一定销售收入所需要的产品数量，更重要的是，要预计为得到这些产品、实现销售收入需要付出的费用，即编制各种支出预算。

1. 直接材料预算。直接材料预算是根据实现销售收入所需的产品种类和数量，详细分析为了生产这些产品，企业必须利用的原材料的种类和数量，它通常以实物单位表示，考虑到库存因素后，直接材料预算可以成为采购部门编制采购预算、组织采购活动的基础。

2. 直接人工预算。直接人工预算需要预计企业为了生产一定量的产品，需要哪些种类的工人，每种类型的工人在什么时候需要多少数量，以及利用这些人员劳动的直接成本是多少。

3. 附加费用预算。直接材料和直接人工只是企业经营全部费用的一部分。企业的行政管理、营销宣传、人员推销、销售服务、设备维修、固定资产折旧、资金筹措以及税金等，也要耗费企业的资金。对这些费用也需要进行预算，这就是附加费用预算。

（三）现金预算

现金预算是对企业未来生产与销售活动中现金的流入与流出进行预测，通常由财务部门编制。现金预算只能包括现金流程中的项目：赊销所得的应收款在用户实际支付以前不能列作现金收入，赊购所得的原材料在未向供应商付款以前也不能列入现金支出，需要今后连年分摊的投资费用却需要当年实际支出现金。因此，现金预算并不需要反映企业的资产负债情况，而是要反映企业在未来活动中的实际现金流量和流程。企业的销售收入、利润即使相当可观,但大部分尚未收回,或收回后被大量的库存材料或在制品所占用,它也不可能给企业带来现金上的方便。通过现金预算,可以帮助企业发现资金的闲置或不足,从而指导企业及时利用暂时过剩的现金或及早筹齐维持营运所短缺的资金。

(四)资金支出预算

上述各种预算通常只涉及某个经营阶段,是短期预算;资金支出预算则可能涉及好几个阶段,是长期预算。如果企业的收支预算被很好地执行,企业有效地组织了资源的利用,利用这些资源得到的产品销售以后的收入就会超出资源消耗的支出,从而给企业带来盈余,企业可以利用盈利来进行生产能力的恢复和扩大。由于这些支出具有投资的性质,因此,对其计划安排通常被称为投资预算或资金支出预算。资金支出预算的项目包括:用于更新改造或扩充包括厂房、设备在内的生产设施的支出;用于增加品种、完善产品性能或改进工艺的研究与开发支出;用于提高职工和管理队伍素质的人事培训与发展支出;用于广告宣传、寻找顾客的市场发展支出等。

(五)资产负债预算

资产负债预算是对企业会计年度末期的财务状况进行预测。它通过将各部门和各项目的分预算汇总在一起,表明如果企业的各种业务活动达到预先规定的标准,在财务期末企业资产与负债会呈现何种状况。作为各分预算的汇总,管理人员在编制资产负债预算时虽然不需作出新的计划或决策,但通过对预算表的分析,可以发现某些分预算的问题,从而有助于采取及时的调整措施。

1. 通过分析流动资产与流动债务的比率,可能会发现企业未来的财务安全性不高、偿债能力不强,这就要求企业在资金的筹措方式、来源及其使用计划上作相应的调整。

2. 通过将本期预算与上期实际发生的资产负债情况进行对比,还可发现企业财务状况可能会发生哪些不利变化,从而指导事前控制。

三、预算的作用及其局限性

由于预算的实质是用统一的货币单位为企业各部门的各项活动编制计划,因此,它使得企业在不同时期的活动效果和不同部门的经营绩效具有可比性,可以使管理者了解企业经营状况的变化方向和组织中的优势部门与问题部门,从而为调整企业活动指明方向;通过为不同的职能部门和职能活动编制预算,也为协调企业活动提供了依据。更重要的是,预算的编制与执行始终是与控制过程联系在一起的;编制预算是为企业的各项活动确立财务标准;用数量形式的预算标准来对照企业活动的实际效果,大大方便了控制过程中的绩效衡量工作，也使之更加客观可靠；在此基础上，很容易测量出实际活动对预期效果的偏离程度，从而为采取纠正措施奠定基础。

由于这些积极作用，预算手段在组织管理中得到了广泛运用。但在预算的编制和执行中，也有一些局限性。

1. 只能帮助企业控制那些可以计量的，特别是可以用货币单位计量的业务活动，而不能促使企业对那些不能计量的企业文化、企业形象、企业活力的改善予以足够的重视。

2. 编制预算时通常参照上期的预算项目和标准，从而会忽视本期活动的实际需要，可能会导致这样的错误：上期有的而本期不需要的项目仍然沿用，本期必需但上期没有的项目会因缺乏先例而不能增设。

3. 企业活动的外部环境是在不断变化的，这些变化会改变企业获取资源的支出或销售产品实现的收入，从而使预算变得不合时宜。因此，缺乏弹性、非常具体，特别是涉及较长时期的预算可能会过度束缚决策者的行动，使企业经营缺乏灵活性和适应性。

4. 预算，特别是项目预算或部门预算，不仅对有关负责人提出希望他们实现的目标，也为他们实现目标而有效开支的费用规定了限度。这种规定可能使主管们在活动中精打细算，小心翼翼地遵守不得超过支出预算的准则，而忽视了部门活动的本来目的。

第二节 非预算控制

非预算控制主要有比率分析、审计控制、损益控制等方法（见图 17.3）。

一、比率分析

单个地去考虑反映经营结果的某个数据，往往不能说明任何问题：企业本年度盈利 100 万元，某部门本期生产 5 000 个单位产品，或本期人工支出费用为 85 万元，这些数据本身没有任何意义。只有根据它们之间的内在关系，相互对照分析才能说明某个问题。比率分析就是将企业资产负债表和收益表上的相关项目进行对比，形成一个比率，从中分析和评价企业的经营

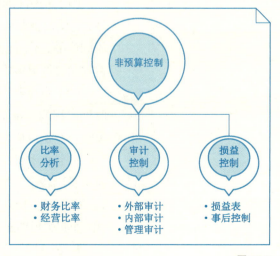

图 17.3
非预算控制

成果和财务状况。

利用财务报表提供的数据,可以列出许多比率,常用的有两种类型:财务比率和经营比率。

(一) 财务比率

财务比率及其分析可以帮助我们了解企业的偿债能力和盈利能力等财务状况。

1. 流动比率。流动比率是企业的流动资产与流动负债之比。它反映企业偿还需要付现的流动债务的能力。一般来说,企业资产的流动性越大,偿债能力就越强;反之,偿债能力则弱,这样会影响企业的信誉和短期偿债能力。因此,企业资产应具有足够的流动性。资产若以现金形式表现,其流动性最强。但要防止为追求过高的流动性而导致财务资源的闲置,以避免使企业失去本应得到的收益。

2. 负债比率。负债比率是企业总负债与总资产之比。它反映企业所有者提供的资金与外部债权人提供的资金的比率关系。只要企业全部资金的利润率高于借入资金的利息,且外部资金不在根本上威胁企业所有权的行使,企业就可以充分地向债权人借入资金以获取额外的利润。一般来说,在经济迅速发展时期,债务比率可以很高。20世纪60—70年代初,日本许多企业的外借资金占全部营运资金的80%左右。确定合理的债务比率是企业成功地举债经营的关键。

3. 盈利比率。盈利比率是企业利润与销售额或全部资金等相关因素的比例关系,它反映企业在一定时期从事某种经营活动的盈利程度及其变化情况。常用的比率有以下两种。

(1) 销售利润率。销售利润率是销售净利润与销售总额之间的比例关系,它反映企业从一定时期的产品销售中是否获得了足够的利润。将企业不同产品、不同经营单位在不同时期的销售利润率进行比较分析,能为经营控制提供更多的信息。

(2) 资金利润率。资金利润率是指企业在某个经营时期的净利润与该时期占用的全部资金之比,它是衡量企业资金利用效果的一个重要指标,反映企业是否从全部投入资金的利用中实现了足够的净利润。

同销售利润率一样,资金利润率也要同其他经营单位和其他年度的情况进行比较。一般来说,要为企业的资金利润率规定一个最低的标准。同样一笔资金,投入到企业营运后的净利润收入,至少不应低于其他投资形式(如购买短期或长期债券)的收入。

(二) 经营比率

经营比率,也称活力比率,是与资源利用有关的几种比例关系。它们反映企业经营效率的高低和各种资源是否得到了充分利用。

1. 库存周转率。库存周转率是销售总额与库存平均价值的比例关系，它反映与销售收入相比库存数量是否合理，表明投入库存的流动资金的使用情况。

2. 固定资产周转率。固定资产周转率是销售总额与固定资产之比，它反映单位固定资产能够提供的销售收入，表明企业固定资产的利用程度。

3. 销售收入与销售费用的比率。这个比率表明单位销售费用能够实现的销售收入，在一定程度上反映企业营销活动的效率。由于销售费用包括人员推销、广告宣传、销售管理费用等组成部分，因此，还可进行更加具体的分析。

反映经营状况的这些比率也通常需要进行横向的（不同企业之间）或纵向的（不同时期之间）比较，才更有意义。

二、审计控制

审计是对反映企业资金运动过程及其结果的会计记录和财务报表进行审核、鉴定，以判断其真实性和可靠性，从而为控制和决策提供依据。根据审查主体和内容的不同，可将审计分为三种主要类型。

1. 由外部审计机构的审计人员进行的外部审计。
2. 由内部专职人员对企业财务控制系统进行全面评估的内部审计。
3. 由外部或内部的审计人员对管理政策及其绩效进行评估的管理审计。

（一）外部审计

外部审计是由外部机构（如会计师事务所）选派的审计人员对企业财务报表及其反映的财务状况进行独立的评估。为了检查财务报表及其反映的资产和负债的账面情况与企业真实情况是否相符，外部审计人员需要抽查企业的基本财务记录，以验证其真实性和准确性，并分析这些记录是否符合公认的会计准则和记账程序。

外部审计实际上是对企业内部虚假、欺骗行为的一个重要而系统的检查，起着鼓励诚实的作用：由于知道外部审计不可避免地要进行，企业就会努力避免做那些在审计时可能会被发现的不光彩的事。

外部审计的优点是审计人员与管理当局不存在行政上的依附关系，不需看企业经理的眼色行事，只需对国家、社会和法律负责，因而可以保证审计的独立性和公正性。但是，由于外来的审计人员不了解企业内部的组织结构、生产流程和经营特点，在对具体业务的审计过程中可能产生困难。此外，处于被审计地位的内部组织成员可能产生抵触情绪，不愿积极配合，这也可能增加审计工作的难度。

(二) 内部审计

如其名称所示,内部审计是由企业内部的机构或由财务部门的专职人员来独立地进行的,内部审计兼有许多外部审计的目的。它不仅要像外部审计那样核实财务报表的真实性和准确性,还要分析企业的财务结构是否合理;不仅要评估财务资源的利用效率,而且要检查和分析企业控制系统的有效性;不仅要检查目前的经营状况,而且要提供改进这种状况的建议。

内部审计是企业经营控制的一个重要手段,其作用主要表现在三个方面。

1. 内部审计提供了检查现有控制程序和方法能否有效地保证达成既定目标和执行既定政策的手段。例如,制造质量完善、性能全面的产品是企业孜孜以求的目标,这不仅要求利用先进的生产工艺,工人提供高质量的工作,而且对构成产品的基础——原材料提出了相应的质量要求。这样,内部审计人员在检查物资采购时,就不仅限于分析采购部门的账目是否齐全、准确,而且将力图测定材料质量是否达到要求。

2. 根据对现有控制系统有效性的检查,内部审计人员可以提供有关改进公司政策、工作程序和方法的对策建议,以促使公司政策符合实际,工作程序更加合理,作业方法被正确掌握,从而更有效地实现组织目标。

3. 内部审计有助于推行分权化管理。作为一种从财务角度评价各部门工作是否符合既定规则和程序的方法,内部审计加强了对下属的控制,似乎更倾向于集权化管理。但实际上,企业的控制系统越完善、控制手段越合理,就越有利于分权化管理。因为主管们知道,将许多重要的权力授予下属后,自己可以很方便地利用有效的控制系统和手段来检查下属对权力的运用状况,从而能够及时发现下属工作中的问题,并采取相应措施。内部审计不仅评估企业的财务记录是否健全、正确,而且为检查和改进现有控制系统的效能提供一种重要的手段,因此有利于促进分权化管理的发展。

虽然内部审计为经营控制提供了大量的有用信息,但在使用中也存在不少局限性,主要表现在以下三个方面。

(1) 内部审计可能需要很多费用,特别是如果进行深入、详细的审计的话。

(2) 内部审计不仅要搜集事实,而且需要解释事实,并指出事实与计划的偏差所在。要能很好地完成这些工作,而又不引起被审计部门的不满,需要对审计人员进行充分的技能训练。

(3) 即使审计人员具有必要的技能,仍然会有许多员工认为审计是一种"密探"或"查整性"的工作,从而在心理上产生抵触情绪。如果审计过程中不能进行有效的信息和思想沟通,就可能会对组织活动带来负激励效应。

(三) 管理审计

外部审计主要核对企业财务记录的可靠性和真实性,内部审计在此基础上对企业政策、工作程序与计划的遵循程度进行测定,并提出必要的改进企业控制系统的对策建议;管理审计的对象和范围则更广,它是一种对企业所有管理工作及其绩效进行全面系统的评价和鉴定的方法。管理审计虽然也可由组织内部的有关部门进行,但为了保证某些敏感领域得到客观的评价,企业通常聘请外部专家来进行。

管理审计的方法是利用公开记录的信息,从反映企业管理绩效及其影响因素的若干方面将企业与同行业其他企业或其他行业的著名企业进行比较,以判断企业经营与管理的健康程度。

反映企业管理绩效及其影响因素主要有以下八种(见图17.4)。

1. 经济功能。检查企业产品或服务对公众的价值,分析企业对社会和国民经济的贡献。

2. 企业组织结构。分析企业组织结构是否能有效地达成企业经营目标。

3. 收入合理性。根据盈利的数量和质量(指盈利在一定时期内的持续性和稳定性)来判断企业盈利状况。

4. 研究与开发。评价企业研究与开发部门的工作是否为企业的未来发展进行了必要的新技术和新产品的准备;管理当局对这项工作的态度如何。

5. 财务政策。评价企业的财务结构是否健全合理,企业是否有效地运用财务政策和控制来达到短期和长期目标。

6. 生产效率。保证在适当的时候提供符合质量要求的必要数量的产品,这对于维持企业的竞争能力是相当重要的。因此,要对企业生产制造系统在数量和质量的保证程度以及资源利用的有效性等方面进行评估。

7. 销售能力。销售能力影响企业产品能否在市场上顺利实现其价值。这方面的评估包括企业商业信誉、代销网点、服务系统以及销售人员的工作技能和工作态度。

8. 对管理当局的评估,即对企业的主要管理人员的知识、能力、勤劳、正直、诚实等素质进行分析和评价。

管理审计在实践中遇到许多批评,其中,比较重要的意见是认为这种

图 17.4
企业管理绩效及其影响因素

审计过多地评价组织过去的努力和结果，而不致力于预测和指导未来的工作，以至于有些企业在获得了极好评价的管理审计后不久就遇到严重的财务困难。

尽管如此，管理审计不是在一两个容易测量的活动领域进行比较，而是对整个组织的管理绩效进行评价，因此，它可以为指导企业在未来改进管理系统的结构、工作程序和结果提供有用的参考。

三、损益控制

顾名思义，损益控制是根据企业或企业中的独立核算部门的损益表，对其管理活动及其成效进行综合控制的方法。企业的损益表中列出本期间内企业各类活动的收支状况及其利润。利润是反映企业绩效的综合性指标，损益表记录了影响利润变动的一些信息。如果当期利润指标与预算利润水平发生偏差，则应分析使利润发生偏差的各个项目，以寻求原因，制定相应的纠偏措施。

例如，一个制造型企业的损益表如表 17.1 所示。可以看出利润下降的原因是销售收入的下降以及库存的上升。因此，主要问题在于销售工作不

表 17.1　某制造型企业的损益表

2017 年度（截止日期：2017 年 12 月 31 日）　　　　　　　　　　（单位：万元）

项　目	与去年相比		与计划相比	
	增减量	增减率（%）	增减量	增减率（%）
产品销售收入	−200	−7.14	−400	−13.33
减：产品销售成本				
期初库存产品	+100	20	100	20
加：本年产品生产成本	−100	−8.33	−200	−15.38
可供销售产品	0	0	−100	−5.56
减：期末库存产品	+100	33.33	100	33.33
毛利	−100	−7.14	−200	−13.33
减：营业费用				
销售费用	+10	1.67	10	1.67
管理费用	+10	3.33	10	3.33
税前收益	−120	−24	−220	−36.67

力，纠正措施应针对销售部门展开。可能需要通过提高营销费用，如加强促销来提高销售能力；也有可能需要提高营销人员的激励力度，即提高管理费用来提高销售能力；企业可以认真研究产品制造成本表，分析是否是由于制造成本太高而导致企业产品市场竞争力下降，所以，也可以通过加强制造成本管理来提高产品销售能力。但具体采取何种措施来解决销售疲软问题，应视企业经营的具体状况来确定。由此可见，损益控制法有利于从总体上把握问题的关键，以便有针对性地进行纠偏措施。

损益控制也有不足之处，主要有以下两点。

1. 它是一种事后控制。事后控制无法改善前期工作，但能为后期工作提供借鉴。

2. 由于许多事项不一定能反映在当期的损益表上，如某项活动的失误（如投资于不良项目）、外部环境的变化等，从而仅在损益表上不能准确地判断利润发生偏差的主要原因。

在利用损益控制时还需辅以其他方法，以分析利润发生偏差的真正原因，从而寻求正确的纠偏措施。

第三节 | 成 本 控 制

成本是为取得可为某组织带来当期或未来利益的某种产品和服务而付出的现金或现金等价物。最初它主要用于满足一种特殊需要：通过在成本之上加上一定的利润来确定销售价格。当然，这种定价策略的基本假定是市场由销售者控制。自20世纪20年代开始，成本概念在美国开始有了一种新的用途：人们确定成本的目的是降低成本、方便销售行动。但是在生产者主导的市场中，成本核算仍以"保证生产者收回生产费用"为基本职能。完全成本的概念受到高度重视，企业在向客户提供的成本资料中，详细列出所有成本事项。20世纪50年代后，随着物质不断丰富、市场竞争日益激烈，许多商品市场由卖方市场转向买方市场，成本核算中的直接成本、平均变动成本、边际成本等概念日益重要。

一、成本控制的基础：成本对象与成本分配

成本分析在于计量各项成本，并将之分配到每个实体或成本对象。这是成本控制的基础工作。成本对象是指需对其进行成本计量和分配的项

目,如产品、顾客、部门、工程和作业等。例如,如果需要知道生产一辆汽车得花多少钱,成本对象就是汽车;如果想确定一辆汽车在组装中需花多少成本,成本对象就是组装作业。近些年来,作业开始成为重要的成本对象。作业是一个组织内部工作的基本单元,在成本分配过程中,作业扮演着重要角色。

把成本准确地分配至各成本对象非常关键,因为歪曲的成本分配会导致错误的决策和评价。

(一)直接成本分配方法

直接成本是指能够容易和准确地归属到成本对象的成本,即其可采用追溯法来分配。成本分配的追溯法有两种:直接追溯法和动因追溯法。直接追溯法是指将与某一成本对象存在特定或实物联系的成本直接确认分配至该成本对象的过程,这一过程通常可以通过实地观察来实现。但在实际工作中,采用实地观察方式得出某一成本对象所消耗资源的准确数量常常既不现实也不可能,所以需要动因追溯。动因追溯法尽管不如直接追溯法准确,但如果因果关系建立恰当,成本归属仍有可能达到较高的准确性。动因追溯使用两种动因类型来追溯成本:资源动因和作业动因。资源动因计量各作业对资源的需要,用以将资源成本分配到各个作业上;作业动因计量各成本对象对作业的需求,并被用来分配作业成本。

(二)间接成本分配方法

间接成本是指不能容易地或准确地归属于成本对象的成本。间接成本不能追溯到成本对象,即在成本与成本对象间没有因果联系或追溯不具有经济可行性。把间接成本分配到各成本对象的过程被称为分摊。由于不存在因果关系,分摊间接成本就建立在简便原则或假定联系的基础上。比如,一家工厂生产数种产品,照明成本需分摊到各产品,这很难找到因果关系,一种较简便的方式是按各产品消耗的人工时数的比例来分摊。任意地分摊间接成本会降低成本分配的准确性。在实际工作中,最好的成本计算策略可能是只分配直接(即可追溯的)成本。如果满足某些要求,需要分摊间接成本,至少应当分开报告直接成本和间接成本的分配结果。

二、成本控制的步骤

(一)建立成本控制标准

成本控制的目的是不断地降低成本,获取更大的利润,所以,制定成本目标时首先要考虑企业的目标盈利总额;其次,企业利润的最终实现必须完成产品在市场上的"惊心一跃",因此,成本目标又要考虑有竞争力的销售价格。由于成本形成于生产的全过程,费用发生在每一项活动上,所以,又要把企业总的目标成本层层分解，各种消耗要按产品零部件或按活动制定标准，各种费用要按部门层层分解到最基本的活动单位。成本控制目标不能太粗太少，否则，不利于分清责任和考核控制，同时需要采购部门、财务部门、直接执行部门共同讨论，因此，制定成本控制标准工作量大且任务复杂。现实中，标准成本法是很好的管理控制工具。

标准成本制度在单位产品的基础上预计数量和成本，这些单位预计包括人工、材料和制造费用的预算。因而标准成本就是为生产一件产品或提供一项服务所应花费的成本。

1. 单位标准制定。历史经验、工程研究及生产操作人员的意见是数量标准的三个潜在来源。历史经验虽然能为制定标准提供初始的依据，但采用历史数据得出的投入—产出关系很可能会使得低效状况长期持续下去。工程研究能确定最有效的运作方式，并能提供严格的指导，但工艺上的标准往往过于严格，操作人员很可能无法达到。由于标准最终需由执行人员去实践，因此，他们应该在标准制定中发挥重要作用。参与管理不仅使所制定出的标准实际可行，而且可以激发参与者的积极性，改进标准。

2. 标准类型。标准一般可分为理想标准与现实可实现标准两类。理想标准要求效率最大化，只有在完美无缺的情况下才能达到；现实可实现标准则是在高效运作的条件下能够达到的标准。它允许存在正常的机器故障、生产中断和并不十分完善的技能等。在实际工作中，人们一般制定现实可实现的、具有挑战性的标准。

3. 制定标准成本举例。标准成本也可以用于服务性组织。本章以制造型企业为例来说明标准成本的制定方法。在制造型企业中，标准成本用于材料、人工及制造费用的核算。运用这些成本，可以计算出单位标准成本。标准成本单提供了有关标准单位成本的详尽资料。表 17.2 是克伦奇玉米片公司生产的 16 盎司袋装玉米片的标准成本单。

克伦奇公司加工玉米片要用到四种原料：玉米、食用油、盐和石灰。包装袋也归属直接材料。有两种类型的直接人工：机器操作员和检验人员。变动性制造费用由三种成本构成：煤气、电和水。变动性制造费用和固定性制造费用都按直接人工小时进行成本分配。

（二）核算成本控制绩效及分析成本发生偏差的调查

为了及时控制成本支出，在成本形成过程中，要依据控制标准对发生的成本费用进行检验监督，与标准成本作比较分析，及时发现偏差量，以判断成本控制的绩效。成本核算频度应按企业的经营性质具体确定。

预算差异是实际成本与计划成本之间的差额。在标准成本制度下，预算差异分解为价格差异和用量差异。图 17.5 列出的三叉图描述了该计算过

表 17.2 玉米片标准成本单

项　目	标准价格	标准用量	标准成本*	小　计
直接材料：				
黄玉米	0.006 美元	18 盎司	0.108 美元	
食用油	0.031 美元	2 盎司	0.062 美元	
盐	0.005 美元	1 盎司	0.005 美元	
石灰	0.400 美元	0.01 盎司	0.004 美元	
包装袋	0.044 美元	1 袋	0.044 美元	
直接材料合计				0.223 美元
直接人工：				
检验	7.00 美元	0.007 0 小时	0.049 美元	
机器操作员	10.00 美元	0.000 8 小时	0.008 美元	
直接人工合计				0.057 美元
制造费用：				
变动性制造费用	3.85 美元	0.007 8 小时	0.030 美元	
固定性制造费用	32.05 美元	0.007 8 小时	0.250 美元	
制造费用合计				0.280 美元
标准单位成本合计				0.560 美元

注：* 由价格乘以用量计算得出。

资料来源：[美]唐·R.汉森、[美]玛丽安·M.莫文著,《管理会计》,王光远等译校,北京大学出版社、科文(香港)出版有限公司,2000年,第372页。

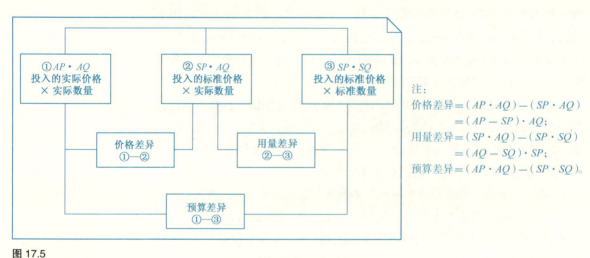

图 17.5
价格差异与用量差异

(资料来源：[美]唐·R.汉森、[美]玛丽安·M.莫文著,《管理会计》,王光远等译校,北京大学出版社、科文(香港)出版有限公司,2000年,第374页。)

程。用 SP 代表某项投入的标准单位价格，SQ 代表实际产量下的标准投入数量，则计划或标准的投入成本是 $SP \cdot SQ$；用 AP 代表单位投入的实际价格，AQ 代表投入的实耗数量，则实际投入成本是 $AP \cdot AQ$。只要投入的实际价格或用量大于标准价格或用量，就会出现不利差异；如果发生相反的情况，则为有利差异。有利差异和不利差异并不等价于良好的差异和不良的差异。差异到底是良好的还是不良的，取决于差异发生的原因，这需要管理人员认真分析。

由于调查差异产生的原因并采取改进措施需要发生相关成本，所以，从总体上说，只有在预期收益大于预期成本时才进行调查。评估差异调查的收益与成本并非一件简单的事。现实中，管理人员既要判断偏差的性质（质的分析），又要判断偏差的范围（量的分析）。一般来说，要解决的问题可分为以下四类。

1. 常见的问题。
2. 表面上看是一件特殊事件，实质上是一个普通的常见问题。
3. 一般性问题的首次出现。
4. 真正的例外及特殊事件。

事实上，除了第四类真正的特殊事件以外，所有问题都只需具有普遍意义的解决办法，即一条规则、一项政策、一种原则，一旦建立了真正的原则，所有同类问题都可得到解决。虽然这样做对解决问题很有效，但判断问题的性质常常具有一定的风险。同时，管理人员可借助于成本控制预警系统来确定控制可接受范围。如果质的分析判断该偏差具有重复发生的可能性，即使量的分析偏差并未超出可接受的范围，管理人员也要进行调查和采取改进措施，因为成本具有分摊性。如果质的分析判断该偏差是一个特殊问题，则考察其量是否超出可接受的范围，只有在差异超出控制上限或下限范围才进行调查和采取措施。

管理人员如何确定可接受范围呢？可接受范围等于标准加上或减去可容许偏差。可容许范围的上下限被称为控制界限，控制上限等于标准加上可容许偏差，控制下限等于标准减去可容许偏差。虽然正规的统计程序可以用于确定控制界限，但现实中绝大多数企业的管理当局是根据过去的经验、直觉和判断来确定可容许偏差的。

> 有调查说，大约1%的企业采取了正规的统计程序[1]。

因此，对偏差的质与量的分析依赖于管理当局以及执行人员的经验、直觉与判断。

---

[1] 参见［美］唐·R. 汉森、［美］玛丽安·M. 莫文，《管理会计》，王光远等译校，北京大学出版社、科文（香港）出版有限公司，2000年，第375页。

利用图 17.5，企业可以分析直接材料、直接人工的价格差异与用量差异，利用类似于图 17.5 的方法，可以分析制造费用的耗费差异与效率差异。企业可以根据具体差异状况分析差异发生的主要原因。

（三）采取纠偏措施

根据偏差原因的分析，制定相应的纠偏措施，并落实到具体部门和执行人员。

三、成本控制的作用

做好企业成本控制工作，不断降低企业的经营成本，是提高企业竞争力从而提高企业经济效益的最直接有效的手段。控制成本，减少企业价值活动过程中的一切浪费，是精益生产的精髓。

> 丰田公司的大野耐一 (Taiichi Ohno, 1912—1990) 曾经提出两个简单的公式来说明企业的经营观。
> 公式一：价格=成本+利润
> 称之为成本主义，以这个观念经营企业肯定要失败。
> 公式二：利润=价格−成本
> 它的经济含义是由市场决定，企业要获得利润只有靠降低成本。丰田公司以公式二作为经营观，创造出独特的丰田生产方式，成为经营效益最好的汽车公司。丰田的精准生产方式成为世界生产方式之新典范。

第四节 | 其他控制方法

除了前面介绍的预算控制、非预算控制和成本控制方法外，还有许多控制理论和方法或与控制相关的理论和方法。本节主要介绍标杆管理和平衡计分卡的理论与方法。

一、标杆管理

被誉为 20 世纪 90 年代三大管理方法之一的标杆管理也可以用于组织的控制。标杆管理是以在某一项指标或某一方面实践上竞争力最强的企业或行业中的领头企业或其内部某部门作为基准，将本企业的产品、服务管理措施或相关实践的实际状况与这些基准进行定量化的评价、比较，在此基础上制定和实施改进的策略和方法，并持续不断反复进行的一种管理方法。标杆管理设定的目标应该是既具有一定的挑战性，又具有相当程度的可行性。由于标杆管理与控制的内容和性质非常相似，因此，可以将标杆管理看成一种控制方法。

标杆管理通常的步骤如下。
1. 确定标杆管理的项目、对象，制定工作计划。
2. 进行调查研究，搜集资料，找出差距，确定纠偏方法。
3. 初步提出改进方案，然后修正和完善该方案。
4. 实施该方案，并进行监督。

- ⊘ 标杆管理、流程再造、战略联盟，被誉为20世纪90年代的三大管理方法。

- ⊘ 标杆管理：以在某一项指标或某一方面实践上竞争力最强的企业或行业中的领头企业或其内部某部门作为基准，将本企业的产品、服务管理措施或相关实践的实际状况与这些基准进行定量化的评价、比较，在此基础上制定和实施改进的策略和方法，并持续不断反复进行的一种管理方法。

5. 总结经验，并开始新一轮的标杆管理。

标杆管理帮助许多公司取得了成功。最早推行标杆管理方法的美国施乐公司（Xerox）就是一个典型的例子。在20世纪70年代中后期，一直处于复印机行业领先地位的施乐公司面临日本多家公司的挑战。这些日本公司的产品价格低廉（其销售价格大约相当于施乐公司同类产品的成本），新产品更新周期短（比施乐公司少50%）。痛定思痛，施乐公司放下曾经是行业老大的架子，向日本企业学习，找出差距，在企业内部推行标杆管理，最终击败对手，重塑辉煌。

当然，标杆管理也有不足之处。一是标杆管理可能会引起本企业与目标企业全面趋同，没有了本企业的任何特色，即失去了推行差异化战略的机遇。二是容易使企业陷入"落后→推行标杆管理→再落后→再推行标杆管理"的恶性循环。事实上，在落后的情况下，跨越式的战略比追赶式战略可能更有效。

二、平衡计分卡

1992年，卡普兰（Robert Kaplan）和诺顿（David Norton）在《哈佛商业评论》发表了题为《平衡计分卡：企业绩效的驱动》（*The Balanced Scorecard: Measures That Drive Performance*）的文章，提出了一套新的、综合性的企业绩效评估方法。在随后的一系列文章和著作中，两位作者将平衡计分卡从普通的绩效评估工具扩展为企业战略管理和实施的方法。事实上，平衡计分卡不仅可以用作企业绩效的评估方法，而且可以用作战略管理方法，它还是一种企业控制工具。

卡普兰和诺顿认为，企业不仅要关注财务指标，而且要重视组织的运营能力；企业不仅要关心短期目标，而且要考虑长期战略发展。如图17.6所示，在平衡计分卡中，企业的愿景和战略处于核心位置，财务、顾客、内部经营过程、学习和成长环于四周，构成一个管理系统。

在财务方面，平衡计分卡包含传统的财务指标，如现金流、投资回报率等。在顾客方面，平衡计分卡包含市场份额、客户回头率、新客户获得率、客户满意度等指标。在内部经营过程方面，要根据客户的需求，按照"调查研究→寻找市场→设计和开发产品→生产制造→销售与售后服务"的顺序来创造流程。内部经营过程的指标常常有成品率、次品率、返工率、新产品销售额在总销售额中所占比例、开发新产品所用的时间、对产品故障反应的速度等。在学习和成长方面，最重要的因素是人才、信息系统和组织程序。企业可以通过改善企业内部的沟通渠道、强化员工的教育和培训、调动员工的积极性、提高他们的满意度等措施，来促进企业的学习和成长。

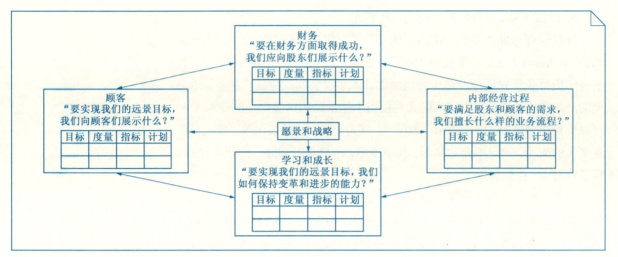

图 17.6　平衡计分卡控制图

资料来源：R. S. Kaplan and D. P. Norton. Using the Balanced Scorecard as a Strategic Management System. *Harvard Business Review*, January and February, 1996.

学习和成长方面的指标通常有培训支出、培训周期、雇员满意度、员工流失率、每个员工提出建议的数量、被采纳建议在总建议中所占的比重、被采纳建议所产生的效果等。

卡普兰和诺顿在 2008 年《哈佛商业评论》1 月号发表了《掌握管理系统》(Mastering the Management System) 一文，文中比较全面和详细地阐述了如何将战略目标和企业营运结合起来的闭环管理系统。整个系统分五个阶段。

1. 在企业的使命、愿景、价值基础上，分析企业的外部环境和自身的优劣势，然后制定本企业的战略。

2. 管理人员用平衡计分卡和战略图等方法将战略转化为具体的目标和绩效评估体系。

3. 管理人员制定营运计划来完成上述的目标。

4. 管理人员实施和监督该营运计划。

5. 管理人员评价战略、分析成本、检验效果，然后调整战略，并准备开始新一轮的循环。

读 书 提 示

1. [美]哈罗德·孔茨、[美]海因茨·韦里克,《管理学——国际化与领导力的视角》(精要版第 9 版) 第 20 章, 马春光译, 中国人民大学出版社, 2014 年。
2. [美]斯蒂芬·罗宾斯、[美]玛丽·库尔特,《管理学》(第 15 版) 第 18 章, 刘刚等译, 中国人民大学出版社, 2022 年。
3. [美]W. H. 纽曼、[美]小 C. E. 萨默,《管理过程——概念、行为和实践》第 24 章, 李柱流译, 中国社会科学出版社, 1995 年。
4. [美]唐·R. 汉森、[美]玛丽安·M. 莫文,《管理会计》(第 8 版·英文影印版), 北京大学出版社, 2008 年。

复习思考题

1. 解释预算控制的内容, 并说明如何进行预算控制。
2. 解释比率分析的内容, 并说明如何进行比率分析。
3. 解释审计控制的内容, 并说明如何进行审计控制。
4. 简述损益控制、投资收益率控制、报告分析法、亲自观察法的基本内涵。
5. 解释成本控制的内容, 并说明如何进行成本控制。

综合案例

美的集团的全面预算管理实践[1]

美的集团前身成立于 1968 年。"科技尽善, 生活尽美", 现在的美的是一家覆盖智能家居、楼宇科技、工业技术、机器人与自动化和数字化创新业务五大业务板块的全球化科技集团。2016 年, 美的以第 481 位的排名首次进入《财富》世界 500 强。2022 年, 美的集团列《财富》世界 500 强第 245 位。

1997 年开始实施预算管理; 1998 年实施 ERP; 2006 年全面预算管理系统上线; 2008 年强调会计利润预算、税务预算和资金预算; 2012 年强调经营转型, 以产品领先、效率驱动、全球经营为战略主轴, 以全面预算为抓手, 将资源向战略方向聚焦, 坚持研发投入(营收 3% 以上), 推动产品结构升级、内部效率提升、海外布局。将经营为本、预算为纲的经营理念深化到每个管理者的行为里, 结合经营责任制, 将全面预算与经营绩效紧密结合, 从而实现了连续十年利润增长率超过营收增长

---

[1] 改编自公司访谈和相关报道资料。

率,美的经营质量大幅改善。

一、成立预算管理组织

1. 成立预算管理组织。集团要求各级部门都成立预算管理组织,并明确各预算管理组织的职责,使全面预算能切实落地。预算管理负责人为本层级部门负责人。

预算管理决策机构由集团管理委员会成员组成,是预算管理的最高决策机构,根据本部或事业部经营发展预测,结合上级下达的预算目标,确定本级预算目标以及分解方案等。

预算管理办公室由财务部、营运发展部、市场部等主要职能部门组成。它受管委会的委托,负责各级各类预算机构间的协调与沟通,组织各级预算管理工作的相关培训和经验交流;汇总审核各责任中心的预算草案,编制相关财务预算;根据管委会的要求,督促和指导各责任中心按要求执行预算;分析预算执行差异并协助各预算单位追踪差异、查明原因,找出解决问题的方法;编写预算执行综合分析报告草案,并上报管委会;受管委会的委托,接收并初审由各责任中心提出的预算调整申请;审核预算外事项执行情况,发表审核意见;在内外部环境发生重大变化时,提出预算调整的方案或意见等。

预算考核执行机构由财务部、人力资源部、营运部组成。它的主要职责包括:拟定业绩管理制度(含预算考核制度);草拟业绩(预算)考核办法及奖惩方案,报管委会审批;根据各责任中心的预算执行情况和预算考核办法,草拟预算考核报告,报管委会批准;负责实施对各责任中心的预算考核工作等。

预算执行机构由各部门组成。它的主要职责包括:宣传并遵守全面预算管理的各项制度和规定;按时编制预算,编制完毕后提交预算管理办公室;按预算方案开展工作,执行预算等。

2. 设定预算各级责任中心。预算责任体系是以企业的组织结构为基础,本着高效、经济、权责分明的原则来建立的,是预算的责任主体,由成本中心、收入中心、费用中心、利润中心和投资中心组成。

3. 制定全面预算方案。一是集团全面预算编制方案,主要包括全面预算组织体系、指导思想、编制内容、编制流程、编制进度;二是事业群全面预算编制总体思路,以三年规划为指导,为自己编制一套真实可行的预算;三是事业群全面预算编制方案,主要包括全面预算组织体系、编制流程、编制进度。

4. 明确预算相关工作推动节奏。第一步:每年八月,财务深度参与三年滚动战略发展研讨,并对下一年的经营计划做出规划。第二步:九月初,根据战略计划,下发下一年预算原则、目标、策略方向、实现路径,这一环节采取自上而下运作,带有一定的方向性、战略性安排。第三步:十月中旬之前,下级财务部和业务单位根据第二步指引,形成预算初稿,这个过程将与集团财务管理部做多轮互动,并就年度目标、投资、资源匹配等核心问题进行充分沟通,并尽可能达成共识。第四步:十一月底之前,上级单位根据下级单位的预算初稿,出具书面审核意见,并指导下级单位进行必要的修正。如果下级单位不认可关键指标,则需要开专题研讨会,进一步达成共识。如果仍然达不成共识,则由上级主管裁决。一般在裁决前,上级领导将和下级单位一把手进行一对一谈话,以形成思想一致和战略共识。第五步：经过上级决策机构审批后，预算以正式书面文件的形式下达各业务单位。第六步：下级组织根据上级单位的批示意见，将预算往下级单位拆分，下达至各业务单位、各职能部门，做进一步分解，把关键事项分解成 KPI，形成各组织、各部门的年度责任制。

二、预算目标的形成和下达

集团事业群从自身长期战略目标出发，确定 3—5 年的经营目标，结合集团下达的预算目标，确定事业群的预算目标及年度工作计划，同时在各事业部之间进行分解。

1. 预算目标制定的标准。一是具体化，年度预算是战略计划的具体化，它要求全面、细致。二是可度量，预算本身是数字化的计划，每个目标都应有明确的可以客观计量的标准。三是协商一致，预算目标是经由管委会、预算管理办公室、预算执行部门经过反复分析、研究、协商的结果，经过他们的共同认可和承诺。四是现实性，预算目标至少应有 50% 的实现可能性。五是时间要求，具体化的预算目标必须有明确的时间要求。

2. 预算核心指标库建立。应用平衡计分卡的考评方法，从外部客户市场、财务、内部管理流程、学习与创新四个方面建立指标体系，实现对下属单位的目标管理全面化、系统化、定量化。财务方面，我们为股东提供什么，如收入、利润、投资回报率等；市场方面，如何让客户选择我们，如市场份额、客户满意度、排名调查等；内部管理方面，在业务流程方面应做哪些改进，如产品合格率、质量成本率、产品投诉率等；学习与创新方面，我们在持续发展方面做得如何，如新产品收入、员工满意度、研发投入产出比等。

3. 预算目标的下达。一是准备预算工作会议资料。由预算管理办公室牵头，各职能部门配合对即将召开的预算工作会议所需的资料进行准备。二是召开年度预算工作会议。主要目标是总结经营情况，审议各预测报告，结合经营预测、发展目标、集团下达预算目标等相关因素，拟定本部的预算目标。三是目标分解至各个责任部门。本部预算管理办公室根据本部的发展规划，结合各事业部实际情况，把本部预算目标分解至各个事业部。事业部预算管理办公室根据各部门的责任中心定位以及部门的工作重点等相关因素，把事业部预算目标分解至各个责任部门。

三、经营单位编制并上报预算草案

各事业部的预算管理实行"三审制"，即责任部门初审、预算管理办公室复审、事业部管委会三审。初审主要内容是：本责任中心的预算草案是否与上级下达的预算目标保持一致，是否与年度工作计划相符合，预算的数据来源是否真实合理。复审的主要内容是：各责任中心上报的预算草案是否与管委会下达的预算目标相一致，是否与其年度工作计划相符合，预算编制的数据是否真实合理，预算编制是否合乎规范，事业部资源配置是否足以支持，初审程序是否完备，各责任中心所报预算草案间的数据钩稽关系和逻辑关系是否正确。三审的主要内容是：是否与公司的发展战略相符，是否与预算目标一致，是否贯彻预算编制的各项原则。

事业本部对下属事业部的预算实行"二审制"，即预算管理办公室初审、事业本部管委会复审。初审的主要内容是：各事业部上报的预算草案是否与管委会下达的预算目标相一致，是否与其年度工作计划相符合，预算编制的数据是否真实合理，预算编制是否合乎规范，本部的资源配置是否足以支持,事业部的审核程序是否完备,各事业部所报预算草案间的数据钩稽关系和逻辑关系是否正确。复审的主要内容是:是否与本部的发展战略相符,是否与本部的总体预算目标一致,是否贯彻预算编制的各项原则。

预算目标的下达和预算方案的形成,上下级之间往往要经过反复的沟通和讨论,是一个管控分歧、共创共识的过程。

四、全面预算报表体系形成

这一环节主要由财经部门负责。全面预算报表体系的主要内容如表17.3所示。

表17.3 全面预算报表体系

		输入表	事业部输出表
经营预算	成本类	加工费预算 外购产品成本预算 直接人工及制造费用预算 应付款项预算	制造成本降低率预算 材料采购量/成本/库存预算 外购产品成本预算表 应付款项预算
	费用类	管理费用预算表 营业费用预算表 制造费用预算表	管理费用预算表 营业费用/营销办事处费用预算 制造费用预算表 五项费用预算表
投资预算		固定资产及折旧预算 长期待摊费预算 无形资产预算 项目投资付款/汇总预算	固定资产及折旧预算 长期待摊费用预算 无形资产预算 项目投资汇总预算
财务预算		内部借款预算/其他资金流预算 财务费用预算 税费预算	内部借款预算 财务费用预算 税费预算

五、预算考核

预算管理与绩效管理形成闭环。预算考核不等同于绩效考核,预算目标更多体现绩效考核体系中的财务结果展现,是整体绩效考核体系中的重要组成部分。同时,预算考核在为绩效考核提供参考值的同时,管理者也可以根据预算的实际执行结果去不断修正、优化绩效考核体系,确保考核结果更加符合实际,真正发挥评价与激励的作用。

预算考核分为预算目标考核、预算工作考核两部分。预算目标考核是对各部门的业务行为结果进行控制的一种机制,通过考核评价,各级能够最大限度地保证预算得以实现。这包括主要经济指标完成情况的考核,以及非经济指标的综合评价。预算工作考核是对预算管理循环各环节上工作质量的评价。其主要考核内容包括:预算编制的考核,如及时性和准确性;预算分析调整的考核,如分析调整的及时性、完整性、建设性、规范性等。

预算考核本身并不是最终目的，其充当一种在公司战略、年度目标与经营结果之间的衡量工具，并为企业的绩效考核提供依据。预算考核在目标管理和资源分配的基础上，主要用于评价企业及各部门的经营绩效，以确保最终实现公司的战略目标。

六、全面预算执行与控制

实行全面预算管理，要求各部门尽量减少预算外事项和超预算事项的发生，以保证企业的资源达到合理的配置。因此，在预算执行时，预算范围内的事项授权部门审批即可，而预算外事项以及超预算事项则要认真分析，严格加以控制。

预算执行监控通常包括利用软件系统在线控制（每期业务发生前）、结合内控流程设计关键控制点（每期业务报账前）和对经营结果进行分析通报（每月定期）三种主要方式。经营分析是评价、纠偏、调整、监控、复盘的过程，它包括年度大循环、月度小闭环。经营分析一定要结合业务场景，进行精细化分析。

美的集团的实践经验表明，全面预算管理的有效运用，要遵循以下原则。

（1）建设公司的预算语言、预算制度和预算文化。公司的经营计划、资源投放策略、经营目标等一切决策和行动必须严格遵照全面预算的纲领性文件。

（2）责权利匹配与全面预算统一。资源、费用的审批权，业务的决策权要根据预算确定的计划和规则进行分层、分级管理。强调预算责任主体的经营主导地位和决策主导性。

（3）强化纠偏机制。凡是与全面预算结果发生偏差的，都必须找出原因，进行深度分析，并给出改善计划和措施。

（4）优胜劣汰管理。对于实现不了计划目标的，要约谈、交流，甚至淘汰；对于业绩优秀的，要给予奖励。

思考题

1. 你是如何理解全面预算管理的？
2. 在复杂变化的时代，预算管理还有用吗？为什么？

第六篇 创 新

DILIUPIAN CHUANGXIN

企业家精神的真谛就是创新，创新是一种管理职能。

——约瑟夫·熊彼特
Joseph Schumpeter

第十八章 管理的创新职能

组织、领导与控制是保证实现计划目标所不可缺少的,从某种意义上来说,它们同属于管理的维持职能,其任务是保证系统按预定的方向和规则运行。但是,管理是在动态环境中生存的社会经济系统,仅有维持是不够的,还必须不断调整系统活动的内容和目标,以适应环境变化的要求——这便是曾被人们忽视的管理的创新职能。

本章旨在分析作为管理基本职能的创新与维持的关系,探讨对系统生存和发展的作用,描述创新的类别、内容、过程及其特点,以揭示创新的规律,指导创新职能的履行。

第一节 创新及其作用

一、作为管理基本职能的创新

"创新"这个名词在管理学或经济学的教科书中出现的时候,通常与设备的更新、产品的开发或工艺的改进联系在一起。无疑，这些技术方面的革新是创新的重要部分，但不是全部内容。我们认为，创新首先是一种思想及在这种思想指导下的实践，是一种原则以及在这种原则指导下的具体活动，是管理的一项基本职能。

从逻辑顺序上来考察，在特定时期内对某一社会经济系统（组织）的管理工作可以概述为：设计系统的目标、结构和运行规则，启动并监视系统的运行，使之符合预定的规则操作；分析系统运行中的变化，进行局部或全局的调整，使系统不断呈现新的状态。显然，概述后管理内容的核心就是：维持与创新。任何组织系统的任何管理工作无不包含在维持或创新中。维持和创新是管理的本质内容，有效的管理在于适度的维持与适度的创新的组合。

二、维持与创新的关系及其作用

作为管理的基本内容，维持与创新对系统的生存和发展都非常重要。

1. 维持是保证系统活动顺利进行的基本手段，也是系统中大部分管理人员，特别是中层和基层的管理人员要花大部分精力从事的工作。根据物理学的熵增原理，原来基于合理分工、职责明确而严密衔接起来的有序的系统结构，会随着系统在运转过程中各部分之间的摩擦而逐渐地从有序走向无序，最终导致有序平衡结构的解体。管理的维持职能便是要严格地按预定的规则来监视和修正系统的运行，尽力避免各子系统之间的摩擦，或减少因摩擦而产生的结构内耗，以保持系统的有序性。但是，仅有维持是不够的。

2. 任何社会系统都是一个由众多要素构成的，与外部不断发生物质、信息、能量交换的动态、开放的非平衡系统。系统的外部环境在不断地发生变化，这些变化必然会对系统的活动内容、活动形式和活动要素产生不同程度的影响；同时，系统内部的各种要素也在不断地发生变化。系统内部某个或某些要素在特定时期的变化必然要求或引起系统内其他要素的连锁反应，从而对系统原有的目标、活动要素间的相互关系等产生一定的影响。系统若不及时根据内外变化的要求，适时进行局部或全局的调整，则可能被变化的环境所淘汰，或为改变了的内部要素所不容。这种为适应系统内外变化而进行的局部和全局调整，便是管理的创新职能。

3. 系统的社会存在以社会的接受为前提，社会之所以允许某个系统存在，是因为该系统提供了社会需要的某种贡献；系统要向社会提供这种贡献，必须首先以一定的方式从社会中取得某些资源并加以组合。系统向社会的索取（投入资源）越是小于它向社会提供的贡献（有效产出），系统能够向社会提供的贡献与社会需要的贡献越是吻合，系统的生命力就越是旺盛，其生命周期就越可能延长。处于孕育、初生期的系统，限于自身的能力和对社会的了解，其提供社会所需要的贡献的能力总是有限的；随着系统的成长和成熟，它与社会的互相认识不断加深，所能提供的贡献与社会需要的贡献便倾向和谐；一旦系统跟不上社会的变化，其产品或服务不再被社会需要，或内部的资源转换功能退化，系统向社会的索取超过对社会的贡献，系统就会逐步地被社会所抛弃，趋向消亡。

根据上面的分析可以看出，系统的生命力取决于社会对系统贡献的需要程度和系统本身的贡献能力；系统的贡献能力又取决于系统从社会中获取资源的能力、组织利用资源的能力以及系统对社会需要的认识能力。要提高系统的生命力、扩展系统的生命周期，就必须使系统提高内部的这些能力，并通过系统本身的工作增强社会对系统贡献的需要程度。由于社会的需要是在不断变化的，社会向系统供应的资源在数量和种类上也在不断改变，系统如果不能适应这些变化，以新的方式提供新的贡献，则可能难以被社会允许继续存在。系统不断改变或调整取得和组合资源的方式、方向和结果，向社会提供新的贡献，这正是创新的主要内涵和作用。

维持与创新作为管理的两个基本职能，它们是相互联系、不可或缺的。创新是维持基础上的发展，维持则是创新的逻辑延续；维持是为了实现创新的成果，创新则是为更高层次的维持提供依托和框架。任何管理工作，都应围绕着系统运转的维持和创新而展开，卓越的管理是实现维持与创新最优组合。

三、创新的类别与特征

系统内部的创新可以从不同的角度去考察（见图 18.1）。

1. 从创新的规模以及创新对系统的影响程度来考察，可将其分为局部创新和整体创新。局部创新是指在系统性质和目标不变的前提下，系统活动的某些内容、某些要素的性质或其相互组合的方式、系统对社会贡献的形式或方式等发生变动；整体创新往往改变系统的目标和使命，涉及系统的目标和运行方式，影响系统的社会贡献的性质。

2. 从创新与环境的关系来分析，可将其分为防御型创新与攻击型创新。防御型创新是指由于外部环境的变化对系统的存在和运行造成某种程度的威胁，为了避免威胁或由此造成的

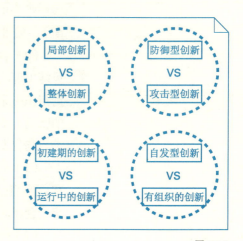

图 18.1
创新的类别

系统损失扩大，系统在内部展开的局部或全局性调整；攻击型创新是在观察外部世界运动的过程中，敏锐地预测到未来环境可能提供的某种有利机会，从而主动地调整系统的战略和技术，以积极地开发和利用这种机会，谋求系统的发展。

3. 从创新发生的时期来看，可将其分为系统初建期的创新和运行中的创新。系统的组建本身就是社会的一项创新活动。系统的创建者在一张白纸上绘制系统的目标、结构、运行规划等蓝图，这就要求有创新的思想和意识，创造一个全然不同于现有社会（经济组织）的新系统，寻找最满意的方案，取得最优秀的要素，并以最合理的方式组合，使系统进行活动。但是"创业难，守业更难"，在动荡的环境中"守业"，必然要求积极地以攻为守，要求不断地创新。创新活动更大量地存在于系统组建完毕开始运转以后。系统的管理者要不断地在系统运行的过程中寻找、发现和利用新的创业机会，更新系统的活动内容，调整系统的结构，扩展系统的规模。

4. 从创新的组织程度上看，可分为自发创新与有组织的创新。任何社会经济组织都是在一定环境中运转的开放系统，环境的任何变化都会对系统的存在和存在方式产生一定影响，系统内部与外部直接联系的各子系统接收到环境变化的信号以后，必然会在其工作内容、工作方式、工作目标等方面进行积极或消极的调整，以应对变化或适应变化的要求。同时，社会经济组织内部的各个组成部分是相互联系、相互依存的。系统的相关性决定了与外部有联系的子系统根据环境变化的要求自发地作出调整后，必然会对那些与外部没有直接联系的子系统产生影响，从而要求后者也作出相应调整。系统内部各部分的自发调整可能产生两种结果。

（1）各子系统的调整均是正确的，从整体上说是相互协调的，从而给系统带来的总效应是积极的，可使系统各部分的关系实现更高层次的平衡——除非极其偶然，这种情况一般不会出现。

（2）各子系统的调整一些是正确的，另一些则是错误的——这是通常可能出现的情况，因此，从整体上来说，调整后各部分的关系不一定协调，给组织带来的总效应既可能为正，也可能为负（这取决于调整正确与错误的比例），也就是说，系统各部分自发创新的结果是不确定的。

与自发创新相对应的有组织的创新包含两层意思。

（1）系统的管理人员根据创新的客观要求和创新活动本身的客观规律，制度化地研究外部环境状况和内部工作，寻求和利用创新机会，计划和组织创新活动。

（2）与此同时，系统的管理人员要积极地引导和利用各要素的自发创新，使之相互协调并与系统有计划的创新活动相配合，使整个系统内的创新活动有计划、有组织地展开。只有有组织的创新，才能给系统带来预期的、积极的、比较确定的结果。

鉴于创新的重要性和自发创新结果的不确定性，有效的管理要求有组织地进行创新。但是，有组织的创新也有可能失败，因为创新本身意味着打破旧的秩序，打破原来的平衡，因此，具有一定的风险，更何况组织所处的社会环境是一个错综复杂的系统，这个系统的任何一次突发性的变化都有可能打破组织内部创新的程序。当然，有计划、有目的、有组织的创新取得成功的机会无疑要远远大于自发创新。

第二节 创新职能的基本内容

系统在运行中的创新涉及许多方面。为了便于分析，我们以企业系统为例来介绍创新的内容（见图18.2）。

一、目标创新

企业在一定的经济环境中从事经营活动，特定的环境要求企业按照特定的方式提供特定的产品。一旦环境发生变化，要求企业的生产方向、经营目标以及企业在生产过程中与其他社会经济组织的关系进行相应的调整。在市场经济背景下，企业经营的一般目标是通过满足市场所反映的社会需要来获取利润。至于企业在各个时期的具体经营目标，则需要适时地根据市场环境和消费需求的特点及变化趋势加以调整，每一次调整都是一种创新。

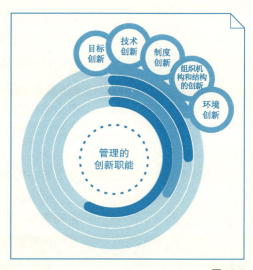

图 18.2
创新的内容

二、技术创新

技术创新是企业创新的主要内容，企业中出现的大量创新活动是有关技术方面的，因此，有人甚至把技术创新视为企业创新的同义语。

技术水平是反映企业经营实力的一个重要标志，企业要在激烈的市场竞争中处于主动地位，就必须顺应甚至引导社会技术进步的方向，不断地进行技术创新。由于一定的技术都是通过一定的物质载体和利用这些载体的方法来体现的，因此，企业的技术创新主要表现在要素创新、要素组合方法的创新以及作为要素组合结果的产品创新。

（一）要素创新与要素组合方法创新

要素创新包括材料创新和手段创新两个方面。要素组合方法创新包括生产工艺和生产过程的时空组织两个方面。要素创新和要素组合创新的内容将在下一章"企业技术创新"中详细阐述。

（二）产品创新

生产过程中各种要素组合的结果是形成企业向社会贡献的产品。企业通过生产和提供产品来求得社会承认、证明其存在的价值；通过销售产品来补偿生产消耗、取得盈余，实现其社会存在。产品创新包括许多内容，这里主要分析物质产品的创新，其主要包括品种创新和产品结构创新。

1. 品种创新要求企业根据市场需要的变化，根据消费者偏好的转移，及时地调整企业的生产方向和生产结构，不断开发出用户欢迎的适销对路的产品。

2. 产品结构创新，在于不改变原有品种的基本性能，对现在生产的各种产品进行改进和改造，找出更加合理的产品结构，使其生产成本更低、性能更完善、使用更安全，从而更具市场竞争力。

产品创新是企业技术创新的核心内容，它既受制于技术创新的其他方面，又影响其他技术创新效果的发挥：新的产品、产品的新的结构，往往要求企业利用新设备和新工艺；而新设备、新工艺的运用，又为产品创新提供更优越的物质条件。

三、制度创新

要素组合的创新主要是从技术角度分析人、机、料各种结合方式的改进和更新，制度创新则需要从社会经济角度来分析企业各成员间的正式关系的调整和变革，制度是组织运行方式的原则规定。

1. 产权制度是决定企业其他制度的根本性制度，它规定企业最重要的生产要素的所有者对企业的权力、利益和责任。不同的时期，企业各种生产要素的相对重要性是不一样的。在主流经济学的分析中，生产资料是企业生产的首要因素，因此，产权制度主要指企业生产资料的所有制。目前存在两大生产资料所有制：私有制和公有制（或更准确地说是社会成员共同所有的"共有制"），这两种所有制在实践中都不是纯粹的。企业产权制度的创新也许应朝向寻求生产资料的社会成员"个人所有"与"共同所有"的最适度组合的方向发展。

2. 经营制度是有关经营权的归属及其行使条件、范围、限制等方面的原则规定。它表明企业的经营方式，确定谁是经营者，谁来组织企业生产资料的占有权、使用权和处置权的行使，谁来确定企业的生产方向、生产内容、生产形式，谁来保证企业生产资料的完整性及其增值，谁来向企业生产资料的所有者负责以及负何种责任。经营制度的创新应是不断寻求企业生产资料最有效利用的方式。

3. 管理制度是行使经营权、组织企业日常经营的各种具体规则的总称，包括对材料、设备、人员及资金等各种要素的取得和使用的规定。在管理制度的众多内容中，分配制度是极重要的内容之一。分配制度涉及如何正确地衡量成员对组织的贡献，并在此基础上如何提供足以维持这种贡献的报酬。由于劳动者是企业诸要素的利用效率的决定性因素，因此，提供合理的报酬以激发劳动者的工作热情对企业的经营有着非常重要的意义。分配制度的创新在于不断地追求和实现报酬与贡献在更高层次上的平衡。

产权制度、经营制度、管理制度这三者之间的关系错综复杂（实践中，相邻的两种制度之间的划分甚至很难界定）。一般来说，一定的产权制度决定相应的经营制度。但是，在产权制度不变的情况下，企业具体的经营方式可以不断进行调整；同样，在经营制度不变时，具体的管理规则和方法也可以不断改进。管理制度的改进一旦发展到一定程度，就会要求经营制度作相应的调整；经营制度的不断调整，必然会引起产权制度的革命。因此，管理制度的变化会反作用于经营制度；经营制度的变化会反作用于产权制度。

企业制度创新的方向是不断调整和优化企业所有者、经营者、劳动者三者之间的关系，使各个方面的权力和利益得到充分体现，使组织的各种成员的作用得到充分发挥。

四、组织机构和结构的创新

企业系统的正常运行，既要求具有符合企业及其环境特点的运行制度，又要求具有与之相应的运行载体，即合理的组织形式。因此，企业制度创新必然要求组织形式的变革和发展。

从组织理论的角度来考虑，企业系统是由不同的成员担任的不同职务和岗位的结合体。这个结合体可以从机构和结构这两个不同层次去考察。所谓机构，是指企业在构建组织时，根据一定的标准，将那些类似的或为实现同一目标有密切关系的职务或岗位归并到一起，形成不同的管理部门。它主要涉及管理劳动的横向分工的问题，即把对企业生产经营业务的管理活动分成不同部门的任务。结构则与各管理部门之间，特别是与不同层次的管理部门之间的关系有关，它主要涉及管理劳动的纵向分工问题，即所谓的集权和分权（管理权力的集中或分散）问题。不同的机构设置，要求不同的结构形式；组织机构完全相同，但机构之间的关系不一样，也会形成不同的结构形式。

由于机构设置和结构的形成要受到企业活动的内容、特点、规模、环境等因素的影响，因此，不同的企业有不同的组织形式；同一企业在不同的时期，随着经营活动的变化，也要求组织的机构和结构不断调整。组织创新的目的在于更合理地组织管理人员，提高管理劳动效率。

五、环境创新

环境是企业经营的土壤，同时也制约着企业的经营。企业与环境的关系，不是单纯地去适应，而是在适应的同时去改造、去引导，甚至去创造。环境创新不是指企业为适应外界变化而调整内部结构或活动，而是指通过企业积极的创新活动去改造环境，去引导环境朝着有利于企业经营的方向变化。例如，通过企业的公关活动，影响社区政府政策的制定；通过企业的技术创新，影响社会技术进步的方向。就企业来说，环境创新的主要内容是市场创新。

市场创新主要是指通过企业的活动去引导消费、创造需求。成功的企业经营不仅要适应消费者已经意识到的市场需求，而且要去开发和满足消费者自己可能还没有意识到的需求。新产品的开发往往被认为是企业创造市场需求的主要途径。其实，市场创新的更多内容是通过企业的营销活动来进行的，即在产品的材料、结构、性能不变的前提下，或通过市场的物理转移，或通过揭示产品新的使用价值，来寻找新用户，抑或通过广告宣传等促销工作，赋予产品以一定的心理使用价值，影响人们对某种消费行为的社会评价，从而诱发和强化消费者的购买动机，增加产品的销售量。

第三节 | 创新的过程和组织

一、创新的过程

要有效地组织系统的创新活动，就必须研究和揭示创新的规律。

创新有无规律可循？对这个问题的回答是有争议的。美国的创新活动非常活跃，经营成功的 3M 公司的一位常务副总裁在一次讲演中甚至这样开头："大家必须以一个坚定不移的信念作为出发点，这就是，创新是一个杂乱无章的过程。"

> 创新是一个杂乱无章的过程。

创新是对旧事物的否定，是对新事物的探索，其遵循的逻辑是：学习→批判→创新。对旧事物的否定，创新必定要突破原先的制度，破坏原先的秩序，必须放弃原先的章程；对新事物的探索，创新者只能在不断的尝试中去寻找新的程序、新的方法，在最终的成果取得之前，可能要经历无数次反复、无数次失败，因此，它看上去必然是杂乱的。但这种"杂乱无章性"是相对于旧制度、旧秩序而言的，是相对于个别创新而言的。就创新的总体来说，它们必然依循一定的步骤、程序和规律。

试讨论：创新有无规律可循？

总结众多成功企业的经验，成功的创新要经历寻找机会、提出构想、迅速行动、忍耐坚持四个阶段的努力（见图18.3）。

（一）寻找机会

创新是对原有秩序的破坏。原有秩序之所以要打破，是因为其内部存在着或出现了某种不协调的现象。这些不协调对系统的发展提供了有利的机会或造成了某种不利的威胁。创新活动正是从发现和利用旧秩序内部的这些不协调现象开始的。不协调为创新提供了契机。

旧秩序中的不协调既可存在于系统的内部，也可产生于对系统有影响的外部。

1. 就系统的外部说，有可能成为创新契机的变化主要有以下四种。

（1）技术的变化，从而可能影响企业资源的获取、生产设备和产品的技术水平。

（2）人口的变化，从而可能影响劳动市场的供给和产品销售市场的需求。

（3）宏观经济环境的变化。迅速增长的经济背景可能给企业带来不断扩大的市场，整个国民经济的萧条则可能降低企业产品需求者的购买能力。

（4）文化与价值观念的转变，从而可能改变消费者的消费偏好或劳动者对工作及其报酬的态度。

2. 就系统内部来说，引发创新的不协调现象主要有以下两类。

（1）生产经营中的瓶颈，可能影响劳动生产率的提高或劳动积极性的发挥，因而始终困扰着企业的管理人员。这种卡壳环节，既可能是某种材料的质地不够理想，且始终找不到替代品，也可能是某种工艺加工方法的不完善，再或是某种分配政策的不合理。

（2）派生产品的销售额，从而其利润贡献不声不响地、出人预料地超

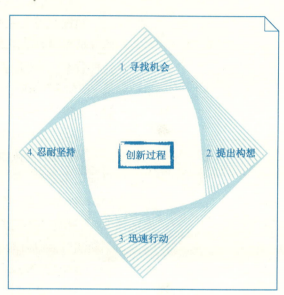

图 18.3
创新的四个阶段

过企业的主营产品；老产品经过精心整顿改进后，结构更加合理、性能更加完善、质量更加优异，但并未得到预期数量的订单……这些出乎企业预料的成功和失败，往往可以把企业从原先的思维模式中驱赶出来，从而可以成为企业创新的一个重要源泉。

企业的创新往往是从密切地注视、系统地分析社会经济组织在运行过程中出现的不协调现象开始的。

（二）提出构想

敏锐地观察到不协调现象的产生以后，还要透过现象究其原因，并据此分析和预测不协调的未来变化趋势，估计它们可能给组织带来的积极或消极后果；并在此基础上，努力利用机会或将威胁转换为机会，采用头脑风暴、德尔菲、畅谈会等方法提出多种解决问题、消除不协调、使系统在更高层次实现平衡的创新构想。

（三）迅速行动

创新成功的秘密主要在于迅速行动。提出的构想可能还不完善，甚至可能很不完善，但这种并非十全十美的构想必须立即付诸行动才有意义。"没有行动的思想会自生自灭"，这句话对于创新思想的实践成功尤为重要，一味地追求完美，以减少受讥讽、被攻击的机会，就可能坐失良机，把创新的机会白白地送给自己的竞争对手。汤姆·彼得斯（Tom Peters）和南希·奥斯汀（Nancy Austin）在《志在成功》（A Passion for Excellence）中介绍了这样一个例子：20世纪70年代，施乐公司为了把产品搞得十全十美，在罗切斯特建造了一座全由工商管理硕士（MBA）占用的29层高楼。这些MBA们在大楼里对每一件可能开发的产品都设计了拥有数百个变量的模型，编写了一份又一份的市场调查报告……然而，当这些人继续不着边际地分析时，当产品研制工作被搞得越来越复杂时，竞争者已把施乐公司的市场抢走了50%以上。创新的构想只有在不断地尝试中才能逐渐完善，企业只有迅速地行动才能有效地利用"不协调"提供的机会。从某种意义上说，面对瞬息万变的市场，创新行动的速度可能比创新方案的完善更为重要。

（四）忍耐坚持

构想经过尝试才能成熟，而尝试是有风险的，是不可能"一击即中"的，是可能失败的。创新的过程是不断尝试、不断失败、不断提高的过程。因此，创新者在开始行动以后，为取得最终的成功，必须坚定不移地继续下去，绝不能半途而废，否则，便会前功尽弃。要在创新中坚持下去，创新者必须有足够的自信心，有较强的忍耐力，能正确对待尝试过程中出现的失败。既为减少失误或消除失误后的影响采取必要的预防或纠正措施，又不把一次"战役"（尝试）的失利看成整场"战争"的失败，创新的成功往往在屡屡失败后才姗姗来迟。伟大的发明家爱迪生曾经说过："我的成功乃是从一路失败中取得的。"这句话对创新者应该有所启示。创新的成功在很大程度上归因于"最后五分钟"的坚持。

◉ 创新的成功在很大程度上归因于"最后五分钟"的坚持。

二、创新活动的组织

系统的管理者不仅要根据创新的上述规律和特点的要求，对自己的工作进行创新，而且更主要的是组织下属的创新。组织创新，不是去计划和安排某个成员在某个时间去从事某种创新活动——这在某些时候也许是必要的，但更要为部属的创新提供条件、创造环境，有效地组织系统内部的创新。

（一）正确理解和扮演"管理者"的角色

管理人员往往是保守的。他们往往以为组织雇用自己的目的，是维持组织的运行，因此，自己的职责首先是保证预先制定的规则的执行和计划的实现。"系统的活动不偏离计划的要求"便是优秀管理者的象征。因此，他们往往自觉或不自觉地扮演现有规章制度守护神的角色。为了减少系统运行中的风险，防止大祸临头，他们往往对创新尝试中的失败吹毛求疵，随意惩罚在创新尝试中遭到失败的人，或轻易地奖励那些从不创新、从不冒险的人……在分析了前面的关于管理的维持与创新职能的作用后，显然不能这样狭隘地理解管理者的角色。管理人员必须自觉地带头创新，并努力为组织成员提供和创造一个有利于创新的环境，积极鼓励、支持、引导组织成员进行创新。

（二）创造促进创新的组织氛围

促进创新的最好方法是大张旗鼓地宣传创新、激发创新，树立"无功便是有过"的新观念，使每一个人都奋发向上、努力进取、跃跃欲试、大胆尝试。要造成一种人人谈创新、时时想创新、无处不创新的组织氛围，使那些无创新欲望或有创新欲望却无创新行动，从而无所作为者感觉到在组织中无立身之处，使每个人都认识到组织聘用自己的目的，不是要自己简单地用既定的方式重复那也许重复了许多次的操作，而是希望自己去探索新的方法、找出新的程序，只有不断地去探索、去尝试，才有继续留在组织中的资格。

（三）制定有弹性的计划

创新意味着打破旧的规则，意味着时间和资源的计划外占用，因此，创新要求组织的计划必须具有弹性。

创新需要思考，思考需要时间。把每个人的每个工作日都安排得非常紧凑，对每个人在每时每刻都实行"满负荷工作制"，创新的许多机遇便不可能被发现，创新的构想也无条件产生。美籍犹太人宫凯尔博士对日本人的高节奏工作制度就不以为然，他认为，一个人"成天在街上奔走，或整天忙于做某一件事……没有一点清闲的时间可供他去思考，怎么会有新的创见？"每个人"每天除了必需的工作时间外，必须抽出一定时间去供思考用"。(《读者文摘》1989年第一期，第37页)美国成功的企业，往往让职工自由地利用部分工作时间去探索新的设想，据《创新者与企业革命》一书介绍，IBM、3M、奥尔-艾达公司以及杜邦公司等都允许职工利用5%—15%的工作时间来开发他们的兴趣和设想。同时，创新需要尝试，而尝试需要物质条件和试验的场所。要求每个部门在任何时间都严格地制定和执行严密的计划，创新就会失去基地，永无尝试机会的新构想就只能留在人们的脑海里或图纸上，不可能给组织带来任何实际效果。

(四) 正确地对待失败

创新的过程是一个充满着失败的过程。创新者应该认识到这一点，创新的组织者更应该认识到这一点。只有认识到失败是正常的，甚至是必需的，管理人员才可能允许失败、支持失败，甚至鼓励失败。当然，支持尝试、允许失败，并不意味着鼓励组织成员去马马虎虎地工作，而是希望创新者在失败中取得有用的教训，学到一点东西，变得更加明白，从而使下次失败到创新成功的路程缩短。

> 美国一家成功的计算机设备公司在它那只有五六条的企业哲学中这样写道："我们要求公司的人每天至少要犯10次错误，如果谁做不到这一条，就说明谁的工作不够努力。"(《志在成功》第251页)

(五) 建立合理的奖酬制度

要激发每个人的创新热情，还必须建立合理的评价和奖惩制度。创新的原始动机也许是个人的成就感、自我实现的需要，但是如果创新的努力不能得到组织或社会的承认，不能得到公正的评价和合理的奖酬，则继续创新的动力会渐渐失去。

1. 注意物质奖励与精神奖励的结合。奖励不一定是金钱上的，而且往往不需要是金钱方面的，精神上的奖励也许比物质报酬更能驱动人们创新的心理需要。从经济的角度来考虑，物质奖励的效益要低于精神奖励，因为金钱的边际效用是递减的，为了激发或保持同等程度的创新积极性，组织不得不支付越来越多的奖金。对创新者个人来说，物质上的奖酬只在一种情况下才是有用的：奖金的多少首先被视作衡量个人的工作成果和努力程度的标准。

2. 奖励不能视作"不犯错误的报酬"，而应是对有特殊贡献，甚至是对希望作出特殊贡献的努力的报酬；奖励的对象不仅包括成功以后的创新者，而且应当包括那些成功以前，甚至是没有获得成功的努力者。就组织的发展而言，也许重要的不是创新的结果，而是创新的过程。如果奖酬制度能促进每个成员都积极地去探索和创新，对组织发展有利的结果就必然会产生。

3. 奖励制度要既能促进内部的竞争，又能保证成员间的合作。内部的竞争与合作对创新都是重要的。竞争能激发每个人的创新欲望，从而有利于创新机会的发现、创新构想的产生；过度的竞争则会导致内部的各自为政、互相封锁。协作能综合各种不同的知识和能力，从而可以使每个创新构想都更加完善，但没有竞争的合作难以区别个人的贡献，从而会削弱个人的创新欲望。要保证竞争与协作的结合，在奖励项目的设置上，可考虑多设集体奖，少设个人奖，多设单项奖，少设综合奖；在奖金的数额上，可考虑多设小奖，少设甚至不设大奖，以让每一个人都有成功的希望，避免"只有少数人才能成功的超级明星综合征"，从而防止相互封锁和保密、破坏合作的现象。

读 书 提 示

1. [美]斯蒂芬·罗宾斯、[美]玛丽·库尔特,《管理学》(第15版)第6章，刘刚等译，中国人民大学出版社，2022年。
2. [美]约翰·科特著，《变革的力量》，方云军、张小强译，华夏出版社，1997年。
3. [美]汤姆·彼得斯、[美]罗伯特·沃特曼，《追求卓越》，胡玮珊译，中信出版社，2009年。
4. [美]彼得·德鲁克，《创新与企业家精神》，蔡文燕译，机械工业出版社，2008年。

复 习 思 考 题

1. 为什么说"管理的本质内容是维持和创新，有效的管理在于适度的维持与适度的创新的组合"？
2. 作为管理的本质内容，维持和创新的关系及其作用是什么？请举例说明。
3. 创新主要涉及哪些方面？企业中各类创新活动有何特点？
4. 创新过程包括哪几个阶段？
5. 企业家创新职能的基本内容是什么？企业家如何有效地组织系统内的创新活动？

第十九章 企业技术创新

技术创新是企业创新的重要内容。任何企业都是利用一定的产品来表现市场存在、进行市场竞争的；任何产品都是一定的人借助一定的生产手段加工和组合一定种类的原材料生产出来的。不论是产品本身，还是生产这些产品的人和物资设备，或是被加工的原材料以及加工这些原材料的工艺，都以一定的技术水平为基础，并以相应的技术水平为标志。因此，技术创新的进行、技术水平的提高是企业增强自己在市场上竞争力的重要途径。

第一节 技术创新的内涵和贡献

一、创新与技术创新

经济学家熊彼特曾在《经济发展理论》(*The Theory of Economic Development*)一书中把创新定义为企业家的职能，并认为企业家之所以能成为企业家，并不是因为其拥有资本，而是因为他拥有创新精神并实际地组织了创新。根据熊彼特的观点，一个国家或地区经济发展速度的快慢和发展水平的高低，在很大程度上取决于该国或该地区拥有创新精神的企业家数量以及这些企业家在实践中的创新努力。正是由于某个或某些企业家的率先创新、众多企业家的迅速模仿，才推动了经济的发展。

在熊彼特的理论中，创新是对"生产要素的重新组合"，它包括五个方面：①生产一种新的产品；②采用一种新的生产方法；③开辟一个新的市场；④获取或控制原材料和半成品的一种新的来源；⑤实现一种新的工业组织。后人在此基础上研究企业创新时，把它们分成两类：制度创新和技术创新。后者主要与生产制造有关，前者主要涉及管理和管理体制，即主要涉及生产制造的制度环境。

技术创新经常被一些人与技术发明相混淆。实际上，创新的概念要远比发明宽泛；发明是一种创新，但创新绝不仅仅是发明。如果说发明可能是在新知识、新理论的基础上，创造的一种全新的技术，创新则既可能是这种全新技术的开发，也可能是原有技术的改善，甚至可能仅是几种未经改变的原有技术的一种简单的重新组合。

> 美国管理学家德鲁克在《创新与企业家精神》(*Innovation and Entrepreneurship*) 一书中曾以集装箱的产生为例，指出，"把卡车车身从车轮上取下，放到货船上，在这个概念中并没有包含多少新技术，可这是一项创新"，这项创新缩短了货船留港的时间，"把远洋货船的生产率提高了三倍左右，或许还节省了运费。如果没有它，过去四十年中世界贸易的迅猛扩大就可能不会发生"。

二、技术创新的内涵

与企业生产制造有关的技术创新，其内容也是非常丰富的。从生产过程的角度来分析，可以将其分为以下几个方面。

（一）要素创新

从生产的物质条件这个角度来考察，要素创新主要包括材料创新和手段创新。

1. 材料既是产品和物质生产手段的基础，也是生产工艺和加工方法作用的对象。因此，在技术创新的各种类型中，材料创新可能是影响最为重要、意义最为深远的。材料创新或迟或早地会引致整个技术水平的提高。

由于迄今为止作为工业生产基础的材料主要是由大自然提供的，因此，材料创新的主要内容是寻找和发现现有材料，特别是自然提供的原材料的新用途，以使人类从大自然的恩赐中得到更多的实惠。随着科学的发展，人们对材料的认识渐趋充分，利用新知识和新技术制造的合成材料不断出现，材料创新的内容也正在逐渐地向合成材料的创造这个方向转移。

2. 手段创新主要指生产的物质手段的改造和更新。任何产品的制造都需要借助一定的机器设备等物质生产条件才能完成。生产手段的技术状况是企业生产力水平具有决定性意义的标志。

生产手段的创新主要包括两个方面的内容。

（1）将先进的科学技术成果用于改造和革新原有的设备，以延长其技术寿命或提高其效能。例如，用单板机改装成自动控制的机床，用计算机把老式的织布机改装成计算机控制的织布机等。

（2）用更先进、更经济的生产手段取代陈旧、落后、过时的机器设备，以使企业生产建立在更加先进的物质基础之上。例如，用电视卫星传播系统取代原有的电视地面传播系统等。

（二）产品创新

产品是企业的象征，任何企业都是通过向市场上提供不可替代的产品来表现并实现其社会存在的，产品在国内和国际市场上的受欢迎程度是企业市场竞争成败的主要标志。

产品创新包括新产品的开发和老产品的改造。这种改造和开发是指对产品的结构、性能、材质、技术特征等一方面或几方面进行改进、提高或独创。它既可以是利用新原理、新技术、新结构开发出一种全新型产品，也可以是在原有产品的基础上，部分采用新技术而制造出来适合新用途、满足新需要的换代型新产品，还可以是对原有产品的性能、规格、款式、品种进行完善，但在原理、技术水平和结构上并无突破性的改变。

产品在企业经营中的作用决定了产品创新是技术创新的核心和主要内容，其他创新都是围绕着产品创新进行的，而且其成果也最终在产品创新上得到体现。

（三）要素组合方法的创新

利用一定的方式将不同的生产要素加以组合，这是形成产品的先决条件。要素的组合包括生产工艺和生产过程的时空组织两个方面。

1. 工艺创新包括生产工艺的改革和操作方法的改进。生产工艺是企业制造产品的总体流程和方法，包括工艺过程、工艺参数和工艺配方等；操作方法是劳动者利用生产设备在具体生产环节对原材料、零部件或半成品的加工方法。生产工艺和操作方法的创新，既要求在设备创新的基础上改变产品制造的工艺、过程和具体方法，也要求在不改变现有物质生产条件的同时，不断研究和改进具体的操作技术，调整工艺顺序和工艺配方，使生产过程更加合理，现有设备得到充分的利用，现有材料得到更充分的加工。

2. 生产过程的组织包括设备、工艺装备、在制品以及劳动在空间上的布置和时间上的组合。空间布置不仅影响设备、工艺装备和空间的利用效率，而且影响人机配合，从而直接影响工人的劳动生产率；各生产要素在时空上的组合，不仅影响在制品、设备、工艺装备的占用数量，从而影响生产成本，而且影响产品的生产周期。因此，企业应不断地研究和采用更合理的空间布置和时间组合方式，以提高劳动生产率、缩短生产周期，从而在不增加要素投入的前提下，提高要素的利用效率。

上述几个方面的创新，既相互区别，又相互联系、相互促进。材料创新不仅会带来产品制造基础的革命，而且会导致产品物质结构的调整；产品创新不仅包括产品功能的增加、完整或更趋完善，而且必然要求产品制造工艺的改革；工艺创新不仅导致生产方法的更加成熟，而且必然要求生产过程中利用这些新的工艺方法的各种物质生产手段的改进。反过来，机器设备的创新也会带来加工方法的调整或促进产品功能更加完善；工艺或产品创新也会对材料的种类、性能或质地提出更高的要求。各类创新虽然侧重点各有不同，但任何一种创新的组织都必然会促进整个生产过程的技术改进，从而带来企业整体技术水平的提高。

三、技术创新的贡献

从技术创新的内涵分析中不难看出，技术或者依附于物质产品而存在，或者是为物质产品的实体形成而服务。因此，不论是何种内容的技术创新，最终都会在一定程度上促进产品竞争力的提高。

产品竞争力、企业竞争力的强弱从根本上来说取决于产品对消费者的吸引力。消费者对某种产品是否感兴趣，不仅要受到该产品的功能完整和完善程度的影响，还取决于这种或这些功能的实现所需的费用总和。功能的完整和完善程度决定着消费者能否从该种产品的使用中获得不同于其他产品的满足，功能实现的费用（包括产品的购买费用和使用、维修费用）则决定着消费者为获得此种产品而须付出的代价。因此，产品竞争力主要表现为产品的成本竞争力与产品的特色竞争力。

技术创新促进企业竞争力的提高便是通过影响产品的成本和/或特色而起作用的。材料的创新不仅为企业提供了以数量丰富、价格低廉的原材料去取代价格昂贵的稀缺资源的机会，而且有可能通过材质的改善而促进企业产品质量的提高；产品创新既可使企业为消费者带来新的满足，也可使企业原先生产的产品表现出新的吸引力；工艺创新既可为产品质量的形成提供更可靠的保证，也可能降低产品的生产成本；物质生产条件的创新则直接带来劳动强度的下降和劳动生产率的提高，直接促进产品生产成本的下降和价格竞争力的增强。

综合来看，技术创新一方面通过降低成本而使企业产品在市场上更具价格竞争优势，另一方面通过增加用途、完善功能、改进质量以及保证使用而使产品对消费者更具特色吸引力，从而在整体上推动企业竞争力不断提高。

第二节 技术创新的源泉

创新源于企业内部和外部的一系列不同的机会。这些机会可能是企业刻意寻求的，也可能是企业无意中发现，但发现后立即有意识地加以利用的。美国学者德鲁克把诱发企业创新的这些不同因素归纳成七种不同的创新来源。

一、意外的成功或失败

企业经营中经常会发生一些出乎预料的结果：企业苦苦追求基础业务的发展，并为此投入大量的人力和物力，结果却是这种业务令人遗憾地不断萎缩；与之相反，另一些业务企业虽未给予足够的关注，却悄无声息地迅速发展。不论是意外的成功，还是意外的失败，都有可能是向企业预示着某种机会，企业必须对之加以仔细分析和论证。

（一）意外的成功

意外的成功通常能够为企业创新提供非常丰富的机会。这些机会的利用要求企业投入的代价以及承担的风险都相对较小。如果说意外的失败是企业不得不面对的现实，未曾料到的成功则常被企业所忽视。因为这些意外的成功既然是"出乎意料"的，也通常是领导者所陌生、不熟悉的，且大多与组织追求的目标和多年来形成的习惯和常识相悖。比如，企业可能长期致力于某种主导产品的研发和完善，对这种产品的质量改进或设施现代化投入大量资金，对一些顾客需求的特殊产品则仅投入相对较少的资源，最终的结果则可能是后者获得极大的成功，而前者的市场销量则长期徘徊不前。这正应了中国那句老话——"有心栽花花不开，无心插柳柳成荫"。

然而，在日常生活和经济生活中，人们通常只愿观察和发现那些自己所熟悉或自己所希望出现的结果，有时虽然也观察到那些未曾预料或希望的结果的出现，但对其意义却常难以有充分的认识。这样，意外的成功虽然为企业创新提供了大量的机会，但这些机会不仅可能被企业领导人视而不见，而且有时甚至被视为"异端"而遭排斥。

（二）意外的失败

意外的成功也许会被忽视，未曾料到的失败则不能不面对。一项计划——这可以是某种产品的技术开发，也可以是其市场开发，不论企业在其设计、论证以及执行上是如何的精心和努力，最终仍然失败了，这种失败必然隐含某种变化，从而实际上向企业预示了某种机会的存在。比如，产品或市场设计的失败可能是这种设计所依据的假设不再能够成立。这既可

> 德鲁克曾举过这样一个例子。20世纪50年代,纽约最大的一家百货公司的董事长面对家用电器的大量销售不知所措。因为在这类商店,以前主要是"向来买时装的人推销家用电器",而现在则是"向来买家用电器的人推销时装";这类商店"时装销售额占总销售额的70%是比较正常的",而"家用电器销售额增长过快、占五分之三则显得不太正常"。于是,商店在设法提高时装的销售额而无任何结果后,便想到"唯一可做的事是把家用电器的销售压低到它们应有的水平"。这种政策带来的必然只能是公司营业状况的不断恶化。只是到了20世纪70年代,随着新管理班子的到来,才开始把侧重点倒了过来,对企业经营的内容和主要方向进行重新组合,给了家电销售以应有的位置,从而使公司再度繁荣。显然,如果这家公司早一点从意外的家电销售额增长中看到发展的机会,这个公司也许早已发达了。

能表现为居民的消费需要、消费习惯以及消费偏好可能已经改变,也可能表现为政府的政策倾向进行了调整。这种改变或调整虽然使计划的开发遭到失败,或使原先热门的产品不再旺销,却为一种或一些新的产品提供了机会。了解了这种变化,发现了这种机会,企业便可有针对性地进行有组织的创新。

不论是意外的成功还是意外的失败,一经出现,企业就应正视其存在,并对之进行认真的分析,努力搞清并回答这样几个问题:①究竟发生了什么变化?②为什么会发生这样的变化?③这种变化会将企业引向何方?④企业应采取何种应对策略才能充分地利用这种变化,以使之成为企业发展的机会?

二、企业内外的不协调

当企业对外部经营环境或内部经营条件的假设与现实相冲突,或当企业经营的实际状况与理想状况不相一致时,便会出现不协调的状况。这种不协调既可能是已经发生的某种变化的结果,也可能是某种将要发生的变化的征兆。同意外事件一样,不论是已经发生的还是将要发生的变化,都可能为企业的技术创新提供一种机会。因此,企业必须仔细观察不协调的存在,分析出现不协调的原因,并以此为契机组织技术创新。

根据产生原因的不同,不协调也可分成不同的类型。宏观或行业经济景气状况与企业经营绩效的不符是可以经常观察到的一种现象。一方面,整个宏观经济形势很好,对行业产品的需求逐渐上升,同行业中的其他经济单位也在不断成长;另一方面,本企业的销售额却不能向前,市场份额因此而不断萎缩。伴随着市场的扩大,企业的销售额虽然可能在短期内不一定有较大的下降,因此,不协调对企业发展的长期影响不一定能被企业及

> 赫鲁晓夫1956年访问美国时曾对美国公众指出："苏联人永远不会想拥有小汽车，对他们来说，便宜的出租车更有意义。"这个判断实际上假定了在消费者的价值观中，汽车只是一种交通工具而已，而没有意识到，汽车除了帮助人们在陆地上移动外，还是拥有者权力和社会地位的象征，它给人们带来的不仅是时间的节约，而是自由度、移动性的增加。赫鲁晓夫的错误判断为西方企业家提供了丰富的机会，也促使苏联汽车黑市的形成。

时意识到，但是行业发展了，而企业却止步不前，这显然是一种不正常的现象。这种不协调反映企业在产品结构、原料利用、市场营销、成本与价格、产品特色等某个或某些经营方面存在着问题。分析这些问题之所在，便可为技术创新提供一种思路和机会。

假设和实际的不协调也是一种常见的不协调类型。任何企业，实际上任何人也是这样，都是根据一定的假设来计划和组织其活动的。假设如果不能被实际所证实，企业战略投资或日常经营就可能是朝着一个错误的方向努力。这时，企业的努力程度越高，带来的负面效果就可能越大。及时发现假设与现实的不符，企业就可以及时地改变或调整努力的方向。企业对消费者价值观的判断与消费者实际价值观的不一致是假设与现实不协调的典型类型，也是企业常犯的一种重要错误。

在所有不协调的类型中，对消费者价值观的判断与消费者的实际价值观不一致不仅是最为常见的，对企业的不利影响也是最为严重的：根据错误的假设组织生产，企业的产品将始终不可能真正满足消费者的需要，从而生产所费难以得到补偿，企业的生存危机迟早会出现。相反，如果在整个行业的假设与实际不符时，企业较早地发现这种不符，则可能给企业的技术创新和发展提供大量的机会。

三、过程改进的需要

对于意外事件与不协调，我们是从企业与外部的关系这个角度进行分析的，过程改进的需要则与企业内部的工作（内部的生产经营过程）有关。由这种需要引发的创新是对现已存在的过程（特别是工艺过程）进行改善，把原有的某个薄弱环节去掉，代之以利用新知识、新技术重新设计的新工艺、新方法，以提高效率、保证质量、降低成本。由于这种创新的需要通常存在已久，一旦采用，人们常会有一种理该如此或早该如此的感觉，因而可能迅速被组织所接受，并很快成为一种通行的标准。

过程的改进既可能是科学技术发展的逻辑结果，也可能是推动和促进科技发展的原动力。实际上，在过程改进所需要的知识尚未出现以前，任何改进都是不可能实现的。因此，在组织这种改进之前，企业（也可能是在宏观层次上）可能要针对生产过程中的薄弱环节进行长期的"基础研究"，以产生出克服这种薄弱环节所需的新知识。只有在新知识产生以后，人们才能实际地考虑如何将其应用于工业生产、改进生产过程中的某个环节。必须指出，从基础研究到应用分析、最后到工艺与方法的实际改进，这个过程可能是非常漫长的。

与前两个因素相联系，过程的改进以及与此相联系的技术创新也可能是由外部的某个或某些因素的变化而引起的。比如，劳动力成本的增加促使企业努力推进生产过程的机械化和自动化。

四、行业和市场结构的变化

企业是在一定的行业结构和市场结构条件下经营的。行业结构主要指行业中不同企业的相对规模和竞争力结构以及由此决定的行业集中或分散度；市场结构主要与消费者的需求特点有关。这些结构既是行业内或市场内各参与企业的生产经营共同作用的结果，也制约着这些企业的活动。行业结构和市场结构一旦出现变化，企业必须迅速对之作出反应，在生产、营销以及管理等方面组织创新和调整，否则就有可能影响企业在行业中的相对地位，甚至带来经营上的灾难，引发企业的生存危机。相反，如果企业及时应变，则这种结构的变化给企业带来的将是众多的创新机会。所以，企业一旦意识到产业或市场结构发生了某种变化，就应迅速分析这种变化对企业经营业务可能产生的影响，确定企业经营应该朝什么方向调整。

实际上，处在行业之内的企业通常对行业发生的变化不甚敏感，那些"局外人"则可能更易观察到这种变化以及这种变化的意义，因而也较易组织和实现创新。所以，对已在行业内存在的现有企业来说，产业结构的变化常构成一种威胁。

面对同一市场和行业结构的变化，企业可能作出不同的创新和选择。例如，汽车市场从贵族向平民的变化就曾引发企业四种不同的反应，且不同的反应均取得成功。

1. 劳斯莱斯（Rolls-Royce）的反应，该公司开始集中全力生产作为"王族标志"的汽车，其特点是用古老的手工制造方法，由熟练的技术工人进行单个加工和装配，许诺永不磨损，并配之以平民难以承受的价格，以保证此种类型的汽车永远只为一定社会阶层的人所拥有。自此，该公司生产的汽车始终是一定社会地位的象征。

2. 随着汽车市场向普及化的方向发展，福特公司的反应则是组织汽车的大量生产，使其T型车的价格降到当时最廉价车的五分之一。

3. 威廉·杜兰特（William Durant）则从汽车市场的发展中看到建立大型公司的机会，从而在组织上进行创新，组建大型现代企业通用汽车公司。

4. 意大利人乔瓦尼·阿涅尼（Giovanni Agnelli）则看到汽车在军事上的发展，组建专门生产军官指挥车的菲亚特公司，迅速成为意大利、俄国以及奥匈帝国军队指挥车的主要供应商。

因此，面对市场以及行业结构的变化，关键是要迅速地组织创新的行动，至于创新努力的形式和方向则可以是多重的。

五、人口结构的变化

人口因素对企业经营的影响是多方位的。作为企业经营中一种必不可少的资源，人口的结构的变化直接决定着劳动力市场的供给，从而影响企业的生产成本；作为企业产品的最终用户，人口的数量及其构成确定了市场的结构及其规模。有鉴于此，人口结构的变化有可能为企业的技术创新提供契机。

作为一种经营资源的人口，其有关因素（如人口数量、年龄结构、收入构成、就业水平以及受教育程度等）的变化相对具有可视性，其变化结果也较易预测。比如，2020年进入劳动市场的人口，目前已经出生；就业人口中已经从业的年限决定了未来若干年内每年退休人员的数量。根据类似的资料，企业大致可以判断未来劳动市场的供给情况以及工业对劳动力的需求压力，并从中分析企业创新的机会。

需要指出的是，分析人口数量对企业创新机会的影响，不仅要考察人口的总量指标，而且要分析各种人口构成的统计资料。总量指标虽然可在一定程度上反映人口变化的趋势，但这种数据也可能把企业的分析引入歧途。实际上，在总量相同或基本未变的人口中，年龄结构可能有着很大的差异或已经发生了重大的变化。西方国家在第二次世界大战结束后普遍出现了"婴儿潮"，但不久后生育率即逐渐下降，因此，自20世纪50年代开始，人口总体水平波动不大。但在总量大致相当的情况下，人口的年龄构成却发生了重要变化。在20世纪60年代，青年人数量剧增，80年代以后中年人的数量则稳步增加，老年人的比重在此之后则大量上升。人口结构的这种变化对企业经营提供的机会或造成的压力以及对企业创新的要求显然是有重要区别的。因此，人口变量的研究应重在人口年龄构成的分析，特别是人口中比重较大的核心年龄层次的分析。

与作为资源的人口相反，作为企业产品最终用户的人口，其有关因素对企业经营的影响及对创新的要求是难以判断和预测的。如果说我们可以大致地确定年龄结构的变化对劳动力市场的影响，但判断年龄结构的变化对居民消费倾向及需求的影响则是非常困难的。

六、观念的改变

对事物的认知和观念决定着消费者的消费态度，消费态度决定着消费者的消费行为，消费行为决定一种具体产品在市场上的受欢迎程度。因此，消费者观念上的改变影响着不同产品的市场销路，为企业提供着不同的创新机会。

观念反映人们对事物的认识和分析的角度。从企业创新的角度来说，观念的改变既可意味着消费者有关认识的改变，也可意味着企业对消费者某种行为或态度的认识的改变。这种改变有时并不改变事实本身，但对企业的意义则是不一样的。

需要指出的是，以观念转变为基础的创新必须及时组织才可能给企业带来发展和增长的机会。所谓及时，是指既不能过迟，也不能过早。滞后于竞争对手行动，等到许多竞争企业都已利用消费观念的改变开发了某种产品之后企业才采取措施，待企业措施产生效果、推出产品时，由于消费观念转变而新出现的市场可能早已饱和了。相反，如果消费者的观念尚未转变、或刚刚开始转变，企业在敏锐地观察到这种机会后即迅速采取行动，这样固然可以领先竞争者许多，但为了促成这种消费观念的转变，从而市场真正形成所需的费用将不仅使企业受益，而且使整个行业受益，换句话说，企业开发的将不仅是企业市场，而且是行业市场。与稍后行动的企业相比，迅即行动的企业前期投入的各种费用可能过高，因而在成本上可能处于不利地位。20世纪90年代初期，万燕率先开发VCD以及相关产品，但在后来的市场竞争中迅即被新科、爱多等厂家超越，就是一个鲜明的例证。

> 有两家制鞋商分别派出销售人员去某岛推销自己的产品。甲厂派出的推销员到了岛上以后，迅速给厂部发来一份电报，强调鞋制品在该岛无任何市场，因为岛上居民无一人着鞋，并表明自己也将迅速归厂。另一家厂商的推销员则迅速发电报，要求企业立即寄来大批货物，因为该岛有着非常巨大的市场潜力，且目前尚无其他厂家参与竞争。显然，不同的认识将给两家企业带来不同的市场和发展机会。当然，上述第二家企业要充分开发该市场，还需在岛民消费观念的改变上进行必要的示范、宣传以及劝导。

七、新知识的产生

有人把我们所处的时代称为知识经济时代。从某种意义上说，人类任何活动都是知识的利用、积累和发展的过程。把目前的时代称作知识经济时代的重要原因可能是新知识以前所未有的速度涌现。一种新知识的出现，将为企业创新提供异常丰富的机会。在各种创新类型中，以新知识为基础的创新是最受企业重视和欢迎的。但同时，无论在创新所需时间、失败的概率或成功的可能性预期及对企业家的挑战程度上，这种创新都是最为变化莫测、难以驾驭的。

与其他类型的创新相比，知识性创新的第一个特点是具有最为漫长的前置期。从新知识的产生到应用技术的出现，最后到产品的市场化，这个过程通常需要很长的时间。不仅在自然科学领域如此，以社会科学新知识为基础的创新亦是这样。早在19世纪初，圣西门（Comte de Saint-Simon）就提出了有目的地利用资本去促进经济发展的商业银行理论，但直到他去世二十多年后，才由其门徒雅各布和皮埃尔（Jacob and Isaac Pierre）兄弟俩在1852年创办了世界上第一家商业银行——工业信贷公司（Credit Mobilier）。

知识性创新的第二个特点是这类创新不以某一单一因素为基础，而是以好几种不同类型的知识的组合为条件。虽然在这类创新的组织中首先需要依靠一种或少数几种关键的技术以及相关的知识，但在所有其他必备知识尚未出现之前，创新是不可能实现的。这种对知识集合性的要求也是这类创新前置期较长的一个重要原因。飞机、计算机等的出现无不说明了这一点。

前置期较长和对相关知识的集合性要求不仅决定了企业必须在早期投入大量的资金，而且由于即便投入许多资源新知识也可能不会出现或难以齐全，因此，与其他创新相比，以新知识为基础的创新需要承担更大的风险。

上面介绍了德鲁克在研究中提出的创新的七种来源。显然，创新这个词本身的含义已经表明其机会和可能是难以穷尽的。还需指出的是，在企业实践中，创新通常是几种不同来源或影响因素共同作用的结果。

第三节 技术创新的战略及其选择

任何企业都在执行一套符合自己特点的技术创新战略。这种战略可能是有意制定的，也可能是在无意识中形成的。在后一种情况下，技术创新战略是一系列选择的综合结果，这些选择一般涉及创新基础、创新对象、创新水平、创新方式和实现的时机等多个方面（见图19.1）。

一、创新基础的选择

创新基础的选择需要解决在何种层次上组织创新的问题：利用现有知识，对目前的生产工艺、作业方法、产品结构进行创新，还是进行基础研究，开发新的知识，为具有新功能的新产品开发提供基础。前者涉及应用性研究，后者常被称为基础研究。

显然，基础研究可能为企业提供广阔的市场前景，使企业具有独特的竞争能力与优势，显而易见的是，理论上的创新，特别是要用之为企业服务的理论创新不是一两次突击性的工作便可以完成的，它需要企业，特别是企业中有关科研人员长期地、持久地，且经常是默默地工作。这种工作可能带来成功的结果，也可能组织了众多的研究人员长期地进行艰辛的工作后仍一无所获。基础研究的上述特点决定了选择此种战略不仅具有较大的风险，而且要求企业能够提供长期的、强有

图 19.1
技术创新的战略选择

力的资金以及人力上的支持。

应用性研究只需企业利用现有的知识和技术去开发一种新产品或者探寻一种新工艺。与基础研究相比,所需的时间相对较短、资金要求相对较少、创新的风险也相对较小,研究成果的运用对于企业生产设施调整,从而基础性投资的要求相对较低,当然,对企业竞争优势的贡献程度也相对要小一些。

从某种意义上来说,现代企业从事的大多是应用性的研究工作以及与之相应的创新。日本学者森谷正规认为,"20世纪60年代以来,很难找到一种以完全新的原理为基础的技术"。以电子学为例,晶体管的生产是一种以全新理论为基础的创新。这种创新从根本上改变了以之为基本部件的产品的生产过程。但自此以后,"没有一个新的电子元件像晶体管一样被开发……微型计算机和超大规模集成电路只是在一个小硅片上集中了数量惊人的晶体管,却没有离开以前的技术原理"。如果创新的过程始于基础研究,无疑将给企业的应用性开发提供异常广阔的空间。

二、创新对象的选择

技术创新主要涉及材料、产品、工艺、手段等不同方面。由于企业生产所需要的原材料主要是从外部获取的,材料创新主要是在外部进行的(这种创新实际上是上游企业的产品创新),所以,企业可供选择的创新对象主要涉及产品、工艺以及生产手段三个领域。

产品创新使得产品在结构或性能上有所改进,甚至全部创新,不仅可能给消费者带来一种全新的享受,而且可以降低产品的生产成本或者减少产品在使用过程中的使用费用,所以,给企业带来的不仅可以是特色的形成,而且可能是成本的优势。工艺创新则既可能为产品质量的形成提供更加可靠的保证,从而加强企业的特色优势;也可能促进生产成本的降低,从而使企业产品在市场上更具价格竞争力。

产品与工艺创新主要是由企业完成的,外部一般很难替代企业来从事这项工作。生产手段的创新则不然。由于每种机器设备的制造都需要利用企业不可能同时拥有的专门技术、人员和其他生产条件,而且企业即使拥有这些条件生产所需的机器设备,但由于数量有限,不可能达到规模经济的要求,生产成本可能很高,因此,企业一般都是从外部获取各种机器设备的。由于这个原因,生产手段创新也可借助外部的力量来完成。但是,生产手段创新不是孤立地进行的,它既可能是产品创新或工艺创新的结果(产品结构或工艺制造方法的变化必然要求生产手段也作相应的调整),也可能由此而引发产品或技术的创新。因此,如果由外部厂家来实现生产手段的改造，则有可能使得企业与此相关的产品创新或技术创新的过程，甚至仅仅是意图过早地为竞争者所察觉，从而难以通过创新带来竞争优势的形成或提高。在这种情况下，某些关键生产手段技术创新的内部组织就是必然的选择了。

三、创新水平的选择

创新水平的选择与创新基础的选择都涉及通过创新可能达到的技术先进程度。基础的选择可能导致整个行业的技术革命，特别是基础研究导致的创新可能为整个行业的生产提供一个全新的基础；创新水平的选择则主要是在行业内相对于其他企业而言的，需要解决的主要是在组织企业内部的技术创新时，是采取领先于竞争对手的"先发制人"的战略，还是实行"追随他人之后"但目的仍是"超过他人"的"后发制人"的战略。

"先发制人"是在行动上"先人一步"，目的是在市场竞争中"高人一筹"。先人一步行动，率先开发出某种产品或某种新的生产工艺，采用这种战略的意图是很明显的，即在技术上领先同行业内的其他企业，以获得市场竞争中至少是在某段时期内的垄断地位。

（一）"先发制人"给企业带来的贡献

1. 可给企业带来良好的声誉。先发制人可使企业树立起一种开拓者或领先者的形象或声誉。这种声誉是竞争者难以形成的。一旦某个企业在某个领域最先开发了某种技术，今后人们需要利用这种技术或购买与之相关的产品时，首先想到的将是这家企业。人们在评价这家企业时，也将主要是以技术领先者的形象去看待它。

2. 可使企业占据有利的市场地位。在其他企业还未意识到之前，企业即已开发并进入某个市场。显然，企业最先占领的通常也是最易占领的，并可给企业带来最为丰厚利润的市场区段。此外，最先进入市场的企业所采用的经营这种产品的方法有可能逐渐被整个行业所接受，并成为行业的标准。

3. 可使企业进入最有利的销售渠道。任何产品都要经过一定的销售渠道才能被传达到消费者手中。这种渠道虽然可能是企业自己专门建立的，但由于建立并维持一个专有渠道需要企业投入巨额资金，因此，利用一个存在于外部的通用渠道是比较普遍的选择。通用渠道的容量总是一定的，其不同部位会表现出不同的吸引力。率先行动者自然可以选择最为有利的部位。不仅如此，率先行动者还可能利用先期进入的机会，与渠道签订排他性的协仪，从而封锁后来者利用现存机构进入市场的通道，使后来者难以进入市场或至少会提高其进入市场的成本。

4. 可使企业获得有利的要素来源。新的产品或新的产品制造方法可能需要企业利用新的生产资源。与销售渠道的进入一样，率先行动者可以获得最有利的原材料等要素来源，甚至可以与供应商签订排他性的要素供应协议。

5. 可使企业获取高额的垄断利润。率先推出某种产品可使企业至少在初期成为这种产品的垄断生产经营者，从而可使企业以远远高出成本的价格将产品销售给那些对产品感兴趣的用户。当然，如果企业不愿自己生产，也可将生产这种产品的技术专利以高价卖给对之感兴趣的企业。

（二）"先发制人"带来的问题

1. 要求企业付出高额的市场开发费用。市场上尚未出现过的产品，潜在用户尚未了解其功能特性，甚至不知道这种产品的存在，要拓开销路，企业必须投入大量的市场开发费用。率先行动的性质决定了企业不可能与其他同行分摊这笔费用。独自承担巨额的市场开发费用，将使企业处于一个非常困窘的两难境地：开发失败，将给企业带来巨大的损失；开发成功，则从中获益的将不仅是企业自己，因为先行企业开发的不仅仅是自己的市场，而是整个行业的市场。显然，独自承担巨额的市场开发费用给企业带来的收益和风险是不对称的。

2. 需求的不确定性。率先行动者虽然投入大量的市场开发费用，但用户队伍能否形成、被唤醒的市场有多大容量、已表现出的需求可能朝什么方向变化，这些都是不确定的。特别是由于环境中众多因素的影响，已经表现出的需求也是经常变化的。这种不确定性使得先行企业以之为基础的技术开发和市场开发的活动具有更大的风险。与之相反，后期行动的企业则可以更新的、更确定的信息为基础，风险相对较小。

3. 技术的不确定性。这种不确定性是由两个方面的原因造成的：一方面，一种新技术，不论是关于产品的技术还是关于工艺的技术，在被实际运用之初都不可能非常完善，它只能在实际运用中逐渐成熟；另一方面，技术的变化不一定是连续性的，可能呈现出一种跳跃性的势态。由于这种非连续性，今天还是先进的技术，明天就可能落后了。当技术相对地确定、其变化沿着相对连续的路线前进时，率先行动的企业在时间上的领先便是一种优势，因为它可以不断地把从原有技术上学到的东西转移到新技术上去，从而可以始终地在技术上保持领先状况。相反，不确定性和非连续性则给后来的追随者提供了机会。

由于这些原因，许多企业宁愿采用追随的战略，而不愿先人一步。当然，后发也是为了先至，是为了制人，而非受制于人。实际上，由于上面列举的原因，后发者虽然在时间上、在用户心目中技术水平的形象上可能处于稍微不利的地位，但它可以：

（1）分享先期行动者投入大量费用而开发出的行业市场。

（2）根据已基本稳定的需求进行投资。

（3）在率先行动者技术创新的基础上组织进一步的完善，使之更加符合市场的要求。

有鉴于此，后发制人的战略有时也不失为一种合理的选择。

四、创新方式的选择

不论技术创新的水平和对象为何，企业在技术创新活动的组织中都可以有两种不同的选择：利用自己的力量独自进行开发，或者与外部的生产、科研机构联合起来共同开发。

1. 独自开发与联合开发要求企业具备不同的条件，需要企业投入不同程度的努力，当然也会使企业程度不同地受益。独自开发不仅要求企业拥有数量众多、实力雄厚的技术人员，而且要求企业能够调动足够数量的资金。独自开发若能获得成功，企业将可在一定时期内垄断性地利用新技术来组织生产，形成某种其他企业难以模仿的竞争优势，从而获得高额的垄断性利润。当然，如果开发不能获得预期的结果，企业也将独自承受失败的痛苦。

2. 联合开发，企业可以与合作伙伴集中更多的资源条件进行更为基础性的创新研究，并共同地承担由于此而引起的各种风险。开发如果失败，企业将与协作伙伴一道来分担各种损失；如果开发成功，企业不能独自利用研究成果组织产品或工艺创新，协作伙伴也有权分享共同的成果，也有权从这种成果的利用中分享一份市场创新的利益。

影响企业的开发方式的选择的因素，不仅是企业自身的资源可支配状况以及开发对象的特点要求，对市场经济条件下竞争与合作的必要性认识的不同可能是其深层次的原因。

竞争是市场经济的第一原则。正是竞争促进了社会生产率的提高，带来了整个社会资源的合理配置。在技术创新领域也是一样，竞争促使不同企业投入大量的人力和物力资源去竞相开发和采用新技术、生产新产品、利用新材料和设备，以获得市场经营中的某种成本优势或特色优势，占有更多的市场份额，获得更多的利润。不同企业技术水平的提高最终必然会促进整个社会的技术发展。但是，不同企业独自地进行所有的技术创新研究，特别是与基础理论有关的技术创新研究，所从事的将大部分是重复性的劳动。将创新活动在一定范围内有组织地进行协调，不仅会带来资源的节约，而且必然会大大加快成果形成的速度，且开发成功后，将在更大的范围内使更多的企业受益，会对整个社会的技术进步带来更大的贡献。

实际上，合作研究与开发不仅为经营范围限于国内的那些企业所重视，而且是许多国际企业的普遍选择。随着世界经济区域集团化的发展，随着国际市场竞争的加剧，国际企业为了增强建立全球性市场的能力、适应世界全球性公司发展的需要，在多个方面实行战略联盟。这种联盟不仅表现为有形资产投资上的合作，而且表现为无形资产的共同投资。前者如联合兴建新的企业，或相互在对方企业持有一定股份，后者则主要与研究与开发合作或技术转让有关。研究与开发上的合作主要指联盟各方将其资金、技术设备以及各种优势结合起来共同使用，以开发新的产品或生产技术，并在此基础上共同开发国际市场。技术转让主要指与合作开发相关的联盟内企业间技术资料的相互交换，以共享某些技术开发的成果。

合作开发不仅可使合作各方共同承担巨额的开发费用以及与之相关的开发风险，而且由于优势的互补而开发出独自进行时难以开发出的新技术。比如，美国通用电气公司（GE）和法国斯奈克玛公司（SNECMA）合作开发一种新型飞机引擎，其费用需 10 亿—20 亿美元，时间约需 10 年。显然，这个费用和风险是其中任何一家公司都不愿且难以承担的。又如，美国商用机器公司（IBM）与苹果计算机公司（Apple）长期以来在电脑行业相互竞争，但为了发展一套完整的计算机操作系统，这两家公司决定共同投入 10 亿美元合资研究和生产新一代个人电脑的硬件、软件和网络。分析家们认为，这种合作将改变销售额高达 900 亿美元的世界个人电脑行业的竞争结构。正如苹果公司前总裁约翰·斯卡利（John Sculley）在《商务周刊》中所指出的，"如果没有 90 年代的战略联盟，这种高科技的公司想要生存和发展是不可想象的"。

人们可能会认为，合作开发主要涉及通用技术或基础研究领域，因为只有在这些领域进行合作，然后在应用性研究方面进行竞争才会给各个企业带来最大利益。但日本政府 1989 年的一份调查则表明，只有 14% 的合作研究指向基础研究领域，而与此对应，有三分之一指向应用研究，更有二分之一以上的项目实际上是产品开发项目。

当然，合作开发的推动，不仅需要企业的积极主动，而且更需要政府的推动。在日本，有相当多的合作研究项目与政府有关。特别是与基础研究相关的合作开发更需政府的推动。为此，日本政府制定了许多推进民间企业进行合作研究的专门制度与相关政策。比如，1961 年推出了矿、工业研究组合制度，1966 年推出了大型工业技术研究开发制度，1985 年制定了基础技术研究促进制度。这些制度催生了技术研究组合等合作研究形式，极

> 日本企业在这个问题上的许多做法是值得中国企业借鉴的。日本核心技术局在 1986 年的一份调查表明，在接受调查的 261 家企业中，90% 有过和同行业合作研究的经验，接近 70% 的企业和部分对手有共同研究项目。日本机械产业振兴协会则宣布，近年来日本企业作为合作研究成果的联合专利申请的数量呈迅速上升的趋势。

大地推动了竞争企业为共同利益而开展合作开发的选择。

日本企业与日本政府在合作开发上的努力对我国企业技术创新战略的制定无疑提供了许多启示。

读 书 提 示

1. [美]约翰·科特,《变革的力量》,方云军、张小强译,华夏出版社,1997年。
2. [美]汤姆·彼得斯、[美]罗伯特·沃特曼,《追求卓越》,胡玮珊译,中信出版社,2009年。
3. [美]彼得·德鲁克,《创新与企业家精神》,蔡文燕译,机械工业出版社,2008年。

复 习 思 考 题

1. 何谓技术创新?技术创新与发明是何关系?
2. 组织中可能存在哪些技术创新的源泉?
3. 技术创新包括哪些内容?其对企业生存和发展有何贡献?
4. 企业家如何选择创新基础、创新对象、创新水平以及创新方式,从而有效地组织企业技术创新?

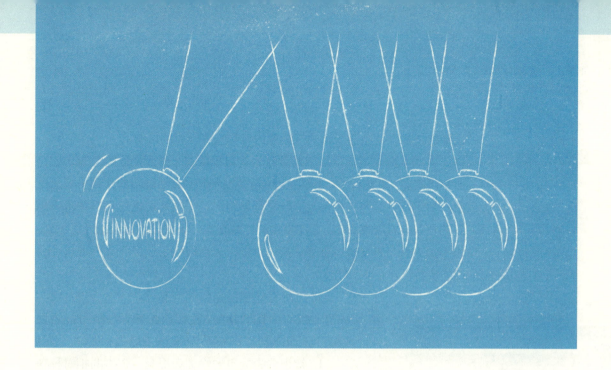

第二十章

企业组织创新

　　企业是人的集合体。企业绩效,以及其生存与发展能力首先取决于其成员的努力。这些成员在企业活动的不同时空提供这些努力。要使这些努力转变为对企业有效的贡献,必须对他们在企业活动中的行为进行引导和整合。行为的可预测性是行为引导和整合的基本前提。企业通过制度结构化、层级结构化以及文化结构化来使成员的行为具有一定程度的可预测性,从而实现对这些成员在企业活动过程的不同时空的努力进行引导与整合。结构化的实质是企业成员在企业活动中的关系模式形成、演化及其功能实现的过程。企业成员在企业活动中的关系有些是事先可以预知,从而可以描述规范的;另一些则可能随着活动的进行而随机发生,并因时、因地制宜地随机调整。我们称前者为正式关系,称后者为非正式关系。从关系主体的角度看,企业成员可以从参与者个体的角度,也可以从参与者类群的角度来考察。

　　制度结构化规范了作为类群的企业不同参与者之间的正式关系,层级结构化规范了作为个体的这些参与者之间的正式关系,文化结构化则规范了作为类群或个体的参与者在企业生产经营活动过程中的非正式关系。制度、层级以及文化的结构化要受到企业经营的环境、企业在经营过程中所选择的技术以及企业活动的规模及内容特点等因素的影响。

本章主要讨论知识经济背景对企业组织的这个维度的影响。知识在企业生产制造、市场营销、人事管理、财务控制等经营活动中的作用正日显重要。知识及其运用的产品化、产品及其生产过程的知识化是我们在越来越多的企业中可观察到的、正在发生的客观现象。不管人们是否已经认识到，也不管人们是否承认或愿意，知识经济正逐渐取代工业经济成为现代社会的主要特征。

究竟何为知识经济？至今似乎尚无一致的认识。从企业组织分析的角度，我们认为知识经济可能表现出以下三个方面的基本特点（见图20.1）。

1. 知识要素的重要性大大提高。资本的相对稀缺性、资本的货币形态的可转换性等特点决定了资本是工业社会中最为重要的生产要素。资本市场的发展、融资手段的不断完善以及与此同时企业生产过程的渐趋复杂使得知识正逐渐取代资本成为企业生产经营的第一要素。

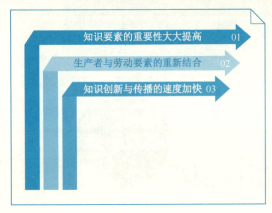

图 20.1
知识经济的三大特征

2. 生产者与劳动要素的重新结合。产业革命的发展伴随着劳动生产者与物质生产条件的分离。由于某种原因被剥夺了物质生产条件的劳动者只能通过出卖自己的劳动力来谋求生存条件，从而为工业经济的发展提供大量的廉价劳动力。被企业雇用后，他们只能根据雇主或其代表、代理的要求来表现符合其利益的行为。整个工业经济时代，企业组织的构造都是以劳动者与其物质生产条件的分离为基本假设的。然而，当知识成为最重要的生产要素后，情况发生了变化：知识作为人脑的产物是不可能与其拥有者相分离的。知识经济时代企业的组织设计不能不考虑知识的这种特点以及由此决定的劳动者与其最重要的生产要素重新结合的现象。

3. 知识创新与传播的速度加快。从某种意义上说，任何知识都与人的活动有关。与企业经营有关的知识是在企业经营过程中生成与发展的。知识形成、积累、创新的速度影响着企业生产过程的组织方式，影响着不同知识所有者的相对重要性，从而决定着企业参与者在这个过程中的相互关系。信息技术的广泛运用加速了知识的生成与发展进程，从而引导着企业组织的创新，影响着企业组织的结构化或再结构化。

下面根据上述特点，从制度结构、层级结构以及文化结构三个层面分析知识经济对企业组织创新可能产生的影响。

第一节｜企业制度创新

一、工业社会的企业制度结构特征及其原因

企业通过规范作为类群的参与者在企业活动中权、利关系的制度来引导和整合这些成员的行为：通过企业经营活动组织权力的分配，企业制度规范着参与者类群间的权力关系，从而影响着这些参与者在企业决策制定与执行中的行为表现；通过决定经营成果的分配，企业制度规范了参与者类群间的利益关系，从而影响不同参与者在企业成果形成中的行为特点。权利关系从而相对地位的确定，使得参与者类群在不同模式的企业制度下有着不同的行为规律，从而使他们的行为具有一定程度的可预测性。这种可预测性使得企业对参与者行为的引导和整合成为可能。

不同参与者通过提供企业经营所必需的某种要素来实现他们对企业的贡献。这些要素的相对重要性决定了要素供应者在企业活动中的相对权利地位，决定了企业活动中的权力与利益分配的格局，从而决定了企业制度结构的特点。要素的相对重要性既取决于要素本身在企业生产经营活动中的作用，也在很大程度上受到该种要素相对稀缺程度的影响。稀缺资源从资本转向知识，将导致知识参与者在企业权利关系中地位的提高。

在迄今为止的工业社会中，相对于其他要素来说，资本是最为重要也是最为稀缺的。工业生产过程主要是资本与劳动结合的过程。在这个过程中，资本的所有者通过提供一定数量的资本形成一定的生产能力，集中一定的物质条件，雇用一定数量的劳动者加工和组合利用这些资源以形成一定的产品。由于资本（以货币形式表现和计量的资本）具有一般等价物的特点，从而可以很方便地换回其他形式的生产要素，所以，启动这个过程的是一定数量的资本的投入。过程原动力的特点决定了资本的所有者在过程开始之初就拥有选择过程运行的方向、组织过程的推进、处理过程的结果的各种权力。

一般等价物使资本具有流动性的特点，与此同时，由于工业生产中劳动分工不断发展导致具体工人的操作范围更加狭窄，作业技能更趋专门化，从而流动更加困难的特点，使资本相对于工人的地位进一步得到确认。在这种背景的企业中，知识特别是管理知识虽也已开始居一席之地，但主要是作为资本的附属而存在。

二、知识经济条件下的企业制度创新

企业制度结构的这种特征正在受到知识经济的挑战。知识在现代企业

经营中相对作用的加强正使得权力的行使以及对成果分配的控制正在逐渐变成知识工作者的"专利"。

有人也许会强调，工业社会也是知识社会，工业社会的经济活动是与工业生产有关的知识的开发和利用的过程。实际上，任何人类经济活动，甚至在一般意义上任何人类社会活动的运行都是知识的发现与利用、积累与创新的过程。因此，知识社会不是突然而至，而是逐渐演变而来的。知识经济与工业经济相比，知识经济条件下人们所倚重的知识类型，从而相关知识的相对重要程度是不同的。

人们在企业中的活动可以分为两类。

1. 人作用于物的活动。劳动者利用一定的劳动工具，借助一定的方法对劳动对象进行加工转换，生产出符合要求的某种产品的劳动。

2. 一些人作用于另一些人的劳动。主要指管理人员对作用于物的劳动者的工作安排以及工作中的指挥与协调。

人们作用于物的劳动主要需要与操作有关的知识，作用于其他人的劳动则主要需要与协调有关的知识。

知识因此而可以分为两种类型：有关操作的知识与有关协调的知识。

工业社会以操作知识的发展为基础，工业社会的发展又不断促进操作知识的进步。生产工具的改进导致工业革命的产生，机器的发明和普遍运用促进了工厂制度的发展。工艺的更加先进和机器的普遍使用使得工业生产渐趋复杂，从而促进了劳动分工的不断细化，细致的劳动分工在促进劳动生产率提高的同时，使得每一个分工劳动者的操作技能和相关专业知识更加狭窄、更加专门化，从而使得工业生产中每一个人的劳动高度相互依赖，这种相互依赖性使得对不同人在企业中分工劳动的协调变得至关重要。知识在生产中的普遍运用，单个劳动者操作技能的高度专门化，使得工业生产率的提高不仅取决于个人的操作技能和作业的熟练程度，而且更取决于对不同人的劳动的分工协调。正如哈耶克所分析的，分工使人们只知道与自己工作有关的那部分知识，没有人有能力获得这些知识的全部，在分工生产的条件下，我们必须使用的背景知识不是以集中和整合的形式存在，而是以不完全的、经常是相互矛盾的知识片段分散地为分开的个人所占有[1]。因此，工业经济越发展，劳动分工越细致，劳动者的知识越专门化，与协调不同劳动者的分工劳动有关的知识就越重要。这种重要性不仅是相对于其他知识（如操作知识）而言的，而且是相对于其他生产要素而言的。

---

[1] [美]保罗·S.麦耶斯，《知识管理与组织设计》，蒋惠工等译，珠海出版社，1998年，第28页。

正如德鲁克所指出的，知识，特别是有关协调的知识，正变为"关键的经济资源"，甚至是"今天唯一重要的资源"，"传统的生产要素——土地（即自然资源）、劳动和资本没有消失，但它们已变成第二位的。假如有知识，人们便可很容易地得到传统的生产要素"[1]。

实际上，分工劳动在工业社会的发展不仅加剧了普通劳动知识和技能的专门化与狭窄化，而且决定了协调分工劳动所需的专门知识的供应的相对稀缺性。这种相对稀缺性进一步加强了协调知识拥有者的相对地位。在生产过程相对简单，从而要求工人所具有的操作技能也相对简单的情况下，只需对这些操作技能有一定了解便可完成协调的任务。所以，在工业社会初期，协调工作是由资本所有者来承担的。但是，随着工业经济的发展和工业生产过程的复杂化，资本所有者难以拥有这样的知识，只能委托拥有相关知识的经营管理人员去协调。后者在协调实践中，地位不断得到加强。所以，今天组织企业活动的协调知识是由企业经营管理人员所拥有的，管理人员的职能就是运用协调知识去组织和管理企业成员的分工劳动。管理人员通过其协调劳动不仅决定着自己所拥有的协调知识的运用效率，而且决定着作为其协调对象的企业生产者的知识利用效果。所以，"经理是对知识的应用和知识的绩效负责的人"[2]。

在工业社会蜕变而来的知识社会中，知识正变为最重要的资源，企业内部的权利关系正朝向知识拥有者的方向变化，企业的制度结构正从"资本的逻辑"转向我们所称的"知识逻辑"[3]。权力派生于知识（特别是协调知识）的供应，利益（经营成果的分配）由知识的拥有者所控制正逐渐成为后工业社会或知识社会的基本特征。

> 知识，特别是有关协调的知识，正变为"关键的经济资源"，甚至是"今天唯一重要的资源"。
>
> ——彼得·德鲁克

资本的逻辑　　知识逻辑

第二节 企业层级结构创新

一、工业社会的企业层级结构及其特征

在利用制度结构规范参与者类群间权力与利益关系的同时，工业经济中的企业试图通过层级结构来规范作为单个成员的参与者在企业活动中的关系和行为。

---

[1] [美]达尔·尼夫,《知识经济》,樊春良、冷民译,珠海出版社,1998年,第57页。
[2] 同上书,第59页。
[3] 参考陈传明,《比较企业制度》,人民出版社,1995年。

层级结构曾是人类组织结构的伟大创新，19世纪下半叶以后，层级结构在工业企业中开始广泛运用，目前仍是企业的主要特征。

工业经济的发展首先表现为生产规模的不断扩大。当企业规模相对较小、活动内容相对较不复杂的时候，业主借助个人的知识和能力便足以应对管理的需要。但是，随着活动规模的扩大和内容渐趋复杂，业主个人就难以应对了。在同一时空聚集了数万甚至数十万工人从事大规模生产的条件下，要使这些人的活动有序地进行，必须在对这些人的劳动进行合理分工的基础上进行指挥和协调。首先在政府和军队组织中被运用的层级结构便在这样的背景下被逐渐移植到工业经济中来。

作为工业企业的主要组织形式，层级结构曾表现出如下主要特征。

（一）直线指挥，分层授权

在层级结构中，从理论上来说，企业的最高行政长官（业主或其代理人）有权安排和指挥每一个企业成员的工作。但由于时间与精力的原因，他的有效管理幅度是有限的，因此，必须把本应属于自己的部分工作及其相关权力委托给一些部属去完成和行使，部属由于同样的原因必须将工作与权力再分解、再委托。这样，企业组织便成为一个等级结构的金字塔，金字塔中的每一个层次都根据直线上级的要求，组织完成相应的工作任务，并行使相关权力。同时又将接受到的任务分解给下一个层次去完成，并利用受托行使的权力去指挥下属工作。层级组织的基本特征便是利用直线指挥与分层授权来规范成员间的关系，影响他们在企业活动中的行为表现。

（二）分工细致，权责明确

层级结构的工业企业实行细致的劳动分工，分工原则不仅体现在与产品制造过程相关的生产劳动中，而且体现在与生产过程协调有关的管理劳动中。分工劳动使得生产者与管理者的知识和技能不断完善，相关劳动的熟练程度不断提高，从而促进了组织劳动生产率的增长。分工劳动不仅严格规定了组织成员应该履行的职责，而且明确了相应职务的工作人员为履行职责而可以行使的权力。

（三）标准统一，关系正式

1. 作业方法的标准化。在泰罗理论的影响下，企业在生产过程组织合理化的同时，使作业方法标准化。在生产过程的不同环节和岗位上，生产者按照标准的方法来完成作业。这种标准化也逐渐被移植到管理劳动的组织中，不论是谁，在处理同类的管理业务时，都按照一套标准的程序和方法来操作。

2. 标准统一还表现为企业政策的一致性，制约管理人员行为的政策和规则由企业最高权力机构统一制定、统一推行。层级结构中的工作人员必须严格依循这些政策和规则。政策和规则的这种一致性，不仅决定了企业组织能以整齐划一的方式表现其行为，而且使得组织中各部门、各层次的管理者之间的关系不具有个人感情的色彩：层级组织中成员之间的关系，是职务或岗位所规定的角色关系，而非个人关系。企业的"组织框架图"和"说明书"确定了每个成员应该扮演的角色，每个角色扮演者应该以理性的方式来完成其职责。组织所倚重的是角色间的正式关系，而非个人间的非正式关系。

目前，在许多企业中采用的事业部制实际上也是层级结构，事业部制企业可以被视为传统的直线组织的联盟，因为每一个事业部都是按照上述基本特点组织起来的。

二、知识经济与企业层级结构的改造

层级结构的这些特征曾经促进了工业企业的成功：直线指挥，分层授权保证了企业行动的迅速；分工细致，权责明确促进了效率的提高；标准统一，关系正式保证了企业活动的有序性。但是，层级结构发挥作用并取得成功是以一定的环境条件和假设作为前提条件的。

层级结构在企业中的广泛运用是以市场环境为背景的：消费者的诸多需求尚未得到充分满足；这些需求基本是无差异的；消费需求以及影响企业经营的其他环境因素基本上是稳定的，或虽有变化但变化具有连续性的特征，从而基本上是可以预测的。诸多需求的未充分满足使得任何产品都存在极大的市场，因此，企业可以组织大规模生产；消费需求的无差异性使得企业可以组织标准化生产；需求与市场的相对稳定或后者变化的可预测性使得企业内部生产及其管理的改善主要依赖于经验的累积和总结。经验的累积和总结过程主要是组织记忆的形成，在这种条件下，企业活动的组织调整主要是企业管理中枢的职责。在这样的背景中经营，不仅生产操作工人主要以过去经验为基础形成的标准方法作业，而且管理中枢也主要利用组织形成过程中不断累积和总结的经验（即有关过去的知识），组织生产过程中工人的标准化作业及其调整。

在知识经济正在到来的今天，层级结构赖以成功的上述背景正在或已经发生变化：消费者日趋成熟以及消费者有关消费知识的渐趋丰富使得消费需求越来越具有多样化和个性化的特点；影响企业经营的环境不仅日益复杂，而且越来越不稳定，其变化不仅无法控制，而且也越来越难以预测。多样化的个性需求使企业正在失去标准化生产和一致性政策的基础；市场变化的频繁要求企业活动的内容与方式及时调整。满足个性化的消费需求，要求企业生产组织更具弹性；活动内容与方式的适应性调整则要求相

关的权力从管理中枢向下分散。实际上，只有与外部环境直接相连的那些部分有调整的权力，这种调整才可能是适时有效的。

弹性的、分权化的企业不可能完全以组织记忆为基础来组织运行。实际上，满足个性化需求的生产作业，如不对环境变化作出适时调整，就难以在已经累积的知识中找到现成答案，这些工作必然要求相关成员和部门在知识积累的基础上进行知识的创新。因此，新形势下的企业组织必须是有利于企业成员的学习和知识创新的组织。

这种组织的基本雏形可能是目前已在一些高科技企业中出现的网络组织。这种组织将企业视为一组为完成特定任务而组成的横向工序流，而不是纵向的由各个职能部门组成的层级结构，网络结构表现出如下主要特征。

1. 它在构成上是"由各工作单位组成的联盟，而非严格的等级排列"[1]。这些工作单位相互依赖，在关键技术和如何解决难题上相互帮助。它们的地位与核心机构平等。核心机构只选择与调整企业的战略方向，设计各部分共享的组织基础，创造促成向心力的企业文化，保证各部分的相互合作，各项工作则由各工作单元来完成。

2. 企业成员在网络组织中的角色是动态变化的。网络中的工作单元可能是稳定的，但单元之间的关系则是为了完成一定的项目而设计的。一旦项目完成，单元之间的关系则可能需要重组。由于企业活动的项目及其进展情况在不断变化，因此，网络结构也需要不断地调整。

3. 企业成员在网络结构中的权力地位不取决于其职位（因为职位大多是平行的，而非纵向排列的），而是来自它们拥有的不同知识。"在层级组织中，你拥有的职位决定了你的权力。在分权的网络化的组织中，你的权力来源于你了解的知识和你认识的人。"[2]

由于网络结构中的各个工作单元都是一个权力中心，因此，可以及时进行应对市场变化的调整；由于每个工作单元都与其他单元保持广泛的联系，从而不仅促进了知识与经验的交流，而且使得各单元的适应性调整有充分的知识和信息的基础[3]。因此，网络结构是适应型的、学习型的组织结构。

> 网络结构，是适应型、学习型的组织结构。

我们认为，知识经济带来的变化可能是对现存的层级组织进行网络化的改造：用网络结构来补充层级结构，而不是将后者完全取代。实际上，管

---

[1] ［美］保罗·S.麦耶斯，《知识管理与组织设计》，蒋惠工等译，珠海出版社，1998年，第102页。

[2] ［美］维娜·艾莉，《知识的进化》，刘民慧等译，珠海出版社，1998年，第160页。

[3] ［美］查尔斯·M.萨维奇，《第5代管理》，谢强华等译，珠海出版社，1998年，第311页。

理任何由一定数量的成员参与的集体活动,一定程度的集权和统一指挥是必不可少的。没有这样的集权和统一指挥,组织成员的活动就无法协调,组织活动就无法在"有序的无序"或"无序的有序"状态下进行。因此,未来的组织应该是"网络化的层级组织":层级保证组织活动的有序性,网络则促进组织的适应性。

网络化的层级组织应该是三个相互对立的特点的统一。

(一)集权和分权的统一

知识经济条件下的企业固然需要保持分散、差异和分权,以具有主动和迅速反应的创造能力,但同时也需要严格的集中管理,以保持战略的统一、行动的迅速,以及相互依存的各工作单元间相互关系的协调。因此,网络化的层级组织应该是既集权又分权:说它集权,是因为管理中枢在战略方向选择以及不同工作单元自主性劳动的范围与边界确定等问题上有着无法替代的作用;说它分权,是因为工作单元内的一线人员有权在企业战略参数的范围内自主地处理可能出现的紧急情况。

(二)稳定与变化的统一

在知识经济条件下,面对逐渐成熟的消费者的不断变化的个性化需求,企业如不能及时作出适应性调整,则可能被市场淘汰,变化过于频繁则可能引起组织的混乱。网络化的层级结构在组织整体保持相对稳定的同时,使各个工作单元能迅速调整:层级结构,从而组织框架以及决定这个框架的经营领域是相对稳定的,框架中的各个工作单元的工作内容和方式则经常进行适应性调整。

(三)一元性与多元性的统一

这主要表现在三个方面:层级组织既保存了统一指挥的管理中枢,又允许相互依存的各工作单元相当自主地运行;既通过统一的基本政策规范着整体企业的战略经营,又允许各工作单元的活动标准与原则有一定的差异;既确定了明确的组织宗旨和使命,倡导着主导的价值观念,又允许甚至鼓励异质价值观念和行为准则的存在。

第三节 | 企业文化创新

利用制度结构和层级结构来规范和制约参与者在企业活动中的行为,要求对这些关系和行为的范围和形式作事先的界定,然而,企业活动的复杂性决定了并非所有的关系或行为的范围和形式都是可以事先预测的。在工业社会中，企业文化的功能便是在企业制度和层级结构不能触及的地方发挥作用，即用来调节不同成员在企业活动中的非正式关系。

一、工业社会中企业文化的功能与特点

企业文化经常被定义为"企业成员广泛接受的价值观念以及由这种价值观念所决定的行为准则和行为方式"。这种价值观和行为准则可能未被明确宣布，但它们通常隐含于企业成员作为其行为前提的思维模式的假设中，是已经被企业成员无意识地普遍认可的，他们的行为会自觉地，甚至会不自觉地受到这些价值观和行为准则的影响，这些影响主要表现在行为导向、行为激励以及行为协调等几个方面。

1. 企业文化作为企业经营的一种副产品而出现。企业文化的概念在管理研究中大概始于20世纪70年代末，在对日美企业经营方式以及美国不同企业经营方式比较研究的基础上，美日的一些学者得出"凡成功的企业都有一种强有力的企业文化起支持作用"的结论，但这些成功的企业文化都不是企业刻意追求的结果，而是企业经营者，甚至是几代经营者在企业实践中通过自己的领导风格与行为方式对企业员工的行为产生了潜移默化，从而促成一种价值观念和行为准则被企业员工广泛认同的结果。

2. 企业文化基本上反映企业组织的记忆。文化是一个历史的概念，是在企业经营的过程中，经过岁月流逝逐渐积累而成的。在历史上形成的企业文化反映在企业经营过程中，且被实践证明是成功的行为方式以及这种行为方式所体现的行为准则和价值观念。所以，用企业文化来引导员工的行为，实际上是用过去的经验来指导员工今天的行动。

3. 企业文化作为一种辅助手段而发挥作用。在工业社会中，企业主要通过制度结构规范不同参与者类群间的权利关系，通过统一指挥、分层授权的层级结构来规范和制约员工在企业经营中的正式关系，通过设计赏罚分明的奖惩机制来制约和诱导员工的行为。企业文化则是作为一种补充，主要在制度结构和层级结构不能触及的地方发挥作用。

4. 企业文化是一元的。在历史上形成的企业文化倡导一种被共同认可的价值观以及由这种价值观所决定的行为准则，具有异种价值观的员工是难以融入企业文化氛围的，其行为通常难以被企业的其他员工所接受。工业社会的企业文化，根据定义是排斥异种价值观和行为准则的。企业文化的这种一元性与工业社会中层级组织的等级指挥、标准作业、规则一致的特点以及影响这些特点的早期工业社会的消费需求的无差异性是相互呼应的。

二、知识经济与企业文化创新

正在到来的知识经济将改变工业社会企业文化的基础,从而将对企业文化带来以下四个方面的调整(见图 20.2)。

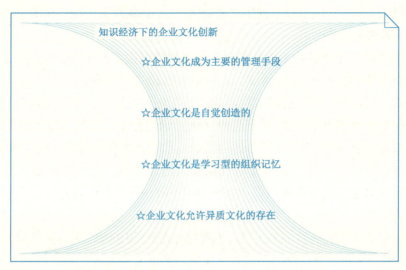

图 20.2　企业文化创新

1. 企业文化将成为知识经济条件下企业管理重要的甚至是主要的管理手段。文化手段重要性的提升与层级结构的网络化改造相关。在层级结构中,管理中枢利用严格的等级制度统一指挥和控制整个企业的活动,而在实行分权化管理的网络化层级结构中,各工作单元也是决策中心,管理中枢主要通过信息的提供去影响、引导和协调这些单元的决策以及决策的组织实施。在这种情况下,用被企业员工广泛认同的价值观和行为准则去影响各工作单元在不同时空的行为方向、内容及方式的选择就变得至关重要。文化将成为保证和促进网络化层级结构条件下企业组织活动一体化的黏合剂。

2. 企业文化将是人们自觉创造的结果,而不是企业生产经营中的一种副产品。企业文化一旦成为企业管理的重要甚至主要手段,共同认可的价值观一旦成为协调和统一人们行为的主要工具,我们便不能再消极地等待,让企业文化在经过漫长的岁月流逝后再缓慢形成。实际上,在网络化的层级结构中,当管理中枢无须直接利用权力去分配和协调下属单位的活动后,其重要的工作内容就不仅是组织信息的收集、处理与传播,而是要通过基本政策的制定,借助各种沟通渠道,去倡导某种适合企业特点的文化,大张旗鼓地宣传这种文化,总结和介绍在这种文化影响下成功工作单元的事例,以促进这种文化所包含的价值观和行为准则被各工作单元迅速普遍地接受,并使之成为影响他们行为选择的基本规范。

3. 作为人们自觉行为结果的企业文化不仅是记忆型的，而且是学习型的，或者更准确地说，主要不是记忆型的，而是学习型的。传统工业社会的企业文化体现的主要是企业的"组织记忆"。这种记忆记录了企业过去成功的经验。假使环境参数不发生重要变化，人们依据昨天的经验和惯例还可以应对未来的变化[1]。

在知识经济条件下，人们没有足够的时间去等待组织记忆的形成。在管理中枢的倡导和推动下，人们必须迅速学习新的行为准则和行为方式。因此，网络化层级结构中的企业文化首先是自觉学习的结果，网络化的层级结构也将有利于组织文化的学习：各工作单元与外界的广泛接触将会使组织不断习得新的知识。组织内纵横交错的沟通网络则会使各单元习得的知识与经验在组织内迅速传播。知识的迅速习得与经验的迅速交流将促进网络化层级组织不断创新并推广新的行为准则和行为方式。

4. 企业文化将在强调主导价值观与行为准则的同时，允许异质价值观和行为准则的存在。学习型的企业文化必然也是多元的。实际上，一定时期的主导价值观主要体现了组织的记忆。如果没有对不断出现的异质价值观的容忍，就不可能有企业文化的创新。此外，网络化层级组织的文化多元化与各工作单元并行的特点以及企业需要满足的个性化消费需求的特点也是相一致的。与等级明确的层级结构不同，网络化层级结构不可能要求企业以整齐划一的方式行事，具有决策权的自主工作单元必然会在企业经营中表现出各具特色的个性化行为方式。与此同时，个性化需求的满足也使得企业不能像传统方式下那样以单一的规则和一致性的标准去约束自主工作单元的行为。

文化的多元化必然会促进企业文化的不断创新，从而必然会促进知识经济条件下的企业不断走向繁荣。

读 书 提 示

1. [美]达尔·尼夫，《知识经济》第1、10、11章，樊春良、冷民译，珠海出版社，1998年。
2. [美]保罗·S.麦耶斯，《知识管理与组织设计》第1、2、3、4章，蒋惠工等译，珠海出版社，1998年。

---

[1] [美]库洛普拉斯等著，《企业求生本能：解除企业衰亡的致命之癌》，李金梅译，台湾商业周刊出版股份有限公司，1998年，第64页。

3. [美]查尔斯·M. 萨维奇,《第 5 代管理》第 2 部分,谢强华等译,珠海出版社,1998 年。
4. [美]彼得·圣吉,《第五项修炼》第 2、3 部分,张成林译,中信出版社,2009 年。
5. 陈传明,《比较企业制度》第 1 章,人民出版社,1995 年。

复习思考题

1. 请分析知识经济的基本特征。
2. 请解释工业社会的企业制度的特征及其原因,以及知识经济条件下企业制度的基本逻辑。
3. 请解释工业社会的企业层级结构及其特征。
4. 网络化层级组织的基本特征是什么?
5. 请解释工业社会中企业文化的功能及其特点,以及在知识经济条件下如何进行文化创新。

 综合案例一

从"小创新大节能"走出来的中圣集团[1]

江苏中圣集团的前身是 1997 年成立的南京圣诺化工设备有限公司,由南京工业大学的几位教授创业成立。成立之初,他们看到长输管线的能量损失这个实际问题,决定帮客户解决问题。工业上大量采用管道传输,这些管道在输送过程中消耗大量能量,消耗的能量需要定点补充。热的要再冷却,冷的要再加热。尤其在化工领域,20% 以上的消耗都是管道消耗。传输管道一般都架在空中,每 6 米有一个支撑点。这些架起管道的支撑点就是散热点,大量的能量就在这些地方损失掉。他们发现了这个问题,针对这个问题进行攻关。解决办法是:给这个支撑管架穿个垫子,这个垫子必须既要具备钢铁般的强度,否则会影响安全,又要绝热,否则还会散热。就这么一个小措施,就形成了他们的第一个产品,叫节能型管架。这个产品为公司赢得了机会和市场。它减少了管道 80% 的能耗。比如 400 度的蒸汽管子,每个支撑点年能耗是 0.4 千瓦时。一千米有 150 多个支架,能耗 60 多千瓦时。南京是化工城市,金陵石化、扬子-巴士弗、南京化工等这些企业,把南京地区的管道加起来有一万多千米,一年损耗能量 60 多万千瓦时。相当于一个下关电厂一年的发电量。这叫小创新大节能:不在意不经意之间的问题解决,可以给节能减排带来一个很大的空间。中圣集团针对大家都忽略的问题,把它们挖掘出来,在节能减排中创造明显效果,同时形成一个产业。公司现在有一个管架事业部,专门做节能,能做到一年亿元以上的产值。

在 2002 年 11 月初中央电视台的《对话》节目中,铁道部副部长孙永福院士和几位科学家谈论

---
[1] 改编自对中圣集团董事长郭宏新的访谈材料以及相关报道材料。

了青藏铁路建设所碰到的冻土问题。青藏高原是高海拔地区，也是水资源极其丰富的地区。水和冰的体积相差10%，水凝成冰体积增加10%，冰化为水体积缩小10%。这样，青藏高原这个水资源很丰富的地方，冬天会凸出来，夏天会凹下去。每年一冻一涨，波澜壮阔的。凹凸没有规则，今年在这个地方凸起来，明年可能在那个地方凸起来。高原冻土是活性的，有生命的，它会迁徙。这给铁路建设造成极大的困难。当时有几种方案：架桥、放石头、遮阳篷和隔热板。但这些方法对环境都有很大破坏，而且不可恢复。另外，青藏高原是我国三江的源头。土地表层有两到三米的泥炭层，就像保温层一样，具有自然呼吸的功能，与外界交换能量，把水保存住。青藏高原的年蒸发量是2 000多毫米，而年降水量仅300毫米。如果修铁路把这层泥炭扒掉，这个地方很快就变成沙漠。所以，解决冻土问题非常重要。

当时的《对话》节目没提到热棒解决方案。公司做节能产品，就想到热棒热管原理，把外面的能量传到地下去。地下零下2度，外面零下20度，相差18度。这样可以依赖自然界，利用热棒技术，把能量传导到地下，贮存起来，使热棒周围形成一个冷到零下6度的冰袋，这样更冷的冰袋，夏天来了也不会解冻。依赖大自然和利用热棒技术，把铁路路基变成常年永久冻土层，这样就解决了冬夏凹凸问题。中圣集团董事长郭宏新看了该节目后，非常兴奋，当晚就给孙永福副部长写了一封信，信中提出了方案，画出一些图。1周内铁道部回了信，叫郭宏新到北京参加会议，给10分钟讲解解决方案。去北京讲的时候，一下子讲了2个多小时。于是，孙副部长希望公司尽快做些热棒，到施工现场做实验。经过1年多的实验，发现用热棒的地方没有出现问题，没用的部分出现了问题，有的桥梁下沉0.5米，甚至1.5米。之后，青藏公路、东北石油输油管线、新藏高速公路、玉树公路都用上了热棒技术。韩国、俄罗斯也有冻土问题，但用在铁路路基上，这是全球首创。后来还用到青藏高原输变电铁塔上。这是一个巨大的市场。

思考题

1. 中圣集团的创新有什么特点？它与我们听到和看到的重大技术变革有何异同？
2. 你从中圣集团的创新和创业中学到了什么？

综合案例二

"无锁而闭，无钥匙而开"——做中国人自己的门的康尼公司[1]

南京康尼机电股份有限公司的前身是个校办企业。20世纪90年代初期，创始人金元贵教授用自己的专利——大功率大容量电力连接器——办了一个校办企业。这个专利是解决火车车厢之间的电力传输和连接问题的。由于中国人多和路况差等特殊情境，引进国外的连接器，当用电量增加

---

[1] 改编自对南京康尼机电股份有限公司总工程师史翔的访谈材料以及相关报道材料。

以后，会升温爆炸。金教授的专利解决了这个问题，荣获机电部科技进步一等奖，带有自锁紧功能。1994年通过铁道部认定，指定为更新换代产品。企业因为这个产品取得了丰厚利润，为未来发展奠定了基础。

在1997年和1998年的时候，南京康尼进入车门这个领域。1997年，MT30型塞拉门（即干线铁路客车塞拉门系统）研制成功。根据铁路发展的需要，原来用的都是进口门，我们进行了国产化的替代。康尼门占到40%以上，使得门的价格下降了一半。

1999年，康尼又进入一个新的领域，即地铁。当时国家要求地铁门要自主化。门最重要的是锁闭和开启的问题。为了保证安全，门关上后，一定要有一把锁把这个门牢牢地锁住；要开的时候，要解锁。解锁要有一个额外的动力源，气动的或电磁的。例如，一个锁闩上了，开门的时候用电磁把它吸开。在中国，地铁客流非常大，尤其是早晚高峰期，门受到很大的负荷。在这种大负荷的情况下，门会变形，电磁或气动打开都非常困难。这就是说，这种有形的、有动力源开启系统的可靠性差，在大客流情况下经常会出故障。另外，电磁有自然衰减问题，随着时间的延长，它的可靠性会降低。但是，车门开启和锁闭非常重要，车到站就必须打开；车启动后，人再多，门一定要锁闭。这是门的基本范式：锁闭系统和开启系统。一百多年来，门的创新主要在这两个系统上做文章。

早期，还是沿着别人的路走，进行系列创新。真正的突破是在2006年。南京康尼的门跟传统门的最大差异是：无锁。如果无锁，就会"无锁而闭，无钥匙而开"。问题的关键是：什么东西可以"无锁而闭，无钥匙而开"？他们想到了千斤顶：千斤顶螺纹的螺旋伸角小，时刻都有自锁功能，再重的东西也压不塌它；但是可以通过旋转，让它升和降。如果螺纹的伸角大到一定程度，就不自锁了，螺帽可以在螺纹上自由移动。把零伸角和大伸角结合起来，就可以做到"无锁"，无锁而自闭，无钥匙而自开。

德国柏林每两年举办一次世界最大的轨道交通展览会。2006年，他们去参加这个展会，到当时世界上轨道交通自动门的最大、最有名、历史最长的公司去参观。该公司展示一个先进锁闭技术，但还是电磁锁。参观时，拍了一张照片，被这家公司的工作人员说了一通。当时，心里很气愤。心想：一定做出个和它们不同的门。《孙子兵法》中说，战争的最高境界是"不战而屈人之兵"。美国西点军校的毕业考试，也有过这样一道考题：战争的最高境界是什么？他们也学习《孙子兵法》。我们就想，锁闭的最高境界是什么呢？进行联想，自然是无锁而闭。那如何实现呢？千斤顶不就是无锁而闭嘛。现在，我们要解决的就是在一个螺杆上有不同的螺旋伸角，变螺旋伸角也能实现传动，这个问题的解决需要思想飞跃：把这种面退化成一个点，变成一条线，这样才能实现在不同的螺旋伸角下自由的转化。最后就把这个普通螺母简化成一种圆闩，实现传动。这个搞出来后，通过实验证明是可行的。这完全是自己的创造。这个发明对企业作用重大。

2006年，企业处在非常艰难的地步，企业在上海承接了地铁1号线的门装置项目。第一，车辆门的锁闭装置用我们自己原来开发的，但是和我们的竞争对手的专利有很多相同的地方，造成知识产权纠纷。第二，这时开发的装置在上海地铁遇到困难，门在客流量大的时候打不开。竞争对手和西门子公司沟通，如果康尼公司解决不了，就换门的供应商。西门子公司要求康尼3个月之内解决问题。第三，当时竞争对手也打算收购康尼。公司也在讨论被收购的事宜。当时，康尼正在做全新的"无锁"创新。9月份参加展会，10月份把模型做出来，能够实现开关门自锁，实现基本功能了。完成基本功能试验那天，公司正在开董事会，会上还讨论被收购事情。当模型试验成功的消息报告给正在开会的董事长和总经理时，公司决定赶快把它做成商品，更换上海的地铁门。经过一段时间的拼命实验、更换，终于成功了。西门子公司要求非常严格，必须通过各种各样的严格测试，比如说1 000次开关门实验，60个门，开关60 000次，有任何一个门出现差错，就通不过。在开关门的过程中要做各种测试，防挤、防障碍等，都不能出一个差错。

  南京康尼的"无锁而闭，无钥匙而开"的门，不仅拯救了自己，而且对我国的轨道交通发展起到巨大的推动作用。自从有了这个"无锁"门后，中国高铁和地铁门的"半壁江山"都由中国企业自己制造。世界上轨道交通自动门的最大、最有名、历史最长的公司，曾经垄断中国门市场的，在康尼有了这个"无锁"门后，它在中国没有接到一个地铁门的单子，换了好几任总经理。2006年，南京康尼在讨论被收购，如果不愿被收购，竞争对手就惩罚康尼：一是专利惩罚；二是捆绑惩罚，把门和车辆的其他系统捆绑在一起，买它的制动就必须买它的门；三是挖人。自从有了这个"无锁"门后，竞争对手主要与康尼合作。"无锁"技术完全原创，专利惩罚不能得逞；"无锁"各种性能指标比原有的传统门优越，而且解决了现实运行中出现的问题，捆绑惩罚也没得逞；由于要有锁闭和开启两套系统，传统门每扇重达180千克；而"无锁"门每扇仅为120千克，这不仅提高了车辆的运载能力，而且大大降低了每扇门的成本，企业的竞争力大大增强，效益大大提高，人才一个也没被挖走。如果没有核心技术，想打破国外垄断，把这个产品的价格降下来，那是不可能的。康尼自从有了这个"无锁"门后，市场份额不断提高，不单是在国内，还在国外占领市场。

思考题
1. 南京康尼公司的创新有什么特点？它和中圣集团的创新有何异同？
2. 你从南京康尼公司的创新和创业中学到了什么？

展望智能化时代的管理

结束语

科学技术是第一生产力,也是管理学发展的内生动力。从18世纪末期开始,人类经历了三次工业革命。第一次工业革命以蒸汽机的普遍使用为标志,标志着机械化时代的到来;第二次工业革命以电力的普及和福特汽车流水生产线为标志,标志着电气化时代的到来;20世纪中叶,第三次工业革命以电子计算机和互联网为核心,标志着信息化时代的到来。21世纪初,新一代信息技术(如5G网络、大数据、云计算、区块链和人工智能技术等)的发展开启了第四次工业革命的新篇章。新一代信息技术正在改变着人们的生活方式、工作方式和生产方式,以及人与人、人与物、物与物之间的关系。这表明智能化时代已经来临。作为上层建筑的管理,必须紧跟上智能化时代的步伐。

第一节 智能化时代已经来了

智能化是指人工智能技术在国民经济各领域逐步得到应用的过程。

一、人工智能的发展路径

所谓人工智能（artificial intelligence，AI），是指由人类创造并具有人类智能相似功能的智能系统。一般而言，人工智能分为计算智能、感知智能和认知智能三类（见图21.1）。

计算智能指快速计算和记忆存储的能力。

感知智能指视觉、听觉、触觉、嗅觉等感知能力。

认知智能指自主学习、能理解、会推理、能思考、具有分析比较、自主决策的能力。

以往人类所使用的一切工具，都是人类肢体的延伸，正是通过使用工具才使人类的体力得到无限扩展。人工智能是人类大脑的延伸，人工智能的发展将使人类的脑力得到无限延伸，从而使人类彻底摆脱烦琐又枯燥的重复劳动，而只从事自己喜欢的创造性工作。人类使用人工智能系统将有可能使各式各样的新产品和服务，像喷泉一样从自适应的生产流程中涌现出来，以满足每个人的个性化需求，使每个人都得到满意的体验和美好的生活。

人工智能有两个发展阶段，即弱人工智能和强人工智能。目前，人工智能技术正由弱人工智能向强人工智能过渡。原先人们以为强人工智能离我们还很遥远，但是 ChatGPT 的出现及其飞速迭代改变了许多人的看法，强人工智能可能离我们已经不再遥远。

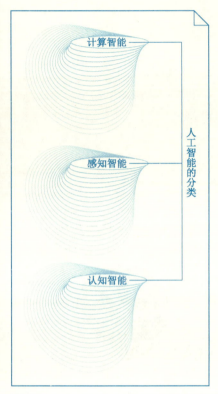

图 21.1
人工智能的分类

人工智能的基础是数据。数据化是发展人工智能必经的第一步。必须把以往文本记录的工作目标、工作要求、工作流程等一切物理世界有关的内容，转化为计算机能读得懂的代码或数据。只有具有有效、可靠、稳定、持续的大量数据，才能保证人工智能有效、可靠、稳定地工作。互联网技术随时记录着物理世界发生的一切现象，形成了庞大无比的大数据，这为人工智能的发展提供了坚实的基础。

计算机科学家和数学家、统计学家对大数据进行分类，在分析了各类数据相关性后，设计出能反映各类数据相关性的算法和模型，并用这种模型来训练人工智能，数据量越大，人工智能所揭示出的数据之间相关性的精度就越高。科学家通过研究人类大脑思维的神经网络，发明了人工智能模仿人类大脑多层神经网络系统的深度学习技术，使人工智能具备了自主学习的能力。这是人工智能发展过程中具有里程碑意义的历史事件。从此人工智能就能自主学习无限的知识，并可把所得的知识都存储起来。人工智能个体所掌握的知识，可以大大超过人类个体。

2016年3月，谷歌旗下 DeepMind 公司制造了名为 AlphaGo 的人工智能机器人，第一次战胜了当时人类世界围棋冠军、职业九段棋手李世石。2017 年 5 月，在中国乌镇围棋峰会上，它与世界围棋冠军柯洁对战，以 3∶0 的总分获胜。围棋界公认阿尔法的棋力已超过人类职业围棋顶尖水平。

2016 年 11 月，腾讯制造的"绝艺"人工智能系统与柯洁交手，一胜一负。2018 年 1 月，升级版的"绝艺"让二子再与柯洁交手，经过 77 手对弈，柯洁认输。"绝艺"赢得了一众人类棋手，达到了围棋十段的段位。"绝艺"自 2017 年起，在历届 UEC 计算机围棋大赛中都获得冠军。但"绝艺"不仅是为了下棋，其根本目标是要解放劳动力。"绝艺"成功的关键是其海量存储的知识和极快的运算反应速度。据悉其知识水平已相当于 280 亿本书，成为当时世界最强的人工智能。

2022 年 11 月，OpenAI 推出了 ChatGPT。这是一款经过深度预训练的生成式大规模自然语言模型，简称为聊天机器人。它具有理解人类自然语言和根据上下文意思生成文本的能力。这是人工智能技术进步的里程碑，具有划时代的意义。比尔·盖茨说："ChatGPT 的意义不亚于 PC 和互联网的诞生。"ChatGPT 的横空出世，表明生成式大模型是今后人工智能发展的方向，宣告 AI 从 1.0 进入了 2.0 时代。

ChatGPT 最核心的特点是，具有类似人脑的自主学习、思考和推理的能力。以往一切人造系统，如电脑、搜索引擎、各种传感器，以及会下棋的 AlphaGo、腾讯的"绝艺"人工智能系统等，都只能按设计师设计的程序和逻辑运作，完全没有自主学习、思考和推理的能力。

ChatGPT 的学习、思考和推理能力是"训练"出来的，而不是"设计"出来的。人脑的学习、思考和推理能力，源自通过互相联结的脑神经元细胞（neurons）组成的突触（Synapse）。突触数量越大，学习、思考和推理能力越强，人脑约有 100 兆个突触。ChatGPT 的学习、思考和推理能力，源自人工智能模型中，通过参数（parameters）互相联结的人造超大型类神经网络（foundation models）。参数越多，自主学习、思考和推理能力越强。ChatGPT-3 有 1 750 亿个参数，还不足人脑突触量的五分之一。所以，ChatGPT-3 的思考能力还比不上成年人的思考能力，可以说 ChatGPT-3 尚处在儿童时期。ChatGPT 是一种通用的基础模型（foundation models），是"通才"而不是"专家"。它不能回答各领域深入的专业问题。各不同的领域应在此模型基础上，根据应用场景再进行专业训练，就可生成具有某领域专长的专用模型。最近，OpenAI 用极低的价格开放了 ChatGPT 的应用程序编程接口（API）。建立 ChatGPT 应用平台，让企业和个人用户定制生成各自需要的生成式人工智能（AIGC）系统。此举引起全球大量开发者蜂拥进入，并取得了显著效果。例如，微软基于 ChatGPT 打造的 Bing Chat 推出后，必应搜索引擎每日活跃用户猛增，首次突破 1 亿。新加坡政府正在 ChatGPT 基础上，开发公务员专用的人工智能系统——PAIR，帮助公务员提高归纳总结各种冗长篇幅资料的效率，探索相关观点和改善写作表达能力。OpenAI 正在与各类企业客户合作，在特定领域帮助它们制定和训练自己的模型，试图在全球建立起以 ChatGPT 为中心的人工智能应用生态系统。同时，在应用实践中发现缺点，进一步优化 ChatGPT 的功能。

2023 年 3 月 7 日，谷歌发布了史上最大的多模态具身视觉语言模型 PaLM-E，拥有 5 620 亿参数（为 GPT 参数的 3 倍），不仅能理解文本和图像，并能根据图像生成自然语言文本，支持视频、电影等大模态信息。PaLM-E 将视觉感知数据与大语言模型结合起来，控制机器人执行任务。它可以执行各种复杂的指令而无需重新训练，并且具有极强的涌现能力，即能对环境不可预测的变化作出正确反应，有望成为看起来像人类一样的、执行一般任务的通用人工智能。3 月 14 日，谷歌宣布开放 PaLM API，让开发者能够使用 PaLM 模型，帮助企业通过简单的自然语言提示，生成文本、图像、代码、视频、音频等多种内容。

2023 年 3 月 15 日，OpenAI 发布了 GPT 模型的新版本 ChatGPT-4。这是一种能够处理图像和文本，输入并生成文本输出的大型多模态模型。GPT-4 除了文本输入，还可以接受图像输入，并支持文本与图像的混合输入。此外，GPT-4 还能对图像进行有思维逻辑的创造性解释，在专业领域上的回答全方位碾压了老版本。比如，在模拟律师资格考试中，GPT-4 的成绩可超过 90% 的人类考生，老版本只能超过 10% 的人类考生。在 GRE 数学考试中，GPT-4 可以超过 80% 的考生，老版本只能超过 25% 的考生。在 GRE 语文考试中，GPT-4 可以超过 99% 的考生，而老版本只能超过 63% 的考生。GPT-4 在回答问题时，改变了老版本一次性全部给出答案的方式，而是像人类老师那样一步一步引导，鼓励你思考并获得答案，从而消除了 ChatGPT 会让人思考能力退化的隐忧。GPT-4 在复杂问题回答时，比老版本更有深度、更有创造力，并且文字输入限值提升到 2.5 万字（指英语单词和标点符号）。ChatGPT 的进步来自在强大的超级计算机上进行规模越来越大的模型训练。当然，ChatGPT-4 仍不完美，仍有其局限性，仍然不完全可靠，仍然会产生幻觉，出现推理错误，生成错误答案，并且人类包括 ChatGPT 的创造者对此也无法完全理解和控制。因此，3 月 22 日，美国生命未来研究所（Future of Life Institute）向全社会发布了一封由马斯克等科技界领军人物和人工智能专家共 1 000 人签署的公开信，呼吁所有人工智能实验室对于比 ChatGPT-4 更强大的人工智能系统立即暂停训练六个月，认为"只有当我们确信强大的人工智能系统的效果是积极的，其风险是可控的，才应该开发"。从 ChatGPT-4 在社会各界使用的情况看，效果总体是积极的，缺陷和风险也是确实存在的。但唯一的解决办法，可能是加速对大语言模型的研究和开发，在实践中探索发生错误的根源，寻找规避风险的方法，加强规划和管理，使人工智能技术真正成为提高生产率的工具，造福全人类。相信 ChatGPT-4 绝不是进化的终点，不久还会有更高级的 ChatGPT 和大量其他各种大语言模型出现。

ChatGPT 引发了世界各互联网高科技巨头之间新一轮的激烈竞争。

2023 年 3 月 16 日，百度推出了对标 ChatGPT 的生成式多模态大语言模型"文心一言"。文心一言与 ChatGPT 一样，具有文学创作、商业文案创作、数理逻辑推算、中文理解、多模态生成等方面能力，对中文的理解能力比 ChatGPT 更深刻、更准确。百度推出文心一言，是试图以文心一言基础模型为平台，帮助企业提供更好的客户体验，创造更大的商业价值。目前已有超过 650 家企业宣布接入文心一言生态。文心一言将在赋能中国企业智能化变革中发挥重大作用。文心一言目前还存在一些不足，其与 ChatGPT-4 相比，总体上存在着很大差距，目前还远未达到成熟阶段，亟须在实践中不断发现并克服缺点，逐步走向完善。我们需要用更加包容的视角去看待新生事物存在的缺点，用更加积极的情怀去畅想未来。

2023 年 3 月 23 日，OpenAI 宣布重大更新，ChatGPT 通过与 5 000 多个第三方插件结合，极大地扩大了它的功能。例如，通过网络浏览器插件，可以从互联网上提取最新数据回答用户向它提出的各种问题，从此不再受预训练提供数据时间的局限。

Facebook 的母公司 Meta 正在研发能使用外部工具的人工智能系统。华为、阿里巴巴、腾讯、字节跳动、360、谷歌、亚马逊等互联网高科技巨头，都在"争分夺秒"地开发更完善的自有大模型。

新一代 ChatGPT 的诞生，促进了全球人工智能技术飞速发展的高潮，日新月异，浩浩荡荡，势不可挡。但未来人工智能是否终将取代人类？这是争论了几十年始终没有达成共识的问题。也许可以认为，人工智能的计算智能、感知智能和认知智能超越人类可能只是时间问题，ChatGPT 的出现大大加速了这个过程。人类已经体验到人工智能确实可以取代人类的许多工作。但是，应当承认人工智能与人类两者的自主学习思考能力存在本质的差异。人工智能所揭示的是世界万物之间的相关性，人工智能的学习、思考和推理能力，都基于对这种相关性发生概率的判断之上。所以，其创新能力相对而言是有限的。而人类大脑思维不仅能揭示事物之间的相关性，并且能分析事物之间的因果关系，以及某种直觉和灵感。因此，人类具有更强的创新能力、更全面的判断能力、更灵活的社交能力、更高明的策略思想、更广泛的跨领域常识，以及与生俱来的自我意识、同理心与爱。这是最强大的人工智能也无法完全取代人类的根本原因。OpenAI 首席技术官、ChatGPT 开发团队领导者米拉·穆拉蒂（Mira Marati）认为人工智能技术应该是以人为本的，强调人工智能技术应该是一种能够服务于人类的工具，而不是取代人类的工具。人工智能技术应该以人类的利益和需求为中心，解决人类面临的实际问题。人工智能的应用必须深入了解人类社会的需要和价值，将其应用到真正有意义的领域中。当然，我们应当高度重视人工智能技术发展的风险，人类可以采取适当的技术和管理措施，确保人工智能的运行符合公共利益，永不偏离使人类未来生活更美好的伟大目标。即便是比人类更聪明的强人工智能，仍然可以成为人类的有力助手和工具。如同人类社会中许多组织的领导者并不一定比其助手更聪明，人类无须恐惧比人类更聪明的人工智能。人类必须与时俱进，不断学习新事物新知识，努力提高掌控和使用人工智能的技能，使自己更优秀。在人工智能的协助下，人类智慧的发挥将更加充分，思考的力量将更加高效，人类的未来将更美好。

二、我国智能化发展的新进展

早在 2015 年，国务院就颁布了《中国制造 2025》，明确指出中国 10 年内的战略任务就是：把智能制造作为两化（信息化与工业化）深度融合的主攻方向，着力发展智能装备和智能产品，推进生产过程智能化，培育新型生产方式，全面提升企业研发、生产、管理和服务的智能化水平。2017 年，国务院制定了《新一代人工智能发展规划》。2022 年颁布的《"十四五"数字经济发展规划》为人工智能发展开辟了新道路。此后，政府相关部门又多次不断推出具体实施规划、行动计划和指导意见。近几年来，在政府和产、研、学各界的共同努力下，我国在智能化过程中取得了许多新进展，建成了覆盖全国的四大智能网络工程，并大力推动了数字化智能化转型进程。

1. 建成了世界最大的智能能源输送网络。能源是经济发展的基础。建设智能能源，是必然的发展方向。我国已建成和投运特高压输电线路 33 条，总长度达 226 万千米，为全球规模最大的电力网络。特高压输电技术成熟稳定，安全高效，输电规模大，距离远，耗损少。它可以把全国不同地点的发电厂连接起来构成智能电网，根据各地用电高峰统一管理分配。在建设统一电网同时，我国还进行油电气一张网的建设，现已基本建成，管网规模超过 18 万千米，能源自给率长期稳定在 80% 以上。截至 2023 年上半年，可再生能源发电总装机容量已突破 13 亿千瓦，达到 13.22 亿千瓦，历史性超过煤电，约占我国总装机量的 48.8%，占全球各国可再生能源装机总量的

1/4，居全球第一。我国能源基础设施也实现了普惠化，城乡用能基础设施完善。2015年12月，已解决14亿人口的用电问题。2021年年底，我国终端用能电气化水平，从10年前的22.5%提高到27%，人均用电量已超过英国、意大利等发达国家，这就为建设中国式现代化强国打下了扎实的基础。

2. 建成了覆盖最完整的智能信息通信网络。据中国信息通信研究院报告，2022年底，我国累计建成并开通5G基站数超过200万个，占全球5G基站总量70%以上，规模为全球首位。5G网络覆盖全国所有地市级城区、超过98%的县城区和80%的乡镇镇区，实现"县县通5G，村村通宽带"。工信部发布的《2022年1—7月份通信业经济运行情况》显示，截至2022年7月中国5G移动电话用户规模已达4.75亿户，全国移动电话（智能手机）总数为16.72亿户，这就形成了全球最大的智能移动互联网。农村4G、5G用户普及率达87%左右。截至2022年6月，我国网民规模为10.51亿，互联网普及率达74.4%，互联网基础建设全面覆盖，用户规模仍在稳步增加。中国三家基础电信企业发展蜂窝物联网，终端用户16.39亿户。北斗卫星除全球精确定位导航外，还具备通信功能。具有6G功能的星链卫星系统也正在建设中。

3. 建成了运营里程最长的智能高速铁路网络。据《瞭望》杂志报道，截至2021年年底，中国高铁运营里程突破4万千米。"四纵四横"高铁网全面建成，"八纵八横"高铁网正加紧形成，已通达93%的50万人口以上城市，实现常态化时速350千米，高标运营总里程超过30 000千米。中国高铁用高速度重新定义人们的出行时间，用组网改变区域经济布局。尤其可贵的是，我国已完全掌握了高铁的全部核心技术，其中智能引控系统是高铁的大脑神经中枢，是实现高铁高速度、高密度、高安全运行的核心系统，是世界铁路科技竞争的核心焦点。2021年，CTCS-3级列控系统自主研发的国产芯片和安达操作系统实现应用，一批基于100%国产芯片的核心装备进入产业化、工程化阶段。中国高铁自此有了100%的国产化大脑。

4. 建成了世界最高效率的智能物品运送网络。2022年全国快递业务量达833.6亿件，从客户下单到送达，平均时间为64.57小时（2.68天）。如此高的效率，确为世界之最。为什么能达到如此高效？其原因是多方面的：首先是十分普及的互联网智能移动终端，能实现快速浏览和快速支付；其次是强大的以智能仓库为主体的物流体系，从订单到包裹出库平均只要10分钟；再次是有全国性的航空、铁路和公路网络，全国乡镇和建制村的通达率高达99.9%和99.8%；最后也是最重要的，有数百万勤奋、吃苦耐劳、风雨无阻的快递员。

5. 开展了规模空前的数字化转型，并在许多行业涌现出一批智能化标杆。在国家发改委的倡议下，全国各行各业都逐步开展了规模空前的数字化转型活动。所谓数字化转型（digital transformation），就是把本组织过去用文本记录的工作目标、业态模式、组织结构、业务流程、操作工艺、工作质量、绩效测评等一切物理世界的东西，都全部转化为计算机能读得懂的代码、数据和模型。数字化转型的目的，就是应用新一代信息技术（互联网、大数据、云计算、人工智能、区块链、边缘计算等）与本组织原来的业务工作深度融合，得到新技术的赋能，大幅度提高工作效率、质量和绩效。见效最为显著的是依附于互联网的智能商业，如阿里巴巴、京东等企业，在短短几年中，它们的业务迅速拓展到全国、全球。在为几亿、几十亿人服务的同时，其资产规模呈百倍甚至千万倍地增长。短短数年，就进入了世界500强的前列。在制造业也有许多数字化的先行企业，如华为、三一重工、徐工、美的、陕汽、比亚迪等，都进行了全面的数字化转型，从而改变了商业模式，大大增强了竞争优势，取得了良好业绩。湘潭钢铁厂及其他一些钢铁企业，从炼钢到轧钢，炉前都无人化了。天津港、洋山港等不少港口的货物装卸都实行了无人化。山西煤矿地下采煤，采用5G+人工智能后，人员减少60%—70%。在金融业、轻工业、农业、医疗、教育、旅游、文化、餐饮、安保等其他许多行业，也有许多企业成功实现了全部或部分业务的数字化或智能化转型，取得了良好效果。各行各业进行数字化转型的终极方向，都是通过数字化转型，提高智能化水平，从而为客户提供更好的服务。

以上四大网络的建成和大规模数字化转型，促进了全国各领域智能化水平的飞速提高，改变了且正在进一步改变着全国人民的生活方式与工作方式。

三、人民生活方式和工作方式的新变化

当下的中国，智能手机已成为人们生活的一部分。人们通过智能手机，在出行时可以进行路线规划和导航。购物时可以非常方便地货比多家，在网上选购商品，也可以在网上进行个性化定制。打开微信或支付宝，即时无现金支付。然后，智能物流系统将迅速地把商品送到你家中。当你回家时，人脸识别或其他智能门锁，能主动为你开门。智能家居从窗帘到灯光，从空调到冰箱，以至厨房各种电器炊具都可连接在网上，可以用手机远程操控，也可按设定自动运营。服务机器人既能把地面打扫得一尘不染，也能泡茶送水，和你互动聊天。当你运动或休息时，各种智能穿戴设备随时随地监测你的心率、血压等健康状况，记录你运动量的多少，并能及时给予提醒。如果你想念你的朋友、亲人，或有什么事情要办，或想听听音乐、看看新闻，智能手机和智能电视能让你立即与无论处在何方的朋友、亲人视

频聊天，看到地球任何地方新闻现场的实况，看到你想看的任何艺术家的表演。如果你想出去走走，无论街头巷尾，到处都有"天眼工程"的摄像头，为你保驾护航。这就是智能化时代的生活方式。当你开始工作时，无论线上线下你都可运用各种专业智能软件，帮你把工作效率提高十倍、百倍。如果你在车间上班，可能就要和智能机器人或其他智能设备协同工作。智能机器人将帮你去完成繁重、枯燥、不断重复和需要大量高速计算的工作，你只需做控制、指挥、判断和最终决策。视频通话、视频会议、远程视频现场监督都已成为工作常态。在智能化时代，人们的工作方式也发生了改变。

以上种种事实都表明，智能化时代已经来了。尽管现在还只是刚刚开始，但确实已经来了。智能化时代的管理，也必将发生巨大变化，智能化时代的经济，仍然必须以先进制造业为基础。下面我们将通过对智能制造系统的剖析，来探索智能化时代管理的变革。

第二节 | 智能制造系统分析

智能制造系统，是新一代信息技术与制造业深度融合，具有较高智能化水平的系统。

一、智能制造系统组成

智能制造是十分复杂的大系统，智能制造系统一般由智能营销、智能产品设计、智能装备与工艺、智能生产、智能服务等五大部分组成（见图21.2）。

1. 智能营销系统。智能营销系统以消费者个性化需求为中心，在移动互联网、物联网、大数据、云计算等网络技术的支持下，用智能化的营销算法模型，在海量的数据中搜集消费者个性化需求信息。并用智能推荐系统，向消费者推荐他需要产品或服务的多种选择方案。必要时，为消费者提供虚拟现实（VR）和增强现实（AR）的产品或服务体验，帮助消费者作出选择和决策，并为其量身定制所需的产品或服

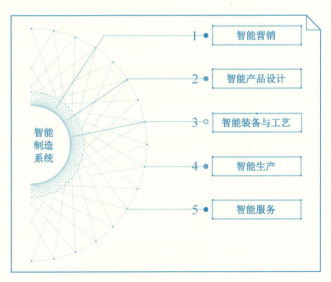

图 21.2
智能制造系统图

务。智能营销所得到的新客户的信息与智能服务系统所获得的老客户对产品或服务的反馈信息，将成为产品设计和生产工艺整改的重要依据之一。

在规模较小的企业中，常把智能营销与智能服务合并为一个部门，共同搜集新老客户需求信息，为产品全生命周期服务。

2. 智能产品设计系统。首先要运用大数据分析方法和云计算技术，从海量的数据中获取客户个性化定制需求的信息，作为智能产品设计的依据。海量的数据来源于客户对产品的评价、服务商的反馈、设计伙伴的信息交互、大量服役产品关键性能数据的实时反馈。智能产品设计可以根据设计师的创新理念进行产品标准化、模块化设计，也可以通过互联网创客平台，利用巨大的外部资源进行众包、众创的创客设计。

产品设计的载体是图纸和模型，由于智能生产工艺设备（如3D打印机）的要求，产品的三维模型正在取代二维图纸。

设计初步完成的产品可以通过数字孪生技术（digital twins）进行智能优化、结合模拟仿真和虚拟现实技术完成产品的虚拟影射，进行产品性能检验，以取代昂贵的真实产品性能实验。经过不断检验、修改、再检验，性能达到要求后，产品设计就可定型。数字孪生技术不仅在产品设计阶段可进行智能优化，并可提供对产品全生命周期的运行情况的监管维修服务。

3. 智能装备与工艺系统。制造装备智能化是未来发展的必然趋势，智能装备要能自动感知和采集工况信息，根据实时状态自动调整优化加工参数，并自主执行。工件的搬运安装、智能设备的操控和监督可由智能机器人和工人分工合作协同完成。机器人可以固定在某一位置，也可不固定在某一位置，而是在分管的若干设备区间移动工作。工人除完成某些复杂的操作外，还要给设备和机器人分配任务，监督它们是否正常运行。智能制造并不排除人的参与，完全自动化有时并不符合经济性要求。企业所制定的工艺标准（流程）是否确能保证质量要求，也可通过虚拟现实技术加以验证。

4. 智能生产系统。智能生产系统按智能化程度可分为柔性制造系统、可重构制造系统及适应性制造系统。柔性制造系统只能在一定程度上适应少数几种产品的混流生产。可重构制造系统可通过其组成单元和系统结构的快速调整和更新，及时调整制造系统的功能和能力，以迅速适应市场变化的需求。适应性制造系统除可重构外，应对内外环境的动态变化具有更高的适应性。

由于制造系统结构复杂并动态多变，各种异常事件不可避免地会随机发生，并影响生产过程的正常运行。因此，必须对生产过程中的多变量数据，如设备运行状态、产品质量、加工进度等，通过摄像头和传感器，进行实时采集与控制。对设备要进行及时的预防性检测和维护，以保证智能生产系统的正常运行。智能制造必须有先进的生产管理系统为基础，如精益生产、企业资源计划（ERP）等。

5. 智能服务系统。智能服务是指对产品全生命周期的服务，从产品设计、装备工艺、生产组织、生产管理、物流和供应链、销售和售后服务，直到产品寿命终结。现代较复杂的产品都由几千或几万种零部件组成，供应链遍布全球，用户也遍及全球。服务工作极其繁杂和艰难，只有通过工业互联网和人工智能才能保证其高效和准确，有条不紊地满足产品生产和用户的需求。通过工业互联网实现全球供应链的互联互通，建立智能化物流体系，配置自动化、柔性化、智能化和网络化的物流设施和设备。应构建智能化的资源、能源管理体系，实现产品生产和消费全过程的能源监测、预测和节能优化。通过云服务平台技术和大数据分析，自动生成产品运行和应用状态的报告，既可为产品设计服务，也可为用户提供在线监测、故障预测与诊断、远程升级等增值服务。

二、智能制造系统的业态模式

在移动互联网和工业互联网、物联网高度发达的环境中，交易费用大大降低，企业间的协同合作关系更加网络化、平台化、分散化，许多工作都可以外包协作，企业的供应链遍及全球。企业边界逐渐模糊，而围绕产品、智能装备、零部件生产和供应商之间相互依存、相互关联的生态系统却显得更加清晰和重要。

智能制造的业态模式，一般以生态系统的方式组成。只有在相关的生态系统中智能制造才有活力，只有取得生态系统的主导权，智能制造才能得到蓬勃发展。智能制造的生态系统是多种多样的。例如：围绕智能产品及与其相关联的各方，如客户、终端、平台、第三方应用等构建产品生态系统；围绕制造产品的智能装备、智能生产线、智能车间、智能工厂、供应链及与其相关的软件和硬件基础产业构建制造生态系统；围绕客户、产品制造商、供应商构建全产业链生态系统；整合产品生产系统、制造生产系统、全产业链生态系统构建面向特定行业的智能制造产业生态系统。从传统观念看，所有生态系统都是跨界的，但又是相互关联、相互依存的，并且正是这种跨界融合才给予各种生态系统无比旺盛的生命力。

从图 21.2 可以看到，智能制造是十分复杂的大系统，它由五大系统组成，每个系统又有许多子系统，并且智能制造又存在于各种模式的生态系统之中。所以说，智能制造是"系统的系统"。在我国全面实现智能制造需要很长的时间，按《中国制造 2025》的规划，仅重点领域就需 10 年。如果制造业所有领域基本实现智能化，可能需要更长时间。ChatGPT 等这类通用模型的出现，可以大大简化和加速智能制造过程。以大语言通用模型为基础，结合各子系统的工作特点，用少量参数进行再训练，对模型实现微调，即可生成该子系统所需的专用智能化模型。

三、智能制造系统的管理特点

智能制造系统有以下四个管理特点（见图21.3）。

1. 网络化——对传统的信息管理系统形成挑战。传统的信息管理系统是按制造过程中各个子系统分别建立的，基本上各自为政，自成体系，互不隶属。智能制造系统内部通过局域网（以太网），把各组成部分互相紧密联系在一起，同时建有独立的数据中心和数据库，负责实时搜集、清洗、存储和分析制造系统内部产生的和外部相关的数据。在严格保证数据安全的前提下，根据需要向本组织各单位分配访问权限，实现数据共享。同时，智能制造系统又通过互联网、物联网和工业互联网与外部各相关单位相连接，实现快速、高效的业务合作。物联网和工业互联网不只是联络通信的工具，同时又通过泛在感知、认知计算预测分析，对生产资源给予智能化赋能，使企业具有更强的竞争优势。

图 21.3
智能制造系统的管理特点

2. 平台化——对传统的金字塔形的垂直管理系统形成挑战。传统的管理系统一般都实行由各级职能部门形成的金字塔形垂直管理。智能制造系统各职能部门都是用数字化平台进行管理和信息交互。例如：营销部门通过互联网社交平台，从大数据中搜索客户的需求趋势，并在搜索、新闻、娱乐等相关平台上发布广告，通过交易平台完成客户推荐、选购、定制等活动；产品设计和工艺装备部门通过共创平台，吸收客户或全球有专长、有兴趣的人共同参与本企业产品或装备的创新活动；同时，产品设计、装备设计和管理部门、产品生产和销后服务部门，可以通过外包平台在全球或特定地区寻求合作伙伴。这些合作伙伴可能是组织也可能是自然人（自由职业者或者兼职者），经资质考核和合作实践，优质者可以长期合作，不合格者即自动淘汰。

3. 云计算——对各部门传统的算力形成严重挑战。在传统制造系统中，各部门对算力要求不高，高配的电子计算机基本够用。智能制造系统各部门，特别是其中涉及的产品设计、试验、生产质量检测与控制、维修等活动，对算力的要求很高，不仅计算量很大，同时又要高速、准确，因此必须应用云计算。云计算的计算中心同时集中联结着百万片以上的处理器，具有强大的算力，每秒可进行几十亿亿或上百亿亿次次计算。为了用电和用水冷却方便，一般都设在电源水源有充分保证且远离中心城市的边远地区。为了满足高速计算的需求，一般都会在工业园区设置云计算的边缘计算 PaaS 平台，以便就近为企业服务。

4. 定制生产——对传统生产方式形成挑战。为了提高生产效率，降低生产成本，传统生产方式一般都采用成批生产或大量生产，由生产商到零售商再到消费者（B2B2C）。智能制造系统的一切活动都是为了更好地满足客户需求。整个智能制造系统各部分活动的依据和目的都源于客户的需求。过去各次工业革命时代，都不可能按客户的个性化需求制造产品，只能是 B2C，客户只能在企业生产的有限几种产品中选择。只有到了智能化时代，才能建立自适应生产流程，实现按客户个性化需求定制生产，真正做到客户第一（C2B）。

第三节 | 智能化时代管理的关键措施

在科技革命滚滚向前的洪流中，人工智能技术已成为任何个人、组织乃至整个社会生存和发展的关键，必须坚定和扎实地向智能化转型。根据对国内外许多智能化管理成功案例的考察和研究，发现智能化管理成功的秘诀，就是要针对人工智能技术引发的管理问题，在行动中采取以下五项关键管理措施。

一、必须掌握人工智能思维模式

人工智能思维，简单来说就是从大量数据中通过算法模型对未知情况作出最佳预测的思维方法。从图 21.4 可以看到，人工智能思维有下列四大要素组成。

1. 以大数据为基础。互联网、物联网、工业互联网和移动互联网，每时每刻都在产生海量的数据，日积月累，就成为大数据。经加工处理，就成为系统的信息，信息在实践中就升华为知识。所以，数据成为智能化时代重要的生产资源。人工智能思维，建立在对数据学习的基础上，数据越多越准确，人工智能学会的东西越多，人工智能作出的预测和决策就越准确、越实用。所以，数据是人工智能思维的第一要素。

2. 以模型为核心。模型分为两类。一类是预训练模型，起初是用人工的方法将数据分类标识，通过模型，训练人工智能机器，读懂数据并掌握各类数据之间的相关性。后来，通过模拟人类神经网络原理，产生了人工智能深度学习模型。深度学习模型不仅能自我学习，并能自我完善，因而大大提升了人工智能的能力。另一类是推理模型，推理模型是根据所需要获得

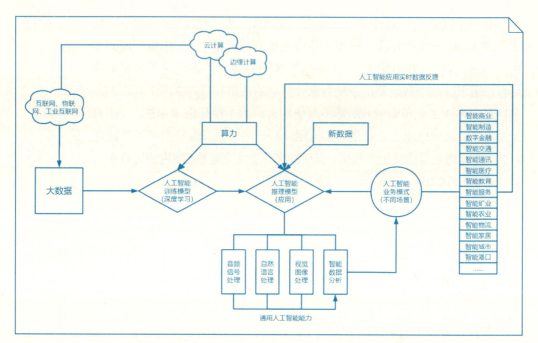

图 21.4
人工智能思维模式

的功能设计的。一般是指音频信号处理、自然语言处理、视觉图像处理,以及对数据分析计算预测决策四类功能。模型是否完善,是人工智能功能强弱的核心,如果模型不完善,再多、再准的数据,也得不出有效的结果。

3. 靠算力来实现。世界是复杂的,任何事物的变化发展,会受到许多因素的影响。无论是深度学习模型还是推理模型,都可能具有几十上百个维度、成千上万个变量。给模型输入新数据后,要想快速得到结果,就需要靠强大的算力来实现。普通电子计算机的算力根本不够用,比较方便的办法是分布式处理。单一功能需要的算力可做在功能芯片中,如图形处理器(GPU)就是可进行图像识别计算的微处理器。需要快速运算的测控功能,一般采用边缘云的算力。计算量特别大的功能,如深度学习模型则应交给云计算的计算中心处理。某些特殊的模拟计算,如水库大坝受力破坏性模拟测试、电磁弹射、电磁枪、电磁橇测试、核聚变模拟实验以及生成式多模态大模型等,则需要运用超级计算机的强大算力才能实现。所以,算力是实现人工智能必不可少的工具。

4. 建立适合不同场景的业务模式。要使人工智能的各种通用功能发挥作用,必须与不同场景的业务模式相结合。例如:制造业的加工制造场景,为了检测和控制操作过程,需要用摄像头不断把加工情况拍下来,用人工智能图像识别功能,将加工的图像与设计要求的图像进行比较,实时发出操作命令,控制加工过程,保证加工产品质量。在金融业信贷的场景,需要对用户的信用进行迅速的测评,用人工方法可能需要几个小时或几天才能完成,并且由于人工检测的因素较少,还不一定准确。运用人工智能时,人脸识别可正确确定用户本人,再通过高速搜索和高速计算能力,几秒钟内即可在海量的数据库中找到有关用户信用的所有变量,并通过模型快速算出结果,决定是否向其提供贷款服务及应控制的贷款额度。在零售商业场景,则又是另一种业务模式:首先了解客户需求,让客户方便地浏览商品,向客户介绍商品性能,准确回答客户的咨询,并智能地向客户推荐他可能喜欢的商品;然后选购或定制,并通过无现金支付完成交易过程。在医疗卫生、教育培训、农业、养殖、矿业等领域,使用场景完全不同,需要有不同的业务模式。在生成式多模态大模型基础上,结合各行业特点,可比较容易生成所需的应用软件,来实现人工智能功能。所以,研究各种不同场景、不同业务模式的过程和特点,也是人工智能思维的重要要素之一。

管理者掌握人工智能思维模式后,就能清晰地了解人工智能思维模式与人类思维模式的不同之处,根据各自的长处,就可以准确判断,哪些工作应分配给人工智能去做,哪些工作应分配给人类去做。正确运用人工智能,可以极大地增强人类的工作能力。

二、必须把业务流程数据化,并形成持续、有效的数据链

数据是人工智能技术发展的首要基础。人工智能建立在对数据学习的基础之上,数据越多,人工智能学得的知识越多,作出的判断和决策越准确。随着互联网特别是移动互联网和工业互联网的发展,近几年出现了数据井喷现象。第五届数字中国峰会发布的《国家数据资源调查报告(2021)》显示,2021年全年,我国数据产量达到6.6 ZB,同比增长29.4%,占全球总产量(67 ZB)的9.9%,仅次于美国(16 ZB),位列世界第二。我国已有许多人工智能应用咨询公司,可为各行各业智能化提供解决方案。

在智能化过程中,首先要做的是,必须把现在由人类管理的业务流程数据化,数据化的目的是让计算机读懂现有的物理世界,读懂业务流程中的各项操作的过程、要求、检验的标准和方法,以及当发现不符合标准时,应采取的控制和纠偏措施。只有当人工智能机器读懂业务流程后,才能用它已经学习积累的知识来完成分配给它做的工作。当前,智能机器人或其他人工智能机器,一般很难完成全部业务流程,而必须与人协作。协作中就要特别注意安全融合的问题,这一切都会形成一条互相衔接的数据链。这条数据链是动态的,必须实时地持续反馈到人工智能的应用平台,供人工智能再学习,从而使算法和模型更精准、更实用。

三、严格要求人工智能模型"避恶向善",确保网络系统安全

人工智能机器人不像人类那样具有天生的性格和人性。人工智能机器人的一切智能和行为,都是按人类设计的算法模型通过训练得到的。说到底,机器人不管如何仿真,它终究是机器不是人。不过,人工智能机器人通过深度学习,不仅能习得人类的各种知识以及价值观,甚至可能各方面都比人类更强大。同时,也能习得人类人性中的各种缺陷,如自利、贪婪、狂妄、自大、偏见、歧视,甚至某种控制和统治他人的欲望,即所谓"接管"人类,甚至有人认为未来"人工智能可能杀死人类"。

为了应对发展人工智能技术可能产生的风险,确保人工智能安全,"避恶向善",需要各方面共同努力。政府要有严格的法律和政策,针对所有与人工智能相关的人强制画出不可逾越的红线;开发者要坚持以人为本的原则,以保障人的根本利益为目标,遵守伦理规范,尊重个人隐私,消除偏见歧视,确保公平公正;开发商在企业内部要建立明确的责任体系,确保开发的透明度和应用的责权一致,当应用结果与法律和伦理发生冲突时可问责;社会应建立强有力的监管机构,负责监管所有人工智能系统是否符合法律、政策、伦理和公共利益的要求,对不合格者有权提出警告和起诉。

四、必须大胆鼓励智能化创新

智能化绝不只是为了使现有业务流程自动化,而是为了使业务流程提供的产品或服务更能满足每一个客户的需要。

管理者鼓励智能化创新,首先,要端正出发点,不能为赶潮流而创新、为博取眼球而创新。一切智能化创新都要从能给客户带来实惠(更适合、更便宜、更方便、更多价值)出发,任何奇思异想,都可以大胆创新、大胆试验。其次,积极观察人工智能测试过程中有待改进的地方,人工智能是新事物,在创新过程中,存在不足之处、缺点甚至失败都是可以容忍的。要仔细分析缺陷和失败的原因,针对性地进行改进,再在一定范围内试点,试点成功后再推广。最后,要利用开放的共创平台,实施适当开放,尽量多地吸收利益相关者(客户、物流公司、安保系统、本公司相关销售、财务、生产、服务等人员)积极参与创新活动。只有广泛听取各方意见,切实协调后,才能形成各方融合协同的价值链,才能建立健全顺畅、高效的业务流程,形成具有竞争力的开放创新生态。

五、必须大力培养员工的人机融合技能

在智能化过程中,人类的能力必须和智能机器的能力相互融合、协同工作,从而重构企业的流程。人机融合的关键在于必须培养员工的人机融

合技能，使员工了解本领域人工智能技术的最新进展，并能熟练掌握人工智能技术工作的新方式。为此，人类员工必须掌握以下各项融合技能。

（1）明确人与人工智能系统的分工。智能系统（机器）做它最擅长的工作（每天24小时监测机器运行情况，记录所有的数据，发现问题，提出警报，通过模型计算出各不同解决问题方案的成本与效果，并提出推荐方案），而人类只做自己擅长的事情（如人际交往、创造、判断和做最终决策）。

（2）负责任地引导人机协作的目标。企业引入人工智能的目的，不是解雇员工，而是让企业增加收入、节约成本，更好地服务客户，从而使企业发展壮大，更具竞争力。对员工个人而言，是摆脱繁重枯燥的重复劳动，通过再培训增强职工的能力，在新岗位获得更大成功。在智能化过程中，将会出现许多新的工作岗位。

（3）重视人类员工在人机融合中的重要作用。人工智能可以正确地做很多事情，随着科学技术的进步，人工智能能做的事必将越来越多。但人工智能不知道如何审时度势、知人善察。人类的创造力、判断力和执行力在任何流程重构中，都是不可或缺的重要组成部分。

（4）充分发掘人工智能的潜力。由于人工智能具有深度学习和超强的计算和存储能力，因此它有着人类个体无法比拟的单项或若干领域的知识水平。人类要善于向人工智能提出问题。提出的问题越睿智，获得的洞见就越多，人工智能的作用就越大。人类可在与人工智能的良好合作中来扩展能力。例如，客服人员可在聊天机器人的帮助下，应对成千上万个客户咨询，因为大多数咨询的问题，聊天机器人均可从容应对，只有极少数问题才需要切换到人工客服来应对。

（5）人与机器相互学习，融为一体。人类员工与人工智能一起工作时，可以相互学习，使各自的能力不断提高，最终融为一体，形成自适应的业务流程。人类应当不断提高自己的能力，永远成为人工智能的控制者，使人工智能永远成为造福人类的工具。

我们正处在科学技术发展的智能化新时代。在这世界百年未有之大变局的当下，我们必须紧紧抓住这千载难逢的机遇，用实际行动切实做好智能化转型工作，全面提升国家经济、文化与安全各领域创新、生产、管理和服务的智能化水平。我们今天的行动将对未来产生重大影响。我们希望本书能为读者提供一个了解智能化时代管理的新视角，并希望对管理者在实际工作中如何应用人工智能技术有所助益。建设中国式现代化强国的智能化新时代已经开始，这是中华民族全面复兴的时代！让我们张开双臂拥抱这令人无比激动的新时代！

参考文献

1. [美]杰里米·里夫金,《第三次工业革命》,张体伟、孙豫宁译,中信出版社,2012 年
2. [美]彼得·马什,《新工业革命》,赛迪研究院专家组译,中信出版社,2013 年
3. 李彦宏等,《智能革命——连接人工智能时代的社会、经济与文化变革》,中信出版集团,2017 年
4. 曾鸣,《智能商业》,中信出版集团,2018 年
5. [美]保罗·多尔蒂、[美]詹姆斯·威尔逊,《机器与人——埃森哲论新人工智能》,赵亚男译,中信出版集团,2018 年
6. 涂子沛,《数文明——大数据如何重塑人类文明、商业形态和个人世界》,中信出版集团,2018 年
7. 曾鸣,《智能战略》,周大昕、崔传刚译,中信出版集团,2019 年
8. [美]迈克尔·乔治、[美]丹尼尔·布莱克维尔、[美]小迈克尔·乔治、[美]迪内什·拉詹,《人工智能与精益制造》,孙卓雅、孙建辉译,中国人民大学出版社,2020 年
9. [英]托尼·布比尔,《人工智能与向零创新——认知技术决定企业未来》,邵信芳译,中信出版集团,2019 年
10. [美]玛丽·L·格雷、西达尔特·苏里,《销声匿迹:数字化工作的真正未来》,左安浦译,上海人民出版社,2020 年
11. 丁磊,《AI 思维——从数据中创造价值的炼金术》,中信出版集团,2020 年
12. 中国互联网络信息中心,《第 49 次中国互联网络发展状况统计报告》,2022 年 2 月 25 日
13. 艾瑞咨询,《中国制造业数字化转型研究报告》,2022 年 8 月 28 日
14. 兰小欢,《置身事内:中国政府与经济发展》,上海人民出版社,2021 年
15. 王晓云、段晓东、张昊等,《算力时代——一场新的产业革命》,中信出版集团,2022 年
16. 苏晓洲、段续、王凯著,《自主创新炼成中国高铁名片》,《瞭望》,2022 年第 38 期
17. 谭铁牛,《人工智能的历史、现状和未来》,《智慧中国》,2019 年第 Z1 期。

学习系统

教学资源库：
- ▷ 概念
- ▷ 要点
- ▷ 重要人物
- ▷ 小知识
- ▷ 讨论
- ▷ 教学大纲
- ▷ PPT
- ▷ 图表
- ▷ 视音频案例
- ▷ 试题

教师交流QQ群：
- ▷ 扫码认证入群
- ▷ 发送姓名、所在学校及院系、手机号码
- ▷ 获取以上教学资源

群名称：周三多《管理学》教学
群　号：703017950

读者QQ群：
- ▷ 扫码进群
- ▷ 向作者吐槽
- ▷ 获取最新管理资讯

群名称：管理派：管理思想源远
群　号：711619256

图书在版编目（CIP）数据

管理学：原理与方法/周三多等编著.—8 版. —上海：复旦大学出版社，2023.11（2024.11 重印）
（复旦博学. 大学管理类教材丛书）
ISBN 978-7-309-17017-7

Ⅰ.①管… Ⅱ.①周… Ⅲ.①管理学-高等学校-教材 Ⅳ.①C93

中国国家版本馆 CIP 数据核字（2023）第 185851 号

管理学——原理与方法（第八版）
GUANLIXUE—YUANLI YU FANGFA
周三多　陈传明　刘子馨　贾良定　编著
责任编辑/岑品杰　方毅超　王雅楠

复旦大学出版社有限公司出版发行
上海市国权路 579 号　邮编：200433
网址：fupnet@fudanpress.com　http://www.fudanpress.com
门市零售：86-21-65102580　团体订购：86-21-65104505
出版部电话：86-21-65642845
常熟市华顺印刷有限公司

开本 787 毫米×1092 毫米　1/16　印张 30.5　字数 547 千字
2024 年 11 月第 8 版第 3 次印刷

ISBN 978-7-309-17017-7/C・440
定价：58.00 元

如有印装质量问题，请向复旦大学出版社有限公司出版部调换。
版权所有　　侵权必究

大学管理类丛书（全新版）

- 《管理学——原理与方法》（第八版）
  周三多　陈传明　刘子馨　贾良定　编著
- 《管理心理学》（第六版）
  苏宗伟　苏东水　著
- 《管理沟通》（第二版）
  苏勇　罗殿军　主编
- 《战略管理》（第二版）
  项保华　主编
- 《会计学原理》（第六版）
  徐晔　张文贤　祁新娥　编著
- 《中国企业目标导论》
  陆正飞　主编
- 《人力资源开发与管理》（第五版）
  胡君辰　主编
- 《现代投资学原理》（第二版）
  万解秋　编著
- 《生产现场优化管理》（第二版）
  陈建龙　编著
- 《职业责任与领导力》
  卫田　主编